FRIEDRICH GLAUSER

«JEDER SUCHT SEIN PARADIES ...»

Briefe, Berichte, Gespräche

Herausgegeben und mit einem Nachwort
von Christa Baumberger

Mitarbeit von Marco Neuhaus
Illustrationen von Hannes Binder

Limmat Verlag
Zürich

I
1911-1924
«Ich habe nicht bloss gebummelt, sondern
mich litterarisch betätigt» → 7

II
1925-1932
«Hauptsache ist, dass die Gedanken nicht
stehenbleiben» → 115

III
1933-1936
«Ich plane eine Serie Schweizer
Kriminalromane» → 207

IV
1936-1937
«Ich bin kein ‹Düchter›» → 305

V
1938
«Das Wichtige erscheint erst später» → 419

NACHWORT UND ANHANG
Friedrich Glausers Briefnetzwerk → 478
Zu dieser Ausgabe → 488
Zeittafel → 493
Standortverzeichnis und Bildnachweis → 501
Abkürzungen → 502
Namenregister → 504
Werkregister → 514
Dank → 517
Die Herausgeberin und der Illustrator → 519

I
1911–1924
Schweiz, Algerien, Marokko, Frankreich, Belgien

«ICH HABE NICHT BLOSS GEBUMMELT, SONDERN MICH LITTERARISCH BETÄTIGT»

Der Weg vom jugendlichen Rebell bis zum Schriftsteller ist lang und voller Hindernisse. Als Schüler lehnt sich Glauser gegen alle Autoritäten auf; sein literarisches Vorbild ist Arthur Rimbaud und mit spitzer Feder zerpflückt er die Werke anderer Autoren. Er führt ein unstetes Leben, sein Weg führt in alle Ecken der Schweiz: vom Bodensee bis nach Genf und an den Lago Maggiore. Dann mit der Fremdenlegion nach Nordafrika, zurück nach Frankreich und in die Kohlenminen nach Belgien. Diese erste stürmische Lebensphase endet 1924 nach einem Zusammenbruch mit der Hospitalisierung Glausers in Belgien und dem Rücktransport in die Schweiz.

DAS JAHR 1917

Mittendrin liegt ein schicksalhaftes Jahr: 1917 werden die entscheidenden Weichen gestellt, die Friedrich Glausers Leben bis zum Schluss prägen. Im Wendejahr 1917 eskaliert der seit Langem schwelende Konflikt mit dem Vater. Charles Glauser schreibt erboste Briefe an die Polizeidirektion Zürich und fordert wirkungsvolle Massnahmen gegen seinen Sohn. Auf sein Betreiben bekommt Friedrich Glauser einen Beistand und wird Anfang 1918 mit 22 Jahren wegen «liederlichem Lebenswandel» entmündigt. Die Vormundschaft bleibt bis zu Glausers Tod 1938 bestehen. Zu dieser fürsorgerischen Zwangsmassnahme gesellt sich eine zweite Abhängigkeit: Im Herbst 1917 wird eine beginnende Lungentuberkulose mit Morphium therapiert. Die Therapie ist zwar erfolgreich, doch führt sie zu einer fatalen Morphiumsucht. Von dieser gibt es keine Heilung; Glauser wird zeitlebens süchtig bleiben. Um an «Mo» zu gelangen, trickst er fortan Ärzte und Apotheker aus, fälscht Unterschriften und Rezepte.

Doch ist das Jahr 1917 vor allem in künstlerischer Hinsicht entscheidend. Glauser tritt erstmals als Autor an die Öffentlichkeit. Als einziger Schweizer Autor findet er Aufnahme in die Zürcher Dada-Szene, befreundet sich mit Emmy Hennings und Hugo Ball und tritt in der Galerie Dada mit eigenen Gedichten auf. Sein Selbstverständnis als Schriftsteller festigt sich, als er 1919 ein Jahr in Ascona verbringt. Er wird in den Künstlerkreis um Robert Binswanger und Bruno Goetz aufgenommen, verkehrt im Umfeld des Monte Verità, ist mit der Malerin Marianne von Werefkin bekannt und mit der Tänzerin Mary Wigman befreundet. Er schreibt erste kürzere Erzählungen und Novellen, sucht nach Publikationsmöglichkeiten, liest viel und entwickelt in der Auseinandersetzung mit anderen Werken seine eigene Ästhetik. In Ascona erlebt Glauser zudem seine erste grosse Liebe. Die zehn Jahre ältere Elisabeth von Ruckteschell gehört zum Kreis der Künstlerfreunde. Sie erwidert seine Gefühle und es entwickelt sich eine intensive, komplizierte Beziehung. Die Liebe entzündet bei Glauser eine ungeheure Sprachlust, und er erkundet in den Liebesbriefen an Liso erstmals seinen sprachlichen Reichtum. Er umgarnt und liebkost sie mit Worten, lockt, schmachtet, schwärmt und träumt. In allen Tonlagen ruft er sie an und sucht das Gespräch. Je ferner Liso ist, desto näher holt er sie in den Briefen zu sich. Glauser entwickelt in diesen Liebesbriefen eine Polyphonie, die er auch in seine frühen Erzählungen und Novellen überträgt.

BRIEFNETZWERK

Die Auswahl an Briefen und Dokumenten zeigt, wie vielfältig und weit gefächert Glausers Netzwerk von 1911 bis 1924 ist: Er steht mit vielen Personen in Kontakt und viele äussern sich zu seinen Gunsten. Auffällig sind die vielen unterstützenden Briefe von Freunden wie auch die Gutachten einflussreicher Mentoren, die ihm literarisches Talent bescheinigen. Zu ihnen gehören der Heimatschriftsteller Jakob Christoph Heer ebenso wie der Intellektuelle Hugo Ball oder Eduard

Korrodi, Feuilletonredakteur der *Neuen Zürcher Zeitung*. Die Schweizerische Schillerstiftung vergibt erste Förderbeiträge. Doch können die Fürsprecher nicht verhindern, dass Glauser zu einem Aktenfall wird. Psychiatrische Gutachten, Polizeirapporte, amtliche Berichte und Beschlüsse folgen engmaschig aufeinander. Glausers Handlungen werden rapportiert und seine Aussagen protokolliert. Der Aktenberg wird bis zum Ende seines Lebens auf 1700 Dokumente anwachsen. Beim Vormund Walter Schiller laufen alle Fäden zusammen. Er ist nicht nur mit Glauser und seinem Vater, sondern auch mit vielen Personen rundherum in Kontakt. Schillers Gesprächsnotizen sind direkt aus dem Leben gegriffen und geben den Puls der oftmals hektischen Ereignisse am unmittelbarsten wieder. Zugleich hält er die mündlichen Gespräche im ‹Originalton› fest. Zu einer Zeit, als es noch keine Tonbandaufnahmen gab, hört man hier Glauser und die Personen um ihn herum unverstellt sprechen.

Die Amtskorrespondenz verrät allerdings auch, dass sich viele seiner Fürsprecher nach einer gewissen Zeit enttäuscht von ihm abwenden. Es wird ein Beziehungsmuster sichtbar, das sich ständig wiederholt: Sei es der Psychiater Charlot Strasser in Zürich, der Schriftsteller Robert Binswanger in Ascona oder das Ehepaar Raschle in Baden – sie alle bemühen sich intensiv um Glauser und wenden sich nach einer gewissen Zeit enttäuscht ab. Die Sucht hat Glauser fest im Griff, er schwindelt seine Gönner an, bandelt mit den Ehefrauen an, macht Schulden und betreibt Hehlerei, und sobald alles auffliegt, taucht er unter.

1 WERNER ZUBERBÜHLER[1] AN CHARLES GLAUSER[2]

Schweiz. Land-Erziehungs-Heim
Schloss Glarisegg
bei Steckborn am Bodensee
Direktor: W. Zuberbühler

18. Dez. 1911

Sehr geehrter Herr Professor!
Heute Vormittag kam Fredy in Aufregung zu mir, er habe etwas Unrechtes begangen und er erzählte mir folgendes: «Ich ging soeben zu Herrn Clerc[3] in die Lateinstunde, hatte aber mein Buch verloren. Herr C. schickte mich, es zu suchen; ich kam ohne das Buch zurück. Da Herr C. auch konstatierte, dass ich nicht präpariert hatte, schickte er mich definitiv weg. Ich antwortete, er habe Meier letzthin auch nicht weggeschickt, als er kein Buch hatte. – Das sei doch anders, Meier habe sich ausgewiesen, dass er vorbereitet gewesen sei. – Ich antwortete: Ah, c'est là votre fameuse justice! Herr C. gab mir eine Ohrfeige u. forderte mich wieder auf, die Stunde zu verlassen. Ich ging nicht, bis er mich zur Türe hinausschob. Unter der Türe versetzte ich Herrn C. einen Schlag.» Fredy erklärte mir, dass ihm die Sache leid tue, da er in jedem Punkte Unrecht gehandelt habe; Herr Cl. wäre ihm gegenüber auch noch nie ungerecht gewesen.
    Ich sagte zu Fredy, er werde sich wohl Herrn Clerc gegenüber auch so aussprechen wollen. Zunächst sprach ich mit Herrn Clerc. Er ist bereit, wenn Fredy zu ihm gekommen sein wird, ihm noch vor Weihnachten zu erklären, dass er ihm verzeihe. Aber das Verhältnis wird natürlich auf lange Zeit hinaus gestört sein. Herr Clerc hat besonders seinen beiden Griechischschülern viel Sympathien erwiesen und ihnen u. a. aus freien Stücken mehr Stunden, sogar an Nachmittagen gegeben, sie dazu in seiner Wohnung empfangen und sie sonst häufig eingeladen. Er ist unter meinen Kollegen derjenige, der den älteren Schülern gegenüber am meisten private Sympathien bekundet und ihnen auf diese Weise Studium und persönlichen Verkehr angenehm macht.
    Auf so schnöde Weise hat ihm Fredy dies gelohnt.

[1] Werner Zuberbühler (1872–1942), Reformpädagoge und Lehrer. Eröffnete 1902 mit Wilhelm Frei das Schweizerische Landerziehungsheim Glarisegg, dessen Direktor er von 1904–36 war. Glauser war von 1910–13 Schüler in Glarisegg.
[2] Dr. phil. Charles Pierre Glauser (1868–1937), Vater von Friedrich Glauser. Schweizer Romanist, Französischlehrer und später Professor an der Wiener Handelsakademie, Mitglied der k. k. Prüfungskommission für das Lehramt an höheren Handelsschulen. 1909 Berufung als Professor für Französisch an die Handelshochschule Mannheim, deren erster Rektor er 1911 wurde. Unter seiner Leitung wurde 1928 ein Dolmetscherinstitut eingerichtet.
[3] Charly Clerc (1882 bis 1958), Westschweizer Autor, Romanist und Literaturkritiker. Clerc war in Glarisegg Glausers Latein- und Französischlehrer, später Feuilletonredaktor der *Gazette de Lausanne* und von 1933–52 Professor für französische Literatur an der Universität Zürich.

Klassenfoto Collège de Genève, Genf 1915–16.
Friedrich Glauser: zweithinterste Reihe, dritter von links.

Postkarte von Charles Glauser an die Polizeidirektion Zürich.
Mannheim, 25. Februar 1917. → Dok. 2.

2   CHARLES GLAUSER AN DIE POLIZEIDIREKTION ZÜRICH

Prof. Dr. K. Glauser, Mannheim
Augustaanlage 17
den 25. Februar [1917]

Bezugnehmend auf mein Schreiben vom Anfangs Februar, dass es durch meine Frau[4] zur Zeit St. Saphorin auf Morges übersandt wurde, teile ich mit, dass in der Angelegenheit Fréderic Glauser von verschiedenen Kaufleuten aus Zürich Rechnungen bis zur Gesamthöhe von 333 Fr. zugeschickt wurden. Diese Rechnungen werden von mir nicht anerkannt. Soeben erhalte ich von meiner Frau die Mitteilung, dass sie im Begriffe steht nach Zürich zu fahren. Sie ist von mir beauftragt Ihnen alles, was zur Klärung der Angelegenheit beitragen kann, mitzuteilen. Von mir geht an Sie ein Bericht über die Vergangenheit von Fred. Glauser ab. Er soll für seine Handlungsweise unbedingt zur Verantwortung gezogen werden, und *die Folgerungen* ertragen; falls er zurechnungsfähig ist, woran ich zweifle. Der Arzt soll darüber entscheiden. Es handelt sich unbedingt vor allem, zu verhindern, dass Fred. Gl. *noch weiter sinkt*. Herr Lehrer Wohlwend[5], Spyristrasse 39 Zürich kann über ihn manch Interessantes mitteilen.
Hochachtungsvoll
Prof. Dr. Glauser

3   CHARLES GLAUSER AN DIE POLIZEIDIREKTION ZÜRICH

Mannheim, den 25. Februar 1917
17. Augustaanlage 417

An die Polizei Direktion Zürich
Bericht in der Angelegenheit Friedrich Glauser[6]

Bezugnehmend 1° auf mein Schreiben vom Anfangs Februar 1917, das durch meine Frau Louisa Glauser geb. Golaz zur Zeit in St. Saphorin bei Morges Vaud übermittelt wurde.
2° auf die Zuschriften von Wittmann The London House Bahnhofstrasse 14 Zürich und Bachmann Buchhändler Zürich obere Kirchgasse 40 den 20 Februar. Beide Firmen gedenken einen Strafantrag gegen Fred. Glauser einzuleiten, da ich durchaus nicht gewillt bin, die von Wittmann fr. 75 und von Bachmann fr. 258.35 an Fred. Glauser zustellenden Ansprüche zu bezahlen.

---

4 Louisa Jenny Glauser, geb. Golaz (1865–1945), dritte Frau von Charles Glauser und Stiefmutter von Friedrich Glauser. Charles Glauser war in erster Ehe mit Friederika Glauser (geb. Scubitz) verheiratet, der Mutter von Friedrich Glauser. Sie verstarb 1900. Wiederverheiratung 1902 mit Klara Apitzsch, die Trennung erfolgte 1909. Dritte Heirat 1911 mit der Genferin Louisa Golaz, die bereits als Gouvernante im Haus Glauser lebte.
5 Max Wohlwend (?–1944), Deutschlehrer an der Handelsschule des Kaufmännischen Vereins Zürich.
6 Dieser Bericht, in dem Charles Glauser ausführlich den zweifelhaften Lebensstil seines Sohnes schildert und dessen Zurechnungsfähigkeit in Frage stellt, ist ein massgeblicher Schritt zur Verbeiständung und nachfolgenden Entmündigung von Friedrich Glauser.

Halte ich mich für verpflichtet, der Polizei Direktion über die Vergangenheit des Fred. Glauser folgendes zur Kenntnis zu bringen.

Frederic Glauser wurde in Wien am 4. Februar 1916[7] geboren und seine Mutter starb am 16. Sept. 1900. Im schulpflichtigen Alter übernahm meine Mutter die Erziehung des Kindes. Als es 10 Jahre alt war, zeigte sich bei ihm das Lügen als ein Grundfehler seines Charakters. Das Kind war nie wahrheitsliebend. Im Jahre 1909, als es 13 Jahre alt wurde, hat es zum ersten Male gestohlen und das Geld sofort verausgabt. Ein dritter Diebstahl hatte zur Folge, dass es im Juni 1909 durchbrannte, und wurde in Pressburg von der Polizei aufgefangen.

Da er mich wieder belog und betrog, mit Schusswaffen umging und sogar auf offener Strasse schoss und da es trotz eingehendes Verhörs durch einen Polizeibeamten unmöglich war, zu erfahren, wie das Kind im Besitze von solchen Waffen gelangte, entschloss ich mich auf Zureden von Ärzten, das Kind dem gefährlichen Boden der Grossstadt zu entziehen und brachte es nach dem Landerziehungsheim Glarisegg bei Steckborn, wo er sich vom Februar 1910 bis April 1913 aufhielt. Von dort wurde er wegen seiner schlechten Führung als Lügner Simulant entlassen. Während seines Aufenthaltes in Glarisegg hat er schon bei Buchhändlern auf meinen Namen Bücher gekauft, verkauft und nicht bezahlt, Schulden bei Herrn Konditor und bei Kamaraden gemacht. Alle diese Schulden und Auslagen wurden von mir beglichen.

Darauf gab ich Fred. Glauser zu einer Familie auf das Land, wo er fleissig Feldarbeiten verrichtete.

Auf seinen Wunsch hin besuchte er das Collège de Genève von September 1913 bis Januar 1916. Er wohnte nicht in Genf sondern bei meinem verstorbenen Schwager und Arzt Cattin Jussy.[8]

Als ich vor 2 Jahren zu Ostern mich in Jussy aufhielt, um seiner ersten Kommunion beizuwohnen, stellte ich wiederum fest, dass er bei Buchhändlern in Genf Schulden gemacht hatte, und Geld unterschlagen hatte, dadurch dass er in der Stadt seinen Mittagstisch nicht bezahlte. Da er noch minderjährig war, bat ich meine Frau, die leidend war, nach Genf zu ziehen, um ihn zu überwachen. Vom 1. Mai 1915 bis 4. November 1915 hat er gedient und ist als Unteroffizier bei der Gebirgsartillerie Genf zur Disposition gestellt worden. Seine militärische Ausrüstung musste er abgeben. Bei meinem letzten Aufenthalt in der Schweiz, September 1915, erfuhr ich, dass er wiederum Schulden gemacht hatte. Er unterschlug einen Brief von mir mit Geld, das er in meinem Auftrag Lenoir, dem Pfarrer bei dem er Konfirmandenunterricht hatte,[9] übergeben musste, und es gelang ihm

---

7 Das korrekte Geburtsdatum ist der 4. Februar 1896.
8 Glauser lebte von 1913–15 während seiner Schulzeit am Collège de Genève bei Amélie und Léon Cattin. Insbesondere zu Amélie Cattin-Golaz, der Schwester von Glausers Stiefmutter Louisa Glauser-Golaz, hatte Glauser ein enges Verhältnis.
9 Nicht ermittelt.

von Herrn Professor Dubois[10] Genf unter falschen Vorspielungen 70 Frank. zu entlehnen. Im Februar 1916 brach er jede Verbindung mit seiner Familie ab, ging nicht mehr ins Gymnasium. Eine Zeitlang wusste ich nicht, wo er sich aufhielt. Er schrieb dann Briefe, deren Inhalt mich auf den Gedanken brachte, ob er wirklich zurechnungsfähig war, wie folgende Stellen annehmen lassen.

1. Brief nach der Flucht:[11]

Ich habe Dummheiten gemacht. Ich habe Schulden gemacht bei Burkard (Buchhändler), bei Fräulein Vadier[12] (Kostgeld), Herrn Dubois, Herrn Lenoir. Ich habe Dich wissentlich getäuscht, bösartig beinah.

2. Brief als Antwort auf ein Schreiben von mir:

Das, was ich hinter mir habe, ist widerlich, kleinkariert, eng. Nicht nur meine Handlungen, sondern meine ganze Erziehung riecht nach Fäulnis. Wenn die Gesellschaft, an deren Rand ich wohl leben werde, so ist, wie sie mir bis heute erscheint, und wenn Du wirklich glaubst, eine ihrer Stützen zu sein, dann vielen Dank! Ich ziehe es vor, weiterhin in freier Luft zu atmen, wie es mir entspricht, in einer Luft, die nicht vergiftet ist, und wenn Du mich für einen Querulanten, einen Bohemien, einen heruntergekommenen Menschen hältst, so mögen dir diese Bezeichnungen als Beleidigung erscheinen, ich dagegen rühme mich ihrer.[13]

Nach Empfang solcher Briefe erstattete ich beim Generalkommando des XIV. Armeekorps die Anzeige: man möge Fred. Gl. den Sichtsvermerk betreffs einer Reise nach Deutschland verweigern, da ich nicht in der Lage bin, irgend eine Verantwortung für seine Handlungsweise zu übernehmen.

Fred. Glauser bestand im März 1916 in Zürich die Maturitätsprüfung, studierte 1 Semester (Sommer 1916) Chemie auf der Universität und gab mit einem Genfer Freund Haldenwang eine Zeitschrift Revue d'Art aus,[14] die im September wegen Mangel an Geldmitteln einging. Im Oktober wollte er nicht mehr Chemie sondern Philologie studieren.

Fred. Glauser verfügt über kein Vermögen. Der Vater seiner verstorbenen Mutter setzte jedoch eine Summe für ihn aus. Sie wurde nach dem Tode meines Schwiegervaters unter ganz bestimmten Bedingungen ausbezahlt, nach denen ich mich genau richtete. Wie es aus den beiliegenden Abschriften des Schreibens der Gemeinde Muri zu ersehen ist, wurde dieser Betrag auf Namen Fred. Gl. in mündelsicheren öster. Wertpapieren bei der Eidgenössischen Bank St. Gallen deponiert.

Zu wiederholten Malen drängte Fred. Glauser, sogar unter Drohung einer Klage gegen mich, auf Freigabe des von seinem Grossvater zu

10 Glausers Griechisch- und Französischlehrer am Collège de Genève.
11 Die zwei französischen Originalbriefe von Friedrich Glauser an seinen Vater, aus denen im Folgenden zitiert wird, sind nicht überliefert. Der Chronologie nach zu schliessen, wurden sie im Februar oder März 1916 verfasst.
12 Nicht ermittelt.
13 Glauser korrespondierte mit seinem Vater und seiner Stiefmutter ausschliesslich auf Französisch. Die zwei Exzerpte aus Glausers beiden Originalbriefen werden hier ins Deutsche übersetzt und zur Verdeutlichung kursiv gesetzt.
14 Georges Haldenwang (1896–1960), Mitschüler von Glauser, später Anwalt, Genfer Grossrat und Nationalrat. Glauser und Haldenwang gaben 1916 die Zeitschrift Le Gong heraus.

erhaltenden Betrages. Mit Rücksicht auf seine verschwenderischen Anlagen, und die ungeheuren Opfer, die seine Lebensweise mir verursachten, verweigerte ich die Freigabe und wollte die ganze Angelegenheit dem Vormundschaftsgerichte vorlegen.

Fred. Gl. erklärte sein Einverständnis dazu, dass diese Wertpapiere meinem Freunde Herrn Albert Junod[15] Generalsekretär der Pro Sempione Lausanne als Pfand übergeben werden. Herr Junod zahlte dann regelmässig jeden Monat Fred. Glauser den Betrag aus, dessen Höhe Fred. Glauser *selbst bestimmte*. Auf diese Weise erhielt Fred. Glauser von Februar 1916 bis Januar 1917 gegen von ihm unterschriebene Empfangsbestätigungen frs. 2776.50.

Ende Dezember 1916 ersuchte Fred. Glauser um meine Einwilligung seine Studien aufzugeben, um nach Amerika zu reisen. Ich stimmte diesem Plane zu, versprach ihm das entsprechende Reisegeld zur Verfügung zu stellen, und bat ihn alles mit meiner Frau zu besprechen und bei ihr zu bleiben, bis die Formalitäten zur Abreise erfüllt sind.

Ich ersuchte ihn mit Herrn Junod abzurechnen und übergab ihm zu diesem Zweck eine Abschrift des beiliegenden Schreibens der Gemeinde Muri und der Versicherungsgesellschaft Janus.

Im Besitze dieser Schriftstücke, liess Fr. Gl. sich von Herrn Junod 650 franken Anfangs Januar auszahlen, um seine Schulden zu bezahlen. Ausserdem erhielt er noch von einer ihm befreundeten Seite 500 fr. geliehen. Anstatt seinen Verpflichtungen nachzukommen, und sich zu meiner Frau zu begeben, beantwortete [er] keine sei es von mir sei es von meiner Frau an ihn gerichteten Briefe, liess dann seine Sachen von der Möhrlistrasse 17 durch einen Dienstmann abholen, verschwand ohne seine Zimmerrechnung zu bezahlen und ohne seine Adresse anzugeben.

In Angesicht dieses Vorgehens, habe ich es für meine Pflicht gehalten, rechtzeitig die Behörde von dem Vorgefallenen in Kenntnis zu setzen. Denn es ist nicht ausgeschlossen dass es Fred. Gl. auf Grund der Abschrift des Schreibens der Gemeinde Muri und Janus gelingt, bei Unbekannten Betrügereien zu verüben.

Nach oben gemachter Darstellung, die meine Frau jederzeit mit genaueren Daten ergänzen wird, kann wohl die Frage aufgeworfen werden, ob Fred. Glauser wirklich *zurechnungsfähig* ist. Es wäre wünschenswert, falls es zu einer Klage und einer Verhandlung kommt, Fred. Glauser durch einen Spezialisten auf seine Zurechnungsfähigkeit hin untersuchen zu lassen. Ausserdem halte ich nicht für ausgeschlossen dass Fred. Gl. ein Morphiman oder Etheroman ist. Eine

15 Albert Junod (1865 bis 1951), von 1905–14 als Divisionssekretär im eidgenössischen Volkswirtschaftsdepartement verantwortlich für die Inspektion des kaufmännischen Unterrichtswesen in der Schweiz. Von 1914–18 Generaldirektor der Stiftung Pro Sempione, anschliessend Schweizer Minister in Russland.

Untersuchung in dieser Richtung und in sexueller Hinsicht könnte manches aufklären. Die Kosten einer ärztlichen Untersuchung, falls die Behörde eine solche zulässt, werden von mir übernommen.

Prof. Dr. Karl Glauser

Anbei Adressen von Personen mit denen Fred. Glauser häufig verkehrt hat.
Haldenwang Genf Mitarbeiter musste auch Collège de Geneve verlassen
Frau Hardmeier[16] Möhrlistrasse 17 Zürich bei der er wohnt
Lehrer Max Wohlwend Spyristrasse 39 Zürich
Mlle Warnery[17] Sanatorium Leysin
Meine Frau Louisa Glauser kennt die genaue Adresse der Dame und den Namen des Züricher Freundes von Fred. Glauser, der jeden Tag mit ihm verkehrte.

4 FRIEDRICH GLAUSER AN CHARLES GLAUSER

Abschrift eines am heutigen Tag Express von Friedrich Glauser Zürich erhaltenen Schreibens[18]

Zürich den 4. März 1917

Lieber Vater
Soeben erfahre ich, dass du gedenkst mich unter Kuratel stellen zu lassen. Seit vier Wochen habe ich nichts von mir hören lassen, weil ich an einer Lungenentzündung im Spital krank lag. Es ist dies nicht meine Schuld. Ich begreife, dass du nichts mehr mit mir zu tun haben willst, habe jedoch noch eine letzte Bitte an Dich. Würdest du so gut sein und mich ein letztes Mal mit Dir sprechen lassen. Es gibt Dinge, die ich Dir mitzuteilen habe und die nicht schriftlich abgemacht werden können. Ich besitze schon meinen Pass nach Deutschland, brauche jedoch noch das Visum vom deutschen Consulat. Würdest du so gut sein mir eine Bescheinigung zu schreiben, die von der Polizeibehörde Mannheim unterschrieben, und sagt, dass du mich wegen dringender Familienangelegenheiten sprechen musst. Es ist dies eine letzte Bitte, die ich an Dich richte, ich möchte gern, bevor wir ganz voneinander gehen, noch einmal Dir sagen und erklären was an

16 Glauser war 1916–17 zeitweise bei einer Frau Hardmeier an der Möhrlistrasse in Zürich wohnhaft. Wie Polizeisoldat Sigrist protokolliert, musste er dort und andernorts wegen seines «liederlichen Lebenswandels» (Schulden, Damenbesuch und Nachtleben statt Studium) ausziehen. (Polizeirapport vom 22. Februar 1917).
17 Nicht ermittelt.
18 Der Brief ist nur in der handschriftlichen Abschrift von Charles Glauser überliefert, als Beilage eines Briefes an die Polizeidirektion Zürich.

Missverständnissen zwischen uns liegt. Ich bitte Dich, keine weiteren Schritte zu unternehmen bevor wir nicht miteinander gesprochen. Es ist, glaube ich, besser uns mündlich zu verständigen, als durch Einmischung des Gerichtes einen Prozess herbeizuführen.

Die Sache mit dem Buchhändler Bachmann beruht auf einem Missverständnis, das nun gelöst ist. Ich habe mit ihm gesprochen und er zieht seine Polizeiklage zurück.

Da ich im Spital war, habe ich mein Zimmer aufgegeben, sei bitte so gut, und schicke den Brief an

F. Glauser bei Herrn Max Forrer,[19]
Plattenstr. 26, Zürich

Mein Freund wird ihn mir übergeben. Entschuldige, dass ich Dich noch einmal belästige, ich erkläre Dir auch mündlich warum nichts aus meiner Reise nach Amerika geworden ist.

Deiner Antwort entgegensehend, verbleibe ich mit den besten Grüssen
Dein Sohn
F. Glauser

5   GESPRÄCH WALTER SCHILLER[20] MIT FRIEDRICH GLAUSER

12. Juni 1917

Glauser:
Ich habe nicht bloss gebummelt, sondern mich litter. betätigt.

Die Zürcher Post hat mir eine Skizze aufgenommen; ferner 1 Novelle im «Schweizerland» (46 fr.) + 2 Nov. in der «Schweiz» (frs. 39 + 20).

Ich bin ins Tessin eingeladen v. Hugo Ball[21] in Magadino. Ich soll ihm an einer Übersetz. helfen.

Für die Reisekosten dienen die Autorhonorare.

Wegen der allfäll. psychiatr. Untersuch. habe ich mich bereits an Dr. Strasser[22] gewandt; muss heute 10 h zu ihm.

Heute Abend möchte ich auf Magadino reisen.

Das Verhältnis zu Frl. Bodmer[23], Glockengasse 16 ist abgebrochen. In Pension Boller[24] schulde ich noch eine Woche (ca 20 fr.)

Ich esse nicht mehr dort seit 1.VI.17, sondern in alkoholfreien Wirtschaften.

Sch.

19 Glauser und Max Forrer kannten sich vom Landerziehungsheim Glarisegg in Steckborn am Bodensee, wo sie beide von 1910–13 Internatsschüler waren.
20 Walter Schiller (1880 bis 1964), seit 1917 Glausers Beistand und von 1918–33 sein Vormund.
21 Hugo Ball (1886–1927), Schriftsteller, gründete 1916 mit Emmy Hennings (1885–1948) das Cabaret Voltaire in Zürich. Glauser lernte das Paar Anfang 1917 in der Galerie Dada in Zürich kennen.
22 Karl Ludwig, gen. Charlot oder Stralo Strasser (1884–1950), Psychiater. Von 1913 an psychiatrische Praxis in Zürich, wo er während des Ersten Weltkriegs enge Kontakte zu Emigrantenkreisen hatte. Strasser sprach sich gegen eine Verwahrung Glausers aus: «Glauser ist willensschwach, aber nicht geisteskrank und bis dahin auch nicht gemeingefährlich. Seine Schriften zeugen, soviel ich sie kenne, von einer fast auffallenden Begabung im Verhältnis zur grossen Jugendlichkeit Glausers» (Bericht vom 16. Juni 1917).
23 Zu Fräulein Bodmer findet sich in den Glauser-Akten der Amtsvormundschaft eine handschriftliche Notiz des Advokaten Dr. W. Hanhart: «Bekanntschaft mit Frl. Bodmer, Modist. bei Schalch, Thalgasse./Frl. Bodmer hat vorh. mit Offizier Verhältn., schwanger, abgetrieben/ Frl. Bodmer wohnt im ‹gelben Leue›, Glockengasse./ Glauser ging dorthin zu Nacht».
24 Glauser wohnte an der Augustinergasse 10, nahm seine Mahlzeiten jedoch in der Pension Boller, Augustinergasse 28, ein.

Glauser:

Ich habe mich bloss gebummelt, sondern mich litter. betätigt.

Die "Züricher Post" hat mir eine Skizze aufgenommen; ferner 1 Novelle im "Schweizerland" (46 fr.) & 2 Nov. in der "Schweiz" (Frs 39 & 20)

Ich bin ins Tessin eingeladen v. Hugo Ball in Magadino. Ich soll ihm an einer Übersetz. helfen.

Für die Reisekosten dienen die Autorhonorare.

Wegen der allfäll. psychiatr. Untersuch. habe ich mich bereits an Dr. Hanner gewandt; muss heute 10 h zu ihm.

Heute Abend möchte ich nach Magadino reisen.

Das Verhältnis zu Frl. Bodmer Hochgengasse 16 ist abgebrochen.

Gespräch Walter Schiller mit Friedrich Glauser.
Zürich, 12. Juni 1917. → Dok. 5.

SCHREIBMASCHINEN-ARBEITEN

ABSCHRIFTEN UND DIKTATE ALLER ART
ZEUGNISSE :: GESCHÄFTSBRIEFE :: ADRESSEN
ABHANDLUNGEN :: DISSERTATIONEN ETC. ETC.
EMPFIEHLT
IN SAUBERER UND KORREKTER AUSFÜHRUNG

ZÜRICH 1, Rennweg 24.
~~BAHNHOFSTR.XX~~
~~XXXXX XXXXXXXXXXXX~~
TELEPHON Nr. ~~XXX~~ 115.74   Frau D. STERN.

R e c h n u n g   *18*

für Herrn F. G l a u s e r in Zürich 1.Augustinerg.

27.April / 1½ Stunden Diktat à Fr.2,25--Fr.3.40
  "   " / Material .... " 0.60
4.Juni / Ausgelegtes Porto (Chargé Brief)0.15
                                      Fr.4.15

28.April / 1 Stunde reserviert .... " 2.25

                                      Fr.6.40
                                      =======

Rechnung von Dora Stern für Schreibmaschinen-Arbeiten.
Zürich, 23. Juni 1917.

6   GESPRÄCH WALTER SCHILLER MIT HUGO BALL

13. Juni 1917

Hr.
Hugo Ball, Schriftsteller:
Ich wäre bereit, Friedr. Glauser mit mir nach Magadino zu nehmen. Ich habe daselbst eine kleine Wohnung im Hôtel Suisse gemietet mit meiner Frau zusammen. Ich könnte ihm ein kl. Zimmer abtreten.
Für den Unterhalt würde Glauser mit den bisher. 80 fr. p. M. rechnen müssen.
Ich würde mich verpflichten, dem A'd zu schreiben, wenn s. mit Glauser etwas ereignen würde.
Bis Herbst werde ich in Magadino bleiben, solange könnte Glauser auch dort sein.
Sch.

13. Juni 1917

Friedr. Glauser versichert, künftig keine Kreditbetrüge mehr begehen zu wollen.

7   FRIEDRICH GLAUSER
    AN DIE SCHWEIZERISCHE SCHILLERSTIFTUNG[25]

Magadino, 17. Juni 1917

Geehrter Herr
In folgendem Brief möchte ich auf die Unterredung Bezug nehmen, die ich vor meiner Abreise mit Ihnen gehabt habe. Sie rieten mir damals, mich um ein Stipendium bei der Schillerstiftung zu bewerben. Beiliegend sende ich Ihnen nun das von Ihnen verlangte Gesuch und bitte Sie, die Güte zu haben es zu unterstützen. Ich möchte Ihnen auch gleichzeitig für die liebenswürdige Hilfe danken die mir erlaubt hat, ins Tessin zu fahren.
Hochachtend
F. Glauser

25 Die Schweizerische Schillerstiftung wurde 1905 gegründet und von der Eidgenossenschaft sowie zusätzlichen Beiträgen von Kantonen und Gemeinden wie auch privaten Zuwendungen finanziert. Sie hatte zum Zweck, mit jährlichen Preisen die «schweizerische Dichtkunst» zu fördern, sofern sich deren Verfasser in «schwerer Lebenssorge» befanden. Neben der literarischen Qualität war auch die materielle Bedürftigkeit ein Kriterium. 2013 wurden die Preise der Schillerstiftung durch die Eidgenössischen Literaturpreise des Bundesamtes für Kultur abgelöst.

Magadino, Hotel Suisse, 17. Juni 17
An das Komitee der Schillerstiftung Zürich

Sehr geehrte Herren,
Herr Dr. Hans Bodmer[26] hat mir mittels einer kleinen Unterstützung ermöglicht, ins Tessin zu reisen, wo ich in Ruhe eine grössere literarische Arbeit fertig zu stellen hoffe. Der Entschluss, hierherzureisen, ergab sich für mich aus privaten Verhältnissen, die ich Ihnen hier näher entwickeln möchte:

Seit langem brachte mich meine Vorliebe für literarische Arbeiten in immer schärferen Gegensatz zu meinem Vater, Prof. Dr. Charles Glauser, Mannheim. Dieser Konflikt endete so, dass mein Vater meine Entmündigung verlangte, um mich unter dem Vorwand der Geistesgestörtheit unter Aufsicht zu stellen. Ich bin demnach gezwungen, mit 21 Jahren meinen Lebensunterhalt selbst zu verdienen. Mein Vater hat seine Sache Herrn Rechtsanwalt Dr. Schiller, in Zürich, übertragen. Ich die meine Herrn Dr. Charlot Strasser. Nachdem sich diese beiden Herren mit einander in Verbindung gesetzt haben, reiste ich hierher, um mich ein wenig zu erholen und mit grösseren literarischen Arbeiten Erfolg zu suchen. Da kleinere Arbeiten von mir zum Teil angenommen, zum Teil erschienen sind («Schweizerland», «Zürcher Post», «Schweiz»; in Genf gab ich voriges Jahr drei Nummern einer eigenen Zeitschrift heraus), glaube ich hoffen zu dürfen, dass ich Erfolg haben werde.

Ich bin jedoch gegenwärtig ohne alle Mittel. Herr Dr. Strasser und auch Herr Dr. Schiller wollen sich bei meinem Vater dafür verwenden, dass er mich bei meiner eigenwilligen Berufswahl wie vorher unterstützt. Aber die Unterhandlungen, die wohl schon eingeleitet sind, werden eine gewisse Zeit dauern; es ist zweifelhaft, ob mein Vater mich wieder unterstützt, bevor er positive Resultate sieht.

Ich erlaube mir deshalb, auf Anraten des Herrn Dr. Bodmer und aufgrund Ihrer Statuten betreffs Unterstützung junger schweizer Literaten, um ein Stipendium für die Dauer von drei Monaten einzukommen.

Ich bin geboren am 4. Februar 1896 in Wien, zuständig nach Muri bei Bern, habe in Wien die Volksschule und das Gymnasium besucht, war dann 3 Jahre in Clarisegg bei Steckborn und studierte dann weiter am Collège de Genève. 1896[27] machte ich die Fremdenmatura in Zürich und studierte ein Semester Chemie.

Auskunft über meine literarischen Arbeiten werden die Herren J. C. Heer[28], Felix Möschlin[29], Dr. Charlot Strasser gerne geben.

26 Hans Bodmer (1863 bis 1948), promovierter Germanist und Kunsthistoriker. Gründete 1882 mit Wilfried Treichler den Lesezirkel Hottingen, dem er von 1900-33 im Vollamt vorstand. Auf seine Initiative wurde die Schweizerische Schillerstiftung gegründet, deren Quästor er wurde.
27 Korrekt ist 1916.
28 Jakob Christoph Heer (1859-1925), einer der meistgelesenen Schweizer Heimatschriftsteller zu Beginn des 20. Jahrhunderts. Häufiger Besucher im Cabaret Voltaire, wo er auch mit Glauser Bekanntschaft schloss.
29 Felix Moeschlin (1882-1969), Schweizer Schriftsteller und Journalist. Von 1915-20 Redaktor der Monatshefte *Schweizerland*, später schrieb er auch für die Basler *National-Zeitung* und *Die Tat*.

Ich bitte um einen baldigen Bescheid, da ich völlig mittellos bin.
Hochachtend
F. Glauser

8   JAKOB CHRISTOPH HEER AN WALTER SCHILLER

Rüschlikon, 19. Juni 1917

Sehr geehrte Amtsstelle!
Auf Ihre geschätzte Anfrage, wie ich das literarische Talent des Herrn Fr. K. Glauser beurteile, gestatte ich mir folgende Antwort: Ich habe von Herrn Glauser etliche satyrische Gedichte vorlesen gehört sowie ein größeres Kapitel aus einem in Genf spielenden Prosaroman[30]. Bei beiden überraschte mich die außerordentliche Frühreife seines Talents und seines formalen Könnens. Die Gedichte erschienen mir weniger hervorragend durch ihren eigentlichen poetischen Gehalt als durch ihre epigrammatische Ausgeschliffenheit, die auf eine große Verstandesschärfe schließen läßt. Als Talentprobe stelle ich aber das gehörte Romankapitel höher als die Gedichte. Die freischwingende Poesie ist zwar auch hier der schwächere Teil, überall spürt man den kühlkritischen Zug der modernen Jugend, das Werk ist mehr mit dem Kopf als mit dem Herzen gedichtet, besitzt aber dabei grosse Vorzüge: Personen und Handlung sind durchaus individuell und sehr plastisch geschaut, die Kleinmalerei vieler Stellen bietet einen vollen Genuß, und im leichten Fluß der Sprache hat sich Glauser sehr vorteilhaft von den Franzosen beeinflussen lassen. Zu seinen Gunsten ist mir auch angenehm aufgefallen, wie er geschichtliche Reminiscenzen aus der Genfer Reformationszeit geschickt in dem Gegenwartsroman verwertet, sie sind so besonderer Art, daß man dem jungen Autor ohne Weiteres auch die Fähigkeit ernster wissenschaftlicher Forschung zutraut. Das fixe Können des erst 21jährigen war mir eine andauernde Überraschung. Wie schwer suchen u. tasten sonst die Leute dieses Alters auf dem Gebiet der Literatur! Offen gestanden, diese Frühreife ist mir ein Rätsel, sie steht ja auch in vollkommenem Gegensatz zur äußern Erscheinung des Jünglings und seines unfertigen Gehabens im persönlichen Verkehr.
Wie nun mein Urteil über Glauser zusammenfassen? Der Dichter von der mitreissenden Leidenschaft der Seele muß sich bei ihm erst noch offenbaren, bloß aber nach seiner Technik beurteilt, ist er ein

30 D. i. *Der Heide.*

entschiedenes Talent, mehr Schriftsteller als eigentlicher Poet. Wie weit aber ein Talent trägt, läßt sich nicht voraussehen, das muß die Entwicklung weisen. Auch ist das Aufkommen für einen jungen Autor jetzt viel schwerer als früher, in Zürich allein sind mindestens hundert junge begabte Leute, die für ihren dichterischen Ehrgeiz hungern und dürsten. Unter ihnen trifft die Zeit die Auslese. Ich wünsche aber Glauser doch herzlich, daß ihm die literarische Laufbahn offengehalten werde, einen so starken Trieb zu unterdrücken ist geradezu eine Schicksalsgefahr und der Möglichkeit ihn zu betätigen, sind doch sehr viele, z. B. im Journalismus. Bloss würde ich Glauser raten, die nächsten Jahre mehr für die Äufnung seines positiven Wissens als unmittelbar für das dichterische Schaffen zu verwenden. Es kommt auch bei der Literatur so sehr auf den Schulsack an, Werke aber erscheinen immer früh genug, wenn sie dann nur Treffer sind!

In der angenehmen Hoffnung, daß diese Zeilen beitragen mögen das Loos eines jungen Menschen zu klären, zeichne ich in vorzüglicher Hochachtung

Ihr ergebener J. C. Heer.

9 CHARLOT STRASSER AN HANS BODMER

Zürich 7, den 27.VI.191 [7]
Steinwiesstrasse 38

Sehr geehrter Herr Doktor!

Wir hatten für gestern eine Stunde vereinbart, in der ich Ihnen über Herrn *Frédéric Glauser,* über den Sie mich unter dem 20.VI. brieflich angefragt hatten, einige Aufschlüsse geben wollte, die ich der Gründlichkeit halber lieber mündlich gegeben hätte. Da Sie unsere Vereinbarung nicht einhielten, zwingen Sie mich, Ihnen kurz schriftlich das Wichtigste mitzuteilen.

Herr Glauser kam allerdings zu mir, um eventuell meinen ärztlichen Schutz gegenüber den Massnahmen des hiesigen Waisenamtes zu erbitten, was dann allerdings nicht nötig wurde, da er in der Person des Rechtsanwaltes Dr. *Schiller* einen sehr einsichtigen Beistand, mit dem ich mich telephonisch über Glauser verständigte, erhielt.

Die wenigen literarischen Sachen, die ich von Glauser zu Gesicht bekam, lassen natürlich ein sicheres Prognostikon, wie Sie selbst sagen, nicht zu. Immerhin möchte ich die kleine, in der «Schweiz» erschienene Arbeit[31] im Hinblick auf das Alter Glausers als recht

31 D.i. *Ein Denker,* in *Die Schweiz* 20 (1916). Dies ist Glausers frühester Text in deutscher Sprache.

begabt bezeichnen. Ebenso liegt mir ein kritisches Essay über *Leon Bloy*[32] vor, das ich, wiederum im Verhältnis zum Alter des jungen Mannes recht intelligent finde, wenn ich auch in gewissen ethischen Tendenzen mit der Arbeit nicht übereinstimmen kann. Dr. Kurt *Richter,* Sekretär des Herrn *Moeschlin* am «Schweizerland» teilte mir ferner mit, dass eine Arbeit von Glauser an der genannten Zeitschrift angenommen sei und einen recht guten Eindruck mache.

Was die von Ihnen erwähnte Angelegenheit mit dem Verleger *Reiss* in Berlin betrifft, wiederhole ich, was ich telephonisch bereits mitteilte und was mir Herr Glauser inzwischen auch brieflich bestätigt hat. Herr Glauser habe Ihnen gesagt, er hätte die Möglichkeit, durch eine Bekanntschaft mit Herrn Hugo *Ball* beim Reissverlag auf Interesse zu hoffen.

Ich habe selbst die Absicht, sowie ich dazu aufgefordert werde, mit dem Vater Glausers, der Professor der Handelshochschule, (soviel ich mich erinnere), in Frankfurt ist, zu verhandeln und für den Sohn zu bitten, der allerdings durch eine ganze Reihe jugendlicher Streiche es mit seinen Eltern verdorben hat und dann in Genf und Zürich etwas leichtsinnig lebte. Er versprach mir übrigens, jetzt fleissig zu arbeiten und sich, soweit es irgendwie geht, eine Position zu schaffen. Er hoffe, wenn die Schwierigkeiten mit dem Vater beseitigt sein werden, seine Studien aufnehmen zu dürfen, möchte sich aber, vornehmlich auch dem Vater gegenüber, durch literarische Produktion ausweisen, und bedarf der Unterstützung für die nächste Zeit, um einigermassen existieren zu können. Da er schliesslich gebürtiger Schweizer ist, auch seit dem Kriege schon längere Zeit in der Schweiz lebt, dürfte er doch einen gewissen Anspruch auf die Schillerstiftung haben. Es wäre vielleicht doch nicht ungeschickt, wenn man es mit ihm versuchen und ihm eine Unterstützung auf einige Monate gewähren könnte.

Ich füge noch bei, dass ich als Psychiater keine Veranlassung fand, dem Waisenamt irgendwelche Vorsorgemassnahme, (Internierung in eine Anstalt), zu empfehlen, sondern bin vielmehr der Meinung, dass bei einiger Disziplin der gar nicht unbegabte Student sich den Weg in die Literatur schaffen könnte.

Mit vorzüglicher Hochachtung
Dr. med. Ch. Strasser

Beilage: Brief.

32 Léon Bloy (1846–1917), französischer Schriftsteller und katholischer Sprachphilosoph. Glauser beschäftigte sich 1917 mit Bloy, seine Übersetzungen sowie der hier erwähnte Essay sind jedoch nicht erhalten.

FRIEDRICH GLAUSER UND HUGO BALL
AN WALTER SCHILLER

Maggia, 12. Juli 1917

Geehrter Herr Doktor,
ich bestätige Ihnen hiemit den Empfang von 80.- frs. und danke Ihnen vielmals für die so schnelle Sendung. Folgendes hat sich zugetragen: Es ist mir unmöglich hier weiterhin mit Herrn Ball zu leben; und zwar ist der Grund durchaus ein finanzieller. Herr Ball weiß nicht wie er sich und seine Familie weiterhin unterhalten soll, da erwartete Geldsendungen nicht eingetroffen sind. Es ist daher für beide Teile besser auseinanderzugehen, da mir die kleine Summe nicht genügt um weiterhin allein durchzukommen. Ich habe nun folgenden Entschluß gefaßt, und hoffe, dass Sie, geehrter Herr Doktor damit einverstanden sind. Ich fahre zu meiner Mutter, die in Montricher/Morges wohnt und werde sie bitten mir zu ermöglichen, daß ich bei meinen Vettern in Baulmes Aufnahme finde. Diese sind Bauern und ich hoffe ihnen bei der Ernte und weiteren landwirtschaftlichen Arbeiten behilflich sein zu können. Dies würde mir ermöglichen meinen Lebensunterhalt zu verdienen; sicher könnte ich auch nebenbei litterarisch weiterarbeiten. Eine beendete Novelle schicke ich in den nächsten Tagen an Herrn Dr. Strasser mit der Bitte sie Dr. Korrodi[33] zu übergeben. Es wäre mir angenehm, Ihr Urteil über diesen Entschluß zu hören; wollen Sie bitte so gut sein und mir nach Montricher berichten. Ich habe mich so plötzlich entschließen müssen, da mir wenigstens jetzt noch genügend Reisegeld zur Verfügung steht, während ich in einem Monat, fast mittellos, Herrn Ball nur zur Last fallen würde.
Nochmals vielen Dank für all Ihre Mühe.
Mit Hochachtung
Glauser

Montricher/Morges
Pension Magnin

Sehr geehrter Herr Anwalt,[34]
Herr Glauser reist, nachdem wir uns in freundschaftlicher Weise eingehend besprochen hatten. Meine Situation entspricht der vorstehenden Schilderung des Herrn Glauser und ich glaube, es ist für ihn besser zu reisen, als eine eventuelle Verschlimmerung der Verhält-

33 Eduard Korrodi (1885–1955), einflussreicher Schweizer Literaturkritiker, von 1914–50 Feuilletonchef der *Neuen Zürcher Zeitung*.
34 Handschriftlicher Zusatz von Hugo Ball auf demselben Blatt.

nisse abzuwarten. Herr Glauser hat in der kurzen Zeit viel gearbeitet und der Erfolg wird wohl nicht ausbleiben. Man kann in seinem Alter keine die Existenz sichernde Erfolge erwarten. Ich wünsche Herrn Glauser alles Gute und hoffe ihm wieder zu begegnen. Ich bitte Sie, mich auch seinem Herrn Vater bestens zu empfehlen.
Mit vorzügl. Hochachtung
Hugo Ball.

11 FRIEDRICH GLAUSER AN LOUISA GLAUSER

Av. St. Jullien 20
3. August 17

Meine liebe Mama,
Eben erhalte ich einen Brief von Doktor Schiller, in dem steht, dass ich nicht mehr auf die monatlichen Alimenten zählen kann. Aus gewissen Hinweisen, die ich von Dir im Laufe unserer zahlreichen Gespräche erhalten habe, schliesse ich, dass Du über diese Massnahme schon länger informiert warst. Weshalb hast Du mich nicht schon früher darüber informiert, frage ich mich jetzt; die Überraschung wäre dann weniger gross gewesen.

Nun, es hat keinen Sinn, gross zu jammern; das wäre ja allzu komisch. Ich will Dir nur sagen, dass ich die fragliche Übertragung unter diesen Umständen auf keinen Fall unterzeichnen kann. Mein werter hochverehrter Vater machte die weitere Zahlung der Alimente von dieser Übertragung abhängig. Er glaubt wegen meiner plötzlichen Abreise von Magadino könne er darauf verzichten. Wenn ihm diese Übertragung so endlos wichtig ist, so bitte ich ihn, juristische Schritte zu unternehmen, die sein geradliniger Geist so sehr liebt. Dies ohne jede Ironie. Ich werde versuchen, mich ohne Schulden durchzuschlagen, und erwarte geduldig den Tag der Abrechnung. Wird er kommen? Ich weiss es nicht. Ich bitte Dich jedenfalls tausend Mal um Entschuldigung für die Störung, als ich Dich in Montricher aufsuchte. Was willst Du, ich bin immer noch etwas naiv, wenn es um die Familie geht, und habe trotz allem noch ein paar Illusionen, die sich täglich mehr verflüchtigen. Was für ein schönes moralisches und literarisches Thema ist doch die Familie, die ein Herz und eine Seele ist. Und wie süss die Tränen, die gehorsame Kinder und diktatorische, autoritäre Eltern vergiessen. Und was für ein Unglück für Eltern wie Euch, einen solchen Flegel, Strolch und Galgenvogel wie mich als Sohn zu haben. Ich sende ein Stoßgebet zum Himmel, dass der Krieg bald zu Ende sei und ich den Boden Europas von meiner sehr unerwünschten Präsenz befreien kann und in Eurem Heim endlich jener heilsame Frieden einkehre, den kein Aufruf zur Revolte je erschüttern kann.

Gute Reise, Mama, und wünsche mir nicht allzu viel Schlechtes.
F.

12 CHARLOT STRASSER AN HANS BODMER

Zürich 7, den 12. VIII. 1917
Steinwiesstrasse 38

Sehr geehrter Herr Doktor!
Von Fred. *Glauser,* über den ich seinerzeit an Sie berichtete, bekomme ich letzterdings recht erbarmenswürdige Briefe aus Genf. (Carouge. Avenue St. Jullien, 20.) Er droht u. a. sich in der Fremdenlegion anwerben zu lassen. Er war einige Wochen bei H. Hugo Ball in Magadino, der dort das Wenige, was er hatte, mit ihm teilte, hoffte dann, von seiner Familie wieder unterstützt zu werden, ging nach Montricher zu seiner Stiefmutter, wurde von ihr nicht unterstützt, reiste nach Genf und versuchte zunächst als Milchverkäufer sein Brot zu verdienen. Doch hielt er offenbar dabei nicht aus. Von Genf aus sandte er mir eine inhaltlich recht interessante Erzählung, «der Märtyrer», die ich der «Neuen Zürcher Zeitung» einsandte, ev. falls sie dort nicht angenommen wird, an die «Weissen Blätter» weiterleiten will.

Unterdessen aber befindet er sich in grosser Not. Am besten würde man ihm ja helfen, wenn man ihm eine Beschäftigung finden könnte, aus der er sein Leben zu fristen vermöchte. Wissen Sie vielleicht jemanden, der es sich leisten könnte, sich für den jungen Mann zu interessieren? Und wenn ihm die Schillerstiftung doch noch ein wenig unter die Arme greifen würde, so glaube ich, dass er auf Grund seiner litterarischen Versuche dessen nicht unwert wäre.

Mit vorzüglicher Hochachtung,
Ihr
Dr. Ch. Strasser

13 FRIEDRICH GLAUSER AN HANS BODMER

Avenue St. Jullien 20
Carouge Genève

15. August 1917

Geehrter Herr Doktor,
Mit vielem Dank bestätige ich Ihnen den Empfang von Frs. 50–. Ihnen außerdem noch mitzuteilen, daß mir diese Unterstützung sehr viel Freude gemacht hat und daß Sie zur rechten Zeit gekommen ist halte ich für unnötig. Ich möchte versuchen bei Huber in Frauenfeld einen kleinen Band Novellen herauszugeben und hoffe sehr, daß mir dies gelingen wird.[35]
Nochmals vielen Dank.
Hochachtend
F. Glauser

14 GESPRÄCH WALTER SCHILLER MIT CHARLOT STRASSER

22.VIII.17

Dr. Strasser teleph.
in Sachen Glauser:
Es ist mir gelungen, für Glauser von der Schillerstiftung 50 fr. zu erhalten, die ich ihm bereits schickte.
Ferner gelang es mir, einen ungenannt sein wollenden Gönner[36] f. Glauser zu gewinnen, der jeden Monat 80 fr. f. Glauser auswerfen wird bei Wohlverhalten, ev. auch etwas mehr + zwar auf längere Zeit.
Glauser soll in Zürich wohnen und mit Dr. Strasser Fühlung nehmen.
Vereinbart, dass A'd aus der noch bei ihm liegenden Reserve ev. die Pensionsschuld in Genf und die Reise auf Zürich finanziert, nachdem er s. v. Glauser detaill. Rechnung hat vorlegen lassen.
Sch.

35 Diese Publikation erschien nicht, der Huber Verlag plante erst 1938 eine Publikation von Glauser in der *Thurgauer Zeitung*.
→ Dok. 278.
36 Nicht ermittelt.

Avenue St Jullien 20
Carouge Genève
15 August 1917

Geehrter Herr Doktor,

Mit vielem Dank bestätige ich Ihnen den Empfang von Frs. 50.-. Ihnen ausserdem noch mitzuteilen, dass mir diese Unterstützung sehr viel Freude gemacht hat und dass sie zur rechten Zeit gekommen ist halte ich für unnötig. Ich möchte versuchen bei Huber in Frauenfeld einen kleinen Band Novellen herauszugeben und hoffe sehr, dass mir dies gelingen wird.

Nochmals vielen Dank.

Hochachtend
F. Glauser

Dankesbrief von Friedrich Glauser an die Schweizerische Schillerstiftung.
Genf, 15. August 1917. → Dok. 13.

15 TRISTAN TZARA[37] AN FRIEDRICH GLAUSER

Tzara
Dahliastrasse 7

[Poststempel: Zürich, 7.x.1917]

Lieber Herr Glauser,
Ich habe keine Zeit gehabt, gestern ins Café zu kommen. Ich habe Ihnen sehr wichtige Dinge zu sagen. Wollen Sie morgen (Montag) um 1½ h oder 2 h ins Café Terrasse kommen? Ich erwarte Sie.
Ganz der Ihre
Tzara

16 GESPRÄCH WALTER SCHILLER MIT FRIEDRICH GLAUSER

8. Oct. 1917

Friedr. Glauser,
Fehrenstr. 15 bei Corray[38]

Ich wohne bei Corray gratis; Corray ist bekannt mit mir. Corray engagiert mich viell. in seinem Laden.
Ich habe die Maschine versetzt bei Goldsand, Niederdorf 41 zu 20 fr.; er verlangt nun aber 25 fr.
Ich gebe zu, Dr. Strasser mit verschiedenen Beträgen beschwindelt zu haben.

17 GESPRÄCH WALTER SCHILLER MIT CHARLOT STRASSER

8.x.1917

Dr. Strasser teleph:
Auch die schlimmsten Erwartungen mit Glauser sind überholt.
Ich gab Glauser 5 fr. f. Untersuch bei Dr. Schindler[39]. Gl. sagte, er habe es per Post geschickt; war erlogen.
Ich gab Gl. für die v. ihm versetzte Schreibmaschine 25 fr. zur Auslösung; er verklopfte das Geld.
Dass er Weiberbetrieb unterhielt an der Zähringerstr 40, bestritt er, aber unglaubwürdig.

37 Tristan Tzara (d.i. Samuel Rosenstock) (1896–1963), rumänischer Schriftsteller. Mitbegründer der Zürcher Dada-Bewegung, wo Glauser 1917 mit ihm Bekanntschaft schloss.
38 Han Coray (1880–1974), Lehrer, Schuldirektor, Kunsthändler und Sammler, Antiquar und Schriftsteller. Inhaber der Galerie Corray in Zürich, die 1916-17 Werke der Avantgarde und dadaistische Kunst ausstellte. In seiner Wohnung im Sprüngli-Haus am Paradeplatz eröffneten Hugo Ball und Tristan Tzara im März 1917 die Galerie Dada, in der auch Glauser verkehrte. Coray bot Glauser, wie zuvor Leonhard Frank und später Emmy Hennings, im Oktober/November 1917 Unterkunft in der Dachgeschosswohnung seiner Pestalozzi-Schule in Zürich-Hottingen.
39 Nicht ermittelt.

Die Zuwendung v. 80 fr. p. M. fällt nun natürlich weg.
Glauser ist nicht etwa nicht verantwortlich für seine Taten, er ist s. der Tragweite derselben wohl bewusst.
Es wird nichts anderes übrig bleiben als heimatl. Versorgung.
Sch.

18 GESPRÄCHE WALTER SCHILLER MIT FRIEDRICH GLAUSER

13. Oct. 1917

Friedrich Glauser:
Ich wohne nun defin. bei Corray, Fehrenstr. 15 Zürich 7 + bin bei ihm in Arbeit, im Antiquariat Kirchgasse 4, vorläufig ohne Lohn.
  Zimmer gratis Essen bei Corray zu Nacht gegen Bezahlung *2 frs;* zu Mittag im alkoholfr. Restaurant; zu Morgen bei Corray. (gratis)
  Petit: Geld f. Unterhalt.
  Die Maschinenangeleg. wird geordnet durch einen Freund.
  Sch.

27. Oct. 1917

Glauser:
Ich habe seit Beginn dieser Woche bei Hrn. Corray, Fehrenstr. 15 volle Pension + 2 fr. p. T.
  Hr. Corray hat 2 Laden (Antiquariat) an der untern Kirchgasse, dort helfe ich mit.
  Sch.

19 CHARLOT STRASSER AN WALTER SCHILLER

Zürich 7, den 29. X. 1917
Steinwiesstrasse 38

Sehr geehrter Herr Doktor!
Sie ersuchten mich um einen kurzen psychiatrischen Befund über den von Ihnen verbeiständeten Frédéric *Glauser,* von Muri, Bern.
  Ich hatte während mehrerer Monate Gelegenheit, den jungen Mann

zu beobachten. Er ist keinesfalls als geisteskrank zu bezeichnen und würde absolut nicht in eine geschlossene Anstalt passen. Ich möchte ihn auch nicht als moralisch Schwachsinnigen bezeichnen, da er sowohl über moralische Begriffe, wie moralische Gefühle verfügt. Ich halte ihn somit für seine Handlungen für voll verantwortlich. Man möchte zahlreiche seiner Charaktereigenschaften als Ausfluss eines *nervösen Charakters* auf Grundlage unglücklicher Verhältnisse in der Umgebung, während der Jugend des Glauser, dann auch auf Grundlage einer Lungentuberkulose, bezeichnen.

Mit vorzüglicher Hochachtung
Dr. med. Ch. Strasser

20 GESPRÄCH WALTER SCHILLER MIT DOMENICA CORAY[40]

20. Nov. 1917

Frau Corray, Fehrenstr. 15
Bis jetzt sind wir mit Friedr. Glauser wohl zufrieden, er hält s. solid.

Er arbeitet im Antiquariat meines Mannes, ist aber gesundheitlich übel dran, muss geleg. liegen.

Frau Corray erhält die Antwort, dass Anmeld. in Wald[41] erfolge, sobald Glauser das ausgefüllt. Formular zurückbringe.

Sollte der Zustand unhaltbar werden, so wird A'd ev. Spitalversorg. anordnen.

Sch.

21 GESPRÄCH WALTER SCHILLER
    MIT FRIEDRICH GLAUSER UND LEONHARD FRANK[42]

20. Dez. 1917

Friedr. Glauser mit Schriftsteller Frank:
Ich nächtigte bis dahin bei Moor,[43] Feldeggstr. 95, bin gänzlich mittel- und obdachlos, protestiere gegen die Bevormundung, habe mir ja eigentl. nichts zu Schulden kommen lassen als die Sache mit Dr. Strasser.

[40] Domenica Coray (geb. Hössli) (1876–1956), Malerin, Bühnenbildnerin, ab 1914 Leitung der Haushaltsschule für Mädchen in der Pestalozzi-Schule. Von 1904–18 mit Han Coray verheiratet.
[41] Die Einweisung in die Zürcherische Heilstätte für Lungenkranke in Wald im Zürcher Oberland erfolgte, nachdem bei Glauser im Herbst 1917 eine beginnende Lungentuberkulose diagnostiziert worden war.
[42] Leonhard Frank (1882–1961), deutscher Schriftsteller und Pazifist.
[43] Ernst Anton Mohr (1896–1966), Tanzausbildung bei Rudolf von Laban, führte von 1919 an mit seiner Frau Nina Macciachini die Mohr-Macciachini-Tanzschule in Zürich.

Teleph. Anfrage im Kurhaus Nidelbad ergibt, dass Glauser für 4 fr. p. Üb. heute schon dort eintreten kann.

Glauser und Frank bitten dringend noch um einige Kleidungsstücke: 2 Taghemden, einige Strümpfe *–35 fr. verabfolgt.*
Sch.

22 PROTOKOLL WAISENAMT RÜSCHLIKON

*Protokoll
über Sitzung des Waisenamtes Rüschlikon
d. 2. Januar 1918*

Geschäft Nr. 1
Auf gestelltes Begehren des Waisenamtes Zürich ist der im Kurhaus Nidelbad in hier wohnende Karl Glauser, geb. 1896 von Muri (Bern) vor heutige Sitzung vorgeladen behufs event. Einleitung von staatlicher Vormundschaft.

Glauser teilt mit, daß er sich seit seiner Verbeiständung nichts mehr habe zu Schulden kommen laßen, welches eine definitive Bevormundung rechtfertigen würde. Er protestiere aus diesem Grunde gegen Einleitung von staatlicher Vormundschaft, und laße es darauf ankommen, ob er event. vom Waisenamte der Stadt Zürich zwangsweise bevormundet werden könne.

Rüschlikon   Richtig befunden:
d. 2. Januar 1918   F. Glauser

23 GESPRÄCH WALTER SCHILLER
    MIT HERRN ECKSTEIN[44], KURHAUS NIDELBAD

3. Jan. 1918

Hr. Eckstein, Kurhaus Nidelbad.
Glauser ist seit gestern Abend nicht mehr zu uns zurückgekehrt. Wo er s. aufhält, wissen wir nicht.

Er stand stets erst um Mittag auf, rauchte wie ein «Türke», kam vergangene Woche mehrfach erst etwa um 10 h nach Hause, während er um 7 h im Hause sein sollte. am Neujahrsmorgen kam er erst ca 4 ½ Uhr heim, drückte eine Scheibe ein.

[44] Leiter des Kurhauses Nidelbad in Rüschlikon, das 1908 vom Schweizerischen Diakonieverein übernommen worden war.

Gemeinderat Rüschlikon
(Zürich)
—

Protokoll
über Sitzung des Waisenamtes Rüschlikon
v. 2. Januar 1918.

Geschäft Nr. 1.   Auf gestelltes Begehren des Waisenamtes Zürich
ist der im Kurhaus-Nidelbad in hier wohnende
Karl Hauser, geb. 1896 von Muri (Bern) vor heutige
Sitzung vorgeladen, behufs event. Einleitung von
staatlicher Vormundschaft.
Hauser theilt mit, dass er sich seit seiner
Verbeiständung nichts mehr habe zu Schulden
kommen lassen, welches eine definitive Bevormundung
rechtfertigen würde. Er protestiere aus diesem
Grunde gegen Einleitung von staatlicher Vormundschaft,
und lasse es darauf ankommen, ob er event. vom
Waisenamte der Stadt Zürich zwangsweise bevormundet
werden könne.

Rüschlikon,
d. 2. Januar
1918.

Richtig befunden.
C. Hauser.

Gestern Mittag musste Glauser vor W. A. Rüschlikon.
Sch.

24 FRIEDRICH GLAUSER AN WALTER SCHILLER

[Empfangsstempel: 14. Jan. 1918]

Geehrter Herr Doktor,
Ich datiere diesen Brief nicht, weil ich nicht wünsche, in meiner Arbeit gestört zu werden. Ich bitte Sie hiermit mir auf einige Zeit wohlverdiente Ruhe zu schenken und mich nicht zu zwingen vor Vormundschaftsbehörden und anderen Institutionen Schutz zu suchen. Ich verpflichte mich dagegen Ihnen nicht mehr zur Last zu fallen und weder von Armenbehörden noch von meinem Vater künftighin Unterstützungen zu verlangen. Falls Sie es notwendig finden sollten, die Polizei auf meine Fährte zu hetzen, bitte ich Sie, dies zu unterlassen. Ein Unglück ist sehr leicht geschehen und offen gestanden bin ich am Ende meiner Geduld. Wenn Sie trotz dieser Bitte Ihrem Gewissen gegenüber nicht anders handeln können, bitte ich Sie, falls mir etwas zustossen sollte, *auf jeden Fall,* meine Verfügungen, die ich schriftlich hinterlasse, respektieren zu wollen.
Mit gebührender Hochachtung
Frédéric Glauser.

25 PROTOKOLL BEZIRKSRAT ZÜRICH

Aus dem Protokoll des Bezirksrates Zürich
vom 7. Februar 1918

Mit Protokollauszug vom 18./28. Januar 1918 beantragt das Waisenamt Zürich, es möchte
Friedrich-Charles *Glauser,* stud. chem.,
von Muri, Kt. Bern,
dessen Verbeiständung im Sinne von Art. 394 Z.G.B. der Bezirksrat am 14. Juni 1917 beschlossen habe, nunmehr auf Grund von Art. 370 Z.G.B. wegen liederlichem und ausschweifendem Lebenswandel entmündigt werden. Schon vor der Erwirkung des zit. Bezirksratsbeschlusses habe sich das Waisenamt gefragt, ob nicht die Anord-

nung einer eigentlichen Vormundschaft einer blossen Beistandschaft vorzuziehen sei. Wenn es sich schliesslich für die mildere Massnahme entschieden habe, so sei es in der Hauptsache deshalb geschehen, um die Sachlage noch weiter abzuklären, insbesondere Glauser durch einen Nervenarzt untersuchen zu lassen. Eine solche Untersuchung, bezw. Beobachtung habe dann auch Dr. med. Ch. Strasser, Spezialarzt für Nerven- und Gemütskrankheiten vorgenommen. In seinem bezüglichen Berichte vom 29. Oktober 1917 gebe er der Ansicht Ausdruck, es sei Glauser keineswegs als geisteskrank zu bezeichnen und er passe deshalb auch nicht in eine geschlossene Anstalt. Zahlreiche Charaktereigenschaften Glausers seien als Ausfluss eines nervösen Charakters auf Grund unglücklicher Verhältnisse während der Jugend, dann auch auf Grundlage einer Lungentuberkulose zu bezeichnen.

Der bisherige Beistand, Dr. W. Schiller, teilte mit, es hätten sich mehrere Gönner Glauser's angenommen und ihm teils Arbeit, teils Zuschüsse zu seinem Unterhalt verschafft. Sein leichtfertiges Leben habe aber immer wieder die Oberhand gewonnen, sodass er sich dieser Unterstützungen vollständig unwürdig gezeigt habe. Bemühungen seiner Stiefmutter, nach Wiederausrüstung des in Kleidung und Geldmitteln völlig abgebrannten jungen Mannes diesem in Genf Verdienst zu verschaffen, habe keinen Erfolg gehabt. Nach wenigen Tagen Arbeit sei Glauser nach Zürich zurückgekehrt. Trotz seiner Krankheit habe er hier den liederlichen Lebenswandel fortgesetzt und sei meistens nach Mitternacht, oder auch erst gegen Morgen heimgekommen. Auch habe er sich der Unterschlagung einer Schreibmaschine schuldig gemacht und sich einem Arbeitgeber gegenüber in Geld- & andern Sachen unehrlich erwiesen.

Bei der am 2. Januar 1918 durch das Waisenamt Rüschlikon erfolgten Anhörung des im Nidelbad sich aufhaltenden Friedrich-Karl Glauser erhob dieser gegen seine Bevormundung Protest, indem er behauptete, er habe sich seit seiner Verbeiständung nichts mehr zuschulden kommen lassen, was eine so einschneidende Massnahme rechtfertigen würde.

Der Bezirksrat,

da nach dem Berichte des Beistandes alle Anstrengungen, den Friedrich-Charles Glauser auf rechte Wege zu bringen, umsonst waren und die Befürchtung, es dürfte dieser infolge seiner lasterhaften Lebensweise sich der Gefahr eines Notstandes & der Verarmung aussetzen, nicht nur begründet, sondern leider bereits zur Tatsache geworden ist,

beschliesst
in Anwendung von § 83 des E.G. zum Z.G.B.:

I. Friedrich-Karl *Glauser* wird auf Grund von Art. 370 Z.G.B. wegen liederlichem und ausschweifendem Lebenswandel entmündigt.
II. Es wird davon Vormerk genommen, dass das Waisenamt Zürich den bisherigen Beistand, Dr. Walter Schiller, zum Vormund des F. K. Glauser bestellt hat.
III. Die Beistandschaft über Fr.-Karl Glauser wird aufgehoben & abgeschrieben.
IV. Kosten bleiben ausser Ansatz.
V. Auf 31. Dezember 1919 wird erstmals Bericht gewärtigt.
VI. Mitteilung an:
a. Friedrich-Karl Glauser, gegen Empfangschein,
b. den Vormund, Dr. W. Schiller, id.
c. & d. das Waisenamt Zürich, in doppelter Ausfertigung, unter Rückschluss der 4 Einlagen und mit der Einladung, beim Bezirksgericht Klage auf Bestätigung der Entmündigung des Friedrich-Charles Glauser einzureichen.

Für richtigen Auszug,
Kanzlei des Bezirksrates,
der Ratsschreiber

26 FRIEDRICH GLAUSER AN MARIA WASER[45]

Rue du Marché 18 ^{IV}
Genf, 2. März 1918

Geehrte Frau Doktor,
Beiliegend sende ich Ihnen eine Novelle[46], die vielleicht zur Aufnahme in die «Schweiz» geeignet wäre. Wollen Sie vielleicht so gut sein und mir an obige Adresse eine Probenummer der «Schweiz» (Dezemberheft) schicken, in der meine Skizze «Der Kleine» erschienen ist. Falls noch ein Rest des Honorars bleiben sollte, haben Sie vielleicht ebenfalls die Güte ihn mir zukommen zu lassen. Es geht mir augenblicklich sehr schlecht, sodaß selbst der kleinste Rest für mich von großer Nützlichkeit ist.
Ich bin Ihr ganz ergebener
F. Glauser

45 Maria Waser (1878 bis 1939), promovierte Historikerin und Schweizer Schriftstellerin. Von 1904–19 Redakteurin der Kulturzeitschrift *Die Schweiz* in Zürich, ab 1913 Veröffentlichung eigener literarischer Werke. Wurde 1938 als erste Frau mit dem Literaturpreis der Stadt Zürich ausgezeichnet.
46 D. i. *Der Heide.*

27 GESPRÄCH WALTER SCHILLER MIT ROBERT BINSWANGER[47]

4. März 1918

Hr. Binswanger:
Friedr. Glauser schrieb mir, er wolle nun lieber an seinem Roman[48] weiter arbeiten + weiter hungern, als ins Krankenhaus Langenthal einzutreten.

28 RODOLPHE WEBER[49] AN WALTER SCHILLER

Direction de l'Asile de Bel-Air
Chêne (Genève), le 14.VI.18

Herrn Dr. Schiller
1. Amtsvormund
Zurich.

Sehr geehrter Herr,
Glauser wurde zu uns verbracht aus der U. Haft, wo er wegen Diebstahls eines Velos sass. Da er Morphium zu sich nahm, wurde wohl die Frage nach s. Zurechnungsfähigkeit gestellt. H. Dr. Ladame Ch.[50] wurde vom Gerichte mit der Ausarbeitung eines Gutachtens betraut. Je nach Ausfall desselben werden Massnahmen getroffen werden müssen. Wir werden Sie auf dem Laufenden halten.

Der Kanton Bern wird uns natürlich nichts bezahlen. Dagegen wird event. die Heimschaffung in eine bernische Anstalt ins Auge gefasst werden müssen.

Mir persönlich scheint allerdings der Beweis geliefert dass G. nicht im Stande ist s. Leben zu dirigieren. Damit will ich aber keineswegs dem Gutachten m. Collegen vorgreifen.

Hochachtungsvoll
Weber.

---

47 Robert Binswanger (1892–1963), Journalist und Schriftsteller. Glauser lernte ihn 1917 in Zürich kennen und wurde im Sommer 1919 von ihm und seinem Freundeskreis in Ascona aufgenommen.
48 D. i. *Der Heide.*
49 Rodolphe Weber (1866–1937), Psychiater. Seit 1900 Professor an der Universität Genf und Gründungsdirektor der psychiatrischen Klinik Asile de Bel-Air in Chêne-Bougeries ausserhalb von Genf, die er von 1900–24 leitete.
50 Charles Ladame (1871 bis 1949), Psychiater und als Nachfolger von Rodolphe Weber von 1925–39 Direktor der psychiatrischen Klinik Bel-Air.

29 CHARLES LADAME AN WALTER SCHILLER

Dr. Ch. Ladame
Privat-Docent de Psychiatrie
Asile de Bel-Air
Chêne-Genève

29.VI.1918

Sehr geehrter Herr
Das umfangreiche Dossier *Glauser Frédéric* geht anbei mit bestem Dank an Sie zurück. Ich habe dem Untersuchungsrichter meinen Bericht übermittelt. Meine Schlussfolgerung lautet:

Glauser ist ein an *Schizophrenie* leidender Psychopath, einer fortschreitenden psych. Erkrankung.
Obschon er sich seiner Handlungen bewusst ist, muss er als *unzurechnungsfähig* eingestuft werden.
Glauser muss in einer Heilanstalt seines Heimatkantons interniert werden, um ihn *vor weiteren unsozialen Taten* mit schädlichen Folgen *zu schützen.*
Ich bin zur Überzeugung gelangt – und Dr. Weber, Professor und Direktor von Bel-Air, ist derselben Meinung –, dass Glauser erst am Anfang steht, und dass es notwendig, gar unabdingbar ist, dass er rechtzeitig in Behandlung kommt und verhindert wird, dass er seinen Nächsten Schaden zufüge.

Hochachtungsvoll,
gez. Dr. Ladame

30 FRIEDRICH GLAUSER AN ROBERT BINSWANGER

Asile de Bel-Air, 5 juillet 1918

Lieber Herr Binswanger.
Vielen Dank für Ihre Briefe, besonders für den zweiten, der mir viel Freude gemacht hat. Wenn Sie wüßten, wie grauenhaft eintönig es in einer Anstalt zugeht, würden Sie meinen moralischen Katzenjammer begreifen. Die Expertise über meinen Geisteszustand ist beendet und ans Gericht abgegangen. Man findet nach meinem bis-

herigen Handeln und Wandeln, ich sei nicht fähig, mich in der Gesellschaft zu bewegen, in der wir alle das zweifelhafte Glück haben zu leben. Deswegen wird meine weitere Internierung verlangt. Ich habe gebeten mich in meinen Heimatkanton zu schicken, da ich hoffe dort ein wenig mehr zu essen zu bekommen als hier. Genf ist in bezug der Nahrungsmittel bis jetzt, glaube ich, am schlechtesten daran. Wahrscheinlich werde ich bald nach der Waldau bei Bern[51] geführt zwecks Erholung, und dann? Dort will ich versuchen endlich meinen Roman[52] fertigzustellen, sobald er soweit ist geht er an Sie ab mit der Bitte, ihn womöglich bei Rascher[53] unterzubringen. Wie Sie mir einmal schrieben, hätten Sie Gelegenheit dazu. Es ist nämlich für mich die einzige Rettung gedruckt zu werden um etwas Positives vorweisen zu können.

Richten Sie mich nicht zu streng, alles, was Sie mir im ersten Brief sagten, habe ich schon selbst gedacht und mich bisweilen gefragt, warum ich derartig outsider bin. Ich weiß es selbst nicht recht. Verpfuschte Erziehung vielleicht, Fehlen der Einsicht es sei nötig, durchaus nötig, es zu irgend etwas zu bringen im Leben, d'arriver à quelque chose, wie man sagt. Und dann ist mir immer die Möglichkeit abgegangen, irgendein bürgerliches Ziel ernst zu nehmen, und in dieser Beziehung glaube ich mit Ihnen übereinzustimmen. Daß man mich als Landstreicher und Tunichtgut betrachtet tut schliesslich nichts zur Sache, da es immer noch besser ist, Landstreicher zu sein als Politiker oder Offizier. Ich erinnere Sie bei dieser Gelegenheit an eine lange Theorie Franks,[54] die er eines Sonntags oben bei Corrays gehalten hat.

Und nun, lieber Herr Binswanger, muss ich Ihnen noch danken, daß Sie mir überhaupt geschrieben haben. Viele Leute hätten dies durchaus nicht getan. Und daß ich mich so an Sie anklammere, was Ihnen vielleicht unangenehm ist, hat den Grund, daß Sie der einzige *Mensch* sind, der bisweilen verstanden hat, was in mir vorgeht; ich nehme daher Ihre Affirmation ich sei Ihnen fremd, nicht an. Sie sind mir nah. Vielleicht näher als Sie glauben, nicht was mein verpfuschtes Leben anbetrifft, ich habe es nie gut verstanden, die dehors zu wahren, sondern was die inneren, hauptsächlichen Dinge betrifft. Vielleicht, es ist ja alles möglich, werden wir beide einmal berühmt, und ich bin jetzt schon sicher, daß diese für sonst alle glückliche Angelegenheit uns sehr degoutieren wird. Es ist keine Phrase und ich bitte Sie mir das zu glauben, daß ich mich nie noch so einsam gefühlt habe wie jetzt und daß trotz allem, trotz der großen scheinbaren Verschiedenheit inmitten all der fremden Menschen um uns, Sie mir

51 Statt in die Psychiatrische Klinik Waldau wurde Glauser am 3. August 1918 in die Psychiatrische Anstalt Münsingen bei Bern verlegt.
52 *Der Heide.*
53 Der 1908 von Max Rascher in Zürich gegründete Verlag hatte während des Ersten Weltkriegs eine zentrale Stellung in der Schweiz. Das Verlagsprogramm legte einen Schwerpunkt auf pazifistische (Exil-)Literatur und Deutschschweizer Literatur.
54 Leonhard Frank vertritt in seinem Antikriegsbuch *Der Mensch ist gut* (Zürich, Rascher 1917) einen radikalen Pazifismus.

am nächsten stehen. Ich kann mich irren, und Sie vielleicht durch dies Ansinnen beleidigen, denn nicht jeder möchte mit einem Dieb etwas Gemeinsames haben, aber ich weiß nicht warum, ich glaube, daß wir bestimmt sind uns zu verstehen. Entschuldigen Sie diese etwas groteske Verwandtschaftserklärung und glauben Sie bitte an deren Offenheit.

Vielen Dank für die fünf Francs, die Sie mir geschickt haben; sie sind leider schon verbraucht und ich wage es nicht, Sie mit einer neuen Bettelei zu belästigen. Ich freue mich sehr nach Bern zu kommen, denn hier verhungert man schier. Ich glaube, daß nächste Woche mein Los sich entscheiden wird. Diesen Brief übergebe ich meiner Tante zur Besorgung, da hier alles gelesen wird, und ich es ungern sehe, wenn Psychiater ihre geistig unsaubere Nase in meine Angelegenheiten stecken. Darf ich Sie bitten beiliegenden Brief an Frau Corray zu besorgen? Wenn Sie mir antworten, wägen Sie Ihre Worte, denn auch die ankommenden Briefe werden von den Doktoren gelesen. Sonst schicken Sie Ihren Brief ruhig an Mme A. Cattin Les Pénates, Chemin des tulipières 53 bis, Route de chêne. Meine Tante wird ihn mir dann bringen.

Noch vielen Dank für all das Gute, das Sie an mir tun. Ich bin stets Ihr ergebener
Glauser

31 FRIEDRICH GLAUSER AN ROBERT BINSWANGER

Münsingen, 30. Okt 18

Lieber Herr Binswanger,
Brief und Paket habe ich gut erhalten und danke Ihnen herzlichst dafür. Franks Buch werde ich Ihnen etwa in einer Woche zurückschicken. Es wundert mich, daß Sie meinen letzten, langen Brief nicht erhalten [haben]. Vielleicht ist er verloren gegangen. Ich schicke Ihnen dafür heute die Abschrift der Gedichte. Bitte strenge Kritik! Es ist furchtbar, wie man hier versumpft, und doch hat vielleicht dieses rein vegetative Leben viel gutes. Ich arbeite täglich im Garten oder auf dem Feld und finde, daß dies eine ausgezeichnete Charakterstärkung ist. Ich fange sogar an Tolstoi zu begreifen, und lese viel in seinen Tagebüchern, die ein Freund mir geschickt hat. Es ist die Rascher-Ausgabe mit Vorwort von Rubiner[55], geschmacklos und prä-

55 Ludwig Rubiner (1881–1920), Schriftsteller. Von 1915–19 als Kriegsgegner im Exil in Zürich, 1917 Herausgeber der pazifistischen Zeitschrift *Zeit-Echo*. Gemeinsam mit Frida Rubiner (geb. Ichak) Übersetzung von Tolstois Tagebüchern (Zürich, Rascher 1918). Ende 1918 Ausweisung aus der Schweiz und Rückkehr nach Berlin. Dort bis zu seinem Tod 1920 Lektor des Kiepenheuer Verlages.

tentiös comme toujours. Zum Schreiben habe ich sonst wenig Zeit, ich habe zwei oder dreimal (vielleicht mehr) versucht irgend etwas in Prosa zu schreiben, aber der Stil macht mir große Mühe, die Sätze, die ich schreibe, decken sich gar nicht mit den Gedanken und fliessen lauwarm und banal. Es ist eine Qual. Die besten Gedanken und Sätze kommen mir am Abend, wenn ich ins Bett muß (man geht hier schon um ½ 9 zu Bett). Dann liege ich wach bis um 12 und träume von wohltönenden Versen die am Morgen längst schon in ihre Heimat zurückgekehrt sind (ins Unterbewußtsein?). Ich weiß noch immer nicht wann einmal die «Stunde der Freiheit» schlagen wird. Manchmal sehe ich die Zukunft so schwarz wie einen Sargdeckel und dann schöpfe ich Hoffnung, wenn wieder einmal Friedensgerüchte umgehen. Ich stelle mir das so schön vor, wieder einmal unbehindert aus der Schweiz fliehen zu können und manchmal kommt es mir vor als sei es gleichgültig ob ich hier eingeschlossen sei, in einem Haus mit kleinem Garten, oder draußen in einem grenzgesperrten kleinen Land. Es hat mich gefreut zu hören, daß Sie sich gut haben einrichten können und ich habe Sehnsucht einmal wieder recht lang mit Ihnen zu plaudern, es ist so schwer brieflich miteinander zu sprechen. Ich glaube ich könnte eine ganze Nacht lang sprechen ohne aufzuhören; vielleicht würde ich Sie auch sehr langweilen, so daß es glimpflicher ist, Briefe zu schreiben. Ein junger, nervenkranker Lehrer ist hier, mit dem ich mich oft unterhalte. Er leidet an Schlaflosigkeit und hatte große Mühe sich hier einzugewöhnen. Mit großen Idealen begann er seine Laufbahn, mußte herabgehen und ist jetzt pessimistischer gesinnt als Schopenhauer. Ich versuche ihn ein wenig aufzumuntern, manchmal gehts, manchmal nicht. Haben Sie etwas von Heinrich Mann? Nicht die «Armen», sondern den «Professor Unrat», oder sonst etwas. Es wäre lieb von Ihnen, wenn Sie mir einmal wieder etwas zum Lesen schicken könnten. Und dann noch eins: ich habe immer Gewissensbisse, wenn ich so teure Cigaretten von Ihnen bekomme. Billigere tuns auch, wenn Sie schon so freundlich sind und mir welche schicken. Auch für die Chokolade danke ich Ihnen, aber ich habe jetzt genug hier zu essen und ich möchte nicht, daß Sie zu viel Geld für mich ausgeben. Bitte verstehen Sie mich recht. Darf ich Sie um ein paar Couverts bitten und ein Stück Seife?

Schreiben Sie mir bald und recht lang wenn Sie Zeit haben. Es kommt immer ein Stück Außenwelt mit Ihren Briefen.

Ich bin stets Ihr dankbarer
Glauser

Kant. Irrenanstalt Münsingen

Datum des Poststempels.

216

Kostgelderhöhung.

Laut Regierungsratsbeschluss vom 27. Januar 1919 wird das Kostgeldminimum der III. Verpflegungsklasse für Kantonsangehörige vom 1. Januar 1919 an von Fr. 1.10 auf Fr. 1.50 pro Tag erhöht. Der Teuerungszuschlag von 20% wird bis auf weiteres beibehalten.

DIE VERWALTUNG.

RECHNUNG
der kant. Irrenanstalt Münsingen

Kostgeld pro II Quartal 1919

für *Gfauner Friedrich Karl*

Fol.			Fr.	Cts.
463m	91	Tage à 1.50	136	50
	20 %	Teuerungszuschlag	27	30
			163	80
6/5	*Ausrüstung laut Aufstellung*		132	55
			296	35
		Postcheque-Spesen		20
		TOTAL	296	55

Der Post-Empfangsschein wird von uns als Quittung anerkannt. — Ausstehende Beträge werden ein Monat nach Rechnungsstellung per Nachnahme erhoben.

Kostgelderhöhung und Rechnung der Psychiatrischen Anstalt Münsingen.
Münsingen 1919.

FRIEDRICH GLAUSER AN ROBERT BINSWANGER

Münsingen, im Januar 19

Lieber Binswanger,
Pro primo: herzlichen Dank für alles, die Ottomane Cigaretten sind sehr gut. Pro secundo: der heilige Antonius ist ein interessanter Heiliger aber furchtbar gelehrt. Und Flaubert ein ausgezeichneter Schriftsteller aber myself nur ein dürftiger Schreiber. Es sind Fremdwörter in diesem Buch ... Und dann: Was ist doch deutsch Sprack für ein plump Sprack, wie Lessing den M. de la ... inière sagen läßt.[56] Glauben Sie wirklich, daß der hl. Antonius ein so großes Interesse erregen wird? Ich weiß ja, die Mode ist sehr für Flaubert, und sein Individualismus steht gut an der geistigen Börse Deutschlands, grâce à H. Mann.[57] Aber er hat doch interessantere Sachen geschrieben (Flaubert nämlich) als den bewußten Heiligen, den er übrigens selber am Ende seines Lebens desavouiert hat. Ich bin für eine Übersetzung des «Bouvard et Pécuchet», sein Meisterwerk unbedingt, der beste Roman des neunzehnten Jahrhunderts, trotz Balzac, Zola etc. Ein moderner «Don Quixotte», nicht mehr und nicht weniger. Sie kennen ihn nicht? Nun: Zwei kleine Schreiber, (rond-de-cuir) sind die Helden. Der eine macht eine Erbschaft. Sie kaufen ein Gut in der Normandie; befassen sich mit Wissenschaft, mit Ackerbau, Chemie, Anatomie, Astronomie, dramatischer Kunst, Malerei, wollen sich aufhängen weil nichts sie durchaus befriedigt und sie stets Fiasko erleiden, werden gläubig, wieder ungläubig, lernen die Liebe kennen, die romantische sowie die andere, und zum Schluß ... lassen sie sich zwei Schreibpulte zimmern und beginnen wieder abzuschreiben. Wie früher. Es ist vielleicht das hoffnungsloseste Buch, das ich gelesen und würde vielleicht gut tun in unserer Zeit übertriebener Hoffnungen auf die Zukunft. Doch wenn der «Antonius» Sie interessirt, übersetze ich ihn auch.[58] Aus Dankbarkeit? Nein, weil er auch schön ist, als ébauche zur «Salammbô». Überhaupt ärgert es mich, daß man in Deutschland nur *die* Bücher von ihm kennt, die gar nicht seine Weltanschauung charakterisieren. Man sollte die «Éducation sentimentale» übersetzen[59] und vor allem seine Korrespondenz, die jetzt neu herausgekommen ist in vier dicken Oktavbänden bei Conard (10 frs. der Band). Sie wissen nicht, was dieser *Mensch* gelitten hat. Er hat gelebt wie ein Anachoret, einsam, die Sätze aus sich herausquälend, überzeugt, daß nur durch Selbstkasteiung das wahrhafte Kunstwerk entstehen kann. Ein großer, kräftiger Mann, der am liebs-

---

56 Gotthold Ephraim Lessing lässt in seinem Lustspiel *Minna von Barnhelm* (1767) den Franzosen Riccaut de la Marlinière sagen: «Corriger la fortune, l'enchaîner sous ses doigts, être sûr de son fait, das nenn die Deutsch betrügen? Betrügen! Oh, was ist die deutsch Sprak für ein arm Sprak! für ein plump Sprak!» (4. Akt, 2. Szene).
57 Heinrich Mann (1871–1950) hat mit dem Essay *Gustave Flaubert und George Sand* (1905) und weiteren Schriften die deutsche Flaubert-Rezeption massgeblich beeinflusst.
58 Im Nachlass Friedrich Glauser findet sich ein handschriftliches Manuskript mit dem Anfang einer Übersetzung von Gustave Flauberts *La Tentation de saint Antoine*.
59 Glauser kannte offenbar die zwei existierenden deutschen Übersetzungen nicht: *Der Roman eines jungen Mannes*, Übersetzung von Alfred Gold und Alphonse Neumann (Berlin, Bruno Cassirer 1904), und *Die Schule der Empfindsamkeit*, Übersetzung von Luise Wolf (Minden, J. C. C. Bruns 1915).

ten Holz gespalten hätte oder sich, brünstig, stets, dem sinnlichen Genuss hingegeben hätte. Naiv im Verkehr mit anderen Menschen, stets betrogen oder ausgebeutet (von Zola zuerst, von den Goncourts, von Maupassant, von all den unangenehmen Schmierfinken, die man Naturalisten nennt). Ausgebeutet, denn sie stahlen ihm Ideen; 58, glaub ich, kam die «Bovary» heraus und in einem Brief aus jener Zeit stellt er schon das ganze Programm der späteren «Soirées de Medan»[60] (Zola und Consorten) auf. Die amoralische Kunst, von der Zola nichts verstand (haben Sie je begriffen, daß H. Mann ihn behymnen könnte?), die tendenzlose Kunst, von der Zola nichts verstand; denn bei ihm wurde sie Abstinenzpropaganda («Assomoir»), für die Fruchtbarkeit und die Kinderzeugung («Fécondité»), für Arbeit, Demokratie oder wie all die entsetzlichen Dinge heißen («Les trois Evangiles»)[61]. Im Grunde waren all diese Leute Flaubert zuwider, aber er sehnt sich nach Liebe, nach Verständnis und findet ... George Sand. Naja. H. Mann poetisiert diesen Zustand in einem «Monolog Flauberts» (zuerst im «Forum» von Herzog abgedruckt, 1. Heft). Ich glaube er ist wieder gedruckt worden im «Kurt Wolff Almanach». Wenn ich noch meine Notizen über Flaubert hätte, die ich in Genf gemacht habe, könnte ich Ihnen mehr über ihn schreiben. Aber sie sind fort, vom Winde verweht.

Autant en emporte le vent.

Pro tertio: Ich bin hier Heizer geworden, muß um 1/2 7 Uhr aufstehen, Kohlenkessel schleppen, Schlacken mit Aufgebot aller nur möglichen Muskelkraft von widerspenstigem Rost ablösen. Muß kehren und fegen und rußen und laufen und schwitzen und mir die Hände ruinieren. Bin schwarz wie ein Moor und trage einen Schnurrbart. Ein blaues Mechanikerkostüm. Auch bin ich im Besitze eines Passe-partout, der mir alle Geheimnisse dieses Infernos öffnet. Übrigens bin ich der gewissenhafteste Heizer, den man bis jetzt hier hatte (Ausspruch des Mechanikers, meines direkten Vorgesetzten). Der Spitzbauch des Direktors gönnt mir bisweilen ein Lächeln und ich bin «etwas» (äußerst trostreich). Daß ich daneben vor Nervosität fast platze, weil ich fast nicht mehr schlafen kann, daß es ein fast unerträgliches Gefühl ist wenn ich mich nur ein wenig brenne (mein Gehirn sticht dann durch die Stirnwand und sägt langsam bis zum Hinterkopf), daß ich huste bis ich krebsrot bin und schwarzen Kohlenstaub spucke ist uninteressant und nebensächlich.

Wann werde ich wieder einmal bis zwölf Uhr schlafen können, in ein Dampfbad gehen, meine Hände ein wenig pflegen und ein Kalbskotelett mit grünen Erbsen essen können! Dieses sind meine höchst

60 Émile Zola versammelte in seinem 1878 erworbenen Haus in Médan regelmässig einen Kreis von Schriftstellern, bekannt als «groupe de Médan». Ein Resultat dieser Treffen war die Anthologie *Soireés de Medan*, mit Erzählungen und Novellen über den deutsch-französischen Krieg 1870/71 von Zola, Maupassant, Huysmans, Céard, Hennique und Alexis (Paris, Georges Charpentier 1880).

61 Émile Zola, Romanzyklus *Les Quatre Évangiles* (1899–1902). Vor seinem Tod konnte Zola nur die ersten drei Romane *Fécondité*, *Travail* und *Vérite* vollenden, der vierte Teil *Justice* blieb eine Skizze.

materiellen Sehnsüchte. Binswanger, beten Sie für meine baldige Erlösung. Mein Galgenhumor beginnt bedenklich in Gärung überzugehen. Einmal habe ich hier schon jemanden sehr stark durchgeprügelt, weil er mir heißen Brei ins Gesicht gespritzt hatte. Der Doktor hat nur gnädig gelächelt. Er begreift und schweigt und nickt. Das nächste Mal, wenn «die Wut wieder mich übermannt», begehe ich vielleicht einen Mord. Dann weiß ich doch warum ich im Irrenhaus stecke. Wissen Sie keine Stelle für mich? Als Kellner, als Heizer, meinetwegen als Kindermädchen, aber nur daß ich dies Fegefeuer verlassen kann bevor es eine Hölle wird. Ich schicke Ihnen eine kleine Skizze.

Der durchgestrichene Absatz gilt auch.[62] Am 4. Februar werde ich dreiundzwanzig Jahre alt. Es scheint mir unmöglich. Ich bin alt wie das Leid, das vielleicht gar nicht vorhanden ist.

Seien Sie nicht böse über diesen furchtbar sinnlosen Brief. Ich kann nicht immer «über den Geschehnissen» stehen.

Leben Sie wohl und beten Sie für eine arme Seele im Purgatorio.

Sanctus Antonius ora pro me. Amen.

Ihr stets fidelissimus

Glauser

33 ROBERT BINSWANGER AN WALTER SCHILLER

Ascona, Casa Günzel, 21. März 1919
Tessin

Sehr geehrter Herr Direktor!

Gestatten Sie, dass ich noch einmal wegen Herrn Glauser an Sie gelange mit der Bitte, mir mitzuteilen, ob Sie ihn nicht jetzt schon zu mir als Landarbeiter schicken und von der Anstalt auf Zusehen hin schicken können. Ich habe in Ascona unter günstigen Bedingungen ein kleines Haus mit Land mieten können und kann mir nun hier den langgehegten Wunsch erfüllen, einen kleinen Kreis von geistig und künstlerisch tätigen, aber berufs- und vermögenslosen Menschen zu erhalten, die sich durch Mitarbeit in Haus und Wald zum Teil selbst verpflegen. Ich brauchte jetzt einen Landarbeiter für die Frühjahrsbestellung und würde dafür lieber einen Mann wie Glauser nehmen wie einen Bauern, der auch an andern Orten Arbeit findet. Ich habe Glauser nicht geschrieben, sondern bitte Sie, wenn Sie mit dem Projekt einverstanden sind, es ihm mitzuteilen. Ich würde hier

---

[62] Im Brief sind zwei Zeilen gestrichen. Sie sind nicht mehr entzifferbar.

seinen Lebensunterhalt und die kleinen Ausgaben, eventuell eine monatliche Entschädigungssumme für die Arbeit übernehmen. Angenehm wäre es mir, wenn die Reise nach Locarno, die auf ungefähr 30 Franken zu stehen kommt, noch auf das Konto seines Vaters käme.

Ich wäre Ihnen für einen Bescheid dankbar, da ich mich sonst nach andern Arbeitskräften umsehen muss.

Mit ergebenen Grüssen
sig. Robert Binswanger

34 WALTER SCHILLER AN DIE DIREKTION
DER KANTONALEN IRRENANSTALT MÜNSINGEN

19. Mai 19

*An die
Direktion der kantonalen Irrenanstalt
Münsingen
Bern*

In Sachen meines Vögtlings *Friedrich Glauser* beziehe ich mich auf meinen Besuch bei Ihnen vom 15. ds.

Gestützt auf meine trostlosen Erfahrungen mit Friedrich Glauser kann ich mich, wie ich bereits mündlich betonte, als Vormund mit einer Entlassung meines Mündels aus Ihrer Anstalt zwecks Übersiedelung zu Herrn Binswanger in Ascona nicht einverstanden erklären. Ich halte, nach dem, was ich mit Glauser erlebt habe, denselben eben für in hohem Masse gemeingefährlich und müsste daher von vorneherein jede Verantwortung für die eventuellen Folgen einer Entlassung ablehnen.

Wenn sich früher oder später eine Gelegenheit böte, Glauser irgendwo unterzubringen, wo er immerhin noch unter relativem Zwang und einer wirksamen Autorität steht, so könnte ich eher dazu Hand bieten.

Die Akten des Waisenamtes der Stadt Zürich, sowie meine Handakten über Friedrich Glauser, die ich Ihnen anlässlich meines Besuches zur Einsichtnahme überliess, erhielt ich heute zurück.

In vorzüglicher Hochachtung

Chargé

35 ROBERT BINSWANGER AN WALTER SCHILLER

Ascona, 24. Mai 19

Sehr geehrter Herr Dr. Schiller,
ich beeile mich, meinem letzten Brief beizufügen, dass Sie vielleicht eher einwilligen werden, Glauser hierherzulassen, wenn ich die Verantwortung und Sicherstellung für den Schaden übernehme, der Ihnen oder Anderen erwachsen könnte durch die Freilassung Glausers. Ich begreife, dass Sie es nicht noch einmal darauf ankommen lassen wollen, für Schadenersatz belangt zu werden, wie von der Witwe in Genf, wie Sie mir es damals mitteilten. Ich glaube nicht, dass hindernde Gründe dann noch dem Umzug Glausers im Wege stünden und ich erwarte gern eine Verständigung in dieser Angelegenheit.
Mit vorzüglicher Hochachtung,
Robert Binswanger

36 FRIEDRICH GLAUSER AN GRETE ROTHENHÄUSLER[63]

Liebe Frau Doktor,
«Muss es sein? es *muss* sein» schreibt Beethoven über ein sonderbares Thema. Böse Zungen behaupten es habe sich in diesem Falle bloss um den Wechsel seiner Haushälterin gehandelt. Ich bin zwar nicht Beethoven, aber es *muss* sein. Nämlich das Durchbrennen.[64] Ich hätte ein schöneres Wort wählen können, ein pathetischeres vielleicht aber es ist irgend ein Lausbubenton an das Wort geknüpft, das es mir lieb macht. Ich habe Sehnsucht nach Abwechslung, nach Unruhe und sonstigen romantischen Dingen, die der Psychiater und auch Ihr Herr Gemahl (mit oder ohne «h»?) mit den Worten «mangelndes Anpassungsvermögen» abtun wird. Die Worte sind ja schließlich gleichgültig, die Hauptsache ist das Gefühl, wieder einmal Mensch zu sein und nicht ein registriertes Ding mit Krankengeschichte in Schreibmaschinenschrift. Ob ich wieder eingefangen werde ist mir nach langer Überlegung ziemlich gleichgültig. Ich werde wenigstens versucht haben mit eigener Hand einen Knoten zu durchhauen der zwar kein gordischer ist, aber für mich ebenso wichtig und bedeutungsvoll ist, wie der des großen Alexander. Es ist immer unsympathisch eine Drahtpuppe zu figurieren, die von Psychiatern Vormunden und Vätern zu gemessenem Tun gezogen wird.

[63] Grete Rothenhäusler (1896–1984). Frau des Psychiaters Oskar Rothenhäusler, bei dem Glauser während seines Aufenthaltes in der Psychiatrischen Anstalt Münsingen 1918-19 in Behandlung war.
[64] Glauser entwich am 1. Juli 1919 aus der Psychiatrischen Klinik Münsingen und fand bei Robert Binswanger in Ascona Zuflucht. Den Brief schrieb er am selben Tag noch in Münsingen.

Offen gesagt fällt mir der Abschied von Ihnen am schwersten. Dies darf man wohl sagen, ohne bei Ihnen in den Verdacht der Phrasenhaftigkeit zu kommen. Es ist eine glänzende Ironie der sonderbaren Macht, die wir Schicksal nennen, daß ich Sie im Irrenhaus habe treffen müssen. Vielleicht haben Sie mehr Einfluss gehabt, als Sie selber denken und als ich es jetzt noch fühlen kann. Auf alle Fälle sind Sie wie ein sehr helles Licht in diesem düsteren Grau gewesen. Das darf ich Ihnen wohl auch noch sagen. Und um Ihnen für all dies Dank zu sagen, schreibe ich Ihnen noch diesen Brief. Was die «anderen» über mich denken ist mir herzlich gleichgültig. Ich weiß wenigstens daß Sie mich verstehen werden. Es ist mehr als ich eigentlich verdiene.

Wenn Sie es erlauben, gebe ich Ihnen hin und wieder Nachricht von mir. Und wenn einmal ein Buch von mir erscheint, sollen Sie es auf Pergament bekommen.

Ich küsse Ihnen in Dankbarkeit die Hand
F. Glauser

P. S. Alle Bücher, die Sie mir geliehen haben, liegen auf dem Tisch des Besuchszimmers. Ich habe noch zwei Bücher dazugelegt, die Sie vielleicht interessieren werden.[65]

37 ULRICH BRAUCHLI[66] AN WALTER SCHILLER

Münsingen, den 2. VII 1919

Herrn Dr. Schiller, I. Amtsvormund
in Zürich
Wir müssen Ihnen die Mitteilung machen, dass Ihr Vögtling Glauser Friedrich Karl gestern Nachmittag unter Mitnahme eines Teiles seiner Effekten durchgebrannt ist. Wie wir eruieren konnten, hat er ein Billet nach Luzern gelöst & sich wahrscheinlich nach Lugano gewendet.
Hochachtend
Brauchli

[65] Folgende Bücher mit Widmungen Glausers sind im Nachlass von Grete Rothenhäusler überliefert: Georg Trakl, *Gedichte* (Leipzig, Kurt Wolff 1917), Maxim Gorki, *Unter fremden Menschen* (Berlin, Ullstein 1918), Leo Tolstoi, *Tagebuch 1895–1899* (Zürich, Rascher 1918), Romain Rolland, *Ludwig van Beethoven* (Zürich, Rascher 1918).
[66] Ulrich Brauchli (1862–1939), Psychiater, von 1912–38 Direktor der Psychiatrischen Anstalt Münsingen bei Bern.

38 HUGO BALL AN FRIEDRICH GLAUSER

[Poststempel: 3.VII.1919]

Lieber Herr Glauser,
man gab mir Ihren Brief und ich war nicht wenig erstaunt, Ihre Auferstehung zu erleben. Man hatte mir gerade vor wenigen Wochen geschrieben, dass Sie bereits zu Ihren Vätern versammelt seien und Ihr stiller «Hinschied» erfüllte uns mit aufrichtiger Trauer. Seltsam genug! Wir wollen Sie sehen, Emmy Hennings[67] und ich, Sonntag, wenn es Ihnen recht ist.
   Schreiben Sie mir rasch, wann Sie uns erwarten.
   Herzlichste Grüsse auch von Plitschenässer[68].
   Ihr Hugo Ball

39 FRIEDRICH GLAUSER AN GRETE ROTHENHÄUSLER

Ascona
Casa Günzel, Juli 1919

Liebe Frau Doktor,
Damals in Münsingen habe ich Ihnen einen langen Brief versprochen, und löse nun mein Versprechen ein. Meine Adresse brauche ich nun nicht irgendwie zu verheimlichen, da Binswanger an meinen Vormund geschrieben hat. Dieser fragte nämlich nach meinem Aufenthaltsort. Was die Zukunft bringen wird ist mir ziemlich rätselhaft, man hofft solange das Beste, bis es endlich schief geht. Ich wohne also hier in einem kleinen blauen Zimmer, das gelbe Vorhänge vor kleinen Fenstern hat. Die Atmosphäre ist sehr angenehm; es ist immer ein Genuss unter *Menschen* zu sein, und nicht unter bürgerlichen Tieren. Die Tafelrunde, in die ich feierlichst als Zugehöriger aufgenommen wurde, besteht aus Binswanger und seiner Freundin, beide im Grunde gütige Menschen die harmonisch zusammenpassen. Dann einem Litteraten, Bruno Goetz, der einen ausgezeichneten Roman geschrieben hat: «Das Reich ohne Raum», eine fantastische Geschichte mit irgendwie dionysischer Philosophie.[69] Wir vertragen uns ausgezeichnet, diskutieren und lesen uns gegenseitig unsere Werke vor. Dann einem Fräulein Kupka[70], genannt Pietz, einer Landsmännin, die in Wien in der gleichen Strasse wie ich gewohnt hat. Sie ist klein und trägt zu einem Biedermeiergesicht

67 Emmy Hennings (1885–1948), Dichterin, Partnerin von Hugo Ball und mit ihm zusammen 1916 Gründerin des Cabaret Voltaire in Zürich. Glauser lernte beide 1917 im Zürcher Dada-Kreis kennen.
68 Eventuell Emmy Hennings' Tochter Annemarie.
69 Bruno Goetz (1885 bis 1954), deutsch-baltischer Schriftsteller, Dichter und Übersetzer. Goetz lebte von 1905–09 bereits in Ascona im Kreis von Johannes Nohl, Erich Mühsam und Lotte Hattemer. *Das Reich ohne Raum. Eine Vision der Archetypen* (Potsdam, Kiepenheuer 1919), mit dem Untertitel «Eine Chronik wunderlicher Begebenheiten», ist von dieser Zeit inspiriert.
70 Paula Kupka, aus Wien gebürtige Malerin, die auch in Glausers autobiografischem Bericht *Ascona, Jahrmarkt des Geistes* (1931) erwähnt wird.

die notwendige Frisur. Außerdem zeichnet sie gespenstische Motive, die mir stärker scheinen als Kubin. Ein junger Maler, Barth, Amadeus,[71] dekadent und talentiert obwohl Schweizer spielt eine sonderbare Clownrolle, da er über schauspielerisches Talent verfügt. Er ist groß und hager und bleich, malt dekadente Menschen vor Spiegeln in einer sonderbaren Manier: Kohlezeichnung mit wenig Aquarellfarben getönt. Ich bin schon mit all diesen Leuten auf du und du; samstags wurde feierlichst meine Taufe vollzogen.

Man arbeitet hier sehr viel. Am Abend kommt man zusammen. Man liest Nietzsche, Hoffmann oder eigene Werke. Nächsten Samstag halte ich Vorlesung. Wenn man mich nur einmal hier in Ruhe liesse. Es wäre so schön, daß es kaum auszudenken ist. Alles ist vorhanden: Anregung, Lust zum Arbeiten, Freiheit, Fröhlichkeit, wirkliche Fröhlichkeit die niemals bürgerlich kitschig wird oder in Zoten ausartet. Es wäre hier ein Beispiel, daß die menschliche Gesellschaft nicht unbedingt aus Schweinen bestehen muss, daß sie sehr gut, mit einiger Mühe allerdings und einer sonst nicht vorhandenen Wahrheitsliebe, ganz erträglich sich gestalten könnte.

Ich glaube, daß ich nun genug geschwärmt habe. Es passiert mir sehr selten; aber hier wäre eigentlich jede Kritik unpassend. Auch bin ich diesen Menschen so dankbar, nicht mehr allein zu sein. Sie würden sich alle für mich einsetzen, wenn man irgendwie mit Gewalt mich wieder internieren würde. Für meine Zukunft habe ich keine Angst. Die Genfer Erzählung werde ich sehr bald an die Zürcher Zeitung[72] schicken und hoffe auf einen Vorschuss. Nun möchte ich Sie etwas fragen und Sie bitten, wenn Sie Zeit haben, mir bald auf diese Frage zu antworten. Kann ich es riskieren mich an Brauchli mit der Bitte zu wenden mir meine hinterlassenen Sachen nachschicken zu lassen, oder sinnt man auf mein Verderben, d. h. meine weitere Internierung? Bitte antworten Sie mir darauf. Es hängt für mich soviel davon ab. Vielleicht ist auch Herr Dr. Roth[73] so gut, ein Wort für mich einzulegen. Über die Nützlichkeit dieses Wortes denke ich zwar sehr skeptisch ... aber man kann nie wissen. Ich muss Ihnen wohl einen sehr dummen Brief geschrieben haben, das letzte Mal. Sie müssen ihn irgendwie mit meiner Aufregung entschuldigen. Jetzt bin ich ruhig. Ein wenig gespannt vielleicht, das ist alles.

Es ist schön im ruhigen See zu baden, schön in heißer Sonne zu liegen auf weichem Sand. Und gütige Augen zu sehen, denen Hass fern ist und neidvolle Verachtung. Vielleicht steht ein neues Griechenland aus dieser Verbindung auf. Es wäre schön in unserer hässlichen Zeit.

71 Amadé Barth (auch Amadeus, Ernst Amadeus) (1899-1926), Maler. Nach der Kunstgewerbeschule 1915-16 in Zürich lebte er in Bern und ein Jahr in Ascona. Seit 1920 in Paris, von wo aus er Reisen nach Amsterdam, London, Berlin und Stockholm unternahm. Ab 1924 wieder im Tessin ansässig.

72 Glauser schickte seine erste längere Erzählung *Der Heide* an Eduard Korrodi von der *Neuen Zürcher Zeitung*, der eine kurze Empfehlung für die Schillerstiftung schrieb. → Dok. 42. Die Erzählung wurde im Oktober 1919 von der Zeitschrift *Die Schweiz* angenommen, sie erschien aber erst von Mai–September 1921 in fünf Folgen.

73 Dr. Oskar Rothenhäusler, Ehegatte von Grete Rothenhäusler und behandelnder Psychiater von Glauser in Münsingen.

Würden Sie mir bitte auch die Bücher zuschicken, die ich Ihnen lieh? Insonderheit Trakl, die 2 Bde. H. Mann («Untertan», «Venus»), Bouvard u. Pécuchet, das Frl. Good[74] noch hat. Vielen Dank.

Ihrem Herrn Gemahl (so sagt man in Österreich) meine freundlichsten Grüße.

Ich bin stets Ihr dankbarer
Glauser

40 FRIEDRICH GLAUSER AN ELISABETH VON RUCKTESCHELL[75]

[Poststempel: Ascona, 31.VII.1919]

Lison, du bist entsetzlich, furchtbar, schrecklich ungeheuer dumm und ich bin «durchaus böse» auf dich und rede nie nie mehr ein Wort mit dir und spreche nicht mehr mit dir solange ich lebe und breche jeglichen Verkehr ab wenn du dich noch einmal unterstehst jemals zu glauben daß ich einen Brief von dir langweilig finde oder über ihn lache. Ich hab dich überhaupt und nochmals überhaupt so schrecklich lieb und gern und lieb wie seit so langer Zeit, langer langer Zeit keinen Menschen. Und alle sind mir auf die Nerven gegangen weil sie sich unbedingt mit meiner Gesundheit beschäftigen wollten. Aber du sagst alles so schrecklich lieb, daß ich dich noch viel gerner und lieber habe und sehr leise deine weißen, sehr wohlriechenden Haare küssen möchte. Ich pfeife auf Stil, Banalität und Gemeinplätze, das ist doch Pose, ich möchte schrecklich gern kleiner verliebter Bub sein und mit dir in großem grünem Garten spielen unter streng duftendem Nussbaum. Jetzt kommt schon die verfluchte Litteratur, aber sie ist doch ehrlich. Und ich bin weiß Gott kein Litterat sondern leider abscheulich wenn ich schreibe. Nicht an dich aber sonst. Ich war diese Tage direkt am Verrücktwerden, so arg war es noch nie. Du weg, Bruno machte mich tobend, Lisel[76] dito, Rolly[77], der einzig beruhigende war nicht aufzutreiben. Da setzte ich mich kurz entschlossen in Brunos Zimmer, schickte ihn selbst auf die Campagna baden und schrieb. In zwei Tagen 15 Seiten. Fast ein Rekord für mich. Und jeder Satz sitzt, was mir fast noch nie passiert ist. Samstag wirds fertig sein, dann les ichs vor und dann kriegst es du sofort. Es heißt der «Leidsucher».[78] Und ich glaube die Sätze stöhnen ziemlich objektiv. Ja ich muss dir noch erzählen, daß ich schon 8 Seiten geschrieben hatte, davon 2 noch in Münsingen. Kam nicht weiter, las es Bruno vor und geriet nach der 3. Seite in

74 Wahrscheinlich die Tochter von Dr. Good, dem zweiten Arzt in Münsingen.
75 Elisabeth von Ruckteschell (1886–1963), Textilkünstlerin. Sie gehörte ab 1919 zum erweiterten Laban-Kreis in Ascona, entwarf Stoffe und stellte Lackarbeiten her. Beteiligung an der dritten Soiree der Galerie Dada am 28. April 1917 in Zürich (Entwurf der Kostüme und Choreografie für Tzaras *Poème simultan*). Glauser trat an dieser Soiree ebenfalls auf, doch erst in Ascona lernten sie sich besser kennen und hatten von Juli 1919 bis Juli 1920 eine Liebesbeziehung. Elisabeth von Ruckteschell heiratete im Februar 1921 den Schriftsteller Bruno Goetz. Das Kuvert ist an Rudolf von Labans Tanzschule adressiert: Seegartenstrasse 2, Zürich.
76 Vermutlich das junge Hausmädchen der Casa Günzel.
77 Robert Binswanger.
78 Die Erzählung *Der Leidsucher* blieb zu Glausers Lebzeiten unpubliziert.

einen Wutanfall, der mich die ganze Schweinerei zerreißen ließ. Bruno, der emsig jeden Zettel spart, war entsetzt und wußte nur immer «aber Mensch, aber Mensch, das war ja gut» zu sagen. Wenn ich es schlecht finde kann man mir 10 mal sagen es sei gut, so glaub ichs nicht. Zwei Tage drauf konnte ich schreiben, und jetzt sinds 15 Seiten. Die Hälfte etwa. Es wird gut glaube ich. Ich habe starkes Tempo versucht, was mir beim «Sozialisten»[79] nicht gelungen war. Tempo und Traumstimmung zusammenzubringen ist nämlich sehr schwer. So jetzt hab ich endlos von mir erzählt und sollte doch nicht. Oh Gott Bankputtis[80], du fehlst mir auf Weg und Steg, ich irre herum wie ein sentimentales Lamm und suche dich. Lison, der erste Abend im Garten der Langwara.[81] Werde oder werde ich nicht sentimental. Lison, ich hab dich lieb, très aimée, sehr tout à fait und énormément.

Pläne: Wir treiben Geld auf. Das heißt ich verkitsche meine Genfer Erzählung.[82] 300 frs. Miete eine Wohnung, die frei ist. 3 Zimmer Küche. Wir wohnen zusammen Bruno du ich. Abgeschlossen. Kosten 75 frs. im Monat. Einverstanden? Nach zwei Monaten Novellenband für Kiepenheuer fertig. 1000 frs. Leben den Winter. Aber keinen Tag ohne dir länger als nötig. Lison, je n'y tiens plus. Du musst französisch lernen um meine Briefe zu verstehen. Ginge es nicht daß auch du Aufträge nach hieher bekämest? Aber nur vielleicht.

Lison I love you. Hast dus genug gehört. Ich bin ein verliebter Gymnasiast und pfeife auf die Form.

Oder soll ich Ihnen, Baronesse von Ruckteschell einen offiziellen Liebesantrag machen mit knisternd gestärktem Hemd und gebügeltem Bratenrock, ein Rosenbukett in der Hand. Und werden Sie lispeln, wie in alten Meggendorfer Blättern:[83] «Sprechen Sie mit Mama.» Ich habe große Angst vor deiner Mama, und du musst vor meinem Professorenpapa großen Respekt haben. Sie werden beide den Segen brieflich erteilen, denn wir sind doch beide aus «guter» Familie und begehen keine Mésalliance. Werde ich ganz dumm Lison? Du musst entschuldigen, ich bin es schon so lange nicht mehr gewesen. Und die Menschen sind von einer exasperant-traurigen Dummheit, die gar nicht mehr «irrational» zu sein weiß wie Bruno sagt.

Lison, die Lampe brennt tief ich bin müde, denn ich war fleißig. Wir wollen reisen und gelehrte Studien über den Versuch einer Bestickung der Bänder ägyptischer Mumien schreiben. Ich war krank mit Fieber, aber das ist nebensächlich. Bisweilen brummt noch eine Wespe in meinem Kopf.

---

[79] Glausers Prosatext *Der Sozialist*. Der im Mai 1919 in der Psychiatrischen Anstalt Münsingen verfasste Text blieb zu Lebzeiten ungedruckt.
[80] Die Asconeser Freunde gaben sich gegenseitig neue Namen. Der Übername für Elisabeth von Ruckteschell, den auch Bruno Goetz in seinen Briefen an sie verwendet, stammt aus E.T.A. Hoffmanns *Die Serapionsbrüder* (1821).
[81] Im Garten der Laban-Schülerin Herta Langwara scheinen sich Glauser und Elisabeth von Ruckteschell das erste Mal nähergekommen zu sein.
[82] D. i. *Der Heide*.
[83] *Meggendorfer-Blätter* war eine von 1888 bis 1928 erscheinende illustrierte humoristische Zeitschrift mit gehobener künstlerischer Ausstattung.

Ich hab dich lieb und küsse dich von den Fingerspitzen bis zu den Augen. Du musst mich aber auch nicht für dumm halten.
Fred.

Danke, danke viel viel mal für die Schöne (mit großem S) Cravatte. Sie ist .... schön. (Punkt.) .... Danke (Punkt.)
– Wirklich –
– sehr. –

41 GESPRÄCH WALTER SCHILLER MIT ROBERT BINSWANGER

16. August 1919

Hr. Binswanger:
Es fehlen noch die Papiere (Heimatschein + Dienstbuch) v. Friedr. Glauser. Er glaubt, sie seien in Bel Air od. in Genf.
Ob ich Gl. dauernd behalten kann, weiss ich nicht.
Er hat in Askona etwas Schulden gemacht, viell. ca. 120 fr. f. Tranksame, Zigaretten etc.
Er kennt leider sehr wenig Hemmungen. Er hofft nun, aus seinen schriftsteller. Arbeiten bekomme er genug Geld.
In dem v. mir gemieteten kl. Haus wohnt noch 1 Schriftsteller + 2 Maler. Ich mietete das Haus f. 1 Jahr. Voraussichtl. werden die Mittel kaum ausreichen, um die Miete zu erneuern.
Immerhin will ich Gl. zunächst noch behalten.
Sch.

42 EDUARD KORRODI AN HANS BODMER

Zürich, 21. Aug. 1919

Sehr geehrter Herr Dr. Bodmer
Herr Binswanger erklärt mir, die Schillerstiftung würde Herrn Glauser eine Unterstützung gewähren, wenn ich Ihnen ein Wort der Empfehlung sende. – Es wäre von mir nicht zu verantworten, wenn ich einen jungen Mann von wirklichem Talent, wie es Glauser besitzt, nicht befürwortete. Da ich aber vor Antritt meiner Ferien stehe, fehlt mir

Empfehlungsschreiben von Eduard Korrodi an die Schillerstiftung.
Zürich, 21. August 1919. → Dok. 42.

jetzt Zeit zu näherer Begründung. Mir persönlich hat die Darstellungsart Glausers einen kultivierten, geistreichen Eindruck gemacht. Er pflegt eine Form des hist. Romans sehr fein u. geschmackvoll.

Die heute im Abendblatt erschienene Notiz von Aug. Steiger[84] erschien, weil ich ihm letztes Jahr versprach, die betreff. Partie aus dem Jahresbericht abzudrucken. Ich vergass es, und nun beharrt er auf einer Ergänzung, die ich etwas glättete u. die wohl kein Aufsehen macht.

Ihr ergebener
Ed. Korrodi

43   FRIEDRICH GLAUSER AN ELISABETH VON RUCKTESCHELL

Liebes Lison[85]

Warum war dein Brief so sehr kurz. Es ist schade, daß wir uns noch so wenig kennen, sonst müsstest du wissen, daß nichts, was man mir über meine Sachen sagen kann mich irgendwie verletzt, bestärkt, beeinflusst etc. Ich glaube genug Selbstkritik zu besitzen, vor allem genügend künstlerische Ehrlichkeit (was kitschig klingt, sich aber schwer anders audrücken lässt) um nicht ziemlich genau zu wissen, was mit meinen Sachen los ist. Im «Leidsucher» habe ich nicht versucht eine Frage zu lösen (ob Erlösung vom Leid wünschenswert ist oder nicht, ob es diese Erlösung gibt) sondern die Frage festzustellen, klar zu legen, so intensiv wie nur möglich. Die Unberührtheit durch das Leid, das Eindringen ins Leid und letzten Endes die Objektivation dieser Empfindung in einem sterbenden Hundeauge. Auch der Versuch einmal den Mord nicht als Schuldgefühl auslösend darzustellen, sondern zu fragen, ob er nicht letzten Endes eine Wohltat sein könne; diese Gefühle, das auf den Tod hinweisende Leid, der Tod selbst, das Suchen auch nach dem Leid, die Auffindung dieses Gefühles, nachdem man es unzählige Male erlebt hat, ohne zu wissen, daß es das Leid war, diese Motive schienen mir irgendwie wert dargestellt zu werden. Ich wünsche nicht, daß man dieser einfachen Fragestellung eine Tendenz unterschiebt. Letzten Endes bejahe ich nicht das Leid, sondern suche die Einstellung, die *fragende* Einstellung eines Menschen diesem Faktum gegenüber darzustellen. Es scheint mir à peu près gelungen zu sein. Nicht ganz; ein Spalt klafft ja stets zwischen dem was man sagen will, und dem was man sagt. Rein formal scheint mir eine gewisse Konzentration des Stiles gelun-

[84] August Steiger (1874 bis 1954), promovierter Germanist, von 1909-41 Lehrer an der Kantonsschule in Zürich. Verfasser deutschkundlicher Schriften, u. a. *Pflege und Schutz der deutschen Sprache in der Schweiz* (1917), und der biografischen Schrift *Gottfried Kellers Mutter* (3. Aufl. 1919).
[85] Undatierter Brief, ungefähr Mitte August 1919 in Ascona verfasst.

gen zu sein. Es ist, glaube ich, kein unnötiger Satz in dem Ganzen. Und nun musst du mir den Brief schicken, den du nicht absenden wolltest. Du kannst sicher sein, daß ich gut verstehen werde.

Es bereitet sich ziemlich viel vor hier. Rolly hat eine lange Erzählung[86] von mir nach Zürich genommen, um sie unterzubringen. Kempter[87], ein Maler hier, will den «Leidsucher» und die Irrenhausscenen[88] illustrieren und versuchen, sie beim «Schweizerland»[89] anzubringen. Ausserdem wird mein Novellenband vielleicht in einem Monat fertig sein. Dann behauptet die Verefkina[90], man solle hier eine Schule auftun (Bruno und ich) es würden sich viele Schüler finden. Bruno nähme Deutsch, Griechisch, Latein, ich Französisch Mathematik, Naturgeschichte. Wir könnten diesen Winter davon leben. Ich wäre ungemein dafür, daß du schon am 1. Oktober kämst. Wohnung kann ich erst mieten, wenn ich irgend ein Honorar bekomme. Rolly will sich anstrengen, Vorschuss herauszuschinden. Du sollst übrigens hierher kommen, Lison, so bald als möglich, denn ich laufe herum wie einer jener platonischen Menschen, die ihre zugehörige Hälfte verloren haben, wie geschrieben steht in der Rede des Aristophanes die er hielt im «Gastmahl». Die letzte Zeit war voll Spannung. Besonders Bruno – ich. Jetzt gehts besser. Schreibe ihm bitte nichts darüber. Er fängt an sich zu häuten, was für ihn schmerzlich ist. Aber ich glaube einen besseren Einfluß auf ihn zu haben, als Willy[91]. Was ich sonderbar finde an Bruno und was mir fern steht, ist die innere Notwendigkeit, die stets ihn zwingt einen fremden Einfluß zu suchen, nicht etwa um sich mit ihm auseinanderzusetzen, sondern um ihn zu ertragen, und letzten Endes dann mit unendlicher Anstrengung den Kopf aus der Schlinge zu ziehen. Bei mir wird er nicht diese Notwendigkeit haben, denn ich ziehe keine Schlinge zu. Ich bemühe mich ihm irgendwie ein wenig Selbstständigkeitsgefühl einzublasen; es ist eher eine Kur als eine Betätigung meiner, dem Himmel sei Dank, nicht vorhandenen Machtgefühle. Nur musst du bisweilen meine Nervosität und Gereiztheit ihm gegenüber zu verstehen suchen; die stetige Bestrebung nackt zu sein, Mitleid zu empfangen, ja zu verlangen, dieser Mangel an innerem Schwerpunkt bringen mich manchmal zur Verzweiflung. Ich zeige sie nicht, sage auch nichts. Nur kann ich nicht die sonderbare Einstellung verhindern, die nach und nach ganz natürlich sich entwickelt, daß Bruno sehr von meinem litterarischen Urteil abhängig wird, während mir das seine ungemein gleichgültig wird. Es klingt wie Selbstüberhebung, was ich jetzt sage, ist aber im Grunde wirklich vorhanden. Ich habe diese letzten zwei Tage eine so tiefe

86 D. i. *Der Heide*.
87 Ernst Kempter (1891 bis 1958), expressionistischer Maler und Grafiker. Zusammen mit Marianne Werefkin initiierte er eine Kunstsammlung mit Werken von Künstlern der Region, die 1922 zur Gründung des Museo comunale di Ascona führte.
88 Es handelt sich offenbar um verlorene Texte und nicht um *Mattos Puppentheater*, das Glauser in einem Brief an seinen Vater vom 16. September 1919 neben den «Irrenhaus-Skizzen» erwähnt.
89 Die Monatszeitschrift *Schweizerland* erschien von 1914–21 und beschäftigte sich mit Fragen des modernen Lebens, der Erziehung, Wirtschaft sowie auch Literatur, Kunst und Kunstgewerbe. Glausers Prosatext *Der Käfer* wurde im Februar 1919 abgedruckt.
90 Marianne von Werefkin (1860–1938), russische Malerin, Kunsttheoretikerin und Mäzenin. Mitbegründerin der *Neuen Künstlervereinigung München* und Mitglied der expressionistischen Künstlergruppe *Blauer Reiter*. Emigrierte nach Ausbruch des Ersten Weltkriegs in die Schweiz, war in Kontakt mit der Zürcher Dada-Bewegung und zog 1918 mit Alexej Jawlensky nach Ascona. Vgl. zu Werefkin auch Glausers autobiografischen Bericht *Ascona. Jahrmarkt des Geistes* (1931).
91 Willy Stadler (1901 bis 1990), aus vermögenden Kreisen stammender angehender Literat und Lehrer. In Glausers Bericht *Ascona. Jahrmarkt des Geistes* (1931) wird Willy Stadler wenig positiv beschrieben.

innere Ruhe, die mich beglückt und zufrieden macht. Als sei eine Wunde endlich zugeheilt. Wie lange dieser angenehme Zustand dauern wird weiß ich ja nicht. Denn die Sehnsucht ist immer vorhanden, die Sehnsucht nach dir, aber sonst nach niemandem. Vor vier Tagen noch glaubte ich abreisen zu müssen zu dir; wenn ich Geld gehabt hätte, wäre ich sicher nach Zürich gekommen. Aber so ... Darum musst du bald kommen. *Da* sein. Selbstverständlich. Es wird schon gehen. Ich habe immer va banque gespielt, und bin schließlich dabei reicher geworden. Darum rate ich es jedem an. Sag Lison, ist das ein Fehler?
Ich hab dich sehr lieb, komm bald, schreib bald
klaus.

44 FRIEDRICH GLAUSER AN CHARLES GLAUSER

Ascona
Casa Pozzonco[92]

16. Sept. 1919

Mein lieber Vater,
Ich habe mit diesem Brief zugewartet, bis ich etwas Klarheit über mein Einkommen hatte. Bis anhin war ich bei Herrn Binswanger zu Gast, bei dem ich wohnen und essen konnte, und ich fühle mich viel besser als vorher. Du musst mich verstehen, Papa, ich konnte nicht länger in Münsingen bleiben, es schien mir wirklich, als sei ich in eine grosse Wolke eingehüllt, die jeden Tag schwerer auf mir lastete. Hier habe ich wenigstens arbeiten können. Ich habe einen Band Novellen beendet und werde in Deutschland einen Verleger suchen (ich habe Empfehlungen für zwei Verlage), sobald du mir geantwortet hast. Ich schicke dir eine Novelle, die dich vielleicht interessiert. Sie will auf literarische Weise eine aktuelle Frage aufwerfen, die Frage: «Wohin gehen wir?». Ich konnte hier zwei Erzählungen schreiben («Der Sozialist» wurde in Münsingen geschrieben).
Mit derjenigen, die du besitzt und die du mir bitte zurücksenden möchtest, sobald du «Der Sozialist» gelesen hast. Sende die beiden gleichzeitig.
Das Buch beginnt mit «Der Märtyrer»
«Der Leidsucher»
«Der Kleine»

92 D. i. Casa Pozzorecco.

«Viola»
«Irrenhausskizzen»
«Mattos Puppentheater»
«Tagebuch»
«Der Sozialist»

Als Verlag schwebt mir Kiepenheuer in Berlin vor: der dortige Lektor ist Rubiens[93], für den ich eine Empfehlung habe. Ausserdem habe ich zwei Erzählungen an Greniers[94] gesandt (eine Zeitschrift). Wäre es möglich, das Zeitschriften- und das Verlagshonorar dir zu überweisen. Vielleicht ergibt sich eine Gelegenheit, mir etwas Geld aus der Schweiz zukommen zu lassen; ich möchte nicht zu viel verlieren wegen des Wechselkurses. Bitte beantworte vor allem diese Frage.

Das *Schweizerland* hat Skizzen zu Ascona verlangt. Ich habe sie vorgestern abgeschickt. Sie werden voraussichtlich in der Novembernummer erscheinen.[95] Die *Schweiz* hat zur Zeit eine lange Erzählung von mir, eine Genfer Erzählung.[96] Sobald das zweite Exemplar bei mir eingetroffen ist, werde ich es dir senden. Ich glaube, sie wird dir sehr gefallen. Ausserdem glaube ich, dass ich Fortschritte gemacht habe, was den Stil angeht. Urteile selbst anhand von «Der Leidsucher», der sehr dicht ist, wie mir scheint.

Das Leben hier ist sonderbar schön. Wir sind einige Künstler, die sich zu einer Gruppe zusammengeschlossen haben. Wir lesen uns gegenseitig laut vor, was wir schreiben, aber häufiger noch andere Werke. Ich unter anderem Flauberts «Tentation de Sainte Antoine» und einige Zeilen von Rieux de Goncourt[97] in Übersetzung. Hölderlin und Werfel schätzen wir ganz besonders. Versuche mal, die Gedichte von Georg Trakl zu lesen (von Mallarmé beeinflusst, zuweilen sehr lächerlich, aber mit einer Art mittelalterlicher Mystik).

Diesen Winter halten ein Freund und ich eine Reihe Französisch- und Deutschvorträge. Ich lege dir einen Prospekt bei. Ich freue mich sehr darauf, über französische Literatur zu sprechen. Zuerst Flaubert, Anatole France, Rieux de Gousemont (die wissenschaftliche Richtung); ich werde die Brüder Goncourt streifen, ganz wenig Zola. Dann Barbey d'Aurevilly[98], Villers de l'Isle Adam[99]. Ernese Rello[100], Léon Bloy (die katholische Richtung: der Satanismus von Baudelaire, Mallarmé, Lautréamont, Henri de Régnier[101], Maeterlinck, Verhaeren[102] (ganz wenig), Viellé Griffin[103], Moréas[104]. Dann einige zeitgenössische Romanautoren (vor allem unbekannte): Ch. L. Philippe[105], R. M. du Liard[106], Bernard Combette[107], Romain Roland[108] nur am Rande, da nicht im Kern französisch.

[93] Gemeint ist Ludwig Rubiner (1881–1920), der seit 1919 als Lektor für den Gustav Kiepenheuer Verlag in Potsdam arbeitete und am 27. Februar 1920 verstarb.
[94] Eine Zeitschrift mit diesem Namen konnte nicht ermittelt werden. Gemeint sein könnte die 1919 gegründete Zeitschrift *Genius* des Kurt Wolff Verlages.
[95] Die Texte sind nie erschienen und haben sich nicht erhalten.
[96] Die Erzählung *Der Heide* erschien erst 1921 in der Zeitschrift *Die Schweiz*.
[97] Vermutlich der französische Schriftsteller, Journalist und Literaturkritiker Rémy de Gourmont (1858–1915), der von Hugo Ball und dem Zürcher Dada-Zirkel, und damit wohl auch von Glauser, rezipiert wurde. Auch mit den wenige Zeilen später erwähnten *Rieux de Gousemont* ist vermutlich Rémy de Gourmont gemeint. Die Schreibung der französischen Eigennamen ist in diesem Brief insgesamt auffällig fehlerhaft.
[98] Jules Amédée Barbey d'Aurevilly (1808–1889), französischer Schriftsteller, Katholik.
[99] Auguste de Villiers de l'Isle-Adam (1838–1889), französischer Schriftsteller, gilt als einer der Begründer des französischen Symbolismus.
[100] Ernest Hello (1828 bis 1885), französischer Dichter und Essayist mystisch-katholischer Ausrichtung.
[101] Henri de Régnier (1864–1936), dem Symbolismus nahestehender französischer Schriftsteller und Dichter.
[102] Émile Verhaeren (1855–1916), belgischer Dichter.
[103] Francis Vielé-Griffin (1864–1937), französischer symbolistischer Lyriker.

Soweit mein Plan. Ich glaube, wir werden davon leben können. Ich fühle mich völlig verwandelt; was ich erlitten habe, hat mir irgendwie die Augen geöffnet. Aber sprechen wir nicht von diesen Dingen. Schreibe mir bitte bald und sei meiner Zuneigung versichert.
Dein Sohn
Fredy
Grüsse und Küsse an Mama.
Beiliegend zwei Novellen: «Der Leidsucher»
«Der Sozialist»

45 FRIEDRICH GLAUSER AN ELISABETH VON RUCKTESCHELL

F. Glauser Ascona[109]

Der du in dem Himmel bist
Der du nach so langer Frist
ruhtest-Ge zu schreiben
Ewig will ich preisen dich
Den Ruhm sagen, fürchterlich;
Aber du musst bleiben
Stets der gute große Gott
Der beherrscht selbst den Tod
Und in allerhöchster Not
Selbst geruht zu schreiben.
Amen.

Ich will beten dies Gebet bis zur Erschöpfung, ferne Gottheit in blondendem Haar, aber du mußt kommen von Zürich zu deine*m* Gläubigen, zu deine*n* Gläubigen und sie trösten, denn, oh popoi, popoi, ihre Not ist groß und die Theosophie nahe. Oh schlanke Gottheit in blondendem Haar, das Zimmer ist bereitet und palmenwedelnde Jünglinge werden deinen Empfang versüßen und mit Andachtvollen Lippen den Honig schlürfen der aus deinem (heilig! heilig! heilig!) Munde quillt. Und entsteigen wirst, biegsam du (wie ein Senegal-Neger-Bogen) der im Staube sich nahenden, pfauchenden, gelben Postkutsche. Komm oh komm. Das Zimmer ist bereitet und das Bett ist weich wie der Körper der Königin von Saaba, das Haus ist bemalt mit Heiligenbilder, von roten Tannen umringt und nennt sich:
Casa Pozzorecco
Ascona.

104 Jean Moréas (d. i. Joannis Papadiamantopoulos) (1856–1910), symbolistischer Lyriker, daneben auch Romancier und Dramatiker.
105 Charles-Louis Philippe (1874–1909), französischer Dichter und Romanautor, einer der Mitbegründer der *Nouvelle Revue française,* deren erste Nummer 1909 erscheint.
106 D. i. Roger Martin du Gard (1881–1959), Schriftsteller, 1937 mit dem Nobelpreis ausgezeichnet.
107 Bernard Combette (1880–1914), französischer Schriftsteller, der den Kongo und China bereiste.
108 Romain Rolland (1866–1944), französischer Schriftsteller, Musikkritiker, Pazifist. 1915 mit dem Nobelpreis für Literatur ausgezeichnet.
109 Dem Inhalt nach zu schliessen, schrieb Glauser den Brief im September 1919.

Sende, oh sende, die Hüllen deines Leibes vorerst und wir werden dich preisen und harren, harren.

Komm oh komme doch balde.

Nichtsdestotrotz dieses Hymnus ist es mir schlecht gegangen. Heute besser. Dir Preis. Schreibe bald. Ich habe heute schon sechs Briefe geschrieben und bin, wie Wölfchen[110] sagt ein wenig miesemeschimme.

Nun lassen wir dies. Heut abend aber wollte ich (ach nur gedanklich) dir noch deine Augen küssen, denn Sentimentalität muss sein.

Ich habe dich lieb
Fred
Grüß May[111] sehr von mir.

46 FRIEDRICH GLAUSER AN ELISABETH VON RUCKTESCHELL

Auf meinem Schlosse in Ascona
am siebenzehnten Tage des Herbstmondes[112]
A.D. MCMXIX

Der Bräutigam
Wenn ich wüßte, meine sehr teure und liebwerte Freundin, wie heute Ihr physisches Befinden sich gestaltet, ob müde Sie sind oder unerschütterlich ruhig, so würde ich an Sie herantreten mit einer geheimnisvollen Bitte, voll Inbrunst und Narretey, voll Liebe und Sehnen, wie das Schlagen der Nachtigall im fernen Busch auf der Straße wenn ihren Geliebtesten sie ruft. Da ich jedennoch ignoriere, wie Sie, liebwerteste Demoiselle, sich befinden, kann ich es nicht wagen Sie zu fragen. Die Frage, denn eine kleine Question ist oder soll in meinem Schreiben enthalten sein, die Frage, liebwerteste Dame, die auf blauem Sesselchen Sie sitzen, wenn dieser Brief Sie erreicht, die Frage, holdeste Frau und Freundin und ein Lächeln sehe ich Ihren Kirschenmund auseinanderziehen und Ihre Perlenzähne demonstrieren, die Frage, um mich, wie stets und immer kurz und bündig zu fassen, (mit Napoleons Tagesbefehlen hat meine Kürze man verglichen,) jawohl teuerste aller weiblichen Grazien, die auf dieser gottlosen Erde ihr Spiel treiben, um mich wie stets und wie schon gesagt kurz und bündig zu fassen, die Frage meine Genädigste, ist folgende: Doch nein, zu kompromittierend wäre sie, darum verschweige ich sie lieber. Und dennoch, Sie sollen sie wissen: nämlich (das Wort stockt auf meinen Lippen, die Tinte in meiner Feder, denn Angst habe ich

110 Martin Wolf, Maler aus dem Kreis um Robert Binswanger in Ascona.
111 Mary Wigman (d. i. Karoline Sophie Marie Wiegmann) (1886–1973), Tänzerin, Choreografin und Tanzpädagogin. Eine der bedeutendsten Vertreterinnen des modernen Ausdruckstanzes. Von 1913–18 Assistentin Rudolf von Labans in Zürich und auf dem Monte Verità. Im Sommer 1919 Teilnahme an seiner letzten «Sommerschule für Bewegungskunst» in Ascona. Ende Juli 1919 Aufbruch zu einer Solotournee durch Deutschland und 1920 Eröffnung einer eigenen Tanzschule in Dresden. Wigman hinterliess auf Glauser einen tiefen Eindruck und kommt in verschiedenen seiner Texte vor. Er nannte sie May.
112 Alte deutsche Bezeichnung für September.

vor dem plötzlichen ärgerlichen Auftrappen der kleinen oh so winzig
kleinen Seidenschühlein die einen noch winzigeren und doch so lieb-
werten he, he, so rosigen, hu, hu, Fuß, Füßchen, Füßlein bekleiden,)
nun ja vielliebliche Göttin, welch Name der griechischen Götter-
spiele ist Ihnen am liebsten, Juno, Minerva (pardon dies sind römische) also Hera, Aphrodite, Hebe, oder die kluge gepanzerte Athena?
also Göttin, meine Göttin, stets nur mich beschirmend mit blondem
Lockenhaupt, die Frage, die ich zu stellen habe (ist es eine Frage wohl?)
ist, bald werde ich sie sagen, die Frage ist folgende:
Wann kommen Sie?
Oh zürnen Sie nicht, wenn auch Ihr, manchmal oh so steinernes
Herz, erzittern sollte in seinen Grundfesten. Denn stets bin ich eurer
Gnaden untertänigster Diener gewesen und meine Liebe, welche zum
Himmel schreit, ist nicht mit einem Elephanten zu vergleichen, der
seinen Schmerz zum ewigen Sternenzelt auszuposaunen sich genötigt
gefühlt haben könnte.
Darum, oh ma très chère et si belle, empfangen Sie die Liebesbeteue-
rungen
Ihres
stets, in allen Zeiten und ewiglich
dankbaren submissesten und devotesten
Diener und Serviteur
Friedrich Karl *Glauser* (Dichter)

II.
Der Vater
Was eigentlich erlaubt sie sich, der Teufel soll ihr aufs Zimmer steigen. Sie erlaubt sich, (hüte sie sich Frauenzimmer!) mich kokett zu
nennen, wie einen Schäfer auf blankem Spinett! Was soll dieser Fir-
lefanz, diese Verspottung meiner geheiligten Person bedeuten? Antworte sie mir, sie Person. Meint sie vielleicht, ich sei auf der Welt um
nur ihrem Spott und Lustigmachen zu dienen. Explizere sie sich
deutlicher, ich hasse und meprisiere solche Anspielungen. Wenn sie
Person glaubt und crediert mir imponieren zu können mit ihrem
frechen Schnabel hat sie sich getäuscht. Ein Dichter, poeta laureatus
et coronatus, lässet seiner nicht spotten. Dies merke sie sich, nun und
in alle Eternität. Sonst soll ein himmlisches Donnerwetter, tonnerre
de Dieu, auf sie herabfallen und tombieren und sie zu Brei ecrasieren.
Wann gedenkt die Jungfer übrigens den Sündenpfuhl der Großstadt
zu verlassen, wo sie allen tentationen der bösen Buben ausgesetzt ist
und hier ins Vaterhaus zurückzukehren? Ich will sie bald unter die

Haube bringen und ihr beibringen, daß das Leben nicht aus charmieren, karessieren und mit Mannsbildern kokettieren besteht. Das merke sie sich und Gottes Segen sei mit ihr.
Ihr Vater grüßt sie
Klaus Dapsul von Zabeltau[113]

Gegeben auf meinem Schlosse am 17. des Weinmonats[114] MCMXIX.

47   FRIEDRICH GLAUSER AN HANS BODMER

Ascona, Casa Pozzorecco
27. September 1919

Sehr geehrter Herr Doktor,
Beiliegend sende ich Ihnen die Quittung auf 200– Frs. lautend. Vielen herzlichen Dank für die so schnelle und liebenswürdige Erledigung meines Gesuches. Ich bin nun für einige Zeit in der Lage ruhig arbeiten zu können.
Ich verbleibe mit vorzüglicher Hochachtung Ihr ergebener
F. Glauser.

48   FRIEDRICH GLAUSER AN HANS MÜLLER-BERTELMANN[115]

Ascona, Casa Pozzorecco
24. Oktober 1919

Sehr geehrter Herr Müller,
Herr Barth teilte mir mit, daß Sie sich entschlossen hätten meine Novelle «Der Heide» anzunehmen. Ich danke Ihnen herzlichst für die rasche Erledigung dieser Angelegenheit. Entschuldigen Sie mich, wenn ich Sie heute bitte, mir auf diese Annahme hin das Honorar im Voraus zu bezahlen. Es geht mir ziemlich schlecht, der 1. November rückt heran, ich wäre Ihnen daher dankbar, wenn Sie mir einen Vorschuß von 250–300 Frs. überweisen lassen könnten. Falls Sie an der Novelle selbst, wie Herr Barth mir mitteilte, einige «Milderungen» vornehmen müssen, bin ich im Voraus damit einverstanden. Wollen Sie nur bitte die Güte haben, mir mitzuteilen, welche Stellen in Betracht kommen.
Auf eine baldige Antwort von Ihnen hoffend, bleibe ich stets Ihr ergebener
Friedrich Glauser.

---

113 Während der Zürcher Dada-Zeit 1917 und in Ascona nannte sich Glauser «Klaus» oder «Claus». Dapsul von Zabeltau ist eine Figur aus E.T.A. Hoffmanns Märchen *Die Königsbraut*, dem letzten Text der Sammlung *Die Serapionsbrüder* (1821).
114 In alten deutschen Kalendern der Oktober. Ob der Brief am 17. September oder 17. Oktober 1919 verfasst wurde, lässt sich nicht bestimmen.
115 Hans Müller-Bertelmann (1872–1937), Journalist und Schriftsteller, übernahm von 1919–21 die Redaktion der *Schweiz* und arbeitete danach bei der *Neuen Zürcher Zeitung*.

49 TELEGRAMM FRIEDRICH GLAUSER
    AN HANS MÜLLER-BERTELMANN

30.10.1919

«angekündigtes Honorar nicht erhalten erbitte dringendst dringendst übersendung – glauser»

50 FRIEDRICH GLAUSER AN HANS MÜLLER-BERTELMANN

Baden, 2. Febr. 1920
Haselstr. 6

Sehr geehrter Herr Müller,
Es ist mir überaus peinlich Sie noch einmal an mein verflixtes Honorar zu erinnern. Ich verstehe sehr gut, dass Sie mit Arbeit überhäuft sind. Aber ich kann nicht anders, denn ohne dies Honorar wäre ich gezwungen, die nächste Zeit überhaupt zu hungern. Wollen Sie bitte so gut sein, es mir *bald,* vielleicht umgehend überweisen zu lassen.
Entschuldigen Sie bitte mein Drängen.
Ich verbleibe mit den besten Grüssen Ihr ergebener
Glauser.

P. S. Wie geht es meinen anderen Sachen.

51 ROBERT BINSWANGER AN WALTER SCHILLER

Ascona, 11. Februar 1920

Sehr geehrter Herr Dr. Schiller!
Ich möchte Sie um Auskunft bitten, unter welchen Bedingungen Friedrich Glauser von der Amtsvormundschaft befreit würde. Es würde sowohl ihn wie mich erleichtern, wenn ein Ende dieser Abhängigkeit abzusehen wäre. Um Ihnen die Antwort zu erleichtern, erlaube ich mir die Lebensführung von Glauser seit seinem Aufenthalt in Ascona zu schildern. Er hat sich bereits im August ein Zimmer im Dorf gemietet und später auch sein Essen selbst verdient. Seine Einkünfte stammen aus dem Honorar von Zeitschriften, die seinen

Roman mit Novellen angenommen haben, aus einem Cyclus gut besuchter Vorträge, über französische Literatur, die er allwöchentlich den Winter über hält und aus Unterricht, den er deutschen Kindern in Privatstunden erteilt. Die Schulden, die er anfangs gemacht hat, sind bis zu einem Rest getilgt. Bei dieser selbständigen Lebenshaltung sollte doch der Grund zu seiner Bevormundung, die moralische Unzurechnungsfähigkeit, dahinfallen. Ebenso ist doch sein Delikt in Genf verjährt und durch Internierung abgetragen. Es bleiben also noch die Schulden, die er damals gemacht hat, zu zahlen. Könnte man sich darüber nicht verständigen?

Ich wäre Ihnen für Ihre Auskunft dankbar und zeichne hochachtungsvoll

Robert Binswanger

52 FRIEDRICH GLAUSER AN ELISABETH VON RUCKTESCHELL

[Poststempel: Locarno, 17.II.1920]

Liso, Liso, ich habe so furchtbare Sehnsucht nach dir, daß ich dir ein paar Worte hinkritzeln muss, nur damit du von dieser Sehnsucht rechtzeitig informiert wirst. Ich möchte bei dir sein und du sollst mich streicheln, ich will es nachher gewiss auch tun, glaub mir. Man schreibt so langsam und mir ist so scheußlich mies ich möchte zerspringen oder in die Südseeinseln reisen zwecks Luftveränderung. Gilde[116] und Schul.[117] waren da, haben mich aufgekratzt für einige Zeit nun bin ich aber wieder geistig tout à fait pleite. Der Herr sei mit dir Liso, ich liebe dich entsetzlich, obwohl du glaubst es sei Ironie. Hoffentlich kannst du meine Schrift lesen. Komme bald zu deinem traurigen

Fred.

53 TELEGRAMM ROBERT BINSWANGER AN WALTER SCHILLER

Locarno 1.VII.1920

da glauser eigenmächtig verschwunden lehne ich jede weitere haftpflicht für ihn hiermit ab = binswanger

116 Nicht ermittelt.
117 Werner von der Schulenburg (1881–1958), Theaterautor, Romancier und Übersetzer aus dem Italienischen, 1917–19 Militärattaché der deutschen Botschaft in Bern, von 1919 an lebte er als Schriftsteller im Tessin, 1921 heiratete er in zweiter Ehe die Deutsch-Brasilianerin Lisa Schauman.

Lisa Lico, ich habe so furchtbare Sehnsucht nach dir, dass ich dir ein paar Worte hinterkritzeln muss, nur damit du von dieser Sehnsucht rechtzeitig informiert wirst. Ich möchte bei dir sein und du sollst mich streicheln, ich will es nachher gewiss auch tun, glaub mir. Man schreibt so langsam und mir ist so scheusslich misz ich möchte zerspringen oder in die Südseeinseln. Missen Zweite Luftveränderung Gilde und Schule waren da, haben mich aufgekratzt für einige Zeit, nun bin ich aber wieder geistig tout à fait pleite. Der Herz sei mit dir Lico, ich liebe dich entsetzlich, obwohl du glaubst es sei Ironie. Hoffentlich kannst du meine Schrift lesen. Komme bald zu deinem französischen

Fred.

Fräulein
Elisabeth von Ruckteschell
Casa Cantonaccio
Ascona

Brief von Friedrich Glauser an Elisabeth von Ruckteschell.
[Poststempel: Locarno, 17. Februar 1920]. → Dok. 52.

54 FRIEDRICH GLAUSER AN ELISABETH VON RUCKTESCHELL

[Poststempel: Bern, 7.VII.20]

Mein kleines Lieb,
Endlich kann ich ein wenig klar denken um dir länger zu schreiben. Sehr lang wird es nicht werden glaube ich. In Bell. bin ich plötzlich wegen Diebstahlversuch verhaftet worden, obwohl ich unschuldig war (zufällig?) denn ich hatte das Velo regelrecht gemietet. Da ich mich renitent benahm, nicht sehr, haben die Gens d'armes mich geschlagen, in die Zelle gesperrt, wo ich versuchte mich mittels meiner Hemdärmel aufzuhängen. Dies gelang fast, das Bewusstsein hatte ich schon verloren, da riss der Stoff. Die Striemen trag ich noch jetzt am Hals. Dann wurde der Arzt gerufen, ich bekam eine Einspritzung und schlief. Am nächsten Tag per Schub[118] nach Luzern, Nacht wieder auf Holzpritsche. Nächster Tag Ohnmacht, Arzt, weiterspedieren nach Bern. Zwei mal Ohnmacht im Zug, wo die Bahnleute im Furgon[119] Mitleid mit mir hatten, denn die Schubtransportierten werden in eine kleine Zelle im Furgon gesperrt. Bern Samstag Nacht Tobsucht simuliert, darauf die Nacht in Cachot auf Pritsche nur im Hemd, ohne Decke, frieren. Weder Mo. noch Co.[120] Sonntag Arrest, Montag Morgen in die Heimatgemeinde, dort endlich Ordre ins Spital zu transportieren. Hier bin ich nun und esse unglaublich. Doktoren ziemlich anständig, nur 2/100 g Mo. im Tag. Es geht besser als ich dachte. Wenn man sich einmal austoben kann geht es besser.
Bald mehr. Ich habe keinen Rappen mehr, nicht einmal für Porto. Schick mir bitte ein wenig. Auch wäre ich dir für ein paar Cigaretten dankbar. Was machst du? Ich bin so kaputt und möchte heulen bei dir, Kleines, denn du bist mein einziger Halt, der einzige Mensch für den ich Lust habe gesund zu werden. Ich hab dich unendlich lieb.
Fred.

118 Zwangsweise.
119 Gepäckwagen.
120 Wegen einer beginnenden Lungentuberkulose wurde Glauser im Herbst 1917 mit Morphium (Mo.) behandelt. Morphium ist ein stark schmerzlinderndes Opiat, das auch euphorisierend wirken kann und abhängig macht. Trotz diverser Therapien und Entzüge blieb Glauser bis an sein Lebensende süchtig. In seiner Asconeser Zeit von 1919–20 begann er zusätzlich Kokain (Co.) zu konsumieren.

55 FRIEDRICH GLAUSER AN HANS MÜLLER-BERTELMANN

Bern, 24. Juli 1920

Sehr geehrter Herr Müller,
Sie hatten die Güte mir vor einigen Monaten für meine Novelle «der Heide» einen Vorschuss von 100– frs. anzuweisen. Da ich augenblicklich wegen eines Nervenleidens im Spital bin und völlig ohne Mittel, wäre ich Ihnen dankbar, wenn Sie es ermöglichen könnten mir einen kleinen Vorschuss zukommen zu lassen. Da ich nicht weiß, wie lange ich hier im Spital bleibe und da es wahrscheinlich ist, daß ich in eine andere Erholungsanstalt verbracht werde, möchte ich Sie bitten der Überbringerin dieses Briefes, Fräulein E. v. Ruckteschell die Summe anzuweisen. Sie wird sie mir dann zukommen lassen. Wollen Sie ihr bitte auch mitteilen wann die Publikation meiner Arbeit in Ihrer Zeitschrift erfolgen wird.
Wollen Sie bitte mein Begehren nicht mißverstehen und meiner misslichen Lage zuschreiben.
Nehmen Sie im Voraus meinen besten Dank entgegen und glauben Sie bitte an meine Hochachtung.
Friedrich Glauser[121]

56 RAPPORT DER STÄDTISCHEN POLIZEIDIREKTION BERN

gegen *Glauser* Friedrich Karl
betrifft: Entweichung aus der Irrenstation Holligen

Bern, den 30. Juli 1920

An die Städt. Polizeidirektion II. Abteilung *Bern*
Donnerstag den 29. Juli um 20.00 wurde von Polizist Müller IV auf hiesiges Fahndungsbureau telephonisch der Bericht erstattet, dass ein unbekanntes Paar mit einem Automobil nach Zollikofen gefahren sei. Bei diesen Leuten müsse etwas nicht in Ordnung sein. Am Bahnhofe konnten wir dann bei den Chauffeuren Bigler und Graber folgendes in Erfahrung bringen.
Um 19.15 sei ein unbekanntes Frauenzimmer nach dem Bahnhofe gekommen und habe den Chauffeur Graber gebeten, sie nach der Eggimannstrasse zu führen. Vor der Abfahrt habe sie ihm erklärt,

---

[121] Nach der Unterschrift folgt ein handschriftlicher Zusatz von Hans Müller-Bertelmann: «25.III.20 100 Fr. (Der Verf. bat um 200 Fr. Vorschuss)».

dass sie an der Eggimannstrasse an das Fenster klopfen werde, dann solle er sofort anhalten und den Wagen wieder nach der Stadt kehren. Im weiteren gab sie ihm zu verstehen, es werde dann ein jüngerer Bursche zu ihr in den Wagen kommen und mit ihr nach der Stadt fahren. Graber ist dann mit dem Frauenzimmer nach der Eggimannstrasse gefahren und als sie ihm das Zeichen zum Halten gab, hielt er an. Als er noch mit dem Umkehren des Wagens beschäftigt war, sei ein unbekannter Bursche eiligst daher gekommen und sei schnell in den Wagen hineingesprungen. Vorher habe die Frauensperson die Tuchvorhänge an den Fenstern heruntergelassen, sodass der Wagen vollständig abgeschlossen war. Nun habe ihm die Frau als Ziel das Hotel zum roten Kreuz angegeben. In der Meinung es handle sich um das Hotel zum Eidg. Kreuz an der Zeughausgasse sei Graber dorthin gefahren. An der Spitalgasse vor dem Geschäft Hirschel habe er anhalten müssen und die beiden Personen hätten die Fahrt bezahlt und seien ausgestiegen. Während der Fahrt von der Eggimannstrasse nach der Spitalgasse habe sich der Unbekannte vollständig umgekleidet. Graber ist dann mit dem Taxameter wieder nach dem Bahnhofe gefahren. Kaum war er dort, als das Frauenzimmer wieder kam und seinen Wagen bestieg; sie müsse nach Zollikofen oder Freiburg fahren. Sie verliess aber den Wagen sofort wieder mit dem Bemerken, der Wagen sei zu wenig verschlossen. Sie ging hierauf zu dem Taxi Nr. 2 (Chauffeur Rindlisbacher) und fuhr mit ihm nach dem Bärenplatz, wo vor der Wirtschaft zur Börse auch der Unbekannte wieder in den Wagen hineinstieg. Rindlisbacher musste nun mit den beiden nach der Tiefenau fahren. Beide benahmen sich äusserst aufgeregt und waren sehr pressant. Nachdem dann Rindlisbacher zurück kam und wir die Fahrtrichtung der beiden wussten, telephonierte ich an Feldw. Studer, der dann den Befehl gab, den beiden Personen mit einem Taxi nachzufahren und sie zu kontrollieren. Wir fuhren sofort mit dem Chauffeur Bigler nach der Tiefenau und konnten hier feststellen, dass die beiden kurz vor 20.00 mit der Bahn nach Zollikofen gefahren seien. Sofort fuhren wir ebenfalls nach Zollikofen. Hier konnten wir aber die beiden nicht mehr finden, da sie vermutlich um 20.10 mit dem Zug nach Solothurn gefahren waren. Wir telephonierten an die Kantonspolizei Solothurn und ersuchten um Kontrolle der beiden Personen, falls sie bis dort fahren würden. Das Telephon langte noch zur rechten Zeit in Solothurn an.

Auf der Rückfahrt nach Bern kontrollierten wir noch sämtliche Wirtschaften, doch ergebnislos. In Bern wurde der Unbekannte in der Wirtschaft zur Börse gesehen. Hier will ihn niemand kennen. Nach

amtsvormund doktor schiller
reinacherstr 8 zuerich =

da glauser eigenmaechtig verschwunden lehne ich jede weitere
haftpflicht fuer ihm hiermit ab = binswanger +

= polizeikommando zuerich

= glauser friedrich karl , von muri , 1896 , geisteskrank ,
sieh z. p. a. 1920 art 5103 ist letzte nacht aus der
irrenstation holligen entwichen , offenbar unter mithilfe einer aeltern
frauensperson namens ruckteschell aus zuerich stop beide duerften sich
vermutlich in zuerich aufhalten stop ersuchen um verhaftung des glauser
und direkte zufuehrung an 1. amtsvormund dr schiller zuerich
= stadpolizeidirektion +

Telegramm von Robert Binswanger an Walter Schiller betreffend Glausers Flucht aus Ascona.
Locarno, 1. Juli 1920. → Dok. 53.

Telegramm der Städtischen Polizeidirektion Bern betreffend Glausers Flucht aus der Irrenstation Holligen.
Bern, 30. Juli 1920. → Dok. 56.

Mitteilung der Kantonspolizei in Solothurn sind die beiden Personen nicht bis dorthin gefahren. Ohne Zweifel müssen sie vorher den Zug verlassen haben.

Da die städt. Irrenstation Holligen sich in der Nähe der Eggimannstrasse befindet, haben wir Freitag den 30. Juli 1920 um 8.00 den Verwalter Fuchser angefragt, ob dort eventuell ein Pflegling entwichen sei. Wir erhielten richtig auch die Antwort, dass Donnerstag den 29. ds. zwischen 19 und 20.00 Uhr der Pflegling *Glauser,* Friedrich Karl, Sohn des Karl Peter und der Friederike Skubitz, von Muri, Bern, geb. den 4. Februar 1896, ledig, Schriftsteller, entwichen sei. Glauser ist ein gemeingefährlicher Geisteskranker, der am 14. Juli 1920 in hiesiger Stadt aufgegriffen und der Irrenstation Holligen zugeführt wurde. Der I. Amtsvormund von Zürich, Herr Dr. Schiller hatte gegen Glauser im Schweiz. Polizei-Anzeiger einen Steckbrief erlassen. Dieser Steckbrief ist seither revoziert worden.

Die unbekannte Frauensperson, die dem Glauser zu der Flucht verholfen hat, ist ohne Zweifel identisch mit einer gewissen Elisabeth *von Ruckteschell,* vermutlich wohnhaft in Zürich oder Ronco, Kanton Tessin. Die Ruckteschell hat den Glauser öfters besucht, so auch Donnerstag den 29. ds. Ohne Zweifel wurde auch an diesem Tage die Verabredung zur Flucht getroffen. Die Ruckteschell hat dem Glauser von Zürich aus öfters Pakete und Briefe zugeschickt. Nach den angegebenen Signalementen kann kein Zweifel sein, dass die beiden Unbekannten, die mit den Taxametern in Bern umhergefahren sind, mit Glauser und der Ruckteschell identisch sind.

Nach einer telephonischen Meldung der Amtsvormundschaft Zürich soll die Ruckteschell in Ronco, Tessin wohnen und es ist anzunehmen, dass sich auch Glauser dort aufhält. Sollte dies nicht der Fall sein, so ist die Ruckteschell in der Lage, den genauen Aufenthaltsort des Glauser angeben zu können.

Die sofortige Ausschreibung des Glauser im «Schweiz. Polizei-Anzeiger» zur Verhaftung dürfte angezeigt sein.

Auslagen für Autofahrt, Telephon, Fr. 29.60.

Gygax, Corp.
Wyss. Pol.

Wenger I Pol.

57 GESPRÄCH WALTER SCHILLER MIT HANS RASCHLE[122]

2. Aug. 1920

Hr. Dr. Raschle, Gemeindeschreiber, Baden, Aarg.:
Glauser kam mit der Ruckteschell am 30. VII. Mittag 1 h zu mir nach Baden.

Ich machte dem Bezirksammann Anzeige, dass ich Glauser vorläufig behalte.

Am 31.VII. verschaffte s. Gl. wieder mit falsch-Rezept Morphium, resp. er versuchte es bloss, es gelang nicht.

Ich trage den Schaden, den Gl. ev. anrichtet bis zur Versorgung. Sch.

58 FRIEDRICH GLAUSER AN ELISABETH VON RUCKTESCHELL (TAGEBUCH BURGHÖLZLI)

Samstag 14. Aug. 20

Für dich schreib ich das kleines Lison, weil ich allein bin und niemandem erzählen kann als dir. Es hätte keinen Sinn für mich zu schreiben. Dies ist nicht Pose oder Litteratur, sondern es ist ganz einfach so. Ich bin müd heute und dumm, es regnet. Der Saal in dem ich sitze ist voll Rauch und Geschrei. Zwei braune Tische langweilen sich und dehnen sich gegen die harte Wand der umgebenden Stühle. Und das grüne Tuch bedeckt das Billard. An den Fenstertischen jassen die Leute, kreischen, lachen. Ein kleiner Buckliger mit grüner Schürze (er schläft in meinem Zimmer und hat Schweißfüße) krächzt ein heiseres Lachen wenn er Karten mit geballter Faust auf den Tisch trumpft. Ein dicker alter Mann, Schaeppi heißt er, steht daneben und gibt Ratschläge. Weiße Watte quillt hervor unter einem schwarzen Kreis der sein Auge bedeckt. Sein Sohn habe ihn hierher getan, klagt er, weil er zuviel trank. Er ist wie ein guter alter Papa, gar nicht alkoholikergrob, verschenkt Äpfel und lächelt gütig unter gelblichem Schnurrbart. Der Kopf ist rund wie der Körper; er hat fleischige Hände und klopft mir bisweilen väterlich auf den Kopf. Draussen regnets ununterbrochen und der Tag war lang. Am Morgen im Saal, der überfüllt war, denn heute wird nicht gearbeitet weil man rasiert. Am nachmittag Kohl gepflanzt. Dann in einem Schundroman gelesen

122 Dr. Hans Raschle (1888–1938), Jurist und Stadtschreiber von Baden. Beim Ehepaar Raschle kam Glauser nach seiner Flucht aus der Irrenanstalt Steigerhubel vom 30. Juli bis 3. August 1920 unter.

bis zum Abendessen. Gestern hab ich dir einen langen Brief geschrieben und wollte ihn mitgeben, aber Monsieur[123] hat scheint es das letztemal geflucht. Nun weiß ich nicht mehr wie ich zu dir kommen soll, Kleines. Bist du weit oder nah? Mir ist sentimental zu Mute und ich sehne mich. Lebwohl.

59 GESPRÄCH WALTER SCHILLER MIT HANS MAIER[124]

20. Aug. 1920

Glauser
Prof. Maier auf teleph. Anfrage:
Ich halte es für besser, wenn Frl. v. Ruckteschell während der nächsten 14 Tage Glauser noch nicht besucht + habe ihr dies auch mündl. bereits mitgeteilt.
Sch.

60 FRIEDRICH GLAUSER AN ELISABETH VON RUCKTESCHELL

Burghölzli Zürich, 22. August 1920

Mein Lieb,
Beiliegend ein Plan. Du wirst dich auskennen. Über den Buchenweg nach der Karthausstraße; dann am Parkgitter entlang bis du zu einem Tor kommst, das eine zur Karthausstraße senkrecht laufende Straße zerschneidet, die weiter in den Burghölzlipark führt. Mittwoch, Freitag, Dienstag, Donnerstag um 2 h wird ein Freund von mir dort auf dich warten und dir Nachricht von mir geben. Komm bitte. Diese Wochen waren furchtbar ohne dich, Kleines. Sehr Sehnsucht, und grauenhaft dir nicht schreiben zu können. Aber es war unmöglich. Erst heut kann ein Brief hinaus. Ihn niemandem gegenüber erwähnen. Sonst ... Ich hatte versucht durch Mauk[125] zu spedieren, sie weigerte sich nicht, doch der Mann zerriß den Brief. Den zweiten hab ich dann nicht abgesandt. Doch hab ich dir alle Tage geschrieben, nur dir. Es ist in einem Heft,[126] das du bald bekommst. Hoffentlich verstehst du den Plan. Leb wohl Kleines, bald mehr.
Ich küss dich innig
F.

123 Nicht eindeutig ermittelbar. Eventuell Anspielung auf den Klinikdirektor Eugen Bleuler, der Briefe genehmigen musste.
124 Hans Wolfgang Maier (1882–1945), Psychiater, seit 1917 selbständiger Leiter der Psychiatrischen Poliklinik und von 1927–41 Direktor der Psychiatrischen Klinik Burghölzli.
125 Mauk (auch Maugg), Übername von Emilie Raschle (1889–1936), Ehefrau von Hans Raschle.
126 Für Elisabeth von Ruckteschell bestimmtes Tagebuch, das Glauser während seiner Internierung in der Psychiatrischen Klinik Burghölzli vom 14. bis 30. August 1920 führte, weil der Kontakt mit ihr in dieser Zeit unterbunden wurde. → Dok. 59.

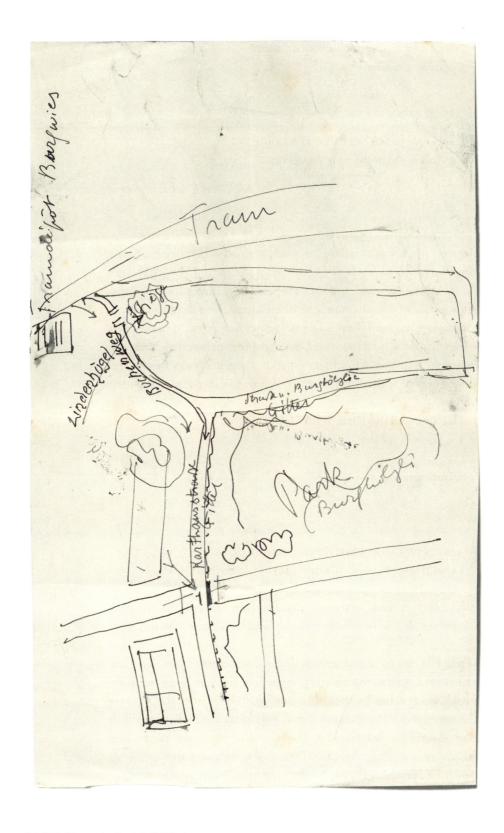

Plan von Friedrich Glauser des Burghölzli-Hügels.
Zürich, 22. August 1920. → Dok. 60.

Schick mir bitte engl. Tabak (2 Pakete)
Cigaretten u. Cig. Pap.

61   HANS MAIER AN WERNER ZUBERBÜHLER,
     LANDERZIEHUNGSHEIM GLARISEGG

Burghölzli-Zürich, den 27.8.1920

Sehr geehrter Herr Direktor,
Gegenwärtig befindet sich bei uns zur psychiatrischen Begutachtung ein *Friedrich Glauser,* geb. 1896, von Muri, Kt. Bern. Derselbe soll vor ca. 10 Jahren während 3 Jahren als Schüler in Ihrem Institut gewesen sein. Es würde uns nun sehr interessieren, von Ihnen zu hören, was für Erfahrungen Sie mit Glauser seiner Zeit gemacht haben. Wie waren damals sein Fleiss, seine Leistungen und namentlich auch sein Betragen. Ist Ihnen an seinem Charakter irgend etwas Besonderes aufgefallen? Wir danken Ihnen im Voraus für Ihre gütigen Mitteilungen.
Hochachtend die Direktion:
i. v. Hans W. Maier

1 Freikouvert.

62   BERICHTE LANDERZIEHUNGSHEIM GLARISEGG
     (ABSCHRIFT KLINIK BURGHÖLZLI)

Zwei Berichten von hervorragenden früheren Lehrern von Friedrich *Glauser* ist über sein Verhalten in der Schule zu entnehmen:

«Fredi Glauser, so nannte er sich damals, war einige Jahre, ich glaube bis 1912, spätestens bis 1913, mein Schüler. Von Wien her kommend, wo er seine Knabenjahre zugebracht, schien er die *typischen Eigenschaften des Wieners in auffallendem Masse zu besitzen:* Beweglichkeit und Weichheit des Gemüts, leichtlebiges, geselliges Wesen mit Anschlussbedürfnis, feines ästhetisches Empfinden und ausserordentliche Sprachbegabung, all das aber ohne Neigung zur Willensbetätigung, ohne Konsequenz und Charakter. Vielleicht können einige Verse, die ich ihm zu einer Samichlaus-Bescherung von 1912 widmete, das Bild von damals vervollständigen:

Beweglich wie die Welle,
Doch trügerisch wie sie,
Quecksilbergleich an Schnelle,
Doch auch zu packen nie
Im Augenblicksgefühle
Wie Wachs so fügig weich,
Doch selbst im Feuer kühle
Dem Salamander gleich,
Vertraut mit grossen Geistern,
Zugänglich jedem Wicht,
Von keinem zu bemeistern,
und *selber* Meister nicht (usw.)

Es wurden wohl Anläufe zu gewissenhafter Arbeit, zu grösserer Ehrlichkeit gemacht, aber sie scheiterten immer wieder an der Willensschwäche. Kleine (oder grosse) Perfidien, deutsche Treulosigkeiten, störten immer wieder das Vertrauen, das man zu ihm fasste. Daneben schätzte man seine reiche Begabung in Witz, Schauspielkunst, Literaturverständnis, seine Fähigkeit, sich in Werke der Dichtkunst hineinzufühlen. Aber nichts schien in die Tiefe zu gehen. Es war etwas angefault in ihm; es trieb ihn ein unseliger Hang zu frivolem Spiel mit allem, was inneren Lebenswert hatte, mit dem Leben selbst; wie er sich dann einmal mit Aether so betäubte, dass er – ich glaube 24 Stunden bewusstslos lag und man an seinem Aufkommen fehlte...»[127]

Ein anderer Lehrer:[128]
Auf Ihre Anfrage über Fredy Glauser teile ich Ihnen folgendes mit: Er war Schüler von 1910–1913, begabt, besonders sprachlich-literarisch, mit reger Phantasie; schlagfertig, humorvoll. Die Leistungen waren sehr ungleich wegen starken Schwankungen in Konzentration und Arbeitseifer. Pflichtgemässes regelmässiges Arbeiten im Sinne von Selbstkontrolle und Selbstzucht waren nicht seine Sache, Willensanläufe jedoch nicht zu verkennen. Nach einer provisorischen Promotion strengte er sich an, bis die Promotion definitiv war. In seiner äusseren Führung war er ganz unzuverlässig, verschwenderisch, leichtfertig mit eigenem und fremdem Besitztum; vergesslich. Hierfür zwei Beispiele, wie sie häufig vorkamen: Aus den Ferien zurückreisend, warf er beim Vorbeifahren an Glarisegg seinen Rucksack aus dem Zuge

127 Bericht eines unbekannten Lehrers.
128 D.i. Werner Zuberbühler, Direktor des Landerziehungsheims Glarisegg. Der handschriftliche Zusatz lautet: «Zuberbühler auf Anfrage Burghölzli betr. Fleiss, Leistungen, Betragen, Charakter / 27. Aug. 1920».

hinaus. Es fiel ihm dann nicht ein, denselben aus dem Bahngraben heimzuholen. Entweder hatte er es völlig vergessen oder, was mir wahrscheinlicher scheint, er war zu energielos, um den Sack zu holen. Nach einiger Zeit fand ihn der Streckenwärter. – Einst forderte ich ihn am gleichen Vormittag dreimal vergeblich auf, eine schmutzige Hose sofort zu wechseln; jedesmal sagte er «ja» mit der verbindlichsten Miene, um den Auftrag augenblicklich ausser Acht zu lassen. – Glauser machte Schulden im benachbarten Hotel, bei den Krämern in Steckborn, beim Buchhändler in Konstanz, oft unter unwahren Angaben. Wenn man Fredy nicht seinen Willen tat, so konnte er zornig und gewalttätig werden. In einer Unterrichtsstunde benahm er sich ungezogen, so dass ihn der Lehrer schliesslich mit Gewalt vor die Türe setzte. Unter der Türe gab Glauser dem Lehrer eine Ohrfeige. – Als Glauser an Fasnacht verkleidet nicht ins Haus eines Lehrers eingelassen wurde, schlug F. ein Fenster ein und stieg durch dassselbe hinein. –

Mehrere Male betäubte er sich mit Aether, den er sich aus dem Laboratorium verschaffte. Ostern 1913 stellten wir Fredy Glauser seinem Vater zur Verfügung ...

63 FRIEDRICH GLAUSER AN ELISABETH VON RUCKTESCHELL
    (TAGEBUCH BURGHÖLZLI)

Montag 30.[129]

Nun hab ich dir so lang nimmer geschrieben. Ich war sehr herunter. Bei meinem letzten Interrogatorium las ich die Diagnose, die man in Genf gestellt hatte. Dementia praecox[130] und konstitutionelle Psychopathie; Complication: Morphinomanie. Ich hab ein paar Tage gebraucht, um dies zu verdauen. Besonders half H. Staeh.[131] mir dazu. Wir sprachen von Hölderlin und ich fragte, welche Geisteskrankheit bei ihm erkannt worden sei. Dasselbe. Man weise das bei allen Dichtern nach, Goethe ausgenommen, fügte er ironisch hinzu. Das hat mich ein wenig getröstet. Und dann kam der Trotz und der richtige Protest gegen Psychiatrie. Wenn ich dich nur sehen könnte Lieb. Die Atmosphäre hier. Ich habe Angst bisweilen wahnsinnig zu werden. Immer die dumme Frage: Haben die Leute nicht doch recht? Hilf mir Lieb, ich bin schwach. Du bist weit. Denkst du manchmal an mich? Und dann: ist Wahnsinn nicht doch vielleicht Erfüllung? Bei Hölderlin unbedingt. Lies die Fassung «der blinde Sänger» (vor der

129 Eintrag vom 30. August 1920.
130 Jugendirresein, frühzeitige Demenz. Vom deutschen Psychiater Emil Kraepelin geprägter Begriff, der eine Reihe von meist bei Jugendlichen auftretenden Symptomen beinhaltet, die letztlich zu einer Demenz führen. Vorläufer des Begriffs Schizophrenie, der 1911 vom Psychiater Eugen Bleuler entwickelt wurde.
131 John Eugen Staehelin (1891–1969), Psychiater, seit 1918 Assistenzarzt in der Klinik Burghölzli Zürich, 1926 Habilitation an der Universität Zürich, von 1929–59 Professor für Psychiatrie an der Universität Basel und Direktor der kantonalen Heil- und Pflegeanstalt Friedmatt in Basel. Glauser war in der Klinik Burghölzli und 1938 in der Klinik Friedmatt bei ihm in Behandlung.

Wahnsinnszeit) und «Chiron» (das gleiche Gedicht umgeändert im Wahnsinn, neu zu uns passend, die erste Fassung hingegen bleich, idealistisch-griechisch. Ich lese Hölderlin und Schopenhauer. Trost, sehr. Werfel sinkt immer tiefer in meiner Achtung. Nun hab ich tagelange Depressionen, wo ich stumpfsinnig bin, und nur hin und wieder ein paar Stunden geistiges Angeregtsein? Ich ängstige mich ob das Wahnsinn ist.

Oh die Stille der leeren Gänge und der Gitter. Stummheit vor singenden Bäumen. Kälte der Morgen wenn die Sonne zögert und der Irren Schreien[132] in unsichtbaren Kerkern. Lautlose Tropfen fallen in meinen Kopf, wenn aus Mattos Stundenglas[133] fließt der Sand, ohne Lärm. Wer findet den Weg der Fremde in sichere Dunkelheit wo leuchtende Becher uns bieten kühlenden Trunk. Niemals finden Vergessen wir in den elfenbeinernen Türmen des Schlafs; immer ruft uns der Hunde Gebell Vergangenheit zu und Taten, längst geschehene, war es im Traum?

Laut weinen und winseln die Wiesen und Häuser, weil (bunt flattern klirrende Bänder) Irrsinn tanzt auf den Wolken des Abendrots.

So Lieb nun bin ich wieder glücklich. Solange ich noch mein Unbewußtes lyrisch expektorieren kann droht mir der Wahnsinn nicht. Nun bin ich erwacht; wie schnell dies geht. Leb wohl. Ich kann mich wieder *kräftig* nach dir sehnen.

64 ELISABETH VON RUCKTESCHELL
AN MARGARETE BINSWANGER-GOETZ[134]

Aug. 20[135]
Zürich am Dienstag.

Mein liebes Gretlein,
wie geht es Dir? Ich wüsste am liebsten alles von Euch! Die modernen Erfingungen (als da sind Flugzeuge) müssten ein bisschen billiger sein – damit man sich zum Nachmittagskaffee besuchen könnte: Zürich ab: 2 Uhr, an Casa Günzel: 3½–4 Uhr – Landung auf der oberen Wiese. Rückfahrt morgens 6 od. 7 Uhr an Zürich 9 Uhr. Basta, alles andre ist Unsinn, *zu* langsam. Grüss Dich, mein Kleines! Du hast vielleicht Goesch[136] schon gesehen, der ja allerlei weiss. Geschäftlich ist es noch ziemlich flau. Nun haben wir Anzeichen u. d. Hoffnung dass sich d. Sache herumspricht wenn erst einige Damen meine oder alte Blusen u. Kleider mit der «Handfärberei» gemacht tragen.

132 Im handschriftlichen Heft ist «Irren» durchgestrichen.
133 Schon früh schuf Glauser die rätselhafte Figur Matto, den «Geist des Irrsinns». Im szenischen Text *Mattos Puppentheater* (1919) spricht Matto die Zuschauer direkt an, im Tagebuch 1920 taucht er mehrfach auf, und der Wachtmeister Studer-Roman *Matto regiert* (1936) spielt in einer psychiatrischen Klinik, dem «dunklen Reich, in welchem Matto regiert».
134 Margarete (Grete) Agnes Binswanger-Goetz (1892 bis 1979), aus dem Baltikum stammende Malerin, Schwester von Bruno Goetz und seit Mai 1920 mit Robert Binswanger verheiratet.
135 Der Brief datiert vom 31. August 1920.
136 Heinrich Goesch (1880–1930), Historiker und Jurist, gehörte zu dem Asconeser Kreis um Robert Binswanger.

Körperlich geht es mir jetzt ein wenig besser u. seit ich immer nachmittags bei Domke[137] färben konnte ist der Architekt[138] ja auch gar nicht dadurch belästigt. Wie es aber nach dem Umzug wird, weiss ich noch nicht. Sonntag hatte ich durch Dr. Raschle der im Burghölzli war ausführlich Bericht über das bevorstehende Gutachten das wohl diese Woche noch vor das Waisenamt kommt. Die Ärzte scheinen sehr gründlich gearbeitet zu haben finden, dass er eigentlich, um ihm selber zu helfen, 2 Jahre interniert sein sollte. Nun ist aber Raschle u. Frau bereit in Baden ihn unter ihren Schutz zu nehmen. Er bekommt dort viell. eine Stellung (Arbeit bei Brown-Bovery od. sowas) von der er sich zieml. erhalten kann. Er fleht natürlich, dass man es versuchen soll: ich bin etwas gedrückt Raschle diese Last zuzumuten. Freilich trägt er rechtlich selber d. Folgen von Taten – also einfach Strafe – u. andrerseits da er nur bedingt freikommt – kann man ihn leicht wieder internieren. Als Übergang u. um für die Freiheit dressiert zu werden, ist dieses viell. ganz gut so, ich hoffe nur sehr, dass es m. d. Stellung klappt.

In der verg. Woche hat Klaus m. d. Assistenzarzt sämtl. ausführlichen Akten über sich (seit Genf u. Zürich) durchgearbeitet. Er hat Raschle gesagt, dass er ganz kaputt: geschlagen ist davon – da er sich zum erstenmal etwas objektiver gesehn hat u. wie sich seine Handlungen bei andern spiegeln. Er trägt den Arm i. d. Binde; sie haben's ihm tief herausgeschnitten. Hoff. nützt das nun.

Goesch's Hiersein war ganz wunderschön. Zwar haben mich d. eingehenden Gespräche sehr durchgewühlt, aber ich glaube, d. i. nicht ungut und an d. Bewusstwerdung hängen immer die grossen Schmerzen.

Es ist so viel leerer seit er fort ist, aber: «feste arrbeiten, nich gleich wieder aufhören.» Sei gut Greth und schick mir die silberne Kette, möglichst gleich – Kannst Dir denken, ich vermisse sie schrecklich: vielen Dank f. d. Packen von Kempter. wenns Dir nicht gar zu viel Mühe macht hätt ich ja gern noch die angefangen Mützen u. Flicken (wie mein Mantel) mach nur ein recht kleines Paket draus. Wolff[139] u. auch d. Levy versprachen sehr mir d. 3 *Bettücher* zu senden die ich für Wulff[140] in Ascona liess. Aber nein ... *wo* mögen sie sein?

Hat Bruno noch keine Antwort aus Deutschland? u. ist er darüber deprimiert, was arbeitet er?

Über Willi[141] kann Goesch erzählen, man kann nicht viel mit ihm anfangen. Es ist schon tragisch. Ich war gestern Abend zum Essen bei den Ebner's vom «Schweizerland»[142] (Dr. Jollos[143] u. d. Taeuber[144] waren auch da) furchtbar phlegmatische Leute d. immer auf Kon-

---

137 Friedrich Hermann Domke, aus Berlin stammender Apotheker in Zürich. Freund von Robert Binswanger und Bruno Goetz. Half Elisabeth von Ruckteschell bei der Versorgung mit Farben für ihre Handfärberei und Friedrich Glauser bei der Beschaffung von Medikamenten.
138 Elisabeth von Ruckteschell lebte bei Architekt Rütschi an der Talstrasse 20 in Zürich.
139 Vermutlich der Maler Martin Wolf.
140 Katja (auch Käthe) Wulff (1890–1992), deutschschweizerische Ausdruckstänzerin und Choreografin.
141 Willy Stadler.
142 Die Zeitschrift *Schweizerland* wurde vom Verleger Carl Ebner herausgegeben.
143 Waldemar Jollos (1886–1953), Schriftsteller, Kunstkritiker, Übersetzer, verkehrte bei den Zürcher Dadaisten.
144 Sophie Taeuber (1889–1943), Künstlerin, Textilgestalterin, Tänzerin. 1915 Beginn einer Tanzausbildung bei Rudolf von Laban und Mary Wigman.

versation warteten. Jollos stöhnte dass d. Schweiz keinen jungen Nachwuchs an Literaten bringt u. die «bekannten Namen» auf die sie zieml. angewiesen sind, seien stinkend faul; er bekäme keine Artikel über Politik u. allerlei Dinge die er vorschlägt. (Viell. könnten doch Goesch oder Götz u. Rolli mal was einsenden?) Der Verlag zieht jetzt nach Montagnola-Lugano.

Domke ist sehr nett nur das Zügeln steht im gruusig vor Augen. Ich helf ihm dann. Mein Tag ist so komisch geteilt: Junggesell hie und da (aber ganz eingefleischte). Leb wohl liebes liebes Seelchen
Grüss vielmals Rolli, Bruno, Deine Mutter.
Küss Dich und hab Dich lieb
Bankputis

65 GUTACHTEN KLINIK BURGHÖLZLI (AUSZUG)

Wir kommen in unserem Gutachten zu folgendem Schluss: Glauser ist ein in unglücklichen Familienverhältnissen aufgewachsener willensschwacher, moralisch ungenügend entwickelter, zu liederlichem Leben neigender Mensch, mit über dem Durchschnitt stehender intellectueller Begabung und ausgesprochenem schriftstellerischem Talent. Bis jetzt hat er sich in der Freiheit nie während einer längeren Zeit gut halten können. So führte er ein unstetes, Drittpersonen schädigendes Leben und ergab sich zudem dem Morphiumgenuss. Eine eigentliche Geisteskrankheit im Sinne des Gesetzes ist zur Zeit bei ihm nicht nachzuweisen. Deshalb sind auch die Voraussetzungen einer Entmündigung Glausers auf Grund von Art. 369 ZGB nicht vorhanden. Jedoch bedarf er weiterhin der Bevormundung nach Art. 370 ZGB.[145]

Von einer längern Internierung Glausers unter den gegebenen Verhältnissen kann man vorläufig absehen. Es sollte noch einmal ein Versuch mit ihm in der Freiheit gemacht werden, allerdings bloss auf Zusehen hin und unter Androhung und Ausführung der Wiederinternierung bei schlechtem Verhalten. Bis dass die nötigen Garantien gegeben sind, dass Glauser eine gesicherte Arbeitsstelle antreten kann, wobei er unter ganz zuverlässiger Aufsicht steht, ist mit seiner Entlassung zuzuwarten.[146]

Burghölzli-Zürich Glaus, Ass. Arzt
den 21.IX.1920 Einverstanden
 Bleuler[147]
 Dir.

[145] Das Schweizerische Zivilgesetzbuch unterscheidet Vormundschaft wegen Geisteskrankheit oder Geistesschwäche (Artikel 369) und Vormundschaft wegen Verschwendung, Trunksucht, lasterhaftem Lebenswandel, Misswirtschaft (Artikel 370).
[146] Glauser wurde am 2. Oktober 1920 entlassen, nachdem Hans Raschle sich dafür verbürgt hatte, Glauser bei sich in Baden aufzunehmen und ihm eine Stelle zu besorgen.
[147] Paul Eugen Bleuler (1857–1939), Schweizer Psychiater, von 1898–1927 Direktor der Psychiatrischen Anstalt Burghölzli, Zürich. Pionier der Schizophrenieforschung.

EMILIE RASCHLE AN ELISABETH VON RUCKTESCHELL

Den 25 Sept.

Liebe Ruck!
Endlich hat man sich einigermassen erholt. Ich musste vor Übermüdung und Schmerzen im Rücken bis heute im Bett bleiben. Heute fühle ich mich wie neu geboren. Es interessiert Sie gewiss zu hören, dass mein liebster Mann mit dem Generalsekretär von Brown und Boveri gesprochen hat und derselbe nicht abgeneigt ist ihn irgendwo unterzubringen wo er Befriedigung finden könnte. Den Anmeldebogen hat Glauser bereits erhalten. Wenn die Sache nun vor Waisenamt in Ordnung ist, kann er sofort bei uns einziehen. Ich bin aber der Ansicht, dass sein Arm vor Beginn seiner Arbeit in vollständige Ordnung kommen muss. Wir werden einen «Vorschuss» bei Schiller verlangen, damit er hier in Baden von einem guten Chirurgen behandelt werden kann. Auch werde ich dahin wirken, dass er alles Notwendige zu seiner Bekleidung bekommt. Solche Sachen wirken auch gut auf das Gemüt!!

Glauser schrieb uns gestern von seinem Schreiben an Sie, in dem er Ihnen seinen festen Entschluss mitteilt. Er brennt auf seine Entlassung der Arme. Sind Sie lb. Ruck immer noch traurig? Haben Sie nicht gute Hoffnung? Ich glaube doch, wenn wir *alle* ihm Mut einflössen wird die Sache gutgehen. Er soll es bei uns sicher gut haben! Hie und da die Zügel spannen bei einem schwachen Menschen *muss* sein. Er wird ja doch immer fühlen wie es gemeint ist. Und dann kommt die Ruck des Öftern und holt auch unseren Schutzbefohlenen. Das Verhältnis zwischen Vater und Sohn wird sich gewiss auch machen. Brown und Boveri steht durch ihr Zweiggeschäft in Mannheim auch mit dem Consulat in enger Verbindung, der Bruder, eines hier in Baden an erster Stelle stehenden Obersten war in Mannheim Consul. Vielleicht wird also mit der Zeit finanziell zum Studium Glausers verholfen – So sich unser guter Glauser hält – !!

Arbeiten wir zusammen gegen das Morphium. Hier in Baden wird ihm jede Möglichkeit genommen. Wenn er mit Ihnen ist heisst es auf der Hut sein! In einigen Minuten ist das Unglück geschehen und Zürich hat so viele Schlupflöcher! Diese Woche gehe ich meiner Mutter zügeln helfen, dann kann ich Sie sehen. Ich weiss den Tag noch nicht bestimmt.

Ihre Empfehlungen schickte ich an Frau Sidney Braun[148], Frau Dr. Markwalder[149] und an eine wirklich erstklassige Schneiderin. Hoffentlich mit Erfolg. Ich freue mich Sie wieder zu sehen und grüsse Sie herzlich sowie mein kleiner Lausbub.
Ihre Maugg

[148] Jenny Brown-Sulzer (1871–1968), Tochter eines Winterthurer Industriellen und Frau des Ingenieurs Sidney Brown, dem technischen Leiter bei Brown, Boveri & Cie.
[149] Vermutlich die Frau von Dr. Josef Ernst Markwalder (1867–1947), Bäderarzt in Baden.

67 GESPRÄCH WALTER SCHILLER
MIT HANS RASCHLE UND FRIEDRICH GLAUSER

2. Oct. 1920

Dr. Raschle Baden (mit Friedr. Glauser):
Glauser wird s. am 4. dies. bei Brown Boveri vorstellen; es fragt s. nur noch, auf welche Abteilung er versetzt wird.
 Glauser wird bei Dr. Raschles wohnen + ev. zunächst im alkoholfr. Restaurant im gl. Hause essen.
 Dr. Raschle verpflichtet s., A'd sofort zu benachrichtigen, falls Glauser zu Klagen Anlass gibt.
 A'd wird sofort Rechn. v. Burghölzli verlangen + dann den Saldo an Dr. Raschle schicken f. nötige Anschaffungen –
 Glauser erklärt, er habe nun erst aus den Akten eigentl. ersehen, dass die bish. Anordn. des A'des doch v. viel Wohlwollen zeugten.
 Glauser nimmt davon Vermerk, dass er bei Rückfall sofort Anstaltsversorg. zu gewärtigen hätte.
 Schiller

68 FRIEDRICH GLAUSER AN BRUNO GOETZ

[Poststempel: Baden, 20.x.1920]

Bruno!
Falls du dich nicht entschließen kannst meine Manuskripte zu schicken, übergebe ich dich hiemit mit stärkstem Fluche der anthroposophischen Gesellschaft zur geistigen Impotentmachung, was diese ohne Zweifel (sine dubio) kann.
 Bruno!
Falls mein Novellenband nicht bald eintrifft übergebe ich dich allen Verwünschungen Jeremias, des Propheten, Hesekiels, des Sehers und aller Kabbalisten, Schriftgelehrten und sonstigen jüdischen Magiern.
 Bruno! Falls du gedenkst diese Flüche und deren Gefahren zu ignorieren, weihe ich dich mit aesthetischen Weihen der Lebenskunst und ihren Proleten Oscar Wilde und Oscar A. H. Schmitz[150].
 Bruno!
Besinne dich und wirf die Warnungen nicht in der Richtung des

[150] Oscar Adolf Hermann Schmitz (1873–1931), deutscher Schriftsteller und Essayist, Verfasser zahlreicher gesellschaftsanalytischer Schriften. Sein Schlüsselroman *Bürgerliche Bohème* (EA *Wenn wir Frauen erwachen ... Ein Sittenroman aus dem neuen Deutschland*, 1912) erlebte bis 1918 sieben Auflagen.

Windes. Du wirst sie brauchen wenn ich mein *Vorhaben* executiere und *dich* auch.

Bruno! Zum letzten Male. Schick den Band sogleich sonst erscheine ich dir des Nachts und töte eine Wachspuppe.
Klaus.

F. G., Baden z. Sonnenblick

69 FRIEDRICH GLAUSER AN ELISABETH VON RUCKTESCHELL

[Poststempel: Baden, 22.X.1920]

Dear dearest,
Dank für your Brief. Sehr richtig, what you say. Oh über die Psychologie der Frauen. Aber damned damned, Himmelherrgottkreuzmillionensternenchaib (Amen) Was wollt ihr immer mit dem Aufbauen. Verrückt, total. Wenn man den Menschen endlich einmal erklären will, daß sie sich begnügen sollen mit «ohne Idealen» und sonstigen borniertern Lebenslügen, wenn man ihnen einmal nicht Schillersch kommt sondern ihnen sagt: es gibt Leid, ihr seid Trottel wenn ihr erhebende Gefüüühle habt und sucht. Dann ist man Vernichter. Aufbauen! Pfeif aufs Aufbauen. Den Tod gibts. Jawohl. Zu Staub sollt ihr werden et puis basta. Lernt zu sterben. Das ist Aufbau. Aber nein jeder Schwindel, der den Ehrgeiz kitzelt, das Leben ist Pflicht, kämpft für eine bessere Menschheit! Pfui Teufel. Dein sogenanntes Aufbauen (was meinst du eigentlich mit diesem höchst unklaren Wort?) Aufbauen ist Vernichten; die Aufbauer sind Verbrecher, die große Worte aufprotzen. Schwindel. Ich kann nicht Schillers «Tell» schreiben. Ich kann schreien: Das Leben ist entsetzlich und Freude gibt es fast keine. Glück ist schweigend neben einem stummen Kinde herzulaufen und seine warme Hand fühlen. Besonders wenn das Kind bald sterben wird. Eine Form des Glückes ist dies wenigstens. Die andere ist Einsamkeit, wenn man mit einem Hunde spricht. Amen.

Hast du noch nicht gemerkt, daß scheinbar einfache Lösungen mich nur befriedigen, wenn ich sie als Paradox werten kann: dies ist der Sinn meines Ausspruches über Kompromiss.

Schreib bald. Ein längerer Brief kommt noch mit meinem Manuskript, das dem Ende naht.

Dieses ist nur die Vorrede zur Bitte um:
... um:

1. Meine Hausschuhe
2. Meinen Wintermantel
3. Handschuhe
4. Bruno Goetz: «das Reich ohne Raum».
    Flaubert «St. Antoine»
        »   «Bouvard Pécuchet»
5. Amadeus Barth: Gemälde
6. Tabaksbeutel
7. Küsse von dir (très sérieusement)
8. Daß ich bald wieder einmal nach Zürich komme.
9. Meine herzl. Glückwünsche zu deinem Brief (sehr ernstlich, hab mich furchtbar gefreut).
10. Die Kraft, den «anderen» zu bekämpfen.

Die Aufbauerei ist eine geistige Onanie. Ich habe viel übrig für die Prostitution (die geistige)

Indem ich dir ein gleiches wünsche (pardon) verbleibe ich in bestem Angedenken stets und zu Ihren Füssen

Ihr restlos ergebener

Dichter Poet und leider nicht Schuster

Frédéric Charles Glauser

(Adieu Lieb ich küss dich).

70 FRIEDRICH GLAUSER AN HANS MÜLLER-BERTELMANN

Baden z. Sonnenblick b. Dr. Raschle
6. Dez. 1920

Sehr geehrter Herr Müller,
Beiliegend sende ich Ihnen einige Gedichte. Vielleicht finden Sie darunter einige, die für die «Schweiz» geeignet sind.

Dankbar wäre ich Ihnen um Zusendung der Korrekturbogen (der versprochenen) sowie um die Novelle «Der Kleine», falls Sie sie nicht brauchen können.

Mit den besten Grüßen
Friedrich Glauser

Beilage: Gedichte

71 FRIEDRICH GLAUSER AN HANS MÜLLER-BERTELMANN

Baden, 4. Januar 1921
Haselstraße 6

Sehr geehrter Herr Müller,
Sie hatten mir die Correctur-Bogen für meine Novelle «der Heide» versprochen. Da ich sie bist jetzt nicht bekommen habe, möchte ich Sie bitten, mir so bald als möglich Nachricht zu geben, wann ich diese «Fahnen» erwarten kann. Es wäre mir sehr lieb, wenn die Novelle vielleicht in der Februar-Nummer der «Schweiz» erscheinen könnte.

Was machen meine anderen Sachen? Glauben Sie, dafür Verwendung zu haben? Wenn ja, sind Sie vielleicht so gut mir Antwort zu geben.

Dann habe ich noch eine Bitte an Sie. Ich glaube, daß ich auf den «Heiden» noch einiges Geld zu erwarten habe. Würden Sie die Liebenswürdigkeit haben, diesen Rest noch zu berechnen, und mir ihn bald zukommen zu lassen. Es tut mir leid, Sie immer mit derartigen Dingen zu belästigen, hoffe aber, daß dies unser Einvernehmen nicht stören wird. Sie wissen ja selbst, wie schwer es augenblicklich ist, zu verdienen, Arbeit zu finden.

Darf ich Ihre Antwort bald erwarten?
Ich grüße Sie recht herzlich
Friedrich Glauser

72 FRIEDRICH GLAUSER AN HANS MÜLLER-BERTELMANN

Baden 8. Januar 21
Haselstraße 6

Lieber, sehr geehrter Herr Müller,
Vielen Dank für die schnelle Absendung der Korrektur. Ich schicke sie Ihnen zurück, mit der Bitte, dem Setzer noch zu sagen, die Zeilen gerade zu stellen. Oder kommt das von selbst? Wäre es Ihnen möglich mir bald das sehr erwünschte Honorar zukommen zu lassen? Ich warte «mit Sehnsucht» auf Ihren Brief.

Mit vielem Dank für Ihre Mühe bin ich stets Ihr ergebener
Glauser

Telegramm von Friedrich Glauser an Elisabeth von Ruckteschell:
«Komme heute zürich 13 h 12 warte bitte Bahnhof. Gruss Glauser».
Baden, 10. Februar 1921.

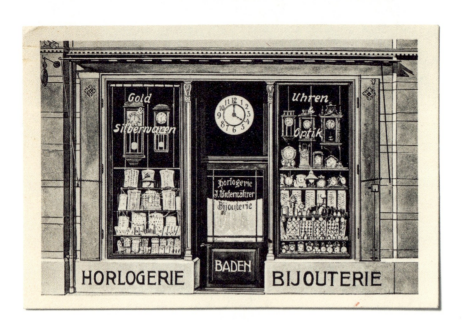

Quittung Horlogerie Baden.
Baden, 13. Oktober 1920.

73 FRIEDRICH GLAUSER
AN BRUNO GOETZ UND ELISABETH VON RUCKTESCHELL

Baden, 18. März 1920[151]

Lieber Bruno,
Ich habe auf deinen Brief lange nicht geantwortet, weil ich viel übles zu bestehen hatte. Es hat fast mit einem Revolverschuss geendet, was ich dich bitte nicht als Übertreibung aufzufassen, sondern als reine Wahrheit. Es war alles ziemlich scheußlich. Nun bin ich bei einer Provinzkreiszeitung angestellt, als Halbredaktor mit 150 frs. Monatslohn. Aber keine Bureaustunden, sondern ziemlich frei. Nebenbei kann ich in Kritiken die Dilettanten und Spießbürger, die sich erfrechen Kunst zu heucheln, ein wenig geißeln. Faute de mieux on couche avec sa femme, wie der Franzose sagt, was in diesem Falle deplaziert ist. Außerdem habe ich die Bekanntschaft des Fräulein Rheingold[152] (du weißt, die alte Schachtel, die stets bei Busoni[153] herumlungerte, von der du viel erzählt hast.) Sie kennt dich, erinnert und entsinnt sich deiner und lässt dich sogar grüßen. Fein, n'est-ce pas? Nun spinnst du dort unten in Italien goldene Glücks und Liebesfäden,[154] du altes Aas; (pardon, es ist durchaus freundschaftlich gemeint.) Kempter traf ich letzthin in Zürich. Er erzählte mir entzückende Geschichten aus Ascona. Es war sogar mehr als Klatsch, nämlich typische Vorkommnisse. Verefkinas Nase spielte eine Rolle.

Zum Troste in der Einsamkeit lese ich Spenglers «Untergang des Abendlandes»[155] und zwischendurch sehr viel Hamsun; manchmal Schopenhauer und oft Detektivromane. Wenn du Spengler nicht kennst lies ihn. Ein fantastisch feiner Kopf. Neu, falsch oft (selten) aber immer lebendig. Ich schreibe wahrscheinlich nächstens einen Artikel für mein Käseblatt, denn ich habe mir vorgenommen, erzieherisch und büldend zu wirken. Du gratulierst? Danke! (Mit Verbeugung).

Leb wohl, Alter, schreib bald. Ich hoffe, daß ich jetzt aus dem ärgsten Schlamassel bin. Aber das kann man ja nie mit Sicherheit behaupten. Sei glücklich und lebe sorglos
Klaus

Liebes Lison, *(Persönlich)*
Dank für deine Beschreibung von Fiesole. Sie war grausam. Warum dem Hungernden Bratendämpfe unter die Nase blasen? Ich bin natürlich auf groteskeste Weise hineingeplumst mit meiner schwär-

---

151 Korrekt ist 18. März 1921.
152 Vermutlich eine Opernsängerin, die in Richard Wagners Oper *Das Rheingold* sang.
153 Ferruccio Busoni (1866–1924), italienischer Pianist und Komponist, von 1915–20 im Exil in Zürich, wo er Kontakt zu den Dada-Kreisen pflegte.
154 Elisabeth von Ruckteschell und Bruno Goetz hatten im Februar 1921 in Florenz geheiratet.
155 Kulturphilosophisches Hauptwerk von Oswald Spengler (1880–1936). Der vollständige Titel lautet *Der Untergang des Abendlandes. Umrisse einer Morphologie der Weltgeschichte. Gestalt und Wirklichkeit*, Bd. 1, Wien, Braumüller 1918; *Welthistorische Perspektiven*, Bd. 2, München, C.H. Beck 1922. Spengler vergleicht das westliche Abendland unter kulturmorphologischen Gesichtspunkten mit sieben anderen Hochkulturen und bricht mit der Vorstellung, die bis zum Ersten Weltkrieg weit verbreitet war, die Geschichte sei ein Prozess des kontinuierlichen Fortschritts.

merischen Liebe zu jener kleinen Lehrerin.¹⁵⁶ Es war nüscht als Provinz, übelste! Wann werde ich Frauenkenner? Drama in Possenform von Klaus Dapsul von Zabeltau. Amen. Nun begann es natürlich wieder daheim.¹⁵⁷ Nach der Versöhnung ging es eine Woche gut. Dann plötzlich Gewissensbisse ihrerseits. Sie habe wieder mit ihrem Manne die ehelichen Pflichten ausgeübt. Sie wolle von mir los. Darauf ich Verzweiflung; sie fühlt sich gedemütigt macht mir eine Schweinerei, wegen unbezahlter Schulden. Da habe ich sie angebrüllt (es war nach einer schlaflosen Nacht und meine Nerven ... na ja) wie einen Hund. Sie will den Revolver nehmen (den ihres Mannes) ich reiße ihn ihr aus der Hand, schmeiß ihn in den Kasten. Türe zu, Schlüssel abgezogen. Sie wird weich. Ich falle in Ohnmacht (ohne Spaß) gehe ins Bett, schlafe den ganzen Tag. Zwei Tage darauf alles in Ordnung. Zärtlichkeit etc.

Ich erzähle cynisch, aber wie soll ich sonst. Es ist alles so lächerlich. Nun geht es wieder. Ich hab sie ja eigentlich lieb und sie steckt mir in der Haut und im Blut. Wie wirds enden? Bet für mich kleines Lison. Das Leben ist uninteressant. Oder nennst du solche Szenen vielleicht anders.

Ich küss die Hand
Klaus

24. März 1921

Ich habe den Brief lange nicht abgeschickt, weil ich kein Geld hatte. Und dann hatte ich Eure Adresse verloren. Hoffentlich bekommt Ihr ihn trotzdem. Es ist jetzt angenehmer hier. Ich lebe eingekapselt und allein, sehe die Raschles nicht mehr, was mir wie eine Erlösung vorkommt.

Den ganzen Tag im Bureau, in dem ich auch für mich arbeiten kann. Vielleicht wird es mir einmal gelingen Euch besuchen zu kommen.

Schreibt mir bitte bald trotz meines Schweigens. Es war nicht meine Schuld.

Lebt wohl. Ich balanciere, wie ein schlechter Seilkünstler auf dem lockeren Seil der Bürgerlichkeit.

Viel Liebes und Grüße von Eurem
Klaus

156 Glauser machte auf einem Fasnachtsball im Februar 1921 Anna Friz, der Freundin von Hans Raschles Schwester, den Hof. Sie wies ihn allerdings zurück.
157 Glauser unterhielt eine heimliche Liaison mit Emilie (Maugg) Raschle, der Ehefrau von Hans Raschle.

74 GESPRÄCH WALTER SCHILLER MIT EMILIE UND HANS RASCHLE

18. April 1921 (Dr. Schiller)

Durch telephonische Konferenz und mündliche Besprechung mit Herrn & Frau Dr. Raschle in Baden ist über Friedrich Glauser folgendes zu erfahren:

Glauser ist wieder vollständig in sein früheres schlimmes Fahrwasser gekommen. Seit mehreren Wochen verschaffte er sich in Apotheken und durch verschiedene Ärzte in Baden, teils unter Angabe von falschen Namen Äther und andere Narkotika. Es kam zu eigentlichen Äther-Delirien.

Glauser hat Dr. Raschle's verschiedene Bücher gestohlen & verkauft, ebenso ein Buch, das er von einem befreundeten Maler entlehnt hatte. Desgleichen hat Glauser eine ganze Reihe von Leuten in Baden, bei denen er durch Dr. Raschles eingeführt wurde, zum Teil mit Erfolg angepumpt. Am Freitag, den 15. ds. ist er dann von Baden verschwunden.

Aus den hinterlassenen Briefschaften ist zu schliessen, dass er offenbar mit der Ruckteschell, die jetzt mit dem Schriftsteller Bruno Götz verheiratet sein soll, wieder in Verbindung steht. Diese hat sich als ganz ordinäres Frauenzimmer erwiesen. Dr. Raschle's behalten verschiedene, die Ruckteschell besonders belastende Briefe vorläufig bei sich.

Es wäre auch möglich, dass Glauser sich zu Frl. Wigman, Balletmeisterin, Schillerstr. 17, Dresden, zu begeben beabsichtigt. Er hatte mit dieser in Ascona Beziehungen, die aber nach den vorhandenen Briefen nicht so schmutzig waren, wie diejenigen zu der Ruckteschell.

Dr. Raschle's erzählen noch eine grosse Reihe von Einzelheiten, welche beweisen, dass Glauser tatsächlich zwar nicht geisteskrank, aber ein ganz geriebener Gauner ist. Dr. Raschle's halten die Verwahrung Glausers in einer Arbeitsanstalt im Hinblick auf seine Gemeingefährlichkeit heute unbedingt gegeben.

Von Baden aus wird sofort nach der Besprechung mit Dr. Raschle's folgendes Telegramm nach Mannheim abgeschickt:

«Prof. Glauser, Schweizerkonsulat, Mannheim. Friedrich letzten Freitag in Baden entwichen, rückfällig. Dr. Raschle erhielt soeben Telegramm: Friedrich Glauser heute bei mir eingetroffen, Glauser, Mannheim. Ist Telegramm echt? Verhaftung erscheint nötig. Erbitte Drahtbericht.»

75 HANS RASCHLE AN WALTER SCHILLER

Baden, 3.5.21

Betr. Vormundschaft
Friedr. Glauser

Sehr verehrter Herr Doctor,
verbindlich danke ich Ihnen für ihre gefälligen Mitteilungen vom 26. April. Die problematischen Forderungsanzeigen des Herrn Professors Glauser muss ich dahin berichten, dass der *Verlag der Schweiz* die beiden Manuskripte *nicht* angenommen hat, sie aber noch als Pfand zurückbehält, bis Glauser einen ungedeckten Vorschuss von Fr. 60 berichtigt haben wird; die zweite Skizze hat die *schweizerische Illustrierte Zeitung* zurückgewiesen, den Betrag für die erste, *15 Fr,* wird sie an mich zahlen. Bei den beiden deutschen Verlagen ist noch nichts spruchreif, es wäre aber gut, wenn sie dort die Rechte Glausers offiziell sperren würden, damit er nicht dort sich Geld verschafft, wenn er nach Deutschland zurückbrennt, was ich für wahrscheinlich halte.

Die Zusammenstellung des Schulden- und Sündenregisters kann noch nicht abgeschlossen werden. Immerhin möchte ich Ihnen hier zwei gestern herausgefundene Recepte zu den Akten senden, die Gl. eigenhändig gefälscht hat. In der betreffenden Apotheke hat er auch einen Erpressungsversuch gemacht, mit Steuersachen, indem er meine Stellung als juristisches Mitglied der Steuerkommission durch perfide Verdrehungen und Dichtungen gegen den Apotheker «ausbeutete». Auch der Briefentwurf an den Arzt im Steigerhubel, den wir nachträglich auffanden, gibt Einblick in die Methoden Gs. Ob da mit Urkundenfälschung nichts anzufangen wäre, um den Kerl einzufangen und unschädlich zu machen? Denn dass er nicht den Ehrentod auf den Legionskampffeldern finden wird, ist klar.

Den Heimatschein schicke ich Ihnen hier zu meiner Entlastung wieder zurück.

Wahrscheinlich wird G. versuchen, ohne Ausweispapiere sich bei deutschen «Berufsfreunden» durchzuschmuggeln, ob diese nicht auf ihn hereinfallen und ihn decken, wie es die Zürcher Freunde und innen taten. Haben sie gegen diese übrigens noch nichts vorgekehrt?

Ich grüsse Sie, in der Erwartung, von Ihnen weiteres zu vernehmen, wenn Sie neue Tatsachen wissen, als Ihr hochachtend ergebener.

Raschle

Beilagen erwähnt.

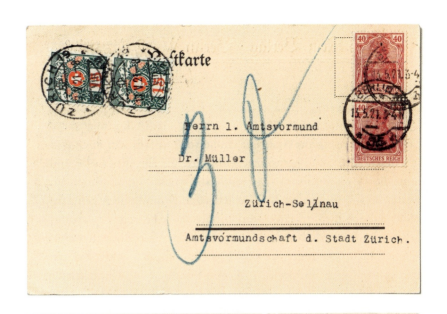

Postkarte des Erich Reiss Verlages an Walter Schiller betreffend Ablehnung
und Rücksendung von Glausers Manuskript.
Berlin, 13. Mai 1921.

FRIEDRICH GLAUSER AN EMILIE RASCHLE

Sidi Bel-Abbès, 1. Juni 1921[158]

Liebe Maugg,
Verzeih mir bitte, wenn ich dir noch einmal schreibe. Aber mein Weggang von dir ohne Abschied und ohne Dank drückt mich und ich möchte dir noch gerne sagen, daß ich dir für alles Liebe und Gute danke, das du für mich getan hast. Schau, du musst mich ein wenig verstehen. Ich weiß, dass ich viele Dummheiten gemacht habe, daß ich dich gekränkt und enttäuscht habe, sehr oft, aber es lag viel in den Verhältnissen, in meinem Charakter auch. Ich hielt es nicht mehr aus in der Schweiz. Das Gefühl war so stark, daß ich den jetzt vergangenen Monat trotz allen Strapazen und Chikanen als wohltätig empfinde, weil er mir neues gebracht hat und viel Schönes, das mit allem wieder versöhnt. Schließlich ist die Fremdenlegion, abgesehen von der militaristischen Prinzipienfrage, (vielleicht der einzige Punkt, der mir innerlich zu schaffen gibt und den ich zu lösen suche, auf meine Art) noch hundertmal vorzuziehen einem Aufenthalt in einem Schweizer Irrenhaus oder einer Korrektionsanstalt.

Und dann habe ich Europa so satt, daß ich in meiner Freizeit selten mit meinen Kameraden ausgehe, sondern die Araber besuche und versuche ein wenig ihre Sprache zu kauderwelschen. Es ist dankbar; die Leute sind was Takt- und Höflichkeitsfragen anbetrifft, immer noch kultivierter als wir, und ihre Ruhe sticht angenehm ab gegen das besoffene Treiben der ansässigen Spaniolen, und der garnisonierten Legionäre

Die Legion selber ist sehr interessant, – nichtsdestotrotz. Russische Offiziere der Wrangel- und Denikin-Armee,[159] Don-Kosaken, Bulgaren, Österreichische Marineleutnants, Stabshauptleute, Einbrecher, Bolschewisten, deutsche Contre-Revolutionnaire, französische Deserteure, die neue Papiere wollen, alles wimmelt durcheinander. Ein Page du Corps des weiland Zaren Nikolaus spielt die Bassgeige in der Regimentsmusik, ein Neffe von der Goltz-Pascha[160] hat es nach vier Monaten zum Gefreiten gebracht, ein deutscher Conservatorist aus Leipzig dirigiert die Sonntagsmusik oder spielt abends Klavier im Kino. Das ist die neue Fremdenlegion. Die alten Legionäre schneiden ihren neuen Kameraden die Gurgel ab, unten im Village nègre, wenn sie Geld bei ihnen vermuten und betätigen sich sonst auf unangenehme Weise. Im Ganzen ist es interessant, genug. Das Klima ist schwer

---

158 Glausers Aufnahme in die Fremdenlegion geschah – nach zwei medizinisch bedingten Rückweisungen – am 29. April 1921 in Strassburg. Über Metz und Marseille kam er in die Unteroffiziersschule nach Sidi Bel-Abbès in Algerien.
159 Baron Pjotr Nikolajewitsch Wrangel (1878 bis 1928) und Anton Iwanowitsch Denikin (1872 bis 1947) waren Oberbefehlshaber der antikommunistischen Weissen Armee im Russischen Bürgerkrieg. Nach schweren Niederlagen gegen die bolschewistischen Truppen löste sich Wrangels Armee im Herbst 1920 auf.
160 Colmar Freiherr von der Goltz (1843–1916), preussischer Generalfeldmarschall von 1911–13, Militärtheoretiker und -schriftsteller. Er reorganisierte die osmanische Armee (1883–95), war Berater des Sultans und Kommandant der 6. türkischen Armee im Ersten Weltkrieg bis zu seinem Tod 1916.

zu ertragen. Ich bin vor 10 Tagen gegen Typhus geimpft worden. Das liegt mir jetzt noch in den Gliedern.

Sidi-Bel-Abbès, unsere Garnison, ist eine kleine Provinzstadt, groß wie ein Berner Bauerndorf. Das europäische Viertel ist dumm und protzig, wie die Leute, die es bewohnen. Abwechslung bringen einzig die Araber, und die kleinen Schuhputzerjungen, die treue Hundeaugen haben und aufdringlich sind, wie die Fliegen, die meine größte Plage sind. Im Araberviertel trinke ich gewöhnlich in kleinen Kaffeestuben stark gezuckerten und aromatisierten Tee, der in kleinen Tassen präpariert wird und nur fünf Sous kostet.

Heute bin ich zu meiner Compagnie gekommen. Maschinengewehre. Ich bin fürs Bureau bestimmt. Sekretär des Hauptmanns und Fourierdienst. In vier Monaten kommen wir wahrscheinlich nach Syrien, wo es den Franzosen nicht gerade glänzend gehen soll. Wir sind alle froh, auf diese Weise Marokko nicht näher kennen zu lernen, obwohl schliesslich alles angenehmer ist als eine Garnisonsstadt.

Ich erzähle ein wenig à bâtons rompus, aber vielleicht kannst du dir doch ein Bild machen. Vorläufig ist der Dienst nicht streng und was ich in den anderen Kompagnien sehe, macht nicht den Eindruck, den die Schweizer Armee mit ihrer stupiden Drill-Disziplin auf mich gemacht hat. Die Verpflegung ist sehr gut. Mittags und abends Fleisch, morgens nur Caffee und Brot. Sonntags Dessert. Gekleidet sind wir in alte amerikanische Uniformen, Bridges[161] und gutsitzende Waffenröcke, Wickelgamaschen, gelbe Reitkrawatte und Mütze. Nächsten Monat bekommen wir Leinenkaki-Uniform und große Korkhelme. Tabak, Cigaretten, Wein sind billig. Wein gibts von 50 cts. den Liter an. Guten Weißwein, 1 fr. der Liter. Cigaretten, parfümierte türkische, 50 cts. die Schachtel. Vom Cafard, der typischen Melancholie, die hier grassiert, spreche ich nicht. Mich packt sie oft, besonders jetzt, wo man noch unbeschäftigt ist. Es ist mehr physisch als psychisch und lässt sich überwinden.

Ich möchte dich noch um eins bitten, Maugg. Denk nicht zu schlecht und nicht mit zuviel Hass an mich. Ich habe es manchmal bereut, dein Anerbieten nach Baden zu kommen, angenommen zu haben. Es musste schief gehen, so wie ich mich kannte. Aber ich glaubte und hoffte, es würde gehen. Wenn es nicht gegangen ist und ich dir Unannehmlichkeiten bereitet habe, so verzeih mir. Ich kann es nicht wieder gut machen. Aber eines kann ich dir versichern: ich diene lieber in der Fremdenlegion fünf Jahre, als daß ich drei Monate in einer schweizerischen Kleinstadt verbringe. Es weht in einer

161 Breeches (engl.): Knie-, Reithosen.

5

ist. Es ist mehr physisch als psychisch und lässt sich überwinden.

Ich möchte dich noch um eins bitten, Hangg. Denk nicht zu schlecht und nicht mit zuviel Hass an mich. Ich habe es manchmal bereut, dein Anerbieten nach Baden zu kommen, angenommen zu haben. Es musste schief gehen, so wie ich mich kannte. Aber ich glaubte und hoffte es würde gehen. Wenn es nicht gegangen ist und ich dir Unannehmlichkeiten bereitet habe, so verzeih mir. Ich kann es nicht wieder gut machen. Nur eines kann ich dir versichern: ich diene lieber in der Fremdenlegion fünf Jahre, als dass ich drei Monate in einer schweizerischen Kleinstadt verbringe. Es weht in einer afrikanischen Kaserne — traun fürwahr — doch ein anderer Duft als in Klatschstadt bei Zürich.

Ich habe meine Feder zerbrochen, nicht aus Wut etwa, sondern weil ich mich zu sehr ereifert habe. Das ist die Strafe.

Leb wohl, Hangg, nochmals, vielen Dank für alles. Bitte deinen Mann für mich um Entschuldigung. Wenn du mir schreiben willst, ist meine Adresse:

F. G. N° 22595 C. M. 2 1er Régiment étranger
Sidi Bel-Abbès   Algérie

Brief von Friedrich Glauser aus der Fremdenlegion an Emilie Raschle. (Letzte Seite).
Sidi Bel-Abbès, 1. Juni 1921. → Dok. 76.

afrikanischen Kaserne – traun fürwahr – doch eine andere Luft als in Klatschstadt bei Zürich.

Ich habe meine Feder zerbrochen,[162] nicht aus Wut etwa, sondern weil ich mich zu sehr ereifert habe. Das ist die Strafe.

Leb wohl, Maugg, nochmals vielen Dank für alles. Bitte deinen Mann für mich um Entschuldigung. Wenn du mir schreiben willst, ist meine Adresse:

F. G. N° 22595 C. M. 2, 1er Régiment étranger
Sidi Bel-Abbès, Algérie
Viele liebe Grüsse von
F.

77   HAUPTMANN POUETTE[163] AN DEN VORGESETZTEN MAJOR
     DER FRANZÖSISCHEN FREMDENLEGION

Sebdou, 6. Dezember 1921

Major,
Gestern bekam ich Ihren Brief, in dem Sie Auskunft über den Legionär Glauser aus der C, M, 2 verlangen.

Der junge Mann wurde am 28. September aus der Garnison Bel-Abbès meiner Kompanie zugewiesen.

Schon bei seiner Ankunft fiel er mir wegen seiner disziplinierten Haltung und seines Diensteifers auf.

Ich habe ihn kürzlich zum Korporal ernannt und wenn sein militärischer Diensteifer weiterhin zufriedenstellend bleibt, kann er in ein paar Monaten zum Sergenten ernannt werden.

Aufgrund seiner soliden Vorbildung ist der junge Glauser geeignet, sich während der Arbeit auf St-Maxent[164] vorzubereiten; er verfügt über alle Voraussetzungen, danach Offizier zu werden

Dies in Kürze, Major, die Auskünfte, die ich zum Korporal Glauser geben kann; es gibt nur Lobenswertes, und ich hoffe, dies reicht aus, um die Familie zu beruhigen.

Ich verbleibe mit vorzüglicher etc.
Hauptmann Pouette

---

162 Ab hier ist der Brief mit einer anderen Feder geschrieben. → Abb. S. 96.
163 Hauptmann der Französischen Fremdenlegion und Vorgesetzter des Legionärs Friedrich Glauser in Sebdou (Algerien). Der Hauptmann der Maschinengewehrkompagnie in der Erzählung *Der Hellseherkorporal* (1931) heisst ebenfalls Pouette.
164 In Saint-Maixent-l'École in Mittelwestfrankreich befand sich 1921 die renommierte Infanterie- und Panzerschule, für die sich damals auch Legionäre bewerben konnten. Heute ist dort die Nationale Unteroffiziersschule der gesamten französischen Landstreitkräfte (E.N.S.O.A.) ansässig.

FRIEDRICH GLAUSER AN CHARLES GLAUSER

Gourama, den 16. Oktober 1922[165]

Mein lieber Vater!
... In Sebdou wurde ich zum Korporal ernannt; da es viele Desertionen gab, mußten wir die Garnison wechseln – angeblich aus disziplinarischen Gründen. Dieser Wechsel vollzog sich zwischen dem 17. und 26. Dezember. Von Sebdou zu Fuß bis Tlemcen, von da bei strömendem Regen mit der Bahn bis Bel-Abbès. Vorbeimarsch am Obersten und so weiter. Dann mit dem Zug bis Lamoricière. Von da zu Fuß bis Ain-Fecam, immerzu einer Eisenbahnlinie entlang, an der man seit zwölf Jahren baut. Sie schien sich über uns lustig zu machen. Von Ain-Fecam bis Saïda fahren wir im Zug. Saïda ist ein hübsches Städtchen. Ich hatte zwei Kerle aus meiner Kompagnie, die der Kriegsrat in Untersuchungshaft gesetzt hatte, im Auge zu behalten. Ich war krank und mußte die ganze Nacht die Wache übernehmen. Am nächsten Tag verfrachtete man uns mit der Bahn nach Bou-Ktoub. Von hier waren es noch 108 Kilometer zu Fuß mit vollem Tornister bis Géryville. Dieser Tornister ist etwas leichter als der schweizerische, aber trotzdem unbequem zu tragen. Am 22. Dezember weiter durch flaches und ödes Land. Es ist das Bled. Grauer Sand, Büschel von Alfagras, kein Wasser, ganz in der Ferne im Süden Berge. Dort hinten, sagt man uns, liege Géryville. Wir marschieren als letzte Kompagnie in unserm Bataillon. Alle fünfzig Minuten machen wir halt. Fast jeder von uns trägt harte amerikanische Schuhe, die uns die Füße wundreiben. Viele Leute sind krank. Wir haben keine Socken, der Sold genügt nicht, um welche zu kaufen. Man fabriziert sich russische Socken mit Stofflappen. Schon am ersten Abend ist die ganze Kompagnie eine Versammlung von Hinkenden. Unterwegs gab es einen langen Halt für das Essen: Affenfleisch, dünnfaseriges Büchsenfleisch, schwarzer Kaffee und ungekochte Makkaronis, denn die französische Armee scheint nicht zu wissen, daß es Feldküchen gibt. Am andern Tag marschieren wir um 11 Uhr in der prallen Sonne, die ungekochte Nahrung treibt uns den Bauch auf. Die Jungen leeren ihre Feldflaschen. Resultat: Durchfall und Kolik. Die Kompagnie marschiert langsam ...
Nach dreißig Marschkilometern schlagen wir die Zelte auf. Die Sergeanten betrinken sich im Bordj. Durch die Nacht hört man sie singen. Schwer und mächtig kommt die Kälte über uns. Keiner kann schlafen, wir haben nur eine kleine Fußdecke. Die angeforderten gro-

165 Der Originalbrief und die vom Vater angefertigte Abschrift des Briefes sind verschollen. Die Schweizer Zeitschrift du brachte 1947 drei unveröffentlichte Briefe von Friedrich Glauser aus der Fremdenlegion, eingeleitet von Martha Ringier (Heft 6, Juni 1947, S. 43–44). Die Briefe wurden damals für den Abdruck gekürzt und aus dem Französischen übersetzt. Der Text folgt dieser ersten Druckfassung.

ßen Decken sind nicht eingetroffen. Am nächsten Tag weitere dreißig Marschkilometer. Wir kampieren dicht an der Umfassungsmauer einer Ortschaft namens Kafel-amas. Weihnacht. Merkwürdige Weihnacht. Ganz europäisch. Bise, Schnee. Es fehlt nichts. Der Hauptmann läßt Wein verteilen. Er selber ist im Dorf und trinkt mit den beiden Leutnants Punsch. Um 8 Uhr abends haben wir noch nichts im Leib, weil der Hauptmann gelbe Erbsen verteilen ließ, die man mit ausgerupftem Alfagras, unserm einzigen Brennstoff, nicht kochen kann. In den Zelten singen die Deutschen «Heilige Nacht». Wundersamer Eindruck. Mit nüchternem Magen legt man sich nieder. Morgens 4 Uhr Aufbruch. Wind, Schnee, 48 Tageskilometer vor uns – zunächst eine Etappe von 30 Kilometern mit einer Tasse Kaffee im Bauch. – Um 4 Uhr kommen wir in Géryville an. Es ist Zeit! Vor dem nahen Fest wird mir bewußt, daß es meine erste Weihnacht in der Fremdenlegion ist. –

Im Mai verließ ich Géryville mit einer kleinen Abteilung, die zwei berittenen marokkanischen Kompagnien zugeteilt war. Ich kam zur zweiten, die in Gourama einquartiert ist. Ich habe in diesen sechs Monaten viele Abenteuer erlebt und Verzweiflungsanfälle gehabt. Selbstmordversuch – der Tod wollte nichts von mir wissen. Vielleicht werde ich die Kompagnie wechseln. Diesmal ist der Hauptmann wie ein Vater zu mir, tröstend, aufmunternd. Er hat ein wenig begriffen, was in mir vorging, und ich glaube, daß die Fremdenlegion alles andere als eine Schule des Willens ist; vielmehr ist sie, wie Du sagst, eine Schule der Verzweiflung. Was man in Deutschland von den Qualen, die man die Leute erdulden läßt, erzählt, ist eitel Schwindel. Aber die seelischen Leiden! Zugegeben: Europa ist faul. Aber die Fäulnis, die Du hier antriffst: der Haß von Soldat zu Soldat, die Verleumdung, die Bosheit, alles, was es Niedriges im Menschen gibt, das Fehlen jeder schönen Gebärde – das drückt einen unglaublich nieder. Zwar haben wir uns nie geschlagen, aber ich möchte unsere Kompagnie nicht im Kampf sehen – neun Zehntel würden Reißaus nehmen. Und die Tage zerrinnen ungenützt, du kannst nicht geistig arbeiten, Du vergißt, was Du weißt ... Enfin ... Ich muß die Fleischbrühe trinken. Sollte dieser Brief Dich erreichen, so wünsche ich Dir ein frohes Weihnachtsfest.

79 FRIEDRICH GLAUSER AN CHARLES GLAUSER[166]

Gourama, den 4. Dezember 1922

Mein lieber Papa!

... Ich *mußte* durch die Höllen hindurch, durch die ich hindurchgegangen bin, um endlich den Weg zu finden und jene Ergebung, nach der ich strebte ... Gegenwärtig sind wir auf einem winzigen Posten in Achana und seit einem Monat schon schlafen wir bei einer Hundekälte im Zelt. Wir sind herbefohlen, um Kalk zu brennen. Am Morgen und am Nachmittag holen wir Holz für den Ofen. Ich als Korporal stehe ganz allein Wache auf einer Erhebung und denke nach. Das Land ist hier seltsam herb. Nach Sonnenaufgang geht das brennende Rot der Berge in ein graues Rosa über, und diese Farbe behalten sie den ganzen Tag lang. Wenn Wolken kommen, sind die Berge grau und sehen aus wie große gestrandete Schiffe, die Flanken nach oben gewendet. Sie sind völlig kahl, und die mächtigen Ebenen dazwischen sind ebenfalls kahl mit einigen Büscheln Alfa und Thymian da und dort. Kleine Flüsse, Oueds genannt, furchen die Ebenen, dort holen wir Holz.

Ich habe meine Versetzung zu einer andern Kompagnie verlangt, und der Arzt hat mich unterstützt. Ich bin nach einem Rheumatismus herzkrank geworden, und da wir hier beim Steigen annähernd sieben Kilometer in der Stunde zurücklegen, habe ich Mühe zu folgen. Ich hoffe, daß man mich nach Fez versetzt. Vom Bled habe ich übergenug. Avancieren kann man auch nicht. Und fünf Jahre als Wachhund (Korporal) verbringen – nein.

Ich schreibe Dir mitten unter fünf Mann, mit denen ich das Lager teile und die andauernd schwatzen. Nach der Rückkehr nach Gourama werde ich eingehender schreiben. Für den Augenblick frohes Fest in Mülhausen, und denke an mich, wie ich an Dich denke. Ich schicke Dir ein Sonett, das ich kürzlich gemacht habe. Vielleicht wird es Dir gefallen. Mir ist es sehr lieb.

SONETT[167]
Meinem Vater zu Weihnachten 1922

Die roten Berge sind ergraut im Nebelstrom
Und weiße Sternenstraßen ziehen zu zerfallenen Welten,
Der Sonnenstrahl erbleicht; verzerrt und selten
Verstummter Götter Zug strömt aus verlassnem Dom.

---

[166] Der Text folgt der Druckfassung in *du* (Heft 6, Juni 1947, S. 44).

[167] Von diesem Sonett ist eine Handschrift erhalten, die Glauser im Mai 1925 dem Psychiater Max Müller schenkte. Sie weist durchgängige Veränderungen auf. Abdruck in: Friedrich Glauser, *«Pfützen schreien so laut ihr Licht». Gesammelte Gedichte,* Wädenswil, Nimbus 2008, S. 44.

Sehr bange hoffen wir auf fremder Boten Schreiten,
Und unser Ohr will fernen Tritt erlauschen.
Silberne Schatten sinken aus dem Regenrauschen,
Uns nahet bald sich nackter Füße Gleiten.

Sie sind's, Du kennst die Heimat, die sie künden,
Die Wiesen weiß vom Tau, den Mohn im gelben Feld,
Die schlanken Säulen, die im Blau entschwinden.

Und andachtsvoll kennst Du, wenn Du den Herrn siehst
Mit bleichen, segnend hocherhobenen Händen,
Den Herrn, der nicht das Kreuz verschmähte, um das Leid zu enden.

80 CHARLES GLAUSER AN WALTER SCHILLER

Mannheim, den 9. April 1923
Augustaanlage 12

Sehr geehrter Herr Doktor
Seit länger Zeit sind alle Briefe, die ich an Friedrich Glauser gerichtet habe, ohne Antwort geblieben.

Heute erhalte ich von meiner Schwägerin aus Paris[168] die Mitteilung: Friedrich Glauser hätte sie am 4. April 1923 besucht. Er war verwahrlost, ohne Geld, ohne Wäsche. Meine Schwägerin hat ihm zum Essen und einige Franken gegeben. Fred. Gl. behauptet, er wäre wegen einem *Herzleiden* aus der Fremdenlegion entlassen worden. Er sah aber nicht schlecht aus!

Meine Schwägerin lud ihn für den 5. April zum Mittagessen ein. Fr. Gl. ist nicht gekommen. Fr. Gl. äusserte sich über seine Pläne wie folgt: zu uns könne er nicht, er wolle trachten, nach Belgien zu gelangen.

Jetzt wird er wieder seine Betrügereien und Schwindeleien wie früher ausüben. Ich fürchte, dass er meinen Namen bei den Schweiz. Konsulaten bzw. Gesandtschaften missbraucht. Ich wäre Ihnen sehr verbunden, wenn Sie die entsprechenden Schritte tun würden, um einem solchen Vorgehen seitens Fr. Gl. vorzubeugen.

Anfang Januar sprach Fr. Gl. in einem Briefe von der Möglichkeit einer Entlassung aus der fremden Legion wegen seinem angeblichen Herzleiden. Ich antwortete ihm umgehend, er solle mich am Laufenden halten, Europa wäre nichts. Ich würde mich bemühen, ihm in

168 D. i. Alice Golaz.

den franz. Colonien irgend eine passende Beschäftigung zu beschaffen. Von ihm habe ich nun dieselbe und gleiche Antwort. Ich werde an den Kommandanten seines Regimentes schreiben lassen, um genau zu ermitteln was vorgefallen ist.

Ich danke Ihnen wiederum für Ihre Bemühungen und erwarte Nachrichten von Ihnen.

Mit den besten Grüssen bleibe ich
Ihr dankbar ergebener
Ch. Glauser

81   FRIEDRICH GLAUSER AN CHARLES GLAUSER

Paris, 11. April 1923

Mein lieber Papa,
Sicher wirst Du erstaunt sein, plötzlich Nachricht aus Paris zu erhalten. Aber ich konnte nicht anders als hierher kommen. Vor vierzehn Tagen arbeitete ich noch ganz in der Nähe von Bou-Denib mit einer Abteilung der berittenen Kompagnie an der Errichtung der neuen Brücke, als man mir plötzlich mitteilte, dass ich nach Oran fahre, um mich einer Untersuchung auf Dienstuntauglichkeit zu unterziehen. In Oran habe ich den Bescheid des Militärrates abgewartet, bevor ich Dir schrieb. Am 31. März jedoch wurde ich endgültig für dienstuntauglich Stufe 1 erklärt (ohne Pension, aber mit Recht auf medizinische Behandlung), wegen Herzrhythmusstörungen (Asystolie). Und am 1. April wurde ich ziemlich modisch in Zivil eingekleidet, und trat wie ein gewöhnliches Paket von 73 Kg per Schiff die Fahrt nach Marseille an. In Oran musste ich den Ort angeben, wohin ich mich begeben wollte, und weil es den ehemaligen Fremdenlegionären untersagt ist, auf französischem Boden zu bleiben, habe ich Brüssel als neuen Wohnort angegeben. Weil Belgien mehrsprachige Angestellte braucht für den Belgisch-Kongo. Denn ich will auf keinen Fall in Europa bleiben, wo es mir überhaupt nicht gefällt. Bereits die wenigen Tage, die ich hier verbracht habe, haben mich angewidert. Man hat mir deshalb die Marschroute zum Grenzort Jeumont gegeben und ich bin in den Abendschnellzug gestiegen. In Paris habe ich Tante Alice besucht, die mich trotz meines recht armseligen Aufzugs sehr freundlich empfing. Ich wollte am nächsten Tag weiterreisen, aber vorher noch bei den «Dames Françaises» vorbeischauen, die ehemalige Legionäre mit Klei-

dern und Bargeld unterstützen. Ich habe sie nicht gefunden, weil Paris immer noch eine Grossstadt ist. Abends hatte ich einen sehr heftigen Fieberschub und Herzanfälle (die Ermüdung, ich hatte vier Nächte nicht geschlafen). Ich ging ins Krankenhaus und wurde freundlich aufgenommen. Nach zwei Jahren schlief ich zum ersten Mal wieder in einem Bett. Ich überlasse es andern, deren Lyrik wirkungsmächtiger ist als meine, den Genuss eines Bades, eines weissbezogenen Bettes und den Anblick von Frauen zu beschreiben, deren Haut weiss und nicht schwarz ist, wie jene der Eingeborenen in den Ländern, aus denen ich komme. Die Ärzte sind liebenswürdig. Jeden Morgen muss ich zehn Gramm Chininpulver schlucken, was ekelhaft ist, aber wirksam gegen Malaria. Die Kur dauert noch etwa zwei Wochen. Ich bitte dich deshalb, mir unverzüglich meine Papiere zu schicken, damit ich einen Pass ausstellen lassen kann. Denn sobald ich gesund bin, werde ich nach Brüssel weiterreisen und ich bin sicher, in einem Monat werde ich wieder auf den Wassern dahinsegeln etc. (die notwendigen Meeresadjektive bitte in den Büchern von Victor Hugo suchen).

Sende die Papiere Tante Alice oder mir. Meine genaue Adresse lautet: F. Gl. Saal St. Antoine, Hôtel-Dieu, Paris. Ich bedaure nur eines, dass ich Dich vor meiner Abreise nicht besuchen und umarmen kann. Aber was willst Du, Papa, ich habe Angst, dich zu langweilen, und die Reise ist auch teuer und ich muss sparsam sein mit den paar wenigen Batzen, die mir bleiben.

Ich habe fünf Adressen von belgischen Firmen, aber ich brauche meine Papiere. Ich habe nur gerade mein Militärbüchlein, das ist alles. Ich wollte zuerst in Brüssel arbeiten und dir mit Vermittlung des Konsulats schreiben. Doch wenn sich die Sache auf diese Weise arrangieren lässt, ist es umso besser. Die Erholungs- und Pflegekur wird mir auf jeden Fall wieder vollständig auf die Beine helfen. Schau, wie viel ich während den zwei Jahren in der Fremdenlegion durchlitten habe! Niemand wird es je erfahren. Ich glaube, ich habe mich nur einmal bei Dir beklagt. Aber ich spreche lieber nicht darüber. – Also, bitte, schreib bald. Es ist wirklich nicht meine Schuld. Egal, was passiert, du kannst sicher sein, dass ich weder Dich noch das Land, dessen Staatszugehörigkeit ich habe, um Hilfe bitten werde. Ich hoffe, dass meine vor zwei Jahren begangenen Dummheiten kein Hindernis sind, um meine Papiere zu bekommen.

Nun, Papa, bin ich sehr müde und habe Kopfschmerzen. Antworte mir bald. Ich lasse Mama umarmen. Dir sehr herzliche Küsse von Deinem Sohn.

Frédy

Paris, Hôtel Suisse
Rue Lafayette 5
den 29. Juni 1923

Sehr geehrter Herr Redaktor,

Als ich vor zwei Jahren die Schweiz verliess, liess ich bei Ihnen eine Novelle „der Heide" druckfertig, deren Korrekturbogen ich schon durchgesehen hatte. Ausserdem liess ich die Manuskripte zweier Novellen zurück („der Kleine" und „der Dieb") die Sie mir versprochen hatten durchzusehen. Auch einige Gedichte. Es wäre sehr liebenswürdig von Ihnen, mir Nachricht zu geben, was aus all diesen Sachen geworden ist. Zwei Jahre

Brief von Friedrich Glauser nach der Rückkehr aus der Fremdenlegion an Redakteur Hans Müller-Bertelmann. (Erste Seite).
Paris, 29. Juni 1923. → Dok. 82.

FRIEDRICH GLAUSER AN DIE ZEITSCHRIFT *DIE SCHWEIZ*

Paris, Hôtel Suisse
Rue Lafayette 5

den 29. Juni 1923

Sehr geehrter Herr Redaktor,
Als ich vor zwei Jahren die Schweiz verließ, ließ ich bei Ihnen eine Novelle «der Heide» druckfertig, deren Korrekturbogen ich schon durchgesehen hatte. Außerdem ließ ich die Manuskripte zweier Novellen zurück («der Kleine» und «der Dieb»), die Sie mir versprochen hatten durchzusehen. Auch einige Gedichte. Es wäre sehr liebenswürdig von Ihnen, mir Nachricht zu geben, was aus all diesen Sachen geworden ist. Zwei Jahre lang habe ich in der französischen Fremdenlegion gedient, viel gelitten und möchte nun, nach Europa zurückgekehrt, gerne erfahren, was aus meinen Erzeugnissen geworden ist. Falls etwas in der «Schweiz» erschienen ist, wäre ich Ihnen dankbar, mir ein Belegexemplar zukommen zu lassen. «Der Heide» ist mir vom damaligen Redaktor gezahlt worden. Falls mit der Zusendung ins Ausland irgendwelche Spesen in Verbindung stehen sollten, wollen Sie diese bitte per Nachnahme einziehen. Wenn Sie für Skizzen und kurze Novellen aus der Fremdenlegion Verwendung haben sollten, lassen Sie es mich bitte wissen. Ich hoffe daß ein «Coup de tête» auf die Bewertung litterarischer Werke keinen Einfluß hat. Wollen Sie mir auch bitte mitteilen, ob Herr Müller, der ehemalige Redaktor der «Schweiz», noch in Zürich ist, und mir seine Adresse mitteilen. Ich habe nie die Güte und Liebenswürdigkeit vergessen, die er mir stets gezeigt hat und möchte ihm noch danken.
Ihrer baldigen Antwort entgegensehend verbleibe ich mit Hochachtung
Friedrich Glauser

83   FRIEDRICH GLAUSER AN HANS MÜLLER-BERTELMANN

Paris, 31. Juli 1923

Sehr geehrter Herr Müller,
Ihr lieber Brief hat mir große Freude gemacht und ich danke Ihnen herzlich für die lieben Worte, die Sie mir gegeben haben. Manchmal

tut es wohl, derartige Worte wieder zu hören, besonders wenn man so unten durch muss wie ich in letzter Zeit. Sie haben vielleicht geglaubt, ich sei hier in diesem Hôtel als zahlender Gast?

Détrompez vous, Monsieur. Ich bin nur Plongeur, d. h. Geschirr- und Casserolenabwäscher, muss Gemüse schälen und sonstige Arbeit verrichten. Von 1/2 6 h morgens bis 10 h abends mit ein- oder zweistündiger Pause in der Mittagszeit. Alle 14 Tage ein Ausgangstag. Sie sehen, es bleibt keine Muße für intensive litterarische Tätigkeit. Und manchmal passiert es mir, daß ich das Kartoffelmesser beiseite lege um einen Satz zu notieren, der mir wohlgelungen scheint. So werden vielleicht mit der Zeit, Gedichte in Prosa oder eine Novelle entstehen. Ich mußte die Stelle annehmen, denn aus der Legion kam ich krank und kleiderlos zurück. War zwei Monate im Spital, wegen Fieber und Herzschwäche, wurde halb repariert wieder entlassen und muss nun von unten anfangen wieder emporzuklettern. Mit den 250 frs. die ich im Monat verdiene, habe ich mir schon einige Kleidungsstücke gekauft, und spare ein wenig, um vielleicht in 5 oder 6 Monaten wieder eine Zeit für mich leben zu können und zu arbeiten. Denn das ist das Traurige an der Sache (oder das Glückliche?), daß der Geist immer arbeiten will. Ich habe viele Pläne, Romane und eine Christuskomödie (horror pastorum!) im Kopf, die gerne ans Licht kommen möchten. Aber ich bin manchmal so entmutigt, nichts von mir gedruckt zu sehen. Darum freut es mich, daß der «Heide» doch von einigen Leuten gelesen worden ist. Schauen Sie, ich weiß ja nicht, ob ich Talent habe, aber auf alle Fälle glaube ich eine gewisse Technik, Metier wenn Sie wollen, zu haben, eine Technik, die sicher manchem meiner glücklicheren Berufskollegen abgeht. Auch, und dies ist wichtiger, fühle ich, daß ich etwas zu sagen habe, etwas, was gesagt werden muss, und es macht mich traurig, es ewig in mir behalten zu müssen oder es einsamen Blättern anzuvertrauen. Hauptsächlich denke ich an einen Vergleich zwischen französischem und deutschem Geist, Vergleich, der notwendig ist, und den ich fähig wäre zu fördern. Ich fühle mich so «zwischen den Rassen», zu keinem Lande gehörig und doch zu allen, daß ich vielleicht in dieser Richtung Gutes tun könnte. Vorläufig tröste ich mich mit dem Gedanken, dass ein Größerer als ich ähnliches hat durchmachen müssen. Sie kennen gewiß Knut Hamsun, den Norweger, und seine Schriften, die in der heutigen Sumpflitteratur sehr erfrischend sind.

Sie hätten vielleicht viele meiner Taten und Verirrungen (waren es Verirrungen? Ich glaube jeder sucht sein Paradies und seine Erlösung, mancher lau, mancher mit aller Kraft, und ist es so zu verdammen, wenn man schließlich in Baudelaires künstliche Paradiese gerät?) besser verstanden, wenn Sie mein Leben gekannt hätten. Ich habe mich lange mit meinen furchtbaren Kindheitserinnerungen herumschlagen müssen; dann kam meine Vormundschaftsgeschichte und noch andere Erlebnisse, die oft grauenhaft waren. Alles, was ich im «Dieb» geschildert habe, ist Eigenerlebtes, glauben Sie mir; alles, auch die Gefängnisscene. Vielleicht verstehen Sie jetzt Einiges. Auch an meine Zeit in Baden denke ich nicht gern zurück. Doch ich kann Ihnen da nicht viel erzählen.

Verba volant, scripta manent.

Und einiges werden Sie wohl schon erraten haben.

Im Grunde bin ich der Legion dankbar. Es war manchmal sehr grauenhaft, aber es härtet ab; ich bin jetzt wie der Held eines Wedekind'schen Stückes, in allen Wassern gewaschen, und schier in allen Sätteln gerecht, und der festen Überzeugung es könne nicht mehr schlechter kommen. Und wenn ich mich mit eigener Kraft, ohne fremde Hilfe von unten emporarbeiten muss, kann das nur gesund und fruchtbringend sein. Und, ohne Stolz, aber mit fester Überzeugung, wenn ich aus einem Milieu wie das der Legion meinen Verstand und meine Ethik (bitte nicht an Moral zu denken, sondern den Begriff nach Schopenhauerscher Deutung zu nehmen, das heißt gegründet auf Gerechtigkeitssinn und Mitleid) gerettet habe, so denke ich wahrlich die Feuerprobe mit Ehren bestanden zu haben. Oder nicht? Ich schicke Ihnen vielleicht bald eine Erzählung, wenn Sie wollen, ohne Hintergedanken auf Verwertung, nur weil Sie so gütig sind und mir Mut geben. Sie sehen dann ein wenig das Leben dort. Ich habe auch sehr gute Leute dort gefunden, Russen meist, die aus der Wrangelarmee kamen, nicht nach Russland zurückkonnten und in Constantinopel von den Franzosen unter falschen Vorspiegelungen gekapert wurden. Doktoren der Medizin, Advokaten, Journalisten, mit denen schön zu sprechen war.

Ich habe eine Bitte an Sie. Würden Sie so gut sein und selbst an den Rheinverlag schreiben, meine Adresse angeben und anfragen, ob Möglichkeit vorhanden ist, den «Heiden», den «Dieb» und den «Kleinen» in einem Band herauszugeben? Ich verzichte gern vorläufig auf Honorar, aber ich möchte so gern einmal in Buchform erscheinen. Soviel ich mich erinnern kann, hatte ich seinerzeit von Lohmeyer[169], der den Verlag dirigierte, einen höflichen Absagebrief für einen Gedichtband erhalten. Ihr Brief gibt mir den Mut, Sie um diese Gefälligkeit zu bitten.

Meine Pläne? Wie schon gesagt, noch sechs oder sieben Monate

[169] Walter Lohmeyer (1890–1951), deutschschweizerischer Verleger und Schriftsteller. 1919 Mitgründer und von 1919–29 Geschäftsführer des Rhein Verlages.

tauchen; dann will ich gute Freunde besuchen (unser Asconeserkreis, der in der Nähe von Meersburg lebt) und dann versuchen, eine anständige Stellung in Belgisch Kongo zu finden. Dort habe ich dann Muße genug zu schreiben, wenn mich nicht das Fieber packt. Europa widert mich an. Es ist überall eine wahre Weltuntergangsstimmung. Die Colonien sind friedlicher.

Mein Brief ist lange geworden aber dies ist Ihre Schuld. Auch Ihre liebe Epistel war sehr lang, und hat mir so viel erfreuliches gebracht, daß ich Ihnen danken musste. Haben Sie keine Sorgen um die «künstlichen Paradiese»; ich trinke nur von Zeit zu Zeit ein wenig Wein. Sonst nichts. Ich könnte auch die schwere Arbeit mit Narcoticis nicht aushalten. Antworten Sie mir bitte bald. Meine Adresse ist die gleiche. Zur Sicherheit setze ich sie noch einmal ans Ende des Briefes.

Seien Sie vielmals und herzlichst gegrüßt
von Ihrem ergebenen
Glauser

F. G. plongeur
Gd. Hôtel Suisse, Rue Lafayette 5
Paris

84   FRIEDRICH GLAUSER
      AN ELISABETH GOETZ-VON RUCKTESCHELL[170]

Mein liebes kleines Lison,
Dein Brief hat mich sehr gefreut, besonders da er unerwartet kam; wie konntest du denken, daß ich jegliche Erinnerung mit Ascona zerbrechen wolle. Im Gegenteil, ich denke daran zurück wie an eine ferne, liebe Heimat, die irgendwie Zufluchtsort bleibt in meiner öden Heimatlosigkeit. Denn nicht alles ist rosig auf dieser mit Recht so verlästerten Erde und ich weiß nicht, ob ich einmal Ruhe finden werde vor der großen Ruhe, die das Ende sein wird. Es ist dies eigentlich der einzige wahre Trost der mir bleibt, und mein ferner Gott, den ich mir mit Mühe erschaffen habe.

Paris ist eine grauenhafte Stadt und ich habe es fluchtartig verlassen. Da ich jetzt zwar einen Anzug habe aber kein Geld musste ich hier wieder annehmen was sich zuerst fand. Ich arbeite in der Grube, 822 m unter dem Erdboden, Nachtschicht, von 9 h abends bis 5 h

170 Der undatierte Brief wurde, dem Inhalt nach zu schliessen, im Oktober 1923 in Belgien verfasst. Im September 1923 verlor Glauser wegen eines Diebstahls seine Stelle als Tellerwäsche im «Grand-Hôtel Suisse». Er begab sich nach Belgien, wo er Ende September 1923 Arbeit in einer Kohlegrube in Charleroi fand.

morgens. Mein neuer Titel: hiercheur nuit.[171] Lohn 22 frs. pro Tag. Davon geht ab 10 frs. für Pension – die besteht aus: Suppe zu Mittag, abends Fleisch und Gemüse, morgens Caffee und Butterbrot. Das scheußlichste: einmal in der Woche zu zweit in einem Bett schlafen.

Ich bin neugierig wie lang der Schopenhauersche Wille oder der transcendetale Fatalismus mich noch ducken wird und ob es überhaupt einmal noch besser kommen wird.

Ich denke oft an dich Lison, und auch in der Legion glaubte ich oft du würdest plötzlich kommen, wie im Steigerhubel, und mich mitnehmen, wie eine Fee; doch die Feen haben geheiratet und sind glücklich. Es ist gut so und es freut mich. Soll ich denken, daß ich mein Glück verpasst habe, wie ich so ziemlich alles verpasst habe. Was willst du; die schwarzen Kohlen färben auf den Geist ab, und ich verankere mich immer mehr in Pessimismus, der nur noch von Traumhimmeln lebt. Psychiater würden sicher wieder diverse Komplexe feststellen. Ich fange an zu glauben, daß ich für vergangene Fehler büßen muss. Aber lang ist die Buße. Auch mit dir war ich oft böse, und habe dich leiden gemacht; das mußt du mir verzeihen – wenn Verzeihen möglich und nötig ist. Der Hass gegen meinen Vater wächst wieder. Er ist so gemein, daß es jede Einbildungskraft übersteigt. Seine Briefe sind derart, daß ich sie nicht mehr beantworte. Verständnislosigkeit ist begreiflich, aber er übertreibt sie wirklich.

Mein Brief ist wohl farblos und kleinlich. Aber ich bin über die Maßen müde und hoffnungslos. Es ist alles so schwarz und vermauert, so bodenlos nutzlos. Ich möchte schreiben, habe manchmal den Kopf voll schöner Dinge. Aber dann stößt mein Kopf wieder an eine blöde Wirklichkeit und dann ist die Leere wieder da.

Müller von der «Schweiz» hat mir nach Paris den «Heiden» geschickt mit einem lieben Brief. Er ist noch vor dem Bankrott der «Schweiz»[172] erschienen und «kompetente Leute» haben ihm «versichert», diese Erzählung sei eine «starke Talentprobe» und ich würde einmal sicher ein «starker Autor» werden. Schön nich? Doll, nöch? Dabei schäme ich mich, daß ich das Zeug geschrieben habe. Himbeersyrup; pfui Teufel.

Seit ich die letzten Zeilen geschrieben habe, geht es ein wenig besser. Ich bin an einem Abend vollständig zusammengebrochen und musste Arbeit auf der Erdoberfläche suchen. Gott sei Dank habe ich sie gefunden und es geht ein wenig besser. Das Land hier ist vielleicht ebenso scheußlich wie Frankreich überhaupt glaube ich, daß Europa gar nicht mehr als Aufenthaltsort in Betracht kommt. Verzweifelt suche ich eine Stelle nach Belgisch-Kongo. Aber es ist schwer und

---

[171] Hercheur nuit (frz.): Minenarbeiter, der während der Nachtschicht die Kohlenwagen schiebt. Im Bericht *Zwischen den Klassen* (1931/32) schildert Glauser seine Arbeit in der Kohlemine.

[172] Die Zeitschrift *Die Schweiz* stellte Ende Dezember 1921 ihr Erscheinen ein. Glausers Erzählung *Der Heide* war darin von Mai bis September 1921 in fünf Teilen abgedruckt worden.

mir fehlen Zeugnisse. Da du etwas von mir lesen willst schicke ich dir die drei einzigen Sachen, die ich besitze.[173] Sie sind neu (chronologisch, bitte). Sag mir ob ein neuer Ton darin ist, oder ob sie gerade so schlecht sind wie meine «starke Talentprobe».

Schreib mir bald, denn ich weiß gar nicht wie lang ich unter diesen ewig das Kreuzzeichen machenden Menschen noch leben kann. Was macht May? Ich hatte ihr geschrieben, vielleicht hat sie nach Paris geantwortet, und der Brief ist verloren gegangen. Sag Bruno er soll seine Geister und Götter zu mir schicken. Sie könnten mir gut helfen. Ob ich euch besuchen kann ist eine große Frage. Vielleicht in zwei, drei Monaten. Aber meine Stabilität ist so gering, ich weiß nicht, wann ich wieder auf Wanderschaft gehe. Ja, wenn ich etwas publizieren könnte! Aber es ist so wenig Hoffnung vorhanden. Ich würde so notwendig zwei drei Monate Ruhe brauchen, um meinem «starken Talente» einige Athletikkeitsproben ablegen zu lassen. Es ist zum Heulen und wahrhaft nicht zum Ironisieren, wenn man fühlt etwas zu sagen zu haben und verdammt ist Steine zu klopfen oder Heuwagen abzuladen. Meine Armmuskeln wachsen in dem gleichen Verhältnis in dem mein Kopf abnimmt.

Adieu, kleines Lison, verzeih alles, auch meinen dummen Brief. Ich küsse dir die Hand
Klaus.

Adresse: Glauser
chez Mme Lahaye Rue Dourlet 139
Charleroi-Nord.

85 WALTER SCHILLER
    AN DIE SCHWEIZERISCHE GESANDTSCHAFT IN BRÜSSEL

19. Juli 24

An die Schweizerische Gesandtschaft Brüssel

Ihre Gesch. Nr. 15/III
In Sachen meines Mündels *Friedrich Karl Glauser,* von Muri, Kt. Bern, geb. 4. Februar 1896, bestätige ich Ihnen dankend den Empfang Ihrer Zuschrift vom 17. ds.
Ich hatte Sie bereits durch Schreiben vom 12. April 1923 auf die-

[173] Dem Brief sind keine Texte beigefügt. Im Konvolut der Briefe an Elisabeth von Ruckteschell sind die Gedichte *Lied, Sonnett* [sic] und *Gebet* überliefert, die Glauser im Juli und August 1923 in Paris geschrieben hatte. Abdruck in: Friedrich Glauser, *«Pfützen schreien so laut ihr Licht». Gesammelte Gedichte.* Wädenswil, Nimbus 2008, S. 45–47.

sen Mann aufmerksam gemacht, als Glauser nach Austritt aus der französischen Fremdenlegion in Paris aufgetaucht war und davon sprach, nach Belgien sich zu begeben, um von dort aus eine Stelle im Congostaat zu erhalten. – Ich hatte in diesem Schreiben Sie darauf hingewiesen, dass Friedrich Karl Glauser schon verschiedentlich in Irrenanstalten untergebracht war und gemäss Gutachten der Zürcherischen Irrenanstalt Burghölzli vom 21. September 1920 als ein in hohem Mass willensschwacher, moralisch defekter und gemeingefährlicher Mensch zu taxieren sei bei überdurchschnittlicher intellektueller Begabung. Die Direktion der Irrenanstalt Burghölzli riet damals, noch einen allerletzten Versuch mit Friedrich Glauser in der Freiheit zu unternehmen in einem möglichst günstigen Milieu, ihn aber unweigerlich in Anstaltsfürsorge zu bringen, falls auch dieser Versuch scheitern sollte. – Dies ist denn gründlich geschehen. Friedrich Karl Glauser fand freundschaftliche Aufnahme in der Familie des Stadtschreibers von Baden, Kt. Aargau, und hat dort das ihm entgegen gebrachte Vertrauen in gemeinster Art und Weise missbraucht, wusste sich auch dort die verschiedenen Narcotica, deren Sklave er geworden ist, zu verschaffen und entwich schliesslich, als er zufolge seiner verschiedenen Schwindeleien Massnahmen meinerseits im Sinn der Anstaltsfürsorge befürchtete.

Anschliessend daran liess er sich dann bei der französischen Fremdenlegion anwerben. Nach meinem Dafürhalten wäre es kaum zu verantworten, diesen Mann eine Stelle als Krankenwärter annehmen zu lassen, zumal aus Ihren neuesten Zuschriften hervorgeht, dass sich Glauser gegenwärtig wieder in einer schlimmen Verfassung befindet.

Das Dienstbüchlein meines Mündels besitze ich nicht und ich bin auch nicht in der Lage, über denselben momentan Auskunft zu erteilen. Den Heimatschein habe ich unterm 23. April 1923 auf deren Verlangen der Schweizerischen Gesandtschaft in Paris zugestellt.

Mir scheint, man sei bei der Gemeingefährlichkeit des Friedrich Glauser verpflichtet, den zuständigen belgischen Behörden die Abschiebung des Mannes zwecks heimatlicher Anstaltsversorgung nahe zu legen. Der Kanton Bern wäre nach allem, was vorausgegangen ist, gezwungen und wohl auch anstandslos bereit, Friedrich Karl Glauser, der immer noch im «Schweizerischen Polizeianzeiger» gültig ausgeschrieben ist, zu übernehmen und in einer bernischen Anstalt zu internieren. Gestützt auf ein Zeugnis des Zivilspitals in Charleroi werden die belgischen Behörden das Heimschaffungsverfahren jedenfalls ohne Bedenken in die Wege leiten, sobald sie von der Angelegenheit verständigt werden. Die Initiative zum Handeln wird den belgischen Behörden überlassen bleiben müssen. – In einer andern Vormundschaftssache, in welcher es sich um eine geisteskranke Schweizerbürgerin handelt, die sich in Italien aufhält, erklärte sich das Eidgenössische Justiz- und Polizeidepartement auch dahin, dass es Sache der italienischen Behörden sei, die Abschiebung der betr. Person in die Schweiz zu veranlassen.

Ich bin Ihnen zu Dank verpflichtet, wenn Sie mich über den weitern Verlauf der Angelegenheit unterrichten, namentlich auch deshalb, damit ich, falls es zu einer Heimschaffung des Karl Friedrich Glauser kommt, bei den bernischen Behörden meinen Einfluss dafür geltend machen kann, dass Glauser wirklich versorgt wird und zunächst auch versorgt bleibt, und nicht etwa einfach wieder laufen gelassen wird.

In vorzüglicher Hochachtung

86 SCHWEIZERISCHE GESANDTSCHAFT IN BELGIEN
    AN WALTER SCHILLER

Bruxelles, 4. September 1924
7 Square Frère Orban.

Sehr geehrter Herr,
Mit bestem Dank für Ihren Brief vom 19 Juli betreffend *Friedrich Glauser,* habe ich die Ehre Ihnen mitzuteilen, dass ich es nicht unterlassen habe, Ihre Auskünfte der Krankenhausdirektion in Charleroi zur Kenntnis zu bringen.

Der Direktor glaubte nicht, dass die geistige Verfassung seines Angestellten nach belgischem Reglement eine Internierung rechtfertige und entschied deshalb, ihn zu behalten bis er einen anderen Platz gefunden hätte. Die Ereignisse haben bedauerlicherweise Ihre Befürchtungen bestätigt. Das Krankenhaus informiert mich brieflich, dass Glauser, offenbar unter Einfluss von Narkotika, in seinem Zimmer einen Brand gelegt hat und dass die Irrenärzte entschieden haben, ihn in einer Irrenanstalt unterzubringen.

Es bleibt nun abzuwarten, dass der Anstaltsdirektor die belgischen Behörden über den Fall unterrichtet und diese unter Beizug der belgischen Gesandtschaft in Bern die Rückführung Glausers beantragen.

Hochachtungsvoll

Geschäftsträger der Schweiz a. i.
gez. ...

CHARLES GLAUSER AN WALTER SCHILLER

Mannheim, den 15. November 24
Augustaanlage 17

Sehr geehrter Herr Doktor!
Ich bin in Mannheim gut angekommen und habe in Baden, Aargau, Herrn H. Rechle[174] besucht. Es hat mich sehr gefreut, seine Bekanntschaft gemacht zu haben. Seit meiner Rückkehr habe ich jeden Tag Nachrichten von Ihnen erwartet. Da keine bis heute eingetroffen sind, nehme ich an, dass Fr. Gl. durchgebrannt ist und dass das Auslieferungsverfahren eingestellt wurde. Soeben erhalte ich von meiner Schwägerin Fräulein Alice Golaz aus Paris beiliegenden Zeitungsausschnitt. Es wäre nicht ausgeschlossen, dass es sich um Fr. Gl. handelt. Daher mache ich Sie auf diese Mitteilung aufmerksam, damit Sie das Weitere veranlassen können.
Für Ihre Bemühungen bestens dankend, bleibe ich mit hochachtungsvollem Gruss
Ihr ergebener
Ch. Glauser

Opfer trifft Täter in der Zelle wieder[175]
Nach einem gemeinsamen Barbesuch in der Nähe der Madeleine gestern Nacht beschlossen André Ferru, Fahrer in Soissons, und der gebürtige Italiener Arthur Ferrarroti, wohnhaft in der Rue de la Fidélité 3, ein «Ding zu drehen». In einer angrenzenden Strasse trafen sie auf Ernest Glauser, Schweizer Bürger ohne festen Wohnsitz. Während der Franzose den Schweizer mit einem Riesenfeuerzeug in Form einer automatischen Pistole bedrohte, durchsuchte der Italiener seine Taschen und fand eine Schachtel Zigaretten und 65 Centimes. Die zwei Komplizen machten sich mit dieser Beute davon. Nur wenig weiter wurden sie festgenommen und gemeinsam mit ihrem Opfer auf das Kommissariat gebracht. Alle drei Männer wurden in Haft genommen, Ferru wegen Diebstahl und Verstoss gegen eine Verbotsverordnung, Ferraroti wegen Diebstahl und Verstoss gegen das Ausländergesetz und Glauser wegen ... Landstreicherei.

174 D. i. Hans Raschle.
175 Undatierter Zeitungsausschnitt, im Original Französisch.

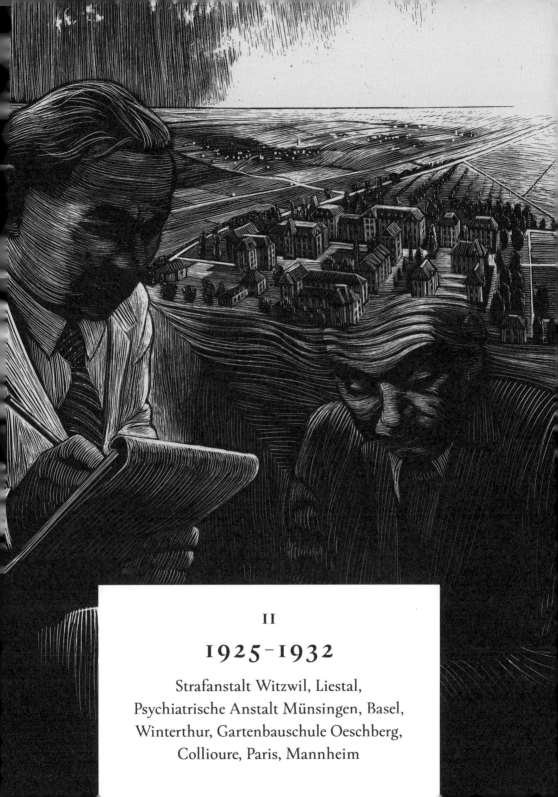

II
1925–1932

Strafanstalt Witzwil, Liestal,
Psychiatrische Anstalt Münsingen, Basel,
Winterthur, Gartenbauschule Oeschberg,
Collioure, Paris, Mannheim

«HAUPTSACHE IST,
DASS DIE GEDANKEN NICHT STEHENBLEIBEN»

Anstalt, Analyse, Arbeit – die Zeit von 1925 bis 1932 lässt sich mit diesen drei Stichworten treffend fassen. Es ist ein Wechselspiel zwischen Aufenthalten in Anstalten und dem tastenden Erproben eines Lebens in Freiheit, zwischen der Tätigkeit als Schriftsteller und der Arbeit als Gärtner, zwischen der intensiven Selbsterforschung in der Psychoanalyse und der künstlerischen Transformation von Lebenserfahrungen in Literatur.

ANSTALT

Im Mai 1925 wird Glauser aus Belgien in die Schweiz zurückgeschafft. Er wird in die Psychiatrische Anstalt Münsingen eingewiesen und kurz darauf auf Antrag von Münsingen und regierungsrätlichen Beschluss des Kantons Bern für ein Jahr in der Strafanstalt Witzwil administrativ versorgt. Von 1926 wechseln Phasen der Internierungen mit Zeiten, in denen er als Hilfsgärtner an unterschiedlichen Orten arbeitet. Die Freiheit endet jeweils brüsk mit einem Rückfall in die Opiumsucht, worauf die Einweisung in die Psychiatrie und ein Entzug folgen. In Briefen berichtet Glauser ausführlich über das Leben in Anstalten. Psychiater, Vormund, Vater – Glauser ist im Bann dieser drei Autoritäten und auch sein Adressatenkreis beschränkt sich von 1925 bis zur Abreise nach Paris 1932 fast ausschliesslich auf den Vater Charles Glauser, den Psychiater Max Müller und den Vormund Walter Schiller. Die Korrespondenz mit dem Vormund ist höflich-distanziert, sie dreht sich vornehmlich um Geld. Glauser muss über sämtliche Ausgaben Rechenschaft ablegen, die Briefe sind gespickt mit Auflistungen über Kleinstbeträge. Es sind eigentliche Bettelbriefe, weil das vom Vater bewilligte Geld nirgends hinreicht.

ANALYSE

Die weitaus interessantesten und aufschlussreichsten Briefe in dieser Zeit sind diejenigen an den Psychiater Max Müller. Die gesamte Korrespondenz von 1925 bis 1932 steht unter dem Einfluss dieser Bekanntschaft. Die Psychoanalyse bei Max Müller ermöglicht Glauser neue Einsichten, dort kann er seinen Vaterkomplex «fröhlich zu Grabe» tragen. Das Arzt-Patient-Verhältnis wird im Laufe der Jahre fast freundschaftlich. Müller wirkt als Vermittler zwischen Glauser und dem Vormund, vor allem aber ist er bis zu Beginn der 1930er-Jahre Glausers wichtigster literarischer Begleiter. Er ist nicht nur kritischer Leser seiner Texte, sondern versucht diese auch an Zeitungen und Zeitschriften zu vermitteln. Doch bleibt das Verhältnis, bei aller Sympathie, hierarchisch. So bittet der Vormund den Psychiater um eine Einschätzung von Glausers «Ehefähigkeit», während Glauser in langen Briefen die eigene Abhängigkeit vom Psychiater analysiert. Die Ablösung vom «gütigen und verständnisvollen Beichtvater» (→ Dok. 101, 16. Februar 1927) gelingt ihm in dieser Zeit noch nicht. Der schützende Rahmen der Klinik hilft Glauser jedoch, sich vom überdominanten Vater zu lösen. Die Briefe an den Vater sind eindrückliche Zeugnisse; sie belegen, wie der Konflikt in eine vorsichtige Annäherung mündet.

ARBEIT

Schriftstellerische Ambitionen und Broterwerb stehen von 1925 bis 1932 in einem spannungsreichen Verhältnis. Die rege ausgetauschten Briefe zwischen den Direktoren der Anstalten Witzwil und Münsingen und dem Vormund ergeben ein aufschlussreiches Bild: «[L]iebenswürdig, arbeitswillig, ruhig und geordnet» sei er, so der Münsinger Direktor Brauchli, «aber recht uneinsichtig sowohl in sein bisheriges Leben wie in die Zukunft» (→ Dok. 92, 11. Januar 1926). Und der Witzwiler Direktor Kellerhals ist überzeugt, dass Bibliotheksarbeit Glauser nervös mache, während ihm landwirtschaftliche Arbeiten gesundheitlich sehr guttue. Voraussetzung für die Entlassung ist, dass er den Lebensunterhalt selber bestreiten kann. Deshalb absolviert Glauser 1930/31 einen Jahreskurs in der Gartenbauschule Oeschberg. Es ist seine erste und einzige Berufsausbildung. Die Schreibarbeit entwickelt sich nebenher immer mehr zum Beruf. Glauser publiziert Erzählungen und Berichte und versucht 1932, mit Beatrix Gutekunst in Paris eine Existenz als Korrespondent und Feuilletonist aufzubauen. Das Experiment scheitert schon nach wenigen Monaten, weil das Geld ausgeht und Glauser ernsthafte gesundheitliche Probleme hat. Doch die Jahre von 1925 bis 1932 sind künstlerisch wegweisend, Glauser reift in dieser Zeit endgültig zum Schriftsteller. Entscheidend ist dabei die Niederschrift des Legionsromans *Gourrama,* auf die er in Briefen an Max Müller immer wieder Bezug nimmt. Der Roman bleibt lange Jahre in der Schublade liegen; erst 1937 erscheint er als Fortsetzungsroman in der Zeitschrift *ABC.* Für Glauser selbst und auch aus heutiger Sicht ist es sein Hauptwerk.

Während Glausers erste Liebe, Elisabeth von Ruckteschell, ihn zu stilistischen Höhenflügen und zu einem Schwall an Briefen anregte, so sind nur gerade acht Briefe an die Tänzerin Beatrix Gutekunst erhalten, obschon sie eine mehrjährige Beziehung hatten und in Winterthur und Paris zusammenlebten. Kurz nach der Rückkehr aus Paris 1932 heiratet sie den Kunstmaler Otto Tschumi und lässt sich als Tanzlehrerin in Bern nieder. Als wirblige Tänzerin mit englischem Akzent taucht sie auch im Studer-Roman *Die Fieberkurve* wieder auf. Weder von Beatrix Gutekunst noch von Elisabeth von Ruckteschell sind Briefe an Glauser überliefert.

FRIEDRICH GLAUSER AN MAX MÜLLER[1]

Abs. F. Glauser, Zelle 27 Witzwyl.
Witzwil, le 9 août 1925

Lieber Herr Doktor,
Schon längst hätte ich Ihnen für Ihren lieben und aufmunternden Brief gedankt. Aber ich bin nun einmal an dies Büttenpapier mit Firmenaufdruck[2] gewöhnt und kann beim besten Willen nur noch auf solchem schreiben. Da es aber nur alle vier Wochen geliefert wird, habe ich mich bis heute gedulden müssen. Sie haben recht gelesen, zwischen den Zeilen. Aber was nützt Klagen? Es ist unfruchtbar und geschmacklos. Und schließlich haben Sie auch meine Anpassungsfähigkeit nicht allzusehr überschätzt. Man hat nie ausgelernt und alles kann Material zu neuem Denken geben, selbst das Roheste und Langweiligste. Ich frage mich nur manchmal ob Schopenhauer recht hatte, als er die Triebfedern der ethischen Handlungen Mitleid und Gerechtigkeitssinn nannte. Sie verlangten damals Ethik. Würde dies nicht genügen? Aber wie immer hapert es auch hier mit der Ausführung.

Mein Herz findet Herr K.[3] durchaus normal, und da ich stets jedwede Autorität respektiere, kann ich mir nicht erlauben dieser Konstatation zu widersprechen. Nach harter Arbeit sind mir die Nächte bisweilen schwer. Aber auch sie gehen vorüber. Herr K. brachte mir selbst den «Kleinen Schneider»[4] in meine Zelle. Er schien ihm gefallen zu haben. Glauben Sie mir, die zweite Erzählung[5] ist besser; konstruierter und ausbalancierter. Mir schien der «kl. Schn.» beim Wiederdurchlesen sehr sentimental. Gekürzt hat die Redaktion wenig und Unbedeutendes. Nur hat mich die falsche Deklination des Wortes «Adjudant», die mir aufgehalst wird, geärgert. Ich dekliniere Gen. u. Dat. «des Adjudanten, dem Adjudanten» usw. Wenn Dr. D. so gut sein will und den «M.» anbringen[6] – es würde mich freuen, und meine Dankbarkeit wäre groß. Grüßen Sie bitte von mir recht herzlich. Trotzdem ich auch Ihnen nicht danken soll, können Sie es doch nicht hindern, daß Sie für einen Sträfling als symbolon caritatis gelten. Ich unterhalte mich oft des Abends mit Ihnen. Aber Sie hören es leider nicht. Ein Trost ist es aber dennoch irgendwo einen Menschen zu wissen, der Verständnis aufbringt für sogenannte verfehlte Existenzen, zu denen mich männiglich zu zählen keinen Anstoß nimmt. An jenem letzten Nachmittag, den ich bei Ihnen verbrachte, habe ich während der Diskussion oft alte Grammophonplatten in mein Gehirn einsetzen

---

1 Max Müller (1894–1980), Psychiater und Psychoanalytiker. 1920 Assistenzarzt bei Eugen Bleuler in Zürich, darauf Oberarzt an der Psychiatrischen Klinik Münsingen und von 1939–54 Direktor. Müller modernisierte die Münsinger Klinik und setzte sich u. a. für den Einbezug der Psychoanalyse ein.
2 Anspielung auf den Briefkopf der Strafanstalt Witzwil, in die Glauser am 22. Juni 1925 nach einem Beschluss des Regierungsrates des Kantons Bern eingewiesen worden war. → Abb. S. 120.
3 Johann Otto Kellerhals (1870–1945), von 1895 bis 1937 Direktor der Strafanstalt Witzwil und wichtiger Reformer des Strafvollzugs, u. a. durch die Einführung der landwirtschaftlichen Arbeit.
4 Die Legionserzählung *Der kleine Schneider* erschien am 19. Juli 1925 in *Der Kleine Bund*.
5 *Mord*.
6 Der Münsinger Ärztin und Psychologin Margrit Doepfner gelang es, Glausers zweite Erzählung *Mord* an das *Luzerner Tagblatt* zu vermitteln. Sie erschien in drei Folgen am 12., 19. und 26. August 1926 in der Wochenendbeilage. Allerdings war sie nur mit Glausers Initialen gekennzeichnet, wie aus dem Brief vom 13. September 1926 an Max Müller hervorgeht.

Abs. F. Glauser Zelle 27
W. Zwil.

32 237

Strafanstalt Witzwil-Bern

Korrespondenz

Sämtliche ein- und ausgehenden Briefe der Gefangenen werden von der Direktion geprüft; enthalten sie Bemerkungen, welche gegen die bestehenden Vorschriften der Anstalt verstossen, so werden sie nicht versandt oder nicht abgegeben; auch dürfen keinerlei Mitteilungen über die Beamten und Angestellten der Anstalt gemacht werden.
Jeder von einem Sträfling geschriebene Brief soll enthalten:
a) Vollständige, genaue Adresse des Empfängers.
b) Vollständige, deutliche Unterschrift des Versenders, nebst seiner Zellen-Nr. (Zimmer).
Die gegenseitige Frankatur der Briefe ist notwendig.
Die einlangenden Briefe müssen an die Direktion der **Strafanstalt Witzwil** adressiert werden; **in jedem Falle ist im Briefe der Name des Sträflings anzugeben.**
Es ist den Gefangenen, die sich gut aufführen, gestattet, je **ein Mal im Monat** zu schreiben, falls von der Direktion keine gegenteiligen Verfügungen getroffen werden.
Den Gefangenen dürfen keine Esswaren geschickt werden. Der Schmuggel von Briefen und dergleichen, sowie das Abgeben von Gegenständen aller Art an Angestellte oder Gefangene, sogar der Versuch dazu, wird durch Entzug der Besuchserlaubnis und des Briefwechsels geahndet. Ist der Gefangene bei solchen unerlaubten Handlungen mitbeteiligt, so wird er disziplinarisch bestraft.

▽

Besuche

Besuche seitens der Angehörigen der Sträflinge dürfen in der Regel je den **ersten Samstag** eines Monats, **von 9–15 Uhr**, stattfinden, müssen aber 3 Tage vorher bei der Direktion angemeldet werden; **der Besuch gilt als gestattet, wenn auf die Anmeldung kein gegenteiliger Bericht erfolgt.**

▽

Witzwil, den 11. Oktober 1925

Herrn Dr. Max Müller
II. Arzt
Irrenanstalt Münsingen.

Lieber Herr Doktor,

Herzlichen Dank für Ihre Karte und die gute Nachricht, die sie mir gab. Oh Beneidenswerter, der Sie Paris wieder zu schauen bekommen. Grüssen Sie den Jardin du Luxembourg von mir und die schweigsamen Strassen um St Sulpice, besonders die Rue de Condé. Falls Sie im Hôtel Suisse in der Rue Lafayette absteigen, denken Sie daran, dass in der Küche alles mit Margarine gekocht wird und ich ebendaselbst drei Monate lang in den Sous-sols kupferne Kasserolen im Schweisse meines Angesichts geputzt habe und schenken Sie meinem Nachfolger, dem armen Plongeur, zu Bartsch Taucher, einen mitleidigen Gedanken.

Mein tägliches Leben, von dem Sie hören wollen, hat sich gebessert. Denn als die Zeit des Kartoffelgrabens battait son plein (übrigens eine Beschäftigung, die im „Segen der Erde" fehlt*) hatte ein mitleidiges Schicksal Einsehen mit meinen Kräften und ich avancierte zum Hausburschen. Nun dringe ich

müssen; denn am selbständig Denken hinderte mich die dumpfe Angst vor dem kommenden Tag. Darum lief der Stift auch so oft über leere Stellen. Ich glaube, daß Sie es gut bemerkt haben. Geschrieben habe ich wenig. Die Müdigkeit ist groß; gewöhnlich kommen mir gute Gedanken draußen auf dem Feld. Wenn ich aber «daheim» (in Anführungszeichen!) bin, ist alles weggeblasen. Ich hätte eine große Bitte an Sie. Haben Sie vielleicht eine alte Schopenhauerausgabe? Schicken Sie sie mir bitte. Vielleicht wache ich dann auf.

Ich muss schließen. Grüßen Sie bitte alle.
Ich bin in Herzlichkeit Ihr
Glauser

89   FRIEDRICH GLAUSER AN MAX MÜLLER

Abs. F. Glauser Zelle 27
Witzwil

Witzwil, den 11. Oktober 1925

Lieber Herr Doktor,
Herzlichen Dank für Ihre Karte und die gute Nachricht, die sie mir gab. Oh Beneidenswerter, der Sie Paris wieder zu schauen bekommen. Grüßen Sie den Jardin du Luxembourg von mir und die schweigsamen Straßen um St. Sulpice, besonders die Rue de Condé. Falls Sie im Hôtel Suisse in der Rue Lafayette absteigen, denken Sie daran, daß in der Küche alles mit Margarine gekocht wird und ich ebendaselbst drei Monate lang in den Sous-sols kupferne Kasserolen im Schweiße meines Angesichts geputzt habe, und schenken Sie meinem Nachfolger, dem armen Plongeur, zu Deutsch Taucher, einen mitleidigen Gedanken.
Mein tägliches Leben, von dem Sie hören wollen, hat sich gebessert. Denn als die Zeit des Kartoffelgrabens battait son plein (übrigens eine Beschäftigung, die im «Segen der Erde»[7] fehlt) hatte ein mitleidiges Schicksal Einsehen mit meinen Kräften und ich avancierte zum Hausburschen. Nun dringe ich täglich tiefer in die Geheimnisse des Blochens[8], Fußbodenaufreibens und Stiegenfegens ein, unter der strengen, jedoch sehr mütterlichen Aufsicht der Frau Direktor. Diese ist sehr lieb, und besorgt um mich, und wenn es mir je

[7] *Segen der Erde* (1917) ist ein Roman des norwegischen Schriftstellers Knut Hamsun, für den er 1920 mit dem Nobelpreis ausgezeichnet wurde. Der Roman spielt im bäuerlichen Milieu und preist die Selbstversorgung.
[8] (Schweiz.) bohnern.

passiert zu husten, werde ich sofort mit wohlschmeckenden Medizinen versorgt. Des Sonntags jedoch führe ich jeweilen meine steifen Finger über die Tasten eines asthmatischen Harmoniums spazieren (ob meine sanften Berührungen diese Asthmaanfälle herbeiführen, ist wohl möglich) und schleppe viel widerspenstige Stimmen meinen Dur- oder Mollakkorden, bisweilen auch meinen unwillkürlich verminderten Septakkorden, nach. Des Nachts, wenn ich nicht schlafen kann, bleibt mir die Rettung
> de broder d'éternels canevas

zu künftigen Romanen. Das Vaterproblem wird ganz gut, von dem ich Ihnen sprach. Es sind schon zwei Sätze da, der erste und der letzte. Was dazwischenliegt, ist eine Kleinigkeit. Wie geht es übrigens meinem «Mord»? Hoffentlich gut.

Außerdem lese ich Ibsen und Gottfried Keller, un beau mélange; auch französische u. englische Zeitungen, die Herr Rudolf K.[9] mir bisweilen borgt. Sie sehen mein Schicksal ist wirklich nicht beklagenswert. Und auch die erste Zeit, die ziemlich schwer war, hat mir im Grunde gut getan. Ich denke nämlich, es ist ziemlich gleichgültig welche Arbeit man verrichtet. Hauptsache ist, daß die Gedanken nicht stehenbleiben, sondern auf einmal eingeschlagenem Weg weiterziehen, bald langsam und schleppend, bald freudig tanzend, einem Ziele zu, das unerreichbar bleibt, stets.

Freundliche Grüße an Frau Doktor Müller.
Ich bin stets in Dankbarkeit Ihr
Glauser

90 CHARLES GLAUSER AN WALTER SCHILLER

Mannheim, den 25. Dez. 1925
Augustaanlage 17

Sehr geehrter Herr Doktor!
Zum Jahreswechsel senden wir Ihnen die besten Glückwünsche. Sie haben wohl von Fr. Gl. nichts mehr gehört. Da die belgische Behörde schweigt, ist wohl anzunehmen, dass er durchgebrannt ist.[10] Diese Vermutung wird bekräftigt durch beiliegende Mitteilung, die aus dem «Temps» vom 21. Dezember entnommen wurde.

Wäre es vielleicht nicht angezeigt wieder einmal nachzuforschen, was aus dem geworden ist, und bei der Gesandtschaft in Bruxelles

---

9 Ein Sohn des Direktors Otto Kellerhals.
10 Weder Vater noch Vormund waren informiert worden, dass Glauser bereits am 4. Mai 1925 in die Schweiz zurückgeschafft worden war und sich seit dem 22. Juni 1925 in der Strafanstalt Witzwil befand.
→ Dok. 91/Abb. S. 123.

Herrn Prof. Dr. Glauser, Augusta Anlage 17.,
Mannheim

Sehr geehrter Herr Professor! Ich besitze
Ihre Zeilen vom 15. ds. und kann Ihnen nur sagen,
dass auch mir jede Nachricht von F.G. fehlt.
Die Belg. Behörden haben augenscheinlich auf
eine Heimschaffung verzichtet und an uns ist es
natürlich nicht, die Initiative zu ergreifen. Es
genügt vollständig, dass wir unsere Bereitwillig-
keit zur Uebernahme ausgesprochen haben.— Ueber
die Höhe der Verpflegungskosten in einer bernischen Anstalt bin ich nicht zuverlässig informiert.--- Ich werde Sie von jeder Aenderung der
Sachlage unverzüglich benachrichtigen.
Mit besten Grüssen
Zürich, den 19.9.1925

Mitteilung von Walter Schiller an Charles Glauser, aus der hervorgeht, dass weder Vater noch Vormund von der Heimschaffung Glausers in die Schweiz wussten. Zürich, 19. September 1925.

anzufragen, warum die belgische Regierung Fr. Gl. nicht heimbefördert hat.

Es ist doch immer ein bedrückendes Gefühl, nicht zu wissen, wo der Sohn, wenn er auch ganz verkommen ist, sich befindet.
Für Ihre Mühewaltung danke ich Ihnen verbindlichst.
Mit achtungsvollen Grüssen
bleibe ich
Ihr ergebener
Ch. Glauser

Einbrecherbande.[11] – Bei der Aufklärung eines kürzlichen Wohnungseinbruchs bei Herrn Dupont, Wirt im Viertel Arts-et-Métiers, konnte die Polizei gestern die Schuldigen verhaften: Julien Arnault, die Brüder Emile und Albert Weinberg und Frédéric Gauer, alle deutscher Nationalität außer dem ersten. In einer Pension am Boulevard de Strasbourg logierend, fand sich in ihren Zimmern zahlreiches Diebesgut aus Wohnungen im dritten Arrondissement; überdies betrieb Gauer Drogenhandel.

Die Polizisten erwartete eine besondere Überraschung: Als die Diebe erfuhren, dass die Verhaftung auf Meldung von Herrn Dupont erfolgt war, denunzierten sie ihn als Mitglied der Bande. Eine Wohnungsdurchsuchung beim Wirt ergab, dass er tatsächlich in erfolgreiche Einbrüche verwickelt war. Dupont wurde ebenfalls in Haft genommen. Weitere Festnahmen sind wahrscheinlich.

91 WALTER SCHILLER
AN DIE DIREKTION DER STRAFANSTALT WITZWIL

7. Jan. 1926

Durch Zufall vernehme ich, dass der unter meiner Vormundschaft stehende *Friedrich Karl Glauser,* von Muri, Kt. Bern, geb. 4. Februar 1896, Sohn des Karl Peter Glauser, Professor in Mannheim, sich gegenwärtig in Ihrer Anstalt befindet.

Ich stand im Herbst 1924 mit der Schweizerischen Gesandtschaft in Brüssel in Verbindung betr. Heimschaffung Glausers, der damals in einer Belgischen Irrenanstalt interniert war. Trotz Nachfrage konnte ich dann nie erfahren, was weiter geschah, und was eigentlich mit meinem Mündel gegangen sei. Nun soll er zuerst nach Münsingen und von dort zu Ihnen gekommen sein.

11 Dem Schreiben beigefügte Zeitungsmeldung aus *Le Temps,* 21. Dezember 1925.

Ich ersuche Sie höflich um gefl. Mitteilung darüber, seit wann Friedrich Glauser sich in Ihrer Anstalt befindet, auf wessen Anordnung und für welche Dauer er bei Ihnen eingewiesen wurde, wie hoch sich die Verpflegungskosten belaufen und wer für dieselben Ihnen Gutsprache geleistet hat. Ich habe mich vormundschaftlich seit 9 Jahren mit dem Mann zu befassen. Es handelt sich um einen ebenso bedauerlichen als komplizierten Fall. Ich beabsichtige, event. noch im Laufe des Monats Januar, vielleicht in Begleitung des Herrn Robert Weber, I. Sekretär der Bürgerlichen Armenpflege der Stadt Zürich, wegen Glauser persönlich nach dorten zu kommen, zumal ich die Anstalt Witzwil gern auch aus eigener Anschauung kennen lernen möchte.

Hochachtungsvoll

92 ULRICH BRAUCHLI AN WALTER SCHILLER

Kantonale Irrenanstalt Münsingen
Direktion

Münsingen, den 11. Januar 1926

In Beantwortung Ihrer Anfrage vom 7. ds. können wir Ihnen über *Friedrich Karl Glauser* von Muri folgendes mitteilen:

Sobald wir von der bevorstehenden Rapatriierung des Glauser Kenntnis hatten, stellten wir bei der kant. Armendirektion z. H. des Regierungsrates den Antrag, den Mann statt bei uns in einer Strafanstalt unterzubringen. Gleichzeitig erklärten wir uns bereit, ihn vorübergehend aufzunehmen. Er wurde uns am 4. Mai 25 aus der Irrenanstalt Tournai in Belgien zugeführt. Am 3. Juni 25 erfolgte der Beschluss des Regierungsrates, wonach er für die Dauer eines Jahres nach Witzwil versetzt wurde. Die Kosten hat die kant. Armendirektion zu tragen. Am 22. Juni liessen wir Gl. nach Witzwil überführen. Während der Zeit seiner Internierung bei uns fanden wir ihn psychisch gegenüber früher kaum verändert – liebenswürdig, arbeitswillig, ruhig und geordnet, aber recht uneinsichtig sowohl in sein bisheriges Leben wie in die Zukunft. Ausserdem konstatierten wir eine recht erhebliche Schädigung seines Herzens – (Myocarditis chron.) – angeblich von einer Infektion während seiner Fremdenlegionärzeit herrührend – die ihn voraussichtlich dauernd für jede schwerere körperliche Arbeit untauglich machen wird.

Soviel uns bekannt ist, scheint sich Glauser bisher in Witzwil nicht schlecht gehalten zu haben.

Hochachtend
Brauchli

93 FRIEDRICH GLAUSER AN CHARLES GLAUSER

Witzwil, den 14. Februar 1926

Mein lieber Vater,
Herr Quartier Latente[12] hat mir den Brief gezeigt, den Du ihm geschrieben hast. Ich danke Dir für die Zuneigung, die Du für mich bewahrt hast trotz allem Kummer, den ich Dir bereitet habe. Ich muss mich bei Dir vor allem für den letzten Brief entschuldigen, den ich Dir aus Paris geschrieben. Ich hatte damals noch keine Gelegenheit gehabt, über meine Vergangenheit nachzudenken, und hauptsächlich hatte mir die letzte Lektion gefehlt, um mir klarzuwerden, dass ich gar keinen Grund hatte, hochmütig zu sein und mich aufs hohe Ross zu setzen. Ich bin sicher, dass Du mir verzeihen wirst, so wie ein Vater immer zu verzeihen versteht.

Erst jetzt, in den langen Nächten, die ich allein mit meinem Gewissen verbringe, wird mir das ganze Unrecht bewusst, das ich zunächst Dir, obwohl Du mich nie im Stich gelassen hast, angetan habe, und auch mir, obwohl ich damit mein Leben verpfuscht habe. Ich habe mich immer mit Ausreden zu betäuben versucht und die Fehler anderen zugeschoben, wo doch die Wurzel all meiner Enttäuschungen und all meiner Leiden nirgends als in mir selbst zu finden ist. Meine Charakterschwäche und meine Verblendung sind die einzigen Ursachen meiner Verkommenheit. Vielleicht – und dies hoffe ich fest – wird es mir diese Überzeugung, die jetzt tief in mir verankert ist, ermöglichen, auf festerem Grund nochmals ein neues Leben zu beginnen.

Ich danke Dir für die Hilfe, die Du mir anbietest, aber ich möchte sie erst dann annehmen, wenn ich mich ihrer wirklich für würdig halte. Ich weiss, dass Du selbst mit Widrigkeiten zu kämpfen hast und dass Du ein grosses Opfer bringen würdest, wenn Du mir zu Hilfe kämst. Deshalb möchte ich mich erst dann an Dich wenden, wenn ich dessen würdig bin. Vielleicht wirst Du mir, nachdem ich Dir sichere Beweise für meine Reue geliefert habe, erlauben, Dich

12 Édouard Quartier-la-Tente (1879-1939), Westschweizer Pastor. Von 1911–36 Anstaltsgeistlicher in den Strafanstalten Witzwil und St. Jean und ein aktives Mitglied der Schutzaufsicht über ehemalige Häftlinge.

wiederzusehen. Vorläufig denke ich nicht einmal daran, und Du brauchst in dieser Hinsicht nichts zu fürchten.

Wenn Du so freundlich bist, mir zu antworten, so wäre ich glücklich über Deine Nachricht. Grüsse Mama recht herzlich von mir. Ich umarme Dich
Dein Sohn
F. Glauser

94 FRIEDRICH GLAUSER AN WALTER SCHILLER

Abs. F. Glauser, Zelle 79 Witzwil
Witzwil, den 11. April 1926

Sehr geehrter Herr Doktor,
Durch meinen Vater werden Sie wohl erfahren haben, daß ich ihm geschrieben habe und wohl auch über die Klärung unterrichtet worden sein, die sich in meinem Innern vollzogen hat. Was mir bis jetzt immer gefehlt hat ist die rückhaltlose Einsicht meiner Verfehlungen; stets habe ich versucht, Entschuldigungen für mein Verhalten bei der Umwelt zu suchen, und äußeren Umständen die Schuld für mein zielloses Leben zuzuschieben. Nach schweren inneren Kämpfen habe ich mich endlich zur Überzeugung durchgerungen daß einzig meine Haltlosigkeit, mein Mangel an zielbewußtem Streben mich jeweilig zu den Katastrophen geführt hat, die mein Leben bisher zerrissen haben. Dem Herrn Direktor Kellerhals als auch Ihnen verdanke ich es, daß ich zu einer Klärung meines Innern gelangt bin, und ich möchte Ihnen danken, daß Sie in der letzten Unterredung mir diesen Weg gezeigt haben. Ich bin überzeugt, daß ich durch meinen Aufenthalt in Witzwil nicht nur gebessert worden bin, sondern daß sich in mir der feste Wille festgesetzt hat, meine Haltlosigkeit zu bekämpfen und zu versuchen mit Arbeit und gutem Willen das wieder gut zu machen, was ich gefehlt habe. Es wäre gütig von Ihnen, wenn Sie mir mitteilen wollten, was Sie in bezug auf meine Zukunft zu tun gedenken. Auch wäre ich Ihnen dankbar, wenn Sie meine Manuskripte, die Sie von Dr. Raschle in Baden erhalten haben, an die Direktion von Witzwil senden wollten. Ich möchte sie gerne durchsehen, um einiges zu etwaiger Publikation umarbeiten zu können.
Ihrer werten Antwort entgegensehend
zeichne ich hochachtungsvoll
F. Glauser

Witzwil, den 13. April 1926

Herrn Dr. Schiller, Amtsvormund, *Zürich.*[13]

Über *Glauser Friedrich* haben wir Ihnen vorläufig nicht viel Neues mitzuteilen. Etwas ernsthafter ist er schon geworden, aber ob er sich in Zukunft halten wird, ist schwer zu sagen.

Hochachtend
Strafanstalt Witzwil
Der Direktor:
Kellerhals

95 OTTO KELLERHALS AN WALTER SCHILLER

Witzwil, den 11. Mai 1926.

Wir bestätigen Ihnen den Empfang Ihres Geehrten vom 7. dies, worauf wir Ihnen mitteilen, dass wir von jeher der Meinung waren und es noch sind, die bewussten Manuskripte sollten Ihrem Mündel: *Friedrich Karl Glauser,* nicht ausgehändigt werden. Der Mann wird sehr wahrscheinlich hier nur unter der Bedingung entlassen werden können, wenn er sich bis auf weiteres vom Schriftstellertum gänzlich lossagt, da ihm diese Betätigung immer zum Verderben wird. Wir haben heute mit Glauser gesprochen und er ist ganz unserer Meinung.

Wir können auch hier konstatieren, dass der Genannte bei ständiger tagelanger Arbeit in der Bibliothek nervöser wird, und dass ihm die Unterbrechungen der geistigen Arbeiten durch landwirtschaftliche Arbeiten – die er übrigens gerne verrichtet – gesundheitlich sehr gut tun. Im Gegensatz zu der Auffassung der Irrenärzte können wir feststellen, dass auch schwerere Arbeiten für Glauser zuträglich sind.

Wir möchten Sie ersuchen, die Manuskripte vorläufig in dorten aufzubewahren und zeichnen
  hochachtungsvoll
  Strafanstalt Witzwil
  Der Direktor:
  Kellerhals

13 Zusatz (mit Schreibmaschine) des Witzwiler Direktors Otto Kellerhals.

96 JAKOB HEINIS[14]
AN WALTER SCHILLER, OTTO KELLERHALS U. A.

Liestal, den 26. Juli 1926

*An die Herren
Dr. Schiller, Zürich
Lutz, Bern
Baumann, Basel
Dir. Kellerhals, Witzwil*

Die beiden bei mir placierten ehemaligen Witzwiler Schreier[15] u. Glauser halten sich bis jetzt gut und geben zu keinerlei Klagen Anlass, beide wohnen bei den gleichen Privatleuten. Von ihrem früheren Aufenthalt weiss niemand etwas und scheint es dass einer den andern fördert. Natürlich kennen Sie einander da Glauser in Witzwil als Bibliothekar mit allen in Berührung kam.

Ich glaube dass es für Sie, geehrte Herren, von Interesse ist obiges zu wissen.

Mit vorzüglicher Hochachtung
J. Heinis

97 FRIEDRICH GLAUSER AN MAX MÜLLER

Liestal, den 1. August 1926

Lieber Herr Doktor,
Wahrscheinlich sind Sie in den Ferien oder haben sonst keine Zeit gefunden mir zu antworten. Aber vielleicht sind Sie doch so gut und teilen mir mit ob Sie meine zwei letzten Briefe erhalten haben – oder ob Sie vielleicht irgend etwas darin choquiert hat. Ich glaube es ja nicht. Möglich ist es aber. Ich bin in meinen Ausdrücken manchmal ungeschickt. Aber Sie kennen mich wohl jetzt.

Hier geht das Leben eintönig weiter und ich habe nicht viel Neues zu berichten. Im «Uhu», einer deutschen Zeitschrift, habe ich einen sehr guten Aufsatz von Klaus Mann über die «Neuen Eltern» gelesen. Wenn er Sie interessirt, kann ich Ihnen das Heft schicken. Er spricht sehr gut von der Überwindung der «Vatermordperiode», die der Litteratur viel Stoff geschenkt hat und behauptet, die Jugend suche nicht mehr nach chaotischem Hinausschreien verworrener Ziele,

14 Jakob Heinis führte eine Gärtnerei in Liestal, in der Friedrich Glauser von Juni 1926 bis März 1927 als Handlanger angestellt war.
15 Adolf Schreier war ein ehemaliger Mithäftling von Glauser. Er kommt auch in verschiedenen Erzählungen vor.

sondern suche in Disziplinierung neue Arbeiten zu schaffen, nicht mehr nur Protest-Litteratur, sondern positive Werte. Er nennt als Persönlichkeiten, an die er sich anlehnt Bang[16], und vor allem Hamsun sowie die französischen «Dekadenten» (Baudelaire, Verlaine). Letzterem stimme ich nicht zu. Doch ist Hamsun sicher für uns die heute wertvollste Persönlichkeit. Gerade durch seine «unmoralische» Einstellung, die nicht mehr Protest ist, sondern sich dem Leben gegenüber vorurteilslos verhält, betrachtet, ohne ein Urteil zu fallen. Ich glaube ja, daß allein aus dieser Einstellung, fern von materialistischen und metaphysischen Dogmen, sich eine neue, menschliche Ethik entwickeln kann. Es kommt ja immer auf das epikuräische «nichts menschliches ist mir fremd» heraus, jedoch in ganz neuer Beleuchtung. Denn wir haben viel dazugelernt seit jener Zeit, wir werten auch die Taten von einem ganz anderen Gesichtspunkt aus. Was mir immer Kopfzerbrechen macht ist der bodenlose Leichtsinn, mit dem man Kinder auf die Welt setzt und sie *leben* lässt. All die Kinder von Säufern, von schon belasteten Menschen, werden mit Mühe und Schmerzen durch Zwangserziehungsanstalten für Irrenhäuser und Zuchthäuser erzogen. Wozu? Eigentlich ist es nur die schlimme christliche Sentimentalität, die uns noch stets verführt. Es ist mir eigentlich sehr willkommen, körperlich zu arbeiten, denn gerade bei diesen Arbeiten kommt man in viel innigeren Kontakt mit den Fragen, die die dumpfe Majorität beschäftigen, sie beschäftigen sans qu'elle s'en rende compte et surtout sans qu'elle cherche à en trouver la solution. Und die «höheren» Geister sind mit dieser arbeitenden Majorität nie in den innigen Kontakt gekommen, den allein die Mitarbeit, das Mit-Leiden, das Mit-Müdesein gibt. Das Beobachten von ferne, auch wenn es noch so genau und soit-disant naturwahr ist, wird nie das wirkliche Miterleben sein. Daran krankt ja der ganze sogenannte Naturalismus. Und dies Miterleben macht Männer wie Hamsun und Jack London[17] so wertvoll für uns. Hamsun, der den Kindsmord als etwas Natürliches betrachtet, das sich ebensogut in den Ablauf eines Menschenlebens einordnet, wie Mutterliebe, oder Feldbestellung. Solche Selbstverständlichkeiten aber in unserer biederen Schweiz laut werden zu lassen, wo die Hypokrisie in allen Büchern floriert, von Huggenberger[18] bis zu Federer[19], wäre natürlich unvorsichtig und durchaus nutzlos. Es schreiben ja auch schon viel zu viele. Man denkt sich unwillkürlich die nordischen Völker viel empfänglicher für eine natürlichere, vorurteilsfreiere Beurteilung dieser Fragen. Und doch wird es bei ihnen nicht anders sein als bei uns. Alle anderen Schriftsteller haben sich ja mit dem Pastorenpro-

---

[16] Herman Bang (1857 bis 1912), dänischer Schriftsteller, Feuilletonist und Journalist. Gilt als einer der führenden Vertreter des literarischen Impressionismus in Dänemark.
[17] Jack London (1876 bis 1916), amerikanischer Schriftsteller und Journalist, der selber eine schwere Kindheit durchlebt hat. Bekannt wurde er insbesondere für seine Abenteuerromane.
[18] Alfred Huggenberger (1867–1960), einer der meistgelesenen Schweizer Heimatschriftsteller seiner Zeit.
[19] Heinrich Federer (1866–1928), Schweizer Schriftsteller und katholischer Priester.

blem herumgeschlagen, Ibsen so gut wie Björnson[20] und die Lagerlöf[21]. Nur Hamsun macht hier wieder eine Ausnahme. Für ihn existiert das christliche Problem gar nicht, und das macht ihn wohl so erfrischend. Er hat es wohl gar nicht nötig gehabt, sich mit ihm auseinanderzusetzen. Die einzige Stelle, wo er davon spricht, ist mir nur aus den «Mysterien» erinnerlich, wo er eine sehr wohlgelungene Ablehnung von Tolstois seniler Moralität laut werden lässt.

Glauben Sie mir, ich fühle mich manchmal sehr glücklich hier, besonders wenn ich irgendwo allein arbeite. Es lässt sich gut denken bei körperlicher Arbeit. Oft drischt man ja nur leeres Stroh, aber hin und wieder hat man auch einen guten Gedanken, der einem Freude macht. Doch zum Schreiben des Abends bin ich meist zu müde.

Es wäre lieb von Ihnen, wenn Sie mir die Gedichte, die ich Ihnen geschickt habe, wieder zurücksenden würden. Ich will den Versuch wagen, sie beim Dr. Grunau für «O mein Heimatland»[22] anzubringen. Der Titel des Jahrbuches ist ja scheußlich, aber der Inhalt ist manchmal gut. Was halten Sie von den Novellen? Haben Sie etwas Neues von meinem «Mord» erfahren? Ich lege mir hier selbst ein Sparbuch an, da ich von meinem Monatslohn doch ein wenig ersparen kann. Wenn Sie also das Honorar erhalten, wollen Sie es mir bitte hierher senden.

Grüßen Sie bitte Frau Doktor recht herzlich von mir. Es wird mich freuen, wenn Sie mir bald ein paar Worte schreiben.

Vielen Dank noch für all die Mühe, die Sie sich für mich geben.

Sehr herzliche Grüße von Ihrem

Glauser

98 FRIEDRICH GLAUSER AN MAX MÜLLER

Liestal, 13. September 1926

Lieber Herr Doktor,

Erst vielen Dank für die Novelle und das Geld. Wollen Sie bitte auch Frl. Doepfner für all ihre Mühe danken. Es hat mich geärgert, daß die Leute der Zeitung nicht einmal meinen Namen ausgedruckt haben. Aber es ist dies vielleicht nur eine kleine Eitelkeitskränkung, die nichts zu besagen hat.

Aber nun: (hört, hört!) letzten Mittwoch kam in grauen, kniedurchgedrückten Hosen, Nagelschuhen, weißer Weste, über deren

---

[20] Bjørnstjerne Bjørnson (1832–1910), norwegischer Dichter und Politiker. Erhielt 1903 als erster skandinavischer Autor den Nobelpreis.
[21] Selma Lagerlöf (1858–1940), schwedische Schriftstellerin. Erhielt 1909 als erste Frau den Nobelpreis für Literatur.
[22] Schweizerische Kunst- und Literaturchronik, die seit 1913 von Gustav Grunau (1875–1949) verlegt und herausgegeben wurde.

Wölbung [eine] goldene Uhrkette schaukelte, schwarzem Alpaccarock, schwarzem Rembrandthut und einem Gesicht das sich die größte Mühe gibt mittels eines langen Bartes Rodin zu ähneln, mein Vater mich besuchen. Und sonderbar: es war sehr nett. Wir haben den Abend zusammen gezecht (jawohl!) litterarische Fragen behandelt und von der Fremdenlegion «berichtet» (wie der Schweizer sagt). Und Papa war durchaus reizend. Ich gebrauche den schnoddrigen Stil eigentlich nur weil ich gerührt war, ganz sentimental, statt des gefürchteten, in Verständnislosig[keit] versteinerten Tyrannen einen einfachen Mann gefunden zu haben, der mir innerlich zwar fremd ist (ich bitte Sie, er schwärmt noch für Maurras[23] und Barrès[24], aber nicht diese Fremdheit meine ich, sondern eine andere – sagen wir Vorkriegs- u. Nachkriegsgeneration, obwohl das auch nicht richtig ist, es sei denn man nenne unsere Generation, zu der Sie ja auch gehören Nachkriegsgeneration, vielleicht besser Chaos akzeptierende Generation) mit dem man sich aber unterhalten kann und dem man eine Zuneigung entgegenbringt für all die Leiden, die er einem zugefügt hat. Wäre man denn sonst das geworden was man ist? Die Verzweiflung ist schließlich eine Göttin und Notre-Dame du Désespoir heilt viele Wunden. Also, ich glaube, ich trage meinen Vaterkomplex mit Fröhlichkeit zu Grabe. Und was mich freut, ist, daß ich nach und nach auch die Komplexeinstellung zu jenen Leuten verliere, die mir zu kommandieren haben, und sie ohne Protest betrachten kann wie andere Leute, sie nur sanft abwehrend, lächelnd vielleicht, wenn sie mir allzu derb auf die Zehen treten wollen. Dies ist doch sicher ein Fortschritt, finden Sie nicht? Sodaß ich nun glaube, auch die Beziehungen (wenn man ein aneinander vorbei-Sprechen so nennen darf) zu meinem Vater dauerhaft sein werden.

Mehr berichte ich Ihnen dann mündlich. Ich freue mich sehr, mit Ihnen und Frau Doktor plaudern zu können. Sagen Sie mir nur an welchem Sonntag im Oktober Sie frei sind und wie ich mein Kommen bewerkstelligen soll. Am liebsten würde ich am Samstag abend schon abfahren, vielleicht in Bern übernachten, und am Sonntag nach Münsingen hinausfahren.

Ich wünsche Ihnen auch recht viel Vergnügen zu Ihren Ferien und bleibe stets Ihr dankbarer
Glauser

Wie hat Ihnen übrigens das letzte Gedicht gefallen? Miserabel?

---

23 Charles Maurras (1868–1952), französischer Schriftsteller und rechtsextremer politischer Publizist, Vordenker der politischen Bewegung *Action Française* und im Jahr 1898 Begründer der gleichnamigen Zeitschrift.
24 Maurice Barrès (1862 bis 1923), französischer Schriftsteller und Essayist, Politiker der nationalen Rechten.

FRIEDRICH GLAUSER AN MAX MÜLLER

Liestal, 12. Dezember 1926

Lieber Herr Doktor,
Es war so sonderbar diese letzten Wochen, daß ich gar nicht so recht zum Schreiben kam. Irgend etwas hat sich, glaube ich, wieder einmal in mir verändert, und solche Änderungen nehmen immer viel Kraft in Anspruch. Man kann sie nicht recht Krisen taufen, weil sie nicht erbarmungslos wie diese auftreten, und nicht zerreissen, gewaltsam und schmerzlich. Aber es ist ein derartiger Wechsel zwischen Niedergedrücktsein und großer Freude, beide ohne jeglichen äußeren Beweggrund (Beweggründe sucht man ja immer, aber sie sind wohl nur selbsttäuscherische Erklärungen für innere Vorgänge) daß man bisweilen überzeugt ist, man leide an manisch-depressivem Irresein. Im Grunde ist es wohl nichts weiter als ein «Häutungsprozess» der Seele, die dann wohl wieder ein mehr oder minder labiles Gleichgewicht findet. Und dann, um es offen zu sagen, spielt ja auch eine gewisse Sehnsucht eine Rolle, ein Unbefriedigtsein, nicht mit der Arbeit, die man verrichtet, sondern mit dem ewigen Alleinsein. Ich war zwar oft in Basel eingeladen, aber erst das letzte Mal habe ich irgendetwas wie eine Befriedigung empfunden. Und dies war so durchaus schön, daß ich noch jetzt von diesem, man kann ja wohl sagen großen Glücke zehre und es bewache, sehr eifersüchtig. Ich will Ihnen einmal davon erzählen, wenn wir uns wieder sehen, brieflich geht es so schlecht. Ich schicke Ihnen nun endlich das «Reich ohne Raum», das ich Ihnen schon so lange versprochen habe. Sie werden wohl die Verspätung nicht übelnehmen.

Die «Erniedrigten und Beleidigten»[25] habe ich nun endlich fertig gelesen. Es ist wohl reichlich sentimental, aber nicht im unangenehmen Sinn. Nur hat D. vielleicht eine ungewollte Wirkung hervorgebracht. Unter all den grenzenlos edlen Seelen wirkt der «schuftige» Fürst herzerquickend und gewinnend, direkt sympathisch, weil echt. Während die anderen doch nur mit wirklich sehr großer Mühe ihre edlen Gefühle bestätigen können. Es ist übrigens sonderbar daß den Ethikern und sonstigen Moralisten gerade die «Schurken» so gut gelingen, daß man sich über deren Anblick freut. Ich denke da besonders noch an Choderlos de Laclos, einen Schüler Rousseaus, der in seinen «Liaisons dangereuses»[26] das Laster in der Gestalt der Madame de Merteuil recht krass und verabscheuungswürdig hinstellen wollte, und der dann dieser Gestalt so viel Kraft und Lebensursprünglichkeit

[25] Fjodor Dostojewski, *Erniedrigte und Beleidigte,* Erstpublikation 1861 in der St. Petersburger Monatsschrift *Wremja.*
[26] Choderlos de Laclos entwirft in seinem Briefroman *Les Liaisons dangereuses* (1782) ein Sittengemälde des ausgehenden Ancien Régimes.

mitgab, daß die Tugendpersonen, die uns zur Nachahmung anspornen sollten, nur langweilig und gequält erscheinen. Que voulez-vous, la vertu est souvent ennuyeuse.

Die Arbeit hier ist immer die gleiche, aber ich habe manchmal große Freude an ihr. Ein neuer Obergärtner, den unser Meister eingestellt hat, zeigt mir viel und erklärt gut. Und der alte Ingenieur in Basel[27], von dem ich Ihnen erzählt habe, theoretisiert manchmal mit mir. So lerne ich viel, und dies befriedigt. Ich glaube rein manuelle Tätigkeit kann auf die Dauer keinen Menschen befriedigen. Es ist nur schade, daß in den Arbeitern so wenig das Interesse für die theoretische, besser wissenschaftliche, Seite ihres Berufs geweckt wird. Ich glaube, man könnte dann die Arbeit wirklich als etwas fruchtbares empfinden und nicht nur als Mittel, den Lebensunterhalt zu verdienen und das nötige Geld zur Bestreitung der Vergnügungen. Es ist nicht ganz richtig ausgedrückt was ich da sage. Vergnügungen sind ja notwendig, nur wundert mich die Anspruchslosigkeit der Menschen in Bezug auf Vergnügungen. Alkohol und Verein genügen ja den meisten, und das ist eigentlich traurig. Denn beide sind doch unsäglich langweilig und genügen nicht den primitivsten Anforderungen eines «Wilden» an Geselligkeit. Ich erinnere mich noch mit Freude an die Art, wie Araber die Geselligkeit verstanden. Es war wenig nach unseren Begriffen: Tee, eine Pfeife und eintönige Musik. Aber es war viel mehr Gelöstsein in diesem Beisammensein, ein Sich-Näherkommen, obwohl ich nicht die Sprache der Leute verstand. Aber ein Kopfnicken und ein Lächeln gaben mir viel mehr als das geräuschvolle Gläserklappern, die laute Musik oder das dumme Kartenklopfen auf teppichbelegtem Tisch. Das Gefühl der Zusammengehörigkeit, das ich bei jenen stillen Leuten hatte, habe ich hier vergebens gesucht. Und so muss man denken, daß unsere komplizierte Seele vielleicht doch wieder einmal, nach langen Umwegen, zu dem primitiven stummen Beisammensein der sogenannten Wilden gelangen wird.

Das «Totenhaus»[28] habe ich noch nicht ganz ausgelesen, weil man mir inzwischen in Basel zwei Bücher geliehen hat, die ich in einem Zuge durchgelesen habe: den «Pallieter» und «das Jesuskind in Flandern» von Timmermans[29], einem flämischen Dichter. Das zweite ist so schön, dass ich es noch einmal von Anfang an sehr langsam durchlese. Es ist fast unbegreiflich, daß man heutzutage noch ein derartiges Buch schreiben kann, so kindlich naiv und doch so voll von versteckter Kultur, daß alle sich daran freuen können. Man denkt natürlich an die alten flandrischen Meister, die Anbetung der Könige ist so

27 Konrad von Meyenburg (1870-1952), Kulturingenieur.
28 Fjodor Dostojewski, *Das Totenhaus,* veröffentlicht 1861/62 in der Zeitschrift *Wremja.*
29 Felix Timmermans (1886-1947), flämischer Schriftsteller und Maler. *Pallieter* (1916), deutsche Erstausgabe Leipzig, Insel 1921, übersetzt von Anna Valeton. Es beschreibt die Lebensgeschichte eines jungen Mannes. *Das Jesuskind in Flandern* (1917), deutsche Erstausgabe Leipzig, Insel 1919, aus dem Flämischen übersetzt von Anton Kippenberg.

geschrieben, daß man direkt ein altes Bild sieht. Aber dies ist ja eher angenehm als störend. Der Inhalt ist nichts weiter als die Kindheit des Heilandes, wie man sie aus den Evangelien kennt. Nur spielt alles in Flandern, auch Bethlehem liegt dort, es schneit, aber die Hirten sind trotzdem auf dem Felde. Und es ist auch Kirmes, Herodes hat ein mit Pusteln besetztes Gesicht und ist sehr dick und ekelhaft. Es ist ein sehr altes und doch zugleich ein sehr neues Buch. Das Wunderbare wird so natürlich erzählt wie das ganz Gewöhnliche. Eine Kuh lässt aus Angst Wasser, als der Engel den Hirten erscheint. Solche Bücher sind ungemein trostreich, und man ist den Menschen dankbar die einen auf derartige Bücher aufmerksam machen.

Wahrscheinlich werde ich Weihnachten ganz allein verbringen. Es wird auch besser sein. Denn es ist die Zeit, in der die Erinnerungen besonders peinvoll werden, und dazu ist man besser allein.

Es wird mich sehr freuen, bald etwas von Ihnen zu hören. Grüßen Sie bitte Frau Doktor recht herzlich von mir.

Ich bleibe stets Ihr ergebener
Glauser

100 FRIEDRICH GLAUSER AN WALTER SCHILLER

Liestal, 14. Dezember 1926

Sehr geehrter Herr Doktor,
Dankend bestätige ich Ihnen den Empfang von 16,40 frs. Beiliegend sende ich Ihnen die quittierte Arztrechnung. Außerdem möchte ich Sie anfragen ob Sie mir gestatten, meine Arbeitsschuhe frisch besohlen zu lassen. Es sind nicht die neuen, die ich gekauft habe, sondern das alte Paar. Ich hätte es nötig, da ich manchmal von der Arbeit ganz nasse Schuhe habe. Auch bedürfen meine Sonntagsschuhe dringend einer Reparatur. Sie sind zerrissen, und ich weiß nicht, ob sie gut zu reparieren sind. Doch kann ich Sie nicht jetzt schon wieder anfragen, ob ich mir ein Paar neue kaufen darf. Wenn sie geflickt sind, werden sie es wohl noch einen oder zwei Monate tun. Bei gleicher Gelegenheit möchte ich Sie anfragen, ob Sie mir gestatten, mich direkt mit Herrn von Arx in Olten[30] in Verbindung zu setzen um eventuell eine Stelle bei ihm auf 1. Februar od. 1. März antreten zu können. Da er wahrscheinlich Arbeiter auf den Frühling braucht wäre es vielleicht angezeigt, jetzt schon die nötigen Schritte zu tun. Ich würde an einem

30 Gustav von Arx und seine Frau Elise (geb. Dörfliger) führten in der dritten Generation ein Gartenunternehmen mit Baumschule in Olten. Gustav von Arx war zudem Mitbegründer des «Schweizerischen Handelsgärtnervereins» und nebenamtlicher Lehrer an der Oltner Gewerbeschule.

der letzten Dezembertage nach Olten fahren um mich persönlich vorzustellen. Auch gedenke ich Hrn. v. Arx ganz offen meine Situation auseinanderzusetzen und nicht zu verheimlichen, daß ich in Witzwil gewesen bin, auch, was mich bestimmt, den Gärtnerberuf zu ergreifen. Man hat ihn mir als sehr vorurteilslosen Menschen geschildert, der Vertrauen zu würdigen weiß und der froh ist, Arbeiter einzustellen, die Interesse am Beruf zeigen. Ich werde ja dann den Beweis erbringen können, daß ich es in einer Stelle aushalten kann, und ich glaube nicht, daß Hr. Heinis mir ein schlechtes Zeugnis geben wird. Dieser scheint übrigens mit mir zufrieden zu sein. Er gibt mir, wie er im September versprochen hatte, jetzt wieder 75 cts. Stundenlohn, sodaß ich doch auf 6 frs. im Tag komme.

Dafür muss ich aber oft Bureauarbeiten für ihn verrichten, und dies in Überstunden, die er mir nicht bezahlt. Ich nehme dies philosophisch hin, wie Sie es mir geraten haben, und bin nur froh, diesen Winter Arbeit zu haben. Überall hört man hier über die Arbeitslosigkeit klagen. Hr. Heinis hat zwei Arbeiter entlassen. Daß er gerade mich und meinen Witzwiler Kameraden behalten hat, zeigt doch sicher, daß er mit unserer Arbeit zufrieden ist. Für mich war es eine große innere Befriedigung zu sehen, daß er mich behalten hat. Ich habe große Freude an der Arbeit und bin Hrn. Kellerhals je länger je mehr dankbar, daß er mich auf diesen Weg gewiesen hat, der mir der gute scheint. Ich glaube, ich habe Ihnen mitgeteilt, daß ich, Ihrem Rate folgend, ihm geschrieben habe. Er hat mir geantwortet, daß er bereit sei, mich zu unterstützen, falls ich diesen Winter arbeitslos würde. Doch ich denke, daß ich von diesem freundlichen Anerbieten keinen Gebrauch zu machen habe.

Übrigens hat Herr Heinis auch mir gegenüber keine Andeutung auf ein Verbleiben im Frühling gemacht, sodaß ich mit gutem Gewissen eine andere Stelle suchen kann.

In der Hoffnung, bald Nachricht von Ihnen zu erhalten, verbleibe ich mit dem Ausdruck meiner Dankbarkeit Ihr ergebener

Glauser

01 FRIEDRICH GLAUSER AN MAX MÜLLER

Liestal, 16. Februar 1927

Lieber Herr Doktor,
Nun war die Reihe an mir, krank zu sein; ich habe eine Woche lang zu Bett liegen müssen, da mein Herz streikte. Sonst hätte ich Ihnen gleich geantwortet. Auch sonst hat es wieder ziemlich psychisch «gekriselt», ich finde kein anderes Wort für die sonderbaren Zustände, durch die ich manchmal getrieben werde; doch haben sie das gute Resultat, daß ich mich nachher wieder einen Schritt vorwärts getragen fühle und dafür muss man doch irgendwie dankbar sein.

Der Arzt, der mich behandelte, sehr jung ist er und hat stark gegen Minderwertigkeitskomplexe anzukämpfen, wissen Sie, der Typus des braven Studenten, der aus der Verbindung ins Staatsexamen gefallen ist und nachher in die Ehe, hat einmal meine Gedichte gelesen und daraufhin eine schizoide Komponente bei mir festgestellt. Rührend, nicht? Überhaupt finde ich es immer lustig bei derartigen Medikastern, daß sie die psychiatrische Terminologie stets in wertendem Sinne gebrauchen, was doch im Grunde falsch ist. Mein Vormund hat mich besucht, und soweit war der Doktor ganz anständig. Er hat nämlich erklärt, daß die jetzige Arbeit für mich zu schwer sei. Sodaß mein Vormund nun eine andere Stelle für mich sucht. Ich suche natürlich auch, doch hat Schiller die Bedingung gestellt, daß ich meinen zukünftigen Meister über meine Vergangenheit aufkläre. Dies war der Grund, daß ich bis jetzt an zwei Stellen nicht angenommen wurde. Aber ich verliere deshalb den Mut nicht.

Zwei Bitten habe ich an Sie, vielmehr drei.

1. Könnte ich auf kurze Zeit das Gedicht «Gebet»[31] haben, das ich Ihnen einmal gegeben habe. Ich habe keine Abschrift und möchte ein paar Gedichte an eine deutsche Preiskonkurrenz für Lyrik schicken.

2. Möchte ich gern den «Segen der Erde» von Hamsun noch einmal lesen. Ich würde Ihnen dann das Buch, das ich noch von Ihnen habe mit diesem zusammen zurückschicken.

3. Habe ich ziemlich oft Asthma. Leider kann ich die Dover[32] ohne Rezept nicht bekommen. Können Sie mir vielleicht ein Rezept schicken oder mir ein paar Pulver mitschicken?

Ich glaube doch, daß ich Ihnen in einiger Zeit etwas fertig Geschriebenes schicken kann. Zwar arbeiten wir jetzt 10 Stunden, aber es ist mir psychisch pudelwohl, obwohl dieser Ausdruck schlecht zu einer

---

[31] Im Nachlass von Max Müller ist eine Handschrift überliefert: «Gebet» (II), datiert auf «Münsingen, Mai 1925».

[32] Doversches Puder, benannt nach dem englischen Arzt Thomas Dover (1660–1742), ist ein opiumhaltiges Medikament gegen Erkältungskrankheiten und Fieber; es wurde auch als Morphium-Surrogat bei Entzügen verwendet.

sonderbaren Art innerlicher Zufriedenheit und innerlichen Glückes passt. Es kommt mir vor, als sei die scheußlichste Zeit der Konflikte ein wenig vorüber. Viel verdanke ich ja einer Freundin, die ich in Basel gefunden habe,[33] (nicht die Tanzlehrerin,[34] von der ich Ihnen erzählte) die, obwohl sehr bürgerlich erzogen, es gar nicht geworden ist. Es ist sonderbar, wieviel Kraft und Ermutigung eine derartige Freundschaft geben kann, besonders, wenn man gewisse erotische Konflikte vermeiden kann.

Um offen zu sein, hat mir das «triebhafte Ich»[35] sehr wenig imponiert. Es scheint mir doch ziemlich belanglos. Bitte glauben Sie nicht an Selbstüberhebung, aber die wichtigsten Dinge scheinen mir kaum berührt. Ich will es par acquit de conscience noch einmal lesen.

Wenn ich auch wenig schreibe, denke ich doch sehr oft an Sie und empfinde Sie als einen gütigen und verständnisvollen Beichtvater. Wenn ich zurückdenke sind Sie es vor allem, der mir den Weg zum Leben eigentlich wieder geöffnet hat, der eine vollkommene, unfruchtbare Protesteinstellung zum ersten Mal gelockert hat. Weniger durch das, was Sie mir gesagt haben, als durch die ganze Einstellung, die Sie mir gegenüber eingenommen haben und noch einnehmen. Für diesen Trost, den ich damals sehr nötig hatte, bin ich Ihnen stets dankbar geblieben.

Bitte grüßen Sie Frau Doktor recht herzlich von mir.
Ich bin stets Ihr
Glauser

102 GESPRÄCH WALTER SCHILLER MIT STATTHALTERAMT LIESTAL

5. März 1927

Statthalteramt Liestal berichtet telefonisch, dass gestern die Verhaftung des *Friedrich Glauser* erfolgen musste, da festgestellt ist, dass er seit ungefähr Mitte Februar in der Apotheke sehr häufig, wohl fast täglich Morphium entwendet hat. Er kaufte jeweilen ein Pulver Phenacithin, liess sich zum Einnehmen dieses Pulvers ein Glas Wasser reichen und benutzte diesen Moment, um Morphium, das in der Nähe der Türe untergebracht war, zu stehlen. Möglich ist auch, dass der Apothekergehülfe dem Drängen Glausers nach Morphium hie und da nachgegeben hat. Da dieser Apothekergehülfe aber vor einigen Tagen durch Selbstmord aus dem Leben geschieden ist, kann er nicht mehr einvernommen werden.

33 D. i. Beatrix Gutekunst (1901–2000), englische Tänzerin, die von 1926–32 mit Glauser liiert war.
34 Katja Wulff war seit 1923 Leiterin einer Schule für Ausdruckstanz in Basel.
35 Wilhelm Reich, *Der triebhafte Charakter. Eine psychoanalytische Studie zur Pathologie des Ich,* Leipzig/Wien/Zürich, Internationaler Psychoanalytischer Verlag 1925.

Vereinbarung: Der Statthalter von Liestal wird nun den Tatbestand genau abklären, Glauser im Einverständnis mit dem A'd vorläufig in Haft behalten, Logisleute und Arbeitgeber benachrichtigen und sich hernach mit dem A wieder in Verbindung setzen in der Meinung, dass dieser dann allfällig zur Erörterung und Regelung der Sachlage noch persönlich nach Liestal kommt.
Schiller

5. März 1927, nachmittags.

Statthalteramt Liestal teilt telef. mit:
Nach dem Resultat der Untersuchung ist der Schaden, den *Glauser* mit dem Opiumdiebstahl angerichtet hat, nicht ganz genau zu bestimmen. Der betr. Apotheker ist aber bereit, seinen Schaden nicht höher als Frs. 20.- zu berechnen. Bis zu diesem Betrag ist nach Basellandschaftl. Strafgesetz Diebstahl Antragsdelikt. Der Apotheker erwartet allerdings Entschädigung. Die Untersuchungskosten, die ebenfalls zu decken wären, belaufen sich auf ca. Frs. 15.-. Fraglich ist lediglich noch, ob event. die Staatsanwaltschaft noch irgendwelche Folgen an das Delikt knüpft, weil es sich um die rechtswidrige Aneignung eines Betäubungsmittels handelt.
Der Statthalter wird nun Glauser heute Abend entlassen. Gl. kann bei Heinis weiter arbeiten und wird jedenfalls auch im Logis bei Vogt bleiben können.
Ein fatales Licht warf leider auf Gl. die Tatsache, dass dieser heute während der Einvernahme durch den Statthalter, als der Statthalter sich einen Moment entfernen musste, nochmals das Opiumfläschchen, das der Statthalter im Bücherschrank untergebracht hatte, ergriff und leerte.
Der Statthalter gewärtigt nun Bericht darüber, ob Vater Glauser den Schaden zu ersetzen bereit ist.
Schiller

103 FRIEDRICH GLAUSER AN MAX MÜLLER

Liestal, den 11. März 1927

Lieber Herr Doktor,
Um es gleich zu sagen: ich bin wieder in meine alte Manie zurückgefallen, und habe mir bei einem Apotheker widerrechtlich Opiumtinktur angeeignet. Ich verlangte jeweils ein Glas Wasser um ein Pulver einzunehmen, und trank währenddessen einen Schluck Tinktur. Dabei wurde ich einmal überrascht, arretiert. Der Statthalter, der als Untersuchungsperson funktionierte, (Rein heißt er und sagt, er kenne Sie) war sehr menschlich mit mir, bewog den Apotheker, die Strafklage zurückzuziehen (ich musste 20 frs. zahlen) und entließ mich schon am nächsten Tag. Nun rät mir mein Vormund eine Zeitlang nach Münsingen zu gehen um mein Gleichgewicht wiederzufinden. Ich sage Ihnen offen, daß es mir kaum möglich scheint mich allein zu entwöhnen, obwohl ich in der Dosis schon ziemlich herunter bin. Ich war auf etwa 20 g Tinktur im Tag gekommen, bin jetzt zwischen 7 u. 10. Was meinen Sie dazu. Wäre es möglich in Münsingen so viel zu arbeiten, daß ich meine Pension verdienen würde und doch etwas Zeit zum Schreiben finden würde? Wirklich kann ich mit gutem Gewissen behaupten, daß ich fähig bin alle Arbeiten zu verrichten. Könnten Sie Hrn. Brauchli den Vorschlag machen? Und dann schreiben Sie mir bitte, was Sie denken. Sie kennen mich ja gut genug, um zu wissen, was mir frommt. Ich selbst bin ziemlich ratlos und müde, auch verzweifelt.
Mit vielen Grüßen (auch für Frau Doktor) bin ich stets Ihr
Glauser

Die Kosten spielen natürlich eine große Rolle, ich möchte nicht gern der Gemeinde oder meinem Vater zur Last fallen. Meine Aufnahme müßte nichts mit der Behörde zu tun haben, denn ich habe große Angst wieder in Witzwil interniert zu werden. Bitte berücksichtigen Sie das auch.

Liestal, den 11. März 1927

Lieber Herr Doktor,

Um es gleich zu sagen: ich bin wieder in meine alte Manie zurückgefallen, und habe bei einem Apotheker widerrechtlich Opiumtinktur angeeignet. Ich verlangte jeweils ein Glas Wasser um ein Pulver einzunehmen, und trank währenddessen einen Schluck Tinktur. Dabei wurde ich einmal überrascht, arretiert. Der Statthalter, der als Untersuchungsperson funktionierte, (Rein heisst er und sagt er kenne Sie) war sehr menschlich mit mir, bewog den Apotheker die Strafklage zurückzuziehen (ich musste 20 fr zahlen) und entliess mich schon am nächsten Tag. Nun rät mir mein Vormund eine Zeitlang nach Münsingen zu gehen um mein Gleichgewicht wieder zu finden. Ich sage Ihnen offen, dass es mir kaum möglich scheint mich allein zu entwöhnen, obwohl ich in der Dosis schon ziemlich herunter bin. Ich war auf etwa 20 g Tinktur im Tag gekommen, bin jetzt zwischen 7 u 10. Was meinen Sie dazu. Wäre es möglich in Münsingen soviel zu arbeiten, dass ich meine Pension verdienen würde und doch etwas Zeit zum Schreiben finden würde. Wirklich kann ich mit gutem Gewissen behaupten, dass ich fähig bin alle Arbeiten zu verrichten. Könnten Sie H. Brauchli den Vorschlag machen? Und dann schreiben Sie mir bitte, was Sie denken. Sie kennen mich ja gut genug um zu wissen, was mir frommt. Ich selbst bin ziemlich ratlos und müde

Brief von Friedrich Glauser an Max Müller.
Liestal, 11. März 1927. → Dok. 103.

Münsingen le 26 Mai 1927

Mon cher papa,

Je suis heureux de t'annoncer une bonne nouvelle. J'ai trouvé une place ici à Münsingen, dans une pépinière, aux mêmes conditions qu'à Liestal. Si je n'ai pas répondu plus tôt à ta bonne lettre, c'est que je n'avais rien de bien gai à t'annoncer. Je travaille de 7 Heures du matin à midi, et de 1 h. à 5h½ , je vais chaque jour chez le Dr Müller qui me fait suivre un traitement psychique. C_est lui qui m'a conseillé de rester à Münsingen, justement pour suivre ce traitement. Tu as sans doute entendu parler de la psychanalyse ? C_est le traitement que je suis, mais on ne peut en fixer la durée. Pour le moment je reste ici et je suis content de pouvoir gagner ma vie. Ce qui m'ennuyait surtout, c'était d'être obligé de t'occasionner de nouveaux frais par mon séjour ici. C'est pour cela que j'ai tâché de l'écourter le plus possible, Il s'agit, selon M. Müller, de prendre le mal (ma tendance à prendre des narcotiques) à la racine. Et c'est ce traitement ce que fait.

J'ai beaucoup regretté que le paquet d'habits que tu m'as envoyé t'ait été retourné. Je n'y comprends rien, car mon hôtesse m'a fait suivre ma correspondance. Dès que je serai un peu moins éprouvé par le travail pé- -nible et ma cure, qui m'éreinte passablement, -tout en me faisant du bien -c'est difficile à expliquer. Je t'écrirai plus longuement. En tout cas, j'espère que tu tiendras ta promesse et que tu viendras me voir cet été

Embrasse maman de ma part et reçois les baisers affectueux
de ton fils   Frédi

Brief von Friedrich Glauser an seinen Vater Charles Glauser.
Münsingen, 26. Mai 1927. → Dok. 104.

FRIEDRICH GLAUSER AN CHARLES GLAUSER

Münsingen, den 26. Mai 1927

Mein lieber Papa,
Ich freue mich, Dir eine gute Nachricht zu überbringen. Ich habe hier in Münsingen zu den gleichen Bedingungen wie in Liestal in einer Baumschule eine Stelle gefunden. Wenn ich Deinen lieben Brief nicht früher beantwortet habe, so deshalb, weil ich Dir nichts besonders Erfreuliches mitzuteilen hatte. Ich arbeite von 7 Uhr morgens bis mittags und von 1 Uhr bis halb 6, ich gehe jeden Tag zu Dr. Müller, der mich einer psychischen Behandlung unterzieht. Er war es, der mir riet, in Münsingen zu bleiben, eben um diese Behandlung zu machen. Du hast zweifellos schon von der Psychoanalyse gehört? Das ist die Behandlung, die ich mache, aber man kann ihre Dauer nicht im voraus bestimmen.

Vorläufig bleibe ich also hier und bin froh, dass ich meinen Lebensunterhalt verdienen kann. Am meisten störte mich, dass ich Dir durch meinen Aufenthalt hier neue Kosten verursachen musste. Aus diesem Grund habe ich versucht, ihn soweit als möglich abzukürzen. Laut Herrn Müller geht es darum, das Übel (mein Bedürfnis nach Rauschmitteln) an der Wurzel zu packen. Und das geschieht bei dieser Behandlung.

Es hat mir sehr leid getan, dass das Paket mit den Kleidern, das Du mir geschickt hast, an Dich zurückgegangen ist. Ich verstehe das nicht, denn die Briefpost hat meine Gastwirtin mir nachgesandt. Sobald die schwere Arbeit und die Kur, die mir ziemlich zusetzt, obwohl sie mir guttut – es ist schwierig zu erklären –, mich nicht mehr so arg hernehmen, werde ich Dir ausführlicher schreiben. Auf jeden Fall hoffe ich, dass Du Dein Versprechen hältst und mich diesen Sommer besuchen kommst.

Ich lasse Mama herzlich umarmen und küsse Dich liebevoll.
Dein Sohn
Frédi

105 FRIEDRICH GLAUSER AN WALTER SCHILLER

Münsingen, 28. Juli 1927

Sehr geehrter Herr Doktor,
Es ist mir unmöglich mit meinem Lohn auszukommen. Bis jetzt habe ich stets zu Mittag von Milch u. Brot gelebt aber ich halte diese Kost körperlich nicht aus. In Liestal hatte ich wenigstens stets ein gutes Nachtessen. Aber hier werde ich auch des Abends sehr schlecht genährt, sodaß ich die Pension wahrscheinlich ändern müssen werde. Ich zähle Ihnen nachfolgend meine Ausgaben auf:

14 Tage Morgen- u. Nachtessen à 1,80	25,40
Zimmer für 14 Tage	12,50
Mittagessen für 14 Tage à 1,20	16,80
Krankenkasse (Monat 6,40)	3,20
Wäsche	5,-
	62,90

Ich verdiene alle 14 Tage etwa 65 frs. (Es fallen Stunden für die Analyse aus u. bei Regenwetter ist oft keine Arbeit.) Dr. Müller, dem ich meine Situation erklärt habe, hat mir geraten, Ihnen meine Situation auseinanderzusetzen. Auch meinem Vater habe ich über diese Sache geschrieben. Er hat mir zwar bei seinem Besuche 20.- frs. dagelassen, doch habe ich damit verschiedenes zahlen müssen. Auch war ich letzte Woche drei Tage krank (Bronchitis u. Angina) und habe, weil es Lungenaffection war, nichts von der Krankenkasse erhalten können. Übrigens habe ich auch nicht versucht, denn als Minimumdauer der Krankheit sind fünf Tage vorgesehen. Ich möchte Sie nun bitten, ob Sie mir monatlich nicht 25.- frs. zukommen lassen könnten. Dr. Müller wird Ihnen meine Aussagen bestätigen. Es ist mir jetzt, während der Dauer der Analyse, unmöglich, eine lukrativere Stelle zu suchen, da mein Aufenthalt in Münsingen notwendig ist. Ich wäre Ihnen dankbar, wenn Sie mir schon auf Ende dieses Monats eine Summe Geldes zukommen lassen könnten.
Ihrer Antwort entgegensehend, verbleibe ich mit den besten Grüßen
Ihr ergebener
Glauser

106 GESPRÄCH WALTER SCHILLER MIT MAX MÜLLER

30. Juli 1927

Dr. Müller, Irrenanstalt Münsingen, berichtet auf telefonische Anfrage, dass *Friedrich Glauser* immer noch in der Gärtnerei Dr. Jaggi[36] tätig sei. Den genauen Logisort kann Dr. Müller selber nicht angeben. Er bittet daher, alle für Glauser bestimmten Sendungen an ihn zu richten. Über den Erfolg der Behandlung kann sich Dr. Müller auch heute noch nicht eingehend äussern. Dagegen findet auch er, dass man Glauser angesichts seines wirklich allzu knappen Einkommens einen monatlichen Zuschuss von Frs. 25.– gewähren sollte. Dr. Müller würde den A'd benachrichtigen, sobald er inne würde, dass das Geld missbräuchlich verwendet wird.

Schiller

107 MAX MÜLLER AN WALTER SCHILLER

Münsingen, den 9. August 1927

Sehr geehrter Herr Doktor,
Ich bestätige Ihnen nachträglich noch den Empfang von frs. 25.– für *Friedrich Glauser* sowie Ihre Mitteilung, dass Herr Prof. Glauser gewillt ist, diesen Monatszuschuss von nun an regelmässig zu leisten. Was die Lebenshaltung Ihres Mündels anbetrifft, so möchte ich dem Patienten nicht allzuviel hineinreden. Es liegt u. a. im Ziel meiner Behandlung, ihn nach und nach daran zu gewöhnen, selbständig zu werden und aus *eigener Initiative* richtig für sich zu sorgen und namentlich auch von dem Gelde vernünftigen Gebrauch zu machen. Sie wissen aber auch, dass ich dadurch, dass der Patient täglich zu mir kommt, stets genau davon unterrichtet bin, was er treibt. Glauser hat denn auch schon von sich aus einen andern Kostort gesucht – er nimmt nun Frühstück und Abendessen in einem gutgeführten alkoholfreien Restaurant, wo er nur unwesentlich mehr zu bezahlen braucht als bisher. Über Mittag verköstigt er sich wie die andern Arbeiter mit Milch und Brot an der Arbeitsstelle. Er wird sich wahrscheinlich in der nächsten Zeit auch ein anderes Zimmer suchen. Ich glaube deshalb, dass Sie Herrn Prof. Glauser über diesen Punkt beruhigen können.

Mit vorzüglicher Hochachtung
Dr. Müller

[36] Ernst Jacky war Inhaber einer Gärtnerei und Baumschule in Münsingen, in der Glauser während seiner Psychoanalyse von April 1927 bis März 1928 arbeitete.

108 FRIEDRICH GLAUSER AN CHARLES GLAUSER

Münsingen, 27. Nov. 1927

Mein lieber Papa,
Ich danke Dir für Deinen lieben Brief. Ich hätte Dir postwendend geantwortet, aber es ist mir ein Holzsplitter ins Auge geraten, und ich konnte zehn Tage lang nicht arbeiten. Ich hatte ziemlich starke Augenschmerzen. Jetzt geht es besser.
Ich bin daran, für diesen Winter eine Stelle zu suchen. Wahrscheinlich wird mein Patron im Laufe des Dezembers mit der Arbeit aufhören. Ich hätte Dich gerne gefragt, ob ich während dieser erzwungenen Ferien zu Dir kommen könnte, aber es wäre eine zu lange Unterbrechung für die Behandlung. Wenn ich in Münsingen nichts finden kann, werde ich in der Zwischenzeit versuchen, eine angefangene Novelle fertigzuschreiben, und wenn es mir gelingt, sie unterzubringen, so werde ich trotz allem ein wenig verschnaufen können. Es ist wirklich ganz lieb von Dir, mich zu fragen, was ich mir zu Weihnachten wünsche. Ein wenig Geld würde mich freuen. Du weisst ja, dass ich jetzt nicht mehr so verschwenderisch bin wie früher, und wenn ich nach Basel fahren darf, so werde ich ganz froh sein, ein wenig Geld übrig zu haben. Wie du siehst ist es im Moment schwierig. Wenn ich von Münsingen weg könnte, so würde ich sicher anderswo Arbeit finden. Aber da ich nun einmal diese Behandlung angefangen habe und da sie mir enorm guttut, wäre es nicht gerade gescheit, sie abzubrechen. (Ich hätte nie gedacht, dass mein Charakter sich in diesem Ausmass – nicht oberflächlich, sondern tiefgreifend – verändern könnte.) Zum Beispiel das Bedürfnis nach Opium, das Bedürfnis zu stehlen, das mich so sehr quälte, nicht mehr zu spüren, dafür eine Art Aufkeimen von etwas, das einer Willenskraft ähnelt, das alles ist überaus angenehm, und da Hr. Müller mir bestätigt, dass meine übrigen Nöte, Ängste, Depressionen ebenfalls verschwinden werden, wenn ich genug Geduld aufbringe, sehe ich nicht ein, weshalb ich plötzlich aufhören sollte. Und ich denke, Du wirst mir zustimmen.
Als Entschädigung für den Unfall, den ich hatte, bekomme ich nur 70% meines Lohnes, mein Patron ist nur für diese Summe versichert. Deshalb schreibe ich Herrn Schiller, um ihn zu bitten, mir einen kleinen Zuschuss zu gewähren. Ich danke Dir für die 10 frs., die er mir für die Tassen und die Teekanne zukommen liess. Entschuldige, Papa, dass ich Dir ständig zur Last falle, aber das Leben

ist so teuer hier. Schau, ich verdiene etwa 130 bis 140 frs. im Monat. Herr Schiller schickt mir 35 frs. – Ich muss für Wäsche und Flicken bezahlen, dann zusätzliche Auslagen wie der Coiffeur, manchmal ein Bad, Portokosten. Du siehst, ich gebe nicht viel aus.

Aber ich hoffe ja, eine Stelle zu finden, die es unnötig macht, dass ich ständig Deine Güte beanspruchen muss. Himmel Herrgott, ich bin doch in einem Alter, in dem ich mich selbst durchbringen kann, und immerhin bin ich kein kompletter Idiot! Sicher werde ich auch noch den Durchbruch schaffen. Wenn es mir bisher nicht gelungen ist, so deshalb, weil ein grosser Teil meiner Kräfte von unnötigen Kämpfen aufgezehrt wurde, in denen ich schliesslich trotzdem unterlag. Du kannst es Dir vielleicht nicht vorstellen, aber mein Leben war nicht gerade lustig. Wenn ich jetzt imstande bin, ein klein wenig klarer zu sehen, so verdanke ich das bestimmt zunächst Herrn Müller und vor allem Dir, da Du es mir ermöglicht hast, mich dieser Behandlung zu unterziehen. Sobald wir einmal in Ruhe reden können, werde ich Dir die Grundlagen dieser Therapeutik ein wenig zu erklären versuchen. Ich habe mich zuerst auch lustig darüber gemacht, doch die Behandlungsresultate ringen mir grosse Anerkennung ab.

Danke, dass Du mir noch Wäsche schicken willst. Es ist recht kalt hier, es gibt zwar wenig Frost, doch der Nebel ist dicht und löst sich nur selten mittags auf.

Ich lasse Mama umarmen und hoffe, sie sei wieder völlig hergestellt. Ich beneide Dich ein wenig, dass Du so viel zu tun hast, mein Hirn explodiert manchmal fast vor Unterbeschäftigung. Ich habe langsam das Gefühl, dass die Handlangerrolle für meine Konstitution nicht völlig geeignet ist. Ich umarme Dich etc etc.
F. Glauser

109 GESPRÄCH WALTER SCHILLER MIT MAX MÜLLER

19. März 1928

Telefonische Besprechung mit Dr. Müller in Münsingen.
Herr Dr. Müller wird voraussichtlich im laufenden Monat nicht mehr nach Zürich kommen, hält aber auch eine Extrareise des Amtsvormundes nach Münsingen nicht für unbedingt erforderlich. Dr. Müller wird sich voraussichtlich in der zweiten Hälfte des Monats April einmal in Zürich zu einer Besprechung mit dem Amtsvormund

melden. Nach der Auffassung von Dr. Müller darf der Versuch, Glauser nach Basel ziehen zu lassen, gewagt werden. Interessen von Drittpersonen stehen keinerlei in Gefahr. Es könnte sich höchstens darum handeln, dass Glauser doch wieder ein Opfer seiner Morphiumsucht wird und sich allfällig auf unreelle Weise Narcotica zu verschaffen sucht.

Dr. Müller rät, der Amtsvormund möge sich vorläufig eher etwas reserviert verhalten und auch auf Nachfragen bei den neuen Meistersleuten und am Logisort noch verzichten.

Dr. Müller wird davon in Kenntnis gesetzt, dass ihm zu Handen von Friedrich Glauser in den nächsten Tagen Frs. 200.- überwiesen werden als Zuschuss für den Monat März, Reisegeld nach Basel, Zimmerzins in Basel für den Monat April und Unterhaltsgeld für die ersten 14 Tage, sowie Frs. 20.- für eine Kleiderreparatur.

Schiller

110 FRIEDRICH GLAUSER AN MAX MÜLLER

Basel, Güterstraße 219
15. April 1928

Lieber Herr Doktor,
Nur ein paar Worte um Ihnen meine Adresse mitzuteilen und Sie zu bitten, mir das Ball-Buch[37] zu schicken, einmal, bei Gelegenheit. Trix braucht es nicht gleich. Es war ziemlich schwer die ersten zwei Wochen, und ich war manchmal daran, Ihnen zu schreiben. Aber jetzt fängt es ein wenig an sich zu klären. Auch bei der Arbeit hatte ich Schwierigkeiten. Wackernagel[38] ist an Arbeiter gewöhnt, die auch selbständig schaffen können, und da ich das nicht wußte, so behielt ich meine Einstellung von Jacky bei, was ihn ein wenig irritiert hat. Aber auch da geht es jetzt. Er hat mir ohne weiteres eine Lohnerhöhung bewilligt (1,20 statt 1,10), früher hätte ich mich ja nie getraut, dies zu verlangen, aber es ging auch da plötzlich. Wissen Sie, ich möchte Ihnen ja eigentlich gern sehr viel erzählen, von den Änderungen, die ich als ganz selbstverständlich empfinde und die mir doch neu sind. Sicherheit, dann sonderbarerweise kein Rückfall ins Opium (das hat mich am meisten gewundert). Am schwierigsten sind die Nächte. Am Tag geht es gut mit Trix. Aber ich denke auch das wird sich mit der Zeit geben. Es braucht für uns beide eine gewisse Anpassungsfrist. Was mich noch sehr stört ist der Gedanke bei jeder «Ent-

37 Vermutlich Hugo Ball, *Die Flucht aus der Zeit*, München/Leipzig, Duncker & Humblot 1927.
38 Rudolf Wackernagel, in dessen Gärtnerei in Riehen bei Basel Glauser seit dem 1. April 1928 als Hilfsgärtner angestellt war.

scheidung», was Sie dazu sagen würden. Auch die sonderbare Leere, die die erste Woche da war, erst in der zweiten als Fehlen der Stunde bewußt wurde. Aber ich habe wirklich den Eindruck (Überzeugung will ich nicht sagen) daß es gehen wird. Nur hatten Sie recht, was ich nicht glauben wollte, daß die Lösung vom Analytiker wirklich das schwierigste ist.

Wollen Sie bitte Frau Doktor recht herzlich von mir grüßen.

Sehr Ihr

Glauser

111 FRIEDRICH GLAUSER AN CHARLES GLAUSER

Basel, den 10. Juni 1928

Mein lieber Papa,

Danke für Deinen letzten Brief, in dem Du mir mitteilst, dass Du den ganzen Fall Herrn Schiller übergeben hast. Dieser kam am Freitag zu mir, und ich denke, er wird Dir von seinem Besuch Bericht erstatten. Er wird Dir auch die Nachricht überbringen, dass ich mit Frl. Gutekunst zusammenlebe; Herr Müller hatte ihm dieses Detail bereits mitgeteilt. Wenn ich Dich nicht darüber informiert habe, dann aus verschiedenen Gründen: wegen der von dir geäusserten Befürchtung, dass du den Unterhalt eines «vermeintlichen» Kindes bestreiten müsstest, von meiner Seite wegen der Befürchtung, Du könntest die Eltern meiner Freundin benachrichtigen. Manchmal ist es schwer, Dir Vertrauen zu schenken, ich sage das ohne Bitterkeit und ohne Dir Vorwürfe machen zu wollen. Aber ich denke, unter diesen Umständen wirst Du auf jegliche Einmischung verzichten. Wenn es nur um mich ginge, wäre mir Deine Einmischung ziemlich gleichgültig, aber es geht um eine Person, die mir eigentlich ein grosses Opfer gebracht hat, und ich möchte ihr nicht noch zusätzlich Ärger mit ihrer Familie aufhalsen. In der Situation, in der ich mich befinde, kann ich die jetzige Situation nicht durch eine Heirat regeln, ich stehe unter Vormundschaft und verdiene nicht genug, um den Lebensunterhalt einer Familie zu bestreiten. Es blieb also nur die jetzige Lösung übrig. Du brauchst auch nicht zu befürchten, dass Du Grossvater wirst, und wenn dies passieren würde, so wärst Du sicher der letzte, den wir um Hilfe bitten würden. Also, mach Dir diesbezüglich keine Sorgen –

Ich habe die erhoffte Stelle in der chemischen Fabrik nicht bekommen, dank den Auskünften von Herrn Blanget[39]. Richte ihm meinen Dank aus. Ich werde Dich künftig nicht mehr als Referenz angeben, wenn ich eine Stelle in Aussicht habe. Denn ich kann mir kein besseres Mittel vorstellen, sie nicht zu bekommen. Ich habe Herrn Blangets Brief gesehen, und die Auskünfte, die er darin über mich erteilt, kann er nur von Dir erhalten haben. Vergeblich habe ich versucht, die Motive für einen solchen Brief zu verstehen; er hat mir auch an meiner jetzigen Stelle sehr geschadet, denn alle diese Leute kennen sich gegenseitig und reden viel zu viel. Vielleicht verstehst Du jetzt auch mein langes Schweigen. Ich versuche, nicht mehr in meine früheren Fehler zu verfallen, aber ich bin schmerzlich überrascht, wie wenig Hilfe ich von Dir erwarten kann. Ich spreche nicht von materieller Unterstützung. Du weisst sehr gut, dass ich Dir zutiefst dankbar bin für alles, was Du in den letzten Jahren für mich getan hast. Aber dass ich an Dir keinen moralischen Halt habe, dass Du die Fehler, die ich begangen habe, nicht vergessen kannst, obwohl ich sie so schwer gebüsst habe, das bereitet mir grossen Schmerz und macht mich traurig. Wenn Du immer noch an mir zweifelst, könntest Du die Zweifel dann nicht für Dich behalten? Ich gehe auch nicht hin und erzähle zu meiner Entschuldigung, was für eine Kindheit ich hatte, und ich erzähle auch nicht, dass ich in der Legion war, weil Du mich hingeschickt hast. Ich finde, diese Dinge müssen einmal ausgesprochen sein. Ich sage das nicht, um Dich anzuklagen, sondern um die Fakten auf den Tisch zu legen.

Ich umarme Dich und Mama recht herzlich und verbleibe Dein Dich liebender Sohn
Frédy

112 FRIEDRICH GLAUSER AN MAX MÜLLER

Basel, Güterstrasse 219
6. August 1928

Lieber Herr Doktor,
Ich habe Ihnen so lange nicht geschrieben, weil ich noch nicht so recht im Reinen mit mir war. Ich wage nämlich jetzt einen Versuch und hoffe, dass er mir gelingen wird. Während unserer Ferien am Bodensee habe ich wieder anfangen können zu schreiben. Eine Novelle habe ich fertig gemacht und einen Roman über die Legion[40]

---

39 Nicht ermittelt.
40 Die Erzählung *Die Hexe von Endor* und der Roman *Gourrama*.

begonnen. Ausserdem habe ich noch zwei kleinere Skizzen[41] fertig geschrieben. Die beiden ersten Sachen schicke ich Ihnen hier mit. Ich habe die Novelle mit einer Skizze an Korrodi geschickt, hier bin ich durch den Dr. Bodmer, von dem ich Ihnen gesprochen habe, an den Lokalredakteur der «National-Zeitung» empfohlen worden, der mir Vortragsreferate in Aussicht gestellt hat und mich dem Feuilletonredakteur[42] vorstellen will. Diese Möglichkeiten, sie sind, ich weiss es wohl, sehr klein, aber sie lassen sich vielleicht doch ausbauen, haben mich bestimmt zu versuchen ob ich mich nicht eine Zeitlang auf diese Weise durchschlagen kann. Vor allem habe ich grosse Lust, den Legionsroman fertig zu machen. Stoff habe ich genug. Nun möchte ich gern wissen, wie Sie sich zu dieser Sache stellen, denn ich brauche notwendig Ihre Hilfe. Bis jetzt habe ich mit Trix zusammen gewirtschaftet, aber ich kann ihr dies auf die Dauer nicht zumuten. Ich brauche etwa noch einen Monat Zeit um an diesem Roman weiterzuarbeiten. Mein Zimmer ist bezahlt, aber ich brauche Geld zum Leben. An Dr. Schiller will ich mich nicht wenden. Nun dachte ich, dass Sie mir vielleicht aushelfen würden. Als Sicherheit kann ich Ihnen die Novelle vom «Bund»[43] geben, die ja sicher angenommen ist. Ausserdem habe ich mich bei Dr. Korrodi erkundigt. Es scheint in Zürich eine Werkbeleihungsstelle zu [geben], die auf halbvollendete Werke Vorschuss gewährt[44] um Mittellosen die Möglichkeit zu geben etwas zu beenden. Da warte ich auch auf Antwort. Wenn das ginge und ich diesen Winter sorgenfrei leben könnte, so würde ich an der Labanschule[45] einen Kurs für Bewegung mitmachen und zu gleicher Zeit dort einen Versuch mit Sprechchören machen. Diese Verbindung von Sprache und Bewegung scheint mir Zukunftsmöglichkeiten zu haben. Aber ich müsste zuerst auch eine gewisse Grundlage haben. Wenn dies mit Zürich fehlschlägt, werde ich eben wieder eine Handlangerarbeit suchen müssen. Aber Sie werden begreifen, wie sehr ich danach strebe, aus dieser Situation herauszukommen.

Von Ihnen möchte ich gerne wissen:
Ob Sie finden, dass es sich lohnt, die Legionsgeschichte weiterzuschreiben, ob Sie sie überhaupt in diesem Ton für druckfähig halten.
Ob Sie mir etwa 80 frs. auf meine Novelle leihen können.
Was Sie überhaupt von meinen Plänen halten.
Trix fährt nach Bern, morgen, und möchte Sie gern Mittwoch oder Donnerstag nachmittag besuchen. Da sie nicht sicher ist um welche Stunde sie Sie telephonisch erreichen kann, bittet sie, ihr einmal an Zähr. 50 86 gegen 9 h morgens anzuläuten und die Stunde zu be-

41 Titel nicht ermittelbar.
42 Otto Kleiber (1883 bis 1969), Journalist, von 1919–54 Literaturredakteur der *National-Zeitung* Basel.
43 Eventuell *Die Begegnung*. Der Text erschien jedoch nicht im *Bund,* denn aus einem späteren Brief von Glauser geht hervor, dass der Redakteur Hugo Marti seine anfängliche Zusage rückgängig machte.
44 Der Schweizerische Schriftstellerverein richtete 1921 die Werkbeleihungskasse (WBK) ein, die Vorschüsse zur Fertigstellung eines Werkes gewährte.
45 Die Labanschule für Bewegungskunst in Zürich wurde 1915 von Rudolf von Laban (1879–1958) gegründet und bot ein breites Kursangebot in den Bereichen Wort (Schauspiel- und Sprechvortrag), Ton (Gesang- und Instrumentalmusik), Form (Kunstgewerbe) und Tanz. 1918 übernahm Suzanne Perrottet die Schule.

stimmen, die Ihnen passt. Sie wird Ihnen dann, noch besser als ich schriftlich, die nötigen Erklärungen geben können.

Bevor ich meine Pläne Dr. Schiller mitteile, warte ich Ihre Antwort ab. Mit vielen herzlichen Grüssen verbleibe ich
Ihr
Glauser

Herzl. Grüße auch an Ihre Frau.

113 GESPRÄCH WALTER SCHILLER MIT FRIEDRICH GLAUSER

5. Nov. 1928

Es erscheint Friedrich Glauser, Güterstr. 219, Basel
und berichtet folgendes:
«Ich habe heute eine angenehme Mitteilung zu machen: Ich erhielt von der Werkbeleihungsstelle des Schweiz. Schriftstellervereins für einen begonnenen Roman für die Fremdenlegion einen Betrag von Frs. 1500.- zugesprochen. Eine erste Rate von Frs. 500.- wurde mir bereits ausbezahlt. Weitere Frs. 500.- werde ich voraussichtlich zu Weihnachten erhalten, wenn der Roman wieder ein Stück weiter gediehen ist, die restlichen Frs. 500.- dann nach Beendigung des Romans. Ich werde dafür besorgt sein, dass der Roman zunächst in einer Zeitschrift erscheint und dann von einem Verlag übernommen wird.

Da ich nun an der Fortsetzung des Werkes arbeiten muss, habe ich meine Stelle bei Gärtner Müller, St. Albanring 183, am 29. Oktober 1928 vorläufig bis zu Ende des laufenden Monats aufgegeben. Wenn ich mir von der Summe von Frs. 1500.- etwa Frs. 600.- ersparen kann, so beabsichtige ich, eine Gartenbauschule zu besuchen, da ich doch gesonnen bin, mich nicht ganz der Schriftstellerei zu widmen, sondern daneben noch zu einem Beruf mich auszubilden.

Für mein jetziges Zimmer, Güterstr. 219, II. St. Vorderhaus, bezahle ich Frs. 30.- per Monat. Morgen- und Mittagessen besorge ich mir selbst, das Nachtessen nehme ich meist im alkoholfreien Restaurant ein.

Ich möchte die Militärsteuer für das laufende Jahr im Betrag von Frs. 27.- selber bezahlen, und übergebe daher dem A/d diesen Betrag.

Ich war auf Besuch bei Frl. Gutekunst in Winterthur und reise nun wieder nach Basel zurück.»

Dr. Walter Schiller

114 GESPRÄCH WALTER SCHILLER MIT FRIEDRICH GLAUSER

20. März 1929

Es erscheint Friedrich Glauser, Obere Kirchgasse 20, Winterthur. Er berichtet, dass er nun seinen Roman abgeliefert hat und in einigen Tagen die Schlussrate von Frs. 500.– in Empfang nehmen könne.

Auf 1. April 1929 will er wieder eine Stelle als Hülfsgärtner annehmen bei Ninck, Neuwiesenstr. 11, Winterthur.[46] Herr Ninck, Sohn des Dr. Ninck, fängt eine Gärtnerei an. Glauser hat von seinem Vorleben seinem künftigen Arbeitgeber nichts gesagt und bittet den Amtsvormund auch seinerseits um Diskretion.

Mit Dr. Müller in Münsingen unterhält Glauser immer noch Fühlung. Er ist gerade jetzt für einige Tage zu ihm zu Besuch eingeladen und bittet noch um einen Vorschuss von Frs. 20.–, den er in kürzester Zeit wieder zurückerstatten wird. Bewilligt.

Frl. Gutekunst hat ebenfalls Obere Kirchgasse 20 ihr Logis, aber in einem andern Stock.

Dr. Walter Schiller

115 FRIEDRICH GLAUSER AN MAX MÜLLER

Winterthur, 12. Mai 1929.

Lieber Herr Doktor,
ich wollte Ihnen schon ein paar Mal schreiben, habe auch einmal einen Brief geschrieben, aber dann nicht abgeschickt, weil er falsch und unwahr war. Auch war ich mit der ganzen Opiumgeschichte[47] schwer beschäftigt, und wollte warten, bis ich Ihnen etwas erfreuliches mitteilen konnte. Die andere Einstellung, die bis jetzt einfach nicht da war, ist nun doch endlich erfolgt, und ich habe die letzte Woche wirklich drei Tage aussetzen können, und ich denke, dass es jetzt weiter gehen wird. Natürlich ist es nicht ohne Katastrophe abge-

46 Glauser arbeitete von April bis Ende 1929 als Hilfsgärtner in der Gärtnerei von Kurt Ninck in Winterthur.
47 Glauser lebte seit Dezember 1928 bei Beatrix Gutekunst in Winterthur. Dort begann er wieder regelmässig Opium zu nehmen und wurde, wie er in diesem Brief erzählt, bei einer Rezeptfälschung ertappt.

gangen, vor etwa drei Wochen bin ich hier in Winterthur mit einem falschen Rezept erwischt worden, aber noch am gleichen Nachmittag entlassen worden. Seither habe ich von der ganzen Geschichte nichts mehr gehört. Es wurden nur meine Personalien aufgenommen, ich kam auch gar nicht vor den Kommissar oder Untersuchungsrichter, die ganze Angelegenheit wurde von einem Kantonspolizisten erledigt, der mich dann auch entlassen hat. Er sagte mir zum Schluss, es würde wahrscheinlich nur eine Busse geben. Angst habe ich ja ziemlich ausgestanden, aber es war doch anders als früher, ich habe doch noch Geistesgegenwart bewahren können, und bin nicht ganz zusammengeklappt, obwohl ich etwa anderthalb Stunden eingesperrt war. Nach dieser Sache hat sich die Sucht eine Woche lang gesteigert, ich bin auswärts holen gegangen, aber nun ist sie wirklich am Abflauen, und ich hoffe, die nächste Woche definitiv herauszukommen. Ich sage das nicht als Phrase, sondern weil es mir wirklich möglich erscheint. Ich bin nämlich auf den Standpunkt gekommen, dass ich es nicht tue um jemanden damit zu erfreuen, es für jemanden zu tun oder aus Angst sondern weil die Notwendigkeit nicht mehr da ist und ich es als Hemmung für mich empfinde. Verstehen Sie? Schiller habe ich von der Sache nichts geschrieben, ich wollte warten was für Beschlüsse hier kommen würden, und da nichts gekommen ist, wird wohl, so hoffe ich, die Sache ohne ihn zu erledigen sein.

Finanziell ging es uns so schlecht, dass ich doch meinen Vater um ein Darlehen angehen musste; ich habe es auch unter dieser Form getan, und er hat mir ohne weiteres dreihundert Franken zur Verfügung gestellt. Das hat für das Nötigste gelangt. Trix konnte nicht an ihre Eltern schreiben, es waren zu komplizierte Verhältnisse und es hätte arge Unannehmlichkeiten gegeben.

Das Manuskript[48] habe ich an die Adresse geschickt, die Sie mir angegeben haben, doch bis jetzt ist keine Antwort gekommen. Ich habe mich bis jetzt auch nicht hinter die Abschrift machen können, ich habe direkt Angst, das Manuskript wieder durchzulesen, aus Furcht, es zu schlecht zu finden. Aber vielleicht ist es ganz gut es ein wenig liegen zu lassen, vielleicht finde ich dann die nötige Distanz dazu.

Rosenbaum[49] hat mir sehr nett geschrieben, er war mit Arbeit überhäuft und konnte die Geschichte bis jetzt nicht in Gang bringen. Er schreibt, die Rückfälle seien ihm gleich, denn er hege die Überzeugung, dass ich doch einmal meinen Weg finden würde. Nun dies glaube ich ja auch. Übrigens nimmt das Projekt, eine Gartenbauschule zu besuchen innerlich mehr Form an, so dass ich darauf bezügliche

48 Der Fremdenlegionsroman *Gourrama,* an dem Glauser seit 1928 arbeitete.
49 Wladimir Rosenbaum (1894–1984), Anwalt und ab 1938 Antiquar und Kunsthändler in Ascona. Ehemaliger Mitschüler von Glauser im Internat Glarisegg. Rosenbaum unterstützte Glauser 1928/29 beim Versuch, von der Entmündigung freizukommen und bot sich selber als Vormund an. Glausers Rezeptfälschung liess das Vorhaben scheitern.

Anfragen bald vor mir selbst werde verantworten können. Das Finanzielle werde ich wohl auch mit meinem Vater regeln können.

Letzten Sonntag war ich in Basel und habe viel mit Dr. Probst[50] gesprochen. Ausserdem hatte die Labanschule eine Matinee im Stadttheater, die viel Erfolg aber schlechte Kritiken gehabt hat. Trix hat hier mit dem Festspiel[51] von dem ich Ihnen erzählte viel zu tun. In meiner Gärtnerstelle geht es noch immer gut, mein Patron war vierzehn Tage im Militärdienst, jetzt ist er wieder zurück, und ich habe wirklich den Eindruck, dass er mich gern mag. Das ist wohl die Hauptsache. Ich lerne dabei ziemlich wenig bis jetzt, da er den Betrieb in seiner eigenen Gärtnerei noch nicht begonnen hat. Schreiben Sie mir doch bitte ein paar Worte wie Sie über die Katastrophe denken und ob Sie meinen, dass ich doch Schiller davon benachrichtigen soll. Ich tue es nicht gerne, weiss auch nicht, ob es viel Sinn hat, jetzt wo das Ganze eingeschlafen zu sein scheint.

Bitte grüssen Sie Ihre Frau recht herzlich von mir.
Mit herzlichen Grüssen Ihr
Glauser

Herzliche Grüsse an Sie und Frau Müller
Trix Gutekunst

116 BEATRIX GUTEKUNST UND FRIEDRICH GLAUSER
AN MAX MÜLLER

Winterthur, 20. Juli

Lieber Herr Doctor,
Claus hat gegenwärtig schwere Arbeit zu machen und ist so müde, dass er mich gebeten hat, an Sie zu schreiben. Wir haben nun letzten Dienstag eine Vorladung wegen der gefälschten Rezepte bekommen und dummerweise bin ich auch in die Sache hineingezogen worden, da ich auch einmal auf falsches Rezept geholt habe. Das schlimme ist, dass es sich um Vergehen gegen ein Bundesgesetz handelt, die Sache also durch den Bundesrat und womöglich noch in einer öffentl. Gerichtssitzung verhandelt wird. – Zufällig war der Bezirksanwalt Dr. Huber, der die Sache hier unter sich hat, ein guter Bekannter meines Onkels. Würde es sich um ein kantonales Gesetz handeln, so könnte er die Sache einfach unter den Tisch wischen; so wie der Fall

50 Ernst Probst (1894 bis 1980), Studium der Psychologie, Philosophie und Germanistik in Bern, seit 1928 Schulpsychologe in Basel. Max Müller kontaktierte ihn am 20. August 1928 brieflich wegen einer möglichen Buchhändlerlehre für Glauser.
51 Beatrix Gutekunst war als Tänzerin am Chorspiel *Bunte Messe* (Text: Erwin Brüllmann, Musik: F. Riggli) beteiligt, das am Kantonalen Musikfest am 13./14. Juli 1929 in Winterthur zur Aufführung kam.

jetzt eben ist, geht das nicht; doch versprach er sein möglichstes zu tun, um zu verhindern dass es zu einer Gerichtsverhandlung kommt. Sowieso steht es bei ihm, die Höhe der Strafe zu beantragen, so dass wir wohl hoffen können leidlich wegzukommen. Im übrigen ist er ein sehr unsympathischer Herr. Er geht nun in die Ferien und hat versprochen die Sache bis Ende August liegen zu lassen. Dann soll ich noch mal zu ihm gehen, um zu hören, was er sich überlegt hat, ehe er die Sache weiterleitet. – Wenn ich in Bern bin, möchte ich dann gerne einmal zu Ihnen kommen.

Sonst geht es so-la-la, wir sind beide ziemlich müde und auf dem Hund sowieso. Claus muss unter einem Glasdach pickeln und ich habe seit 3 Wochen jeden Abend Probe. Sonntag ging die erste Aufführung über Erwarten gut vom Stapel, die Kritik verhält sich lobend und ich selber sehe, was alles anders sein müsste; aber Montag ist ja der ganze Rummel vorbei.

Frau Müller und die Kinder lasse ich vielmals grüssen.
Herzlich Ihre
Trix Gutekunst

Sie werden mein Schweigen wohl verstehen, lieber Herr Doktor. Die Proben und die Gärtnerei, die Unmöglichkeit zu schreiben, die Vorladung und die Abstinenz, die ich doch durchführe, all das richtet eine große Verwirrung an und läßt eine Faulheit entstehen, die vielleicht doch nur Müdigkeit und kein klares Sehen was nun weiter kommen soll hinterläßt. Aber ich denke viel an Sie, träume furchtbare Dinge von Ihnen (Sie assistieren bei meiner Hinrichtung, oder Sie wollen mich vergiften) und aus diesen Träumen werden Sie vielleicht bessser als aus vagen Entschuldigungen mein Schweigen verstehen. Ich glaube die Lösung der Übertragung wird wohl noch oft periodenweise akut sein.

Herzl. Grüße v. Ihrem Glauser

Dr. Jucker[52] hat das Manuskript nicht gelesen. Er hatte Blinddarmentzündung.

[52] Nicht ermittelt.

117 FRIEDRICH GLAUSER AN MAX MÜLLER

Wülflingen, b/Gärtner Ninck
24. Juli 1929

Lieber Herr Doktor,
Endlich sollen Sie doch den versprochenen Brief bekommen. Sie müssen aber mein langes Schweigen entschuldigen, ich konnte einfach nicht kurz schreiben, es ist so notwendig, dass ich Ihnen ein wenig ausführlich schreibe, und das war bei dem Trubel der letzten Wochen einfach unmöglich.

Genau weiss ich eigentlich selbst nicht, was los ist, aber es scheint mir immer weniger gehen zu wollen. Durch die Entwöhnung ist eine innere Leere und Unzufriedenheit entstanden, die sich einfach nicht vertreiben lässt. Dazu eine ewig gereizte Stimmung, die mich mit jedermann, der mir nur ein wenig zu nahe tritt anbinden lässt, und mich weiter in Komplikationen treibt. Am letzten Abend des Festspiels habe ich glücklich noch mit dem Präsidenten des Komitees Krach bekommen, was für mich als auch für Trix unangenehm war, ich wurde von dem gesamten Komitee einem Verhör unterworfen, ein Polizeileutnant mischte sich noch hinein. Es war durchaus unerquicklich. Das würde aber nichts ausmachen, denn die Sache war objektiv betrachtet gar nicht wichtig, und ich hatte keine Worte gebraucht, für die man mich hätte belangen können. Schlimmer ist schon, dass ich eine ganze Woche einfach nicht über die Geschichte hinweg gekommen bin, dass ich ständig in einer Angst und Krisenstimmung lebe, unzufrieden bin und mich benachteiligt fühle. Sicher ist an dieser ganzen Minderwertigkeitsphase auch dieses Festspiel schuld, in dem Trix Erfolg hatte und ich mich in den Hintergrund gedrängt fühlte und eifrigst Eifersucht und Neid produzierte. Dazu kommt auch noch, dass ich nicht mehr recht weiss wodurch der Weg geht. Diese ganze Opiumgeschichte hat alles wieder aufgewärmt, die Möglichkeit einer Heirat und einer Aufhebung der Vormundschaft ist dadurch natürlich wieder in weite Ferne gerückt. Alles ist dunkel, ich verdiene nicht genug um davon leben zu können. Meinen Roman hab ich wieder durchgelesen, und bin trotz Ihrer Versicherung, er sei gut, enttäuscht, und halte ihn wirklich für eine mässige Dilettantenarbeit. Dies ohne um ein Kompliment angeln zu wollen. Ich müsste ihn sehr sehr durcharbeiten, damit er nicht auseinanderfasert, aber dazu interessiert er mich zu wenig, ich möchte neue Sachen schreiben, ich habe ein paar Pläne aber keine Zeit sie zu verwirklichen. Kurz es ist ein grosses Chaos und eine grosse Unzufriedenheit mit allem und jedem.

Die Gärtnerei scheint mir langweilig, ich habe die grösste Mühe mit meinem Meister nicht agressiv zu werden, obwohl er immer ziemlich freundlich mit mir ist. Nur gibt es jetzt nur langweilige Erdarbeit, bei der man nichts lernt, und die einen nur müde macht. Dann bin ich eifersüchtig auf Trix weil sie Ferien machen kann und ich nicht, und ich doch auch Ferien brauchen würde, ich finde alles ungerecht eingerichtet, und bringe doch nicht den Mut auf meine Situation zu verbessern, und schäme mich auch gleichzeitig, dass ich über diese Eifersüchteleien nicht hinwegkomme. Froh bin ich einzig dass ich den Anlauf genommen habe um an Sie zu schreiben. Dies wird wohl einiges klären. Es ist doch immerhin ein Unterschied, ob man etwas nur gedanklich feststellt, oder ob man es einmal versucht zu formulieren. Ihren Brief an Trix habe ich noch gelesen, auch darauf muss ich Ihnen antworten. Nein, ich habe bisher Schiller noch nicht benachrichtigt. Ich verschiebe es immer wieder, weiss, dass es falsch ist, aber das hilft nicht viel. Aber ich denke, dass ich diese Woche ihm noch Bericht senden werde und ihn um eine Unterredung bitten. Mündlich wird dies wohl leichter zu erledigen sein als schriftlich.

Trotz all dieser Unannehmlichkeiten, habe ich doch eine Novelle[53] beendet. Ich bin jetzt am Abschreiben und Überarbeiten. Sobald sie so weit ist, schicke ich sie Ihnen. Vielleicht finden Sie einen kleinen Fortschritt.

Irgendwo ist zu all diesem natürlich noch ein Protest gegen Sie vorhanden, aber der ist so verschleiert, dass ich ihn kaum zu fassen bekomme. Denn bewusst gelingt es mir nie, Ihnen Vorwürfe zu machen, oder mich in eine Hasseinstellung hineinzusteigern. Aber dass da irgend etwas rumort, merke ich an Träumen und an der grossen Schwierigkeit Ihnen zu schreiben. Ich will es irgendwo nicht wahr haben, dass durch die Analyse etwas geändert ist, dass es mir nicht mehr gelingt, mit tiefgründiger Überzeugung eine Katastrophe zu inszenieren, und dann befriedigt im Gefängnis oder im Irrenhaus die Hände in den Schoss zu legen und mich als Märtyrer zu fühlen. Das ist wohl auch der Grund für die sonderbare Spannung und Missstimmung, die nicht so recht weichen will. Denn eigentlich wäre ja jetzt eine Katastrophe fällig, aber «es» will nicht mehr recht funktionieren. Und ich sehne mich trotzdem nach Witzwil oder nach Münsingen, nach Verantwortungslosigkeit die sich hinter Ausruhbedürfnissen maskiert. Es ist sehr schwierig gegen eine gewisse Bequemlichkeit anzukämpfen, wenn so gar keine Belohnung für diesen Kampf sichtbar ist, oder erst in so weiter Zukunft, dass es kaum mehr wahr ist.

[53] Vielleicht die Erzählung *Der Besuch der Königin*, die Glauser Ende Februar begonnen hatte.

Nun habe ich genug geklagt, aber es hat gut getan. Ich möchte gern einmal mit Ihnen sprechen, aber ich weiss nicht wie das zu machen ist. Sie kommen wohl in nächster Zeit nicht nach Zürich?

Auf alle Fälle wünsche ich Ihnen, das Herz verzehrt von Neid, recht gute Ferien. Und viele Grüsse an Ihre Frau.

Sehr Ihr
Glauser

18 GESPRÄCH WALTER SCHILLER MIT FRIEDRICH GLAUSER

3. Okt. 1929

Es erscheint unaufgefordert Friedrich Glauser, Wülflingen-Winterthur. Glauser berichtet, dass er vom Freitag den 27. Sept. bis heute wegen Katarrhs arbeitsunfähig war und deshalb für diese Zeit keinen Lohn bekommt. Schulden besitzt er bis jetzt nur den Septemberzins von Frs. 15.–. Er bittet um eine nochmalige Handsteuer von Frs. 40.–, um bis Ende nächster Woche leben zu können.

Bewilligt.

Zwei Novellen werden im «Kleinen Bund» veröffentlicht lt. vorliegender schriftlicher Mitteilung der Redaktion, vorläufig allerdings nur die erste Novelle[54], für die Gl. auf ein Honorar von Frs. 75.– ca. rechnet.

Betr. Gartenbauschule findet Gl. selber, dass es jedenfalls richtiger ist, damit zuzuwarten, bis die Opiumgeschichte ihre Erledigung gefunden hat. Gl. rechnet deshalb erst mit dem Eintritt auf Frühjahr 1930 zwecks Absolvierung eines Jahreskurses. Er erhielt seiner Zeit von der Leitung der Gartenbauschule Oeschberg[55] den Bericht, dass er ausnahmsweise Aufnahme fände, trotzdem er keine besondere Lehre hinter sich hat. Die Anmeldung sollte immerhin sobald als möglich erfolgen und Gl. benötigt hiefür ein Leumundszeugnis.

Dr. Walter Schiller

---

54 D.i. *Die Hexe von Endor*.
55 Im März 1930 trat Glauser in die Gartenbauschule Oeschberg ein und absolvierte einen Jahreskurs in Gartenbaukunde, den er Ende Februar 1931 mit einem Diplom abschloss.

QUITTUNG

Gut für Fr. —.70

Von Herrn Friedrich Glauser

Franken siebenzig Rp.

Telefongespräch mit Anstalt Münsingen

empfangen zu haben, bescheinigt

ZÜRICH, den 10. Aug. 1929   R. Ringier

No. 20 - XII. 24 - 5000 D

Telephon Selnau 57.30   **Lebensmittelverein Zürich**   Bureaux: Militärstraße 8

Rechnung für **LVZ** Allg. Konsumgenossenschaft

AMTSVORMUNDSCHAFT DER STADT
ZÜRICH, BUREAU HERRN DR. SCHILLER,
ZÜRICH 1.

No. 7789
Fr. 4 50

Zürich, den 13. DEZ. 1929

Wir sandten Ihnen XXXXX AM 12. DS. AB UNSERER CIGARRENABTEILUNG: LT. MTTFOLG. GUTSCHEIN no. 40 für Friedrich Glauser

100	ST. CIGARETTEN	5 00	
	./. 10 % RABATT	0 50	4 50
		NETTO	

Zahlbar innert 30 Tagen ohne jeden Abzug.

Postcheck-Konto VIII 58   Bei Bezahlung bitte Rechnungs-No. angeben.

Wir anerkennen die Postquittung als rechtsgültig. Besondere Empfangsanzeigen werden daher nur auf Verlangen erteilt.

Quittungen für ein Telefongespräch von Glauser mit der Anstalt Münsingen und für Zigaretten. Zürich, 10. August und 13. Dezember 1929.

119 FRIEDRICH GLAUSER AN WALTER SCHILLER

Wülflingen, 8. November 1929

Lieber Herr Doktor,
Beiligend die quittierte Rechnung von Reichner[56]. Mit der gleichen Post geht ein Brief an meinen Vater ab, in dem ich mich für all seine Zuwendungen bedanke und in dem ich ihm auch mitteile, dass ich mich zwecks Erneuerung meiner Garderobe mit Ihnen in Verbindung gesetzt habe. Da soviel ich mich erinnere, Oeschberg auch ein Zeugnis über den abgeschlossenen Schulgang verlangt, habe ich an das Rektorat der Universität geschrieben die noch mein Maturitätszeugnis besitzt. Sobald ich dieses habe werde ich dann die vollzähligen Dokumente an Oeschberg schicken.

Mit freundlichen Grüssen und vielem Dank für Ihr Entgegenkommen Ihr
F. Glauser

120 FRIEDRICH GLAUSER AN MAX MÜLLER

Gärtnerei Ninck, Wülflingen, 13. Dez 29

Lieber Herr Doktor,
Vielen Dank für Ihren Brief. Ich bin nun von Basel schon längere Zeit zurück, und arbeite an meinem Roman weiter. Sie werden sich sehr wundern, wie er verändert ist, der ganze Anfang ist verändert, die Lösgeschichte[57] wird sehr zusammengestrichen, und ich gebe mir Mühe das Gesamtbild mit vielen kleinen Charakterskizzen zu erweitern. Manchmal glaube ich, dass er wirklich gut werden wird, und manchmal finde ich ihn sehr schlecht. Aber das ist immer so. Oeschberg hat meine Anmeldung angenommen, und wird mir die genauen Daten noch bekanntgeben.

Beiliegend sende ich Ihnen die Verfügung der Bezirksanwaltschaft.[58] Der Bezirksarzt hat mich einmal kurz vorgeladen und nur die Bestätigung der Daten, die Schiller und Sie ihm gegeben hatten verlangt. Darauf kam dann diese Verfügung. Nun halte ich es wirklich für besser, dass ich Januar und Februar nach Münsingen komme. Die ganze Geschichte nimmt mich so sehr her, dass ich in stetiger

---

[56] Die Rechnung befindet sich nicht bei den Akten. Gemeint sein könnte der Herbert Reichner Verlag, der eine Zweigstelle in Zürich besass.

[57] Lös ist der Protagonist in Glausers Legionsroman *Gourrama*.

[58] Die Verfügung der Bezirksanwaltschaft Winterthur vom 30. November 1929 stützte sich auf ein ärztliches Gutachten, das Glauser für geisteskrank und deshalb als unzurechnungsfähig erklärte. Die Bezirksanwaltschaft versuchte den Fall an die Justizdirektion weiterzugeben und eine dauerhafte Versorgung zu erreichen, weil «Glauser für die Mitmenschen eine Gefahr» bedeute. Das Bezirksgericht entschied jedoch am 21. Dezember 1929, den Fall nicht weiterzuleiten.

Angst vor Verhaftung schwebe. Und es wäre doch furchtbar dumm wenn es zum Schluss noch zu einer Katastrophe käme. Ein paar Mal war es schon so weit, und ich habe es nur der Güte der Fr. Dr. Huber[59] zu verdanken, dass es keine Folgen gehabt hat. Nun meint aber auch sie, es wäre besser, wenn ich freiwillig einige Zeit nach Münsingen gehe. Ich bin eben doch noch nicht kräftig genug, um allein eine vollständige Entwöhnung durchzuführen. Ich habe Schiller auch in diesem Sinne geschrieben, und da er damals einverstanden war, denke ich, dass er auch jetzt keinen Einwand erheben wird. Auch hat diese Verfügung mich schwer hergenommen. Es ist so viel Ungerechtigkeit darin und wissentliche Entstellung der Tatsachen, dass man wirklich von diesem Herrn alles erwarten kann. Ich denke aber, dass meine ständige Internierung doch nicht durchgesetzt werden könnte, wenn ich zur Zeit der Verhandlung schon interniert bin. Dann geht das doch die Leute nichts mehr an, und ich komme dann doch nicht mehr in den Kanton Zürich zurück, wenigstens lange Zeit nicht. Wollen Sie so gut sein, mir bald zu schreiben, wie Sie über die ganze Sache denken. Das ärztliche Zeugnis zur Aufnahme würde mir Fr. Dr. Huber gerne machen. Es wäre mir recht wenn diese Internierung bald vor sich ginge. Dann hätte ich die ganze Sache hinter mir. Ich bin ja eigentlich froh, dass ich trotz aller dieser Geschichten mit meinem Roman vorwärts komme.

Viele herzliche Grüsse auch an Ihre Frau von Ihrem
Glauser

121 FRIEDRICH GLAUSER AN WALTER SCHILLER

Münsingen,[60] Bern, 8. März 1930.

Lieber Herr Doktor,
Ich danke Ihnen für Ihren freundlichen Brief und die Zusendung des Geldes. Auch von Oeschberg habe ich ein Cirkular bekommen, das den Beginn der Kurse auf Montag den 17. März morgens 11 Uhr ansetzt.
　Auch mit meinem Roman[61] werde ich nun wahrscheinlich fertig werden. Nun handelt es sich um folgendes. Es ist mir fast unmöglich die Korrektur dieses Romanes allein vorzunehmen. Ich habe drei Abschriften davon fertig gestellt und möchte sie natürlich gerne

[59] Hedwig Huber (1891 bis 1966), eine der ersten praktizierenden Ärztinnen in Winterthur, die Glauser zeitweise auch finanziell half.
[60] Glauser führte von Januar bis März 1930 in der Psychiatrischen Anstalt Münsingen einen Opiumentzug durch.
[61] D. i. *Gourrama*.

sobald als möglich einem Verleger einsenden und auch dem Schriftstellerverein. Für mich hängt von einer Annahme des Romans wohl gerade soviel ab, wie von meinem Aufenthalt in Oeschberg. Allein ist es mir aber unmöglich, diese Korrektur vorzunehmen. Sie wissen wohl selbst gut genug, dass bei diesen Arbeiten in die man sich verbohrt hat, schliesslich jegliche Distanz völlig fehlt, und man ganz grosse Schnitzer einfach nicht mehr sieht, weil man zu sehr «drin» ist. Nun ist Fräulein Gutekunst der einzige Mensch, der von Anfang an an diesem Roman mitgearbeitet hat und daher auch meine Intentionen kennt. Darum erlaube ich mir, Sie anzufragen, ob Sie vielleicht doch einverstanden wären, wenn ich die letzten Tage vor Oeschberg, ich hatte an Mittwoch gedacht, in Winterthur verbringen würde, um diese Sache noch zu ordnen. Ich habe auch mit Dr. Müller über diese Sache gesprochen, und er hat mir geraten, mich an Sie zu wenden.

Auf alle Fälle möchte ich die Reise nicht hinter Ihrem Rücken und ohne Ihre Erlaubnis machen. Was das Pekuniäre betrifft, würde Frl. Gutekunst die Kosten dieser Reise tragen. Wir würden dann miteinander abrechnen, wenn ich den Zuschuss von der Werkbeleihungsk. erhalten würde. Sicher ist ja, und ich möchte dies auch noch betonen, dass es auch affektive Gründe sind, die mir diese Reise wünschenswert erscheinen lassen. Sie haben sich ja überzeugen können, dass die Bindung zwischen Frl. Gutekunst und mir doch so stark ist dass mir die Trennung von ihr schwer fällt.

Übrigens können Sie meinen Vater wegen der Gerichtskosten beruhigen. Frl. Gutekunst hat mir mitgeteilt, dass diese Angelegenheit von ihr geregelt worden ist.

Auch wegen Oeschberg brauchen Sie sich, glaube ich, keine Sorgen zu machen. Ich danke Ihnen für die Diskretion, die Sie mir versprochen haben, und ich bin sicher, dass Sie dieselbe nicht zu bereuen haben werden. Ich werde sowohl mit Ihnen als auch mit Dr. Müller immer in Kontakt bleiben und Sie beide auf dem Laufenden halten.

Ich glaube, dass es am einfachsten ist, wenn ich Ihnen am Montagnachmittag, zwischen 3 und 4 Uhr anläute, um Ihren Entschluss entgegenzunehmen. Sollte ich wider Erwarten bis Mittwoch nicht fertig werden, so würde ich bis Sonntag hier bleiben und dann direkt von hier nach Oeschberg fahren.

Inzwischen verbleibe ich mit freundlichen Grüssen
Ihr
Glauser

Oeschberg, den 18. Juli 1930

Lieber Herr Doktor,
Es ist zu langweilig, immer mit der gleichen Dankformel meine Briefe zu beginnen. Aber ich muss mich doch bei Ihnen für die schnelle Zusendung der 30 frs. bedanken. Ich habe sie wie folgt verwendet:

Ausflug	12,50
Pass	8,50
Hefte	2,–
Zeichenpapier	1,–
Farbenbleist.	3,– (für die verbrauchten andren)
Verschiedenes	2,–
	29,00

Die Ferien dauern also, wie ich sagte, vom 25. Juli bis Montag den 10. August, zu welch letztem Datum wir wieder in der Gartenbauschule sein müssen. Wie ist es nun mit diesen 200.– frs.? Wollen Sie mir dieselben bitte anfangs nächster Woche zukommen lassen? Ich werde so sparsam wie möglich damit umgehen, möchte Sie aber doch anfragen, ob ich ev. nach den Ferien noch auf eine kleinere Summe zur Deckung der laufenden Ausgaben zählen kann. Es kann auch sein, dass ich wieder eine Rate Kostgeld zu zahlen habe; ich wäre nun dankbar, wenn Sie mir mitteilen würden, wieviel Deckung Sie noch bis Ende September haben, damit ich mich danach einrichten kann. Ich hoffe ja sehr, irgendetwas in den Ferien zu beendigen, aber auch wenn es vom «Bund» angenommen würde, würde immerhin noch eine Zeit vergehen, bis ich das Geld in Händen hätte.

In dieser Beziehung Sicherheit zu haben wäre mir auch angenehm da ich mich dann mit Frl. Gutekunst auch über das Finanzielle besser verständigen könnte.

Letzten Sonntag habe ich Dr. Müller wieder in Münsingen besucht. Da ich kein Geld für die Reise hatte, hat es mir Frl. Gutekunst vorgeschossen. Sie kam mir dann am Sonntag nach, sodass wir einen sehr angenehmen Tag zusammen mit Müllers verlebten. Frau Müller hatte gerade Geburtstag. Das Wetter war so schlecht dass ich hin und zurück von Burgdorf aus den Zug nehmen musste.

Auf die Ferien freue ich mich sehr. Wir gehen zusammen nach Südfrankreich, in ein kleines Fischernest, Collioure heisst es, wo man sehr billig leben kann, sodass man mit dem Billigleben, (die Pension wird etwa 4 frs. pro Tag kosten), die ein wenig teure Reise herausschlägt. Ausserdem gibt es für diese kleinen Orte verbilligte Ferienbillette, wenn man sich verpflichtet mindestens 12 und nicht länger als 30 Tage zu blei[ben] und die Fahrt auf der Hin- wie auf der Rückreise nicht mehr als einmal zu unterbrechen. Wir hoffen beide sehr, dem scheusslichen Wetter hier entfliehen zu können.

Wenn ich das Geld etwa Dienstag haben könnte, wäre ich Ihnen dankbar. Es gibt immer so einiges zu regeln.

Mein Vater hat mir sehr lieb geschrieben, und mir gewünscht, ich solle mir schöne Ferien machen.

Wenn Sie in der nächsten Zeit Ferien nehmen, wünsche ich Ihnen dafür alles Gute.

Mit den freundlichsten Grüssen Ihr
Glauser

123 GRETHLEIN VERLAG[62] AN FRIEDRICH GLAUSER

Grethlein & Cie, Verlag, Zürich, Mythenstr. 17, Zürich-Enge.
Zürich, den 24. Oktober 1930

Betr. Aus einem kleinen Posten.

Sehr geehrter Herr Glauser!
Der uns geschäftlich befreundete Herr Marcel Fleischmann[63], Zürich, hatte die grosse Freundlichkeit, uns das Manuskript Ihres Buches «Aus einem kleinen Posten» zu übersenden, das wir inzwischen mit grossem Interesse gelesen haben.

Wir gestehen gerne, dass es sich um eine anerkennenswerte Leistung handelt, und wir wären froh, wenn alle aus der Schweiz eingereichten Manuskripte eine so ursprünglich dichterische Anlage und Begabung aufwiesen.

Trotz unseres Lobes können wir Ihnen aber im Augenblick nicht sagen, wie wir uns zur Drucklegung stellen, denn einerseits ist unser Programm für diesen Winter abgeschlossen und anderseits ist die Wirtschaftslage des deutschsprachigen Büchermarktes eine derart katastrophale, dass die schönsten Bücher kaum noch Käufer finden. Es liegt dies an zahlreichen Umständen, die aufzuführen wir uns hier ersparen.

Vielleicht aber dürfen wir mit Ihnen wegen des Manuskriptes in

62 Der Grethlein Verlag hatte in den 1920er-Jahren mehrere Schweizer Autoren im Programm. Glausers Legionsroman *Gourrama* wurde zwar geprüft, schlussendlich aber nicht in das Verlagsprogramm aufgenommen.
63 Marcel Fleischmann (1891–1984), Kunstsammler in Zürich.

der nächsten Zeit noch in Fühlung bleiben, denn eine Herausgabe für Weihnachten ist ohnedies zu spät und es könnte eine Herausgabe überhaupt erst im Frühjahr stattfinden.

Wir lassen das Manuskript im Paket an Sie zurückfolgen und fügen diesem Schreiben gleichzeitig den Extrakt der Urteile unseres Lese-Komittees bei. Sie wollen daraus ersehen, was bemängelt und was geliebt wird. Im grossen und ganzen bringen unsere Lektoren zum Ausdruck, dass das gesamte Opus gekürzt werden müsste, weil es sich dann in konzentrierter Form besser liest und weil dann die seelische Grundspannung des ganzen Buches stärker herauskommt. Schliesslich würde auch für den Fall einer Drucklegung der Herstellungspreis reduziert und damit natürlich auch der Ladenpreis, der für den Käuferpreis massgebend ist.

Es wird uns im Verlaufe der weitern Diskussion auch interessieren zu hören, ob Sie bereits früher Bücher veröffentlichen oder ob Sie in Zukunft noch Bücher zu schreiben gedenken, denn wir verlegen grundsätzlich nicht das einzelne Buch eines Autors. Wir nehmen einen Autor nur dann auf, wenn von ihm eine gewisse weitere Produktion erwartet werden kann.

In der Hoffnung, Ihnen mit diesen Ausführungen gedient zu haben, begrüssen wir Sie

Hochachtungsvoll
Grethlein & Cie,

Friedrich Glauser, Auf einem kleinen Posten. Roman,[64]
Wie schon der Untertitel zeigt, handelt es sich hierbei nicht um ein Erlebnisbuch wie bei Löhndorff[65], sondern um eine schriftstellerische Gestaltung des Fremdenlegionär-Stoffes. Sie ist geschrieben mit dichterischer Begabung und vor allen Dingen mit einer feinen und intensiven Einfühlung in das Seelische.

Dieser «Roman» ist ein ausführliches und interessantes Seelengemälde, er hat wenig äussere Handlung und so gut wie keine äussere Spannung. Infolgedessen ist es etwas mühsam, sich durch das lange ca. 400 Druckseiten umfassende Manuskript hindurchzuarbeiten.

Aber man wird dafür entschädigt durch die gute Charakteristik der Personen und die feinfühlige Darstellung der seelischen Erlebnisse.

Als deutsches Buch würde man sich wohl schwer entscheiden, es zu bringen. Als Schweizer Buch möchte ich es doch zur Diskussion

[64] Beigelegtes literarisches Gutachten des Grethlein Verlags. *Aus einem kleinen Posten* lautet der ursprüngliche Titel von Glausers Legionsroman *Gourrama*.
[65] Ernst Friedrich Löhndorff, *Afrika weint: Tagebuch eines Legionärs*, Leipzig, Grethlein Verlag 1930.

stellen, denn ich habe den Eindruck, dass das Buch sich leicht kürzen liesse und dass dadurch das Werk sehr gewinnen würde. Es würde dann eine feine und bisher wohl nicht vorhandene psychologische Untersuchung über die Fremdenlegion darstellen. Es ist erschütternder als Löhndorff, weil es die menschliche Tragödie dieser Männer von innen heraus entwickelt, den seelischen Verfall, die zerrüttende Monotonie des Daseins, die Öde der Landschaft, der Mangel an Arbeit und Tätigkeit und das Fehlen der Frauen mit sich bringt.

Es geht den Legionären in diesem Buche den Umständen entsprechend gut, sie haben zu essen und zu trinken, gutmütige Vorgesetzte, die Strafen sind milde, fast zu milde, und die Strapazen erträglich, und doch gehen diese Männer langsam zu Grunde. Sie erschlaffen, sie verfallen in sexuelle Perversität, sie machen Dummheiten, kleine Unterschlagungen etc., bis sich schliesslich bei einem geringfügigen äussern Anlass die gestauten Kräfte entladen in kurzer Rebellion und Aufruhr. Sie müssen Blut sehen, ein Tier wird zu Tode gequält, ein unbeliebter Korporal, ein Rassefremder, erschossen.

Die Quintessenz des Buches ist enthalten in der Antwort, die einer der Legionäre auf die Frage gibt, wie das eigentlich sei in der Legion, ob es wirklich so schlecht sei, wie man überall höre: «Schlecht? Nein, schlecht eigentlich nicht, bloss ungeheuer langweilig. Und eigentlich auch nicht langweilig. Überhaupt sei das schwer zu formulieren; die Legion sei eben die Legion. Eine bedrückende Atmosphäre, so ein seelisches Fieberklima. Und das mache das Leben dort so schwer, weil immer wieder in Versuchung komme, aus reiner Langeweile Dummheiten zu machen ... Ja und da ist die Compagnie attackiert worden, kommt ein wenig überreizt in den Posten zurück, der Capitaine gibt den Leuten ein paar Ruhetage, und aus lauter Langeweile fangen sie an zu revoltieren ...».

FRIEDRICH GLAUSER AN BRUNO GOETZ

Gartenbauschule Oeschberg,
Koppigen (Bern), den 26. Nov. 30[66]

Mein lieber Alter,
Du wirst es schmählich finden, daß ich so lange nichts habe von mir hören lassen, aber du weißt ja, wie es mit dem Briefeschreiben geht. Und du musst auch nicht böse sein u. es falsch verstehen, wenn ich dir jetzt schreibe, weil ich einen guten Rat und deine Hilfe brauche. Also höre: Ich habe den Legionsroman fertig, die Werkbeleihungskasse hat 1500.- frs. dafür gespendet, die aber schon lange fort sind. Nun habe ich probiert ihn anzubringen: bei Engelhorn, Orell u. Füssli, augenblicklich liegt er bei Grethlein.[67] Und überall hab ich Absagen bekommen. Wenn man keine Empfehlungen hat, so lesen es die Leute einfach nicht. Nun höre: darf ich dir ihn schicken, damit du dir ein Urteil bilden kannst u. mir dann vielleicht raten kannst, was ich unternehmen soll. Grethlein wird wohl nichts sein, denn er hat vor einem Jahre über das gleiche Thema einen Ich Roman herausgebracht. Das Manuskript, das ich dir schicken kann, ist nicht ganz durchkorrigiert, aber mit Schreibmaschine getippt. Du wirst es lesen können.
Ich bleibe bis Montag den 4. November in Winterthur, wo du mich unter folgender Adresse erreichen kannst:
F. G. b. Frl. B. Gutekunst Wiesenstraße 35
Winterthur.
Nachher bin ich wieder in der Gartenbauschule. Ich habe dies Martyrium auf mich genommen, weil ichs notwendig fand u. ich neben dem Schreiben Arbeit in frischer Luft brauche. Die richtige Verbindung der beiden habe ich aber bis jetzt noch nicht gefunden. Der «Bund» hat einiges von mir genommen, so Novellen. Wenn du mir sonst irgend einen günstigen Platz weißt zum Unterbringen wär ich dir dankbar. Zufällig habe ich einmal ein Diederichs Prospekt in die Hände gekriegt mit der Ankündigung deines neuen Buches?[68] Kannst dus mir mal schicken? Vielleicht kann ich dir eine Kritik im «Bund» machen. Auch bin ich neugierig ob du noch anderes geschrieben hast.
Grüß Lison herzlich von mir.
In treuer Freundschaft dein
Claus

Auch Trix lässt herzlich grüßen. Und grüß Rolly u. Grethlein[69] wenn du sie siehst.

---

66 Aus dem Inhalt geht hervor, dass Glauser den Brief Ende Oktober 1930 verfasste, als er einige Tage bei Beatrix Gutekunst in Winterthur verbrachte.
67 Der Engelhorn Verlag war ein in Stuttgart ansässiger Buchverlag, Orell Füssli in Zürich und der Grethlein Verlag in Leipzig und Zürich. Glauser brachte seinen Legionsroman *Gourrama* bei keinem der Verlage unter. Einzig ein Brief mit Gutachten des Grethlein Verlags ist erhalten.
→ Dok. 123.
68 Bruno Goetz, *Neuer Adel*, Darmstadt, Otto Reichl Verlag 1930. Im Diederichs Verlag, Jena, ist kein Buch von Bruno Goetz erschienen.
69 Robert Binswanger und Margarete Binswanger-Goetz, die Glauser noch von seinen Asconeser Tagen her kannte.

Kant. Schule für Obst- Gemüse- und
Gartenbau in Oeschberg-Koppigen.

Zeugnis für Friedrich Glauser, geb. 1896,
von Muri, Kt. Bern.

Sommersemester 1930.

Leistungen im Unterricht	Note
Obstbaumzucht	1
Zwergobstbau	1-2
Gemüsebau	1-2
Pflanzenvermehrung	1-2
Pflanzenkultur	1
Pflanzenzüchtung	1
Chemie	1
Bodenkunde	1
Düngerlehre	1
Pflanzenschutz	1
Spezielle Botanik	1
Gehölzkunde	1-2
Pflanzenanatomie	1
Gartentechnik	1
Gartenkunst	1
Geometrie	1
Feldmessen	1
Planzeichnen	1
Naturzeichnen	1-2
Photographie	1
Betriebslehre	1
Geschäftsaufsatz	1

Leistungen in der prakt. Arbeit.

Obstbau	1-2
Gemüsebau	2
Topfpflanzen- und Staudenkult.	1-2
Gartentechnik	1-2
Fleiss und Betragen	gut.

25.Okt.1930.   Der Direktor: sig. Ad.Erb

Friedrich Glausers Zeugnis der Gartenbauschule Oeschberg.
Koppigen bei Bern, 25. Oktober 1930. → Dok. 125.

125 FRIEDRICH GLAUSER AN WALTER SCHILLER

Winterthur, 27. Okt. 1930
b. Gutekunst Wiesenstr. 35

Lieber Herr Doktor,
ich habe gestern bis 10 Minuten nach 6 h gewartet, u. da Sie nicht kamen, bin ich wieder gegangen. Offen gestanden, es war zu kalt um noch länger zu warten. Ist es Ihnen recht, wenn ich Sie nächsten Montag bei meiner Rückreise aufsuche u. wollen Sie mir bitte mitteilen, wann es Ihnen am besten passt, morgens oder nachmittags. Mein Semesterzeugnis[70] lege ich Ihnen bei. Ich glaube man kann zufrieden sein damit, aber man glaubt gar nicht, wieviel Arbeit hinter diesen Noten steckt. Ich nehme es dann am Montag wieder mit.
Mit herzlichen Grüßen verbleibe ich Ihr
Glauser

126 GESPRÄCH WALTER SCHILLER MIT FRIEDRICH GLAUSER

10. Nov. 1930

Es erscheint Friedrich Glauser, von Winterthur kommend und in die Gartenbaumschule Oeschberg zurückkehrend.
Der Jahreskurs in Oeschberg wird Ende Februar 1931 beendigt sein. Glauser denkt daran, hernach eine Stelle in Frankreich anzunehmen. Die Gartenbauschule Oschberg hat immer Gelegenheit, solche Stellen zu vermitteln. Glauser glaubt, dass er nun als richtiger Gärtner Placement finden wird.
Auf ausdrückliches Befragen gibt Glauser zu, dass er wieder Opium nimmt und zwar schon vor seiner Übersiedelung nach Oeschberg. Damals erhielt er Opium durch einen Arzt in der Nähe von Münsingen auf die Angabe hin, er habe irgendwelche Beschwerden. Schon in den ersten Wochen seines Aufenthaltes in Oeschberg wandte er sich dann an Dr. Schneiter in Kirchberg[71] und teilte ihm den wahren Sachverhalt mit. Dr. Schneiter vermittelt ihm nun regelmässig Opiumtinktur. Er nimmt ca. 7 Gramm pro Tag. Wöchentlich holt er sich diese Tinktur per Velo beim Arzt, muss dafür angeblich nur Frs. 2.– bezahlen. Auch nach Winterthur liess er sich welches nachschicken. Dr. Müller in Münsingen weiss um die Sache.

70 → Abb. S. 169.
71 Landarzt in Kirchberg (Kanton Bern), einer Nachbargemeinde von Koppigen, zu der die Gartenbauschule Oeschberg gehört.

Glauser bekennt aber offen, dass er selber eine gewisse Befürchtung hat, es könnte wieder zur Katastrophe kommen. Er behauptet auch, eigentlich biete ihm das Opium keine Freude oder Genuss mehr. Es sei nur noch Gewohnheit. Er sieht ein, dass er, wenn es zur Katastrophe kommt, doch wieder Internierung zu gewärtigen hat und glaubt, dass er tatsächlich nur durch eine völlige Abgewöhnung für künftig Ruhe bekäme. Die ganze Sache quäle ihn ausserordentlich. Glauser verspricht, seine ganze Willenskraft zusammen zu nehmen, um wenn möglich sich von dieser Opiumkrankheit zu befreien.

Für allerlei Auslagen in der kommenden Zeit erbittet sich Glauser noch eine Handsteuer von Frs. 50.–.
Bewilligt.
Dr. Walter Schiller

127 FRIEDRICH GLAUSER AN WALTER SCHILLER

Winterthur, 23. Dez. 1930.
Wiesenstr. 35

Lieber Herr Doktor,
Vielen Dank für Ihr freundliches Weihnachtspäckli u. Ihre Wünsche. Da Frl. Gutekunst ihre Pariser Reise aufgegeben hat, haben wir beschlossen, die Festtage gemeinsam zu verbringen. Die Schule fängt am 6. Januar wieder an.

Würden Sie mir mitteilen, wann Sie wieder in Zürich sind; ich könnte dann vielleicht zu einer kurzen Unterredung zu Ihnen kommen. Vielleicht kann ich Ihnen dann auch näheres über meine Zukunftsgestaltung mitteilen.

Indem ich Ihnen ein recht glückliches neues Jahr u. frohe Festtage wünsche verbleibe ich mit freundlichen Grüßen
Ihr Glauser

Oeschberg, 15./I./31.

1009

Lieber Herr Doktor,

Beiliegend die Quittung. Von den 50.- frs, die Sie mir mitgaben, ist nicht mehr viel vorhanden, wie zu erwarten war.

Wäsche	12,50
Oelbilder u. Mappe	6.35
Obligationensendet	1.50
Zeichnungsblätter	3.-
Tusche	2.50
Ausflug Solothurn	8.-
Verschiedenes	5.-
	38.80

Von dem einen Geschäft in Biarritz habe ich negativen Bescheid. Ich habe an zwei andere geschrieben u. warte auf Antwort. Sobald diese eingetroffen, werde ich es Ihnen mitteilen. Sonntag in 8 Tagen werde ich wohl zu Dr. Müller fahren, er wird mir noch berichten, ob er frei ist, sonst wird es auf später verschoben.

Inzwischen herzliche Grüsse von
Ihrem Glauser

Brief von Friedrich Glauser an Walter Schiller mit der Aufstellung seiner Ausgaben.
Oeschberg, 15. Januar 1931. → Dok. 128.

28 FRIEDRICH GLAUSER AN WALTER SCHILLER

Oeschberg, 15./1./31.

Lieber Herr Doktor,
Beiliegend die Quittung. Von den 50.– frs., die Sie mir mitgaben, ist nicht mehr viel vorhanden, wie zu erwarten war.

Wäsche	12,50
Obstbilder u. Mappe	6,35
Obligationenrecht	1,50
Zeichnungsblätter	3,–
Tusche	2,50
Ausflug Solothurn	8,–
Verschiedenes	5,–
	38,80

Von dem einen Geschäft in Biarritz habe ich negativen Bescheid. Ich habe [an] zwei andere geschrieben u. warte auf Antwort. Sobald diese eingetroffen, werde ich es Ihnen mitteilen. Sonntag in 8 Tagen werde ich wohl zu Dr. Müller fahren, er wird mir noch berichten, ob er frei ist, sonst wird es auf später verschoben.
  Inzwischen herzliche Grüße von
  Ihrem Glauser

129 GESPRÄCH WALTER SCHILLER MIT FRIEDRICH GLAUSER

2. März 1931

Es erscheint Friedrich Glauser und überbringt sein Diplom von der Gartenbauschule Oeschberg. Er reist heute nach Winterthur und wird bis zum 14. ds. bei Frl. Gutekunst Wiesenstr. 35, verbleiben. Er will sich dort ins Bett legen und sein Möglichstes tun, den Opiumgenuss zu überwinden. Gegenwärtig nimmt er etwa 15 Gr. per Tag (in schlimmsten Zeiten bis zu 30 Gr.). Er sieht aber selber wohl ein, dass eine neue Opiumkrisis zu seinem Unheil, d. h. zu einer langfristigen Anstaltsversorgung führen müsste.
  Glauser bittet um Aushändigung der noch restlichen Frs. 100.– zum Unterhalt bis zum 1. Zahltag.
  Bewilligt.
  Dr. Walter Schiller

Collioure, den 6. April 1931

Lieber Herr Doktor,
ich bin Ihnen schon lang einen ausführlichen Brief schuldig und Sie müssen entschuldigen, wenn ich erst so spät dazukomme. Oeschberg ist ohne Katastrophe beendet worden, ich habe sogar noch ein ganz anständiges Zeugnis erhalten. Aber ich hatte in den letzten Monaten das Opium so arg gesteigert, dass ich mich verpflichtet fühlte, irgend etwas dagegen zu unternehmen. Zum Teil war die Schule mit ihrer schier unerträglichen Atmosphäre daran schuld gewesen, zum grösseren Teil aber eine Katastrophe in Trixens Leben, die im November etwa passierte. Dies war ein Grund, warum ich Ihnen in den letzten Monaten aus dem Wege gegangen bin. Ich hatte den Eindruck, als müsse ich diese Sache allein durchfechten, ohne Ihre Hilfe, als könne ein Besprechen dieser Sache meinem richtigen Entschluss nur schaden und besonders als habe ich nicht das Recht jemand anderen in diese Geschichte noch mit hineinzuziehen. Ich muss Ihnen auch gestehen, dass ich auch jetzt noch nicht so weit bin, brieflich darüber zu berichten; es ist alles noch sehr unklar und verworren in meinem Kopf und dies ist auch der Grund warum ich mich auf eine Zeitlang hier unten allein vergraben habe. Ich fühle mich nur verpflichtet Ihnen zu sagen warum ich Ihnen in der letzten Zeit ausgewichen bin; wenn ich mit Ihnen zusammengekommen wäre, hätte ich den Mund doch nicht halten können und das hätte die Sache nur unnötig kompliziert.

Um das Opium ein wenig zu reduzieren, hab ich dann in Winterthur allein, mit Trix zusammen, eine Entwöhnungskur durchgeführt, brüsk, nach Ihrer Vorschrift und bin von einem Tag auf den anderen von 50 g auf null hinuntergegangen. Viel Schlafmittel hab ich dazu gefressen, und zehn Tage hab ichs ausgehalten. Man hätte meinen sollen, dass nach diesen 10 Tagen das ärgste vorüber gewesen wäre. Aber erst da hat der ärgste Hunger angefangen, sodass ich wieder ein wenig genommen habe. Es fing mir auch an gesundheitlich schlechter zu gehen, eine Bronchitis, die ich schon lange mit herumgeschleppt habe, wurde immer ärger, bis sich schliesslich eine kleine trockene Brustfellentzündung entwickelte, die Fr. Dr. Huber so bedenklich schien, dass sie meine Überführung ins Spital anordnete. Die Tage und Nächte vorher hatte ich wirklich sehr arge Schmerzen gehabt, ich konnte nicht mehr recht atmen, und nur das Opium brachte ein wenig Erleichterung. So kam es dass ich bei meiner Überführung ins Spital doch wieder ziemlich hoch war, so gegen 15 g im Tag. War es die Atmosphäre des Spitals oder das Fieber oder das Psychische oder das alles zusammen, ich war sehr unruhig. Die Leute wollten partout eine Entwöhnungskur einführen, die ersten Tage spritzten sie mir intramuskulär, intravenös und subkutan allen möglichen Dreck in den Körper, Insulin (die grösste Errungenschaft der Neuzeit bei Mo-Entwöhnungen) Coramin, Digalen,[72] Somnifen[73], Transpulmin[74] und noch andere Schweinereien. Das hat mich sehr unruhig gemacht. Die beste Erfindung fand ich (ohne Ironie) Somnifen intravenös. Man schläft glänzend darauf. Es wirkt auch viel besser als in Tabletten gegeben. Am Samstag wurde ich eingeliefert (am 21. März) und am Montag wollte ich schon wieder fort. Den Überredungskünsten der guten Leute gelang es aber schliesslich, mich wenigstens eine Woche zu halten. Die Brustfellentzündung entpuppte sich schliesslich als eine sehr starke Bronchitis, die unzähligen Einspritzungen (in den ersten 24 St. waren es 21) haben doch ein wenig gewirkt. Als ich aus dem Spital kam wusste ich wirklich nicht was anfangen. Eine Stelle hatte ich in St. Gallen, der Patron dort hielt sie mir liebenswürdigerweise offen, als er von meiner Krankheit erfuhr aber ich war so schwach dass ich keine Arbeit hätte leisten können wohl kaum vor vier Wochen. Da ging ich zu Fr. Dr. Huber und bat sie, ob sie mir nicht 500.– frs. auf lange Frist vorschiessen könnte. Sie war damit einverstanden, verlangte aber, dass Schiller davon erfahren solle. Der hat sich dann sehr anständig benommen. Er wollte den Schuldschein gern gegenzeichnen. Ich habe die Summe jetzt zu 5 % bekommen, mit ratenweiser Zurückzahlung nach zwei Jahren. Ich glaube, wenn nichts dazwischenkommt, sollte das schon gehen. Für die Novelle im «Bund»[75] hab ich 150 frs. bekommen, die musste ich aber Trix geben, denn ihr geht es nicht gerade gut und sie hat auch während meiner Krankheit viel Ausgaben und Sorgen gehabt. Sie hat wirklich sehr lieb für mich gesorgt, wir sind uns durch die ganzen Geschichten viel näher gekommen. Jetzt hoffe ich, dass ich hier ein paar Sachen beenden kann, eine längere Geschichte die vielleicht ein Roman werden wird, über diese Wärter-Ärztin-Geschichte. Natürlich wird nach meiner schlechten Angewohnheit das Ganze wohl auf eine Atmosphärenschilderung des Irrenhauses hinauslaufen aber vielleicht kann ich das Ganze doch so umbiegen, dass eine wirkliche Geschichte daraus entsteht. Ich bin so froh ein wenig allein zu sein und ein wenig Ordnung in mein Chaos zu bringen. Sicher hätte ich diese ganze Geschichte nicht mit soviel Energie

[72] Coramin und Digalen sind den Kreislauf anregende Medikamente, angewendet bei Ermüdungserscheinungen und körperlicher Anstrengung.
[73] Schlafmittel.
[74] Erkältungsbalsam.
[75] *Der Hellseherkorporal,* in *Der kleine Bund* vom 15. und 22. März 1931.

durchführen können, wenn ich das Ausschnaufen nicht wirklich gebraucht hätte. Ich war wirklich vor dem Zusammenklappen angelangt, das Oeschbergjahr hat mir mehr zugesetzt, als ich es bis jetzt gedacht hatte, ich war gegen alles und gegen mich selbst so negativ eingestellt, dass mir selbst davor graute denn ich sah aus diesem Chaos keinen Ausweg, die Gärtnerei hing mir zum Hals heraus, wieder unter einem Schweizer Meister zu arbeiten hätte mich zur Verzweiflung gebracht, daneben bekam ich wegen der geringsten Ursache ständig das heulende Elend, kurz ich wusste mir wirklich nicht mehr zu helfen.

Hier ist es wunderbar. Die Luft ist so unglaublich leicht, dass man sie ohne die geringste Mühe einatmen kann, aber ich will die ersten Tage noch vorsichtig sein, um keinen Rückfall heraufzubeschwören. Den kann ich jetzt gar nicht brauchen. In einer Woche hoffe ich so weit zu sein, etwas arbeiten zu können. Ich habe eine Bestellung für den «Schweizerspiegel», einen Artikel über die Fremdenlegion[76] sogar Vorschuss haben mir die guten Leute gegeben, 50.- frs. Ich hatte ihnen meinen Legionsroman eingeschickt, aber nicht einmal in Auszügen konnten sie ihn brauchen. Ich habe lang mit Guggenbühl[77] über diesen Roman gesprochen, und er machte mir auch den Vorwurf, er sei so unbefriedigend. Seine Lektüre sei so meinte er, wie wenn man mit einem Mädchen lange Zeit zusammen sei und es komme dabei nur zu Küssen und Liebkosungen, ohne sexuelle Befriedigung. Dann gerate man auch in einen Zustand der Gereiztheit und des Unbefriedigtseins, eben weil in dem Roman keine Steigerung und kein rechter Schluss vorhanden sei. Mit anderen Worten gesagt: der Roman macht den Eindruck der Impotenz, so habe ich mirs wenigstens ausgelegt, und ich glaube, Guggenbühl hat dabei nicht ganz unrecht. Ob ichs übers Herz bringe, den Roman noch einmal auf das hin zu überarbeiten, weiss ich nicht, ich glaube kaum, er ist abgeschlossen, und wenn ich ihn nicht anbringe, so schadet es wenig es war eine gute Übung. Bruno Goetz versucht seinerseits ihn irgendwo anzubringen. Augenblicklich liegt er beim Rowohlt Verlag. Ich habe ein Exemplar zur Korrektur mitgenommen und schicke ihn dann noch an den Ullstein Verlag. Versuchen kann mans ja immer.

Ich glaube, das ist so ziemlich alles. Mit dem Opium gehts hier unten vorläufig gut und ich hoffe dass es so weitergeht. Wenn mein Brief noch ein wenig unklar ist, so müssen Sie es entschuldigen, er ist eben ein ziemlich genaues Abbild, wie es augenblicklich in meinem Kopfe aussieht. Wenn Sie die Bücher gelesen haben, die Sie noch von mir haben, so schicken Sie diese bitte an Trix zurück, Wiesenstr. 35,

76 D. i. *Im afrikanischen Felsental*. Die Erzählung erschien im Februar 1931 in der Zeitschrift *Schweizer Spiegel*. Glauser publizierte von 1931-33 noch drei weitere Berichte über die Fremdenlegion im *Schweizer Spiegel* und im *Kleinen Bund*: *Der Hellseherkorporal* (1931), *Marschtag in der Legion* (1933) und *Der Tod des Negers* (1933).
77 Adolf Guggenbühl (1896-1971), Schweizer Publizist und Verleger. Gründete 1925 mit seiner Frau Elisabeth Guggenbühl und seinem Schwager Fortunat Huber in Zürich den Verlag und die Zeitschrift *Schweizer Spiegel*. Verfechter der politischen und kulturellen Eigenständigkeit der Schweiz, ab 1933 Vertreter der geistigen Landesverteidigung.

Winterthur. Nur den Gide «Si le grain ne meurt»[78] und den Conrad «Nègre du Narcisse»[79] hätte ich gerne hier unten. Vielleicht sind Sie so gut und schicken sie mir in den nächsten Tagen. Die «Imago»[80] werden Sie wohl erhalten haben.

Hab ich Sie mit meinem Glückwunschbrief etwa gekränkt oder ist Ihr Schweigen nur auf grosse Arbeitsüberlastung zurückzuführen? Schreiben Sie mir doch ein paar Zeilen, was Sie über all die Sachen denken. Viele Grüsse an Ihre Frau und die Kinder.

Mit den herzlichsten Grüssen verbleibe ich
Ihr Glauser

Adresse: F. G. chez M. J. Olliver
Rue St. Sébastien 13
Colliore Pyrénées O[les.]

131 FRIEDRICH GLAUSER AN BRUNO GOETZ

Münsingen, Bern 3. Juli 1931
Heil & Pflegeanstalt

Lieber Bruno,

Ich kann also doch leider nicht Sonntag kommen. Ich habe mich ziemlich plötzlich entschlossen, wieder eine kleine Entwöhnungskur durchzumachen, wahrscheinlich zusammen mit einer Nachanalyse. Es ist besser so, denn ich war die letzte Zeit so deprimiert und gehemmt, dass ich gefunden habe, es sei besser, wieder einmal ein wenig Ruhe zu haben. Und diese Sache hinter mich zu bringen. Ja, Bruno, man muss eben manchmal sonderbare Wege nehmen, um aus der Zeit zu fliehen, die einem zum Hals hinauswächst. Wie soll man denn seinen Protest äussern gegen all die Maschinerie, die uns verrückt macht? Ich weiss ja, dass der Weg, den ich gegangen bin, vorläufig noch zu nichts geführt hat, aber ich hoffe eben immer noch, dass die Höllenwanderungen, wie ich sie früher nannte, schliesslich doch auf meinem Grunde irgend etwas abgesetzt haben, was mir vielleicht später die Kraft gibt zu wirken. Wie dieses Wirken aussehen wird, darüber weiss ich nichts, und ob es überhaupt eintreten wird, dass ich mich in dem Katzenkonzert verständlich machen kann, das weiss ich ebensowenig. Aber die Hoffnung darf man deshalb doch nicht verlieren. So wenig weiss man wohin der Weg geht, es ist doch aber sicher etwas in uns, was uns diese Wege führt. Komischerweise

78 André Gide, *Si le grain ne meurt*, Paris, Éditions Gallimard 1926. Deutsche Erstausgabe: *Stirb und werde*, übersetzt von Ferdinand Hardekopf, Stuttgart, Deutsche Verlagsanstalt 1929.
79 Joseph Conrad, *The Nigger of the «Narcissus»* (1897). Die französische Übersetzung von Robert d'Humières erschien 1913 bei Éditions Gallimard, Paris. Im selben Jahr erschien die deutsche Erstausgabe mit dem Titel *Der Nigger vom Narzissus*, übersetzt von Ernst W. Freißler, München, Albert Langen Verlag 1913.
80 Carl Spitteler, *Imago*, Jena, Diederichs 1906.

finde ich es immer ganz erholend, ein wenig mit Verrückten zusammen zu sein. Wenigstens glauben die Leute noch an irgend etwas, und ob es so falsch ist wie die Neun mal gescheiten Psychiater meinen ist eine ganz andere Frage, die ich am liebsten verneinen möchte.

Übrigens habe ich es hier ganz nett. Sie machen die Entwöhnung nicht brüsk, was eine Tierquälerei wäre, sondern nach und nach. Und vielleicht bleibt es diesmal bei einem wirklichen Verzicht auf die künstlichen Paradiese, die im Grunde doch nur Höllen sind.

Soweit Bruno. Im Herbst will ich mit Trix nach Berlin. Du musst dann so liebenswürdig sein mir ein paar Empfehlungen an Leute zu geben, deren Frequentation für einen armen Provinzler wie ich von Nutzen sein könnten. Du kennst mich doch hoffentlich genug um zu wissen, dass ich nicht einer von denen bin, die Freunden das Wasser abgraben, es handelt sich für mich mehr darum mit einigen gescheiten Leuten zu reden, damit man ein bisschen Anregung hat. So immer ganz allein geht es einfach nicht. Also denk ein wenig darüber nach, wer da in Betracht käme. Litteraten so wenig als möglich. Die Rasse ist mir nicht gerade sehr sympathisch (wobei gesagt sei, dass ich dich nicht unter die Litteraten rechne ... Du bist eben Bruno, der Weise, wenigstens für mich).

Grüss Liso und denkt bisweilen meiner, der ich die schönen Sommermonate in einer vergitterten Anstalt verbringe. Und schick mir bitte meine Novellen zurück.

Bist du im September wieder zurück? Ende September bin ich wieder in Winterthur, denn ich bin ja freiwillig hier, sodass ich schon fortkann wann ich will. Das ist ein Trost in der Not. Wenn dies der Fall ist, komm ich dich dann einmal besuchen. Trix wird dir die Bücher, die du mir geliehen hast in den nächsten Tagen zurückschicken.

Grüss Liso herzlich.
Sehr liebe Dinge mein Alter wünscht dir dein
Claus

Verzeih die Maschinenschrift. Ich bin ein wenig zitterig.

Friedrich Glauser in der Psychiatrischen Anstalt Münsingen.
Münsingen, Herbst 1931.

15. JUL. 1931

KANTONALE
HEIL- u. PFLEGEANSTALT
MÜNSINGEN

DIREKTION
B.

Münsingen, den 14.VII.31

15. JUL. 1931 1062

Herrn Dr. Schiller,
Amtsvormundschaft
<u>Z ü r i c h</u>
Selnaustr. 9

Sehr geehrter Herr Doktor!

Mit Gegenwärtigem erlauben wir uns Sie zu ersuchen Ihrem Mündel Herrn <u>Friedrich Karl Glauser</u> ein Taschengeld zuschicken zu wollen. Er hat nämlich nichts mehr zu rauchen. Die Entziehung ist zwar schon durchgeführt, der u.körperliche/
psychische Normalzustand aber leider noch nicht hergestellt.

Mit vorzüglicher Hochachtung

Brauchli

Brief von Ulrich Brauchli, Direktor der Anstalt Münsingen, an Walter Schiller.
Münsingen, 14. Juli 1931. → Dok. 132.

132 ULRICH BRAUCHLI AN WALTER SCHILLER

Münsingen, den 14.VII.31

Sehr geehrter Herr Doktor!
Mit Gegenwärtigem erlauben wir uns Sie zu ersuchen, Ihrem Mündel Herrn *Friedrich Karl Glauser* ein Taschengeld zuschicken zu wollen. Er hat nämlich nichts mehr zu rauchen. Die Entziehung ist zwar schon durchgeführt, der psychische u. körperliche Normalzustand aber leider noch nicht hergestellt.
Mit vorzüglicher Hochachtung
Brauchli

133 FRIEDRICH GLAUSER AN MAX MÜLLER

Lieber Herr Doktor,[81]
Hier der Artikel für den «Schweizer Spiegel». Es wäre mir recht, wenn Sie ihn durchlesen würden und das Peinliche, für das man selbst ja ein schlechtes Gefühl hat, einfach anstreichen würden. Auch die Fehler, die sicher hie und da unterlaufen sind, korrigieren würden. Ich meine Denkfehler. Ich möchte das Ding sobald als möglich fortschicken.
All die letzten Abende hab ich mir überlegt wie ich die gegenwärtige Situation am besten lösen könnte. Es ist für mich schwierig wieder in die Analyse zurückzugehen, wenigstens augenblicklich – es gibt Dinge, die ich einfach nicht herausbringe, trotz aller Mühe. Zuerst, Sie hatten ganz recht, dass irgend etwas auf der Abteilung gegangen ist. Ich habe Schranz[82] drei Mal Doverpulver genommen, das heisst immer an den Nachmittagen an denen er abwesend war. Dass dies einen Druck erzeugt hat ist begreiflich. Nur ist es mir unangenehm, dass ich das in der Stunde nie herausgebracht habe. Es wäre doch ein Geständnis geworden, und der Weg zum Geständnis war verbaut. Dann die Depression, dass ich auch in solch kleinen, aber für mich wesentlichen Sachen versagt habe. Auch der Trotz hat mitgespielt; Ihre Sicherheit wollte ich erschüttern: wenn Sie mich unter Verschluss halten, kann nichts passieren; Ich wollte Ihnen zeigen, dass es auch in diesen Situationen eine Möglichkeit gibt das «Gesetz» zu umgehen. Eine kindische Angelegenheit sicher. Eine Feigheit werden Sie sagen, dass ich es nicht mit Worten herausbrin-

81 Der Brief wurde etwa am 24./25. November 1931 in Münsingen verfasst.
82 Paul Schranz, Pfleger in Münsingen.

gen konnte, sondern, dass ich es schreiben musste. Natürlich habe ich die Schuld bei Ihnen gesucht, Ihre Methode war eben mir diesen Ausweg zu versperren. Aber es kam noch anderes dazu. Es ist schwer zu sprechen, oder aus sich herauszugehen, wenn man beim andern wenig Resonanz findet. Ich hab den Eindruck gehabt, als ob ich Sie gottsträflich anöden würde, es ist niederdrückend wenn Sie gähnen. Sie können nichts dafür, Sie sind müde, das weiss ich, es ist deprimierend, oder sagen wir langweilig, wenn es nicht weiter geht. Aufgeweckt haben Sie mich ja. Die Forderungen, die Sie stellen, kann ich einfach nicht erfüllen. Weil es mir unmöglich erscheint etwas sachlich durchzusprechen, ein Ding, das Ihnen natürlich und selbstverständlich scheint, während es für mich gerade so unmöglich ist, als wollte ich ein Huhn in einen Falken verwandeln. Ich glaube, nicht nur meine Bequemlichkeit ist daran schuld. Es liegt tiefer, vielleicht hat es nicht einmal mit meinem bisherigen Leben zu tun. Ich kann abstrakt nur bis zu einem gewissen Punkt denken, wenn es sich darum handelt zu erwägen, welche Vorteile für die Gärtnerei oder für den Journalismus sprechen, dies sachlich und logisch zu durchdenken so versage ich einfach, und all mein Grübeln (und Sie dürfen mir glauben, dass ich die letzten Nächte genügend gegrübelt habe) ist ohne Fundament und schwebt in der Luft. Ich weiss gar nicht, wie es weiter gehen wird. Die Analyse so abschliessen möchte ich nicht, es scheint mir doch, dass ein ungelöster Rest zurückbleibt der nur mühsam überkleistert werden kann, aber doch irgendwo fortwirkt. Gewiss, ich glaube Ihnen gerne dass Ihr Weg ein Weg ist, nur weiss ich nicht ob er für mich taugt. Schliesslich geht mein Weg über eine Auseinandersetzung mit Ihnen, und ich komme gegen Sie nicht auf. Verstandlich kann ich wohl begreifen, dass Sie recht haben, aber es kommt mir immer vor, als führe dieser Weg (erst sachlich erwägen, dann handeln) einfach in eine Sackgasse. Für Sie nicht, weil Sie doch anders konstruiert sind. Gewiss, ich weiss, viel Protest ist da vorhanden, aber mit ein paar Worten gelingt es Ihnen immer mich mundtot zu machen, ich kann dann nur zustimmen und nachher protestieren. Ich habe mich schon oft über diese Schwäche geärgert. Und ich möchte diese Dinge einmal klar herausarbeiten; mit dem gesprochenen Wort, liegend, gelingt es mir nicht, es wird immer alles gleich formlos, uferlos, sodass ich mich nicht mehr zurechtfinde. Und wenn ich immer wieder mit den Worten Widerstand, Reaktion operieren soll, kommt es mir vor als ob ich leeres Stroh dreschen würde. Von Ihnen aus gesehen ist es sicher günstig mir alle Wege zu versperren, die aus dem einen Konflikt herausführen, das vergangene Leben zu entwerten, Anschluss an die Societät zu finden. Aber ich habe eben Angst vor der Sachlichkeit, und Ihre Attitüde, dies zu fordern, so gut sie sich verteidigen lässt, ist eben in Ihnen geformt, passt für Sie, ob sie für mich passt ist eine andere Frage. Zweck dieses Schreibens ist eigentlich weniger eine Antwort von Ihnen zu erhalten, als die Fragen einmal zu formulieren. Auch wenn ich nachdenke gerate ich immer ins Uferlose. Das Bremsen gelingt manchmal, nicht immer. Sehr protestiere ich dagegen, dass Sie mich immer wie ein Schullehrer behandeln (nicht mit Worten, durch Ihr ganzes Sein) der dem Schüler eine Lektion zum überarbeiten gibt – aber die Leitsätze fehlen, die muss der Schüler selber finden. Gewiss, auch diese ganze Abhandlung ist ein Ersatz für die Stunde. Ist es Ihnen nie aufgefallen, dass ich manchmal etwas sagen wollte, wenn Sie irgend etwas sprachen. Sie liessen sich nicht unterbrechen. Und nachher war das, was ich sagen wollte eben vorbei. Etwas anderes: es geht mir in der letzten Zeit nicht gut, ich meine körperlich. Darüber klagen kann ich nicht, denn es ist ausgemacht, dass solche Dinge eben auf einer psychischen Reaktion beruhen. Und doch quälen mich diese Herzgeschichten. Wenn ich es aber in der Analyse sage, so gebe ich mir selbst die Antwort: es ist nur psychisch, und nach der Stunde ist es doch wieder da und quält mich. Ich kann mir nicht helfen, diese Haarspaltereien sind mir manchmal so zuwider. Sie sehen einen Weg, Sie zeigen ihn mir und ich kann ihn nicht gehen. Vernagelt bin ich ja. Die Situation ist wenig erfreulich, sicher, ich bin auch so unsicher geworden in der Analyse, wenn ich etwas sagen will, ertappe ich mich darauf dass ich das Gegenargument mit Ihren Worten aufstelle. Und dann ist eine Leere da, die kaum zu überwinden ist. Ja, ich weiss schon, es geht alles durcheinander. Aber doch ist es besser, ich schreibe diese Dinge auf. Es ist rationeller. Ich würde zwei Analysestunden brauchen um die Hälfte davon herauszubringen, es wäre noch quälender, und dann käme es erst nicht so heraus, wie ich es wirklich empfinde. Gewiss, die letzte Woche war unerfreulich, aber denken Sie, man würde Sie zwingen einen Weg zu gehen von dem Sie das Gefühl haben, er führt an einen Ort, den Sie um keinen Preis betreten möchten. Würden Sie da nicht auch scheuen? Mir geht es gleich. Ich weiss, Sie werden mir einwenden, Sie hätten mich zu nichts zwingen wollen. Das stimmt wohl, aber doch nur teilweise. Sie wissen eben so gut wie ich, dass ein Zwang gar nicht in Worten zu bestehen braucht, sondern im ganzen Verhalten. Früher war es mir ja gleich, nicht voll genommen zu werden, jetzt verletzt es mich, als unmündiges Kind behandelt zu werden. Gewiss ich übertreibe, aber nur so kann ich einen Teil von dem sagen, was wirklich stimmt. Wenn ich genau formulieren soll: die Analyse wirkt erdrückend, ich will sagen wirkte erdrückend die ganze letzte Zeit. Dass es nicht nur das Dovernehmen war ist dadurch erwiesen, dass das erste Nehmen vier Wochen zurückliegt. Dass es auch nicht regelmässig geschah, sondern in Intervallen von einer Woche. Aber es kommt mir manchmal vor, als ob Sie von mir fordern würden, ich solle von einem Tag auf den andern das Fliegen lernen. Das geht nicht. Das geht nicht, auch wenn Sie immer wieder wiederholen: «Es geht schon, wenn Sie sich nur konzentrieren können.» Aber ich kann mich nicht konzentrieren. Ich kann scheinbar ein Thema nicht durcharbeiten, oder ich weiss wenigstens nicht wie ich das machen soll. Das ist so einfach, haben Sie einmal gesagt, aber ich finde das Ende des Fadens nicht.

Meinem Vormund habe ich geschrieben, er möge mir meinen Heimatschein besorgen und meinen Vater anfragen, ob ich auf eine kleine Summe rechnen könne, wenn ich von hier fort käme. Ausserdem möchte ich Neujahr als Termin für das Ende meines hiesigen Aufenthaltes festsetzen. Ich möchte gern wieder in die Stunde kommen, wann es Ihnen passt, doch möchte ich Ihnen den Vorschlag machen, die Stunde nur jeden zweiten Tag zu halten, sonst werden die Stunden nur eine schlechte Gewohnheit und ich versinke wieder in meine Bequemlichkeit. Es spielt auch mit, dass ich Sie nicht ungebührlich in Anspruch nehmen will. Ihre Reaktion auf diesen «Erguss» kann ich mir ja vorstellen. Sie werden ihn sachlich werten, und das ist wieder ein Vorwurf, Sie werden ihn mit feststehenden Worten erledigen. Sicher ist auch meine Urteilsfähigkeit augenblicklich getrübt, und ich schiebe Ihnen vielleicht Reaktionen unter, die haltlos sind. Aber ich muss Ihnen doch eines sagen. Glauben Sie nicht, dass manchmal der Vorwurf der Phrasenhaftigkeit, den Sie mir machen, und mit Recht, auch umgekehrt werden könnte? Gewiss, wie Sie meinen Fall betrachten, ist Menschlichkeit kaum am Platze. Aber manchmal klingt, was Sie sagen, wie eine auswendig gelernte Lektion, und wie eine solche sehr dogmatisch, trotz aller Vorsicht, die Sie walten lassen. Sagen kann ich es Ihnen im Augenblick nicht, dazu stehe ich zu sehr unter Ihrem Einfluss, um ein vages Wort zu gebrauchen. Denken kann ich es kaum, bis heute, wo es mir deutlich geworden ist.

Ihr Glauser

Beim Durchlesen merke ich, dass das Ganze gar nicht so geworden ist, wie ich es hätte haben wollen. Einiges werden Sie aber sicher verstehen, und darum schicke ich es Ihnen.

Direktion des Armenwesens des Kantons Bern	Direction de l'assistance publique du Canton de Berne
RECHNUNG für	**NOTE pour**

Am die Amtsvormundschaft der Stadt

Zürich.

No. 10897   Bern, den 12. Januar 1932.

Glauser Friedrich Karl, 1896, von Muri (Bern)

Pfleggeld der Irrenanstalt Münsingen
vom 1. Juli bis 31. Dez. 1931   468.--
(incl. Fr. 8.- Nebenauslagen)

Durch Postcheck bezahlt

Die Postquittung wird von uns als rechtsgültig anerkannt.
La quittance du bulletin de versement sera reconnue par nous comme quittance valable.

Rechnung für das Pfleggeld der Psychiatrischen Anstalt Münsingen.
Bern, 12. Januar 1932.

Rue Daguerre 19 XIVe
24./1/32

Lieber Herr Doktor,
Eigentlich erwarte ich keine Antwort auf meine Briefe. Aber schreiben muss ich Ihnen doch manchmal. Wissen Sie, Tagebuch führen ist mir absolut unmöglich. Es ist so posenhaft und ich merk immer mehr daß ich mich an jemanden wenden muss, damit das Schreiben einen Sinn bekommt. All das andere, Artikel schreiben etc., ist so nebensächlich und Handarbeit, daß ichs wenig übe. Erst einen Artikel hab ich fertiggebracht. Ich bin sehr faul – und weiß nicht ob ich das faul nennen kann. Es ist ein wenig zu viel auf einmal. Letzthin hab ich von Ihnen geträumt; der Traum war verworren, ich hab ihn auch nicht aufgezeichnet, wozu auch, wenn er analytisch interessant war, so hab ich doch jetzt zu versuchen, ohne diese Krücke auszukommen. Aber am Ende des Traumes sagten Sie etwas so deutlich Formuliertes, wie es wohl implicite in der letzten Analyse vorhanden war: «Sie dürfen die Menschen nicht als Bilder ansehen, sondern als Menschen, denn es sind doch Menschen.» Dies war wenigstens der Sinn. Und wirklich knorze ich an dieser Sache so herum. Gewaltsam möchte ich mich verlieben, in irgendwen, in die Freundinnen von Trix, in Trudi Brauchli[83], jede Frau scheint ein Objekt zu sein u. zugleich ist das Ganze so gymnastenhaft u. litterarisch u. ich selbst so verkrampft daß natürlich die ganze Sache im Sand verläuft. Und ich weiß auch nicht: Trix ist ganz klug, plötzlich entdecke ich, daß mich wohl niemand so gern haben wird mit all meinen Fehlern, wie sie, und dann ist es nicht nur Mitleid, sondern irgend etwas Stärkeres, was mich an sie bindet. Die große Gefahr des Briefeschreibens ist eben doch die allzu starke litterarische Formulierung. Ich weiß ja ganz gut, was alles in diesen Confessions mitschwebt u. es geht einfach nicht dies alles auszudrücken. Ein Brief ist schließlich keine Stunde. Aber immer noch lieber die Stunde als Notwendigkeit empfinden, als den Opiumhunger. Und der ist – vorsichtig sage ich: vorläufig – passé. Gegen die Entwöhnung von der Stunde lässt sich leichter angehen.
Aber gegen meine Faulheit möchte ich aufkommen. Mit Rosenbaum war es keine Blamage – er hat mir das Geld geschickt. Für Februar sind wir ja noch versorgt, denn Trix bekommt noch etwas von ihren Eltern. Aber was nachher kommen soll ist mir unklar. Mit dem Advokaten u. der festen Stelle ist es nichts, der Advokat ist gar keiner

[83] Tochter des Münsinger Anstaltsdirektors Ulrich Brauchli.

(obwohl er vielleicht die Prüfung hat) sondern ist an einem Buchladen angestellt. Durch Salis[84] bekomme ich vielleicht eine Empfehlung fürs Palais de Justice sodaß ich vielleicht doch die Serie für den «Bund» steigen lassen kann. Aber was man so «schöpferisch» nennt, d. h. Geschichten schreiben, geht augenblicklich gar nicht. Ich bin wie ausgepumpt. Und doch hab ich irgendwie den Eindruck, daß die Pariser Atmosphäre zum Arbeiten sehr günstig ist wenn man sich ein wenig gewöhnt hat.

Ich versuche mich verzweifelt im Feuilleton-Stil, er liegt mir nicht schlecht, nur ist es ein Umlernen u. ich brauche manchmal eine Woche um drei Seiten zu schreiben. Hoffen wir es gehe besser mit der Zeit.

Trudi kennt komischerweise einen Alt-Glarisegger namens Forrer[85], der hier in einer chemischen Fabrik tätig ist. Er war in meiner Klasse. Gestern Abend war er mit ihr bei uns; Eindruck merkwürdig. Ein Mensch, der seine Glariseggerzeit als das Schönste seines Lebens empfindet. Viel Aufwärmen von Dingen, die ich selbst vergessen hatte. Er hat sich seither wenig entwickelt. Aber dann kommt immer die Frage u. der Zweifel: er hat es schließlich zu etwas gebracht – u. ich lebe von Pump. Ob ich es je zu etwas bringen werde? Denn eine Bureauarbeit kommt mir je länger je mehr als unmöglich vor. Ich hab Ihre Worte noch gut im Ohr, daß es so leichter geht, aber ...

Sehen Sie, all diese Sachen wollt ich einmal schreiben. Eigentlich noch viel mehr. Aber es fällt mir nichts ein. Ich bin froh wenn ich wenigstens dies wenige fixiert habe.

Haben Sie übrigens etwas dagegen wenn ich an Tschäppät[86] schreibe? Er tut mir leid, viel könnt ich ihm auch nicht schreiben. Aber ich fühle mich irgendwie verpflichtet dazu. So das alte Kameradschaftsmotiv. Schranz hat mir einmal geschrieben.

Grüßen Sie Ihre Frau herzlich von mir.
Sehr Ihr
Glauser

[84] Jean Rudolf von Salis (1901–1996), Schweizer Historiker, Schriftsteller und Publizist. Von Salis arbeitete seit 1926 in Paris für verschiedene Zeitungen, von 1930–35 als Korrespondent für den Berner *Bund*.
[85] Glauser und Max Forrer waren gleichzeitig von 1910–13 Internatsschüler im Landerziehungsheim Glarisegg in Steckborn am Bodensee.
[86] Nicht ermittelt. Vielleicht ein Mitpatient von Glauser in Münsingen oder ein Pfleger wie Paul Schranz.

135 FRIEDRICH GLAUSER AN WALTER SCHILLER

Paris, Rue Daguerre 19
1. Februar 1932

Sehr geehrter Herr Doktor,
Mein Vater schreibt mir, daß Sie die Freundlichkeit hatten, ihm eine Kopie meines Briefes zuzusenden. Ich habe ihm inzwischen auch geschrieben u. er hat mir erklärt, mich noch einige Zeit unterstützen zu wollen, falls ich ihm ein Budget aufstellen könnte. Dies ist ein wenig schwierig, da die Bezahlungen für litterarische Arbeiten nur unregelmäßig eingehen. Doch möchte ich Ihnen folgenden Vorschlag machen:

Das, was ich augenblicklich am wichtigsten brauche wäre ein Anzug. Meine Kleider, (ich habe seit langem nichts Neues mehr gehabt) sind in einem trostlosen Zustand. Und doch sollte ich manchmal anständig angezogen sein, wenn ich jemanden besuchen gehe. Der Präsident des auswärtigen Pressesyndikates, für den ich eine Empfehlung habe, will mich heut Abend sehen um mich an eine Persönlichkeit des Palais de Justice weiter zu empfehlen. Und ich schäme mich ein wenig, so abgeschabt dorthin zu gehen. Auch will ein Kamerad von Glarisegg, der hier in einer chemischen Fabrik tätig [ist], versuchen mich als Correspondent unterzubringen. Dazu sollte ich auch wenigstens einen anständigen Anzug haben.

Für 100.– Schw. Frs. könnte ich etwas ziemlich Anständiges finden. 120.– wäre noch besser.

Dann rechne ich etwa 30.– frs. für Wäsche u. 150.– frs. für Februar. Im ganzen 300.– frs. Dies wird wohl zuviel für meinen Vater sein. Lieber wäre es mir schon, wenn er mir diese Summe für Februar schicken könnte u. etwas weniger, sagen wir 120.– frs. für März.

Ich schreibe meinem Vater auch in diesem Sinne.

Die letzte Zeit war ein wenig schwierig. Es braucht immer lange, bis man sich von der Analyse «entwöhnt» hat. Vom Opium hab ich nur Gutes zu melden. Hoffen wir, daß es so bleibt.

Mit freundlichen Grüßen
Ihr
Glauser

136 FRIEDRICH GLAUSER AN GERTRUD MÜLLER

Rue Daguerre 19
7. Febr. 32

Liebe Frau Doktor,
Vielen Dank für die Bücher u. für Ihre freundlichen Wünsche zum Geburtstag. Die haben mich sehr gefreut. Ich habe nämlich mit plaisir festgestellt daß ich erst 36 Jahre alt bin, während ich mich immer um ein Jahr älter gemacht habe. Das ist wirklich langweilig u. bedrückend für Sie beide, daß diese Waldau-Geschichte immer noch in der Schwebe ist, aber ich hoffe doch, daß Sie bis zum Herbst eine Entscheidung in Händen halten werden.

Von des Direktors Amerikareise hat uns Trudi erzählt. Wir sehen sie ziemlich oft zusammen mit meinem Glarisegger Freund Forrer für den sie eine verehrungsvolle inclinaison zu haben scheint. Er ist auch ein sehr feiner Kerl, hat ein wunderschönes Appartement, ganz draußen an der Grenze von Auteuil, das er nach Mopps[87] Ameublementprinzipien ausstaffiert hat. Überhaupt ist das hier ein Fluch, daß man nur mit Schweizern zusammenkommt. Sie sind zwar alle sehr angenehm im Verkehr, aber schließlich ist man doch nicht zu diesem Zwecke nach Paris gekommen. Ich muss wohl Geduld haben, denn es ist so schwer mit Franzosen in Verkehr zu treten. Mein Vater will mich an jemanden empfehlen, dessen Namen er verschweigt, einen homme de lettres, wir wollen sehen, was daraus wird.

Ich war sehr faul diesen letzten Monat, u. doch weiß ich nicht, ob man das wirklich Faulheit nennen kann. Es ist eben so schwer sich an eine neue Atmosphäre zu gewöhnen. Dabei geh ich wenig aus, und die paar Sachen, die man gesehen hat sind eher enttäuschend. Wirklich schön, mit gewissen Reserven (sich anklammern an dadaistische und surrealistische Reliquate) war einzig ein Film von Cocteau[88]. Verzweifelt versuche ich etwas darüber zusammenzuschreiben u. es geht nicht. Der «Schweizer Spiegel» hat mir einen Artikel über die Kohlen angenommen, ich glaub ich hab es Ihnen schon geschrieben, aber ich muss ihn ändern u. das ist sehr langweilig. Daneben spukt mir ein großer Roman über Münsingen im Kopf herum aber ich hab Angst dran zu gehen. Wissen Sie, es müsste so eine Art Querschnitt werden, mit den tenants et aboutissants der Insassen eines solchen Baues; die Grenzenlosigkeit des Netzes, das um die Anstalt liegt, mit den verschiedenen Schicksalsfäden, die sich kreuzen u. knoten, müsste möglichst deutlich herausgearbeitet werden – u. dann merk ich daß ich so schlecht schreibe wie ein Gymnasiast der oberen Klassen. Daß man auch immer

[87] Max Oppenheimer (genannt Mopp) (1885 bis 1954), österreichischer Maler und Grafiker. Glauser lernte Mopp im Zürcher Dada-Kreis 1917 kennen und beschreibt die Bekanntschaft im Bericht *Dada* (1931/32).
[88] Der französische Schriftsteller, Regisseur und Maler Jean Cocteau (1889–1963) drehte 1930 seinen ersten Spielfilm *Le sang d'un poète*.

wieder von vorne anfangen muß – oder es scheint einem wenigstens so, denn man hat doch allerlei gelernt. Nur nützt diese Feststellung ja nichts – die Arbeitsmethode fehlt mir vollständig, ich habe doch bis jetzt eigentlich immer heruntergesaut was Konstruktion anbetrifft, u. die Durcharbeitung immer nur auf ein bescheidenes Durchfeilen des Stils beschränkt. Und dann, ohne Opium wird man den eigenen Sachen gegenüber soviel kritischer eingestellt, daß es einen weiß Gott eher lähmt als einem hilft. Nun will ich das gerne auf mich nehmen, wenn irgend etwas dabei herauskommt, zu dem ich stehen kann.

Wir haben gestern bei Baty im Theater Montparnasse (wissen Sie Baty, der die Chimère hatte[89] u. das «art dramatique» erneuern wollte) ein Schauerstück gesehen. «Bifur»[90] heißt es, Abkürzung von Bifurcation. Thema: eine große Liebe, die Frau stirbt im ersten Akt am Hochzeitstag, weil sie das große Glück nicht ertragen kann: der Mann, ein Musiker, hat ihr mitgeteilt er liebe sie. Nun geht der Mann auf die Suche nach der Seele seiner Frau. Ein Medium im zweiten Akt teilt ihm mit, diese Seele habe sich, irgendwo in den Landes, in einem kleinen Mädchen reinkarniert. Das notwendige Autounglück führt den Musiker in das Haus des Mädchens, das ihn pflegt. In ihr erkennt er wieder seine verstorbene Frau. Heirat, Wecken der reinkarnierten Seele im Leibe des kleinen Mädchens, dessen Seele stirbt oder ins All verfliegt, während die Seele der ersten Frau von dem Körper Besitz ergreift. Flaubert hätte behauptet das sei enooorrrme. Maeterlinckreminiszenzen geben dem Stück den nötigen Pfeffer, ein materialistischer Maler gesteht beschämt, nachdem er viel schlechte Witze gemacht hat, daß es doch immerhin mehr Dinge zwischen Himmel u. Erde gebe … (Fortsetzung siehe Shakespeare William: Hamlet, Prinz von Dänemark). Die Regie war sehr gut, u. die Frau, die die Doppelrolle spielte, war so schön u. so echt in dieser blöden Rolle, daß es das Stück erträglich machte. Der Verfasser heißt Gantillon u. hat mit einem früheren Stück viel Erfolg gehabt: «Maya» hieß es, spielte in einem Hafenbordell, die Dirne macht gewissermaßen eine Reise um die Welt anhand der Erzählungen jener Männer, die sie besuchen. Als Thema sehr schön, nur hab ich das Stück leider nicht gesehen.

Der Korrespondent des «Bund» hier, Herr von Salis, «me bat froid». Warum weiß ich nicht. Vielleicht hat er Angst, ich könne ihn verdrängen. Ein wenig hab ich den Eindruck. Und dann bin ich wahrscheinlich zu selbstverständlich und offen, u. das können wohl manche Leute nicht vertragen. Ich muss mir unbedingt eine neue Maske anschaffen, aber das ist langweilig.

Manchmal, wenn ich sehr cafard habe, und das gibt es oft, gehe ich

[89] Gaston Baty (1885 bis 1952), französischer Regisseur, Dramatiker und Theaterdirektor. 1921 Mitbegründer der Compagnons de la Chimère und Beteiligung an deren Theaterworkshops in der Baraque de la Chimère in Saint-Germain-des-Prés. Ab 1930 Leiter des Théâtre Montparnasse.
[90] Stück von Simon Gantillon (1887–1961), das 1932 im Théâtre Montparnasse unter der Regie von Gaston Baty aufgeführt worden ist.

am Samstag in eine bal nègre, wo die Musik furchtbar lärmend ist, die Frauen dick u. leicht zugleich; dort trink ich weißen Rhum u. lerne die Rumba tanzen, die auch «Biguine» heißt. Ein gezähmter Charleston mit viel Hüftbewegungen u. auf der Stelle trampeln. Man kriegt darauf Muskelkater. Außerdem habe ich hin u. wieder eine Freundin von Trix aus der Basler Tanzgruppe aufzurichten u. zu trösten, die verzweifelt engagement sucht u. keines findet, weil ihre Tänze wohl zu sehr von einer schon passierten Modernität sind u. die Leute vor den Kopf stoßen. Sie versucht sie jetzt umzumodeln. Trix selbst arbeitet Ballett bei einem Diaghilew-Schüler[91], einem sympathischen Russen, der ein schönes Französisch spricht. Für temps de cuisses sagt er tendez fesses was von großer Komik ist. Ich werde mich bald als Tanzkritiker auftun können, denn ich kann schon eine Arabeske von einem Entrechat six unterscheiden.

Grüßen Sie Ihren Mann vielmals von mir. Ich glaub auch, daß es besser ist, er schreibt mir jetzt nicht. Ich muss probieren mich einmal allein durchzuschlagen. Dem Eveli[92] meine guten Wünsche, sparen Sie sie auf, bis es versteht, was damit gemeint ist.

Recht herzlich grüßt Sie Ihr
Glauser

Auch von Trix soll ich grüßen.

137 FRIEDRICH GLAUSER AN MAX MÜLLER

Rue Daguerre 19
11.2.32

Lieber Herr Doktor,
Ihr Brief hat mich sehr gefreut u. hat mich wieder ein wenig auf die Beine gebracht. Es ist einfach schwierig, wissen Sie, den Weg zu finden, besonders kann ich nicht schreiben u. bin doch nicht tot, innerlich, sondern ziemlich lebendig. Aber energielos. Ach, wissen Sie, der Kampf gegen das Opium frisst einem soviel Kraft weg, aber ich denke immer, wenn ich es einen Monat oder zwei durchhalten kann, von jetzt an noch, dann wird doch einiges gewonnen sein. Ich hab natürlich mit Alkohol probiert, aber das geht nicht. Ich komm ja ziemlich nach, was da vorgeht in mir, nur hilft es so wenig. Materiell geht es so ziemlich. Wir werden sogar noch bis Ende März durchkommen, auch wenn ich vorläufig nichts schreibe. Es ist halt immer

91 Sergei Pawlowitsch Djagilew (1872–1929), russischer Kunstkritiker und Impresario des Ensembles Ballets Russes, mit dem er grosse Teile der Welt bereiste.
92 Eva Müller, die Tochter von Gertrud und Max Müller.

dasselbe, solang ich mich verkrampfe u. schlechtes Gewissen produziere, weil ich nichts tue, ist die Sache hoffnungslos. Aber daß eine gewisse Selbstverständlichkeit ins Arbeiten kommt, geht eben nicht auf Kommando. Und dann hat mich auch der Legions Artikel[93] so deprimiert. Ich hatte ihn nicht so schlecht in Erinnerung. Im Vergleich mit den andern Sachen im «Schw. Sp.» ist er ja noch heilig, aber was nützt mir das, wenn ich ihn doch schlecht finde. Da helfen auch die schönsten Entschuldigungen, wie, daß es sich um eine abgetane Sache handelt, gar nichts.

Vielleicht kann ich durch Forrer, dem Glarisegger Klassenkameraden, eine Stelle finden. Es ist nur sehr schwer augenblicklich und ich bin auch so vergraben, daß es mir schwer fällt, die einfachsten démarches zu machen.

Und dann quält mich die fixe Idee ich könne erst schreiben, wenn ich eine Liebschaft anfinge. Es ist so pubertätshaft diese ganze Einstellung, alles ist noch so unreguliert, denn das kann ich mir doch auch sagen, daß eine so gewollte Erotik nur peinlich werden kann. Ich weiß nicht, was Sie an meinen Briefen besonderes finden. Ich schreib Ihnen eben von den Sachen, die mich beschäftigen, ein wenig ehrlicher als früher, aber das scheint mir jetzt irgendwie selbstverständlich. Irgendwo glaub ich nämlich doch, daß ich einmal etwas zusammenbringen werde, was sich lohnt zu lesen, auch für andere. Aber dazu muß ich mir jetzt eine Arbeitstechnik erwerben, u. das ist schwer.

Es hat mich traurig gemacht, daß diese Waldau Geschichte Sie so quält.[94] Solche Spannungen sind nicht erfreulich. Und ich würde mich so freuen, wenn es endlich zu einem Resultat käme.

Ja, das stimmt schon, daß ich Ihr Schweigen als analytische Maßregel gedeutet habe. Wenn das nicht der Fall ist, so bin ich froh. Finden Sie nicht auch, daß es noch nicht übertrieben ist, wenn ich 1 ½ Monate gebraucht habe um mich ein wenig zu Recht zu finden?

Ich hoffe sehr, daß ich jetzt ein wenig vorwärts machen werde. Die Inertie ist so schwer zu überwinden.

Mein Vater hat mir 300.- frs. zum Geburtstag schicken lassen. Hoffentlich kann ich dann im April ohne Zuschuß auskommen.

Viele herzliche Grüße von Ihrem

Glauser

---

93 *Im afrikanischen Felsental*, in *Schweizer Spiegel*, Heft 5, Februar 1932. Der Bericht über die Fremdenlegion ist der erste einer grösseren Zahl autobiografischer Texte, die Glauser zwischen 1931–35 für den *Schweizer Spiegel* schrieb.

94 Max Müller hatte sich für die vakante Stelle des Direktors der Psychiatrischen Klinik Waldau beworben. Den Posten erhielt er jedoch erst 1954, nach dem Rücktritt von Jakob Klaesi.

FRIEDRICH GLAUSER AN CHARLES UND LOUISA GLAUSER

Rue Daguerre 19, Atelier 5
Paris, 25. April 1932

Mein lieber Papa,
Entschuldige mein langes Schweigen, aber ich bin wirklich vom Pech verfolgt worden. Zuerst diese Magenkrämpfe, die mich gezwungen haben, ins Spital zu gehen (ich bin nur zwei Tage geblieben, weil es 40 frs. pro Tag kostete), und dann hab ich in den letzten 14 Tagen an Kopfschmerzen gelitten. Der Arzt hat mir eine Lumbalpunktion gemacht, anscheinend war es der Anfang einer Hirnhautentzündung. Und als das vorbei war, hab ich eine Angina bekommen (man musste mich nochmals ins Spital einliefern, meine Freundin war dummerweise fort), und ich schreibe Dir mit 38 Grad Fieber; gestern und an den vorhergehenden Tagen hatte ich 39 Grad. Ich pflege mich mit Wasserstoffperoxyd, Zitrone und Chinin. Zum Glück kenne ich diese Krankheit und brauche dafür keinen Arzt. Dies alles hindert mich am Arbeiten. Zum Glück konnte ich vor dieser Pechsträhne ein paar Sachen fertigschreiben: zwei Novellen, die angenommen wurden, für die eine werde ich in den nächsten Tagen bezahlt und für die andere anfangs Mai. Das macht mich glücklich, denn ich glaube, ich werde Dich für Mai nicht um Unterstützung bitten müssen. Auf jeden Fall danke ich Dir überaus herzlich für Deinen lieben Brief und für die 150 frs., die Du mir für April geschickt hast. Verzeih mir bloss, dass ich Dir nicht früher geantwortet habe. Ich schicke Dir die Novelle mit der Bitte, sie mir zurückzusenden. Wir leben in einer widerwärtigen Zeit. Niemand weiss, wohin dies führt, und die allgemeine Ungewissheit belastet jeden von uns und erschwert uns die Arbeit sehr. Der Feuilletonredakteur des «Bund» hat mir einen üblen Streich gespielt.[95] Ich hatte ihm einen kleinen Artikel über eine Ballettaufführung in der Oper («Gisèle») geschickt. Er hat die beiden ersten Abschnitte fast wortwörtlich abgeschrieben, hat sie mit seinem Namen gezeichnet und für einen seiner Artikel verwertet. Das hat mich derart angewidert, dass ich ihm nichts mehr geschickt habe. Aber jetzt ist es mir in der Flauteperiode gelungen, eine ziemlich lange Novelle[96] fertigzuschreiben, und ich werde versuchen, sie mit etwas Erpressung unterzubringen. Man muss echt ein wenig frech sein, sonst kann man sich begraben lassen. Als ich diese Geschichte dem offiziellen Korrespondenten des «Bund» hier erzählt habe, war er baff.

Leider musste meine Freundin für einige Aufführungen in die Schweiz fahren. Während dieser Zeit hatte ich eine Untermieterin,

95 D.i. Hugo Marti (1893-1937), Journalist und Schriftsteller. Seit 1922 Redaktor und kurz darauf Leiter des Feuilletons der Berner Zeitung *Der Bund* und der Kulturbeilage *Der kleine Bund* bis kurz vor seinem Tod. Glauser spielt auf Martis Artikel *Tänze – Emmy Sauerbeck im Stadttheater* an, in *Der Bund*, 18. März 1932.
96 D.i. *Dämonen am Bodensee*. Der Text blieb unveröffentlicht.

die mir 200 frs. bezahlte. Das war eine kleine Hilfe, und vor allem kam es ihr zugute, denn ich habe fast draufbezahlt. Aber sie flickte mir die Wäsche und half ein wenig im Haushalt. Mühsam war ihr sehr schwieriger Charakter. Es war absolut nichts zwischen uns, vielleicht war sie deswegen verletzt, aber ich war einfach nicht fähig dazu. Ich liebe meine Freundin zu sehr, und ich habe dieser Abmachung nur zugestimmt, um dieser Person, die in grossen Schwierigkeiten steckt, einen Gefallen zu tun. Sie ist Ballettänzerin und tanzt sehr gut. Zuerst war sie als Au-pair-Mädchen beim Sohn von Lévy-Bridel[97] (weißt du, der «L'âme des primitifs» geschrieben hat, ein phantastisches Buch, fast so ein Klassiker wie «Totem und Tabu» vom alten Freud[98]); aber sie konnte nicht beides tun, es ermüdete sie zu sehr, und so kam es ihr gelegen, hier wohnen und in diesem grossen Atelier arbeiten zu können.

Merkwürdigerweise finden alle Leute, denen ich meinen Fremdenlegionsroman zeige, ihn sehr gut, und ich habe den Eindruck, dass es nicht die gängigen Komplimente sind, denn sie zitieren mir sogar Passagen daraus, die sie ausgezeichnet finden. Erst kürzlich hat ihn Jean von Salis, der Korrespondent des «Bund», sehr gelobt. Ich werde ihn ein wenig kürzen, denn er hat Längen, und ihn an alle bekannten Verlage schicken. Möglicherweise bleibt er irgendwo hängen. Es ist immer so, wenn man überzeugt ist, nicht anzukommen, geschieht das Gegenteil. Entschuldige dieses Schreiben, ich bin noch ziemlich schwach. Sobald es mir besser geht, werde ich mich nach Privatstunden umsehen. Das ist scheint's etwas von den einzigen Dingen, wo man eine Chance hat. Die Franzosen beginnen sich für Deutschland zu interessieren.

Hoffentlich geht meine Pechsträhne bald zu Ende, so dass ich Dir das nächste Mal bessere Nachrichten habe. Sobald ich dieses «Plagiat» ein paar Leuten gezeigt habe, schicke ich es auch Dir. Ich habe rein zufällig davon erfahren. Der Vater meiner Freundin hatte ihr diesen Artikel geschickt in der Annahme, dass er sie interessieren würde, und der Redakteur war wohl überzeugt, dass ich den «Bund» nicht lesen werde. Auf jeden Fall verliere ich den Mut nicht und ich bin sicher, dass diese Krisenzeit früher oder später vorübergehen wird, und wir wieder eine einigermassen normale Situation haben werden. Hauptsache, man vermag bis dahin durchzuhalten. Meine Freundin kommt morgen zurück, und ich bin unsagbar glücklich, sie wiederzusehen. – Es wundert mich nicht, dass man Dich jetzt an der H. H. S. zu halten versucht. Ich bin sicher, keiner Deiner Kollegen hat ein so grosses Leistungsvermögen wie Du. Mir wird langsam klar, dass ich

[97] Gemeint ist Lucien Lévy-Bruhl (1857–1939), französischer Philosoph und Ethnologe, Verfasser von *L'Âme primitive,* Paris, Librairie Félix Alcan 1927.
[98] Sigmund Freud, *Totem und Tabu. Einige Übereinstimmungen im Seelenleben der Wilden und der Neurotiker,* Leipzig/Wien, Hugo Heller 1913.

ein klein bisschen davon geerbt habe. Leider nicht so viel, wie ich möchte. Aber lass Dich nicht um den Finger wickeln. Du hast so viel getan für diese Leute, und sie zeigen Dir so wenig Dankbarkeit! – Der Artikel über Belgien ist noch nicht erschienen. Sobald er gedruckt ist, werde ich Herrn Schiller bitten, ihn Dir zu schicken. Ich danke Dir für alle Opfer, die Du für mich bringst, und umarme Dich recht innig
Dein Sohn
Frédy

Meine liebe Mama,
Vielen Dank für den lieben Brief, den du jenem von Papa beigelegt hast. Du schreibst mir so liebevoll, dass ich mich ein bisschen schäme, Dich so zu vernachlässigen. Und ich vergesse immer Deinen Geburtsdatum. Aber da ich weiss, dass Du nicht unbedingt daran erinnert werden willst, dass du ein Jahr älter geworden bist, ist das ja nicht so wichtig. Trotzdem weiss ich, dass Du ungefähr am 28. April Geburtstag hast, nicht wahr? Ich wünsche Dir also viel Glück und Gesundheit. Geht es mit Deinen Leberbeschwerden besser? Wir haben hier einen grauenhaften Frühling. Grippe, Angina, Bronchitis treiben sich herum (unsichtbar natürlich, aber sie treiben sich trotzdem herum). Es treiben sich auch die Wahlprogramme der Abgeordneten herum, die vom 1. Mai an auf einen einträglichen Posten hoffen. Herr Coty platziert in seinem Käseblatt[99] grossartige Artikel über die jüdisch-deutsch-amerikanisch-kapitalistische Verschwörung, die (ihm zufolge) dabei ist, die ganze Welt zu verschlingen. Herr Coty spielt voller Stolz den Heiligen Georg mit einer 3-Groschen-Zeitung als Rüstung, nur um den Pressekonzern zu ärgern, der seine Blätter für 5 Groschen verkauft. Man tituliert sich gegenseitig als Lump und Gauner; die Äusserungen würden einen Primarschüler zum Kichern bringen … Ihr Französisch klingt, als wäre es aus dem Deutschen übersetzt. Beim Lesen ihrer Artikel amüsiere ich mich viel besser, als wenn ich eine sogenannte «humoristische» Zeitschrift angucke. Anbei sende ich Dir eine Karikatur aus dem «Gringoire»[100], damit du etwas zum Lachen hast. Ich glaube, es ist eines der besten Spottbilder, das ich seit langem gesehen habe.

Unmöglich, bei diesem Sauwetter ein wenig auszugehen. Bevor meine Freundin abreiste, waren wir zusammen in Versailles. Es ist unbeschreiblich schön. Das Trianon auf der rechten Seite vor allem, dessen Terrasse den Park überblickt, ist etwas Wunderbares: diese Säulen aus rosa Marmor, die dem Bau ein luftiges Aussehen geben,

99 François Coty (1874 bis 1934), französischer Parfümindustrieller und Zeitungsverleger. Publizist mit einer antisemitischen, antikommunistischen und rechtsextremen Gesinnung. Seit 1927 Mehrheitsaktionär und politischer Direktor der Tageszeitung Figaro, seit 1928 Herausgeber des Massenblattes L'ami du peuple (Auflage 1930: eine Million), das er unter Preis verkaufte, um das Volk zu erreichen.
100 1928 von Horace de Carbuccia gegründete politisch-literarische Wochenzeitschrift. Wurde ab 1934 unter Henri Béraud ein Blatt der extremen Rechten.

der rosa Marmor, der die Becken einfasst und das Grün des Rasens hervorhebt und dem Wasser, in dem er sich spiegelt, einen unglaublichen Farbton verleiht. Und das Ganze ist von einer so tiefen und so echten Melancholie, herzergreifend. Die ganze Gartenanlage, mit gerade so viel Asymmetrie, wie es braucht, ist wirklich genial. Man kann viel lernen, wenn man den Geist, den Lenotre[101] beseelte, (es ist doch Lenotre, nicht wahr?), in sich aufnimmt. Und ist Dir schon aufgefallen, dass der Turm mit all seinen Sumpftieren (Schildkröten, Kröten) in der Mitte des Gartens thront, als sei die aus ihrer Sumpfheimat vertriebene Göttin zurückgekehrt, um der «Organisation» des Moores[102] zu verzeihen und erneut als Herrscherin in der Mitte zu thronen? Ich habe diese merkwürdige Symbolik nirgendwo gesehen, doch springt sie, finde ich, derart ins Auge, dass es fast unmöglich ist, sie nicht zu sehen.

Wenn ich dir gute Gesundheit wünsche, so wünsche Du mir doch bitte dasselbe, denn ich habe sie wahrlich nötig. Es ist so ärgerlich, wenn man sich immer mies fühlt und nicht arbeiten kann. An Ideen fehlt es weiss Gott nicht. Ich habe zwei Romane in Arbeit: um Geld zu machen, einen Kriminalroman, der in Genf spielen wird. Ich habe schon 50 Seiten. Und einen anderen, in dem ich eine Art Querschnitt der verschiedenen Menschen geben möchte, die mit einer Heilanstalt zu tun haben – Kranke und ihre Familien, Ärzte, Wärter etc. und ihre Begleitumstände. Eine grosse Sache, die schwierig sein wird. Ich rechne, dass ich dafür zwei Jahre brauche. Deshalb schreibe ich zuerst den anderen Roman, um Geld zu verdienen!

Es sind harte Zeiten für uns. Zum Glück nimmt mir der «Sch. Sp.» hin und wieder etwas ab.

Ich umarme dich ganz fest, Dein treu ergebener
Frédy

139 WALTER SCHILLER AN MAX MÜLLER

2. Mai 1932

Sehr geehrter Herr Doktor!
Ich setze voraus, dass Sie über die bisherigen Erlebnisse des Friedrich Glauser in Paris von seiten Ihres Patienten orientiert sind. Wie ich voraussah, ist es für F. G. viel schwerer geworden, in Paris Fuss zu fassen, als er meinte. Bis jetzt hat der Vater durch meine Vermittlung

---

101 André Le Nôtre (1613–1700), französischer Landschaftsarchitekt, oberster Gartengestalter von Ludwig XIV. und ab 1662 Gestalter der Gartenanlage in Versailles.
102 Wortspiel im französischen Originalbrief: «Marais», frz. für Moor und zugleich Name eines Pariser Quartiers sowie der gemässigten Partei in der französischen Revolution.

montaliche Zuschüsse von ca. 150.– Schweizerfranken geleistet, freilich mit dem Bemerken, dass er ab Ende April seine Zahlungen sistieren müsse, da er selbst vor seiner Pensionierung steht.

Allerneuestens übermittelte mir nun aber Vater Glauser in Copie einen längern Brief, den er von seinem Sohn aus Paris erhalten hat. Daraus geht hervor, dass F. G. in letzter Zeit recht leidend war. Im übrigen hat der Brief den Vater wieder etwas weicher zu stimmen vermocht. Voraussichtlich wird der Vater durch einen Bekannten, der nach Paris reist, seinem Sohn in nächster Zeit nochmals eine Geldhülfe zuteil werden lassen, die dieser sicher sehr gut brauchen kann.

Im Weitern aber rollt der Vater zum ersten Mal die Frage einer event. Heirat des F. G. mit Frl. Gutekunst auf, eine Frage, die mich selbst im Stillen schon wiederholt beschäftigte, wennschon ich sie mit meinem Mündel nie erörterte. Die beiden jungen Leute beweisen ja wirklich eine grosse Anhänglichkeit zueinander und man kann sich schon fragen, ob der Fortsetzung dieses wilden Verhältnisses eine Ehe vorzuziehen wäre, da dadurch in mancher Hinsicht die Situation für die beiden sich vereinfachen und ruhiger gestalten liesse.

F. G. ist nicht nach Art. 369 ZGB, sondern nach Art. 370 ZGB bevormundet. Bei der frühern Begutachtung durch das Burghölzli wurde das Vorliegen einer Geisteskrankheit bei F. G. verneint. Immerhin halte ich es für geboten, in dieser Sache vor allem auch ihre ärztliche Meinung zu hören, da Sie am besten zu beurteilen in der Lage sind, ob der bisher bei F. G. festgestellte krankhafte Hang zum Genuss von Narcotica als ein ehehinderndes Moment betrachtet werden muss.

Ich wäre Ihnen zu Dank verpflichtet, wenn Sie sich darüber aussprechen würden. Ich habe vorläufig F. G. gegenüber noch gar nichts betr. event. Verehlichung verlauten lassen und weiss daher auch nicht einmal genau, wie er und Frl. Gutekunst sich überhaupt dazu stellen würden.

Es scheint, dass sich F. G., seitdem er in Paris ist, doch ziemlich intensiv literarischen Arbeiten widmet. Je eher es ihm gelingt, sich auf diesem Gebiet nach und nach durchzusetzen, umso weniger wird er Lust empfinden, zum Gärtnerberuf zurückzukehren und ich fürchte ja nachgerade wirklich sehr, dass seine stark reduzierten körperlichen Kräfte für eine regelmässige körperliche Betätigung kaum mehr ausreichen.

Mit hochachtungsvollem Gruss

FRIEDRICH GLAUSER AN FRIEDRICH WITZ[103]

Paris, Rue Daguerre 19
14. Mai 1932

Sehr geehrter Herr Doktor,
für Ihre so schnelle Antwort danke ich Ihnen herzlich. Es ist selbstverständlich, dass ich meine Novelle nun keiner andern Zeitschrift anbieten werde, und ich danke Ihnen auch für den Vorschuss, den Sie mir zusenden wollen. Ich habe einen Roman über die Fremdenlegion geschrieben (ich war selber zwei Jahre in dieser Truppe) für den mir die Werkbeleihungskasse des Schweizer Schriftstellervereins 1500 frs. vorgeschossen hat. Er ist also nicht ganz schlecht. Der Grethlein Verlag hatte sich dafür interessiert, musste ihn jedoch schliesslich wegen schlechten Geschäftsganges ablehnen. Hätten Sie vielleicht Interesse dafür? Er heisst «Aus einem kleinen Posten» und schildert das Leben einer Compagnie in einem verlorenen Posten in Marokko. Ich weiss, dass vieles darin gestrichen werden müsste, um ihn für eine Zeitschrift brauchbar zu machen, die auf grosses Publikum eingestellt ist. Besonders müssten einige erotische Stellen gestrichen werden. Ausserdem fehlt ein wenig die Spannung, denn ich habe versucht, mehr die Atmosphäre zu geben. Aber es passiert doch allerhand: Betrügereien in einer Administration, Selbstmordversuch des Helden, ein kleiner Kampf gegen Aufständische und schliesslich eine Revolte der Compagnie. Die Fakten so dürr aufzuzählen wird Ihnen wenig nützen, ich tue es mehr, um Ihnen einen kleinen Überblick zu geben. Falls Sie das Thema interessieren sollte, wäre ich gerne bereit, Ihnen den Roman zuzuschicken.

Augenblicklich arbeite ich an einem Kriminalroman[104], den ich in etwa einem Monat beendet haben werde. Ich hätte sehr gerne Ihr Urteil, wenigstens über den Anfang, nur fürchte ich, Ihre Zeit damit allzu arg in Anspruch zu nehmen. Wenn Sie wollen kann ich Ihnen den Anfang schicken mit einem Plan über das Ende der Sache. Ich glaube, diese Arbeit würde besser für die «Z.I.» passen, als der Legionsroman.

Indem ich Ihnen nochmals für Ihr freundliches Entgegenkommen danke verbleibe ich mit vorzüglicher Hochachtung
F. Glauser

---

[103] Friedrich Witz (1894 bis 1984), Journalist und Verleger, Redaktor bei der Schweizer Wochenzeitschrift *Zürcher Illustrierte*, in der Glauser in den 1930er-Jahren regelmässig publizierte.
[104] D.i. *Der Tee der drei alten Damen.*

41 MAX MÜLLER AN WALTER SCHILLER

Münsingen, den 30. Mai 1932

Sehr geehrter Herr Doktor,
Entschuldigen Sie bitte vielmals, dass ich Ihr Schreiben vom 2. Mai betr. *Friedrich Glauser* erst heute beantworte. Ich war während mehrerer Wochen in den Ferien abwesend. Die Frage einer Eheschliessung G's hat auch mich schon seit langem beschäftigt und ich darf Ihnen wohl verraten, dass G. in den letzten Jahren mir gegenüber wiederholt und dringlich den Wunsch nach einer Legalisierung seines Verhältnisses geäussert hat. Vom ärztlichen Standpunkt aus ist die Frage aber nicht ganz einfach, und ich möchte es deshalb vorziehen, sie einmal mit Ihnen mündlich zu besprechen. Da ich voraussichtlich in nicht allzu ferner Zeit nach Zürich fahre, wird sich sicherlich dazu Gelegenheit bieten.
Vor wenigen Tagen erhielt ich überdies von G. die Mitteilung, dass es ihm (offenbar vor allem finanziell!) schlecht gehe und dass er seinen Pariseraufenthalt wahrscheinlich in kurzer Zeit abbrechen und zurückkehren werde. Ich nehme an, dass ich ihn bei seiner Rückkehr sehen und mich dann über seine Situation besser orientieren werde, als dies aus der Ferne möglich ist.
Mit vorzüglicher Hochachtung und besten Grüssen
M. Müller

42 FRIEDRICH GLAUSER AN JEAN RUDOLF VON SALIS

Mannheim, Augusta-Anlage 17
13. Juni 1932

Lieber Herr von Salis,
Bitte entschuldigen Sie meine brüske Abreise und vor allem meine Unhöflichkeit, nicht von Ihnen Abschied genommen zu haben. Es ist alles so schnell gegangen und unsere Finanzen standen so schlecht, dass uns nichts anderes übrig geblieben ist, als schleunigst uns zu drücken. Vor allem ist es mir sehr unangenehm, dass ich Ihnen die hundert Franken, die Sie mir so freundlich zur Verfügung gestellt haben, vor meiner Abreise nicht habe zurückgeben können. Darf ich Sie bitten, sich noch ein wenig zu gedulden? Sobald es mir möglich sein wird, (und ich hoffe, dass dies in spätestens einem Monat der

Fall sein wird), werde ich Ihnen das Geld zukommen lassen. Bis dahin sind Sie wohl so freundlich, sich zu gedulden und nehmen mir diese scheinbare Taktlosigkeit nicht übel.

Es ist einfach alles schiefgegangen in der letzten Zeit. Geld, das ich bestimmt erwartete, ist nicht eingetroffen. So bin ich zu meinem Vater gereist und schreibe hier den in Paris begonnenen Roman in Ruhe zu Ende. Ein wenig Hoffnung habe ich, dass die «Zürcher Illustrierte» ihn annehmen wird. Ausserdem hat mir der «Schweizer Spiegel» wieder einen Artikel bestellt, und ich hoffe, dass Marti sich entschliessen wird, eine meiner Novellen zu bringen. Die letzte, die ich ihm geschickt habe, hat er abgelehnt.[105]

Es ist ein sehr unangenehmer Wechsel von Paris nach Mannheim. Deutschland macht einen so verstorbenen Eindruck, die Leute schleichen herum, wie Fliegen im November, es kommt einem vor, als hätten sie jegliche Kraft und Spannung verloren. Ihr politisches Leben ähnelt mehr einem Krampf. Décidément la France est le seul pays, où il soit possible de vivre. Ich hoffe sehr, dass wir mit Trix im Herbst wieder nach Paris kommen können; ich werde wahrscheinlich über die Schweiz fahren und versuchen, von irgendeinem Käsblatt eine Pressekarte zu ergattern. Dann wird es mir auch leichter sein, im Palais de Justice meine Reportagen steigen zu lassen. In Deutschland denke ich noch bis zu den Reichstagswahlen[106] zu bleiben. Es ist sehr nützlich, finde ich, die Mentalität allhier ein wenig zu studieren, ich habe dann doch Vergleichsmaterial. Sehr freue ich mich darauf, Ihnen davon zu erzählen.

Also, nicht wahr, Sie nehmen mir mein Benehmen nicht übel, ich habe selbst genug unter Verlegenheitsgefühlen gelitten, denn ich hatte Angst, dass Sie die Sache falsch auffassen würden. Aber ich hoffe, dass Sie meine Situation verstehen und ein wenig Geduld haben werden.

Mit freundlichen und herzlichen Grüssen stets Ihr
Glauser

---

105 D.i. *Dämonen am Bodensee*.
106 Die Reichstagswahlen fanden am 31. Juli 1932 statt.

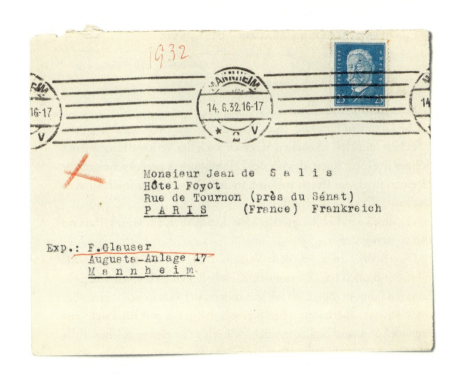

Brief von Friedrich Glauser an Jean Rudolf von Salis in Paris.
Mannheim, 13. Juni 1932. → Dok. 142.

143 CHARLES GLAUSER AN BEATRIX GUTEKUNST

Mannheim, den 7. Juli 1932

Sehr geehrtes Fräulein,
Ich bestätige den Empfang Ihres Schreibens vom Dienstag den 5. Juli.

Zuerst muss ich feststellen, dass ich nach der Verhandlung meines Sohnes in einem Buch, das ich der Leihbibliothek zurückgeben musste, einen Brief von Ihnen vorfand, in dem Sie sich über mich äussern wie folgt:

«Er muss wirklich langweilig sein, Dein Alter, ein Glück, dass du ihn so wenig siehst.»

Diesen Brief habe ich dem Vormund Dr. Schiller geschickt. Als mein Sohn mich bat, Sie von dem Geschehenen zu benachrichtigen, habe ich lange gezögert, ob ich jemandem, der sich in der Weise über mich äussert, überhaupt schreiben soll. Ich tat es mit Rücksicht auf meinen Sohn und bediente mich, wie ich es in einem solchen Falle nicht anders tun könnte, einer einfachen Postkarte.

Heute habe ich meinen Sohn im Gefängnisspital besucht und mit dem Gefängnisarzt, der ein guter Freund von mir ist, gesprochen. Mein Sohn hat mich gebeten, Ihnen zu schreiben. Ich erfülle diesen Wunsch. Es geht ihm besser. Es kommt nicht zu einer Gerichtsverhandlung. Er wird von Deutschland ausgewiesen. Ein Aufseher wird ihn bis zur Grenze auf meine Kosten bringen. Von dort aus muss er nach Münsingen gehen.

Sie brauchen ihm vorläufig nicht zu schreiben. Die beiden Briefe, die Sie an ihn geschrieben haben, habe ich *ungeöffnet* dem Staatsanwalt übergeben. Den einen erhalten Sie anbei zurück.

Ergebenst
Ch. Glauser

144 FRIEDRICH GLAUSER AN BEATRIX GUTEKUNST[107]

Das ist lieb, daß du ein wenig an mich gedacht hast, u. der Caffee ist gut.

Weißt du, Trix kann ich dich nicht recht nennen, die andern Namen sind perimiert, bleiben wir beim du, das unpersönlich-persönlich ist und gerade den rechten Temperaturton hat. Ich find ganz richtig, daß du heiratest,[108] auch warum dus machst versteh ich gut. Aber gell du

[107] Der Brief wurde im August 1932 in Münsingen verfasst.
[108] Beatrix Gutekunst heiratete am 21. August 1932 den Maler Otto Tschumi.

verlangst weder Hochzeitgeschenke noch Glückwünsche. Doch, es soll dir recht gut gehen, das wünsch ich dir wirklich, du bist schließlich ein anständiger Kerl, u. hast viel Geduld gehabt mit mir. Daß die Geduld auf beiden Seiten einmal zu Ende war, ist nur zu begreiflich, warum sollten wir dumm tun u. uns nun mit Begeisterung entfremden? Seh gar keinen Grund dazu. Büschen Geduld, einmal sieht man sich wieder und spricht dann u. stellt mittels Seelensextanten die Breite u. Länge fest auf der das Schiff augenblicklich steht. Sehr literarisch ausgedrückt, aber die Literatur hat auch ihre guten Seiten.

Übrigens hast du das auch? Ich muss die letzte Zeit immer an «Climats» von Maurois[109] denken: der Gedanke darin ist heillos gut. Ich vermiss nämlich bei andern gerade das, was mich bei dir manchmal irritiert hat. Man gewöhnt sich an die Atmosphäre.

Ja das ist schon lustig, wie wichtig sich die Leute nehmen, und wie klug sie snaken (ich selbst nicht ausgenommen). Und man findet nie jemanden mit dem man sprechen kann u. der versteht ohne daß man seitenlange Erklärungen macht. Das ist mühselig.

Ja, ich hab ein paar Sachen geschrieben. Mist u. halbwegs Anständiges, so durcheinander. Der Roman wird glaub ich ganz amüsant. So ein Schundroman mit Hintergründen. Aber ich schreib so schwer u. die Atmosphäre hier ist auch nicht gerade anfeuernd. Ich hab mich eigentlich schon oft gefragt, warum ich nicht Schluss mache, aber es ist hier so anstrengend, das zu versuchen, da wartet man besser bis man wenigstens dieses letzte so bequem als möglich tun kann.

Auch ein paar Gedichte hab ich verbrochen; ich schick sie dir, weil sie echt sind u. du das kapieren wirst. Aber für dich behalten. Übrigens hast du noch ein Kompliment zugut (eigentlich brauchst du dir nichts darauf einzubilden, aber es ist doch so), daß nämlich wirklich die paar schönen Tage, an die ich manchmal denken kann, mit dir zusammenhängen. Weißt du, so Abende am See, oder Morgen im Schnee, oder Collioure. So als ob ich erst durch dich ein paar ganz wichtige Sachen kapiert hätte. Nun man wird ja vielleicht einmal drüber reden können. Merkwürdig, daß auch du von Einsamkeit sprichst. Ich kann mich an neue Leute kaum mehr gewöhnen, es ist so mühsam, man bleibt besser bei oberflächlicher Konversation, der man ein wenig (was die andern so nennen) Tiefe beimengt. Konversationskoch, wär doch ein schöner Name.

Ich hab ein paar gute Sachen gelesen. Wenn du dich mal langweilst nimm doch den Spengler «Untergang des Abendlandes» den 2. Band vor allem. Es steht allerhand drin, was den Horizont, sogar in der Schweiz, ein wenig verrückt.

[109] André Maurois (d. i. Émile Salomon Wilhelm Herzog) (1885–1967), *Climats*, Paris, Grasset 1928.

Wir haben ein junges Fräulein Doktor[110] mit der geht das Reden noch ganz gut. Aber man muss sie ein wenig erziehen, sonst wird sie therapeutisch, u. davon hab ich genug. Übrigens hat sie ganz senkrechte Einstellungen, kritisiert richtig, hat Rilke gern, was immerhin ein bon point ist. Sie hats faustdick hinter den Ohren, irgendwie abgefeimt u. sieht aus wie boule de suif[111]. Ich predige ihr vergebens dass sie dunkle Kleider u. dunkle Strümpfe tragen soll, sie liebt leider hellgrün und rosa, sehr unvorteilhaft für ihre etwas unschlanken Gliedmaßen. Warum kann man solchen Frauen nicht beibringen, daß sie lange Ärmel tragen? Ihr Vokabular ist analytisch-psychiatrisch gefärbt, was ich durch Naserümpfen zu unterdrücken suche (Hölderlin – schizophren, diese Wortverbindung tut mir weh), und dies obwohl sie Gegnerin der Analyse ist. Übrigens, findest du nicht auch, alle sogenannten neuen «geistigen» Bewegungen enden mit Sonntagschuleneinstellung und werden zu Pubertätseinstellungen, sei es nun Sozialismus, Methodismus, Heilsarmee oder Analyse. Meinetwegen; auch der Kubismus gehört ja dazu.

Vielleicht kann ich mit meinem Roman soviel Geld zusammenkriegen, daß ich mich irgendwo in Spanien, am Meer, als Einsiedler auftun kann. Und nachher kann man ja weiter sehen. Vorläufig hab ich Rösel[112] geschrieben, ob er mir nicht eine Stelle weiß. Ich verfaul hier nämlich.

Es wär nett wenn du von Zeit zu Zeit von dir hören ließest. Briefe in Paketen gelangen direkt an mich, die andern werden geöffnet. Wenn ich nie geschrieben hab, so war es, weil ich Euer erstes Beisammensein nicht stören wollte. Jetzt wird das wohl weniger zu sagen haben.

Je vous baise les mains
Claus

145 GESPRÄCH WALTER SCHILLER MIT CHARLES GLAUSER

22. Aug. 1932

Es erscheint Prof. Glauser, z. Zt. in Eimeldingen[113] bei Lörrach. Prof. Glauser wird auf 1. Okt. 1932 pensioniert. Er bleibt dann zunächst noch in Mannheim, nimmt event. aus Gründen der Kostenersparnis während des Winters eine Zeit lang bei Verwandten Unterkunft und wird auf März 1933 definitiv nach Eimeldingen, wo er bereits eine Wohnung gemietet hat, übersiedeln.

110 Dr. Elise Honegger, Assistenzärztin in Münsingen.
111 Protagonistin und Titel einer 1880 publizierten Novelle von Guy de Maupassant. Boule de suif (dt. Fettklösschen) ist eine Prostituierte, die mit anderen Personen in einer Postkutsche aus der besetzten Normandie flieht; die Novelle bietet ein Gesellschafts- und Sittenpanorama der Zeit.
112 D.i. Wladimir Rosenbaum. Die Briefe sind nicht überliefert.
113 Gemeinde im Landkreis Lörrach in Baden-Württemberg, in die Charles Glauser nach seiner Pensionierung zog.

Prof. Glauser beabsichtigte zuerst, nur für einen Teil der Internierungskosten seines Sohnes Gutsprache zu übernehmen. Er sieht jedoch ein, dass diesfalls seitens der Armendirektion Bern voraussichtlich für ihn peinliche Erhebungen über seine Einkommensverhältnisse veranstaltet würden und entschliesst sich daher, doch die ganzen Kosten zu übernehmen, unter dem Vorbehalt, dass er seine Pension überhaupt erhält und das Geld nach der Schweiz überweisen kann. Prof. Glauser wird dem Amtsvormund in den nächsten Tagen seine neue Ferienadresse bekannt geben und erbittet sich dann an diese Adresse eine von ihm zu unterzeichnende Erklärung betr. Tragung der Internierungskosten.

Wenn nun aber Prof. Glauser die ganzen Internierungskosten seines Sohnes zahlen muss, so ist er nicht mehr willens, dem Sohn ein Taschengeld auszusetzen; derselbe soll sich das Taschengeld mit allfälligen literarischen Arbeiten verdienen.

Schiller

146 FRIEDRICH GLAUSER AN WALTER SCHILLER

Münsingen, 31.XII.32

Sehr geehrter Herr Doktor,
ich danke Ihnen vielmals für Ihr freundliches Weihnachtsgeschenk u. die guten Wünsche. Auch ich hoffe, daß es im neuen Jahr gut gehen wird.

Ich werde mich sehr freuen, wenn Sie mich einmal besuchen kommen. Die lange Ulcus Kur[114] ist jetzt glücklich überstanden u. ich kann wieder ein wenig arbeiten. Hoffentlich gelingt mir einmal etwas längeres.

Ihnen, lieber Herr Doktor, u. all den Ihren wünsche ich viel Glück im neuen Jahr u. gute Gesundheit.

Auch danke ich Ihnen noch sehr für all die freundliche Hilfe, die Sie mir haben angedeihen lassen.

Mit herzlichen Grüßen
Ihr Glauser

[114] Ulcus (lat.): Geschwür. Bei einer Untersuchung im Inselspital Bern im November 1932 wurde bei Glauser ein Magengeschwür entdeckt.

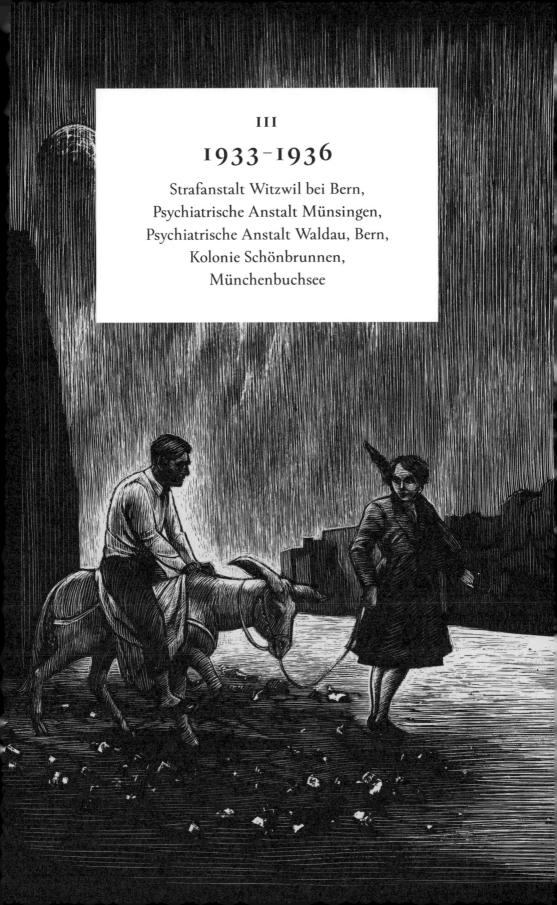

III
1933–1936

Strafanstalt Witzwil bei Bern,
Psychiatrische Anstalt Münsingen,
Psychiatrische Anstalt Waldau, Bern,
Kolonie Schönbrunnen,
Münchenbuchsee

«ICH PLANE EINE SERIE
SCHWEIZER KRIMINALROMANE»

SCHREIBEN

Von 1933 bis 1936 festigt sich Glausers Stellung als Schriftsteller. Es erscheinen Erzählungen, Lebensberichte und «Milieugeschichten» in Schweizer Zeitschriften und Zeitungen. Zwar ist Glauser weiterhin in den psychiatrischen Anstalten Münsingen und Waldau interniert, doch unterhält er von dort ein weit gefächertes Briefnetzwerk. Die Briefe sind sein Draht zur Aussenwelt; zusammen mit den Gesprächsprotokollen des Vormundes dokumentieren sie, wie sich Glauser in diesen Jahren im Literaturbetrieb etabliert. Er hat regen Austausch mit den massgeblichen Schweizer Feuilletonredakteuren der Zeit, mit Eduard Korrodi von der *Neuen Zürcher Zeitung,* Otto Kleiber von der *National-Zeitung,* Hugo Marti vom *Bund,* Arnold Kübler von der *Zürcher Illustrierten* und Adolf Guggenbühl vom *Schweizer Spiegel.* Glauser sucht nach Publikationsmöglichkeiten und wird von Redakteuren um Artikel angefragt, er verhandelt über Honorare und tritt mit anderen Autoren in Briefkontakt. Die Literaturagentin Ella Picard nimmt ihn Ende 1935 unter Vertrag. In dieser Zeit fasst Glauser auch den Plan zu einer Serie «Schweizer Kriminalromane». Sein Vorbild ist Georges Simenon, dessen ungeheure Produktivität er ebenso bewundert wie die atmosphärische Dichte seiner Texte. 1935 entwirft er die Figur des Wachtmeister Studer nach dem Vorbild von Simenons Kommissar Maigret. Studer ist ein etwas altväterlicher Berner Wachtmeister, der nicht durch besondere Brillanz auffällt, sondern durch sein grosses Herz und viel Wohlwollen gegenüber Aussenseitern. Eine erste

Studer-Erzählung *Der alte Zauberer* erscheint 1933 im Berner *Bund* und ein Jahr später gewinnt er mit der Erzählung *Sie geht um* den ersten Preis beim Kurzgeschichten-Wettbewerb der Zeitschrift *Schweizer Spiegel*. Es ist Glausers erste literarische Auszeichnung. In Schriftstellerkreisen gewinnt er 1935 Anerkennung, als er zu einer Lesung im «Rabenhaus» in Zürich eingeladen wird, wo sich um Rudolf Jakob Humm ein ausgesuchter Kreis an Literaten trifft. Glausers Lesung aus *Schlumpf Erwin Mord* stösst auf grosses Interesse, fortan gilt er als ernst zu nehmender Autor. 1936 erscheinen Glausers Studerromane *Wachtmeister Studer* (d. i. *Schlumpf Erwin Mord)* und *Matto regiert* als Fortsetzungsromane und anschliessend in Buchform. Im selben Jahr wird Glauser in den Schweizerischen Schriftstellerverein aufgenommen. In diese Zeit fällt auch die Bekanntschaft mit dem Journalisten Josef Halperin, mit dem er die Überarbeitung des Fremdenlegionsromans *Gourrama* in Angriff nimmt.

LESEN

Glauser schreibt nicht nur viel, er ist auch ein grosser Leser. Die Briefe sind sein literarischer Zettelkasten, gespickt mit Lektürenotizen, Zitaten und Äusserungen zu anderen Autoren. Er hält mit seiner Meinung nicht zurück, doch urteilt er selten direkt, sondern er erweist sich als ein Meister der Ironie. Mit grosser Sprachlust übernimmt er Wendungen aus Werken und ahmt den typischen Tonfall von Figuren und Autoren nach. Seine Briefe sind ausserordentlich reich an unterschiedlichen Stimmen, Klängen und Sprachen. Glauser hegt eine Vorliebe für die französische Literatur. Besonders interessiert ihn die französische Moderne, sein grosses Vorbild ist Proust, daneben zitiert er mehrfach Baudelaire, Gide und Mallarmé. Dem «Schweizer Olymp» hingegen, in dem sich so unterschiedliche Autoren wie Carl Spitteler, Ernst Zahn oder Maria Waser tummeln, begegnet er mit Reserve. Er liest auch ausgiebig zeitgenössische deutsche Literatur, ein weiter literarischer Bogen spannt sich von Rainer Maria Rilke bis zu Erich Kästner und Christian Morgenstern, und die Briefe sind durchzogen mit Reminiszenzen an Thomas Manns *Zauberberg*. Ungeachtet seiner Internierung ist Glauser ein vielseitig interessierter, hellwacher Zeitzeuge, der sich in Briefen zum politischen Geschehen äussert. Zudem beschäftigt er sich mit diversen Wissensgebieten. Das Spektrum reicht von historischen Werken zur französischen Revolution, über C. G. Jungs psychoanalytische Studien bis zur Anthroposophie Rudolf Steiners.

BEZIEHUNGEN

Die Zeit von 1933 bis 1936 steht im Zeichen zweier Frauen: Berthe Bendel und Martha Ringier. Im Herbst 1933 lernt Glauser in Münsingen die Pflegerin Berthe Bendel kennen und die beiden werden ein Paar. Ein Tabu im damaligen Psychiatriebetrieb. Obschon Bendel ihre Stelle kündigt, liefert diese Beziehung das Argument, Glauser nicht wie geplant Anfang Januar 1934 freizulassen. Stattdessen wird er in die Waldau verlegt, wo er bis Mai 1936 interniert bleibt. Die Gespräche und Briefe zwischen Vater, Vormund, Psychiater und Anstaltsdirektoren zu diesem Fall sind enthüllend: Sie zeigen das autoritäre Netzwerk, in dem Glauser gefangen ist.

Die zweite Frau um Glauser ist die Redakteurin Martha Ringier, mit der Glauser von 1935 bis 1938 eine intensive Brieffreundschaft pflegt. Martha Ringier ist ihm intellektuell ebenbürtig, sie berät ihn in seinen literarischen Projekten, hilft aber auch mit Geld aus und vermittelt seine Texte an Redaktionen.

Eine andere prägende Vertrauensperson fällt hingegen weg: 1934 kommt es zum Bruch mit dem Psychiater Max Müller, als Glauser dessen Unterschrift fälscht, um an Morphium zu kommen. Auch die Vormundschaft erfährt eine Änderung: Walter Schiller wird in die Vormundschaftsbehörde der Stadt Zürich gewählt, der Nachfolger Robert Schneider wird ab 1934 Vormund und bleibt es bis zu Glausers Tod 1938.

47 OTTO KELLERHALS AN WALTER SCHILLER

Witzwil, den 20. März 1933

Strafanstalt Witzwil
Kt. Bern

Sehr geehrter Herr Doktor Schiller,
In Sachen *Glauser* Friedrich müssen wir Ihnen mitteilen, dass wir uns die Angelegenheit lange überlegt haben, um eine befriedigende Lösung zu finden. Unsere Anstalt ist momentan besetzt wie noch nie, sodass wir nicht noch weitere Leute aufnehmen können. Wir haben auch mit Interesse die Artikel verfolgt, die Glauser im «Schweizer-Spiegel» und auch im «Bunde» veröffentlichte und haben konstatieren müssen, dass der Mann behauptet, es sei unmöglich von seinen Schwachheiten los zu kommen. Nun müssten wir, auch im Hinblick auf diese Behauptungen, riskieren, dass der Mann auch hier etwas anstellt, wenn er in einer freieren Stellung wäre. Die Folgen müssten wir tragen, und man wäre nur zu bald bereit, über uns dann mit Vorwürfen herzufallen. Wir haben eben auch hier ständig ungefähr gleiche Elemente wie Glauser, die nach der Entlassung beschäftigt werden sollen; und nach unserer langen Erfahrung ist es im allgemeinen leichter, Entlassene von hier als Arbeiter aufzunehmen als gewesene Internierte, die in der Freiheit waren und sich doch an ein anderes Leben gewöhnt haben, als sie hier finden. Wir spüren zudem auch die Krise insofern, als unsere vorgesetzte Behörde nicht mehr erlaubt, weiter Leute einzustellen, es sei denn, dass eine Vakanz zu besetzen sei.

Im Falle Glauser bin ich immer noch der Meinung, dass Arbeit, wo er seine körperlichen Kräfte anwenden kann und gleichzeitig etwas Zeit hat, sich geistig zu betätigen, für den Mann das einzig Richtige wäre. Denn nur durch körperliche Arbeit wird er von seinen Schwachheiten loskommen können.

Es ist dies vielleicht eine harte Massnahme, aber nach unserer Erfahrung die einzig richtige. Es tut uns leid, keine bessere Lösung gefunden zu haben, wir werden aber den Fall im Auge behalten und Ihnen eventuell weiter berichten.
Mit vorzüglicher Hochachtung.
Strafanstalt Witzwil
Der Direktor:
Kellerhals

Kaufbeleg der Buchhandlung Oprecht.
Zürich, ohne Datum.

148 GESPRÄCH WALTER SCHILLER MIT FRIEDRICH GLAUSER

22. April 1933

Es erscheint Friedrich Glauser, der gestern nach Zürich kam und bei Dr. Guggenbühl, Eierbrecht 72 logiert. Dr. Guggenbühl möchte ihn noch morgen Sonntag dem Lektor bei Orell Füssli vorstellen. Demzufolge würde Glauser dann erst morgen abend nach Münsingen zurückkehren.

Es wird dies bewilligt und Dr. Müller in Münsingen telefonisch verständigt. Dieser wird den Amtsvormund benachrichtigen, falls Glauser morgen abend nicht einrücken sollte.

Schiller

149 ADOLF GUGGENBÜHL AN FRIEDRICH GLAUSER

Guggenbühl & Huber, Schweizer Spiegel Verlag.
Zürich, Storchengasse

3. Aug. 1933

Lieber Herr Glauser
Beigelegten Brief[1] haben wir schon beantwortet. Wir haben noch ein paar ähnliche bekommen. Wir haben allen Einsendern geschrieben, dass es sich um eine unbewusste Nachahmung handelt, wie sie gelegentlich vorkommen.

Es würde uns freuen, wenn Sie gelegentlich wieder irgend eine Milieugeschichte einsenden wollten. Also zum Beispiel eine Wärtergeschichte oder eine Jugendgeschichte oder irgend etwas, das aus Ihrer persönlichen Erlebnissphäre stammt.

Oder auch eine kleine schweizerische Kriminalgeschichte.

Oder aber, wie [wir] besprochen haben, die Geschichte eines kleinen Detaillisten, der von der Migros erdrückt wird (oder der sich trotzdem hält).

Oder eine Geschichte, die in Gärtnerkreisen spielt, in einer Baumschule.

Oder die Geschichte eines Geisteskranken, der noch lange in Amt und Würde ist und dadurch Unheil anrichtet, zum Beispiel als Richter oder in einem Geschäft. Das kommt ja oft vor.

213 1 Es ist kein Brief überliefert.

Oder sonst etwas.
Mit freundl. Gruss
Redaktion des Schweizer Spiegel:
sig. Guggenbühl

Beilage: 1 Brief.

150 FRIEDRICH GLAUSER AN BERTHE BENDEL[2]

Du musst zuerst einmal das Papier entschuldigen Berth, ich hab Briefpapier bestellt, aber es ist noch nicht gekommen. Und ich möchte dir gern heut abend schreiben. Warum weiß ich selbst nicht. Vielleicht weil du mir so nah bist – vielleicht fühlst du das auch und dann weil ich ein wenig Angst habe. Ich war nämlich heut bei Müller. Hab sehr energisch gesprochen wegen des Fortgehens – und er hat auch gemeint ohne Geld oder Stelle wird mein Vormund natürlich Schwierigkeiten machen. Das glaub ich ja auch, aber es wird nicht halb so arg sein. Schließlich kann ich immer nach Basel od. Zürich auf 14 Tage, mich dort anmelden u. mir dort dann einen Pass verschaffen. Verlängern kann man ihn dann immer lassen. Wenn ich nur einmal sicher wüßte, wie es mit dem Schreiben geht. Ich hab ja schon oft so tote Zeiten gehabt u. dann ist es wieder gekommen. Und jetzt hab ich so sehr Angst, daß du ungeduldig wirst und meinst ich sei faul u. gleichgültig.

Schau Kindlein, das bin ich wirklich nicht, aber es braucht alles seine Zeit. Irgendwie, obwohl mir die Schlafmittelabgewöhnung fast keine Schwierigkeiten macht, muss es innen drin doch eine ungemütliche Umstellung geben. Und ich hab das halt auch bei den einfachsten Geschichten die ich schreiben soll; ich muss immer warten u. wenn ich nicht warte bis es reif ist, oder bis ich den Weg fühle, dann verreckt es mir unter den Fingern, u. ist dann wirklich Mist. Es kann sein, ich krieg plötzlich einmal den Rappel u. hau drei Sachen in einer Woche herunter und dann sind sie so halbwegs gut. Ich kann nicht arbeiten, wie ein tüchtiger Schreiber, obwohl ich weiß, daß viele meiner Kollegen das können. Es ist vielleicht doch Faulheit oder Mangel an Energie.

Das einzig Blöde an der Geschichte ist, daß Müller von Neujahr an verreist u. erst im Mai wiederkommt. Ich hab ihn gebeten mit dem Alten zu verhandeln und er hats mir versprochen. Vielleicht bleibt

2 Berthe Bendel (1908 bis 1986), Psychiatriepflegerin in Münsingen, ging im September 1933 mit Glauser eine Beziehung ein und kündigte deswegen im Dezember 1933 ihre Stelle. Glausers Gefährtin bis zu seinem Tod 1938. Der vorliegende Brief aus Münsingen wurde im Oktober 1933 verfasst.

Müller auch bis Ende Januar u. dann könnte er noch die Geschichte ordnen, was mir lieber wäre. Auf alle Fälle glaub ich auch mit dem Direktor fertig zu werden.

Ja, Berth, Kleines, Liebes, wirst du warten können? Warum hast du dir auch so einen Hornochsen wie mich ausgesucht, den die Leute nicht springen lassen wollen, der von Vormund u. Psychiatern abhängig ist, statt irgendeinen gesunden u. normalen Bürger, der seinen festen Lohn hat? Nein, Berth, ich spaß nur, ich weiß schon daß da irgend etwas ist, daß wir zusammengehören. Aber es ödet mich so an, dich immer zum Warten zu ermahnen. Das kommt mir so schulmeisterlich vor. Aber weißt du, einesteils ist es ganz gut. Du kannst dann vielleicht deutlicher sehen als jetzt, ob du wirklich mit mir gehn willst, u. ob das Zugehörigkeitsgefühl wirklich da ist. Zugehörigkeit ist ein schreckliches Wort, u. ich meins gar nicht so. Im Gegenteil du sollst immer wissen, daß du frei bist, daß ich es mir nie einfallen lassen werde, dir etwas vorzuschreiben. Du musst dir um Gottes willen keine übertriebenen Vorstellungen von mir machen. Daß ich ein wenig gut schwätzen u. schreiben kann – mein Gott, das sind so Geschenke auf die man sich als anständiger Mensch nicht mehr einzubilden braucht, als ein Bauer, dem der Hafer gut wächst. Aber du bist so ein anständiger sauberer Kerl – ich glaub mit gutem Gewissen sagen zu können, daß ich immer ehrlich zu dir sein werde. Und dann denk eins, Berthie, ich bin zwölf Jahre älter als du, und du hast mich wieder aufgeweckt. Schau, ich darf dir das schon sagen: Zeit spielt keine große Rolle. Ich war viel eingesperrt, u. die Legion war schließlich auch ein Gefängnis. Aber ich find immer wieder, daß ich mehr erlebt hab u. mehr gelernt hab, als die Leute, die immer frei waren, einen Beruf hatten. Die sind viel ärger eingesperrt als ich. Vielleicht hab ich das gebraucht – sicher sogar, sonst hätt ich dich doch nicht gefunden. Und ob wir jetzt noch ein paar Monate warten – Kindlein, ein Monat nachher, wenn wir beide frei sind, kann für uns beide mehr bedeuten als viele Jahre für andere. Und wenn aus diesem Monat noch Jahre werden dann wird es doch sehr schön. Oder glaubst du nicht? Du bist so ein tapferes Mädchen, daß ich glaub du hältst es bei mir schon aus. Ich bei dir sicher. Weißt du, ich hab zwei schlechte Eigenschaften: ich bin leider sehr treu, und ich bin ein grässlicher Schulmeister. Aber vielleicht doch anders als die andern Schulmeister. Ich möcht dir so viel zeigen u. vorlesen, ich möcht jemanden haben, der ganz zu mir hält – dabei versteh ich allerlei, mit Eifersucht werd ich dich nicht plagen. Nur das eine macht mich rabiat, wenn irgend so ein Trampel dich anfasst. Sonst bild ich mir wirklich nicht ein, daß ich so hervorragend bin, daß eine Frau über mir alles andere vergisst. Aber zusammenhalten sollte man, was weiß ich, vielleicht bin ich sehr dumm in manchen Sachen, das musst du dann entschuldigen.

Schreib ich sehr dumm? Man sagt, die Liebe mache dumm, ich find das gar nicht, mir genügt vollkommen, daß ich mir vorstellen kann du kommst einmal mit mir. Aber nicht den Friedel verehren, Kind, um Gottes willen nicht. Du hast Eigenschaften du bist wer, das weißt du doch. Und wenn du den Mut verloren hast in diesem Raritätenkabinett, wo man nie weiß, wo die Grenze liegt zwischen Verrückten u. Gescheiten, so hat das nichts zu sagen. Das gibt sich alles wieder.

Weißt Berth ich hab nur gewollt du sollst einen Brief von mir haben über den Sonntag. Damit das Meitli ein wenig an mich denkt.

So Kleines, ich schreib im Bett u. der Arm schläft mir ein. Ich möcht meinen Kopf auf deine Brust legen, dann könnt ich gut schlafen, so neben dir. Hier friert man immer, so allein. Leb wohl, Kindlein, ich hab dich gar sehr lieb u. küss deine Augen deine Hände und deinen Mund.

Dein Friedel

151   FRIEDRICH GLAUSER AN BERTHE BENDEL[3]

Nur schnell ein paar Worte, Berthie, Kleines, ich hab bis jetzt gearbeitet u. eine neue Geschichte[4] fast fertig, noch eine Seite. Bin neugierig, ob sie der «Bund» nimmt.

Du, ich dank dir viel vielmals für deinen lieben Brief (oder die Briefe), du schreibst so lieb, wenn du schreibst, wie du redest. Ich hab dich sehr lieb, Berth, so wie du bist, du bist doch nicht dumm. Weißt, das mit dem Panzer begreif ich so gut, aber ich bin sehr glücklich, daß dus mir geschrieben hast. Ich hab wirklich ein paar Mal gedacht: Was hat das Berth nur, bin ich ihr fremd, hat sie Angst vor meinen Zärtlichkeiten, oder bin ich zu grob. Aber wenn's nur das ist, dann ist es eben die Atmosphäre von dem scheußlichen Anstaltsbau. Dann ist ja alles gut.

Du Berth, es ist kaum zum Aushalten, daß man sich nicht mehr sehen kann, nur so durch Gitter. Ich mag am Morgen gar nicht mehr aufstehen, seit ich weiß, daß ich dich nicht mehr zu sehen bekomme. Du, das wird hart diese Monate. Aber nachher wird's schön. Ich freu mich so auf dich, u. ich glaub nicht, daß du es schlecht haben wirst

3 Undatierter Brief aus Münsingen, Anfang November 1933.
4 Nicht ermittelbar.

Brief von Friedrich Glauser an die Pflegerin Berthe Bendel.
[Poststempel: Münsingen, 17. November 1933]. → Dok. 150 | 151.

bei mir. Ich hab mich immer nach so einer Frau gesehnt, wie du eine bist, so etwas Sauberes u. Unbürgerliches, u. die versteht u. *ganz* mitgeht mit einem. Nur mich nicht auf ein Postament stellen, bitte. Ich bin ein armer Hund, sonst nichts u. steh auf so unsicheren Beinen. Du mußt mir eben helfen. Und tyrannisieren wollen wir uns nicht, gell? Sondern man bespricht, was zu besprechen ist. Ich hab immer die Leute gehaßt, die so schwülstig von einem Kampf der Geschlechter sprechen. Ich find das blödsinnig. Und die da so eine Art Feindschaft herausdeuten wollen zwischen Mann u. Frau. Ich glaub nicht recht dran. Vielleicht bin ich eben nicht männlich genug. Komisch, ich haß auch das Kokettieren. Weißt du, das Den-Mann-Anlocken u. dann Sich-Versagen, nur um überwältigt zu werden. Ich find das so blöd. Wenn die Frau nur wüßte, ein wie großes Geschenk sie gibt, wenn sie sich einfach schenkt, ich glaub, sie würd nicht so tun. Gewiß, es gibt Männer, u. hier in der Anstalt wimmeln sie, die sich etwas drauf einbilden, eine Frau «gehabt» zu haben. Solche Idioten. Als ob das etwas heißen will. Bilden sich etwas darauf ein. Und haben mal einen Körper in den Fingern gehabt u. meinen sich etwas. Sie kommen mir noch dümmer vor als junge Hunde, die sind doch wenigstens bei der Sache in Liebesangelegenheiten u. grinsen nicht dreckig oder zoten.

Lieb Berthie klein, ich will versuchen zu schlafen, sonst gibts Krach. Wann werden wir einmal zusammen sein? Ich glaub, in der ersten Nacht lösch ich überhaupt nicht das Licht, wenn ich draußen bin, um nur einmal die Anstalt los zu sein. Schlaf wohl, Kindlein, ich möcht so gern mich von dir auf den Ottoman tragen lassen (aber ich bin schwer, ganze 69 kg), und meinen Kopf auf deine Brust legen, das möcht ich. Dort ist es weich u. warm, und hier friert man. Schlaf gut, Kindlein.

152 FRIEDRICH GLAUSER AN WALTER SCHILLER

Münsingen, den 8. Dezember 1933

Sehr geehrter Herr Doktor,
Beiliegend übersende ich Ihnen die verlangten Quittungen und entschuldige mich, dass ich nicht alles vorgesehene habe kaufen können. Ich musste nach Bern mit einem Wärter, dessen Reisekosten ich auch habe tragen müssen. Die Rechnung sieht nun wie folgt aus:

Bahnfahrt Münsingen – Bern (2 mal)	4,10
1 Anzug (laut Quittung)	95,–
1 Paar Handschuhe	7,80
1 Mütze	3,50
	110,40 frs.

Schuhe und Hemden habe ich keine passenden gefunden. Ich denke, ich werde sie in Paris besser finden können. Nun stelle ich es Ihnen frei, Ihnen die restlichen 29.50 frs. wieder zukommen zu lassen; vielleicht aber ermächtigen Sie mich, das fehlende noch in Paris anzuschaffen.

Die «Zürcher Illustrierte» hat in ihrer Nummer vom 1. Dez. eine Sache von mir gebracht. Vielleicht interessiert Sie diese Novelle[5].

Ich danke Ihnen noch herzlich für Ihre Bemühungen und hoffe, dass alles geordnet sein wird. Über meine Abfahrt nach Paris werde ich Ihnen noch berichten.

Darf ich mir erlauben Ihnen und Frau Schiller meine besten Wünsche zu Weihnachen und zum neuen Jahr zu übermitteln. Übrigens denke ich vor meiner Abfahrt nach Paris noch über Zürich zu kommen, wo ich einiges zu erledigen habe. Ich werde mir dann erlauben, Sie aufzusuchen.

Mit freundlichen Grüssen verbleibe ich Ihr ergebener
Glauser

153 FRIEDRICH GLAUSER
AN DIE KANTONALE POLIZEIDIREKTION

Friedrich Glauser
c/o Dr. Müller
Münsingen Bern

Münsingen, den 20. Dezember 1933

Gesuch um Ausstellung eines Passes für Studienzwecke nach Frankreich
Der Unterzeichnete, Friedrich Glauser geb. 4.11.1896, zuständig nach *Muri* (Bern) Beruf: Journalist, ersucht um die Ausstellung eines Passes.
Belege: Heimatschein
   Livret de service
   Aufenthaltsbewilligung in Paris
   4 Passphotos

5 *Verhör*, in *Zürcher Illustrierte*, 1. Dezember 1933.

Mein schon Ende 1932 abgelaufener alter Pass ist mir verloren gegangen. Sollten sich Schwierigkeiten wegen der Ausstellung des Passes ergeben, so bitte ich, sich an Dr. W. Schiller, I. Amtsvormund, Zürich, Selnaustrasse zu wenden, wenn möglich telephonisch, da ich den Pass Anfang Januar schon brauche. Dr. Schiller wird Ihnen die nötigen Bestätigungen für die Notwendigkeit der Reise sowie Garantien für eine Rückkehr geben können, auch ist Dr. Müller, III. Arzt, Anstalt Münsingen, bereit Auskunft zu erteilen. Allfällige Kosten wollen Sie bitte zu meinen Lasten schreiben und Sie per Nachnahme einziehen.

Hochachtungsvoll
Glauser

154 FRIEDRICH GLAUSER AN WALTER SCHILLER

Münsingen, 20. Dezember 1933

Lieber Herr Doktor,
Gestern habe ich von Herrn Jucker[6] eine Antwort auf meine Anfrage erhalten, ob es ihm recht sei, dass ich schon am 15. Januar nach Paris käme um mit ihm das kleine Gut zu besichtigen, das ich übernehmen soll und mich überhaupt in der Gegend einzuleben und mich über meine Arbeit zu orientieren. Er ist mit diesem Projekt einverstanden, umsomehr als auch Dr. Müller ihm in diesem Sinne geschrieben hat. Meine Pläne, um deren Gutheissung ich Sie nun bitte, sind folgende: ich möchte Münsingen am Freitag den 4. Januar verlassen, zwei Tage in Bern bleiben, wo Dr. Marti vom «Bund» mich freundlichst eingeladen hat, dort diverse Besuche erledigen (Dr. Marti hat mir versprochen mich einigen Redaktoren vorzustellen und ich finde es immer günstig wenn man mit diesen hohen Herren in persönlichen Kontakt kommt). Hernach würde ich nach Zürich kommen und dort wieder bei Guggenbühls wohnen, die mich freundlich eingeladen haben, einige Bekannte besuchen und einen ‹Redaktionenkehr› machen. Vielleicht finde ich diesmal Gelegenheit Dr. Korrodi zu sprechen, auch möchte ich an die «Zürcher Illustrierte» um mit dem dortigen Redaktor über meinen Roman zu sprechen. Und schliesslich möchte ich auch Sie gerne vor meiner Abreise sprechen. Dann würde ich noch zwei oder drei Tage nach Basel gehen, wo ich von Meyenburgs[7] eingeladen bin, dort die «Basler Nachrichten» und die «Natio-

[6] Ernst Jucker, aus Winterthur stammender und in Paris lebender Bankier. Eigentümer eines kleinen Gutes in Angles bei Chartres, das Glauser und Berthe Bendel im Jahr 1936 für einige Monate verwalteten.

[7] Glauser hatte die Basler Familie von Meyenburg 1926 während seiner Zeit in Liestal über den Redakteur Felix Moeschlin kennengelernt. Der Vater Konrad von Meyenburg war Kulturingenieur, die Mutter Henriette war die Schwester des Komponisten Frank Martin. Alle vier Kinder waren künstlerisch begabt, die Tochter Mariette besuchte mit Beatrix Gutekunst den Tanzunterricht bei Katja Wulff in Basel.

nal-Zeitung» besuchen und dann am 13. Januar nach Paris fahren. Ich habe auch noch in Paris ein paar Bekannte, so den Korrespondenten vom «Bund» der mir letzthin geschrieben hat, er wolle mich seinem Kollegen von der «Zürcher Zeitung» vorstellen. Ich habe mit Dr. Müller diesen Plan besprochen, er ist einverstanden. Nun möchte ich Sie bitten, die Anstaltsdirektion von hier zu benachrichtigen dass Sie mit meiner Entlassung zu diesem Zeitpunkt (also am 4. Januar) einverstanden sind. Sie werden begreifen, dass ich gern einige Tage in einem andern Milieu zubringen möchte, bevor ich die Stelle antrete. Denn die Atmosphäre einer Anstalt, besonders wenn man sie so lange hat ertragen müssen, wie diesmal, nimmt einem jegliche Sicherheit im Umgang mit Menschen. Ich muss mich zuerst wieder an draussen gewöhnen. Wegen meines Passes habe ich an die Polizeidirektion Bern geschrieben und sie gebeten, falls sie Schwierigkeiten zur Ausstellung eines Passes sehen, sich an Sie zu wenden. Ich denke, dass Sie so freundlich sein werden, diese gewünschten Auskünfte zu geben.

Dr. Müller wird während der Festtage noch anwesend sein, so dass Sie ihm, wenn Sie es nötig finden, noch anläuten können. Nachher wird er wahrscheinlich abwesend sein, sodass es sich empfehlen würde, die Bestätigung direkt an die Anstaltsdirektion zu senden.

Ich möchte Ihnen, lieber Herr Doktor, am Ende dieses Jahres noch vielmals für alle Mühe danken, die Sie sich mit mir gegeben haben. Auch möchte ich Ihnen und Ihrer ganzen Familie recht frohe Festtage und ein glückliches Neues Jahr wünschen. Mit herzlichen Grüssen verbleibe ich Ihr
ergebener
Glauser

155 GESPRÄCH ROBERT SCHNEIDER[8] MIT MAX MÜLLER

3. Jan. 1934

Hr. Müller, Münsingen tel.
Glauser hätte morgen an Gärtnerstelle in Paris reisen sollen, Gl. zunächst noch für 8 Tage zu Guggenbühl vom «Schweizer Spiegel». Wir haben Bedenken ihn reisen zu lassen.

1. hat er mit einer Wärterin angebandelt, will diese nach Paris mitnehmen; diese ist total verliebt, blind. Glauser will sie heiraten.

---

[8] Robert Schneider (1892–1977), als Nachfolger von Walter Schiller von 1934–38 Glausers Vormund.

Gesprächsnotiz von Walter Schiller mit Max Müller.
Zürich, 3./4. Januar 1934. → Dok. 155.

2. ist er heute ab und nach langer Zeit mit einem Rausch heimgekehrt.
Wir sind der Meinung, Ausreise sollte nicht bewilligt werden.

Glauser hat sich aus Schriftstellerei ca. f. 500.– erspart.

4. Jan. 34

Dr. Schiller ordnet nach nochmaliger Besprechung mit Dr. Müller an, dass Ausreise zu unterbleiben hat.
   Mitteilung an: Vater Glauser
                  Direktion Münsingen
                  Frl. ... Winterthur
Sch.

Telefon Gebühr 2.10

156 ROBERT SCHNEIDER AN CHARLES GLAUSER

5. Jan. 1934

Sehr geehrter Herr Professor!
Als Nachfolger von Herrn Dr. Schiller, der auf 1. Jan. 1934 zum Mitglied der Vormundschaftsbehörde der Stadt Zürich gewählt worden ist, mache ich Ihnen über Ihren Sohn heute folgende Mitteilungen:
Wie Sie wissen, hätte Ihr Sohn auf den 15. Jan. 1934 in der Nähe von Paris eine Stelle antreten sollen. Es war abgemacht, dass er am 4. Jan. noch für einige Tage nach Zürich kommt. Indessen ging mir am 3. Jan. von der Direktion in Münsingen ein derartiger Bericht zu, dass ich nach Rücksprache mit Herrn Dr. Schiller die vorgesehene Ausreise rückgängig machen musste. Ihr Sohn hat sich ein Tag vor der vorgesehenen Entlassung wieder derart haltlos gezeigt, dass die Direktion die Entlassung nicht verantworten zu können glaubte. Es wurde bekannt, dass er in Münsingen mit einer Wärterin eine Liebschaft angefangen hatte und diese nach Paris mitnehmen wollte. Sodann ist er am 3. Jan. nach einem kurzen Ausgang betrunken in die Anstalt zurückgekehrt. Bei dieser Situation hielt ich es wie gesagt nach Rücksprache mit Herrn Dr. Schiller und in seinem vollen Ein-

verständnis für gegeben, diese Ausreise zwecks Stellenantritts in Paris nicht zu bewilligen. Herr Glauser bleibt weiterhin in Münsingen bis er sich derart aufführt, dass eine Entlassung verantwortet werden kann.

Ich hoffe, Sie [sind] mit meinen Anordnungen einverstanden und nehme auch an, dass Sie ohne weiteres Ihre erteilte Kostengutsprache auch für den weitern Aufenthalt in Münsingen aufrecht erhalten.

Hochachtungsvoll grüsst Sie

157 FRIEDRICH GLAUSER AN ROBERT SCHNEIDER

Münsingen, 11. Januar 1934

Sehr geehrter Herr Doktor,
Es tut mir leid, daß der Beginn der Vormundschaft, die Sie übernommen haben, mit einer derartigen Komplikation begonnen hat. Ich begreife jetzt auch sehr gut, daß unter den gegebenen Verhältnissen von einer Entlassung nicht die Rede sein konnte. Auch danke ich Ihnen herzlich, daß Sie so freundlich waren, Frl. Senn[9] von der Unmöglichkeit meiner Entlassung zu benachrichtigen.

Sie werden begreifen, daß ich augenblicklich nicht imstande bin, mich schriftlich mit Ihnen über das Vorgefallene auseinanderzusetzen. Ich möchte Sie nur bitten, der Anregung, die von Dr. Müller ausgegangen ist (meine Versetzung in die Waldau) möglichst bald Folge zu geben. Sie müssen begreifen, daß meine verschiedenen Internierungen in Münsingen, die Entwöhnungskuren, der ganze Analysekomplex, eine Atmosphäre geschaffen haben, die langsam unerträglich wird. Nicht, daß ich über die Behandlung hier zu klagen hätte. Im Gegenteil, die Ärzte sind mir immer so weit entgegengekommen, als es ihnen möglich war. Daß die kleineren Freiheiten, die man mir bewilligt hatte, nun aufgehoben sind, habe ich mir selbst zuzuschreiben. Ich möchte nur gerade jetzt nicht die begonnenen literarischen Arbeiten fallenlassen, gerade jetzt, wo ein kleiner Schimmer von Erfolg sich zu zeigen scheint. Auch glaube ich, daß ein vollständiger Milieuwechsel doch einigen Einfluss auf die Gereiztheit ausüben könnte, mit der ich ständig zu kämpfen habe. Ich glaube, daß die Versetzung in die Waldau keine großen Schwierigkeiten machen wird, da ja alle daran interessierten Teile einverstanden sind.

Hochachtungsvoll
F. Glauser

9 Miggi Senn (geb. 1904–?), Klavierlehrerin. Glauser lernte sie 1929 über Beatrix Gutekunst kennen und war von 1933–35 eng mit ihr befreundet.

158 FRIEDRICH GLAUSER AN ROBERT SCHNEIDER

Waldau, Bern, 2. April 1934

Sehr geehrter Herr Doktor,
Sie hatten mir seinerzeit in Münsingen versprochen, mich einmal, nach meiner Überführung in die Waldau, besuchen zu kommen. Darf ich Sie an dies Versprechen erinnern und Sie bitten in der nächsten Zeit einmal hieher zu kommen? Ich hätte einige wichtige Dinge mit Ihnen zu besprechen, die leichter mündlich als schriftlich verhandelt werden können.
  Ich wäre Ihnen sehr dankbar, wenn Sie mir mitteilen könnten, wann es Ihnen am besten passen würde.
  Mit freundlichen Grüssen
  Ihr ergebener
  Glauser

159 FRIEDRICH GLAUSER AN JAKOB KLAESI[10]

Waldau, den 18. April 1934

Sehr geehrter Herr Professor,
Wie mir Dr. Weber[11] mitgeteilt hat, sind Sie mit meiner provisorischen Entlassung für Mai nicht einverstanden. Dr. Weber wollte noch mit mir über diese Angelegenheit sprechen, kam jedoch vor seinen Ferien nicht dazu. Wie Sie wissen, handelt es sich um eine Einladung zu den Eltern einer Bekannten in der Nähe von Heiden.[12] Meinen Vormund habe ich gebeten mich in nächster Zeit besuchen zu kommen um ihm dieses Projekt zu unterbreiten. Doch scheint es mir korrekter, zuerst Ihnen die Fakten mitzuteilen und Sie über die Angelegenheit zu orientieren.
  Ich weiss wohl, daß sehr viel gegen meine Entlassung spricht. Ich bin erst seit sieben Wochen in der Waldau, nach den Akten und der Krankengeschichte werden Sie über meinen Fall wohl sehr pessimistisch denken. Doch möchte ich Sie bitten, das, was zu meinen Gunsten sprechen könnte, Ihnen darlegen zu dürfen.
  Es werden übrigens jetzt bald zwei Jahre um sein, seit ich interniert bin. Mit Beteuerungen und Klagen möchte ich Sie verschonen. Betonen möchte ich nur noch, dass es mir immer schwerer fällt auch

10 Jakob Klaesi (1883 bis 1980), Psychiater, seit 1933 Direktor der Psychiatrischen Anstalt Waldau, bis 1936 ausserordentlicher Professor und danach bis 1953 ordentlicher Professor für Psychiatrie an der Universität Bern.
11 Arnold Weber (1894 bis 1976), Psychiater, Glausers behandelnder Arzt in der Waldau.
12 Die Stiefeltern von Berthe Bendel wohnten in Heiden im Kanton Appenzell.

die leichteste literarische Arbeit fertig zu stellen. Ich glaube nicht, dass es sich in diesem Falle um ein Versiegen der (kurz gesagt) schöpferischen Fähigkeit handelt, sondern um ein Aufhören jeglicher Spannung, an dem die lange Internierung sicher mitgewirkt hat.

Ich möchte Sie nun bitten, mir einmal Gelegenheit zu geben, mit Ihnen über die Angelegenheit sprechen zu können. Ich weiss wohl, dass Sie sehr beschäftigt sind, doch hoffe ich, dass Sie einmal, während einer Visite auf der Abteilung, Gelegenheit finden werden, mir kurz Bescheid zu sagen.

Ich danke Ihnen, sehr geehrter Herr Professor, im Voraus für alle Ihre Bemühungen
Hochachtungsvoll
F. Glauser

160   FRIEDRICH GLAUSER AN ROBERT SCHNEIDER

Waldau, 14. Mai 1934

Sehr geehrter Herr Doktor,
in der letzten Woche habe ich Ihnen etwa drei Briefe geschrieben und sie immer wieder zerrissen: Ich sehe jetzt ein, daß ich Ihnen schriftlich nichts auseinandersetzen kann und möchte Sie noch einmal bitten, mich so bald als möglich besuchen zu kommen. Ich hoffe sehr, daß sich durch Ihren Besuch immerhin einiges abklären wird. Es wäre freundlich von Ihnen, wenn Sie mir bald Bericht geben könnten.

Mit freundlichen Grüßen
Ihr ergebener
Glauser

161   FRIEDRICH GLAUSER AN BEATRIX GUTEKUNST

Waldau, 15. Juni 34

Weißt du, es war schwierig zu schreiben in der letzten Zeit. Warum die weiße Eminenz mich nicht hat nach Paris gehen lassen, ist eine lange Geschichte, die man nicht schreiben kann, wenigstens nicht in einem Brief. Er hat ja sicher recht gehabt, damals, von seinem Stand-

Waldau, 14. Mai 1934

16. MAI 1934

Sehr geehrter Herr Doktor,

in der letzten Woche habe ich Ihnen etwa drei Briefe geschrieben und sie immer wieder zerrissen. Ich sehe jetzt ein, dass ich Ihnen schriftlich nichts auseinandersetzen kann und möchte Sie noch einmal bitten, mich so bald als möglich besuchen zu kommen. Ich hoffe sehr, dass sich durch Ihren Besuch immerhin einiges abklären wird. Es wäre freundlich von Ihnen, wenn Sie mir bald Bericht geben könnten.

Mit freundlichen Grüssen

Ihr ergebener

Glauser.

Brief von Friedrich Glauser an Robert Schneider, in dem er um ein persönliches Gespräch bittet. Waldau, 14. Mai 1934. → Dok. 160.

punkt aus, und es ist wohl nicht das Ungünstigste, daß ich noch eine Zeit lang interniert bleibe; ich komme zu einer gewissen Ruhe, die ich damals nicht hatte und ich muß offen sagen, daß die Atmosphäre hier in der Waldau entschieden zuträglicher ist, als die in Münsingen. Ich hab mehr Ruhe und kann jetzt, nachdem ich mich akklimatisiert habe, ganz ordentlich schreiben. Nur hat dies eben eine Zeit lang gedauert, auch bis ich die ganze Geschichte verdaut hatte, und darum hab ich dir nicht geschrieben.

Weißt du übrigens, daß eine Schwester von Inga[13], die auch bei Katja[14] gelernt hat, hier Tanzstunden gibt? Ich hab sie schon am ersten Tag gefragt, ob sie nicht in Basel gelernt habe, denn das «tjam ta ta tjam ...» kam mir ungeheuer bekannt vor. Ich glaub, sie kennt dich auch, wenigstens von weitem.

Es ist eigentlich merkwürdig, mit was für einem Hass ich von M.[15] fortgegangen bin. Es war gut, daß sie mir dort von sich aus den Wechsel vorgeschlagen haben. Es ist viel sauberer hier, du weißt, was ich meine, es mufft nicht so von vergärten und gestauten Protesten und Klatschereien. Und hier ist es eigentlich leichter, das, was ja an jedem Anstaltsbetrieb unsympathisch ist, zu verdauen und von sich abzustoßen. Der Abteilungsarzt ist ein Deutscher und der Analyse durchaus abhold, was erquickend ist. Ich hab lang gebraucht, um zu merken, was es eigentlich ist, was mich bei M. u. sonst bei den Analytikern, die ich kennen gelernt habe, immer so irritiert hat; du hasts eigentlich schnell herausgehabt, aber nie so richtig formulieren können: ihre absolute Humorlosigkeit, die sich, eigentlich genau, wie bei den überzeugten Anthroposophen, hinter einem überlegen-sonnigen Lächeln verbirgt. Wenn sie ihre Ausflüge in seelische Tiefen machen, müssen sie immer Taucheranzüge anlegen, mit schweren Bleisohlen und auf diese Weise geschützt und gepanzert begeben sie sich 50 m unter den Bewußtseinsspiegel um dort nach Gold zu suchen. Aber statt des Goldes, das ja wahrscheinlich vorhanden war, begnügen sie sich mit Tintenfischen, u. die Tintenfische spucken natürlich, wie regelrechte Castrationskomplexe; denn sie bleiben lieber im Dunkeln.

Von Rovida hab ich ziemlich viel durch Miggi gehört. Ich bin froh für ihn, daß es ihm bei Jooß[16] so gut gefällt. Hat er dir erzählt, warum Jooß aus Deutschland fort musste? Die Geschichte mit dem Klavierspieler Cohen der sich umtaufen lassen sollte, weil sein Name öffentliches Ärgernis erregte?[17] Ich bin immer zufrieden, wenn ich so schöne Geschichten höre.

Vielleicht wagst du dich mal in die Waldau? Wir werden zwar nicht allein sprechen können, aber über die Störung kann man schon hin-

13 Nicht ermittelt.
14 Katja Wulff.
15 Kürzel für den Psychiater Max Müller.
16 Kurt Jooss (1900–1979), Schüler von Rudolf von Laban und Gründer des Folkwang-Tanztheater-Experimentalstudios in Essen. Angelo Rovida (1908–1998), ehemaliger Tanzschüler von Beatrix Gutekunst, seit 1932 Mitglied des Jooss'schen Ensembles.
17 Jooss legte seinen jüdischen Mitarbeitern die Namensänderung nahe, damit er sie nicht entlassen musste. 1934 emigrierte er mit seiner Kompanie nach England.

wegkommen. Weißt du, es ist manchmal sehr anstrengend, die ganze Zeit mit Leuten reden zu müssen, die im Grunde eine fremde Sprache reden, die man gelernt hat. Aber manchmal möchte man ganz gerne die alte Sprache wieder sprechen, die gewohnte.
Herzliche Grüße
Claus

Die Besuchstage sind Dienstag u. Donnerstag von ½ 11 bis ½ 12; Sonntag von 2–4. Wenn du die Woche durch kommen willst, läutest du am besten zuerst an u. verlangst Dr. Janke[18], der dir wohl die Erlaubnis geben wird.

62 FRIEDRICH GLAUSER AN BEATRIX GUTEKUNST

29. Aug. 1934

Dank dir für deine Karte. Also schick mir bitte das zu 7.50 u. der Langenscheidt ist schon das richtige. Lass noch 2 Nummern von den «Schweizer Kurzgeschichten»[19] dazu tun. Vielleicht ist das ein Absatzgebiet und man könnte die Maßschneiderei vergrößern. Was du über die Geschichte sagst stimmt vielleicht; auf alle Fälle freuts mich. Ja, die Längen! Wenn ich die einmal los werde. Ich mach glaub ich noch immer den Fehler, daß ich meine, Längen gehörten zur «epischen Kunst». Aber wir leben eben nicht mehr zu den Zeiten des seeligen Raabe[20] und mir fehlt Prousts geniale Borniertheit, die die Leute einfach hypnotisiert u. sie zwingt Bandwurmsätze unverkauf hinunterzuschlucken. Aber solche Erkenntnisse, oder wie du sie nennen willst, kommen eben langsam und du weißt ja gut wieviel Zeit ich immer brauche, bis ich etwas begriffen habe.

Du, ich sollte den Taine[21] haben, wenns geht. Ich hab mich in ein zweibändiges Buch (jedes 500 Seiten, oktav) gestürzt, über Fouché, den Polizeiminister Napoleons. Eigentlich nur, weil ich den Fouché von Zweig[22] (Stefan) gelesen habe u. nachher den unangenehmen Eindruck von Schwindel gehabt habe. Es stimmt. Das Ganze ist ein schlechtes Résumé von dem wirklich guten Buch von Madelin über Fouché[23] (das übrigens 1902 erschienen ist u. noch ganz aktuell ist). Aber – mir fehlen die Grundlagen. Ich hab nur ganz vague Ahnungen von der Organisation des Kaiserreichs u. muss die Hälfte der Zeit erraten. Da heißt ein Herr Savary und plötzlich ist er Comte de Rovigo, u. ein anderer heißt ganz bourgeois Lames und ist plötzlich Duc de

18 Psychiater, behandelnder Arzt in der Waldau.
19 Serie von Heften mit ausgewählten Schweizer Erzählungen, hg. von Wilhelm Stegemann, Zürich 1932–34.
20 Wilhelm Raabe (Pseudonym Jakob Corvinus) (1831–1910), deutscher Schriftsteller, Vertreter des poetischen Realismus und bekannt für seine gesellschaftskritischen Erzählungen, Novellen und Romane.
21 Hippolyte Taine (1828–1893), französischer Philosoph, Historiker und Kritiker. Verfasser des sechsbändigen Geschichtswerkes *Les Origines de la France contemporaine* (1875–93).
22 Stefan Zweig, *Joseph Fouché. Bildnis eines politischen Menschen.* Leipzig, Insel 1929.
23 Louis Madelin, *Fouché 1759–1820*, 2 Bde., Paris, Plon 1900.

Montebello. Übrigens imponiert mir dieser Fouché (der übrigens auch Duc d'Otranto geworden ist und in seinem Wappen eine goldene Säule mit gleichfarbiger Schlange, die sich um die Säule ringelt, auf blauem Grunde trug – Napoleon war doch lustig, solch ein Wappen für einen Polizeiminister zu entwerfen) – warum einem die Leute immer mit Moral in der Politik kommen wollen. Da hat Zweig recht, – ein politischer Mensch. Aber warum muss man ihn entschuldigen – den Fouché nämlich, der etwa fünf oder sechs Treueide gebrochen hat. Wenn er doch etwas gekonnt hat. Sehr modern wirkt sein Prinzip, die Oppositionspartei nie zu bekehren oder zu zwingen, sich zu ralliieren, sondern sie sein zu lassen, wo sie ist – wie man Diebskaschemmen offen lässt, weil sie bequem sind für die Polizei. Ich erzähle dir dann noch von dem Herrn. Es gibt da eine köstliche Scene; nachdem Napoleon von Elba zurückgekommen ist, ist Herr Fouché, der mit den Bourbonen u. dem Wiener Kongreß intensiv geflirtet hat, wieder da u. bietet sich an. Napoleon nimmt ihn, er hat keinen andern Staatsmann, und sagt ihm, weil er ihm nicht traut: Herzog von Otranto, ich sollte Sie eigentlich köpfen lassen. – Sire, sagt Fouché, ich bin nicht dieser Meinung. Es ist doch gerade so schön wie das Wort von Sieyès[24], das ich dir erzählt habe: J'ai eu le talent de vivre. – Mein Gott, Hitler ist nur «Juda verrecke» eingefallen; büschen wenig. Er sollte bei Fouché in die Schule gehen.

Also schau bitte, daß du den Taine bekommst u. wenn möglich: Thiers: Histoire du Consulat et de l'Empire, u. Sorel (Alb.): L'Europe et la Révolution française.

Ich wär dir dankbar.

Leb wohl. Viel Vergnügen in Basel. Auf Wiedersehen

Claus

163   FRIEDRICH GLAUSER AN ANNA-LOUISE SCHETTY[25]

18. X. 1934

[...][26] ich danke Ihnen sehr herzlich für Ihren freundlichen Brief und für das Vertrauen, das Sie zu mir haben. Aber wie ich Emmy[27] helfen soll ist mir sehr rätselhaft. Ich bin selbst ein armer Teufel, Beziehungen hab ich gar keine, außer den «Schweizer-Spiegel»-Leuten kenne ich niemanden, der in einflussreichen Stellen hockt – und Mitleidsfälle wie die Prämierung meiner Novelle[28] wirken auf mich eher als ein Hohn des Schicksals als anderes. Verstehen Sie mich recht. Ich

24 Emmanuel Joseph Sieyès (1748–1836), französischer Priester und Staatsmann, einer der Haupttheoretiker der Französischen Revolution. Seine bekannteste Schrift ist *Qu'est-ce que le Tiers-État?* (1789).
25 Anna-Louise (genannt Lo) Schetty aus Basel war eine langjährige Freundin und Mäzenin von Emmy Hennings aus dem Kreis um Hermann Hesse.
26 Der Anfang des Briefes ist nicht überliefert.
27 Emmy Hennings.
28 Für *Sie geht um* erhielt Glauser den ersten Preis beim Kurzgeschichten-Wettbewerb des *Schweizer Spiegel*.

hab mich bis jetzt immer als Außenseiter herum geschlagen, dazu noch allerlei als Ballast mitgeschleppt, das ich nur schwer losgeworden bin – und dann soll ich helfen? Sie wissen gar nicht wie ekelhaft – mit wenigen Ausnahmen – die Schweizer Feuilletonredakteure sind. Das einzige was ich tun kann, ist einmal mit Hugo Marti vom «Bund» zu reden, er ist so der einzig anständige und zu probieren ob ich vielleicht Guggenbühl für die Sache interessieren kann. Aber ich habe wenig Hoffnung. Auf alle Fälle werde ich Emmy einmal schreiben, ich hätte das schon lang getan, aber ich wusste erstens ihre Adresse nicht und war auch sonst immer schwer von eignen Sachen belastet.

Eins hat mich an Ihrem Brief schier böse gemacht, liebes Fräulein. Wenn Sie schon meine Sachen gelesen haben, so hätten Sie sich doch denken können, daß ich nicht ein Mensch bin, der Briefe, die er erhält, als «Wisch» taxiert und sie zerreißt. Und warum die vielen Entschuldigungen? Ich bin doch nicht der Ehrengastwirt von Göschenen, Ernst Zahn[29], sondern ein bescheidener kleiner Literat, der das Schreiben lieber an den Nagel hing und Hühner oder Stauden züchten würde (es könnten auch Hunde sein) ...

Ach Gott, wissen Sie, mit Ball bin ich damals so dumm auseinander gekommen, und er ist doch einer der wenigen Intellektuellen gewesen, mit denen ich zusammen gekommen bin, der nebenher noch ein sehr gütiger und sehr sauberer Mensch war. Und eine Persönlichkeit. Das ist so rar und so dünn gesät auf dieser Welt, daß man eigentlich dankbar sein muss einmal auf solch einen Menschen gestoßen zu sein.

Sie müssen mir aber noch erzählen, wie Sie Emmy kennen gelernt haben und was sie jetzt tut. Ich könnte dann besser wissen, wie ich ihr schreiben kann. Vielleicht wissen Sie auch, an was sie jetzt arbeitet, ob sie Kurzgeschichten schreibt – da wäre vielleicht etwas zu machen. Haben Sie Manuskripte von ihr?

Antworten Sie mir doch bitte bald und seien Sie herzlich gegrüßt (unbekannterweise)
von Ihrem ergebenen
Glauser

---

29 Ernst Zahn (1867 bis 1952), Schweizer Erfolgsautor und Gastwirt, erreichte mit seinen 28 Heimatromanen und 30 Erzählbänden eine Auflage von fast vier Millionen.

164 ARNOLD WEBER AN ROBERT SCHNEIDER

Waldau-Bern, den 27. Okt. 1934

Sehr geehrter Herr Dr.
Wir haben Ihrem Mündel Fritz *Glauser* erlaubt, Samstag 27. bis Montag 29. in Zürich seinen Verleger Dr. Guggenbühl aufzusuchen, um mit ihm wegen der Herausgabe von Arbeiten zu verhandeln und einen kleinen Vorlesungsabend abzuhalten. Glauser will auch Sie bei der Gelegenheit aufsuchen. Wenn alles gut geht, ist es möglich, dass wir Glauser auch erlauben, eine Woche bei Pfr. Burri[30] in Bühren zuzubringen, um seinen Roman zu beendigen. Es handelt sich um ballons d'essay für die – spätere! – Entlassung: Pat. scheint gegenwärtig wirklich dem Morphium gegenüber sicher zu sein: aber alle künftigen Erfahrungen vorbehalten, denn er ist und bleibt unzuverlässig.
Mit vorzüglicher Hochachtung
die Direktion, i. V.
Dr. Weber

165 FRIEDRICH GLAUSER AN FRIEDRICH WITZ

Schönbrunnen, bei Münchenbuchsee
den 9. November 1934

Lieber Herr Doktor,
Vielen Dank für Ihre Antwort. Es freut mich, dass Sie den «alten Zauberer» haben brauchen können. Doch muss ich Ihnen etwas beichten. Er ist vor etwa drei Jahren schon einmal im «Kleinen Bund»[31] erschienen. Macht das etwas?
Ich schicke Ihnen hier drei kleinere Sachen, Erstdrucke und habe eine grosse Bitte an Sie. Den Roman, von dem ich Ihnen sprach[32] muss ich noch einmal abschreiben lassen (übrigens macht mir der Schluss Bauchweh, das, was Sie mir über schlechte Schlüsse sagten, über unbefriedigende, ist nicht auf unfruchtbaren Boden gefallen, und so knorze ich eben an dem Schluss herum) also ich muss das ganze Manuskript noch einmal abschreiben lassen, ich komme nicht dazu, weil ich mich zwischendurch landwirtschaftlich betätigen muss. Wäre es Ihnen möglich, eine oder zwei von den kleineren Sachen so bald als möglich zu bringen, denn ... Sie werden wohl das «denn» erraten, ich brauche Geld. Es ginge wohl nicht mehr im November?

30 Nicht ermittelt.
31 Die Erzählung *Der alte Zauberer* war am 23. April 1933 in der Sonntagsbeilage des *Bund* erschienen. Die *Zürcher Illustrierte* publizierte den Text am 1. März 1935.
32 *Der Tee der drei alten Damen.*

Bitte nehmen Sie mir diese Zumutung nicht übel, Sie wissen ja, wie es heutzutage zugeht, man muss so «luegen» wie man mit dem Geld zu Schlag kommt. Also nicht wahr, Sie sagen mir ganz offen, ob es geht oder nicht geht. Dankbar wäre ich Ihnen natürlich sehr, wenn Sie es irgendwie deixeln könnten.
 Vielen Dank im voraus für Ihre Bemühungen.
 Mit herzlichen Grüssen Ihr ergebener
 Glauser

66 GESPRÄCH A. BISSEGGER[33] MIT FRIEDRICH GLAUSER

29. Nov. 1934

Es erscheint Friedr. Glauser, der bei Guggenbühl «Schweizerspiegel» sich besuchsweise aufhält. Er ersucht um Geld. Es werden ihm Frs. 5.- gegeben und Glauser will morgen Freitag vormittag bei A'd vorbeikommen.
 A. B.

30. Nov. 1934

Glauser gewärtigt Bericht, ob er am nächsten Montag *vormittag* vorsprechen könne, da er nachmittags auf die N.Z.Z. bestellt sei.
 A. B.

167 GESPRÄCH ROBERT SCHNEIDER MIT FRIEDRICH GLAUSER

3. Dez. 1934

Friedrich Glauser berichtet, dass er seit 24. Nov. 1934 wieder beurlaubt sei. Er habe 3 Tage in Bern zugebracht und dort mit verschiedenen Redaktionen Fühlung genommen und sei nun seit 28. Nov. bei Guggenbühls, vom «Schweizer Spiegel». Er habe Urlaub bis 17. Dez.
 Glauser ersucht darum, ihm zu ermöglichen, dass er aus Münchenbuchsee entlassen werde. Er könne dort nicht recht arbeiten. Er habe in Bern bei Frau Tschumi[34], Weberstr. 3 ein Zimmer mit Frühstück zu Frs. 70.- in Aussicht und wenn A'd bezw. sein Vater ihm diesen

[33] Mitarbeiterin der Amtsvormundschaft Zürich.
[34] D. i. Beatrix Gutekunst, seit 1932 mit Otto Tschumi verheiratet und in Bern wohnhaft.

Betrag zahlen würde, so könnte er sicher mit literarischen Arbeiten das übrige hinzuverdienen.

Es wird Glauser gesagt, dass ich von Bern diesbezüglich noch keinen Bericht erhalten habe, und dass es bis dann bei der Abmachung bleibe, dass auf Frühjahr 1935 ein Entlassungsversuch gemacht werde, sofern er sich bis dahin gut gehalten habe. Glauser ersucht um einen Beitrag aus seinem Depositum. Es werden ihm Frs. 20.– gegeben, womit er freilich nicht ganz zufrieden ist. Er wünschte, sein Vormund sollte heute, wo es mit ihm aufwärts gehe, etwas «grosszügiger» sein. Es wird ihm aber gesagt, dass er nun von den vom «Schweizer Spiegel» erhaltenen Frs. 500.– bis heute Frs. 475.– verputzt habe. Er macht darüber folgende Angaben:

Frs. 50.– Restschuld für Schreibmaschine
» 100.– Darlehensrückzahlung an eine Drittperson, die er nicht angeben will,
» 100.– für Anschaffungen,
Rest für Bücherrechnungen, Reiseauslagen etc.
Sch.

168 GESPRÄCHE ROBERT SCHNEIDER MIT FRIEDRICH GLAUSER
UND ARNOLD WEBER

15. Dez. 1934

Glauser telefoniert, er fahre erst Mittwoch oder Donnerstag nach Bern, habe die Möglichkeit, sich einem Bekannten von Guggenbühls im Auto anzuschliessen. Zur Zeit sei er bei einem Fabrikanten Honegger[35] im Amt auf Besuch. Er habe bei der N.Z.Z. seinen Roman anbringen können, Dr. Korrodi sei sehr nett zu ihm gewesen. Im übrigen hoffe er, nun von der Waldau Bericht zu bekommen, dass er nicht mehr nach Münchenbuchsee zurückmüsse, sondern sich in Bern ein Zimmer mieten dürfe.

Er ist erstaunt, dass A'd von Dr. Weber hierüber noch nicht unterrichtet worden ist und es wird darum vereinbart, dass sich Amtsvormund direkt in der Waldau erkundigt und er sich Montag den Bescheid telefonisch bei Amtsvormund holt.

234 35 Nicht ermittelt.

17. Dez. 1934

Telefon mit Dr. Weber, Waldau, Bern.
Dr. Weber nimmt Vormerk, dass sich die Rückkehr Glausers nach Münchenbuchsee auf Mittwoch oder Donnerstag verschiebt.
Im übrigen berichtet Dr. Weber, dass Glauser telefonisch um die Bewilligung eingekommen sei, sich in Bern ein Zimmer mieten zu dürfen. Prof. Klaesi sei nicht abgeneigt, das Begehren Glausers zu prüfen, doch müsse Glauser zuerst wieder nach Münchenbuchsee zurückkehren, damit er sich vergewissern könne, ob er sich während der Beurlaubung habe halten können und man ihn event. schon früher in Freiheit setzen könnte. Glauser wird also unbedingt in Münchenbuchsee wieder erwartet und wird Amtsvormund dann Bericht erhalten, wenn eine def. Entlassung in Frage kommt und zu Rate gezogen bezüglich Gestaltung der Wohnungnahme in Bern (Unterstellung unter psych. Poliklinik, Prüfung des vorgeschlagenen Zimmers etc.). Es wird Dr. Weber gesagt, dass bei einer Freilassung Glausers nicht auf Unterstützung von seiten des Vaters Glauser gerechnet werden könne, indem dieser Frs. 70.– monatlich, wie sie Glauser von ihm verlangt, wegen den Devisenschwierigkeiten nicht schicken könne. Dazu bemerkt Dr. Weber, dass Glauser gesagt haben soll, dass es ihm jetzt möglich sei, sich selber allein durchzubringen.
Sch.

169 GESPRÄCH ROBERT SCHNEIDER MIT FRIEDRICH GLAUSER

19. Dez. 1934

Glauser telefoniert und erkundigt sich nach dem von Amtsvormund von Bern erhaltenen Bericht.
Es wird ihm gesagt, dass seine Wohnsitznahme in Bern von der Waldau geprüft werde, aber erst nach seinem Einrücken in der Anstalt Münchenbuchsee. Er wird morgen dorthin zurückreisen.
Gesagt wird Glauser auch, dass sein Vater geschrieben habe, dass es ihm unmöglich sei, monatl. Frs. 70.– für seine Wohnsitznahme in Bern disponibel zu machen und dass Amtsvormund von Dr. Weber Bescheid erhalten habe, dass er dort gesagt habe, dass ein Zuschuss nicht nötig sei. Glauser erwidert darauf, dass dies wohl möglich sei.
Sch.

FRIEDRICH GLAUSER AN MARTHA RINGIER[36]

Bolligenstraße 117
Ostermundingen, 3. April 35

Sehr geehrte Frau Ringier,
Warum *nur?* Der Theologieprofessor Karl Barth soll einmal gesagt haben: «Die Weltgeschichte der letzten paar tausend Jahre ist von Männern gemacht worden. Sie ist auch danach.» Und übrigens muss ich gestehen, daß ich «prozentual», wenn Sie das schreckliche Wort gütigst verzeihen wollen, in meinem Leben viel mehr kluge Frauen als kluge Männer getroffen habe. Klug ist nämlich nicht dasselbe wie intelligent oder gescheit. Nehmen Sie das bitte nicht als faustdickes Kompliment, sondern als Feststellung einer Tatsache und als Protest gegen Ihr «nur eine Frau».

Sie sagen mir viel Freundlichkeiten über meine Sachen. Das gibt mir den Mut, Ihnen noch zwei Sachen zu schicken. Der «Neger»[37] ist schon besser. Sie werden ja auch aus dem Datum sehen, daß der «Hellseher»[38] eine ziemlich alte Geschichte ist.

Für den «Schweizer Spiegel» hab ich seinerzeit einiges «Autobiographische» ausgegraben. Und ich muss gestehen, daß mir der Mut fehlt, noch einmal zu probieren. Obwohl ich gern einmal die Zeit schildern möchte nach meiner Rückkehr aus der Legion. Aber das braucht Zeit, und ich schreibe so schwer, immer mit Ächzen und Stöhnen und würde viel lieber Stauden züchten oder Hunde oder Salat pflanzen, als schreiben. Wissen Sie, ich gehöre von Natur zu den bequemen Leuten, das ist ein Charakterfehler wahrscheinlich, in unserer so betriebsamen Zeit. Und ich glaube, daß auch das Niederdrückende und Kalte, das Sie an meinen Sachen stört, gar nicht so sehr mit unserer Zeit zusammenhängt. Sie nennen sie unerbittlich. Ich glaube das nicht. Im letzten Jahr hab ich in ziemlich großen Dosen Geschichte vertilgt, und ich muss gestehen, daß die Jahre zwischen 1790 und 1816 wahrhaftig unsere Zeit fast als ein Paradies erscheinen lassen. Was die Wärme und den Mangel an Optimismus betrifft, so ist das wohl «charakterlich bedingt» wie unsere Psychologen so schön sagen. Ich kann auch die sogenannten idealistischen Schriftsteller à la Maria Waser nicht genießen. Ich möcht den Leuten immer sagen: «aber so ist es doch gar nicht ...» Nur würde das nichts nützen. Was wollen Sie, es kann eben niemand aus seiner Haut heraus – und das ist ganz gut so. Es muss solche und solche geben, Spengler und Professor Dr. Paul Häberlin[39] mit seinem Professorendeutsch und seiner ethischen Orientierung. Kennen Sie den schönen Rilke-Vers:[40]

---

36 Martha Ringier (1874 bis 1967), Schweizer Journalistin und Schriftstellerin, in den 1930er-Jahren Redakteurin der *Guten Schriften*, Basel, und des *Schweizerischen Tierschutz-Kalenders*. Autorin von Gedichten, Erzählungen, Tiergeschichten und Bühnenstücken in Dialekt und Hochdeutsch für Erwachsene und Kinder.
37 *Der Tod des Negers*, Erstdruck in *Der kleine Bund*, 18. Juni 1933.
38 *Der Hellseherkorporal*, Erstdruck in *Der kleine Bund*, 15./22. März 1931.
39 Paul Häberlin (1878 bis 1960), Philosoph und Theologe, von 1914–22 Professor für Philosophie in Bern, dann bis 1944 Professor an der Universität Basel. Behandelte in seinen Schriften grundsätzliche Fragen der Ästhetik, Philosophie, Psychologie, Pädagogik und Theologie.
40 Zeilen eines fragmentarischen Gedichtes aus *Gedichte an die Nacht* von Rainer Maria Rilke (1875–1926). Der deutsche Lyriker war für Glauser ein grosses Vorbild, auf das er sich in Briefen und im Roman *Gourrama* verschiedentlich bezieht.

Wir stehn und stemmen uns an unsre Grenzen
und reißen ein Unkenntliches herein ...

Ja, Rilke, das ist ein Trost. Aber man ist eben klein und winzig neben ihm. Vielleicht darf man sich aber doch etwas auf die Verehrung einbilden, die man für ihn hat.
Verzeihen Sie mein langes Geschwätz. Ich seh so wenig Leute, darum schreib ich gern Briefe.
Mit herzlichem Dank und freundlichen Grüßen
sehr Ihr
Glauser

71 FRIEDRICH GLAUSER AN FRIEDRICH WITZ

Colonie Schönbrunnen
Münchenbuchsee, 27. Mai 1935

Lieber Herr Doktor,
Herzlichen Dank für Ihren freundlichen Brief und für die Renseignements, die Sie mir so bereitwillig gegeben haben. Vom «Schweizer Spiegel» wusste ichs auch, sogar von zwei Fällen; was wollen Sie – wenn man einen Philosophieprofessor der zugleich Ethiker ist in seiner «manche» hat, dann kann man schon einiges riskieren. Ich finde es immer irgendwie unanständig, das Risiko eines Buches dem Verfasser zu überbürden,[41] es ist dann doch besser die Sache zu refüsieren. Nicht wahr? Sie müssen entschuldigen, wenn ich ein wenig über die Leute boshafte (als Verb gemeint) aber ich bin ein wenig wütig über sie. Erstens, dass sie in der letzten Nummer Spengler angegriffen haben – und wissen Sie, hundertmal lieber eine Spenglerei (wie Huber[42] so schön sagt) als eine Häberlinade. Aber ich wollte Ihnen etwas anderes erzählen: Ich hab Ihnen heute den Genfer Kriminalroman[43] geschickt und ich bedaure, dass ich nicht das Talent eines Reklamefachmannes oder eines Haarölfabrikanten habe. Sonst würde ich Ihnen den Roman in den wunderbarsten Schlagworten anpreisen – ich kann das leider nicht. Ich halte ihn in seiner Art für gut, und ich hab allerlei Bestätigungen erhalten, auch von Leuten die mir nicht sehr sympathisch gesinnt waren, und die ihn im Manuskript gelesen haben – sogar meist in einem Zug. Ich finde, das ist kein schlechtes Zeichen, und würde etwa der Ullsteinprobe ähneln – die kennen Sie doch. Gelesen haben ihn also: ein Psychiater, seine Frau,

[41] Friedrich Witz hatte in seinem Brief vom 22. Mai 1935 bestätigt, dass nicht nur Oprecht & Helbling, sondern verschiedene Schweizer Verlage bei manchen ihrer Bücher eine Kosten- und Risikobeteiligung des Autors verlangten.
[42] Fortunat Huber (1896–1984), Publizist und Schriftsteller, gründete 1925 mit Adolf Guggenbühl den Verlag und die Zeitschrift *Schweizer Spiegel*.
[43] *Der Tee der drei alten Damen*.

das Dienstmädchen, zwei Krankenschwestern, eine Klavierlehrerin, ein Buchhalter, ein Reisender, ein Krankenpfleger, ein Industrieller. Der Industrielle hat ihn bis 4 h morgens gelesen, aber vielleicht waren seine finanziellen Sorgen daran schuld, und nicht die Güte des Romans. Immerhin. Vielleicht sind Sie so freundlich und sprechen, wenn Sie ihn einmal durchgesehen haben (vorausgesetzt, dass Sie Zeit finden) mit Herrn Bucher[44] ich glaube nämlich, wenn er gut lanciert würde und broschiert verkauft würde, könnte es noch ein Geschäft geben. Er ist nämlich wirklich ein wenig anders, als was man sonst liest (und Sie dürfen mir glauben, dass ich die Produktion auf dem Detektivmarkt kenne). Simenon[45] ist entschieden besser, aber Simenon ist ein besonderer Fall. Leider habe ich augenblicklich die beiden Bände, von denen ich Ihnen gesprochen habe, nicht unter der Hand (bei der Hand, sagt man, glaub ich, entschuldigen Sie, mir kommt das Französische heut so in die Quere). Aber diese Woche will ich Ihnen gerne einen Band schicken. Nur – ich möchte, dass sie zuerst etwas von mir nehmen. Ich hab einen Schweizer Kriminalroman bald fertig, und den täte ich Ihnen gerne andrehen. Ich glaub er wird Ihnen gefallen. So etwa in anderthalb Monaten. Für die «Z.I.» geht glaub ich «der Tee der 3 alten Damen» nicht, ich weiss zwar selbst nicht warum ich das meine – übrigens hat auch Kleiber mir noch nicht geantwortet. Bitte behalten Sie die kleinen Entgleisungen meinerseits über den «Schw. Sp.» für sich und erzählen Sie sie nicht Herrn Kübler[46].

Es würde mich freuen, in nächster Zeit einmal von Ihnen zu hören; wenn Sie den Anfang von dem neuen Roman sehen wollen, so steht er zu Ihrer Verfügung. Ich würde vorschlagen, – doch darüber könnte man ein anderes Mal reden. Nämlich mich verpflichten, innerhalb sechs Monaten drei Kriminalromane zu liefern, die der Morgarten-Verlag einheitlich ausgestattet, broschiert, herausgeben würde. Ein Vertrag wäre gut. Ich würde dem Verlag das Copyright gerne verkaufen. Aber wie gesagt, man müsste darüber reden. Vielleicht sind Sie so freundlich und sondieren einmal Herrn Bucher in dieser Richtung. Etwas noch nie Dagewesenes auf diesem Gebiete, wie vorbesagter Haarölfabrikant sagen würde, müsste reissenden Absatz finden. Mein Gott, wenn Schwertenbach[47] es auf vier Auflagen bringt! ... Womit ich Sie bitte, nicht zu glauben, dass ich den Grössenwahn habe.

Mit sehr herzlichen Grüssen und vielem Dank für Ihre Bemühungen bin ich stets Ihr ergebener
Glauser

[44] Edmond Bucher (1902-1983), damals Prokurist des Morgarten-Verlages, der mit der *Zürcher Illustrierten* zusammen zum Konzern des Verlegers Emil Huber gehörte, so dass die in der Zeitschrift als Fortsetzungsserie publizierten Romane bei Morgarten als Buch erschienen.
[45] Georges Simenon (1903-1989), belgischer Schriftsteller, Autor von insgesamt 75 Kriminalromanen mit Kommissar Maigret.
[46] Arnold Kübler (1890 bis 1983), Schriftsteller und Journalist, damals Chefredakteur der *Zürcher Illustrierten*.
[47] D. i. Paul Eduard Meyer (1894-1966), Rechtsanwalt und Schriftsteller. Unter dem Pseudonym Wolf Schwertenbach publizierte er mehrere Kriminalromane, darunter DKDR *im Gotthard Express* (Zürich/Leipzig, Grethlein 1931) und *Mord um Marlow* (Horw, Montana 1933).

Berth ich lieb dich sehr lieb und sehne mich gar sehr nach dir. Warum muss ich immer an dich denken? Die zwei Sachen da find ich gut, es ist das Beste, was ich geschrieben habe. Das eine ist in der Basler National Zeitg. erschienen, das andere im Bund. Nur hab ich die Belegexemplare nicht mehr. Aber du kannst es sicher so lesen. Viel, sehr viele Liebes von deinem
Friedel

Wenn dich meine Sachen nicht interessieren, schick sie mir zurück, ich hab nichts mehr.

Brief von Friedrich Glauser an Berthe Bendel.
Münsingen, ohne Datum.

Sehr verehrtes Fräulein Bendel,[48]
Unterzeichneter erlaubt sich höflichst anzufragen, ob Sie, verehrtes Fräulein, krank, unpassend, bös, verärgert, müde oder faul sind. Er hofft das Letztere. Endesunterzeichneter hat die Ehre, Sie anzufragen, ob Sie geneigt wären, nächsten Frühling den schon einmal in Münsingen ventilierten Plan, nämlich auf ein Gut zu gehen u. dort Hühner, Enten, Erbsen, Küngel, Bohnen, Salat, vielleicht auch Hunde, Katzen, Tauben, Gänse zu züchten, nun zur Wirklichkeit erstehen zu lassen. Über Ihre Einwilligung zu diesem Projekt wäre Ihr gehorsamster Diener sehr glücklich.

Geld wird sich finden.

Ohne Spaß, Berthie, Jucker hat mich anfragen lassen, ob ich nächsten Frühling die Sache übernehmen will. Da brauch ich dich natürlich. Oder bist du anderweitig verlobt? Ich glaub es wär sehr schön u. wird schön werden. Schuften müssten wir, denn das Zeug ist sicher verlottert. Aber das schad ja nichts. Man hätte ein eigenes Haus, nicht? Schreib doch endlich einmal, faule Seele, oder komm nächsten Sonntag. Weißt ich hab so am Roman[49] geschuftet, daß ich daneben nichts geschrieben hab. Drum bin ich so auf dem Hund. Aber sobald ich Geld hab schick ich dir etwas.

Was ist los, Berthie? Wenn du nicht weitermachen willst, so sags lieber.

Übrigens heißt der Herr Fouché, war Herzog von Otranto, Staatsrat, Minister des allerchristlichen Königs Ludwig XVIII., hat in seinem Leben etwa ein halbes Dutzend Meineide geschworen, aber war ein kluger Kerl.

Viel Liebes u. einen sehr zärtlichen Kuss von deinem
Friedel.

[48] Der Brief wurde um den 30. Juli 1935 in Münchenbuchsee verfasst.
[49] *Schlumpf Erwin Mord,* der erste Kriminalroman mit Wachtmeister Studer.

73 FRIEDRICH GLAUSER AN FRIEDRICH WITZ

Münchenbuchsee, den 3. September 1935

Lieber Herr Doktor,
ich muss Ihnen noch recht herzlich dafür danken, dass Sie die Angelegenheit mit dem Vorschuss so schnell erledigt haben. Es war mir sehr unangenehm, Sie darum zu bitten, denn ich weiss, dass es immer schwierig für Sie ist, Sie hatten es mir ja einmal gesagt. Und wenn ich es nicht wirklich sehr notwendig gebraucht hätte – das Geld nämlich – so hätte ich Sie sicher nicht damit angeödet. Also nochmals vielen Dank für Ihre Freundlichkeit.

Es hat mir sehr leid getan zu erfahren, dass es Ihnen gesundheitlich so schlecht geht. Darum begreife ich auch gut, dass Sie meinen Roman nicht haben lesen können. Das klingt abscheulich egozentrisch, ich weiss es, und Sie müssen das entschuldigen. Aber wenn Sie wüssten, wie sehr unsereiner auf derartige Entscheide ‹planget›, so würden Sie das Egozentrische entschuldigen. Es ist ja wirklich so, dass man die Hälfte des Lebens mit Warten verbringt, dass man von einer Hoffnung in die andere fällt – das ist nicht gerade sehr elegant ausgedrückt, aber es stimmt doch.

Glauben Sie wirklich, lieber Herr Doktor, dass ich noch sehr lange werde warten müssen? Ich bin ja fast überzeugt, dass Sie den Roman nicht nehmen werden. Ich bin nämlich ein so unglaublicher Pechvogel und wenn mir einmal irgend etwas gelingt, dann kommt es mir ein wenig wie ein Hohn vor. Es ist ja sehr dumm, dass man immer so unzufrieden ist. Denn hin und wieder gibt es doch ganz schöne Erlebnisse aber man ist undankbar und will immer etwas anderes haben. Ich glaub ich schreibe Ihnen da furchtbaren Kohl zusammen. Eigentlich hätte ich sehr gern gehabt, wenn Sie den Roman[50], den ich Herrn Bucher geschickt habe, auch gelesen hätten. Ich glaube nämlich, er hätte Ihnen gefallen. Aber ich weiss so gut, wie das ist. Wenn man gezwungen ist, Manuskripte zu lesen, so hat man überhaupt keine Freude mehr an der Sache. Sie müssen so übersättigt sein mit mehr oder minder passabler Literatur, dass es Ihnen schwerfällt, sich aufzurappeln. Mir geht es ganz gleich, wenn ich auf Bestellung ein Buch rezensieren soll. Ich fasse es zuerst sehr vorsichtig an, schnuppere ein wenig darin, seufze: «Gott, ist das langweilig!», gehe spazieren, nehme es wieder in die Hand, lese ein paar Seiten, frage mich: «Schreibe ich eigentlich auch so langweilig?», stosse diverse Seufzer aus und mache mich endlich dahinter, weil es eben doch nicht anders

50 *Schlumpf Erwin Mord.*

geht. Denken Sie, ich habe letzthin für die «Nation» die Memoiren von Forel[51] rezensieren sollen. Also ich hab es nicht fertiggebracht. Wie ich am Ende war, habe ich eine Zeit lang Angst gehabt, ich bekäme eine Gelbsucht, so geärgert hab ich mich über dieses eingebildete alte Petrefakt. Ich hab dann die Rezension nicht geschrieben. Hätt ich das Buch heruntergemacht, so wäre ich sicher gewesen, alle Sünden, die ich in meinem Leben begangen habe, vorgehalten zu bekommen ... Und da hab ich lieber verzichtet. Ich bin nicht so recht in der Stimmung, mich mit Antialkoholikern und sonstigen Hygienikern herumzuzanken.

Aber noch eines, lieber Herr Doktor! Soll ich Sie zu einer Aquisition wie Ida Frohnmeyer[52] und Erich Hartmann[53] beglückwünschen? Sie würden doch merken, dass es Ironie ist. Darum lass ich es lieber sein. Das ist doch Niveau «Schweizer Illustrierte» und Sie haben bis jetzt doch immer Geschichten gebracht, die Salz hatten. Aber diese beiden Leutchen! Die kauen ja Papier und nähren sich von alten Jahrgängen der «Gartenlaube»[54] und zum Nachtessen, denk ich mir, verzehren sie einige Bändchen «Bibliothek der Unterhaltung und des Wissens»[55]. Sie kennen [die] doch? Glauben Sie mir, es ist wirklich nicht Brotneid, ganz sicher nicht, aber das ist alles so banal, kein einziger Satz, der ein wenig witzig oder lebendig wäre, keine einzige ein wenig lustige Beobachtung ... Übrigens bin ich nicht der einzige, der sich gelinde geschüttelt hat, ich hab von verschiedenen Seiten das gleiche Urteil gehört. Aber ausgezeichnet war Ihre Nummer über die «Tour de Suisse»[56], und zwar Bild und Textteil. Die Interviews von Gonzenbach[57] und Häberlin waren sehr lustig.

Nicht wahr, Sie nehmen mir doch solche Kritiken nicht übel? Ich meine es wirklich nicht böse.

Und nun wünsche ich Ihnen noch recht gute Besserung. Wenn Sie einmal Zeit haben, so berichten Sie mir doch bitte über das Schicksal meines Romanes. Und wenn Sie finden, er passe gar nicht für die «Z.I.», so sind Sie vielleicht so freundlich und geben ihn Herrn Bucher weiter, falls Sie nämlich finden, dass er sich als Buch besser eignet.

Mit vielem Dank und sehr herzlichen Grüssen
Ihr ergebener
Glauser

51 August Forel, *Rückblick auf mein Leben.* Zürich, Europa Verlag 1935. August Forel (1848–1931), Schweizer Psychiater, Vorreiter der Sexualforschung, Eugeniker. Von 1879–98 Professor an der Universität Zürich und Direktor der Psychiatrischen Klinik Burghölzli, einer der wichtigsten Vertreter der Abstinenzbewegung in der Schweiz.
52 Ida Frohnmeyer (1882–1968), Basler Schriftstellerin, Redakteurin der Familienzeitschrift *Die Garbe* und des Jahrbuchs *Die Ernte*. Ihre Erzählung *Der Tanz* war in der *Zürcher Illustrierten* vom 16. August 1935 erschienen.
53 Erich Hartmann, Publizist und Schriftsteller. Die *Zürcher Illustrierte* hatte am 9. August 1935 seine Novelle *Spiel im Wasser* abgedruckt.
54 Das seit 1853 verlegte illustrierte Familienblatt *Die Gartenlaube* war ein Vorläufer der modernen Illustrierten und das erste erfolgreiche deutsche Massenblatt.
55 Monatszeitschrift, die von 1876–1962 erschien und illustrierte Originalbeiträge von Schriftstellern enthielt.
56 Sondernummer der *Zürcher Illustrierten* vom 23. August 1935, in der verschiedene Persönlichkeiten Stellung gegen das traditionelle Schweizer Radrennen bezogen.
57 Wilhelm von Gonzenbach (1880–1955), Professor für Hygiene und Bakteriologie an der ETH Zürich.

74 FRIEDRICH GLAUSER
AN HANS BODMER, SCHILLERSTIFTUNG

Güterstrasse 315
Basel

Jetzige Adr.:
Bolligenstrasse 117
Ostermundigen

Sehr geehrter Herr Doktor,
Ich erlaube mir Ihnen beiliegend einige meiner gedruckten Arbeiten zu übersenden und Ihnen gleichzeitig das verlangte Curriculum vitae zu geben.[58]

Ich bin am 4. Februar 1896 in Wien geboren, besuchte dort die Volksschule und drei Klassen des Gymnasiums. Mein Vater war damals Professor an der Handelsakademie. Meine Mutter, die Österreicherin war, starb, als ich vier Jahre alt war. 1909 kam ich ins Landerziehungsheim Glarisegg, wo ich bis 1913 blieb. In Genf beendete ich das Gymnasium und machte 1916 die Matura. 1915 meldete ich mich freiwillig zum Militärdienst und machte in der Gebirgsartillerie die Rekrutenschule, die U. O. und tat in einer neuen Rekrutenschule Dienst als Korporal. Am Ende des Dienstes wurde ich krankheitshalber entlassen. Nach der Matur studierte ich in Zürich ein Semester Chemie an der Universität, sattelte dann um und studierte ein Semester Romanistik. Hernach war es meinem Vater unmöglich, mir weiterhin Geld für meine Studien zu senden. Ich verdiente meinen Lebensunterhalt mit Stundengeben, beteiligte mich an der damals gegründeten Dadaistenbewegung. 1920–21 war ich Hilfsredakteur an der Badener «Freien Presse». Die damals noch existierende Zeitschrift «Die Schweiz» nahm [von] mir eine lange Novelle an, die im Jahre 1921 erschien. Sie hiess glaub ich, «der Heide». Im April 21 liess ich mich in Strassburg für die Fremdenlegion anwerben aus der ich 1923 krankheitshalber (Malaria) entlassen wurde. Ich hatte es bis zum Wachtmeister gebracht. Hernach arbeitete ich zuerst in Paris als Casserolier, hernach in Belgien in einem Bergwerk als Handlanger. Schliesslich fand ich in Charleroi eine Stelle als Krankenwärter in einem Spital. 1925 wurde ich krankheitshalber in die Schweiz zurücktransportiert. Ich arbeitete hernach einige Jahre als Gärtner, besuchte in der Gartenbauschule Oeschberg einen Jahreskurs und erhielt mein Diplom als Gärtner. Auf diesem Berufe arbeitete ich dann in Basel und Winterthur und begann dane-

[58] Nachdem die Schillerstiftung Glauser 1917 und 1919 finanziell unterstützt hatte, trat dieser erst 1935 wieder mit der Stiftung in Kontakt.
Zu Hans Bodmer → Dok. 7.

ben wieder zu schreiben. Dr. Marti vom «Bund» und der «Schweizer Spiegel» nahmen einige Sachen von mir an. Inzwischen war ich krank geworden und musste mich einer langwierigen Kur unterziehen. Aus dieser bin ich nun entlassen worden und möchte versuchen mich als freier Schriftsteller zu betätigen. Ich habe einige Arbeiten angefangen, die ich gerne in Ruhe fertig machen würde. Ausserdem liegen einige meiner Arbeiten noch in Redaktionen und bei Verlagen, jedoch dauert es immer sehr lange, bis man Antwort erhält.

Ich hoffe, sehr geehrter Herr Doktor, dass Ihnen mit den mitgeteilten Daten gedient sein wird. Herr Dr. Kleiber von der «N.-Ztg.» hat mir geraten, mich vertrauensvoll an Sie zu wenden. Ich möchte Ihnen noch herzlich für die einfühlende Art und Weise danken, mit der Sie mich in Zürich empfangen haben und ich hoffe sehr, dass Sie meine Situation begreifen werden und mir helfen werden. Ich begreife sehr gut, dass die Mittel der Schillerstiftung beschränkt sind, doch hoffe ich, dass es Ihnen möglich sein wird, mir für meine weitere Arbeit eine Unterstützung[59] zukommen zu lassen. Ich bin sicher, dass ich mich nicht umsonst vertrauensvoll an Sie gewandt habe.

Mit hochachtungsvollen Grüssen
verbleibe ich Ihr ergebener
F. Glauser

den 28. Oktober 1935

P. S. Ich kann Ihnen leider nur die Sachen schicken, die im «Schw. Sp.» u. in der «Nat.-Ztg.» erschienen sind. Belegexemplare für längere Novellen in der «Zürcher Illustrierten» u. im «Bund» habe ich leider noch nicht bei der Hand. Wollen Sie dies bitte gütigst entschuldigen.

---

59 Aus den Akten geht hervor, dass die Schillerstiftung Glauser mit 250.– CHF unterstützte. → Abb. S. 245.

SCHWEIZERISCHE SCHILLERSTIFTUNG
FONDATION SCHILLER SUISSE
FONDAZIONE SVIZZERA SCHILLER
ZÜRICH

*

Dotationen an Frédéric Glauser

1917:	Geschenk	100 Fr.
1919:	Beitrag	200 "
1935:	Beitrag	250 "
1937:	Beitrag	200 "
1938:	Beitrag	500 "

Schweizerische Schillerstiftung, Liste der Beiträge an Friedrich Glauser.
Zürich, ohne Datum. → Dok. 174.

175 FRIEDRICH GLAUSER AN ROBERT SCHNEIDER

Basel, den 29. Oktober 1935

Sehr geehrter Herr Doktor,
Wenn ich mich nach meiner Flucht aus der Colonie nicht früher an Sie gewandt habe, so war einzig die Furcht daran schuld, dass Sie nicht meine Partei ergreifen würden, sondern mich polizeilich wieder in die Waldau zurücktransportieren lassen würden. Und diese Massnahme wollte ich vermeiden. Ich habe lange genug alles über mich ergehen lassen, ohne zu quärulieren, ohne zu reklamieren. Sie wissen so gut wie ich, dass kein Mensch versucht hat, mir irgendwie so zu helfen, dass ich wirklich draussen hätte leben können (dass der Versuch von letztem Jahre von vornherein verfehlt war, werden auch Sie nicht leugnen können) – so habe ich eben versucht, von mir aus eine Lösung zu finden.[60] Dass diese Lösung reichlich unkorrekt gewesen ist, will ich gerne zugeben, aber es blieb mir wirklich nichts anderes übrig. Als es dem Arzte in Schüpfen auffiel, dass ich bei verschiedenen seiner Kollegen Opiumtinktur geholt hatte, als dieser Mann sogar den Landjäger bemühte, war es mir trotz seiner Beteuerungen klar, dass er die Waldau benachrichtigen würde und die ganze Sache von neuem losgehen würde: Internierung ad infinitum, Unmöglichkeit zu schreiben, disziplinarische Massnahmen, alles Dinge, die zur grossen Psychotherapie gehören, die aber nutzlos sind und eine psychische Belastung bedeuten, der ich nicht mehr gewachsen bin. Ich bin jetzt vierzig Jahre alt, mein Name ist nicht mehr ganz unbekannt (dies habe ich sogar hier in Basel wiederholt feststellen können) und ich kann wirklich nicht mehr diese ganze hoffnungslose Komödie weiter mitmachen. Es ist mir auch unmöglich mich als asozialen Psychopathen zu empfinden, vor dem die Gesellschaft à tout prix bewahrt werden muss. Darum habe ich eine unkorrekte Lösung der anderen Lösung vorgezogen, die im Grunde gar keine ist.

Ich möchte Sie nun bitten mir zu helfen. Dr. Christoffel[61] und Professor Staehelin, die ich hier in Basel um Rat gefragt habe, sagten mir, die einzige Gefahr bestünde für mich, dass Sie die ganze Sache nicht sachlich, sondern bureaukratisch-schablonenhaft behandeln würden. Nun glaube ich das nicht von Ihnen. Das letzte Mal, als wir uns sahen, haben Sie so menschlich und freundlich mit mir gesprochen, dass ich sehr hoffe, Sie werden diese nicht sehr korrekte Flucht verstehen und mir helfen, die ganze Sache in Ordnung zu bringen. Vielleicht sind Sie so freundlich sich mit Professor J. Staehelin von

60 Aus der Krankengeschichte der Waldau geht hervor, dass Glauser am 8. Oktober 1935 aus der offenen Kolonie «Anna Müller» in Schönbrunnen bei Münchenbuchsee entwichen war, nachdem ein Arzt ihn wegen Rezeptfälschungen hatte festnehmen lassen wollen. Glauser tauchte in Basel unter.
61 Hans Christoffel (1888–1959), Psychiater und Psychoanalytiker, damals Arzt in der Psychiatrischen Klinik Friedmatt, Basel.

der Friedmatt in Verbindung zu setzen. Er war schon so freundlich sich mit Prof. Klaesi in Verbindung zu setzen – aber Klaesi ist in den Ferien und ich hätte gern so schnell als möglich die ganze Angelegenheit in Ordnung gebracht. Schliesslich, was ich getan habe, ist ja kein Schwerverbrechen, die Ärzte, die ich (zwar unter falschem Namen) konsultiert habe, habe ich bezahlt, ich habe in Schönbrunnen nicht regelmässig Opium genommen, sondern nur von Zeit zu Zeit und auch jetzt in den vier Wochen der Freiheit, habe ich nur selten zu diesem Betäubungsmittel gegriffen und habe es mir dann immer von einem Arzte verschreiben lassen. Ich sollte Ihnen dies wahrscheinlich gar nicht sagen, aber es dünkt mich, dass es besser ist, ehrlich mit Ihnen zu sein. Auf alle Fälle ist es mir nicht eingefallen ein Rezept zu fälschen, und das ist es ja, was Sie und die Ärzte immer fürchten.

Noch etwas hat mich fast gezwungen, die Flucht zu ergreifen; hätte ich mich widerstandslos wieder in die Waldau zurückführen lassen, so wäre der Plan, den ich für den Frühling gefasst habe, ohne weiteres unmöglich geworden. Und an diesem Plane halte ich fest, denn trotz aller Widersprüche Klaesis scheint er mir die einzige Möglichkeit zu sein, mich endlich aus dem dauernden Interniertsein zu retten. Vielleicht billigen Sie mir, trotz allem, eine gewisse Urteilsfähigkeit zu. Und ich finde nun einmal, dass diese dauernden Internierungen für mich schädlich sind. Wie Dr. Christoffel mir sagte: er finde, es liefen gefährlichere Subjekte als ich in der Gesellschaft herum. Er sehe wirklich keinen überzeugenden Grund für meine konstante Internierung.

Geld werde ich höchstwahrscheinlich keins von Ihnen brauchen. Dr. Kleiber von der «National-Zeitung», dem ich meinen Fall erzählt habe, hat sich sehr freundlich meiner angenommen. Wahrscheinlich wird sowohl die Werkbeleihungskasse als auch die Schillerstiftung, mit der ich schon verhandelt habe, sich meiner annehmen. Ausserdem werde ich nächstens im Radio aus meinem Legionsroman vorlesen[62] können, und ich habe Aussicht, diesen Roman bei einem Verlag anbringen zu können. Die «Zürcher Illustrierte» hat einen Kriminalroman von mir angenommen, es steht nur noch das Einverständnis des Verlags aus, aber der Redaktor hat mir versprochen, sich für die Annahme einzusetzen. Vorläufig habe ich noch genug Geld um die Resultate dieser verschiedenen Demarchen abwarten zu können.

Wahrscheinlich wird man in der Waldau noch versuchen mir aus meiner Freundschaft mit Fräulein Bendel und mit Fräulein Senn einen Strick zu drehen. Ich finde jedoch dass ein Einmischen in solche

---

62 Eine Radiolesung aus *Gourrama* realisierte sich erst 1937. Die Sendung wurde am 6. Juni 1937 von Radio Beromünster in der *Stunde der Schweizer Autoren* ausgestrahlt.

privaten Angelegenheiten, auch wenn es sich, psychiatrisch gesprochen, um einen moralisch debilen Psychopathen handelt, eine Taktlosigkeit ist. Überhaupt moralisch debil! Ich kann mit dieser Diagnose wirklich nicht viel anfangen. Frauen gegenüber habe ich mich immer anständig benommen, und wenn diese Anständigkeit vielleicht auch nicht vom bürgerlichen Standpunkt sanktioniert ist, so kann ich nicht viel dagegen machen. Von *meinem* Standpunkt aus kann ich mein Verhalten wirklich restlos verantworten – auf alle Fälle scheint mir mein Verhalten immer noch anständiger als das verschiedener Ehemänner ...

Ich wäre Ihnen sehr dankbar, wenn Sie sich mit Professor Staehelin in Verbindung setzen würden. Meine Adresse gebe ich Ihnen vorläufig noch nicht gerne. Sie wissen, gebrannte Kinder scheuen das Feuer. Doch hoffe ich, dass Sie mir helfen werden, meine Angelegenheit weder schematisch noch bureaukratisch zu regeln.

Mit bestem Dank im voraus und freundlichen Grüssen verbleibe ich
Ihr ergebener
Glauser

Ich bin nur für einige Tage in Basel, doch stehe ich mit Professor Staehelin in Verbindung (übrigens weiss auch er meine Adresse nicht, er wollte sie gar nicht wissen), sodass mich Ihr Entscheid auf alle Fälle erreichen wird.

176 GESPRÄCH ROBERT SCHNEIDER MIT KARL NAEF[63]

29. Okt. 1935

Dr. Naef, Schweiz. Schriftstellerverein, berichtet telefonisch, *Glauser* habe sich an den Schriftstellerverein gewandt, um Belehnung eines Romans[64] nachgesucht.

Er erkundigt sich, ob der Austritt aus Schönbrunn mit Zustimmung der Ärzte erfolgte und verspricht, in den nächsten Tagen einmal bei Amtsvormund vorbeizukommen.

Sch.

[63] Der Jurist Karl Naef war von 1923–40 Sekretär des 1912 gegründeten Schweizerischen Schriftstellervereins (SSV).
[64] Glauser erhielt in der Folge für seinen ersten Studer-Roman *Schlumpf Erwin Mord* von der Werkbeleihungskasse 500.– CHF als Kredit zugesprochen.

GESPRÄCHE ROBERT SCHNEIDER MIT FRIEDRICH GLAUSER UND JOHN STAEHELIN

1. Nov. 1935

Friedrich Glauser fragt an, ob Amtsvormund seinen Brief erhalten habe und geneigt sei, den geäusserten Wünschen zu entsprechen. Es wird ihm gesagt, dass ich mich am Telefon in eine solche Verhandlung nicht einlasse, er hierher aufs Bureau kommen müsse. Glauser gibt an, in Basel zu sein und meint, es sei ihm nicht so bald möglich, irgend einen Freund oder Bekannten ausfindig zu machen, der ihn im Auto nach Zürich mitnehme. Er erklärt, dass er völlig mittellos sei und dies speziell darum, weil A'd ihm beim Schriftstellerverein einen Vorschuss auf einen Roman gesperrt habe. Es wird mit Glauser abgemacht, dass ich am nächsten Dienstag nach Basel fahre und mit Prof. Staehelin Rücksprache nehme und dass er mich bei diesem Anlass um 4 Uhr im 2. Kl. Restaurant treffen könne.

2. Nov. 1935

Telefonische Besprechung mit Prof. Staehelin, Friedmatt.
Es wird vereinbart, dass ich am nächsten Dienstag den 5. Nov. ihn zwischen ½ 11 und 12 Uhr in der Friedmatt aufsuche.
Er ist vor ca 10 Tagen von Glauser aufgesucht worden und verlangte dieser Unterstellung unter die Aufsicht von Friedmatt und Vorstelligwerden von Prof. Staehelin in Bern, dass man ihn dort zunächst beurlaube. Prof. St. hat aber von der Waldau schlechten Bericht erhalten, dass keine Möglichkeit bestehe, Glauser heute entlassen zu können.[65]
Glauser hat sich auch mit falschen Angaben an Dr. Kleiber, Feuilletonredaktor der «National-Zeitung» herangemacht, von diesem Frs. 400.– verlangt, aber nur Frs. 100.– erhalten.
Sch.

65 Zu diesen Ereignissen → Dok. 175.

178 GESPRÄCH ROBERT SCHNEIDER MIT ARNOLD WEBER

4. November 1935

Telefonische Besprechung mit Dr. Weber, Waldau.
Dr. Weber hat bereits Prof. Staehelin in Basel mitgeteilt, dass sich die Waldau entschieden gegen eine Entlassung Glausers zur Wehr setze. Dieser habe in der Anna Müller-Stiftung in Schönbrunn grosse Freiheiten gehabt, die man ihm bewusst eingeräumt habe, um ihm Gelegenheit zu geben, zu zeigen, dass er sich zu halten vermöge. Aber er habe diese Freiheiten missbraucht, von verschiedenen Ärzten in der Umgebung wieder Opium bezogen und sei dann davon, als er merkte, dass die Waldau von diesem Treiben Kenntnis erhielt. Dr. Weber ist der Meinung, dass eine Entlassung oder Beurlaubung Glausers unter diesen Umständen absolut nicht in Frage komme.
Sch.

179 GESPRÄCH ROBERT SCHNEIDER MIT CHARLES GLAUSER,
FRIEDRICH GLAUSER, DR. BLESS UND JOHN STAEHELIN

5. Nov. 1935

Besprechung mit Prof. Glauser in Basel.
Dieser wird zunächst unterrichtet über den Erfolg der beim Deutschen Jugendarchiv in Berlin[66] eingeleiteten Schritte betr. Freimachung der von ihm dort einbezahlten Beträge. Er nimmt mit Genugtuung davon Kenntnis, dass es gelungen ist, die Rückstände pro 1934 angewiesen zu erhalten und wird mit ihm vereinbart, dass ich ihm nach Eingang der Restsumme, die noch in Berlin liegt, aber nach dem Bericht des Jugendarchivs vom 26. Okt. 1935 ebenfalls frei gegeben wird, Rechnung stelle für das Kostgeld pro 1935. Er wird dann unter Meldung an mich Ratenzahlungen ans Archiv leisten und es Amtsvormund überlassen, von Berlin die Ausfuhrbewilligung dafür zu besorgen. Da nicht die vollen Frs. 2000.– jährlich für Glausers Unterhalt in der Waldau benötigt werden, so ergibt sich ein kleiner Überschuss, von dem Prof. Glauser gelegentlich etwas angewiesen wünscht, um seinem Sohn von sich aus das eine oder andere sei es in natura oder Geld zukommen zu lassen.
Bezüglich dem Begehren seines Sohnes um Beurlaubung aus der

66 Eine dem Reichsministerium des Innern angegliederte Institution (ab 1937: Deutsches Institut für Jugendhilfe).

Waldau bzw. Schönbrunn und Wohnsitznahme in Basel ist Prof. Glauser der Meinung, dass nach all den Erfahrungen, die gemacht worden sind, ein solches Begehren nicht bewilligt werden sollte. Er ist durch die Anwesenheit seines Sohnes sehr beunruhigt, befürchtet, dass er ihn in Geldnöten in Eimeldingen aufsuchen könnte und erwartet daraus nicht nur für seinen Sohn, der in Deutschland ausgewiesen ist, sondern auch für sich selber erhebliche Widerwärtigkeiten unter Umständen sogar den Verlust seiner Pension. Er ist der Meinung, dass, wenn sich die Sache mit Herrn Jucker in Paris machen liesse, eine Ausreise seines Sohnes dorthin viel eher in Betracht zu ziehen sei als eine Wohnsitznahme in der Schweiz, wo eben Betäubungsmitteldelikte viel schwerer geahndet werden als in Frankreich. Über den Zeitpunkt einer event. Beurlaubung nach Paris will er sich nicht äussern, sondern dies Amtsvormund und den Ärzten in der Waldau überlassen.

Später erscheint dann *Friedrich Glauser in Begleit von Advokat Dr. Bless*[67] *in Basel.*

Letzterer erklärt, Glauser sei ihm von prominenter Seite zugewiesen worden und er stelle das Begehren, Glauser zum mindesten probeweise einmal zu beurlauben und in Basel zu belassen. Er wirft die Frage auf, ob Glauser zu Recht interniert sei, Glauser habe ihm erklärt, dass er nie einen diesbezüglichen Beschluss einer Behörde erhalten habe. Er sei jeweilen freiwillig in die Anstalt gegangen und nehme sich darum auch das Recht, wieder auszutreten, wenn er dies für richtig finde. Es wird Dr. Bless geantwortet, dass es richtig sei, dass eine waisenamtliche Einweisung nicht erfolgt sei, hingegen sei die Sache so, dass für Spitalversorgungen, und zu solchen gehören auch Einweisungen in Irrenanstalten, zu Heilzwecken behördliche Bewilligung nicht nötig sei. Es sei Sache und Recht des Vormundes, diesbezüglich das Notwendige anzuordnen und die Zurückbehaltung in der Anstalt solange andauern zu lassen, als dies von den Ärzten dem Vormund gegenüber als notwendig bezeichnet werde. Dass Glauser sich zur Anstaltsversorgung beim Vormund gestellt, sei vollständig irrelevant. Als Dr. Bless die Notwendigkeit der weitern Zurückbehaltung aus medizinischen Gründen bestreiten will, wird ihm mitgeteilt, dass Glauser nun eben in Schönbrunn wieder verschiedentlich unter betrüglichen Angaben (falscher Name, Vorgabe, er habe Durchfall) sich Opiumtinktur verschaffte und dass es sich eben um ein altes Leiden handle, das weiter ärztlicher Behandlung bedürfe. Als Vater Glauser dann eingreift und frühere Verfehlungen des Sohnes darlegt, wird die Situation recht ungemütlich. Vater Glauser regt sich auf und

[67] Nicht weiter ermittelter Rechtsanwalt in Basel.

Friedrich Glauser ebenfalls und wird vorgeschlagen, dass ich mit Glauser allein spreche und Dr. Bless bei Vater Glauser zurücklasse.

In der der separaten Besprechung wird Glauser gesagt, dass es einmal nicht angehe, durch Flucht aus einer Irrenanstalt auszutreten und dass ich schon aus diesem Grunde nicht dafür eintreten könne, dass er jetzt in Basel beurlaubt werde. Sodann wird ihm gesagt, dass eine weitere Behandlung einfach notwendig sei, weil er sich ja vom Opium nicht frei machen könne und dies unfehlbar in kürzester Frist seine polizeiliche Ergreifung und Unterstellung unter die betr. Justizdirektion zur Folge habe mit dem Resultat, dass dann die Entlassung Amtsvormund und Ärzten ganz aus der Hand genommen werde. Es wird ihm weiter gesagt, dass die Waldau auf der Rückkehr unbedingt beharre und dass, wenn er sich nun nicht freiwillig dort stelle, der Polizeiapparat unbedingt in Bewegung gesetzt werde. Es wird ihm weiter erklärt, dass Vormund der Waldau gegenüber die Ausreise nach Frankreich wegen seines jetzigen Durchbrennens nicht in Frage ziehen werde, d. h. dass vom Vormund aus seinem Aufenthalt in Frankreich, wie er auf Frühjahr 1936 vorgesehen, sofern sich mit Herrn Jucker ein Arrangement treffen lässt, kein Widerstand entgegen gesetzt würde.

Glauser kann sich diesen Argumenten anschliessen und verspricht, nachdem er morgen Mittwoch in Zürich noch in einem kleinen literarischen Kreise eine Vorlesung aus seinen Werken gehalten, sich am Donnerstag bei Amtsvormund auf dem Bureau zu stellen und gleichen Tags in die Waldau zurückzukehren.

Vater Glauser und Dr. Bless können sich beide damit einverstanden erklären und betrachtet Dr. Bless seine Mission damit als erfüllt.

Es wird dann noch mit Glauser Prof. Staehelin in der Friedmatt aufgesucht, der Glauser den von Bern erhaltenen und schriftlichen Bericht vorhält. Darnach hat Glauser bei zwei verschiedenen Ärzten in Schüpfen und Zollikofen etwa 4 Mal je 20 gr. Opiumtinktur geholt. Beim letzten Mal ging er offenbar gegen die Frau des Arztes etwas massiv vor, sodass unter noch nicht ganz abgeklärten Umständen die Polizei dazu kam und Anzeige in der Waldau erstattete. Prof. Staehelin widersetzt sich dem Wunsch Glausers, in die Friedmatt einzutreten. Es müsste ein Minimalkostgeld von Frs. 7.– per Tag bezahlt werden und zudem sei es nicht üblich, Durchbrenner in einer andern Anstalt aufzunehmen, sie müssten vielmehr wieder in die frühere Anstalt zurück. Er will aber Prof. Klaesi einen schriftlichen Bericht zukommen lassen und doch die Frage aufwerfen, ob sich nicht irgendwie die Opiumsucht Glausers legalisieren lasse.

Glauser, mit dem nachher noch verhandelt wird, teilt mit, dass er

vom Werkverleih des Schriftstellervereins eine Zahlung von Frs. 400.–
erwarte und dass diese Amtsvormund zugestellt werde. Auch von der
Schillerstiftung sei ihm finanzielle Hilfe zugesichert.

Er unterhält immer noch ein Verhältnis mit Frl. Bendel, die sich
zur Zeit im Bellevue Kreuzlingen aufhält und auf den 7. ds. dort ihre
Stelle gekündet hat, um mit Glauser in Basel zusammen sein zu können. Sie hat ihn während seines vierwöchigen Aufenthalts in Basel
zwei Mal besucht und er trägt durchaus die Absicht, dieses Verhältnis weiter andauern zu lassen. Er erwartet davon nur sein bestes.
Frl. Bendel sei als Pflegerin im Umgang mit Menschen seines Schlages versiert und könne ihm sicher gerade mit seiner Opiumsucht eine
grosse Hilfe sein. – Schulden hat er angeblich in Basel keine, hingegen kein Geld für die Reise nach Zürich und werden ihm hiefür
Frs. 20.– gegeben. – In Basel hat er unter zwei Malen von Dr. Socin[68]
Opiumtinktur erhalten. Dieser habe sie ihm ebenfalls unter falschem
Namen und unter der Vorgabe, dass er Durchfall habe, ohne weiteres
aus seiner Handapotheke gegeben, was nach Prof. Staehelin nach dem
geltenden Basler Medizinalgesetz verboten ist. Die Basler Ärzte sind
zur Abgabe von Medikamenten nicht berechtigt. Es zeigt sich gerade
hierin, wie es Glauser versteht, selbst Ärzte herumzubringen, und
seinen Zwecken dienstbar zu machen, auch wenn diese Gefahr laufen,
dadurch selber in grösste Schwierigkeiten zu kommen. Frl. Bendel,
die Glauser heute abend telefonisch nicht erreichen konnte, will er
morgen von der veränderten Situation benachrichtigen und sie zur
Beibehaltung ihrer gekündeten Stellung veranlassen.
Sch.

180 GESPRÄCH ROBERT SCHNEIDER MIT FRIEDRICH GLAUSER

7. Nov. 1935

Besprechung mit Glauser.
Gl. erscheint wie vereinbart heute auf dem Bureau des Amtsvormundes, nachdem er gestern nach Zürich gekommen ist und in einem
literarischen Zirkel aus seinem neuesten Kriminalroman vorgelesen
hat. Dieser lautet: «Schlumpf Erwin: Mord».

Das Manuskript habe er nun Schriftsteller Vaucher[69] gegeben, der
es bei der Büchergilde anzubringen suche. Natürlich erfolge ein Vertragsabschluss nur unter Genehmigungsvorbehalt des Vormundes

---

[68] Nicht weiter ermittelter Arzt in Basel.
[69] Charles Ferdinand Vaucher (1902–1972), Publizist, Schriftsteller und Schauspieler, gehörte der Kommunistischen Partei an und war Mitglied der Tanzgruppe von Katja Wulff, die er 1939 heiratete.

bezw. werde der Vertrag diesem rechtzeitig vorgelegt. Er rechne, dass ihm bei Vertragsabschluss 20% vom Bruttoverkaufspreis der 1. Auflage sofort ausgezahlt werden und er von den weitern Auflagen 15–20% nach erfolgtem Verkauf erhalte. Bei der «Zürcher Illustrierten» liege sodann ein weiterer Roman von ihm: «Der Tee der 3 alten Damen», ein Genfer Kriminalroman. Er habe denselben Redaktor Witz von der «Zürcher Illustrierten» gegeben, der ihn noch dem Verlag vorzulegen habe. Er rechne mit einer Entschädigung von pauschal Frs. 500.– für die Drucklegung in der «Zürch. Illustr.» und sodann Prozente vom Verkauf der Buchausgabe, die nachher erfolgen soll. Auch diesen Vertrag will Gl. dann Amtsvormund zur Genehmigung vorlegen.

Glauser wünscht die Rückkehr in die Waldau auf morgen zu verschieben, da er heute Abend ½ 7 Uhr mit Herrn Bodmer, Quästor der Schillerstiftung eine Unterredung habe. Es wird ihm dies bewilligt unter der Bedingung, dass er Amtsvormund vom Ergebnis der Besprechung noch heute Abend unterrichtet, was er dann auch tut, und A'd eine Anweisung aushändigt im Betrag von Frs. 150.– als Unterstützung der Schillerstiftung. Dabei wird die Abreise auf morgen den 8. Nov. 7 Uhr 41 festgesetzt und mit Glauser vereinbart, dasss ich ihn um ½ 8 Uhr im H/Bahnhof treffe. Gl. ist zeitig dort und wird ihm Billet nach Bern gegeben und weiter Frs. 40.–, da er angibt, in Münchenbuchsee noch Frs. 23.– für Zigaretten schuldig zu sein. Er wird angewiesen, sich sofort in der Waldau zu melden, was er jedoch erst abends 7 Uhr tut. Dr. Briner[70], der ihn in Empfang nimmt, berichtet, er sei ziemlich veralkoholisiert eingerückt, er bleibe eintweilen auf der Poliklinik. Über Ausfallserscheinungen wegen Opium könne natürlich jetzt noch nichts gesagt werden.

Sch.

181 GESPRÄCH ROBERT SCHNEIDER MIT KARL NAEF

7. Nov. 1935

Telefon mit Dr. Naef:
Dr. Naef teilt mit, dass er seiner Zeit aus der Sitzung des Schriftstellervereins Amtsvormund antelefoniert habe, weil ein Gesuch des Glauser vorlag um Belehnung seines Romans: «Erwin Schlumpf Mord». Glauser habe angegeben, er sei aus der Waldau entlassen und

[70] Otto Briner (1904 bis 1989), Psychiater, behandelnder Arzt und wichtiger Gesprächspartner von Glauser in der Waldau.

Klaesi und Prof. Staehelin wollen ihm helfen, dass er auf freien Fuss sein könne. Er habe sich an Redaktor Kleiber der «National-Zeitung» gewandt und habe von diesem Geld für seinen neuen Roman verlangt. Dieser habe ihn nun an den Werkverleih gewiesen. – Die Kommission sei der Auffassung, dass es sich bei dieser Arbeit um eine sehr ernsthafte Sache handle und sie haben beschlossen, Frs. 500.– ihm darauf auszuzahlen unter der Voraussetzung, dass Gl. das Geld für seinen Unterhalt benötige. Wenn er nun aber wieder nach der Waldau müsse und der Vater für ihn dort sorge, so falle der Grund für eine Belehnung weg, jedoch sei der Beschluss da, und man würde die Frs. 500.– auszahlen, wenn Gl. auf freien Fuss gesetzt würde. Die Auszahlung erfolge natürlich an Amtsvormund.

Sch.

182 FRIEDRICH GLAUSER AN ROBERT SCHNEIDER

Waldau, 13. November 1935

Sehr geehrter Herr Doktor,
Offiziell werden Sie meine Rückkehr in die Waldau wohl schon erfahren haben. Es war nicht leicht, das dürfen Sie mir glauben. Ich hoffe aber, dass Sie nun auch eine Lösung finden werden, die meine neuerliche Internierung nicht allzulange gestalten wird. Sie müssen eines bedenken: ich bin hier wirklich ganz allein und das ist manchmal sehr bedrückend. Manchmal hat man eine sehr grosse Sehnsucht wieder mit Leuten zusammen zu sein, mit denen man einfach sprechen kann, auf gleichem Niveau sozusagen, die in einem nicht zu jeder Zeit den Patienten sehen, mit denen man über seine Arbeit sprechen kann. Nur so ist es eigentlich möglich, irgend etwas zu schreiben. Es bleibt einem dann immer noch übrig, wenn man der Geselligkeit satt ist, irgendwohin aufs Land zu gehen.

Professor Klaesi ist wieder in der Anstalt. Aber da er dennoch oft abwesend ist, wäre es gut, wenn Sie zuerst telephonieren würden, um ihn anzufragen, wann Sie ihn sprechen können. Ich selbst habe ihn bis jetzt noch nicht gesehen. Ich würde mich sehr darüber freuen, wenn ich Sie in der nächsten Zeit sehen könnte.

Mit freundlichen Grüssen
Ihr ergebener
Glauser

F. Glauser
Ostermundigen

63.

den 2. Dezember 1935

Frau Ella Picard
Brandschenkestrasse 157
Z ü r i c h

Sehr verehrte gnädige Frau,

beiliegend sende ich Ihnen einen ganzen Haufen Sachen.
Vielleicht können Sie etwas brauchen. Es ist ein
arges Pêle-mêle was da beieinander liegt, alte und
neue Sachen, gute und schlechte. Sie sind vielleicht
so freundlich und sortieren.
Den Roman brächte ich sehr gerne an. In der Schweiz
ist es aber unmöglich. Ich hab' an allen Orten probiert,
von der Nationalzeitung bis hinunter zur Schweizer
Mittelpresse – mais il n'y a rien à faire. Vielleicht
fällt Ihnen etwas ein, wie man ihn verwenden könnte.
Für die nächste Zeit sind Sie wohl so freundlich
und setzen sich wegen meiner Sachen mit Herrn C.F.
Vaucher, Basel, Tüllingerstrasse 62 in Verbindung,
der meine Interessen vertritt.

Mit hochachtungsvollen Grüssen verbleibe ich
Ihr ganz ergebener

Glauser

Beilagen

Tee der alten Damen, Roman
Das uneinige Liebespaar
Zeno   Die Verschwundene
Pech   König Zucker   Anekdoten
Geschichte des Marquis
Fräulein Doktor   Der Kleine
Besuch der Königin   Totenklage (Erstdruck)
Der 14. Juli.   Der Kleine

Brief von Friedrich Glauser an die Literaturagentin Ella Picard.
Ostermundigen, 2. Dezember 1935. → Dok. 183.

83 FRIEDRICH GLAUSER AN ELLA PICARD[71]

*Ostermundingen
den 2. Dezember 1935*

Sehr verehrte gnädige Frau,
beiliegend sende ich Ihnen einen ganzen Haufen Sachen. Vielleicht können Sie etwas brauchen. Es ist ein arges Pêle-mèle, was da beieinander liegt, alte und neue Sachen, gute und schlechte. Sie sind vielleicht so freundlich und sortieren.
Den Roman brächte ich sehr gerne an. In der Schweiz ist es aber unmöglich. Ich hab' an allen Orten probiert, von der «National-Zeitung» bis hinunter zur «Schweizer Mittelpresse» – mais il n'y a rien à faire. Vielleicht fällt Ihnen etwas ein, wie man ihn verwenden könnte. Für die nächste Zeit sind Sie wohl so freundlich und setzen sich wegen meiner Sachen mit *Herrn C. F. Vaucher, Basel, Tüllingerstrasse 62* in Verbindung, der meine Interessen vertritt.
Mit hochachtungsvollen Grüssen verbleibe ich
Ihr ganz ergebener
Glauser

Beilagen
Tee der alten Damen, Roman
Das uneinige Liebespaar
Zeno, Die Verschwundene
Pech, König Zucker, Anekdoten
Geschichte des Marquis
Fräulein Doktor, Der Kleine
Besuch der Königin, Totenklage (Erstdruck)
Der 14. Juli, Der Kleine

184 FRIEDRICH GLAUSER AN RUDOLF JAKOB HUMM[72]

13. Dezember 1935

Lieber Humm,
Verzeihen Sie bitte, dass ich Ihren langen Brief nicht früher beantwortet habe. Ich war so unlustig, habe mich mit meinem Schundroman herumgeplagt (man plagt sich nämlich wirklich dabei, denn man hat ein schlechtes Gewissen, solche Sachen zu schreiben, aber die Kraft

---

71 Ella Picard (1904–1976), Literaturagentin, Inhaberin des «Korrespondenzenbureaus Epic» an der Brandschenkestrasse 157 in Zürich. Ab Ende 1935 hatte sie Glauser unter Vertrag und versuchte, seine Erzählungen und Romane bei Verlagen und Zeitschriften unterzubringen.
72 Rudolf Jakob Humm (1895–1977), Schweizer Schriftsteller, seit 1922 als Übersetzer und freier Schriftsteller in Zürich. Auf Vermittlung von C. F. Vaucher konnte Glauser am 6. November 1935 in Humms Haus, dem sogenannten «Rabenhaus» am Hechtplatz in Zürich aus *Schlumpf Erwin Mord* lesen.

zu nichts anderem, hier im Aquarium), er läuft jetzt ein wenig besser aber ich habe trotzdem das grosse Kotzen. Kennen Sie diesen schönen Zustand auch? Wahrscheinlich. Manchmal ist solch ein Zustand ein gutes Zeichen, es kann sein dass er eine Umschichtung ankündigt, und die hätte ich ja allerdings nötig. Warum läuft mir nur immer Ihr Wort vom «Ehren der Freiheit» nach? Sie haben da wirklich einen empfindlichen Punkt berührt, so sehr ich mich auch gegen das Berühren dieses Punktes wehre, es hat etwas ... Nur weiss ich nicht weiter. Mit Protest und solchen schönen Sachen ist auch gar nichts gewonnen. Ich weiss nicht, ob Sie sich meinen Zustand vorstellen können. Er wird Ihnen so fremd sein, wie mir das abstrakte Denken. Abhängig zu sein von so viel Menschen: Vormund, Ärzten, jeder hat eine andere Meinung, bei dem einen ist man ob seiner Ambivalenz Neurotiker, der andere hält einen für leicht moralisch debil, der andere für schwer, der eine spricht von einer hoffnungslosen Sache und der andere [sagt] man solle sich vorstellen, man sei tuberkulös und in einem Sanatorium und müsse sich ausheilen. Wenn man da noch die Kraft und den Mut finden soll an Freiheit zu denken, denn man muss sie sich doch vorstellen können, bevor man sie ehren kann – wie macht mans?

Ich muss gestehen, dass ich schon lange nicht mehr so verzweifelt war, wie in letzter Zeit. Glauben Sie nicht, dass ich Ihnen etwas vorklagen will, es sieht so aus, gewiss, aber manchmal ersticke ich fast an mir selbst. Kennen Sie vielleicht diesen Zustand auch? Es ist als ob das Ich plötzlich die Wassersucht bekommen hätte. Sie müssen nicht denken, dass man mich schlecht behandelt, das ist es nicht. Ich kann für mich arbeiten, habe ein Zimmer, in dem ich den ganzen Tag sein kann. Nein, wirklich, man tut alles, was man kann, um mir das Leben erträglich zu machen. Aber das nützt nicht viel. Ich bin so ausgelaugt, es kommt mir vor, als zerrinne mir das Leben unter den Händen, ich habe niemanden mit dem ich sprechen kann, lesen kann man auch nicht immer ...

Ich habe eben eine grosse Dummheit gemacht. Es war wirklich Feigheit und nichts anderes, dass ich freiwillig hierher zurückgekommen bin. Vielleicht hätte ich doch Vauchers Rat folgen sollen und es darauf ankommen lassen. Aber ich habe gedacht, man würde mir das irgendwie anrechnen, dass ich die Sache korrekt erledigen wolle. Und als ich zurückkam, sah es auch so aus. Ein Arzt hatte mir versprochen, sich dafür einzusetzen, dass ich am 1. Dezember fort könne. Aber als dann mein Vormund kam und die Sache vor dem Forum verhandelt wurde, stellte es sich plötzlich heraus: «dass ich falsch verstanden hatte».

Wissen Sie, in solchen Stimmungen ist man diskussionsunfähig. Ich danke Ihnen vielmals für Ihre Belehrungen, ich glaube ich habe so ziemlich verstanden, was Sie unter Dialektik verstehen, aber es sagt mir so nichts. Ich weiss nicht, was ich damit anfangen könnte. Kant habe ich nie lesen können, um Hegel hab ich stets einen grossen Bogen gemacht (Schopenhauer ist an dieser Antipathie schuld).

Hoffentlich erzählen Sie mir einmal, wenn wir zusammen sind (wird es das einmal geben?) die Geschichte mit dem Marsyas.[73] Übrigens, haben Sie das «Symposion»? Könnten Sie mir es einmal schicken? Seit dem Gymnasium hab' ich nicht mehr drin gelesen, und damals nur zwecks Übersetzung, man hat da nicht viel davon. Komisch dass ich einmal ganz anständig griechisch gekonnt habe und jetzt alles vergessen habe.

Ich schicke Ihnen noch den Mo-Artikel. Bitte bedenken Sie immer, wenn irgend etwas daran Sie unangenehm berührt, dass es für das «Schweizer-Spiegel»-Publikum geschrieben ist. Was wollen Sie, ich bin wahrscheinlich so extravertiert, wie Jung[74] sagt, dass ich mich immer bemühe, mich weitgehend an das Objekt anzupassen, in diesem Falle das Publikum.

Auch eine schöne Sache diese Typenlehre[75]. Mordskommod. Es ist wie mit all diesen Theorien, zuerst meint man, es sei etwas dran und es könne einem helfen, und dann ist es doch nichts. Wahrscheinlich beurteile ich das zu subjektiv.

Analyse ist dialektisch? Zum Teil, da haben Sie recht. Aber doch eher maieutisch, nicht? Aber vielleicht verstehen Sie darunter das Gleiche. Nur, und das ist es ja, ich habe nicht nur meine leisen, sondern sogar meine lauten Zweifel über diese Methode. Und die Fälle, wo die Methode Erfolg hatte, denn eigentlich nach diesen kann man ja erst eine Methode beurteilen, haben mich noch skeptischer gemacht. Es kommt letzten Endes immer auf den Glauben heraus. Glauben Sie an den Kastrationskomplex oder an den Penisverlust so ist alles in Butter, aber warum dann nicht lieber an den Archetypus glauben oder sich einen Gott herstellen und an ihn glauben? Und dann, mein grösster Einwand. Es ist immer die gleiche Sache, man bekommt Steine statt Brot. Wahrscheinlich ist meine Seele nicht trocken genug, sie hat zuviel Humor (auf der ersten Silbe betont, was ja bekanntlich Feuchtigkeit heisst). Fall' ich Ihnen eigentlich sehr auf die Nerven mit meinem Geraunze, wie man in Wien sagt? Sie müssen nicht ungeduldig werden.

Die Träume! Recht und gut. Diese ganze verklausulierte Symbolik, manchmal stimmt sie, manchmal stimmt sie nicht. Ich habe in letz-

---

73 Marsyas ist ein Satyr der antiken Mythologie, der mit seinem lustvollen Spiel auf der Doppelflöte Apollo zum Wettstreit herausforderte und besiegte, worauf ihn der Gott bei lebendigem Leibe häuten liess. Der Marsyas-Mythos dient bis heute als Parabel über das Verhältnis von Schönem und Hässlichem, Ohnmacht und Macht.
74 Carl Gustav Jung (1875–1961), Schweizer Psychiater und Begründer der Analytischen Psychologie.
75 C. G. Jung unterschied in seiner Typenlehre (*Psychologische Typen*, 1921) grundsätzlich zwischen extravertierten und introvertierten Menschen, weiterhin unterschied er die vier Bewusstseinsfunktionen Denken, Fühlen, Empfinden, Intuition.

ter Zeit immer den gleichen Traum geträumt und der quält mich. Ich träume, dass ich schlafe und träume. Und zwar träume ich im Schlaf, dass ich interniert sei, und wache im Traum auf und bin frei und wenn ich dann ‹z'grechten› erwache, bin ich glücklich wieder in der Anstalt. Eine böse Angelegenheit, und ich weiss auch sehr gut, was es bedeutet. Dass irgend etwas in mir, meinetwegen das Unterbewusstsein, obwohl es mit dem Unterbewusstsein (hier wird Herr Vogel[76] wieder protestieren) genau so ist, wie mit psychiatrischen Diagnosen bei Künstlern – dass Strindberg und van Gogh schizophren waren, was sagt das aus? – es stimmt und im Grunde sagt es gar nichts ... also dass mein Unterbewusstsein, oder etwas in mir, ganz zufrieden ist verantwortungslos in den Tag hineinzuleben. Das war bis jetzt so. Aber jetzt ist etwas Neues hinzugekommen: «Es» will nicht mehr interniert sein, «es» möchte wieder einmal wie ein Mensch leben und nicht wie ein Goldfisch im Aquarium sich stets die Nase am Glas anstossen, wenn auch das Aquarium noch so wohl temperiert ist. Verstehen Sie? Und das macht die ganze Sache so widerlich, so unfruchtbar, so unnötig.

Hat Vogel eigentlich von hier eine Antwort bekommen? Man ist mich fragen gekommen, ob ich gestatte, dass man ihm Auskunft gäbe, es sei ja ärztliches Geheimnis, dass ich Morphinist sei ... Mon dieu!

À propos Analyse ... Ich habe im «Öffentlichen Dienst»[77] die Kritik gelesen, die ein Mann über Ihr Buch[78] gemacht hat und habe mich weidlich geärgert. Was ist das für ein Kaffer? Eben gerade nicht Jung und Freud ist Ihr Buch, darum mocht ichs so gern. Immer meinen die Leute, wenn man in seinen Schacht hinuntersteige könne man das nur unter Assistenz des heiligen Sigmund oder des heiligen Gustav; das ist doch ... das ist denn doch ... und da muss man doch sagen ... extravagant (um Piet Peeperkorn[79] zu parodieren).

Ich habe wenig Glück gehabt mit meiner Kritik. Ich habe Sie Ende November an die «Nation» geschickt und bekam zur Antwort, sie hätten schon eine Kritik über Ihr Buch und könnten die meine nicht brauchen. Eigentlich ist es mir lieber so. Man sollte nie über Bücher schreiben, die einen sehr stark angehen. Also, seien Sie mir bitte nicht böse, wenn nun ein Anderer über Ihr Buch schreibt.

Zu Kindern möchte ich gerne sprechen und ihnen etwas über die Legion erzählen. Ich werde auch das Manuskript einreichen, aber erst Anfang Januar. Aber ich bezweifle sehr, dass man mich nach Zürich gehen lässt. In Bern wäre es nicht zu machen?

Wenn Sie wüssten, welche Sehnsucht ich manchmal nach der Zeit

[76] Traugott Vogel (1894 bis 1975), Schweizer Schriftsteller. Glauser und Vogel schlossen bei Glausers Leseabend im «Rabenhaus» Bekanntschaft. Vogel schrieb am 9. November 1935 an die Direktion der Waldau und äusserte sein Unverständnis über die anhaltende Internierung Glausers. Der Direktor der Waldau, Jakob Klaesi, insistierte in seinem Antwortbrief vom 16. November 1935 auf der Internierung als einzig möglicher Reaktionsweise auf Glausers wiederkehrende Rückfälle.
[77] Wöchentlich erscheinendes Organ des gewerkschaftlichen «Verbandes des Personals öffentlicher Dienste» (VPOD), das von Hans Oprecht geleitet wurde.
[78] Rudolf Jakob Humm, Die Inseln, Zürich, Oprecht 1936. Die Kritik erschien am 29. November 1935 und war mit «L.T.» gezeichnet.
[79] Gemeint ist wohl die Figur Mynheer Pieter Peeperkorn aus Thomas Manns Roman Der Zauberberg. Mynheer Peeperkorn ist charakterisiert durch den Kontrast zwischen seiner ehrfurchtgebietenden Erscheinung und seiner Schwierigkeit, flüssig zu reden, ohne ständig zu stocken und seine Sätze abzubrechen. Siehe auch den Verweis auf die Figur Settembrini aus demselben Roman später in diesem Brief.

habe, in der es mir wirklich schlecht ging, als ich als Bergarbeiter in Belgien schaffte, oder die Zeit, da ich für 60 Rappen Stundenlohn in einer Gärtnerei gearbeitet habe. Gewiss, ich ziehe die Tatsache in Rechnung, dass die Vergangenheit immer rosig aussieht in der Erinnerung, aber man hat etwas dabei gelernt, damals. Wenn es auch nur das gewesen ist, dass man erkannt hat, auch die beste soziale Lösung wird im Grunde nichts ändern. Gewiss, Sie halten die Skepsis für etwas Statisches, also für etwas von Grunde auf Böses, mit dem man nur sinken kann ... Glauben Sie aber nicht, dass Skepsis, die sich auf reale Zustände bezieht, doch auch einmal etwas Dynamisches gewesen sein kann, und dass es wieder etwas Lebendiges werden kann?

Sie scheinen mich irgendwie für einen Erzreaktionär zu halten. Das bin ich gar nicht. Ich glaube nur nicht, dass mit einem starken Ruck nach links irgend etwas gewonnen sein wird. Ich habe ziemlich eingehend die französische Revolution studiert, und die ist doch sehr instruktiv. Bei Jaurès[80] sieht sie wie ein Wunder aus, aber mir ist Aulard[81] und Madelin[82] lieber. Wenn Sie einmal die Protokolle des Jakobinerklubs[83] lesen würden, die Aulard herausgegeben hat, ich glaube Sie fänden reichlich viele Parallelen mit dem Rechtsanwalt, der bei Ihnen einen so schönen glitzernden Diamanten im Ring trägt. Das Wunder der französischen Revolution fängt bei mir eigentlich erst am 20. Brumaire an, nach dem Staatsstreich Bonapartes. Wie er in drei Monaten, bis zu Marengo, die Staatsfinanzen saniert, Ordnung bringt, den angefangenen Code civil fast beendet, *organisiert* das ist eine Sache, bei der einem die Spucke wegbleibt, verzeihen Sie den Ausdruck. Und niemand versteht es eigentlich. Die Ökonomen machen dumme Phrasen, oder wenigstens hohle, und der historische Materialismus übersieht, scheint es mir, gerade die Imponderabilien, die in diesem Fall gerade in der Person Napoleons stecken, wie sie bei der russischen Revolution wohl in der Person Lenins stecken. Ist das sehr dumm, was ich da sage? Es ist schwierig, es richtig zu formulieren. Ein wenig geht es in die Richtung, von der Gide einmal in den «Faux-monnayeurs»[84] spricht. Erinnern Sie sich an den Sohn des Pastors, den nur die Übergänge interessieren, dort, wo die Grenzen fliessend werden. Fast alle Leute interessieren sich nur für Abgrenzung, Systematik, alles muss katalogisiert, festgelegt werden. Mir scheint immer, es werde immer erst dort interessant, wo die Grenzen ineinander übergehen. Sie werden das Dumpfsinn, Angst vor der Klarheit, Mangel an Logik oder sonstwie nennen, nein Mangel an Vernunft wohl. Sei es drum. Ich finde es richtig und gut, dass nicht alle Menschen gleich denken, dass es solche und solche gibt und dass

80 Jean Jaurès (1859–1914), französischer Sozialistenführer, Herausgeber von *Histoire socialiste de la Révolution française*, 12 Bde., Paris, Rouff 1901–08, Autor der ersten vier Bände.
81 Alphonse Aulard (1849–1928), französischer Historiker, von 1885–1922 Professor an der Sorbonne und erster Inhaber des Lehrstuhls für die Geschichte der Französischen Revolution.
82 Louis Madelin (1871 bis 1956), französischer Historiker, seit 1927 Mitglied der Académie Française. Diverse Schriften zur französischen Revolution, darunter *La Révolution* (1911) sowie eine Biografie über Joseph Fouché (1901). → Dok. 162.
83 Alphonse Aulard (Hg.), *La Société des jacobins. Recueil de documents pour l'histoire du Club des jacobins de Paris*, 6 Bde., Paris, Librairie Jouaust/Librairie Noblet/Maison Quantin 1889–97.
84 Roman von André Gide (1869–1951), erschienen 1925 in der *Nouvelle Revue française*. Gide gehörte zu Glausers literarischen Vorbildern, im Legionsroman *Gourrama* wird er mehrfach zitiert.

schliesslich eine Weltanschauung doch immer mit der Konstitution des jeweiligen Menschen zu tun hat. Daher denn auch Diskussionen über die sogenannten letzten Dinge gewöhnlich im Sande verlaufen, denn jeder nimmt seine Position von Anbeginn an, überzeugt kann er nicht werden, denn verstehen kann er ja nur, was seinem Charakter gemäss ist. Kennen sie Kretschmer[85]? Ja, der Mensch mit den Körperbautypen. Er hat einen sehr guten Aufsatz über C. F. Meyer[86] geschrieben, wirklich gar nicht Pathographie, wie man sie sonst gewohnt ist. Der hat in seinem Fragebogen, den er den Klinikern zur Ausfüllung empfiehlt, eine Rubrik, in der angegeben werden soll: Ist der Patient klassenbewusst, reaktionär, politisch uninteressiert usw. Das hat mir irgendwie imponiert. Es geht doch ein wenig dort hinaus, nämlich, dass eine politische oder soziale oder philosophische Überzeugung mit Argumenten kaum zu stützen ist, sondern mehr etwas über die Konstitution (in weitestem Sinne) des Trägers aussagt. Darum ich auch nicht einsehen kann, warum einer, dem das dialektische Denken fehlt, nun absolut sinken muss. Sie werden mir doch zugeben, dass nicht das dialektische Denken die Persönlichkeit ausmacht, die Persönlichkeit ist etwas durchaus irrationales, eigentlich recht vernunftwidriges. Sie hängt doch mehr mit dem spezifischen Gewicht des einzelnen zusammen als mit seiner Weltanschauung oder seinen Ideen.

Nun sieht es wirklich so aus, als wolle auch ich etwas bei Ihnen verändern. Dem ist nicht so. Es ist nur ganz gesund, wenn man versucht, dem Andern den eigenen Standpunkt klar zu machen, auch wenn es dem Andern dann scheinen mag, man mache ihm den Standpunkt der Standpunktlosigkeit klar.

Schreiben Sie mir doch mal wieder. Ich freue mich immer so über Ihre Briefe. Und dann: können Sie nicht einmal nachdenken, was ich unternehmen soll? Vielleicht gelingt Ihrem dialektischen Denken, was meinem Dumpfsinn misslingt.

Und dann: können Sie ausser dem «Symposion» vielleicht noch die Bücher von Frau Karlweiss entbehren? Den «Schwindel»[87] sah ich glaub ich bei Ihnen. Ich habe den «Fall Maurizius» letzthin wieder gelesen. Mein Gott, wie das erzählt ist! Technisch kann er sehr viel, der selige Herr Wassermann.[88] Aber wie wir schon sagten, die Probleme, die er wälzte, die waren drei Jahre neu und jetzt riechen sie schon wieder nach Staub. Wie es eben allen Problemen geht. Sie scheinen auf dem Meere der Ewigkeit kleine Cyclone zu sein, die kaum eine Stunde dauern. Wenn man nur ganz naiv erzählen könnte, wie manche Engländer! Die machen mich immer grün vor Neid. So ein

85 Ernst Kretschmer (1888-1964), deutscher Psychiater, Autor der Typenlehre *Körperbau und Charakter. Untersuchungen zum Konstitutionsproblem und zur Lehre von den Temperamenten*, Berlin, Springer 1921.
86 Als eigenständiger Artikel nicht nachweisbar. Möglicherweise bezieht sich Glauser auf Kretschmers Buch *Geniale Menschen* (Berlin, Springer 1929), das eine längere Passage zu Conrad Ferdinand Meyer enthält.
87 Marta Karlweiss (1889-1965), *Schwindel. Geschichte einer Realität*. Roman, Berlin, S. Fischer 1931.
88 Jakob Wassermann (1873-1934), einer der populärsten und produktivsten Schriftsteller seiner Zeit. Der Roman *Der Fall Maurizius*, (Berlin, S. Fischer 1928) handelt von der Aufklärung eines Justizirrtums.

Stevenson, par exemple. Kennen Sie den «Selbstmörderklub»[89]? Keine Probleme mehr und anständig geschrieben. Wer das könnte! Dann will ich gern auf Magie verzichten, obwohl gerade eine gut erzählte Geschichte ‹eminent› magisch wirken könnte. Beispiel: «Papageienbuch»[90] oder «Tausend und eine Nacht» oder das «Dekamerone» oder der wunderbare «Don Correa» im «Sinngedicht».[91] Oder eins meiner Lieblingsbücher und jetzt werden Sie mich auslachen: «Die Käserei in der Vehfreude» vom Gotthelf.[92] Wenn man diese Naivität (es ist nämlich die echte, die man auf Umwegen über das Komplizierte, Problemhafte endlich ergattert hat) wiederfinden könnte!

Ich soll für die Basler «Guten Schriften»[93] etwas schreiben. Ich will mal probieren, ob es nicht wenigstens so halbwegs geht. Aber dazu müsste man ein wenig mehr Ordnung unter der Hirnschale haben, müsste man die Courage haben, die alten Requisiten, als da sind Trauer, Rührung, Lachen so aufzupolieren, nein umzuschmelzen, dass sie wieder eine Gattung machen, wie sie hier sagen.

Ja, es hat mir sehr wohl getan Ihnen so lang zu schreiben, ich komm mir dann plötzlich wieder ganz menschlich vor, und nicht mehr als der bewusste stumme Goldfisch im Aquarium. Und darum lassen Sie den Platzregen der kleinen Buchstaben über sich ergehen. Ich bin soweit auch civilisiert, so civilisiert sogar, dass ich nicht einmal dem Teufel ein Tintenfass an den Kopf werfen würde. Und da sie vom Lucifer so eingenommen sind, erlaube ich mir noch die bescheidene Frage, welchen Sie meinen. Den, mit dem Herr Settembrini auf gutem Fusse steht, «O Satana, o rebellione!», dem Lucifer des seligen Carducci,[94] oder ob es sich um den des ebenfalls auf der Astralebene hospitierenden Rudolf Steiner[95] handelt. Es gibt so viele Teufel, es gibt unter anderem auch den, der meint, jeder Mensch habe eine Psyche und ihm darum die Seele abspricht. Wissen Sie übrigens, dass Lucifer auf Holländisch Zündhölzchen heisst? Ich glaube wirklich der Lichtbringer ist in der heutigen Zeit nur mehr ein Zündhölzchen, womit wir glücklich bei Ivar Kreuger[96] und dem Grosskapitalismus angekommen wären. Also sei es.

«Praeceptis salutaribus moniti» wie es in der Messe vor dem Pater noster heisst, mit Ihren «praeceptis salutaribus» ermahnt verbleibe ich in guter Freundschaft
Ihr
Glauser

Den «Schw. Sp.»-Artikel schicke ich in den nächsten Tagen.

[89] Robert Louis Stevenson, *Der Selbstmörderclub*. Originalausgabe: *The Suicide Club*, in *New Arabian Nights*, Bd. 1, London, Chatto & Windus 1882.
[90] Indische Märchensammlung aus dem 12. Jahrhundert, bestehend aus siebzig in eine Rahmenhandlung eingebettete Erzählungen eines Papageis, die die Frau eines Kaufmanns vom Ehebruch abhalten sollen, während er auf Geschäftsreise ist.
[91] *Don Correa* ist eine der sieben Novellen von Gottfried Kellers Novellenzyklus *Das Sinngedicht* (1882).
[92] Jeremias Gotthelf (d. i. Albert Bitzius) (1797–1854), *Die Käserei in der Vehfreude*. Roman, Berlin, Springer 1850. Der Roman spielt im fiktiven Dorf Vehfreude, wo anstelle der benötigten Schule eine Käserei errichtet wird, weil zu dieser Zeit Käsereien in Mode sind und Profit versprechen.
[93] Der Verein «Gute Schriften» gab von 1891 bis 1990 eine Heftreihe heraus mit dem Ziel, der Jugend eine gute Auswahl an Literatur zu günstigen Preisen zu bieten. Glausers Erzählung *Im Dunkel* erschien 1937 in der Reihe «Gute Schriften».
[94] Die Figur Lodovico Settembrini aus Thomas Manns Roman *Der Zauberberg* wird «Satana» genannt, weil er dem Protagonisten Hans Castorp einen Vortrag über Giosuè Carduccis Hymne an den Satan (*A Satana*, 1865) hält.
[95] Rudolf Steiners Anthroposophie definiert den Astralleib als eines der vier grundlegenden Wesensglieder des Menschen, als immaterielle Substanz der menschlichen Seele und als Träger des Bewusstseins, der Triebe und Empfindungen.
[96] Ivar Kreuger (1880 bis 1932), schwedischer Industrieller, dessen Konzern Anfang der 1930er-Jahre drei Viertel der Weltproduktion an Zündhölzern kontrollierte.

Kuvert der Amtsvormundschaft für Rechnungsbelege von Friedrich Glauser.
Zürich, 31. Dezember 1935.

FRIEDRICH GLAUSER AN ROBERT SCHNEIDER

Waldau, den 15. Dezember 1935

Sehr geehrter Herr Doktor,
Beiliegend schicke ich Ihnen die Rechnung, von der ich Ihnen bei Ihrem Besuch gesprochen habe und bitte Sie, sie begleichen zu wollen. Ich glaube, die Summe, die ich von der Schillerstiftung erhalten habe wird gerade noch langen.
Frl. Senn habe ich wegen Herrn Jucker geschrieben, habe aber noch keine Antwort erhalten. Ich muss Ihnen ja gestehen, dass ich sehr skeptisch bin, was das Gelingen dieses Planes anbetrifft. Aber wir werden ja sehen. Ich kann mir nämlich nicht recht vorstellen, dass Herr Jucker sowohl nach Bern als auch zu Ihnen fahren wird um mit so und so viel Leuten die Sache zu bereden. Nun, manchmal wird auch das Unwahrscheinliche wahr.
Mit dem Arbeiten geht es sehr schlecht, was ja begreiflich ist.
Mit freundlichen Grüssen
Ihr ergebener
Glauser

FRIEDRICH GLAUSER AN FRIEDRICH WITZ

Bolligenstraße 117
Ostermundigen Bern[97]

Lieber Herr Doktor,
Für Ihren herzlichen und freundlichen und lobenden Brief danke ich Ihnen sehr. Es ist schade, daß er mich mehr bedrückt als erfreut hat. Wenn der Roman[98] nämlich nur psychologisch aufgebaut ist, (das ist er übrigens nicht, ich hab am Anfang keine Ahnung gehabt wie er enden wird und habe die Leute ein wenig leben lassen,) so ist das entschieden ein Fehler bei einem Kriminalroman. Und wahrscheinlich haben Sie recht und haben mir die Pille nur verzuckern wollen: er ist nicht künstlerisch sondern nur künstlich ... Das werden auch die Leute finden, denen Sie das Ms. noch gegeben haben, und diese Leute werden den gleichen Einwand machen wie Kleiber: der Roman sei deprimierend und es sei ein technischer Fehler daß man schon auf Seite 120 wisse, wer der Schuldige sei. Die letzte Affirmation habe ich nicht nachkontrolliert, es wird aber wohl stimmen. Sie

[97] Undatierter Brief, um den 20. Dezember 1935 verfasst.
[98] Glauser hatte Friedrich Witz, Redakteur der *Zürcher Illustrierten*, seinen ersten Kriminalroman *Schlumpf Erwin Mord* geschickt, mit der Bitte, zu prüfen, ob ein Abdruck in der *Zürcher Illustrierten* in Frage kommen könnte. Witz lobte in seinem Brief vom 7. Dezember 1935 die «Echtheit, Wahrscheinlichkeit, Überzeugungskraft» des Romans und hielt fest, dass die «Handlung in ihren psychologischen Zusammenhängen mit grösster Gewissenhaftigkeit aufgebaut sei». Der Roman erschien in der *Zürcher Illustrierten* in acht Folgen vom 24. Juli bis 2. Oktober 1936.

sehen also, daß ich für eine Absage gewappnet bin und daß Sie nicht zu fürchten brauchen ich würde deshalb mir die Sache allzu sehr zu Herzen nehmen. Ich habe vorläufig noch nicht den Autorengrößenwahn und weiß eigentlich immer besser als der Leser, wo die schwachen Punkte sind. Aber es ist immer schwer, wenn man versuchen will, ein ziemlich abgedroschenes Genre ein wenig zu erneuern. Es braucht eben Arbeit. Auf alle Fälle danke ich Ihnen herzlich für Ihren Brief, und wenn der Roman doch angenommen würde, so würde ich das als encouragement betrachten und als weiter nichts. Vorläufig wachsen bei mir die Bäume noch nicht in den Himmel, dafür ist schon gesorgt. Ich komme mir manchmal vor wie jene Fladen, die die Marokkaner aus grobem Gerstenmehl in der Asche backen – genauso zusammengequetscht und staubig. Aber die Fladen hatten einen ganz bestimmten Geschmack, der gar nicht unangenehm war – und vielleicht wird es mit meinen Sachen mit der Zeit auch so.

Warum ich Ihnen aber schreibe? Weil ich doch die Feste nicht vorbeigehen lassen will ohne Ihnen recht herzlich für all Ihre Freundlichkeit zu danken und auch für das encouragement, das Sie mir oft gegeben haben. Übrigens hat sich Frau Picard für den «Tee» begeistert und wird ihn anbringen.[99] Für den Wettbewerb hab ich einen neuen Studer-Roman verbrochen – und von dem Wettbewerb hätte ich ja ohne Sie nichts erfahren. Sie sehen also, daß Sie meinen Dank nicht gut ablehnen können. Ich wünsche Ihnen recht viel Glück im neuen Jahr und hoffe, daß Sie mir das gleiche nicht nur wünschen, sondern daß es auch eintreffen wird. Es ist halt alles reziprok. Mit herzlichen Grüßen Ihr

Glauser

187 FRIEDRICH GLAUSER AN JOSEF HALPERIN[100]

Bolligenstrasse 117
Ostermundigen, den 31. Dezember 35

Lieber Herr Halperin,
N'en jetez plus, la cour est pleine! wie die Franzosen sagen. Der «Schlumpf» ist doch kein ausgezeichneter Roman! Was denken Sie! Da habe ich doch vom Roman eine höhere Idee, die vielleicht falsch ist. Er ist eine Sache, die die Leute ein wenig amüsieren soll, ein wenig nachdenklich stimmen und vielleicht ein wenig auflockern soll, mehr will er gar nicht, der Roman nämlich. Vielleicht ist er besser als

[99] Die Literaturagentin Ella Picard sicherte sich in einem Vertrag vom 8. Dezember 1935 das alleinige Recht, die Verhandlungen zur Veröffentlichung des Spionageromans *Der Tee der drei alten Damen* zu führen. Zu einer Veröffentlichung kam es zu Lebzeiten Glausers allerdings nicht.
[100] Josef Halperin (1891–1963), Journalist, seit 1914 Mitarbeiter der *Neuen Zürcher Zeitung* und von 1920–32 Korrespondent in Berlin und London. Seit der Rückkehr in die Schweiz 1932 als freier Journalist und Gewerkschaftssekretär beim VPOD tätig sowie Beteiligung am Aufbau der Büchergilde Gutenberg. Seit 1937 Mitherausgeber der Wochenzeitschrift *ABC,* in der er Glausers Legionsroman *Gourrama* publizierte.

Helene Christaller[101] (Ipecacuana[102] ist eine Schleckerei gegen dieses Brechmittel). Nun, eigentlich ist es Hauptsache, dass er Ihnen gefällt. Aber nehmen Sie ihn um Gotteswillen nicht zu ernst! Ich habe nur einmal eine Sache geschrieben, zu der ich stehen kann, und die ich heute, trotz all der Fehler, die darin stecken, noch mag. Das ist der Legionsroman, den Oprecht[103] auch hat. Wenn Sie da ein wenig stupfen könnten! Das wäre sehr lieb von Ihnen. Ich glaub jeder von uns hat so sein Schmerzenskind, an dem die Verleger immer wieder herumkritisieren, und zwar gewöhnlich mit Unrecht. Denn mit diesem Legionsroman ist es mir merkwürdig gegangen. Es haben ihn ein Haufen Leute im Manuskript gelesen, einfache und komplizierte, und alle haben ihn zu Ende gelesen, was sicher nicht gegen ihn spricht ... Denn für Nicht-Fachleute ist ein Lesen im Manuskript immer eine schwere Sache ...

Wer Frau Picard ist? Eine Dame, die ein Korrespondenzbureau hat, das sie «Epic» getauft hat ... Weiter weiss ich auch nichts von ihr. Witz von [der] «Z.I.» hat mich mit ihr bekannt gemacht, sie war sehr freundlich und hat jetzt einen Haufen Zweitdrucke von mir. Offen gestanden hätte ich nichts dagegen in Wien zu erscheinen, ich bin nämlich dort geboren und aufgewachsen, meine Mutter war Österreicherin. Aber wenn Sie meinen, dass es in der Schweiz günstiger ist ... Finanziell sicher, das glaub ich auch. Ich hab' zwar noch einen Einwand gegen die Publikation in der Schweiz. Ich möchte nämlich noch einen Roman schreiben, der in einem Schweizer Irrenhaus[104] spielen würde, auch wieder mit Studer, in der gleichen Art, wie der «Schlumpf», das Atmosphärische herausarbeiten, und da hab' ich Angst, dass er mit dem «Tee» ‹double emploi› machen würde. Was ist mit den englischen Brocken?

Hab' ich da arg daneben gehauen? Es wird wohl so sein, ich spreche es sehr schlecht, lese es besser, wenigstens einige von den Engländern. Chesterton[105] verstehe ich gerade noch ohne allzuviel Diktionär. Ich bin Ihnen für alle Kritiken sehr dankbar. Die sind so viel nützlicher als Komplimente, und ich habe wirklich nicht die schlechte Angewohnheit, übelzunehmen. Wenn Ihnen sonst etwas nicht gefällt, oder Sie falsch dünkt, so sagen Sie es bitte. Korrigieren werde ich es zwar wahrscheinlich nicht, aber ich lerne daraus für etwas Neues.

Ich habe es hier in meiner Klausur fertig gebracht (Sie wissen doch, dass ich wieder in der Waldau bin) für einen Wettbewerb einen Kurzroman[106] zu schreiben. Finden Sie den Ausdruck ‹Kurzroman› nicht scheusslich? Es klingt so nach Kurzwaren und man kommt sich

101 Helene Christaller (1872–1953), deutsche evangelische Schriftstellerin, deren rund 50 Erzählwerke mit religiösem Einschlag grosse Auflagen erzielten.
102 Brechwurzel oder Brechwurz. Aus dem Wurzelstock der Pflanze wird ein starkes Brechmittel produziert.
103 Hans Oprecht (1894 bis 1978), 1921–46 Vorsitzender der Gewerkschaft VPOD, 1925–63 sozialdemokratischer Nationalrat, führende Persönlichkeit in der Arbeiterbewegung der Zwischen- und Nachkriegszeit.
104 *Matto regiert.*
105 Gilbert Keith Chesterton (1874–1936), englischer Schriftsteller und Journalist, Verfasser einer Serie Kriminalromane mit dem Protagonisten Father Brown.
106 *Die Fieberkurve.*

vor wie ein Kurzwarenhändler. Aber was will man da machen? Ich habe probiert all die alten ‹ficelles›, ohne die ein Kriminalroman nun einmal nicht zusammenzuhalten ist, neu zu spinnen. Die Frage ist, ob es mir gelungen ist. Der Raum war so beschränkt ... Ich habe Studer Haschisch rauchen lassen und ihn dabei pessimistische Betrachtungen über die westliche Betriebsamkeit und die Relativität der Zeit, der Bureauzeit, anstellen lassen. Vielleicht ist das ganz fidel geworden, aber ob es auch den Schiedsrichtern gefallen wird, die vielleicht aus Pfarrern und Sekundarlehrern bestehen, weiss ich nicht. Wir wollen das Beste hoffen. Ich könnte ein wenig Erfolg ganz gut brauchen.

Auch ich wünsche Ihnen recht viel Glück im neuen Jahr und meine das nicht als Phrase sondern sehr ehrlich. Kommen Sie nie nach Bern? Ich würde mich sehr freuen, Sie einmal zu sehen.

Mit herzlichen Grüssen
sehr Ihr
Glauser

188 FRIEDRICH GLAUSER AN MARTHA RINGIER

Waldau 4. Januar 1936

Liebe Frau Ringier,
Ihr Neujahrsgruss hat mir sehr viel Freude gemacht. Ihre Blumen stehen in meinem Zimmer und ich habe die letzten Tage sehr viel an Sie gedacht. Ihre Karte war so freundlich, freundlich ist auch nicht das rechte Wort, sie war mehr ... Es ist wirklich schade, dass Sie am Zweiten nicht haben kommen können. Ich habe ein paar gute Tage gehabt und ich hätte Sie so gern ein wenig aufgeheitert. Und um brieflichen Trost zu spenden muss man schon ein anderer Kerl als ich sein, Rilke konnte das, Ball konnte das, ich bin nur ein armer Schlucker, der höchst selten vom fruchtlosen Grübeln und von den Selbstvorwürfen loskommt. Die Nächte hier sind auch so lang, man hat Zeit Bilanz und wieder Bilanz zu machen. Es ist nicht gerade sehr erfreulich, was dabei herauskommt. Aber, liebe gnädige Frau, ist das möglich, dass Sie schon sechzig sind? Auf alle Fälle schreiben Sie so lebendig, dass ich nie auf diesen Gedanken gekommen wäre. Sechzig Jahre! Und ich habe manchmal den Moralischen weil ich schon vierzig bin und eigentlich nicht viel anderes gemacht habe, als ‹umenandez'trole› wie sie hier sagen. Ich beneide Sie ein wenig um Ihre

Frische und um Ihre Elasticität (schreckliches Wort!) und ich bin sicher, dass auch die Enttäuschung vorübergehen wird. Vielleicht bin ich sehr taktlos, wenn ich meine Bedenken über den Plan Ihrer Freundin[107] sage ... Russische Emigranten in Paris? Und für diese leben? Ich verstehe nicht recht. Ich habe unter diesen Menschen in der Legion ein paar gute Freunde gehabt, es waren Rechtsanwälte, Ärzte, Literaten darunter ... Sehr tapfere und grossmütige Leute, die einen guten Begriff von Kameradschaft hatten. Und dann habe ich in Paris ein paar kennengelernt. Mais ce n'était pas du tout ça ... Aber man soll ja nicht richten, das möchte ich auch gar nicht ... Und wenn Ihre Freundin absolut eine Enttäuschung erleben will – warum soll man die Menschen vor Enttäuschungen bewahren? Enttäuschungen können sehr fruchtbar sein. Ich habe nur den peinlichen Eindruck, dass irgend etwas ganz anderes hinter dieser Flucht steckt – aber schliesslich, Sie werden mir mit Recht sagen, dass ich mich nicht wichtig zu machen habe ... Vielleicht kann man einmal darüber reden.

Ich schicke Ihnen ein paar Bücher, den Ball, in dem ich mit einem ‹C› zitiert bin.[108] Es macht mich immer wehmütig, wenn ich die paar Zeilen lese. So hab ich mit zwanzig geschrieben, es war nicht besonders gut, aber es war immerhin ganz ehrlich. Jetzt such' ich Entschuldigungen um Kriminalromane schreiben zu können, man gibt sich Mühe, das alte Genre aufzubügeln und tröstet sich damit, dass schliesslich die «Karamasoffs» und die «Caves du Vatican» von Gide auch nichts anderes sind als gute Kriminalromane. Auf alle Fälle ist es eine ausgezeichnete Übung. Ich lerne konstruieren und das hat mir immer gefehlt, dann kann ich hin und wieder ein wenig Anarchismus einschmuggeln, und das tut meiner chaotischen Seele wohl. Wettbewerbe sind doch eine schöne Sache. Ich habe auch am Wettbewerb für den «Schweizer Spiegel» mitgemacht, voriges Jahr habe ich sogar mit einer Novelle[109] den ersten Preis ergattert, diesmal wird es wohl nichts sein. Aber ich habe die diesjährige Einsendung in einem Nachmittag und einem Abend gerade ins Reine heruntergetippt und war drei Tage ganz glücklich über die Sache. Ich hatte so die Idee, dass sogar der alte Keller an dem Ding seine Freude gehabt hätte, das wird natürlich eine Illusion sein, die Leute werden es schlecht finden, aber schliesslich, ist das nicht gleichgültig, wenn man selbst einmal mit etwas zufrieden ist?

Schade, dass Sie Bloy nicht auf Französisch lesen. Seine Sprache wird sich wohl kaum gut ins Deutsche übertragen lassen. Macht Ihnen das Französische Schwierigkeiten? Ich schicke Ihnen doch noch zwei französische Bücher mit. Das kleine von Cocteau interessiert Sie

---

[107] Aja Juon (1900–2001), Tochter des russisch-schweizerischen Komponisten Paul Juon (1872–1940). Sie wohnte acht Jahre lang bei Martha Ringier und arbeitete in der Jugendbuchhandlung «Die Krähe».
[108] Hugo Ball, *Die Flucht aus der Zeit*, München/Leipzig, Duncker & Humblot 1927. Ball pflegte Glauser mit einem «C» zu schreiben.
[109] Die Erzählung *Sie geht um*.

vielleicht. Bloy war Taufpate des Jacques Maritain[110], Bloy hat ihm glaub' ich die «femme pauvre» gewidmet. Ball kannte den Mann gar nicht, ich habe ihn damals darauf gebracht, ich hatte Bloy in Genf im Collège entdeckt[111], den «Désespéré» und dann hab' ich hintereinander alles gelesen, «Le mendiant ingrat», «l'âme de Napoléon» (das besonders ist sehr schön, Mereschkowsky citiert das Buch viel in seinem Werk über Napoleon[112]) und dann das merkwürdige: «Le salut par les juifs» ... Aber das ist alles so weit weg.

Zur Erheiterung lege ich Ihnen noch den «Clemenceau» von Martet[113] bei und hoffe nur, dass Sie an dem Buch ebensoviel Spass haben, wie ich. Frankreich ist doch ein schönes Land, wenn es auch jetzt scheinbar am Verfaulen ist, ich glaube nicht so recht dran.

Und nun komme ich noch mit einer Bitte. Ich habe eine Freundin in Basel, die eine Stelle sucht. Es ist ihr gleich, was es ist, Haushalt, Kochen oder sonst etwas. Sie ist ein tüchtiger Kerl, daneben diplomierte Irrenpflegerin. Wüssten Sie vielleicht etwas für Sie? Bitte, denken Sie nicht, dass ich Sie, liebe gnädige Frau, für ein Stellenvermittlungsbureau halte, aber manchmal findet man durch ‹Private›, wie der schöne Fachausdruck heisst, mehr als durch die offiziellen Stellen. Sie heisst Berthe Bendel, Adresse: Kleine Riehenstrasse 110. Verzeihen Sie bitte die Aufdringlichkeit. Wenn Sie etwas wissen, schicken Sie ihr vielleicht eine Karte.

Übrigens werde ich mich jetzt an die Sache für die «Guten Schriften» machen und hoffe, Ihnen bald etwas schicken zu können.

Mit vielem Dank und herzlichen Grüssen
Ihr ergebener
Glauser

Und das Gedicht soll eine kleine Erinnerung sein.

---

110 Jacques Maritain (1882–1973), französischer Philosoph und Literat, engagierte sich in der Bewegung des Renouveau catholique.
111 Zu Glausers Beschäftigung mit Bloy → Dok. 9.
112 Dmitri Mereschkowski, *Napoleon. Sein Leben – Napoleon der Mensch.* Deutsch von Arthur Luther. Leipzig, Grethlein Verlag 1928.
113 Jean Martet (1886 bis 1940), französischer Dichter, Dramatiker und Romancier. Verfasser mehrerer Bücher über den Staatsmann Georges Clemenceau, dessen Sekretär er 1915 wurde. Zu Clemenceau → Dok. 199.

89 FRIEDRICH GLAUSER AN BERTHE BENDEL[114]

Das nächste Mal musst du das Paket besser verpacken, Berthe, sonst macht die Post noch Konkurs. Sie hat in der Person eines Briefträgers reklamiert, das wurde an mich weitergeleitet – sie haben auf der Post einen Notverband anlegen müssen, nein, eine Notpackung und waren entrüstet. Mein Kind, erspare der Post künftighin die Entrüstung, ich bitte dich, wir Schweizer sind ein ernstes Volk, ein schlecht gemachtes Paket, an dem das Papier zerreißt, ist keine lässliche, sondern eine Todsünde, was dir als frommer Katholikin einleuchten muss. Es zeugt von Trägheit, und Trägheit steht mit Geiz, Wollust (die die Schweizer immer mit h schreiben) Völlerei, Zorn, Hochmut und Neid auf der gleichen Stufe. Wir sind Protestanten, jawohl, aber die Sünden unserer Nebenmenschen beurteilen wir vom Standpunkt Roms. Also sei es. Aber lass dich nicht mehr erwischen, sonst holt dich der Postdirektor..

Übrigens, wie gehts dir? Du hast mir ein schönes Kompliment gemacht über den Roman. Genau! Wenns stimmt, will ich gar nichts anderes. Genau ist immerhin sauber. Aber lies zuerst den Schluss. Du wirst sehen, daß es dort nicht mehr genau zugeht und darum hab ich gesagt, er sei vergraten[115]. Und daß das andere wie ein Traum wirkt, hat mich auch gefreut. Kindlein, du hast Geschmack, muss ich sagen. Weißt du wir Literaten sind eitle Leute. Wir hören doch ganz gerne Komplimente.

Ich kann nichts dafür, daß ich so weit weg war. Es waren *nur* noch vier Leute im gleichen Zimmer.

Du, hör einmal. Ich hab dir von der Dame der «Guten Schriften» erzählt.[116] *Sie* hat mir die Blumen geschickt. Sie ist sechzig Jahre alt. Ich hab ihr geantwortet und sie gefragt, ob sie nichts für dich weiß, und hab ihr die Riehener Adresse angegeben. Bist du noch dort? Sonst sag mir, wo du bist. Vielleicht gehst du sie einmal besuchen. Es ist in der Freien Straße, ich weiß die Nummer nicht mehr genau, du musst im Telephonbuch nachsehen.

Ich dank dir noch für den Pull und alles andere. Lass dirs gut gehen und schreib was du machst. Sehr lieb hat dich dein
F.

114 Undatierter Brief, Anfang Januar 1936 in der Waldau verfasst.
115 (Schweiz.) missraten.
116 D. i. Martha Ringier.

Bolligenstrasse 117
Ostermundigen (Bern)
den 8. Januar 1936

Sehr geehrte gnädige Frau,
Sie müssen entschuldigen, wenn ich Ihren freundlichen Brief vom 8. Dezember erst jetzt beantworte. Ich wollte noch eine Antwort über den «Tee» abwarten, und die ist erst heute eingetroffen. Also, wenn Sie ihn anbringen können, so wäre ich sehr froh. Ich schicke den Vertrag an meinen Vertreter in Zürich, der ihn unterzeichnet an Sie weiterleiten wird. An Verlagen habe ich in der Schweiz nur den Montana-Verlag Horw Luzern und den «Schweizer Spiegel» probiert. Mit Zeitungen ist nichts zu machen. Ein zweites Exemplar werden Sie in den nächsten Tagen erhalten. Ich habe noch eine Bitte. Die Übersetzung ins Französische möchte ich mir gerne vorbehalten, das heisst, wenn eine solche in Betracht käme, möchte ich gern konsultiert werden und sie womöglich selber besorgen. Ich schreibe nämlich das Französische geradesogut wie das Deutsche und bin fähig mein eigener Übersetzer zu sein. Wenn Sie mir dies brieflich bestätigen würden, glaube ich, dass keine Änderung im Vertrag zu machen wäre.

Was die andern Sachen betrifft, so sind sie teils im «Schweizer Spiegel», teils in der «Nat.-Ztg.», teils im «Bund», teils in der «Zürch. Ill.» erschienen. Diese Zeitungen kämen nicht in Betracht. Auch «Schweizer Mittelpresse» nicht. Sonst stehen alle anderen Zeitungen offen. Ich habe leider keine Abschriften mehr von den kleinen Sachen. Wenn ich nicht so viel zu tun hätte, so würde ich Ihnen noch die Sachen, die in der «Z.I.» erschienen sind, abschreiben, aber ich habe offengestanden keine grosse Lust dazu. Vielleicht später. Augenblicklich haben Sie ja, glaub ich, genug.

Dass Ihnen der «Tee» ans Herz gewachsen ist, freut mich sehr. Hoffentlich haben Sie Glück. Ich arbeite an einem neuen Kriminalroman, vielleicht können Sie das dem Verlag andeuten. Es wäre mir sehr recht, einen Kontrakt, falls er nicht zu ungünstig ist, mit ihm abzuschliessen; ich plane nämlich eine Serie Schweizer Kriminalromane, die ich wohl im Laufe eines Jahres fertigstellen könnte. Sie müssen das Wort «Schweizer» verstehen. Es wird nicht irgendwie heimatschutzlich werden, sondern, wie formuliert man das am besten? Der Held ist ein Berner Fahnderwachtmeister (wie im «Alten Zauberer»), ein Roman wird in einer Irrenanstalt spielen, einer in Ascona, einer in Paris. Also doch nicht nur Scholle und Hämoglobin.

Verstehen Sie? Sogar ziemlich wenig Scholle ... Einen habe ich schon fertig, der wird vielleicht, wenn ich Glück habe, bei der Büchergilde[117] erscheinen.

Ich wünsche Ihnen, leider ein wenig verspätet, recht viel Gutes im neuen Jahr und verbleibe mit den besten Grüssen
Ihr ergebener
Glauser

91 FRIEDRICH GLAUSER AN FRIEDRICH WITZ

Bolligenstrasse 117
Ostermundingen
8. Januar 1936[118]

Lieber Herr Doktor,
Ihr Brief, für den ich Ihnen sehr danke, war wohl eine sanfte Mahnung zur Eile. Der Roman ist schon seit Donnerstag fertig, ich wollte ihn nur noch jemandem zum Lesen geben um zu wissen, ob er genügend aufgebügelt ist. Und nun wart ich noch auf sein Urteil. Sie werden vieles geändert finden. Der ganze Anfang, der ursprünglich so langfädig war, geht jetzt, glaub ich. Man muss wohl, so weit es geht, in medias res springen, obwohl ich mir diese Handlung nicht recht vorstellen kann. Dann hab ich sehr viel gekürzt, sodass ich hoffe, dass Ihr Rotstift sich ausruhen kann. Auf alle Fälle bitte ich sehr, dennoch zu ändern und zu kürzen, was Sie für gut finden. Nur nicht allzu viel Atmosphärisches, ich glaube, das Ganze würde an Reiz verlieren, wenn man dort zu sparsam wäre.

Da ich, nach bestem Wissen und Gewissen, wie es in den Gutachten heisst, Ihren Wünschen nachgekommen bin, möchte ich auch noch einige äussern und Sie bitten, sie bei den Herren der allmächtigen Kommission zu vertreten:

1. Als Titel hatte ich von jeher vorgesehen, «Schlumpf Erwin Mord» und zwar ohne Interpunktion. Schön wäre es, wenn Sie Gotthard Schuh[119] dazu bringen könnten, eine Aufnahme eines Aktenfascikels zu machen, auf dem die drei Worte stehen würden, und das dann als Titel ‹nehmten›.[120] Vergrössert könnte es den Umschlag des Buches geben. Glauben Sie nicht auch?
2. Was die Buchausgabe betrifft, setzen Sie allen Einfluss ein, dass es billig wird, brochiert, kein Luxuspapier. Ich glaub, Sie müssen sehen, in den Bahnhofkiosks den Ausländischen Konkurrenz zu machen.

117 1925 gegründete Buchgemeinschaft mit Sitz in Zürich, die ihren Mitgliedern qualitativ hochstehende, günstige Bücher bot. Die Zürcher Büchergilde verselbständigte sich nach der Gleichschaltung der Gilde Berlin und wurde von Gewerkschaftsverbänden übernommen, Präsident war Hans Oprecht.
118 Korrekt ist Februar 1936.
119 Gotthard Schuh (1897–1969), Fotograf, Vorreiter des modernen Fotojournalismus. Seit 1932 mit Hans Staub und Paul Senn Fotoreporter für die *Zürcher Illustrierte*, eine Pionierzeitschrift des Schweizer Fotojournalismus. Schuhs Fotoporträts von Glauser (1937/38) wurden berühmt.
120 Bereits die *Zürcher Illustrierte* hatte den Titel zu *Wachtmeister Studer* geändert. Der Morgarten-Verlag übernahm diesen Titel und liess den Umschlag nicht von Gotthard Schuh, sondern von Hans Schaad gestalten.

Allerhöchstens 2.50 pro Band, lieber noch zwei Franken. Das wäre so [das] Niveau der neuen Goldmann Bücher.[121] Vielleicht würde es dann gekauft. Für den Buchumschlag dachte ich mir eine Photomontage, diagonal das Blatt geschnitten, mit oben: der Deckel des Aktenfascikels; und unten: einer Gestalt, auf dem Bauche liegend, in einem Nadelwald. Wenn es Sie schüttelt, so tut es mir leid, aber nehmen Sie rasch einen Cognac und dann werden Sie mir recht geben. Ich glaub' Sie sollten die Herren überzeugen, nicht so echt schweizerisch vorsichtig zu tun und mit eineinhalbtausend Auflage anzufangen. Das rentiert niemals. Ich sage das nicht einmal wegen mir, weil ich nachher noch etwas bekomme, sondern weil es als Kalkulation falsch ist, mit so kleinen Auflagen zu beginnen. Sie dürfen doch nicht hoffen, bei Buchhändlern abzusetzen. Ich glaub' es wäre möglich, den Preis so zu drücken, wenn Sie den Satz ohnehin haben. Und es wäre doch möglich, dass die Leute billige Bücher kaufen würden. Ich schreib doch nicht für die ‹Elite›, die Elite kann sich begraben lassen und mir gestohlen bleiben, ich möchte, dass es der Mann oder die Frau liest, die sonst zu Felicitas Rose[122], Wallace[123] oder John Kling[124] greift. Die muss man erwischen. Und ich bin sicher, man kann sie erwischen, wenn man nicht die alten Methoden mit Buchbesprechungen in den ‹Tageszeitungen› gebraucht. Den Leuten, die ich erreichen möchte, ist es wurscht, was Herr Dr. Eduard Korrodi oder Herr Dr. Hugo Marti von dem Buch denken. Sie werdens lesen, wenn der Kollege oder die Freundin behaupten, es sei ‹sauglatt›. Nun weiss ich nicht, ob es sauglatt ist (das Buch nämlich) aber es haben es immerhin ein paar sogenannte einfache Leute im Manuskript gelesen und die Meinung war einstimmig: Endlich einmal etwas anderes, nicht immer der ‹Seich› (das ist das Wort der Leser) mit Liebe und ob er sie kriegt oder nicht ... Bitte glauben Sie nicht, ich wolle renommieren, aber es hat mir nur bestätigt, was ich von jeher behauptet habe. Das ‹Volk› ist für Neues gar nicht so unempfänglich (die Art zu erzählen, ist ja nicht neu, ich weiss wohl, aber ich habe doch probiert, das ‹Genre› von einer andern Seite abzuhobeln. Nicht?) Und für eines möchte ich Ihnen noch sehr herzlich danken: dass Sie nämlich so tapfer sind, es zu probieren. Aber ich glaube, Sie müssten dann auch versuchen, jede Chance auszunützen.

3. Dr. Hans Oprecht vom VPOD, dem ich geschrieben hatte, dass Sie das Manuskript wollen, hat mir umgehend geantwortet, dass er den «Schlumpf» gern als Zweitdruck für den «Öffentlichen Dienst» möchte. Er bietet 250.- frs. Ich unterbreite Ihnen die Offerte, wie es so schön heisst, und erwarte Ihre Rückäusserung. Wie ist das eigentlich,

---

121 Der Goldmann Verlag wurde 1922 in Leipzig gegründet, erste Erfolge Mitte der 1920er-Jahre mit Kriminalromanen von Edgar Wallace. Zum Erfolg trugen massgeblich die billigen Broschurausgaben für den Bahnhofsbuchhandel bei.
122 Felicitas Rose (d. i. Rosa Caroline Mathilde Emma Schliewen) (1862–1938), deutsche Schriftstellerin.
123 Edgar Wallace (1875 bis 1932), englischer Kriminalschriftsteller, Drehbuchautor, Regisseur und Journalist.
124 Der Agent John Kling ist Protagonist einer langjährigen Abenteuer-Romanreihe, deren erste Folge 1926 erschien, verfasst von Heinz Krafft, Paul Pitt, Max Wing und Hermann Falk.

bekomme ich auch etwas von den Zweitdrucken? Oder schluckt das alles der Morgarten-Verlag? Wissen Sie, lieber Herr Doktor, ich muss Ihnen ganz offen sagen, dass ich sehr ungeschickt bin in der Wahrung meiner finanziellen Interessen. Darf ich die Wahrung derselbigen vertrauensvoll in Ihre Hände legen? Sie haben einmal so hübsch gesagt, dass ein Verlag seine Autoren aufpäppeln müsse. Tun Sie das, und Sie können sicher sein, dass Sie dank meiner Fürbitte einen extra feinen Platz im Literatenparadies einnehmen werden. Vielleicht reizt Sie das nicht. Es kann sein, dass es dort sehr öd zugeht ...

Ich schaffe an einem neuen Studer-Roman[125]. Er spielt in einem Irrenhaus und wird, glaub ich, ganz lustig. Ob er in die Serie passen wird, weiss ich noch nicht. Man wird ihn sehr kürzen müssen, denn ich möchte darin auch ein paar nachdenkliche Sachen sagen – es wird allerhand Gespräche geben und Auseinandersetzungen – Handlung schon, aber vielleicht langt sie nicht ... Oprecht will ihn auf alle Fälle. Und ich muss mir da allerhand von der Seele schreiben, das vielleicht einen grösseren Leserkreis nicht interessiert. Sie bekommen in zwei bis drei Monaten sicher einen Durchschlag, und dann kann man ja darüber reden.

Nun noch eine grosse Bitte. Ich hoffe, Ihnen nächste Woche eine neue Studer-Geschichte schicken zu können. Wenn Sie sie in Händen haben, wollen Sie so freundlich sein und das scheussliche Ding: «Ich bin ein Dieb», auf das Sie mir Vorschuss gegeben haben, in den Papierkorb werfen? Oder wenn Sie daheim einen Kachelofen haben, so benützen Sie es zur Anfeuerung. Und verrechnen Sie mir die dreissig Franken sonst. Dafür wäre ich Ihnen wirklich dankbar.

Und dann noch etwas. Die Franzosen haben im Buchhandel eine gute Methode. Auf der Rückseite des Titelblatts geben sie gewöhnlich die Bücher an, die vom gleichen Autor in Vorbereitung sind. Es ist eine billige Reklame und setzt dem Leser einen Floh ins Ohr. Manchmal erscheinen die Sachen ‹en préparation› gar nicht. Das tut nichts. Sie können ruhig setzen: In der gleichen Ausstattung wird erscheinen:

«Kharlakani weiss alles»[126] (Das ist der Irrenhausroman)

«Die Fieberkurve»[127] (die ist geschrieben und liegt jetzt beim Wettbewerb des Schweizerischen Verlages in der Clausstrasse. Es ist zu kurz, könnte aber auch aufgebügelt werden ... Gott, werden Sie sagen, ist dieser Glauser ein betriebsamer Mensch! Aber lassen Sie es sich nicht verdriessen. Solche Meldungen können ganz nützlich sein, und schaden tun sie niemandem, ausser meiner Reputation, und die ist schon so kompromittiert, dass es auf ein wenig mehr oder weniger nicht ankommt ...)

---

[125] D. i. *Matto regiert*.
[126] Frühe Bezeichnung für *Matto regiert*.
[127] Glauser schrieb *Die Fieberkurve* für einen Kurzroman-Wettbewerb, den das Schweizer Druck- und Verlagshaus ausgeschrieben hatte. Die Urfassung entstand in nicht einmal vier Wochen.

Ich glaube, das wäre alles.

Ich möchte Ihnen noch sagen, dass der Vertrag, den Sie mir zuschicken werden, von meinem Vormund, Herrn Dr. R. Schneider, gegengezeichnet werden muss. Ich werde das besorgen. Das Geld schicken Sie mir bitte hierher.

Grüssen Sie bitte Herrn Kübler recht herzlich von mir.

Ich verbleibe in guter Freundschaft

Ihr ergebener

Glauser

Noch eins: Den Bruttaler habe ich Aeschbacher getauft. Bei der Korrektur hab ich sicher an einigen Orten vergessen, die Namen zu ändern. Sie wissen, man liest oft darüber hinweg. Darf ich Sie bitten, da noch einzugreifen? Und mir die Auslassungen nicht übel zu nehmen?

192 FRIEDRICH GLAUSER AN JOSEF HALPERIN

19. Februar 1936

Lieber Halperin, *dass* etwas mit dem Schluss[128] nicht stimmte, wusste ich. Er hat mir nie gefallen. Aber *warum* er nicht stimmte, das haben erst Sie mir gesagt. Und eigentlich so klar und unwiderleglich, que je m'incline und Ihnen sehr herzlich danke. Das ist doch so selten, dass ein Leser einem so deutlich zeigen kann, wo es nicht stimmt. Lustig, was Sie da von romantischer Ironie sagen. Es wird wohl auch stimmen, ich werd' das wohl so mit mir herumgeschleppt haben, ganz unbewusst, denn die Herren, die diese literarische Attitüde gepflegt haben (Sie meinen doch Brentano, Tieck und Consorten) kenne ich kaum. Ich hab ein paar Mal versucht, sie zu lesen, aber sie haben mich gelangweilt. Von den sogenannten Romantikern kenn ich eigentlich nur den Kammergerichtsrat Hoffmann, den ich sehr lieb habe, falls man das sagen kann. Wissen Sie, den «Meister Floh» und «Klein Zaches». Ich habe einmal probiert, das den Guggenbühl-Kindern auf Schweizerdeutsch zu erzählen (in meinem federalen Schweizerdeutsch) und war erstaunt, wie das noch gewirkt hat. Verzeihen Sie die Abschweifung. Ihre Vorschläge sind gut. Am besten gefällt mir der vom Theater. Ich werd mirs noch überlegen. Der Pirandello ist mir deshalb in die Quere gekommen, weil es das erste Stück war, das ich nach der

[128] Glauser bezieht sich auf sein Romanmanuskript *Gourrama*. Josef Halperins Brief ist nicht überliefert.

Rückkehr aus der Legion in Paris sah. Und genau, wie Sie es schildern. Wie wussten sie das? Auf dem billigsten Platz im Théâtre des Champs Elysées mit Pitoëff und seiner Truppe[129]. Und Sie müssen sich das noch lebhafter vorstellen: nach zwei Monaten Spital, in meinem ‹habit Clemenceau› (wie man den Entlassungsanzug nannte) mit zerrissenen Stiefeln und einer Reitkrawatte, die mir ein Kollege gepumpt hatte, pour montrer que j'avais du linge. Dann kam noch ein langer Nachtspaziergang mit diversen Cafés au rhum und am Morgen Arbeitsbeginn als Plongeur. Es war eigentlich eine lustige Zeit.

Am liebsten möcht ich einmal den ganzen Roman mit Ihnen durchnehmen, denn wenn ichs allein mache, werd ich so erbarmungslos streichen, dass damit vielleicht ‹le bouquet› zum Teufel geht. Wenn Sie sehen würden, wie ich mit dem «Schlumpf» umgegangen bin! Die ersten dreissig Seiten sind auf zehn zusammengeschrumpft, zwischenhinein wimmelt es von roten und blauen Strichen. Aber ich glaub, er sitzt jetzt so ziemlich. Den Schluss hab ich merkwürdigerweise ganz gut gefunden, ich darf das sagen, weil ich doch schon ein wenig Distanz habe, und ich hab ihn auch stehen gelassen. Mit dem Legionsroman wird man ähnlich verfahren müssen. Das ganze Gespräch über den Kampf ist in der Theorie vielleicht nicht schlecht, aber in der Ausführung, in der technischen meine ich, ziemlich sabotiert. Dann sind da noch allerhand private Hysterien, Mutterkomplexe und sonstige psychoanalytische Requisiten, besonders im Klosterkapitel, da müsste man auch kürzen. Glauben Sie, kann man die Träume sein lassen?

Ja, das mit der Kameradschaft, man wird es deutlicher machen müssen, da haben Sie recht. Nur müssen Sie bedenken, dass ich den Roman vor sechs Jahren geschrieben habe, es war die erste längere Sache, ich hab ihn drei Mal geschrieben (on ne le dirait pas) und dann hing er mir zum Hals heraus. Den Schluss habe ich gerade ins Reine geschrieben, in Münsingen, nach einer Entwöhnungskur, ich musste pressieren, denn dann hab ich ein Jahr lang in Oeschberg die Gartenbauschule gemacht. Ich weiss, das sind alles keine Entschuldigungen, und Sie sollen sie auch nicht als solche werten, sondern eher als Erklärungen und zum privaten Amüsement. Aber ganz unglaublich gefreut hat es mich, dass Sie die Gestalt von Lartigue und seinen Namen behalten haben. Wenn Sie nämlich näher zusehen, kommt er im Roman so selten vor und ist, soweit ich mich erinnere, so sparsam geschildert gegenüber anderen Personen, dass er mir gelungen sein muss. Und daran hab ich nun wirklich ebenso grosse Freude wie an Ihrer Kritik über den Schluss.

[129] Georges Pitoëff (1884–1939), Schauspieler und Regisseur, brachte am 10. April 1923 in einer künstlerisch sehr erfolgreichen Inszenierung *Sechs Personen suchen einen Autor* von Luigi Pirandello (1867–1936) in der Pariser Comédie des Champs-Elysées auf die Bühne.

Hören Sie noch, was verstehen Sie unter dichterisch? Wieso finden Sie den Legionsroman dichterisch und den «Schlumpf»? Ich habe so einen Horror vor dem Wort, denn alle Bücher die schlecht konstruiert und salopp geschrieben sind, nennen die Bonzen dichterisch, angefangen mit dem Monstrum «Steppenwolf» (beim «Demian» würde ich eher sagen dichterisch, obwohl auch da ...) bis und herab zu den «Frauen von Tannò».[130] Trösten Sie mich. Sie finden doch sicher die «Frauen von Tannò» nicht dichterisch? Das muss bei mir mit den grossen Worten Zusammenhängen. Vielleicht muss man sich die Fähigkeit wieder anerziehen, sie manchmal neu zu gebrauchen. Ich möcht' Sie ja nur ein wenig aufziehen mit Ihrem ‹dichterischen› im Grund ist man ja so eitel, dass es einem Freude macht, Freude mit leichtem Unbehagen. Denn man wollte ja eigentlich gar nicht so viel. Man wollte die Leute ein wenig unterhalten, nicht ‹wirken›, nicht ‹bedeutsam› sein. Und wenn ich so über den Legionsroman nachdenke, (ich hab ihn seit zwei Jahren nicht mehr in die Hand genommen) dann kommt es mir in der Erinnerung vor, als sei doch viel Attitüde drin, viel Anspruch ... Und wenn ich Ihnen schrieb, dass ich zu ihm stehe, trotz aller Fehler, so vielleicht nur wegen ein paar kleinen Sachen: Der Marsch, der kleine Schneider, die Scene zu Anfang im Puff, die Leute, die sich gegenseitig anlügen im Hofe der Verwaltung, der Schneiderkorporal, der im Suff seine Bude ausräumt, die winzige Geschichte mit Zeno und mit ihrem Vater auf dem Dach des Hauses. Wissen Sie solche kleine Sachen die gehen in die Richtung, von der Conrad einmal in der Vorrede zum «Neger vom Narcissus» spricht: Geruch, Gestalt, Farbe, Luft und darin die Menschen nicht von einer Seite, sondern ganz kurz von verschiedenen Seiten gesehen, und das Ganze auf eine andere Ebene transponiert – ja, das Transponieren, das ist das schwierigste! – vielleicht nennen Sie das das Dichterische. Aber schauen Sie, es nützt so gar nichts, über Geschriebenes zu reflektieren, man sollte neue Sachen anfangen. Und mein Kopf ist leer und voll zugleich, ich möchte zuviel auf einmal machen. Und das ist ein Fehler.

So, ich glaub ich hab genug gequatscht. Hoffentlich sind Sie geradeso geduldig, wie meine Schreibmaschine. Und legen Sie nicht alles, was ich sage auf die Goldwaage. Es ist so schwer, ohne Gegenrede Monologe zu halten.

Und auch Sie, lassen Sie bald wieder einmal etwas von sich hören.
Sehr herzlich
Ihr Glauser

130 *Der Steppenwolf* (1927) und *Demian. Die Geschichte einer Jugend* (1919) sind Romane von Hermann Hesse; *Die Frauen von Tannò* (1911) ist ein Roman des Schweizer Erfolgsautors Ernst Zahn.

FRIEDRICH GLAUSER AN MARTHA RINGIER

24.11.36

Haben Ihnen in den letzten Tagen nicht die Ohren geklungen, Madame et très chère amie? Ich habe mich sehr intensiv mit Ihnen unterhalten. Und da ist es dann sehr schwierig, die gedachten Worte und Sätze auf der Schreibmaschine herunterzuklappen. Es ist der bekannte Weg, der von der «intention» zur Ausführung führt und der ist bekanntlich lang und unterwegs geht allerlei verloren. Als ich am Ende Ihres Briefes angelangt war, war ich ganz erstaunt. Schon fertig? Ich hätte noch Seiten lang weiter lesen können. Sie erzählen so lustig; wirklich Sie sollten einmal all die schönen Geschichten niederschreiben, nicht nur so heimatschutzmässig im Dialekt, sondern richtig. Das wär schön und ich möchte Ihnen wenigstens beim dépouillement der Akten helfen. Verzeihen Sie, wenn ich heute nicht lange schreibe. Ich muss meinem Fahnderwachtmeister Psychiatriekurse geben und ihn in die Grundprobleme der Freudschen Analyse einführen. Das ist eine schwere Sache, denn mein Fahnderwachtmeister ist zwar kein ganz dummer Kerl, aber er hat es wie Anton Karlowitsch Ferge, der stille Dulder mit dem farbigen Pleurachoc aus dem «Zauberberg», ihm ist alles Höhere fremd. Und da ist es denn schwierig, ihn von einem in allen Sätteln gerechten und von allen mehr oder weniger himmlischen Wassern gewaschenen Seelenarzte belehren zu lassen. Ich glaub der Roman wird ganz lustig – etwa so, wie die Filme, die in meiner Kindheit in Wien liefen und von denen es immer hiess: interessant, spannend, komisch und voll Gemüt ...
Dass Sie Strindberg gekannt haben! ... Lustig, Sie sprechen von einer neuen Welt und durch Sie komme ich wieder in eine alte Welt zurück, in die Welt von vor zwanzig Jahren, wo ich in Zürich das Kolleg schwänzte und dafür Bloy und Strindberg las. Und mich in Dadaismus betätigte ...
Übrigens gehört Ihr französischer Name auch noch dazu. Ich hab' damals viel Henri de Régnier[131] gelesen. Kennen Sie den Herrn? Er ist wie in einer Versenkung verschwunden, kein Mensch spricht mehr von ihm und er hat doch ganz schöne Verse geschrieben. Ich erinnere mich nur noch an ein Sonett, das hiess «L'amateur» und begann:

[131] Henri de Régnier (1864–1934), dem Symbolismus nahestehender französischer Schriftsteller und Dichter. Das Gedicht *L'amateur,* aus dem Glauser im Folgenden zitiert, ist im Band *Les Médailles d'argile* (1900) erschienen.

En son calme manoir entre la Tille et l'Ouche
Au pays de Bourgogne où la vigne fleurit
Tranquille il a vécu comme un raisin mûrit.
Le vin coula pour lui du goulot qu'on débouche.

Und die letzte Strophe war sehr schön:

Les élus de la ville et les parlementaires
Saluaient de fort loin Monsieur le Chevalier
Moins pour son nom, ses champs, sa vigne ou son hallier
Que pour avoir reçu trois lettres de Voltaire ...

Und dann hat dieser Régnier noch ein paar hübsche Romane geschrieben, «La Double Maîtresse», «L'Amphisbène» und die werde ich Ihnen auch einmal schicken, wenn Sie nach Frankreich fahren und irgendwo im Süden faul herumhocken. Das sind so Bücher die man in kompletter Betriebsamslosigkeit lesen muss.

Warum soll man eigentlich nicht voleter d'un sujet à l'autre? Ein Brief ist doch nicht eine Vorlesung über moderne Lyrik, womit wir glücklich wieder bei Herrn Altwegg[132] angekommen wären. Ich bin ganz überzeugt und ganz sicher dass er ein sehr lieber Mensch ist, und ich werde sicher glänzend mit ihm auskommen, ich bin an Professoren gewöhnt seit meiner Säuglingszeit, denn mein Vater war ja einer, ein Neuphilologe sogar, denken Sie, und er gab Französisch und schliesslich wurde er auch Rektor an der Handelshochschule Mannheim. Ja, aber um auf Herrn Prof. Dr. Altwegg zurückzukommen, er will über moderne Lyrik schreiben und lesen? Wen nimmt er da? Wird er auch die «Duineser Elegien»[133] sprachwissenschaftlich erforschen? Und Trakl auch? Und Heym[134]? Und Becher[135]? Alle die guten Herrschaften werden also ganz ernst in Collegs behandelt werden? Und Herr Spitteler, gilt der auch als Lyriker?

Das Glück ist so, dass einer wenn er holpert
Er aus den Brombeern in die Himbeern stolpert ...

«Olympischer Frühling»[136], weiss Gott welcher Gesang. Denken Sie, und den ganzen «Olympischen» hat Herr Spitteler ohne Reimlexikon geschrieben! Eine Leistung! Was mich betrifft, so sag ich lieber:

Herr es ist Zeit, der Sommer war sehr gross ...[137]

---

132 Wilhelm Altwegg (1883–1971), Germanistikprofessor in Basel, Mitglied der Herausgeberkommission der *Guten Schriften*.
133 Gedicht-Zyklus von Rainer Maria Rilke (Leipzig, Insel Verlag 1923).
134 Georg Heym (1887 bis 1912), deutscher Schriftsteller und Lyriker, wichtiger Vertreter des frühen Expressionismus.
135 Johannes R. Becher (1891–1958), deutscher Schriftsteller des Expressionismus.
136 Carl Spitteler (1845 bis 1924), Schweizer Schriftsteller, Dichter, Kritiker und Essayist. Er erhielt 1919 den Nobelpreis für Literatur, im «besonderen Hinblick auf sein mächtiges Epos ‹Olympischer Frühling›» (1900–05), das 20 000 Verse umfasst. Glauser zitiert hier und andernorts frei aus dem Gedächtnis. Bei Spitteler heisst es: «Der Witz der Weisheit ist, daß einer, wenn er stolpert / Und aus den Brombeeren strauchelt, in die Himbeeren holpert.»
137 Rainer Maria Rilke, erste Zeile des 1902 verfassten Gedichts *Herbsttag* in *Das Buch der Bilder* (1902).

Natürlich kennen Sie das. Oder noch lieber:

Tel qu'en Lui-même enfin l'éternité le change
Le Poëte suscite avec un glaive nu
Son siècle épouvanté de n'avoir pas connu
Que la mort habitait dans cette voix étrange ...[138]

Das kennen Sie nun sicher nicht, denn es ist Mallarmé, mit Vornamen Stéphane, weil er sich doch nicht gut ganz simplement Étienne nennen konnte.

Erstaunlich, was graue Maulesel für ein Gedächtnis haben, man drückt auf einen Knopf und eine Fülle des Wohllauts[139] ergiesst sich über den überraschten Zuhörer. So kanns gehn, madame. Hüten Sie sich vor den mulets. Besonders vor den dichterisch veranlagten. Es ist nicht geheuer mit ihnen. Bleiben Sie bei den Meisen ... Ich kann mir das vorstellen, wie sie zu Ihnen kommen und Nusskerne knabbern. Und nun in einem grossen Bogen zurück zu Strindberg, dem Lieblingsdemonstrationsobjekt der Psychiater. Strindberg, madame, war nämlich schizophren. Sie wissen nicht, was schizophren ist? Spaltungsirresein nennt es Herr Prof. Dr. Bleuler oder wenigstens übersetzt er es mit diesem Wort. Keine Angst, chère madame, ich habe mit Studer genug, meinem Fahnderwachtmeister. Ihnen werde ich kein Privatissimum über angewandte Seelenforschung halten und auch die Analyse wollen wir beiseite lassen. Man hat nämlich herausgefunden, dass eine Analyse, um wirksam zu sein, sich über mindestens acht Jahre erstrecken müsse. Können Sie sich das vorstellen? Acht Jahre jeden Tag eine Stunde auf einem Kanapee oder einer Kautsch (wie die Berner das Wort orthographieren) liegen und assoziieren. Sowas hält nicht einmal ein Maulesel aus. Ich habe mich immer gefragt ob man nicht beispielsweise auch Hunde analysieren könnte. Ich habe nämlich in Basel einmal einen Airedale gehabt. Der sprang jeden Morgen auf die Strasse und boll eine Viertelstunde lang – und ich hatte immer das unangenehme Gefühl, dass er allen Leuten seine Träume erzählen wollte. Ich wollte ihn immer warnen und ihm sagen: «Aber Nono, und wenn nun ein Analytiker vorbeiginge, denk doch, Hundchen, das ginge doch nicht ... Und er würde nun einen Ödipuskomplex bei dir feststellen. Was würdest du machen, Hundchen, ohne deinen Ödipuskomplex, den der Herr dir dann ganz sicher ausreissen würde mit Stumpf und Stiel – und du ständest da und könntest am Morgen nicht mehr deine Träume erzählen! Schrecklich!» Aber, maman Marthe, warum über den guten Hesse

[138] Erste Strophe des Sonetts *Le Tombeau d'Edgar Poe* (1876) von Stéphane Mallarmé, dieser schreibt «triomphait» statt «habitait».
[139] So heisst auch ein Kapitel in Thomas Manns *Zauberberg*.

weinen und seinen «Steppenwolf», es ist wirklich nicht halb so schlimm, ganz sicher nicht und ich bin sicher Hesse hat eine ganz hübsche Dosis Lustgewinn beim Schreiben des «Steppenwolfes» gehabt, und Lustgewinn ist überhaupt ein schönes Wort.

Dann, um Gottes willen, wenn Sie beim «Steppenwolf» weinen, dann lesen Sie ja keinen Strindberg. Das ist noch viel ärger und schrecklicher, besonders die «Beichte eines Toren» und das «Inferno». Inferno! Wenn Sie über Strindberg Bescheid wissen wollen, dann lesen Sie das hochinteressante Buch von Herrn Dr. med. et phil. Jaspers,[140] an dessen Vornamen ich mich leider nicht besinne. Und auch an den Inhalt des Buches nicht. Ich weiss nur, dass es von van Gogh, Swedenborg und Strindberg handelte, und dass er feststellte, diese drei Herren seien also entschieden schizophren gewesen. Ich glaube es hat Herrn Jaspers viel Spass gemacht, dies festzustellen, denn damit war ja die gelbe Sonne auf den Bildern von Vincent erklärt und die Traumspiele inclusive «Gespenstersonate» und «Totentanz». Und Herr Jaspers hat sicher ebenfalls grossen Lustgewinn gehabt, als er das Buch schrieb, er lebte glaub ich damals in Heidelberg, und die dortige Universitätsklinik beschäftigte sich intensiv mit dem Erforschen dieser merkwürdigen Krankheit. On prend son plaisir où on le trouve, nicht wahr? Sehen Sie, jetzt verführen Sie mich wieder zu langem, entsetzlich langem Briefeschreiben – ich möcht ganz gern ein wenig ernst schreiben, aber das geht nicht gut, ich habe Hemmungen, nicht Ihnen gegenüber, sondern sonst. Und wir sprechen einmal über all diese Sachen.

Aber ich denke auch, dass Sie mein Geschreibsel hin und wieder ein bisschen aufheitert und das haben Sie notwendig mit Ihren Halsgeschichten und Ihrer Temperatur. Brav im Bett bleiben, madame! Bitte recht sehr! Mit Anginas und solchen Geschichten soll man nicht spassen. Und denken Sie doch immer, dass das Mikrophon Ihnen nicht davonlaufen wird,[141] es bleibt an seinem Platze und ist geduldig, und lässt alles über sich ergehen, Herrn Häberlin und Richard Tauber[142], Bundespräsidenten und Seelenärzte, Dermatologen und Tiefseeforscher. Warum auch nicht? Il faut de tout pour faire un monde, sagte meine Grossmama immer und hin und wieder wenn ich mich über jemanden ärgere erinnere ich mich an diese Weisheit und dann nehme ich es auch in Kauf, dass es allerhand Unangenehmes zum Acheschlucken gibt. Und nun lese ich wieder Proust, denn ich mag Proust gern.[143] Daneben krüpple ich mit einem Kameraden an einer Faschingszeitung, sie gibt uns viel Arbeit, denn wir möchten gern etwas nicht allzu blödes zusammenbringen, nicht allzu sehr Bierzeitungniveau, es wird uns ja unter den Händen kaputt gehen, aber das

140 Karl Jaspers, *Strindberg und van Gogh. Versuch einer pathographischen Analyse unter vergleichender Heranziehung von Swedenborg und Hölderlin.* Leipzig, Ernst Bircher 1922.
141 Martha Ringier arbeitete zu dieser Zeit auch für das Radiostudio Basel.
142 Richard Tauber (1891–1948), österreichischer Tenor.
143 Das siebenbändige Romanwerk *À la recherche du temps perdu* von Marcel Proust (1871–1922) erschien von 1913–27. Glauser bezieht sich unter anderem in *Gourrama* darauf.

macht nichts. Man kann einmal ein bisschen boshaft sein, mit Mass, auf eine deliziöse altfränkische Manier, wie Ball mit Vorliebe sagte, aber unsere Manier wird eben leider weder deliziös noch altfränkisch sein. Wollen Sie mir eine grosse Freude machen? Ich esse so gern Orangen und Landjäger ... Und die Cigaretten, die Sie mir damals gebracht haben, die bekommt man hier nicht ... Ist das schamlos und aufdringlich? Ich hoffe nicht.

Und das Hemd bekommen Sie bei nächster Gelegenheit.
Schreiben Sie mir doch bald, wie es Ihnen geht.
Je me réjouis de vous lire. Très affectueusement
vôtre
Glauser

194   FRIEDRICH GLAUSER AN MARTHA RINGIER

17. März 1936

Que devenez-vous, maman Marthe? Immer das Alte? Immer das arme Mikrophon quälen? Und den Kommissionen, gehts ihnen gut? Mein Gott, was bin ich stolz, eine so rührige Freundin zu haben. Und ich bin so froh, dass ich das alles nicht zu tun brauche. Aber liebe maman Marthe, etwas sollten Sie in Ihrer Rührigkeit für mich tun, falls es nicht zuviel verlangt ist. Können Sie mir aus irgendeiner Bibliothek den Band von Friedli: «Bärndütsch»[144] und zwar den Emmentaler Band (weder den Käse noch die Wurst, auch dies gehört zu den Emmentaler Berühmtheiten) aber ich brauche vorläufig nur ein paar Ausdrücke. Oder wissen Sie zufällig, wie man das Berndeutsche «Salft» oder «souft» oder «sauft» orthographiert? Ich sprech nicht von der Beschäftigung, der sich mit Vorliebe chronische Alkoholiker hingeben, die dann zur Strafe von den Psychiatern mit Korsakoffschen Syndromen belegt werden, sondern von dem Wort, das im Hochdeutschen etwa mit «füglich» «ohne weiteres» übersetzt werden könnte. Tavel[145] braucht es nicht, überhaupt ist mir Tavels Dialekt verdächtig. Es ist Stadtdialekt, soviel ich in meiner Unwissenheit feststellen kann, und dann kommt mir manches spassig vor: Er orthographiert beständig ‹ds› (ds Wort, ds Neuischte) aber er schreibt ‹der› (der See, der Föhn) und doch wieder ‹di› für das Weibliche. Finden Sie nicht ‹dr› konsequenter? Ich bin ja ein Laie. Ich weiss nicht. Darum wär mir der Friedli sehr erwünscht, er gilt ja sogar bei einer germanistischen Auto-

[144] Emmanuel Friedli, *Bärndütsch als Spiegel bernischen Volkstums,* Bern, Francke 1904–27, Bd. 1 *Lützelflüh* (1904).
[145] Rudolf von Tavel (1866–1934), Schweizer Journalist und Schriftsteller, einer Berner Patrizierfamilie entstammend, verfasste er sein Werk zu weiten Teilen in Berner Mundart.

rität wie Prof. Dr. Otto von Greyerz[146] als Fachmann. Wie glücklich ist doch unsere Zeit, dass sie so wohl versehen ist mit Fachleuten.

Mir geht es komisch mit dem Buch[147]. Es sollte ein anspruchsloses, ein bisschen boshaftes Buch über die heilige Psychiatrie werden, ein Kriminalroman, wie es deren viele gibt, und plötzlich biegt sich mir das Ganze um, es wird poetisch (pötisch! bitte sehr!) sehr zu meinem Verdruss, die Leute darin fangen an zu leben, und sind gar nicht damit einverstanden, nur so ein Marionettendasein zu führen, es geht mir wie dem Regisseur in Pirandellos Stegreif[148]: die Akteure wollen gar keine Figuren sein, sondern sie wollen plötzlich leben. Scheussliche Sache. Es nützt nichts mehr zu sagen Besen, Besen sei's gewesen! Der Besen proklamiert den Generalstreik. Es wird kein Kriminalroman, es wird eine andere Angelegenheit. Und dem Glauser grauset's. Er brütet manchmal eine halbe Stunde über einem Satz und stellt dann kopfschüttelnd fest, dass die Leute, die es lesen, gar nicht merken werden, dass es so besser klingt als anders. Und ich freue mich direkt, dass sie es wie einen Kriminalroman von der ein wenig langweiligen Sorte lesen werden und lache mir ins Fäustchen, weil es doch etwas anderes wird und es niemand merken tut. Sie sehen, maman Marthe, das mulet hat den Grössenwahn, das mulet tut dichten. Das kommt davon, wenn Sie an das mulet plötzlich Anforderungen stellen.

Also, der Wettbewerb war eine Niete. Sagen Sie, können Sie jemanden anbrollen? Ich meine durchs Telephon. Ein gewisser C. F. Vaucher, von dem ich Ihnen erzählt habe, hat das abgelehnte Manuskript von dem Wettbewerbroman. Er ist ein guter Kerl, nur schrecklich schlaksig und pommade. Ich habe ihm geschrieben, ihn brieflich angebrollen, aber er ist halt Basler, und Basel hat schon so lange Dickhäuter in seinem Zoo, dass dies entschieden auf gewisse Bewohner abgefärbt hat. Nun hat dieser Vaucher die Telephonnummer 47345 (siebenundvierzig drei fünfundvierzig). Wenn Sie ihn um zehn Uhr morgens anläuten, so wird wahrscheinlich die Frau des Malers Sulzbachner[149] ans Telephon kommen. Der sagen Sie einen freundlichen Gruss von mir und sie soll das Telephon umstellen zu Vaucher und dann müssen Sie eben so lange läuten lassen, bis der Mann sein Lotterbett verlässt. Er tut es schon, wenn Sie lang genug ausharren. Wenn ich dies täte, müsste ich eine schauerlich hohe Telephongebühr zahlen, darum mute ich Ihnen diese corvée zu. Aber dann bitte legen Sie los, wenn Sie ihn am andern Ende des Drahtes haben. Bereiten Sie Ihre härteste Komiteestimme vor und sagen Sie ihm wüst, so wüst, dass er ein richtiges Trommelfelltrauma überchunnt.

[146] Otto von Greyerz (1863–1940), Schweizer Germanist und Mundartschriftsteller. Unterrichtete von 1907–15 im Landerziehungsheim Glarisegg und war dort Glausers Deutschlehrer. Von 1916–33 Professor für Methodik des Deutschunterrichts sowie für Sprache und Literatur der deutschsprachigen Schweiz an der Universität Bern.
[147] *Matto regiert.*
[148] Pirandellos Stück *Heute wird aus dem Stegreif gespielt,* das 1929 erstmals in deutscher Übersetzung erschienen war.
[149] Bea und Max Sulzbachner (1904–1985), Schweizer Maler, Grafiker und Illustrator.

Er soll das Manuskript Ihnen schicken. Wenn Sie Zeit haben, lesen Sie es einmal, das heisst, lesen Sie die ersten zehn Seiten und wenn es Ihnen nicht gefällt, schicken Sie es mir. Wenn es Ihnen gefällt, so dürfen Sie es zu Ende lesen, aber bitte nicht aus Pflicht, sondern nur, wenn es Sie interessiert oder packt oder amüsiert ... Und dann raten Sie mir. Umarbeiten? Kleiber schicken? Knuchel[150] schicken? Oder vielleicht fällt Ihnen sonst etwas Gutes ein. Meinetwegen können Sie es auch für die «Guten Schriften» haben, wenn Sie wollen. Es ist 150 Normalseiten lang. Ich könnte mir vorstellen, dass es die Leute amüsieren würde. Und schliesslich habe ich festgestellt, dass Sie doch auch die «Marzipanlise»[151] gebracht haben und Poe. Warum also nicht?

In betreff meines Manuskriptes «Die Fieberkurve» erlaube ich mir beifolgend der verehrl. Kommission und Direktion und Administration der «Guten Schriften» Freie Strasse 107 folgende Offerte gütigst zu unterbreiten und hoffe ich, dass selbige von verehrl. Direktion geprüft werden wird. Ich erlaube mir obengenannte Ware einem verehrl. Publikum ans Herz zu legen und dafür einen Minimalpauschalpreis von frs. 250.- in Rechnung zu stellen. Bei Nichtkonvenienz erbitte ich prompte Rückäusserung da die Ware in havariertem Zustande nicht zurückgenommen werden kann und erlaube ich mir Ihre Aufmerksamkeit auf diese leichte Verderblichkeit der Ware zu lenken.

Ja, wir Geschäftsmänner! Es ist nichts Anstössiges in dem Roman, il peut être mis entre toutes les mains, mais les jeunes filles en fleurs werden nicht auf ihre Rechnung kommen, denn kein Graf tut heiraten ein Ladenmädchen, und kein Flieger tut abstürzen und sich retten in die Arme seiner Barut, pardon Braut. Ach, maman Marthe, es ist gut, dass Sie auf der Welt sind, ich kann da hin und wieder mal brieflich das Kalb machen und das tut so wohl. Und vielleicht lächeln Sie auch ein wenig, wenn Sie nicht gerade Ihren lyrischen Tag haben.

So! jetzt sollte ich wieder zu der grossen Rede des Dr. Kurt Purkholter[152] zurückkehren. Er hat sich vorläufig ganz schweigsam verhalten. Nun muss er ein Kapitel lang reden, vielleicht braucht er auch zwei, er trägt weisse Tennishosen und von seinem Hinterkopf steht eine Haarsträhne, ab wie die Feder vom Kopfe eines Reihers und ich bin froh über diese Trouvaille gewesen aber vielleicht schmeiss ich sie wieder raus. Was kann man wissen? Den alten Direktor hat Studer glücklich und endlich in der Heizung gefunden, er sah nicht schön aus der alte Mann, seine Beine lehnten an der eisernen Leiter und die Hosen waren ihm bis in die Mitte der Waden gerutscht, sodass

150 Eduard Knuchel (1891–1966), Feuilletonredakteur der *Basler Nachrichten*.
151 Erzählung von Friedrich Halm (d. i. Eligius Freiherr von Münch-Bellinghausen) (1806–1871). Sie erschien 1917 als Heft Nr. 106 bei den *Guten Schriften*.
152 Ursprünglicher Name für die Figur des Dr. Laduner in *Matto regiert*.

man seine grauwollenen Socken sehen konnte, die mit den weissen Bändeln seiner Unterhosen befestigt waren ... Soweit wären wir nun endlich. Es ist doch einer gestorben. Dann wird die ganze Sache doch gleich palpitanter und Dr. Purkholter hat vor irgend etwas Angst. Man weiss noch nicht wovor. Und die Angst soll sich nur in seiner Redeart ausdrücken. Wie macht man das technisch, maman Marthe? Sie wissen es auch nicht, ich weiss es auch nicht, ich hab es wie der Morgensternsche Droschkengaul[153]:

Ich bin zwar nur ein Droschkengaul –
Doch philosophisch regsam
Der Fresssack hängt mir kaum ums Maul
So werd ich überlegsam.
Ich schwenk ihn her, ich schwenk ihn hin
und bei dem trauten Schwenken
geht mir so manches durch den Sinn
woran nur Weise denken.

Ja, Citatenschatz Glauser. Ich lege meinen Wasserkopf nachts auf das kühle Kissen und träume wüstes Zeug. Letzthin hat mich der Studer festnehmen wollen und dann wollte ich ihm erklären, dass er gar kein Recht dazu habe, denn ich hätte ihn doch eigentlich auf die Welt gestellt, aber darauf wollte er nicht eingehen und mich partout verhaften. Wegen Mord. Sehen Sie, das kommt davon. Ich habe mich dann aus meiner halben Wachphantasie gewaltsam geweckt und dann schien ein ganz kleiner Mond am Himmel. Und es war sicher die Schuld des Mondes.

So, Schluss, ich quatsche ja wie ein Küchenweib.

Lassen Sie es sich gut gehen, arbeiten Sie nicht zuviel, das ist schädlich für den Teng (Sie können auch teint sagen, wenn es Ihnen besser gefällt) und denken Sie manchmal an Salavin[154], qui voulait être un puceron sur un rosier. Das möcht ich auch manchmal gern. Statt immer wieder festzustellen, dass man den Andern die grosse Schnorre anhängt, weil sie ein schlechtes Deutsch schreiben, und man selber feststellen muss, dass man eine noch viel hundsmiserabligere Prosa schreibt. Ich krieg keinen Zug in das Ganze, das plagt mich am meisten. Es ist so knorzig, was ich mache.

Na, wir werden ja sehen, was der Herr Nationalrat[155] zu erinnern hat und mit welchen Vorschlägen er mich ‹begrüssen› wird, wie es in der Schweizer Amtssprache heisst.

Leben Sie wohl und sehr herzlich bleib ich Ihr ergebenes mulet Glauser

[153] Gedicht *Der Droschkengaul* des Lyrikers und Übersetzers Christian Morgenstern (1871–1914), aus der Nachlasssammlung *Palma Kunkel* (1916) der *Galgenlieder*.
[154] Protagonist des fünfbändigen Romanzyklus *Vie et aventures de Salavin* (1920–32) von Georges Duhamel. Salavin gilt als einer der ersten Antihelden der französischen Literatur.
[155] Hans Oprecht.

Amtsvormundschaft
der
Stadt Zürich
Selnaustraße 9

Telefon 51.656
Bi
Postcheck- und Girokonto VIII 3264

Man ersucht, die Korrespondenzen an die Person des betreffenden Amtsvormundes zu richten.

27762

Zürich, den 20. April 1936.
Briefadresse: Postfach Selnau

1436

An das Schweiz. Zentral-
Polizeibureau

Bern.

Hierdurch ersuche ich Sie um Zusendung eines
Vorstrafenverzeichnisses betr.
Friedrich Karl Glauser, geb. 4.Febr.1896,
von Muri, Kt.Bern.

Hochachtend

AMTSVORMUNDSCHAFT ZÜRICH
Bureau 1

Dr. R. Schneider.

Im schweiz. Zentralstrafenregister nicht verzeichnet.

21. April 1936

Strafregister
L. Fraler

Strafregisterauszug von Friedrich Glauser.
Zürich, 20. April 1936.

195 GESPRÄCH ROBERT SCHNEIDER MIT ERNST JUCKER

18. April 1936

Rücksprache mit Herrn Jucker in Lausanne.
Dieser ist vergangene Woche mit *Glauser* in Bern zusammengetroffen und hat von diesem einen guten Eindruck erhalten, sodass er willens ist, ihn für den Betrieb seiner kleinen ferme, 70 Km. von Paris entfernt, einzustellen. es handelt sich um einen kleinen landwirtschaftlichen Betrieb mit kleinem Bauernhaus, mit 2 Zimmern, auf dem Lande stehen 26 Obstbäume, die in Ordnung zu halten sind, im übrigen kann Gemüse gepflanzt werden, auch Kaninchen, event. Schweine, da auch hiefür eine Stallung vorhanden ist. Die Besorgung verursacht nicht allzu grosse Arbeit, sodass Glauser noch reichlich Zeit hätte, sich seinen schriftstellerischen Arbeiten zu widmen. Herr Jucker ist von Glauser dahin orientiert, dass er die Absicht hat, Frl. Bendel mitzunehmen. Er begrüsst das und sieht keine Niederlassungsschwierigkeiten, obwohl Frl. Bendel Deutsche ist. Finanziell macht Herr Jucker folgenden Überschlag:
  Die beiden brauchen für ihren Unterhalt monatlich frz. frs. 600.–. Frs. 300.– liefert der Ertrag der Landwirtschaft, Frs. 100.– würde Herr Jucker als Lohn auszahlen, sodass Glauser aus seinen schriftstellerischen Arbeiten noch Frs. 200.– aufbringen müsste, was SchFrs. 40.– ausmacht. Ein Pachtzins ist nicht zu entrichten, dafür hätte Glauser an Herrn Jucker den halben Ertrag des Landes abzuliefern. Glauser hätte aber trotzdem noch genug für sich, ja könnte noch auf dem benachbarten Markt, ca 5 Km. entfernt, Produkte verkaufen, wie Eier, Gemüse, Geflügel etc.
  Herr Jucker hat sich [in] Münsingen bei Dr. Müller erkundigt, ebenso ist er von Frl. Senn in Winterthur orientiert. Er weiss, dass Glauser vielfach rückfälliger Morphinist ist und dass auf ihn nicht allzu grossen Verlass ist. Er setzt aber viel auf die Mitarbeit von Frl. Bendel und auf die Tatsache, dass Glauser nun doch älter geworden sei und damit einsichtiger. Er weiss, dass weder Vormund noch Vater Glauser irgend eine Verantwortung für allfällig entstehenden Schaden auf sich nehmen können und trotzdem will er es probieren. Herr Jucker ist Bankdirektor der Banque de commerce in Paris. Wegen dem Eintritt Glausers hätte er gern noch diese Woche Bericht, damit er sich mit dem gegenwärtigen Pächter, einem Russen, sofort in Verbindung setzen könnte. Der Eintritt könnte dann im Laufe des Monats Mai, aber spätestens Ende Mai erfolgen. Herr Jucker würde

Amtsvormund sofort benachrichtigen, wenn es mit Glauser schief gehen sollte, damit rechtzeitig eingeschritten werden könnte. Glauser habe ihm vorgeschlagen, für die ersten 3–4 Monate auf Gehalt zu verzichten. Er möchte dies aber nicht, bezw. würde Glauser den Lohn nach Ablauf dieser Probezeit von Anfang an ausrichten, und ihm auch die Möbel in dem unmöblierten Haus stellen.
Sch.

96 GESPRÄCH ROBERT SCHNEIDER MIT MAX MÜLLER

19. April 1936

Rücksprache mit Dr. Müller in Münsingen.
Dr. Müller wurde hauptsächlich deswegen aufgesucht, um von ihm zu erfahren, welche Qualitäten *Frl. Bendel* hat und warum er seiner Zeit die Ausreise Glausers nach Paris mit dieser zusammen ablehnte. Er sagt, dass es natürlich ganz unmöglich war, eine aktive Wärterin mit einem Insassen zusammen ausziehen zu lassen. Es hätte dies in der Anstalt grosses Aufsehen verursacht. Er taxiert Frl. Bendel als eine gute Irrenwärterin, seriös und zuverlässig. Sie sei 6 Jahre in Münsingen gewesen und hätte natürlich weiter bleiben können, wenn sie nicht von sich aus gegangen wäre, nachdem es mit Glauser so dumm gegangen war. Dr. Müller würde heute eine andere Stellung einnehmen, nachdem die oben geschilderten Umstände nicht mehr zutreffen.
Bezüglich *Glauser* erklärt er, dass über dessen Ehefähigkeit bezw. Unfähigkeit keine Zweifel bestehen. Nach konstanter Praxis würden die Irrenärzte «Süchtige» solange eheunfähig erklären, als ihr Zustand daure. Ein Gutachten sei darüber nicht ergangen. Glauser könne also heute nicht heiraten und wenn er es trotzdem tun sollte, müsste die Ehe nichtig erklärt werden. Bezüglich der heutigen Ausreise Glausers möchte sich Dr. Müller nicht äussern, da er nun Glauser seit bald 2½ Jahren nicht mehr gesehen und über seinen Zustand kein Urteil hat. Er lässt aber durchblicken, dass man es unter den gegebenen Umständen verantworten könnte, mit Glauser den Versuch zu machen.
Sch.

197 GESPRÄCH ROBERT SCHNEIDER MIT OTTO BRINER

19. April 1936

Besuch in der Waldau.
Dr. Briner hat mit Direktor Jucker nicht gesprochen, wohl aber mit Frl. Bendel und sie in jeder Hinsicht über den Zustand und die Rechtslage von Glauser orientiert. Er ist der gleichen Meinung wie Dr. Müller, dass Glauser eheunfähig ist und dass eine allfällige Heirat erst stattfinden könnte, wenn von einem schweizerischen Amtsarzt bescheinigt würde, dass Glauser nicht mehr süchtig ist. Glauser müsste zu diesem Zweck ca. 14 Tage in eine Anstalt, um in den Abstinenzwirkungen feststellen zu können, ob er noch Morphium nimmt oder nicht. Dr. Briner ist mit Dr. Müller der Meinung, man sollte Glauser den Stellenantritt in Paris nun einmal bewilligen, auch wenn Frl. Bendel mitgeht. Dr. Briner hat eingehend mit Frl. Bendel gesprochen und ist der Meinung, dass es sich um ein verliebt eingestelltes Menschenkind handelt, das es sich in den Kopf gesetzt hat, Glauser zu retten. Auch er hat von Frl. Bendel einen guten Eindruck. Bezüglich der Bedingungen, die Glauser gestellt werden müssten, äussert sich Dr. Briner dahin, dass Glauser einverstanden sei, Frs. 500.– beim Amtsvormund zurückzulassen, um damit die Kosten allfälliger Rücktransporte und der ersten Kosten der Internierung sicher zu stellen. Weiter sollte Glauser unterschreiben, dass er Kenntnis nimmt von seiner Eheunfähigkeit und dass er sich sofort wieder in der Waldau meldet, wenn er morphiumrückfällig werden sollte und Gefahr von Verwicklungen und Fälschungen entsteht. Herr Jucker wurde auf Anfrage hin dahin beschieden, dass man nichts dagegen habe, wenn er die Pächterstelle antrete, aber man könne natürlich keine sichere Garantie übernehmen, dass es in Zukunft gut gehen werde.

Dr. Briner zeigt Amtsvormund eine Abschrift der Antwort an Herrn Jucker, ebenso Copie der Erklärung Glausers wegen Eheunfähigkeit und Verpflichtung Glausers zur Rückkehr in die Anstalt im Falle dass er rückfällig werden sollte.

Glauser arbeitet zur Zeit an dem Roman für den V.P.O.D. Er hofft, diesen bis zum 1. Mai fertig zu bringen. Ob er angenommen wird, weiss er nicht, er hofft, es würden dann Frs. 300–400.– Honorar herausschauen. Bezüglich der Abrechnung über die vom Morgarten-Verlag vereinnahmten Frs. 1000.–, auf der bestanden wird, setzt er sich zunächst aufs hohe Ross, behauptet, früher über seinen Verdienst auch über den Kopf des Amtsvormundes hinweg disponiert zu haben und zwar im Einverständnis mit Dr. Schiller. Er sieht schliesslich ein, dass dies im Rahmen einer ordentlichen Amtsführung einfach nicht geht. Er wird Frl. Bendel benachrichtigen, mir Abrechnung zukommen zu lassen.

Zum Ausreiseprojekt hat er sich die Sache so zurecht gelegt, dass er Frs. 500.- bei Amtsvormund deponiert für die Kosten allfälligen Versagens des Experimentes. Die Reise nach Paris, den ersten Unterhalt etc. würde er finanzieren:

Rest aus den zweiten Frs. 500,- vom Morgarten-Verlag

noch ca.	Frs. 200,-
Gabe des Werkverleih	Frs. 500,-
Event. Honorar V.P.O.D.	Frs. 300,-
total	Frs. 1000,-

Damit könnte er gut auskommen. Er würde Herrn Jucker frz. Frs. 1000.- für allfälligen Schaden und Vertragsbruch offerieren und für die ersten 3-4 Monate auf Gehalt verzichten. Im weitern hofft er, aus dem Betrieb und seiner schriftstellerischen Tätigkeit soviel zu verdienen, um durchzukommen, Frl. Bendel würde ihm ja nach jeder Richtung dabei helfen.

Glauser ist unterrichtet, dass er eheunfähig ist und dass bei Zuwiderhandlung Klage auf Ehenichtigkeit eingeleitet werden müsste. Er ist bereit, Dr. Briner dies zu unterschreiben und sich auch zu verpflichten, im Falle von Rückfälligkeit freiwillig wieder in die Anstalt zurückzukehren. Es wird abschliessend gesagt, dass ich nun dem Waisenamt vorschlagen werde, ihm Ausreise und Stellenantritt unter den besprochenen Bedingungen zu bewilligen. Antritt Mitte Mai, spätestens Ende Mai. Glauser würde aber ein paar Tage vorher in der Waldau entlassen, damit er in Zürich noch mit dem Werkverleih und dem Morgarten-Verlag Fühlung nehmen könnte. Er hofft, vom Werkverleih auf ein anderes Werk einen Vorschuss zu erhalten, nachdem er dasjenige, für das ihm ein Vorschuss in Aussicht gestellt bezw. beschlossen wurde, beim Morgarten-Verlag für Frs. 1000.- anbringen konnte.

Sch.

Honorarüberweisungen für Artikel von Friedrich Glauser, 1937–38.

198 GESPRÄCH ROBERT SCHNEIDER MIT BERTHE BENDEL

22. April 1936

Rücksprache mit Frl. Bendel
Berta Bendel, geb. 4. März 1908, von Unlingen, Oberamt Richlingen, Württemberg. Eltern in Grub bei Heiden, Landwirt.

Ich war 8 Jahre Irrenwärterin, davon 6 Jahre in Münsingen und 10 Monate im Bellevue. Ich kenne Glauser nun seit 3 Jahren und habe die bestimmte Meinung, dass er zu heilen ist, wenn er in günstige Bedingungen gestellt wird. Ich weiss, was ich auf mich nehme, bin von Dr. Briner unterrichtet worden. Ich weiss, dass Glauser eheunfähig ist und dass ich ihn nicht heiraten kann, solange er Morphinist ist. Ich verpflichte mich auch, Amtsvormund zu benachrichtigen, wenn er rückfällig werden oder sonst die ihm obliegenden Pflichten gegenüber Herrn Jucker nicht erfüllen sollte.

Gegenwärtig bin ich bei Frau Fahrny in Watt, sie hat eine private Irrenstation, hält aber Patienten vom Burghölzli. Ich bekomme aber keinen Lohn, weil Frau Fahrny kein Geld hat. Die Stelle in Kreuzlingen, die ich am 7. Nov. 1935 auf Drängen Glausers verlassen habe, weil er mir von Basel aus schrieb, es bestehe Aussicht, dass er nicht wieder in die Anstalt zurückmüsse. Statt dessen musste er dann am 8. Nov. 1935 in die Waldau zurück. So habe ich die Stelle verloren und habe darauf von dem Gelde, das vom Morgarten-Verlag kam, ca. Frs. 200.– (vide Abrechnung) auf Geheiss von Glauser für mich verbraucht, d.h. Anschaffungen gemacht, Glauser über Ostern in der Waldau besucht.

Sch.

199 FRIEDRICH GLAUSER AN MARTHA RINGIER[156]

Da es mir vorkommt, als hätte ich heute morgen am Telephon nicht gebührend gedankt, will ich dies jetzt nachholen. Also ich bin sehr froh, dass die Geschichte mit der Werkbeleihungskasse in Ordnung ist und wir wollen für das Übrige auch das Beste hoffen. Vielen Dank auf alle Fälle für den Besuch bei Kleiber, der sicher gut gewirkt hat und für alle Mühe, die du dir gibst. Jetzt muss [ich] eben halt noch die Antwort von Paris (oder aus Paris ist glaub ich richtiger) abwarten und dann wird man wohl singen können: lieb Heimatland adee,

[156] Der Brief wurde in der Waldau verfasst; er wurde von fremder Hand auf dem letzten Blatt auf den 28. April 1936 datiert.

obwohl es aber durchaus und gar nicht stimmt. Denn ich frage mich oft, warum es das Schicksal gewollt hat, dass ich ausgerechnet als Schweizer auf die Welt gekommen bin und nun «Schweizer» Romane schreibe, die gar nicht schweizerisch sind, weil alles von aussen gesehen ist und ich eigentlich wenig innere Beziehung habe zu den Menschen, von denen ich schreibe. Es wäre viel günstiger ich würde über die Entwurzelten schreiben, obwohl das ebenfalls nicht stimmen würde. Gide hat das einmal sehr hübsch gesagt, und ich als Gärtner kann ihm nur zustimmen, dass nämlich das Ausgraben einer Pflanze und ihr Versetzen eigentlich erst ein richtiges starkes Wachstum zustandebringt, nachdem die Wurzeln gestutzt sind und sie in neuen Boden versenkt worden sind. Das kommt in einem Artikel über die «Déracinés» von Barrès[157] vor – und Barrès ... Nun ja. Ich schreibe also vorläufig Kriminalromane und werde den Tag preisen, wo ich die Schreibmaschine auf den Küderhaufen werde schmeissen können und dafür eine Hunde-, Salat-, Rittersporn- oder Entenvarietät werde züchten können. Das scheint mir bedeutend wichtiger. Aber so muss man eben Geld verdienen und tut es mit Ach und Krach und manchmal hängt einem alles dermassen zum Hals und noch weiter heraus, dass man am liebsten – ja, eben, man weiss nicht, was man am liebsten täte. Wenn es noch einen Clemenceau[158] gäbe würde man vielleicht bitten, als Privatsekretär aufgenommen zu werden – aber das sind so Wunschbilder ...

Also, du findest, ich solle ein Mann sein ... Schön. Sei ein Mann und rauche Stumpen ... Ich werde mir diesen Slogan über mein Bett hängen und Gott bitten, er möge es nicht wahr werden lassen. Ich habe gar keine Lust, das zu werden, was man gemeinhin unter einem Mann versteht. Ich werde probieren so einfach als möglich zu bleiben, so unsentimental als möglich, mich beschränken und Grenzen ziehen und versuchen, möglichst wenige Leute unglücklich zu machen und vielleicht dem einen oder andern zu helfen. Wenn man ein Mann ist, hat man genug damit zu tun ein Mann zu sein und es bleibt einem, nach der täglichen Anstrengung, diese Façade aufrecht zu erhalten, nicht mehr gar viel Zeit, etwas anständiges daneben zu leisten. Möglichst unmaskiert bleiben, auch wenn es nicht gerade Mode ist – und auch nicht maskiert als Mann herumlaufen ... Das sind so Aussprüche, maman Marthe, mit solchen Aussprüchen muss man vorsichtig sein, verzeih die Bemerkung. Nimm sie nicht übel. Es muss jeder die Umwege gehen, die ihm vorgeschrieben sind. Kennst du Gedichte von Kästner? Jetzt wirst du wieder das Gedächtnis des mulet angreifen, aber ich kann wirklich nichts dafür, wenn

[157] André Gide, *À propos des Déracinés,* in *L'Ermitage,* Februar 1898, S. 81–88. Wiederabdruck in: Gide, *Prétextes,* Paris 1903.
[158] Georges Clemenceau (1841–1929), französischer Journalist und Politiker, Vertreter des linksbürgerlichen *Parti radical,* von 1906–09 und 1917–20 französischer Ministerpräsident.

mir die Gedichte einfach geblieben sind, ich habe sie nicht einmal auswendig gelernt, aber sie sind so eindringlich, dass man nicht gut anders kann, als sich ihrer zu erinnern. Gewiss, es ist nicht Rilke, aber schliesslich kann es nicht auch nur Rilke geben ... Nicht?

> Man kann mitunter scheusslich einsam sein,
> Da nützt es nichts den Kragen hochzuschlagen
> Und vor Geschäften zu sich selbst zu sagen
> Der Hut da drin ist hübsch, nur etwas klein.
> Da nützt es nichts in ein Cafe zu gehn
> Und zuzuschauen wie die andern lachen
> Da nützt es nichts das Lachen nachzumachen
> Und nützt auch nichts, gleich wieder aufzustehn ...
>
> Da nützt es nichts sich vor sich selbst zu schämen
> Und die Gardinen hastig vorzuziehn ...
> Da weiss man was man möchte: klein zu sein
> So klein wie nagelneue Kinder sind
> Dann schliesst man seine Augen und ist blind
> Und ist allein ...[159]

Wenn das nicht gut ist! Frau Guggenbühl hat auch einmal über Kästner geschnödet und da hab ich ihr das Gedicht vorgesagt und dann war sie einigermassen bekehrt. Und auch der «Jahrgang 99»[160]. Ich gebe zu, es ist nichts für zarte Gemüter aber immerhin, die Traurigkeit, die in Versen steckt wie:

> Man hat unsern Körper, man hat unsern Geist
> Ein wenig zu wenig gekräftigt.
> Man hat uns zu lange zu früh und zumeist
> In der Weltgeschichte beschäftigt ...

Und:

> Wir haben der Welt in die Fresse geguckt
> Anstatt mit Puppen zu spielen
> Wir haben der Welt auf die Weste gespuckt
> Soweit wir vor Ypern nicht fielen ...

Es steckt doch allerlei dahinter, was wir eine allzu bequeme Tendenz haben zu vergessen ... Die Stimmung der Nachkriegsjahre nämlich,

---

[159] Gedicht von Erich Kästner (1899–1974): *Apropos, Einsamkeit!*, in *Herz auf Taille*, Leipzig/Wien, C. Weller & Co. 1928. Glauser zitiert frei aus dem Gedächtnis.
[160] Gedicht *Jahrgang 1899* von Erich Kästner, Erstdruck am 1. Oktober 1927 in *Das Tage-Buch*. Glauser zitiert im Folgenden frei aus dem Gedächtnis, neben Detail-Änderungen schreibt er «Fresse» statt «Schnauze».

an der wir ja immer noch herumlaborieren, und die zu vergessen, die Jugend sich redliche Mühe gibt. Recht hat sie. Sie wird das Rizinusöl doch auch einmal schlucken müssen, vielleicht nicht in den Dosen, in denen wir es schlucken mussten, aber erspart wird es ihr nicht bleiben. Vielleicht haben wir bis dahin ein wenig das Lachen gelernt. Ja, und dann wäre noch der «Fabian»[161] ... Viel Unnützes drin, gewiss, du hast ihn wohl nicht gelesen, er hätte eine gute Novelle gegeben, wenn Herr Kästner die ganze Zeitungsgeschichte und die höchst unnütze Dame, die junge Herren verkauft, gestrichen hätte ... Aber dann bleibt doch noch die merkwürdige Geschichte mit Fabians Freund, der sich erschiesst, und die andere merkwürdige Geschichte mit dem Fräulein Dr. jur. die Filmschauspielerin wird. Das ist gut. Und wenn mir jemals ein Schluss gelingt, wie der des «Fabian» (Fabian sieht einen Knaben vom Brückengeländer in den Fluss fallen, springt hinein um ihn zu retten, der Junge schwimmt an Land, Fabian ertrinkt): und nun der Schluss: Er konnte nämlich nicht schwimmen ... Ich weiss nicht, j'ai peut-être le goût mal fait, aber ein solcher Schluss in seiner Einfachheit und Symbolik ... Ich gäbe viel drum, wenn ich einmal so etwas zuwege brächte. Aber das bringt man eben nicht (zuwege) sondern das muss einmal kommen. Hoffentlich bevor ich endgültig die Erika zusammengeklopft habe, sie gäbe ja nicht einmal einen anständigen Gartendünger. Und vielleicht bin ich doch dazu verdammt Romane zu schreiben.

Ja, du fragst, was Dr. Briner über den Roman denkt. Er hat den Anfang gelesen, teilweise, und dann den Pieterlen[162]. Und er hat anderes von mir erwartet. Warum erwarten die Leute nur immer anderes von mir? Er fand es sei schade ein gutes Thema in einem Kriminalroman zu verwurschten. (Er hat nicht verwurschten gesagt, aber gemeint hat er es wohl). Wie gesagt, ich bin ganz einverstanden, er hat recht aber ich habe auch recht, ich will nun einmal mein Metier lernen und wenn mir ein paar Sachen auch missraten, so kann man ja immer wieder von vorne beginnen. Ich bin manchmal erstaunt, wieviel ich eigentlich schon gelernt habe, so im Aufbau. Man wird vielleicht doch einmal dahintergehen können, etwas grösseres zu schreiben, wo man ein wenig Ellbogenfreiheit hat und nicht immer die Worte zu zählen braucht. Aber gerade die Beschränkung ist lustig. Ein Weber, der weben lernt, wird auch nicht am ersten Tag oder im ersten Jahr einen Gobelin machen (Gobelins sind doch gewebt? Nicht? Oder ist mein Beispiel wieder einmal falsch?) Ach und ich kann nicht Deutsch. Ich schreibe manchmal Sätze, die mich zur Verzweiflung bringen denn sie sind schlecht. Warum muss man eigent-

161 Erich Kästner, *Fabian*. Stuttgart/Berlin, Deutsche Verlagsanstalt 1931.
162 Glauser integrierte in *Matto regiert* eine psychiatrische Fallgeschichte, die er während seiner Zeit im Burghölzli abtippen musste. Er nennt das Kapitel das «Demonstrationsobjekt Pieterlen» und bezeichnet es in einem Brief vom 2. Mai 1936 an Josef Halperin als «‹pièce de résistance› vom Ganzen». → Dok. 201.

lich wählen? Schöner Stil und keine Handlung oder Handlung und kein Stil? Ich will ja zugeben, dass es massenhaft Leute gibt, die weder das eine noch das andere können und doch fröhlich in den Tag hinein schreiben, manchmal nennen sie das auch gestalten – aber schliesslich ist das kein Trost. Ich muss zuerst einmal wieder Luft schnappen, du wirst es kaum gefühlt haben, aber ich spüre es, wie alle meine Sachen «sentent le renfermé». Es ist kein rechter Zug drin. Gut nur, dass die Leute so oberflächlich lesen. Es merkens ja die wenigsten, und die paar, dies merken würden die werden Gott sei Dank meine Sachen nie zu Gesicht bekommen. Also, maman Marthe, nach all diesen Ausführungen, halt mir dennoch die Daumen, dass ich am 15. gehn kann. Die letzten Tage sind eklig. Und ich stürze mich in «Matto regiert» so heisst der Roman also definitiv und ich habe ein schönes Motto gefunden, denn ich habe ein faible für Mottos. Es heisst:

«... und daher können Dichter wohl Romane über die Gespräche schreiben, die die Insassen geschlossener Anstalten miteinander führen, während die Reden der Beschäftigten eher dazu da sind, Gedanken zu verbergen und Lebenszwecke zu fördern ...»

Schön, nicht? Das steht in der «Erziehung vor Verdun» und geschrieben ist es worden von einem Manne namens Arnold Zweig,[163] der nichts zu tun hat mit dem Ekel gleichen Namens, dessen Vorname Stefan ist ...

So, Schluss. Nimm nichts übel, ich quatsche so drauf los und du verstehst wohl was ich meine.

Hoffentlich kommt alles gut. Den «Napoleon»[164] bring ich dann mit, oder ich schick ihn, falls ich noch bis zum 1. Juni bleiben muss.

Viel herzliche Grüsse und schönen Dank für alles
dein Glauser

200 FRIEDRICH GLAUSER AN ROBERT SCHNEIDER

28. April 1936

Sehr geehrter Herr Doktor,
Nur ein paar Worte, damit Sie auf dem Laufenden sind. Ich habe mit Dr. Kleiber, von der «Nat. Ztg.» korrespondiert, weil er auch in der Werkbeleihungskasse sitzt. Am Montag war Sitzung und die Herren sind einverstanden, (wie man mir heute telephoniert hat) die Summe

[163] Erziehungs- und Kriegsroman des deutsch-jüdischen Schriftstellers Arnold Zweig (1887–1968): *Erziehung vor Verdun*, Amsterdam, Querido 1935.
[164] Die zweibändige Monografie des französischen Historikers und Journalisten Jacques Bainville (1897–1936): *Napoléon*, Paris, Plon 1933.

auf ein anderes Ms. zu leihen. Ich habe sogleich Frau Picard, die das Ms. hat, gebeten, dasselbe einzuschicken und ich hoffe, Sie wird es tun. Dr. Naef wird Sie anläuten. Man hat mir scheints noch eine weitere Subvention bewilligt, können Sie vielleicht bei dem Telephonat versuchen, etwas mehr herauszuschinden als 500.– frs. Sie stehn mit Naef ja besser als ich und das wird Ihnen glaube ich nicht allzugrosse Mühe machen.

Ich danke Ihnen noch vielmals für alle Ihre Bemühungen. Fräulein Bendel hat mir kurz geschrieben, dass sie bei Ihnen war und ich habe mich sehr gefreut, dass Sie ihr das Geld gelassen haben. Auch für dieses freundliche Verständnis der Situation danke ich Ihnen herzlich. Hoffentlich haben Sie inzwischen meine gereizte Stimmung vergessen. Sie hat mir nachher selber leid getan.

Herrn Jucker habe ich angefragt, wann ihm mein Kommen erwünscht sei. Ich wäre Ihnen dankbar, wenn Sie mir gelegentlich mitteilen könnten, wie sich die Vormundschaftsbehörde zu meinem Plane stellt.

Mit freundlichen Grüssen
Ihr ergebener
Glauser

201 FRIEDRICH GLAUSER AN JOSEF HALPERIN

2. Mai 1936

Lieber Halperin,
es sind mir einige Tonnensteine vom Herzen gefallen. Ich hatte eine Heidenangst, wegen des Romans[165] und es ist schön, dass er Ihnen gefällt. Und am meisten freut mich, dass Sie mir einen Heidenkrach machen wollen, wenn ich den Pieterlen streiche. Ich find' nämlich auch, es ist die ‹pièce de résistance› vom Ganzen, aber ich habe nicht recht gewagt, mit meiner Meinung herauszurücken, denn die Kollegen vom Fach haben leichter oder schwerer die Stirne gerunzelt und mannigfache Bedenken geäussert. Glauben Sie wirklich, dass Oprecht ihn schlucken wird? Hoffen wir das Beste. Ich schicke Ihnen die Fortsetzung. Am Dienstag oder Mittwoch bekommen Sie den Schluss (noch etwa 30 Seiten). Übrigens habe ich die ganze Pflegergeschichte schon vor Ihrem Brief geschrieben gehabt, ich sage das nur, damit Sie nicht meinen ich hätte partout etwas Soziales hineinkäsen wollen.

Es war im Plan vom Ganzen vorgesehen und wenn es ein wenig naiv herausgekommen ist, ich meine das mit dem Organisieren and so on, so ist das wirklich gewollt. Das sollen die Leute kapieren und man soll es ihnen so deutlich als möglich sagen, find ich ... Die Zweifel, die uns bedrücken, die müssen wir eben für uns behalten, finden Sie nicht auch? O nein, mon cher vieux, ich bin nicht mit allen Leuten nett, durchaus und keineswegs. Das scheint nur so. Ich gebe mir zwar alle Mühe es zu sein, aber manchmal verliert man doch die Geduld. Das werden Sie sicher verstehen, und besonders werden Sie es verstehen, wenn Sie die Behörden kennen. Da wird man manchmal verdammt giftig. Sonst bin ich dafür, einem jeden einen beschränkten Kredit einzuräumen. Aber Ihrer Schwägerin würde ich das Konto sperren ... Das ist eine Kuh. Nun es gibt auch solche, aber das ist doch weiter nicht tragisch. Man hört ja die Stimme! Je vous plains.

Den Anfang werden wir doch noch umkeien müssen, obwohl ich die ganze Scene mit dem Messer und den Buben für später brauche, auch für die Aufdröselung.

Ich freue mich sehr auf Ihren Roman, wirklich sehr. Wenn alles klappt, das heisst, wenn der Pariser Herr endlich einverstanden ist, dass ich am 15. komme, dann käme ich nächsten Freitag nach Zürich. Ist es Ihnen recht, den Samstag und Sonntag mit mir zu verbringen? Sie können mich ja immer herausschmeissen, wenn ich Ihnen auf die Nerven gehe.

Das mit dem Roman ist lustig. Glauben Sie mir, dass ich ihn schon fünf Jahre herumschleppe? Drum habe ich ihn so herunterhauen können. Und Matto ist exakt – warten Sie einmal – 16 Jahre alt.[166] Das Gedicht, das Schül schreibt hat votre serviteur damals verbrochen, und er ist geehrt dass Sie es schön und verrückt finden ... Wissen Sie ich hab immer wieder probiert – ernst, und in der Ichform ... Das geht alles nicht. Dann werden Inseln daraus, und dann liest es kein Mensch.

Also ich danke vielmal für die compliments und die Mühe. Wollen Sie noch eine Abschrift für die Büchergilde? Die kann ich Ihnen dann mitbringen ...

Alles Gute und halten Sie mir die Daumen, dass es mit dem 15. langt. Wenn Sie Fehler finden, so beim Lesen, so korrigieren Sie wohl, bitte. Ich habs nur flüchtig durchgelesen, damit ichs Ihnen schicken kann.

Très vôtre
Glauser

[166] Die Figur Matto taucht zum ersten Mal in der szenischen Skizze *Mattos Puppentheater* von 1919 auf.

5. Mai 1936.

Glauser telefoniert, ob Amtsvormund seine
Entlassung auf Freitag in die Wege leiten
könne, er habe auf diesen Tag eine wichtige
Besprechung mit Halperin vereinbart.

Ob Amtsvormund vielleicht mit Herrn Jucker
in Paris telefonieren könne?

A. Bissegger

Telefongespräch A. Bissegger, Amtsvormundschaft Zürich,
mit Friedrich Glauser betreffend seiner Entlassung aus der Anstalt Waldau.
Zürich, 5. Mai 1936. → Dok. 202.

202 FRIEDRICH GLAUSER AN ROBERT SCHNEIDER

Waldau 5. Mai 1936

Sehr geehrter Herr Doktor,
ich habe versucht, Sie telephonisch zu erreichen, aber es ist mir leider nicht gelungen. Fräulein Bissegger hat mir mitgeteilt, dass Sie bis jetzt noch keine Antwort von Paris erhalten haben.
 Trotzdem möchte ich Sie bitten, mir zu gestatten, Freitag nach Zürich zu kommen. Halperin, von dem ich Ihnen schrieb, ist nächste Woche verreist und es wäre wirklich wichtig, wenn ich mit ihm zusammen zu Dr. Oprecht gehen könnte und auch mit ihm das Ende meines Romanes besprechen könnte.
 Ich habe heute noch einmal Herrn Jucker geschrieben, und ihn gebeten, so schnell als möglich Ihnen Bericht zu geben. Sollte sich meine Anstellung bis Ende Mai hinziehen, so möchte ich Sie bitten, mich dennoch am vorgesehenen Datum entlassen zu lassen. Ich könnte die Zeit bei Frau Ringier in Basel verbringen, die ich gebeten habe, Ihnen in dieser Angelegenheit anzuläuten.
 Ich hoffe Sie werden gegen dieses Projekt nichts einzuwenden haben. Darf ich Sie bitten, mir Ihren Entschluss telephonisch mitzuteilen.
 Mit freundlichen Grüssen verbleibe ich
 Ihr ergebener
 Glauser

203 HANS OPRECHT AN FRIEDRICH GLAUSER

VPOD
Verbandssekretariat
Secrétariat Fédératif
Zürich 4, Volkshaus

Zürich, den 11. Mai 1936.

Lieber Herr Glauser,
Ich danke aufs beste für Ihr Manuskript, es interessiert mich ausserordentlich. Ich möchte gern bald mit Ihnen reden. Darf ich bitten, mir zu berichten, wenn Sie in Zürich sind.
 Ich bin sehr einverstanden damit, dass der Roman[167] im «Öffentl. Dienst» erscheint.
 Freundlichst, Ihr
 Oprecht

167 *Matto regiert.*

VPOD SCHWEIZERISCHER VERBAND DES PERSONALS ÖFFENTLICHER DIENSTE
FÉDÉRATION SUISSE DU PERSONNEL DES SERVICES PUBLICS

POSTFACH: ZÜRICH-AUSSERSIHL • TELEPHON-NUMMER 35.676 • POSTSCHECK-KONTO VIII 4895

VERBANDSSEKRETARIAT
SECRÉTARIAT FÉDÉRATIF
ZÜRICH 4 • VOLKSHAUS
B I 7. m.

Zürich, den 11. Mai 1936.

Herrn F. Glauser,
Bolligenstr. 117,
B e r n.

Lieber Herr Glauser,

Ich danke aufs beste für Ihr Manuskript, es interessiert mich ausserordentlich. Ich möchte gern bald mit Ihnen reden. Darf ich bitten, mir zu berichten, wenn Sie in Zürich sind.

Ich bin sehr einverstanden damit, dass der Roman im "Oeffentl. Dienst" erscheint.

Freundlichst, Ihr

Brief des VPOD an Friedrich Glauser mit der Druckzusage
für den Roman *Matto regiert* im Wochenblatt *Öffentlicher Dienst*.
Zürich, 11. Mai 1936. → Dok. 204.

204 FRIEDRICH GLAUSER AN ROBERT SCHNEIDER

Waldau, 13. Mai 1936

Sehr geehrter Herr Doktor,
Dr. Kleiber teilt mir mit, dass das zweite Mitglied der Werkbeleihungskommission, das über die neue Belehnung zu statuieren hat, Dr. Naef selber ist. Er versprach mir, in seinem Briefe am Sonntag anlässlich der Schriftstellertagung Dr. Naef noch einmal zu mahnen. Vielleicht versuchen Sie es Ihrerseits auch noch einmal.
 Wie Sie aus beiliegendem Briefe ersehen können, hat Dr. Oprecht den Roman angenommen. Eine mündliche Besprechung über die Angelegenheit werden vielleicht auch Sie opportun finden. Darf ich Sie daher bitten, mir mitzuteilen, wann Sie gedenken, meine Entlassung aus der Waldau in die Wege zu leiten. Ich hätte gerne noch vorher mit Herrn Halperin gesprochen, der die Beziehung mit dem VPOD vermittelt hat. Herr Halperin fährt nächste Woche nach Bern. Ich habe ihn gebeten, Ihnen anzuläuten; es wäre wichtig, wenn ich ihn nicht verfehlen würde.
 Ich danke Ihnen für Ihre Bemühungen zur Erhaltung meines Passes. Indem ich hoffe, dass Ihnen ein endgültiger Entscheid über meine Entlassung nicht allzuviel Mühe machen wird, begrüsse ich Sie mit vorzüglicher Hochachtung.
 F. Glauser

Austritt[168] *auf Montag den 18. Mai festgesetzt. Glauser meldet sich bei A'd Sch.*

205 GESPRÄCH A. BISSEGGER MIT VPOD

19. Mai 1936

Das Bureau von VPOD berichtet, dass heute im Auftrag von Dr. Oprecht der Vertrag betr. den Irrenhausroman abgeschlossen werde und Glauser die Frs. 500.– erhalte. Falls der Vertrag auch vom Amtsvormund mitunterzeichnet werden müsse, so gewärtigt das Bureau Bericht, damit dies nachgeholt werden kann.
 A. B.

20. Mai[169]
Verträge zur Unterschrift hieher verlangt. Sch.

168 | 169 Handschriftlicher Zusatz des Vormunds Robert Schneider.

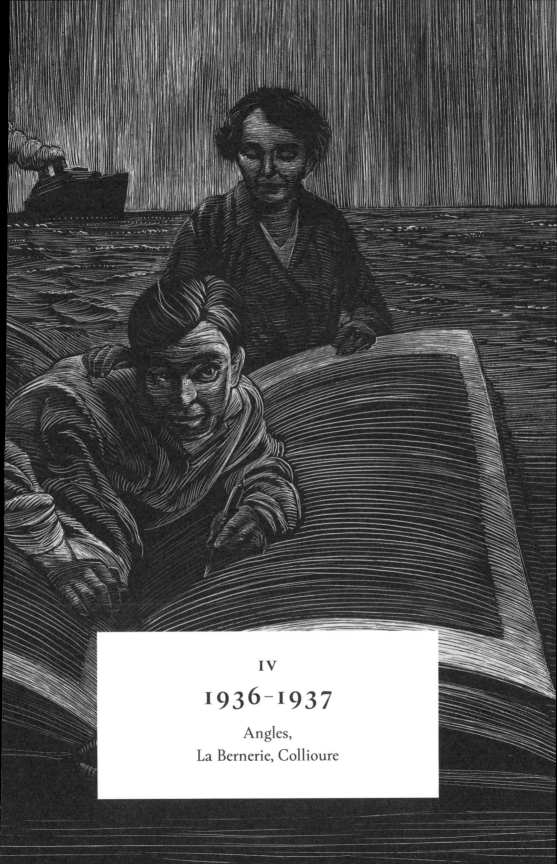

IV
1936-1937
Angles,
La Bernerie, Collioure

«ICH BIN KEIN ‹DÜCHTER›»

FRANKREICH

Im Juni 1936 übersiedeln Friedrich Glauser und Berthe Bendel nach Frankreich und übernehmen einen kleinen Hof in Angles. Nach mehrjähriger Internierung ist Glauser erstmals frei. In seinen Briefen nimmt der Alltag viel Platz ein, der alles andere als einfach ist: Das feuchte Klima, schlechtes Wetter und die labile Gesundheit machen ihnen zu schaffen. Der Bauernbetrieb mit Geflügel und Gemüse droht, im Morast zu versinken. Dennoch kippt der Ton in den Briefen kaum je ins Larmoyante. Den schwierigen Umständen begegnet Glauser mit der für ihn typischen Ironie. Die Distanz zur Schweiz beflügelt ihn, Frankreich ist seine Wahlheimat. Im März 1937 übersiedeln die beiden an die Atlantikküste nach La Bernerie, dort weht eine frische Meeresbrise und der Horizont ist weit.

EIGENSTÄNDIGKEIT

Die neue Eigenständigkeit macht sich am deutlichsten in den Briefen an Robert Schneider bemerkbar. Der unterwürfige Ton verschwindet und Glauser begegnet seinem Vormund auf Augenhöhe, selbständig trifft er Entscheidungen und informiert erst im Nachhinein, etwa über den Umzug an die Atlantikküste. In Briefen an Redakteure und Verleger klingt es, als wäre der Vormund bloss dazu da, um für ihn den Zahlungsverkehr abzuwickeln. Im Oktober 1937 teilt er dem Vormund selbstbewusst mit, dass er niemals mehr in eine Anstalt zurückkehren werde. Und doch bleibt er weiterhin im Griff der Behörden; das zeigt sich, sobald Berthe Bendel den Wunsch äussert, zu heiraten. Die Korrespondenz zwischen Vater, Psychiatern und Amtsvormund zu Glausers «Eheunfähigkeit» aufgrund seiner Morphiumsucht demonstriert erneut in aller Deutlichkeit die Macht der Behörden. Der Tod des Vaters am 1. November 1937 hat deshalb etwas Befreiendes, auch wenn er Glauser tief trifft. Die Beziehung zur Stiefmutter Louise Glauser-Golaz bleibt gespannt, wie die Briefe und Gespräche rund um die Erbteilung bezeugen.

KRIMINALROMANE

Mitte der 1930er-Jahre beginnt für Glauser die produktivste Phase als Schriftsteller. Die Kriminalromane folgen dicht aufeinander: *Wachtmeister Studer* erscheint 1936 als Buch, im selben Jahr folgt *Matto regiert* als Fortsetzungsroman im *Öffentlichen Dienst* und als Buch. 1936 entstehen des Weiteren *Die Fieberkurve* und *Der Chinese*, *Die Speiche* folgt 1937. Die Stimmung in den Briefen ist fiebrig und voller Ungeduld, sie kontrastiert mit der Schläfrigkeit der französischen Provinz. Glauser schreibt seine Studer-Romane auf Bestellung für Wettbewerbe und als Fortsetzungsromane für Zeitschriften. Aus den Briefen an Redakteure wie Otto Kleiber und Friedrich Witz sowie Verleger wie Hans Oprecht und Edmond Bucher spricht ein ganz neues schriftstellerisches Selbstbewusstsein. Mit grosser Selbstverständlichkeit bietet er seine Texte an und verlangt Vorschüsse. Er gibt sich als Geschäftsmann, führt Vertragsverhandlungen und formuliert pointiert seine Wünsche, etwa zum Erscheinungsbild seiner Bücher. Auch erlaubt er sich in Briefen immer häufiger Urteile über andere Autoren, er tritt als Literaturkundiger auf und gibt Martha Ringier literarische Empfehlungen für die von ihr betreute Reihe *Gute Schriften*. Was seine eigene Schriftstellerrolle angeht, kokettiert er mit Bescheidenheit. Ein ums andere Mal betont er die Distanz zur Hochkultur: «Ich bin kein ‹Düchter›. Alle Leute wollen partout, daß ich ein Düchter sei. Und ich bin wirklich nur ein Handwerker, der im Schweiße seines Gehirns sein Metier lernt», heisst es in einem Brief

(→ Dok. 229). Er schreibt für das Volk und wendet sich an Arbeiter, Gärtner, Serviertöchter, Kioskverkäuferinnen. Dies allerdings mit einem didaktischen Ansinnen, er will den trivialen Krimi «veredeln». Bei aller Selbstironie ist auch Stolz spürbar, als er feststellt, dass sogar Germanistikprofessoren ihn plötzlich ernst nehmen. Er mischt sich in die Debatten um das noch junge Genre des Kriminalromans ein und liest massgebliche englische Kriminalautorinnen wie Agatha Christie oder Dorothy Sayers. Und doch tut er das Krimischreiben als Broterwerb ab, seinem Legionsroman *Gourrama* misst er einen viel höheren literarischen Wert bei.

TEXTWERKSTATT

Der angeregte Briefwechsel mit Joseph Halperin ist von besonderem Interesse. Der Redakteur der linksgerichteten Zeitschrift ABC will *Gourrama* als Fortsetzungsroman abdrucken, und in vielen Briefen tauschen sie sich über das Manuskript, die Textredaktion und Kürzungen aus. Während sich der Austausch mit Halperin auf den Legionsroman beschränkt, bietet der Briefwechsel mit Martha Ringier einen umfassenderen Einblick in Glausers Textwerkstatt. In diesen Briefen äussert sich Glauser am offensten über seine Projekte und auch über Probleme beim Schreiben: Er thematisiert das Verhältnis zu seinem Protagonisten Studer, die widerborstige Dramaturgie des Krimiplots und Stilfragen. Dabei zeigt sich Glauser, ähnlich wie schon bei Elisabeth von Ruckteschell, in seiner ganzen Verspieltheit. Die Tonlagen wechseln virtuos von witzig zu weinerlich, vom Schmeicheln zur fordernden Bitte. Glauser schreibt seine Briefe nicht absichtslos und er weiss, mit welchem Tonfall er sein Ziel bei den jeweiligen Adressaten am ehesten erreicht.

206 ROBERT SCHNEIDER AN KARL NAEF

2. Juni 1936

Zürich-Witikon
Oetlisbergstr. 40

Mein Lieber,
Mit einiger Verspätung schicke ich Dir beigeschlossen Quittung unserer Kasse über das mir für Glauser bewilligte Darlehen von Frs. 500.– und sodann weiter die Cessionsurkunde über den Roman «Der Tee der drei alten Damen». Die Unterschrift des Verlegers fehlt auf der Cessionsurkunde, weil ein Verleger zur Zeit für dieses Werk noch nicht gefunden ist. Frau Picard ist lediglich beauftragt, diesen Roman «einem Verlag anzubieten». Ein allfälliger Vertrag mit einem Verleger ist uns vorzulegen und wäre dann diesem die Cessionsurkunde zur Unterschrift zu unterbreiten. Frau Picard ist hievon benachrichtigt.
Ich danke Dir vielmal für die Glauser bewilligte Hilfe. Dieser selber ist am 24. Mai nach Paris ausgereist und wird nun in Angles bei Chartres Domizil nehmen. Er betreibt dort eine kleine Pacht und hat daneben noch reichlich Zeit zu schriftstellerischen Arbeiten. Hoffentlich gelingt es ihm diesmal, sich halten zu können. Es wäre jammerschade, wenn er wieder rückfällig würde. Glauser hatte mit seinen Arbeiten in letzter Zeit schöne Erfolge. Er hat sicher Fortschritte gemacht und dürfen wir von ihm sicher noch einiges wertvolles erwarten. Ich bin nun wirklich sehr gespannt, wie er sich nun weiter entwickelt.
Mit vielen Grüssen

Sch.
Dr. R. Schneider

Beilagen:
Quittung über Frs. 500.–,
Cessionsurkunde.

207 FRIEDRICH GLAUSER AN FRIEDRICH WITZ

Frédéric Glauser
Angles près Gué de Longroy
Eure et Loir France

10. Juni 1936

Lieber Herr Doktor,
Obenstehend finden Sie meine Adresse, an die ich Sie bitte, die Korrekturen des «Schlumpf» schicken zu wollen. Sie werden sie mit einer Promptigkeit zurückerhalten, die Ihr Staunen erregen wird. Nein, ohne Spass, ich hätte die Korrekturbogen gern noch gesehen, der «Öffentliche Dienst» bringt jetzt eine Studer-Geschichte[1] und das Deutsch ist manchmal so haarsträubend, dass ich mich selbst schäme. Vielleicht sehe ich meine Fehler erst durch die Brille des Druckes, falls Sie dies gewagte Bild gestatten wollen.

Sonst leben wir hier in einer Wüstenei. Der Garten ist eine ungeheure Wiese und die Brennesseln führen ein fröhliches Dasein. Ein paar von mir gepflanzte Tomaten haben die Gelbsucht und sonst ist es rauh wie im Berner Oberland, aber das wird vergehen, denk ich mir, mit der Zeit. Der Sommer ist ja eigentlich endlich einmal fällig.

Falls Sie Herrn Bucher sehen (Herrgott! wenn ich einmal so elegant daherkommen könnte! wer solchen Herrenschneider besässe!) dann sagen Sie ihm bitte, dass er einen Roman in etwa einem Monat bekommen wird. Und vielleicht bald darauf einen zweiten. Den soll er dann nur ablehnen. Ich denke mir, Kleiber nimmt ihn mir schon. Er möchte so gern etwas längeres von mir haben. Stellen Sie sich das vor! Wenn ich nicht gerade Minderwertigkeitskomplexe über mein miserables Deutsch habe, so bekomme ich fast den Grössenwahn, denn denken Sie sich, sogar ein Professor der Germanistik (übrigens ein sehr lieber Herr, Professor Altwegg in Basel, der Hebbel-Forscher) nimmt mich ernst. Das könnte tragisch sein, aber es freut mich immerhin. Und schliesslich bin ich doch einverstanden, dass meine Sachen ein wenig weniger langweilig sind, als die «Entfesselung» und andere Guggenheims.[2] Jetzt schnöd ich wieder und Sie müssen das entschuldigen. Ich bin die letzten Tage mit einem Zahngeschwür herumgelaufen, und das ist eine eklige Sache, wenn es ein wenig besser geht, atmet man auf und versucht sich in Humor.

Lassen Sie doch bitte bald von sich hören und seien Sie herzlich gegrüsst von Ihrem ergebenen
Glauser

---

[1] Der Roman *Matto regiert* wurde vom 22. Mai bis 13. November 1936 als Fortsetzungsroman im Wochenblatt der Gewerkschaft VPOD abgedruckt.

[2] Kurt Guggenheim (1896–1938), Schweizer Schriftsteller. Sein Romandebut *Entfesselung* (Zürich/Leipzig, Schweizer Spiegel Verlag 1935) handelt von einem jungen Mann, der aus den Fesseln der bürgerlichen Gesellschaft ausbricht.

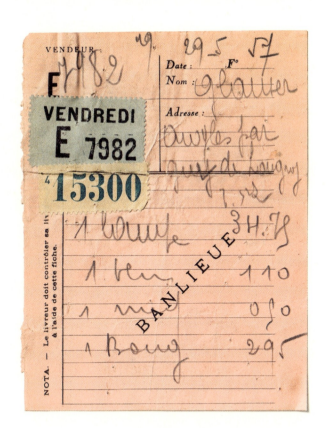

Einkaufsquittung La Samaritaine.
Angles, 29. Mai 1936.

GRANDS MAGASINS DE LA
SAMARITAINE

SOCIÉTÉ EN COMMANDITE PAR ACTIONS, CAPITAL 36.000.000 DE FRANCS

Société a Participation aux Bénéfices & Accession du Personnel au Capital Social
65 % des Bénéfices et la moitié du Capital sont réservés au Personnel, la seconde moitié du Capital est la propriété des Fondations Cognacq-Jay reconnues d'utilité publique

AUCUNE SUCCURSALE EN PROVINCE

R.C. SEINE 55.659

N° 15300

MAISON ERNEST COGNACQ
GABRIEL COGNACQ, GEORGES RENAND & Cie Succrs
67 à 81, Rue de Rivoli, Rues du Pont Neuf & de la Monnaie

N° du Carnet ou du Dossier	Madame GLAUSER ONGLES PAR GUE DE LONEROY PAYANT 15300 EURE ET LOIR		Notage ou Encombrant
Paris, le	29-5- 615 781	Colis 9 DT 3 ENC	553,70

Bulletin de livraison ne pouvant servir d'acquit

1	BROC	CF		14,50
1	SEAU	CF		15,75
1	DO	DO		15,25
1	DO	DO		2,50
1	FER	DO		33,50
1	PANT	CR		12,00
1	ARTICLE	CR		4,25
1	DO			2,80
1	DO			5,00
1	DO			6,50
1	D			2,25
1				1,75
1	BROSSE	CR		8,50
1	DO			1,00
2	MANCHES		1.75	3,50
1	DO			4,75
1	DO			9,50
1	&LANCHE	AD		10,00
		à Reporter		153,30

la plus grande complaisance est recommandée aux employés, pour toutes réclamations veuillez bien se munir de la facture et s'adresser à la 1re Caisse

TÉLÉPHONE GUTENBERG 81-75 — d° — 81-22 ET LA SUITE
COMPTE CHÈQUES POSTAUX PARIS 169.65

Einkaufsquittung La Samaritaine.
Angles, 29. Mai 1936.

208 FRIEDRICH GLAUSER AN HANS OPRECHT

F. Glauser[3]
Gué de Longroi
Angles Eure et Loir
France

Lieber Herr Doktor,
ich habe Sie letzte Woche gebeten, ob es Ihnen möglich wäre, mir auf die restlichen 500.- frs. einen Vorschuss zu geben. Da ich denke, dass Sie sehr viel zu tun haben, erlaube ich mir, Sie noch einmal anzufragen, wie Sie sich zu meiner Frage stellen. Falls Sie mir den Vorschuss nicht geben könnten, sind Sie vielleicht so freundlich und läuten Dr. Schneider von der Amtsvormundschaft an; er könnte mir einstweilen einen Teil des Geldes vorschiessen und Sie wären dann so liebenswürdig, nach dem Erscheinen des «Matto» die noch fällige Summe einfach an die Amtsvormundschaft abzuführen. Falls Sie mir aber das Geld selber schicken können (200 Sch. Fr. umgewechselt würden genügen), so wäre es gut, wenn Sie dies Dr. Schneider mitteilen würden, damit es nicht doppelt geschickt wird. Es tut mir leid, Ihnen zu all Ihrer Arbeit noch diese Sache aufzubürden, aber ich brauche das Geld sehr notwendig und das Ganze lässt sich wohl durch ein Telephongespräch erledigen.
Ich habe bis jetzt weder Fortsetzung des «Matto» noch die Korrekturbogen erhalten. Hoffentlich haben Sie wegen der Publikation keine Unannehmlichkeiten gehabt. Wollen Sie mir bitte auch über dies berichten.
Mit freundlichen Grüssen und herzlichen Dank
verbleibe ich Ihr ergebener
gez.
F. Glauser

209 FRIEDRICH GLAUSER AN ROBERT SCHNEIDER

Angles près Gué de Longroi
25. Juni 1936

Sehr geehrter Herr Doktor,
Wie Dr. Oprecht mir mitteilt hat er sich mit Ihnen in Verbindung gesetzt und Ihnen bestätigt, dass die restlichen 500.- frs. erst nach dem Abdruck im «Öffentlichen Dienst» ausbezahlt werden. Ich wäre Ihnen

[3] Undatierter Brief, um den 20. Juni 1936 verfasst, wie sich anhand eines Briefes von Hans Oprecht an Robert Schneider datieren lässt.

sehr dankbar, wenn Sie mir von den bei Ihnen deponierten 500.- frs. 200.- frs. schicken würden. Sie können es in Schweizer Geld schicken, wechseln kann ich es hier. Auf alle Fälle wäre ich Ihnen dankbar, wenn Sie mir mitteilen würden, wie Sie sich zu der Angelegenheit stellen.

Ausserdem hab ich noch eine Bitte an Sie. Könnten Sie mir die Adresse von Dr. Naef mitteilen oder noch besser, könnten Sie ihm anläuten, er möge den Roman «Tee der drei alten Damen» direkt an Frau Martha Ringier St. Albananlage 65 schicken. Frau Ringier will den Roman dem Redaktor des «Beobachters» geben. Vielleicht habe ich dort Glück.

Mit freundlichen Grüssen
Ihr ergebener
Glauser

210 FRIEDRICH GLAUSER UND BERTHE BENDEL
AN MARTHA RINGIER

Frédéric Glauser
Angles près Gué de Longroi
Eure et Loir France.

den *15. August 1936*

Sehr verehrte gnädige Frau,
anbei erlaub ich mir Ihnen zur gefl. Kenntnisnahme eine Skizze genannt «Seppl» zu übermitteln mit der Bitte dieselbe auf ihre Eignung in Hinblick auf eine ev. Aufnahme im Tierschutzkalender, dessen verdiente und langjährige Leiterin Sie seit langen Jahren sind, übermittelnd zu überweisen zwecks Prüfung derselbigen.[4] In der Hoffnung, dass selbige Arbeit den strengen Ansprüchen Ihres werten Kalenders entsprechen möchte zeichne ich mit überaus freundlicher Hochachtung Ihr ganz und stets ergebener
der Obige.

Nachdem somit das Geschäftliche fruchtbringend erledigt wäre, begrüsse ich dich herzlich, liebe maman Marthe, (begrüssen! o heimatlicher Laut!) und danke dir für deinen Brief. Mein Zweifel, dass Kleiber den «Hühnerhof»[5] nimmt, ist über alle Massen gross, denn es wird in selbigem despektierlich über Nervenärzte geredet und du weisst, dass das Motto jeder Schweizer Zeitung lautet: Nur niemandem auf die Hühneraugen treten! ...

4 Martha Ringier nahm die Erzählung *Seppl* in den *Schweizerischen Tierschutz-Kalender für das Jahr 1938* auf.
5 Otto Kleiber nahm den Feuilletontext an, er erschien unter dem Titel *Im Hühnerhof* in der *National-Zeitung* vom 21. August 1936.

Fall: Glauser Friedrich   Geschäfts-Nr. 8062

Inspektionsberichte   6.

Datum und Berichterstatter	
	Prof. Klaesi ergibt denn auch mit aller Deutlichkeit, dass er sich wieder einmal gründlich verrechnet hat bezw. einen Arzt gegen einen andern ausspielen wollte. Prof. Klaesi erklärt Amtsvormund rundweg: Glauser ist unheilbar und gehört eigentlich für dauernd in eine Anstalt. Die bestehende Giftgesetzgebung erlaubt nicht, mit ihm irgend einen Versuch einer "Legalisierung" zu machen. Von Entlassung auf 1.Dez. ist keine Rede. Der Plan Jucker imponiert ihm ebenfalls nicht. Er glaubt nicht, dass sich Glauser in Frankreich auf die Dauer zu halten vermöchte, auch wenn er im berauschten Zustand nicht gemeingefährlich sei. Immerhin ist er bereit, einen diesbezüglichen greifbaren Vorschlag zu studieren, behält sich aber jede Stellungnahme vor. Glauser, der von dieser Antwort unterrichtet wird, ist darüber natürlich nicht erbaut. Er sagt, dann bleibe ihm ja nichts anderes übrig, als sich "zu hängen".
10.Juli 36	**Besuch bei Glauser in Angles.** Glauser hat in der kurzen Zeit, während der er in Angles ist, in der kleinen ferme bereits tüchtig ausgekehrt und zwar in Haus und Feld. Offenbar hat er das kleine Heimwesen in recht verwahrlostem Zustand übernommen. Das ganze ist eine echt "französische ferme", schlecht unterhalten, reparaturbedürftig an allen Ecken und Enden. Glauser hat bereits angefangen, den Garten zu bestellen und erwartet auf Herbst einen kleinen Ertrag. Die Obsternte dürfte ziemlich reichlich ausfallen, sodass Herrn Jucker davon gehörig abgegeben werden kann. Im Haus hat Frl. Bendel gehörig Hand angelegt und alles vom ziemlich reichlich vorhandenen Schmutz gereinigt, und eine nette Haushalt... hergerichtet. Ein Bett lieferte Herr Jucker, ein Tisch und ein kleines Büchergestell wurden beim Schreiner gekauft; ein Kasten oder Buffet muss noch angeschafft werden, damit Kleider und Wäsche gehörig versorgt werden können. Bereits sind einige Enten da und rechnet Glauser auf einen kleinen Eiereingang, wenn die Tiere ausgewachsen sind, was in 2 Monaten der Fall sein wird. Zum Arbeiten auf schriftstellerischem Gebiet ist Glauser bis jetzt nicht gekommen. Einmal musste er im Haus tüchtig arbeiten und sodann hatte er eine Zahngeschichte, die ihn ziemlich hernahm. Er musste deswegen zweimal nach Chartres, wo der Zahn schliesslich gezogen wurde. Glauser rechnet aber nun, beginnen zu können. Er arbeitet einen Roman um und hat verschiedene kleine Feuilletons in petto. Vor allem möchte er Robespierre und seine Zeit in einem Roman verarbeiten. Er hat bereits Vorstudien gemacht, schon in der Waldau. Weil er auf Honorareingänge nicht sobald rechnen kann, ist er zunächst noch auf einige Zeit auf Zuschüsse angewiesen, die ihm zugesichert werden. Glauser erklärt, nun ohne Morphium ausgekommen zu sein und erhofft, diese Sucht nun endgültig ablegen zu können. Ob er dazu den Willen und die Kraft aufbringt, wird die Zukunft zeigen. Von den französischen Behörden hat er Aussicht, für sich und Frl. Bendel Niederlassung für 3 Jahre zu erhalten. Er hatte deswegen verschiedenes Gelauf und Kosten, aber er hofft dann, auf diese Zeitspanne vor solchen Geschichten Ruhe zu haben. Er berichtet, dass er in Basel noch mit seinem Vater und Frau

Inspektionsbericht von Robert Schneider, Eintrag zum Besuch bei Friedrich Glauser.
Angles, 10. Juli 1936.

Mit dem «Seppl» kannst du machen was du willst, ihn kürzen, zurückschicken, in den Papierkorb werfen – nur sagen, was daran nicht stimmt. Zurückschicken ist eigentlich nicht sehr nötig, ich hab eine Copiieee behalten.

Das Wetter ist schön, ich hab den Hans heut Seiltanzen gelehrt, auf einem Wäschseil, mit der Zeit wird es gehen, er ist noch ein wenig ungeschickt aber sonst gelehrig. Und wenn alles schief geht tret ich im Küchlin[6] als Hühnerdresseur auf – der junge Schweizer Schriftsteller, dessen Namen man sich wird merken müssen in einer Solonummer, umgeben von seinem Hühnerschwarm. Wenn das nicht zieht!

Und somit sind wir auf dem Hund, obwohl wir keinen haben. Hoffentlich kommt Jucker morgen abladen, ich hab ihn eingeladen... Schneider schreibt wieder durch die Nase, die Luft in seinem Bureau scheint ihm nicht gesund zu bekommen. Von Briner hab ich einen netten Brief bekommen und einen noch netteren von einem Wärter in der Waldau, wo er mich bald ihrt, bald siezt. Er ist so schön, dass ich ihn aufbehalten werde. Seit ich fort sei, gehe es nicht mehr gut mit Abwaschen, schreibt er. Das hat mich geehrt. Fein, dass es mit der «Krähe»[7] zu einer guten Lösung kommt. Habt ihr jetzt auch Hitze in Basel? Bei uns holt die Sonne nach. Wir werden bald Bohnen haben und Kiefel und Salat und leben sehr sparsam. À part ça rien de nouveau. Viel Liebes und schreib bald, auch wenn ich schreibfaul bin. Das Ms. für die «G.S.» wird noch vor Oktober in deinem werten Besitze sein, d.h. wenn alles gut geht und sonst nichts dazwischen kommt. Seit es schön ist, hab ich wieder Lust zu schreiben.

Viel Liebes vom Mulet
Claus

und viel Liebes von mir, u. vom Hansi, jetzt muss er noch Seiltanzen lernen, nebst seiner grossen Aufgabe mit den 6 mutterlosen «Hüeli».
Deine Geiss[8]

6 1912 eröffnetes Variété- und Revuetheater in Basel, Steinenvorstadt 55. Zu der Szene mit Glausers Lieblingshuhn Hans → Abb. S. 317.
7 Jugendbuchhandlung in Basel, in der eine Bekannte von Martha Ringier arbeitete.
8 Übername von Berthe Bendel.

Friedrich Glauser bei der Hühnerdressur. Foto: Berthe Bendel.
Angles, Sommer 1936. → Dok. 210.

Angles Gué de Longroi
Eure et Loir France

16. August 1936

Lieber Herr Doktor Witz,
Sehr vielen und herzlichen Dank für Ihren freundlichen Brief. Aber ohngeachtet der Komplimente, mit denen Sie mich unverdienterweise überschütten (es freut mich ja sehr, dass der «Studer» eingeschlagen hat, obwohl ich den Vergleich mit Klopstock[9] – ich weiss es ist kein Vergleich aber immerhin und trotzdem und so weiter) jetzt habe ich mich so in meinen Satz verfilzt dass ich nicht weiter weiss, also ohngeachtet der Komplimente hat es mich gewundert, dass Sie von dem Vorhandensein der «Fieberkurve» nichts wussten. Ich habe sie an Herrn Bucher geschickt, jawohl, aber zu gleicher Zeit ging ein Brief an einen gewissen Dr. Witz ab, der diesen besagten Doktor von dem Abgehen des Ms. benachrichtigen sollte und zugleich die Bitte enthielt, den Herrn Bucher (ein unbeschriebenes Blatt mit einem beneidenswerten Schneider) ein wenig zu stupfen, damit derselbige sich bald entschliess entschlösse kurz, einen Entschluss fassen möge. Haben Sie den Brief nicht bekommen? Oder hat ihn Ihr Vertreter während Sie in Ferienlust schwelgten, einfach unterschlagen? Ich hoffe nicht und vielleicht kommt er doch noch zum Vorschein. Ein Brief ohne Bitte, das gibt es glaub ich bei mir nicht. Und so komme ich mit einer. Die «Fieberkurve» wird zu kurz sein, glaub' ich. Das wird der Einwand sein, den Sie zuerst erheben werden. Sonst glaub ich wird sie gehen. Wenn sie zu kurz sein sollte, so will ich versuchen, den Schluss umzumodeln. Aber dazu müssen Sie mir helfen. Nämlich durch einen Vorschuss. Ich kann nicht ruhig arbeiten, wenn ich den Kopf voll Sorgen habe. Sie wissen ja, dass ich halbwegs zuverlässig bin, den «Schlumpf» habe ich Ihnen auch prompt umgearbeitet – und habe dann doch mehr als zwei Monate auf die Auszahlung des Honorars warten müssen. Es war nicht Ihre Schuld, das weiss ich wohl, aber vielleicht können Sie jetzt doch, gestützt auf den Erfolg des «Schlumpf» ein wenig ein kleines Machtwort bei den langweiligen Herren des Morgarten-Verlags sprechen. Ich würde sehr zufrieden sein, wenn Sie mir in den nächsten Tagen (geht das?) auf die «Fieberkurve», so Sie sie gelesen haben, etwa 500.– frs. Vorschuss schicken könnten.

Schauen Sie, ich will ganz offen mit Ihnen sein. Ich war so lange interniert, dass es mir in der ersten Zeit sehr schwer gefallen ist, wie-

---

[9] Friedrich Witz bezog sich in seinem Brief vom 14. August 1936 folgendermassen auf den deutschen Dichter Friedrich Gottlieb Klopstock (1724–1803): «Der Literaturhistoriker Adolf Frey pflegte seinen Studenten an der Universität Zürich die Frage vorzulegen: Was hat Klopstock? Jede Antwort lehnte er mit mißbilligendem Kopfschütteln ab, weil es auf diese Frage nur *einen* vollwertigen Bescheid gab, und der hieß: Klopstock hat eingeschlagen. Das Nämliche kann ich von *Wachtmeister Studer* sagen. Studer hat eingeschlagen. Wo immer ich hinkomme, muss ich Auskunft über diesen Glauser geben und tönt mir, ohne daß ich es heraufbeschwöre, ein Loblied über den Roman entgegen.»

der den Kontakt mit der Aussenwelt zu finden. Die Behörden haben sich auch wie Blutsauger an mich gehängt, sobald sie merkten, dass ich mit meinen Sachen ein wenig Geld verdiente. Die Amtsvormundschaft hat mir eine grössere Summe abgeknöpft, die Waldau musste bezahlt werden ... Sie wissen, wie das geht. Ich darf Sie doch bitten, den Brief, den ich Ihnen da schreibe, streng vertraulich zu behandeln, ich rede so zu Ihnen, weil Sie immer so freundlich und freundschaftlich mir gegenüber gehandelt haben. Jetzt beginne ich ein wenig wieder Luft zu schnappen. Ich hab einen neuen Studer-Roman angefangen, der glaub ich besser wird als die «Fieberkurve» – Milieu Armenanstalt, Gartenbauschule und kleine Wirtschaft, Bauernwirtschaft. Er wird: «Der Chinese» heissen und Studer selbst nennt sie: die Geschichte der drei Atmosphären, was dem Publikum auf Seite eins mitgeteilt wird. Nur, wissen Sie, und das werden Sie begreifen, ich brauch Ruhe und ein klein wenig Sorglosigkeit.

Ist das zuviel verlangt? Sie selbst haben den Satz geprägt vom Verlag, der seine Autoren aufpäppeln sollte. Lassen Sie mich ein wenig von diesem Aufpäppeln profitieren. Ich bettle ja nicht, das Ganze ist eine rein geschäftliche Angelegenheit, es würde sich nur darum handeln, mir finanziell ein wenig zu helfen ... Ist das zuviel verlangt? Vielleicht ist es Ihnen auch möglich mir bald zu antworten.

So, das wäre wieder einmal ein langer Brief. Sonst ist es hier sehr still. Wir haben ein wenig Viehzeug und einen Garten. Kommen Sie nie nach Frankreich? Es würde mich so freuen, Sie einmal bei uns zu sehen. Mit vielem Dank für all Ihre Mühe verbleibe ich Ihr ergebener
Glauser

Auf alle Fälle möchte ich Sie bitten, den Verlag zu bitten, mir bald Nachricht zu geben und mir, wenn es gar nicht ginge, die «Fieberkurve» zurückzuschicken. Kleiber von der «Nat.-Ztg.» will schon lange etwas Längeres von mir, und dann würde ich es eben mit der «Fieberkurve» bei ihm versuchen.

Angles Gué de Longroi
Eure et Loir France.

21. August 1936

Sehr geehrter Herr Doktor,
ich danke Ihnen für Ihren Brief und für die Zusendung von Sch. frs. 100.–. Ich muss Sie da irgendwie falsch verstanden haben, denn ich dachte, dass die 500.– frs., die ich bei Ihnen deponiert hatte, als Garantiesumme aufzufassen seien für allfällig notwendige Heimschaffung in die Schweiz und für die Bezahlung der ersten Monate in der Waldau. Darum hatte ich gedacht, Sie könnten, da doch die 500.– frs. vom VPOD sicher sind, mir einen Vorschuss auf diese Summe aus dem deponierten Geld geben. Nun schreiben Sie aber, Sie hätten mit den 500.– die Rechnung in der Waldau bezahlen müssen. Dann wird natürlich nicht viel übrig bleiben und ich begreife gut, dass die Amtsvormundschaft den Mündeln keine Vorschüsse bewilligen kann. Das wäre allerdings ziemlich grotesk. Wollen Sie mir nur über die Verwendung der bei Ihnen deponierten Summe klaren Wein einschenken, dann werde ich Sie sicher nicht mehr mit Vorschussbitten überfallen. Aber ich darf doch wohl wissen, was mit dem Gelde geschieht – ich bitte Sie darum nicht aus Misstrauen, sondern einfach um zu wissen, wie die Sachen stehen. Das werden Sie wohl verstehen.
Der Rest wird vom VPOD erst ausbezahlt werden, nachdem der Roman[10] vollständig im «Öff. Dienst» erschienen ist. Das wird nach meiner Berechnung etwa im November der Fall sein. Sie sehen, dass es bis dahin nicht ganz leicht sein wird.
Ich werde Sie meinerseits immer auf dem Laufenden halten über ev. Annahmen von Romanen.
Sonst geht es uns beiden recht gut. Wir haben uns akklimatisiert, der Garten beginnt zu tragen, ich habe zwei längere Sachen angefangen. Auch ich bin um jede Stunde und um jeden Tag froh, den ich hier verbringe. Und ich hoffe nur eins, dass es von Dauer sein wird.
Mit herzlichen Grüssen verbleibe ich Ihr
Glauser

Notiz von Robert Schneider: «Friedr. Glauser besitzt nach Bezahlg des Kostgelds bis 18.V. noch ca 916 frs.». Zürich, 24. Juli 1936.

F. Glauser
Angles
Gué de Longroi
Eure et Loir

12. September 1936

Lieber Herr Doktor,
ich danke Ihnen für Ihren freundlichen Brief.
Beiliegend sende ich Ihnen eine Fackel zu, die ich von der Schweizer Gesandtschaft erhalten habe, als ich um Verlängerung meines Passes nachsuchte. Was soll ich da deklarieren? Ich habe nicht nachgesehen, als Sie mir das Militärbüchlein übergaben und dachte, Sie hätten, wie seinerzeit Dr. Schiller, um «exemption» von der Militärsteuer nachgesucht, während der Zeit, da ich in der Waldau war.
Könnten Sie nun vielleicht so freundlich sein, und sich direkt mit den Herren von der Botschaft in Verbindung setzen und ihnen die Sachlage erklären. Ich kann doch auch für 1936 keine Einnahmen und kein Vermögen buchen oder deklarieren. Glauben Sie, dass es nötig ist, die 100.- frs. à conto einzusenden? Den Brief der Gesandtschaft lege ich Ihnen bei.
Auch den von Oprecht. Sie werden daraus ersehen, dass die Auszahlung der restlichen 500.- frs. nicht mehr lange auf sich wird warten lassen. Darum möchte ich Sie bitten, mir wieder ein wenig Geld zukommen zu lassen. Der Morgarten-Verlag hüllt sich, trotz wiederholter Anfragen, in Schweigen. Er hat sein Versprechen, mir auf Ende August Bescheid zu sagen, natürlich nicht eingehalten. Ich werde noch einmal energisch reklamieren.
Sonst geht es uns beiden gut. Der «Beobachter» hat den Roman[11] abgelehnt. Ich habe keine Ahnung, wo ich noch versuchen soll. Vielleicht ändere ich ihn noch einmal und mache eine Sache in der Art des «Schlumpf» daraus. Dr. Kleiber hat mich auf einen Wettbewerb aufmerksam gemacht, der Ende dieses Jahres startet: ein Zeitungsroman wird verlangt, der Anfang und der Plan. Dann kann man, falls man in die nähere Auswahl kommt, Mitte Februar 400.- erhalten und im Jahre 38 einen Preis von 1000.- frs. Das wäre ganz schön. Nur muss man Mitglied des Schweizer Schriftstellervereins werden. Ich habe meine Kandidatur «posiert». Aber ob mich die Herren wollen ist eine andere Frage.[12] Darüber muss glaub ich wieder eine Kommission entscheiden, denn ohne Kommissionen ...

11 *Der Tee der drei alten Damen.*
12 Glauser wurde in den SSV aufgenommen.
→ Abb. S. 327.

Hat nicht der «Nebelspalter» einmal den schönen Titel eines «Delegierten an der Subkommission des Verbandes der Verbandsekretäre» erfunden?

Vielleicht macht Ihnen der kleine Artikel in der «Nat. Ztg.» Spass. Ich lege ihn bei und bitte Sie nur, ihn mir zurückzuschicken, denn ich habe kein anderes Exemplar. Und dann, wenn Sie antworten, sagen Sie mir doch kurz, was *Sie* am «Matto regiert ...» gestört hat. Es würd' mich interessieren, und vielleicht ist es gerade etwas, was ich richtig finde und noch ändern kann.

Mit herzlichen Grüssen verbleibe ich Ihr ergebener
Glauser

214 FRIEDRICH GLAUSER
AN EDMOND BUCHER, MORGARTEN-VERLAG

F. Glauser
Angles Gué de Longroi
Eure et Loir France

den 26. September 1936

Sehr geehrter Herr,
ich hatte gehofft, dass Sie mir seinerzeit den Empfang meines Romans «Die Fieberkurve» bestätigen würden. Soviel mir erinnerlich ist, musste er spätestens am 22. oder 23. Juli in Ihrem Besitze sein. Warum Sie ihn hernach über einen Monat behalten haben, bevor Sie ihn Dr. Witz übergeben haben, verstehe ich nicht recht. Dr. Witz schreibt mir nämlich, dass Sie die Annahme des Ms. von seiner, Dr. Witz', Zustimmung abhängig machen, dass Sie sich hernach eventuell bereit finden würden, mir auf den Roman hin einen Vorschuss zu bewilligen.

Sie werden mir erlauben, Ihnen unseren Vertrag in Erinnerung zu bringen. In diesem Vertrag heisst es:

§ 3: Der Autor erhält für die im § 1 genannten Rechte einen einmaligen Betrag von 1000.– frs. zahlbar bei Vertragsabschluss ... Diese Bedingungen gelten ausser für den Roman «Schlumpf» auch für alle Romane, die der Autor im Zeitraum eines Jahres ab Vertragsabschluss fertigstellt und zu deren Herausgabe sich der Verlag entschliesst.

Ferner heisst es in § 5: Der Verlag verpflichtet sich seinerseits stets innerhalb 2 Monaten vom Tage des Erhalts eines neuen Ms. eine Entscheidung über Annahme oder Ablehnung des Werkes zu treffen.

Als ich Sie in Zürich besuchte, stellten Sie mir selbst Ende Juli als Termin für die Fertigstellung eines Romanes. Als ich Sie fragte, ob ich auf einen prompten Entscheid über Annahme oder Ablehnung rechnen dürfte, versprachen Sie mir dies und sagten ziemlich wörtlich: Der Termin von zwei Monaten sei im Vertrag vorgesehen, in Wirklichkeit werde eine Entscheidung, falls der «Schlumpf» gefiele, stets schneller vor sich gehen. Wahrscheinlich entsinnen Sie sich dieser Worte nicht mehr, übrigens bleibt sich dies ja gleich.

Ich möchte nur gern auf einem bestehen: Der Roman liegt jetzt länger als zwei Monate bei Ihnen. Daher erwarte ich aufs Bestimmteste spätestens am 1. Oktober einen Entscheid über Annahme oder Ablehnung des Romans. Falls Sie den Roman annehmen und Dr. Witz Änderungen wünscht, so bin ich, bis die Änderungen vorgenommen worden sind, mit einem Vorschuss von 500.- frs. einverstanden. Will hingegen Dr. Witz den Roman ohne Änderungen abdrucken, so wäre ich Ihnen verbunden, mir die ganze Summe, die wir vertraglich festgelegt haben, zu überweisen. Und zwar möchte ich Sie bitten, das Geld an:

Frau Martha Ringier
Sekretärin der «Guten Schriften»
65 St. Albananlage Basel
zu schicken.

Ich bedaure sehr, dass sich immer wieder – und Sie werden es zugeben müssen, ohne meine Schuld – Differenzen ergeben. Ich hatte wirklich gehofft, dass nach unserer Besprechung im Mai, das Verhältnis Verlag-Autor sich erträglich gestalten würde. Ich kann mir gut denken, dass es Ihnen, als Fixbesoldeten, schwer fällt, sich in die Lage eines Menschen zu versetzen, der stets ein halbes Jahr voraus disponieren muss, um nur halbwegs «durchschlüfen» (verzeihen Sie die mundartliche Redeweise) zu können. Darum war ich auch Dr. Witz immer sehr dankbar, dass er dieser Lage der Dinge Rechnung trug. Dass er jetzt, überhäuft mit redaktioneller Arbeit, auch noch den Entscheid über meinen Roman übers Knie brechen soll, nur weil das Ms. allzu lange irgendwo geschlafen hat – das kann ich ihm nicht übel nehmen. Ich nehme überhaupt nicht gern übel – aber Sie werden begreifen, dass nach den Erfahrungen, die ich beim Vertragsabschluss über den «Schlumpf» gemacht habe (damals haben Sie mich zwei Monate hingezogen) ich es gerne vermeiden möchte, diese unerquicklichen Zustände sich noch einmal wiederholen zu lassen.

Ich glaube es ist vernünftig, wenn ich Ihnen dies alles mitteile. Vielleicht klärt dies die Situation. Ich wäre Ihnen auch dankbar, wenn

Sie mir, wenigstens auf einer Postkarte, den Empfang der korrigierten Fahnen bestätigen würden. Andere Verlage haben nämlich diese oneröse Gewohnheit.

Mit vorzüglicher Hochachtung

15 FRIEDRICH GLAUSER AN FRIEDRICH WITZ

F. Glauser
Angles, Gué de Longroi
Eure et Loir

3. Oktober, 1936

Lieber Herr Doktor,
Aber natürlich, selbstverständlich, evidemment: der Schluss ist schlecht, das weiss ich, das hab ich Ihnen geschrieben – aber ... Jetzt kommen wir zu dem Aber. Der Mensch arbeitet immer nach dem Gesetz ‹du moindre effort›, und als ich Ihnen (oder vielmehr dem Morgarten-Verlag) die «Fieberkurve» schickte, dachte ich mir: Vielleicht mach' ich mir wieder einmal Ideen, ich fand den Schluss vom «Schlumpf» auch zuerst schlecht, und dann fanden ihn die anderen gut, und schliesslich fand ich ihn auch ganz acceptabel ... So geht es einem wenn man zuviel Selbstkritik hat und so wollte ich eben ein berufenes Urteil hören. Und sehen Sie, lieber Herr Doktor, hätten Sie meine Briefe gelesen, so hätten Sie sich viel Arbeit ersparen und mir einfach schreiben können: Gewiss, lieber Glauser, der Schluss ist unmöglich, das Publikum wird reklamieren, arbeiten Sie mir den Schluss schleunigst um, sonst gibts Krach. Dann wäre der Glauser zufrieden gewesen und hätte sich hingesetzt und den Schluss umgearbeitet. Aber nun bitte schicken Sie mir das Ms. Ich hab nämlich keine Kopie, ich weiss, das ist unverantwortlich, aber es ist so.

Und seien Sie mir nicht böse wegen meines Expressbriefes.[13] Sie müssen das ein wenig verstehen, lieber Herr Doktor. Früher war ich ziemlich gleichgültig und sehr wurstig in Gelddingen, ich dachte immer: Kommts, so kommts, kommts nicht, so schaut man weiter. Und jetzt hab ich mich eben geändert und mach mir Sorgen. Und wenn man Sorgen hat, so wird man ausfallend und böse, ich glaub, das ist bei jedem Menschen so, wenn er einmal ins Alter kommt. Ich werd' mir Mühe geben, dass Sie die «Fieberkurve» Mitte Novem-

[13] Glauser hatte am 1. Oktober 1936 einen weiteren Mahnbrief an Friedrich Witz gesandt, der sich inhaltlich weitgehend mit dem Brief vom 26. September 1936 an Edmond Bucher vom Morgarten-Verlag deckt.

ber bekommen, vielleicht gehts ein wenig länger, aber ich hoffe nicht.

Und dann noch eins: Bitte entschuldigen Sie sich nicht, wenn Sie meine Sachen kritisieren. Ich bin wirklich nicht so, ich meine: überzeugt von meinem Können, oder wie Sie das sonst nennen wollen. Im Gegenteil, nichts kann mich mehr freuen, als Kritik, wenn sie, wie Ihre, stimmt, sodass ich etwas draus lernen kann. Dann bin ich nämlich sogar dankbar.

Und um das letzte Missverständnis (soweit es eins gegeben hat) noch auszuschalten: Es ist mir die letzte Zeit wirklich verdammt schlecht gegangen, körperlich und sonst, das sind so Perioden, die Sie wahrscheinlich auch kennen werden. Gewiss, man sollte sich dann beherrschen können, aber man ärgert sich im Gegenteil grün und blau und will forcieren (ich morxe da an einer Sache für die «Guten Schriften» herum, und die sollte gut werden, ich meine jetzt gut, in einem andern Sinn als der «Wachtmeister», sprachlich sehr sorgfältig und sonst, denn sie wissen ja wie es geht, auf einmal ist man als Sensationsschriftsteller verschrien und niemand nimmt einen mehr ernst – und diese Sache will nicht Form annehmen) und da kommt nichts rechtes dabei heraus, und man schreibt giftige Briefe.

So, jetzt hab ich abgeladen und Ihnen wieder fünf Minuten von Ihrer Zeit gestohlen. Nichts für ungut. Aber schicken Sie mir bitte gleich das Ms. der «Fieberkurve».

Herzlichst Ihr
Glauser

216 FRIEDRICH GLAUSER UND BERTHE BENDEL
AN MARTHA RINGIER

Angles, 9. November 1936

Liebe maman Marthe,
für die beiden Karten und deinen Brief recht herzlichen Dank. Auch das Geld ist heute morgen angekommen und ich danke dir auch für das herzlich. Aber sag' mal, hab ich nicht immer fast postwendend den Empfang des Geldes bescheinigt? Ich hab' dich sogar einmal gefragt ob du eine regelrechte, geschäftliche Quittung wolltest, aber du hast mir geschrieben und gesagt, dass dies nicht nötig sei, darum

F. Glauser
Angles Gué de Longroi
 Eure et Loir   26. Oktober 1936

                Herrn Dr. Karl N a e f
                Sekretär des
                Schweizerischen Schriftstellervereins
                Oetlisbergstrasse 40
                Zürich-Witikon

                Sehr geehrter Herr Doktor,

                ich danke Ihnen herzlich für die Benachrichtigung
                meiner Aufnahme in den Schriftstellerverein.
                Beiliegend sende ich Ihnen den unterzeichneten
                Vertrag zurück.
                Ich habe Weisung gegeben, dass die 15.- frs.
                auf Ihr Postsheckkonto einbezahlt werden.
                Darf ich Sie bitten mir meine Mitgliedskarte
                zukommen zu lassen, sobald sie im Besitz der
                Summe sind?
                Mit freundlichen Grüssen verbleibe ich
                Ihr ergebener

Dankesbrief von Friedrich Glauser an Karl Naef
für die Aufnahme in den Schweizerischen Schriftstellerverein.
Angles, 26. Oktober 1936. → Dok. 213.

habe ich es unterlassen. Darum verstehe ich nicht recht dein Post-Scriptum: ich möge den Empfang des Geldes sofort bestätigen. Es dünkt mich, als habe ich das immer getan – oder nicht? Du musst mir das ein wenig erklären, und mir sagen, ob ich dich vielleicht durch das Unterlassen gekränkt habe. Und noch etwas: Bitte schreibe nicht auf einer offenen Karte das Wort Salvarsan[14]. Du musst bedenken, dass die Leute hier sehr neugierig sind, und gerade weil sie nicht verstehen, was auf so einer Karte steht, sticht ihnen ein Wort wie dieses in die Augen – und wie eben Provinzler sind, sie ziehen immer falsche Schlüsse. Und die Schlüsse, die aus solch einem Wort gezogen werden können, lassen sich unschwer erraten. Es ist wirklich nicht, dass ich grossen Wert auf die Meinung der Leute hier herum lege. Aber ich muss in ihrem Kreis leben, es wird genug getratscht und ich finde es wirklich besser, man gibt dem Klatsch so wenig als möglich Nahrung.

Die «Sündenböcke» darf Kleiber nicht bringen, die sind schon lange dem «Schweizer Spiegel»[15] verkauft, willst du so freundlich sein, und sie zurückziehen? Ich möchte nicht in unnötige Konflikte kommen. Es rächt sich dann später immer, wenn man die einen oder anderen braucht.

Die Kritik von Dr. Thommen[16] hat mich sehr gefreut. Was willst du, man ist schwach und da freuen einen auch positive Urteile von Aufsatzkorrigierern. Aber warum brauchen die Leute immer so grosse Worte? ‹Aus den Tiefen des Proletarierlebens› – ich bitt dich! Das wollt ich doch gar nicht. Wenns die Leute lesen, ists gut, wenns ihnen nicht gefällt ist es schade, sonst ist drüber wirklich nicht viel zu sagen, als dass es mir eine Heidenmühe gegeben hat und mich halb malade gemacht hat –, weiter nichts. Ich werde also Sulzbachner schreiben, damit er im Bild ist.

Und bitte entschuldige mein Drängen; wenn du die Auszahlung wirklich im Dezember bewerkstelligen kannst, werd' ich dir sehr dankbar sein. Ich muss wieder ein wenig Ruhe haben, damit die «Fieberkurve», so halbwegs anständig wird. Es ist eine Sauarbeit, das noch einmal wiederzukäuen, aber es bleibt einem wenig anderes übrig. Und dann wäre man wieder für eine Zeitlang auf dem Damm. Ach, das Geld! Gestern war Jucker bei uns, er ist immer noch so unanständig-anständig, beides zugleich, wie es Menschen ja gewöhnlich sind, und man kann Berthe gar nicht mit ihm allein lassen, so zudringlich wird der Herr Bankdirektor. Er meint mit seinen 20.– frs. Monatslohn habe er alle Rechte. Ich werd' ihn einmal beiseite nehmen müssen und ihm den Standpunkt klar machen. Aber ich tue es

[14] Medikament, das seit 1910 auf dem Markt war und unter anderem zur Behandlung von Syphilis angewendet wurde. Im Brief handschriftlicher Zusatz mit Bleistift: «betrifft eine Frau in Angles».
[15] Der Text erschien erst im September 1939 im *Schweizer Spiegel*.
[16] Rudolf Thommen (1860–1950), von 1915–31 ordentlicher Professor für Schweizer Geschichte und historische Hilfswissenschaften an der Universität Basel und Mitglied der Lesekommission der *Guten Schriften*.

sehr ungern, denn das sind immer peinliche Situationen. Ich glaub, ich fände schon den richtigen Ton, aber ob der Ton dann auch ihm behagt ist eine weitere Frage.

Doch, Giono[17] kenn ich, ich schick dir etwas von ihm. Wenn ich bescheiden raten dürfte, würde ich nicht Giono für die «Guten Schriften» nehmen und zwar aus zwei Gründen: 1. ist er sehr schwer *gut* zu übersetzen, und ihr wollt doch eine gute Übersetzung, und 2. haben wir jemanden in der Schweiz, der sicher der Lehrer Gionos gewesen ist und mir wertvoller scheint als der Franzose, Ramuz[18] nämlich. Und darum: Warum in die Ferne schweifen, wenn das Gute so nah liegt. Übrigens hätte ich einen andern Vorschlag: Nämlich Duhamel übersetzen. Entweder kurze Geschichten aus seiner «Civilisation» oder «Vie des martyrs», oder aus «Les plaisirs et les jeux». Ich werd mir die Sachen kaufen und euch eine Probeübersetzung schicken, oder wollt ihr die schon vorhandenen Übersetzungen aus einem deutschen Verlag[19] nehmen? Ich wär nicht dafür. Ich mach es euch sehr billig, und ihr könnt dann sicher sein, dass ihr eine gute Übersetzung bekommt. Was sonst so als Übersetzer herumläuft (und ich glaube ich darf das ohne Grössenwahn sagen) gehört zur Kategorie Literaturprofessor, Feuilletonkritiker und hat keine Ahnung vom Dichterischen. Ich hab auch nur eine kleine Ahnung, aber ich glaube versprechen zu können, dass ich eine Umdichtung und nicht nur eine Übersetzung machen werde. Und wenn ich so pro domo spreche, so ist es sicher nicht, um ein Honorar herauszuschinden, ich mach es euch ganz billig, sondern weil mir wirklich etwas daran liegt. Darf ich dir einmal eine Probe schicken? Du musst mir sagen, was du darüber denkst.

Es ist richtig Winter geworden bei uns. Wir brennen den ganzen Tag Kaminfeuer und sind ganz in die Küche übergesiedelt. Wegen der Couch wird Berthe an Frau Sulzbachner schreiben und ihr ihre Aufenthaltsbewilligung schicken. Ich hoffe sehr, dass wir über diesen Umweg dann das verlangte Dokument bekommen können. Übrigens und zur Sicherheit werd ich auch noch ihrem Sohn schreiben.

Verzeih, maman Marthe, wenn ich diverses zu reklamieren gehabt habe, ich meine es wirklich nicht böse, und ich weiss, dass auch du es ‹nur so› gemacht hast, aber ist es nicht besser man sagt offen seine Meinung, als dass man hintenherum klöhnt? Ich hoffe, dass ich die nächsten Tage etwas für Kleiber machen kann. Zwei Sachen: «Eine Beerdigung» und «Unsere Nachbarn»[20]. Ein wenig das verfaulende Angles schildern.

Der Winterbeginn nimmt uns ziemlich her. Mit den Äpfeln sind

---

[17] Jean Giono (1895 bis 1970), französischer Schriftsteller, dessen Werke in der bäuerlichen Welt der Provence spielen.

[18] Charles-Ferdinand Ramuz (1878–1947), Schweizer Schriftsteller französischer Sprache, Lyriker und Essayist.

[19] Georges Duhamel (1884–1966), französischer Schriftsteller. Für den Roman *Civilisation* erhielt er 1918 den Prix Goncourt. *Vie des Martyrs* (1917), deutsch von Ferdinand Hardekopf: *Leben der Märtyrer*. Zürich, Rascher Verlag 1918. *Les plaisirs et les jeux* (1922), deutsch von Gertrud Niehaus: *Freuden und Spiele*. Zürich/Leipzig, Rotapfel-Verlag 1928.

[20] *Nachbarn* erschien am 17. Februar 1937 in der *National-Zeitung*, ein Abdruck des Feuilletons *Eine Beerdigung* war nicht nachzuweisen.

wir fast fertig. Auch das hat viel Arbeit gegeben, sodass ich nicht so recht zum Schreiben gekommen bin. Sonst leben wir friedlich und zufrieden, eigentlich braucht man das gar nicht zu sagen. Den «Chindler»[21] hab ich nun doch fertig gelesen. Es ist eine ganz anständige, saubere Arbeit, viel Kompilation, die nicht recht lebendig wird, scheint mir, und in einem etwas öden Deutsch geschrieben. So muskellos, so ohne Rhythmus – weder das Geschehen, noch der Stil hat die schönen epischen Wellen, die beispielsweise eine Sache wie die «Erziehung vor Verdun» hat. Und dass man sich erfrecht, den «Chindler» mit den «Buddenbrooks»[22] zu vergleichen, ist blöd. Berthe hat es ganz gut kritisiert: Es sind Sachen geschildert, die schon hundertmal erzählt worden sind, interessant wäre es gewesen, wenn das Centrumsmilieu wirklich herausgearbeitet worden wäre, aber das ist es ja gar nicht. Und dann ist es so, wie Duhamel sagt, damit ein Roman modern sei muss mindestens eine homosexuelle Episode darin vorkommen ... Nischt zu machen ... Aber eine Bereicherung? Es stört auch das ein wenig unmotivierte Ende. Und der Waschzettel von Herrn Glaeser. Das ist auch so ein Kumpan. Der darf getrost dem Jakob Schaffner[23] die Hand reichen – was Einbildung betrifft, der Ernst, der letzte Civilist ...[24] Vielen Dank auch für die «Beobachter»-Hefte. Mein Gott, wenn Ras[25] doch ein paar anständige Reklamezeichner anstellen würde. Seine Reklamen sind unter allem Hund. Und Herr Steffen beschäftigt sich mit Wilson?[26] Wer hat die Kritik gemacht? Ich habe sie Berthe vorgelesen und ihr sind die Haare so zu Berg gestanden, dass sie schleunigst hat ein Kopftüchli anlegen müssen, um sie wieder glatt zu drücken.

Wir sind immer ein wenig verkatarrht und verschnupft. Hoffentlich ist es bei dir nichts schlimmes. Du musst dich schön ins Bett legen, maman Marthe, und viel Tee trinken. Besonders Wacholderbeeren, eine Handvoll auf etwa ¾ Liter Wasser, zehn Minuten kochen lassen, Honig darein und so du hast ein wenig Minzenblätter und Holderratzen, das sind die von ihren Früchten entkleideten Dolden des Holunders. Du kriegst sie sicher in einem Kräutergeschäft. Und dann Bienenhonig darein und recht warm trinken, dazu Essigsocken anziehen – und du wirst sehen, maman Marthe, am nächsten Morgen erkennst du dich nicht wieder im Spiegel, als Zwanzigjährige erhebst du dich von deinem Lager und gehst deiner Arbeit nach, auf beflügelten Sohlen, Merkurio gleich (dem Gott und nicht dem aus «Romeo und Julia»).

Der gute Schaffner, was für schöne Briefe er schreibt! Aus Berlin-Wilmersdorf! Wohl bekomm's ihm.

21 Bernard von Brentano, *Theodor Chindler*. Roman. Zürich, Oprecht 1936. Der Roman entwirft am Beispiel von Theodor Chindler, Reichstagsabgeordneter und Mitglied der Deutschen Zentrumspartei, und seiner Familie ein historisches Panorama von Deutschland zur Zeit des Ersten Weltkrieges.
22 Thomas Mann, *Buddenbrooks*. Berlin, S. Fischer Verlag 1901. Mann erhielt für den Roman 1929 den Literaturnobelpreis.
23 Jakob Schaffner (1875 bis 1944), Schweizer Schriftsteller, 1930 mit dem Grossen Schillerpreis ausgezeichnet. Seit 1911 in Deutschland wohnhaft, stellte sein Schaffen in den Dienst der nationalsozialistischen Ideologie.
24 Ernst Glaeser (1902 bis 1963), deutscher Schriftsteller, stand zu Beginn der 1930er-Jahre der KPD nahe, emigrierte 1933 in die Tschechoslowakei und 1934 in die Schweiz. 1939 Rückkehr nach Deutschland, wo er unter dem Pseudonym Ernst Töpfer wieder publizieren durfte, 1940 Einberufung zur Wehrmacht und Redakteur der Luftwaffen-Frontzeitungen *Adler im Osten* und *Adler im Süden*. Sein Roman *Der letzte Zivilist* (Zürich, Humanitas Verlag 1935) zeigt die Machtergreifung der Nationalsozialisten in einer deutschen Kleinstadt aus Sicht eines Deutschamerikaners.
25 Max Ras (1889–1966), Schweizer Journalist und Verleger, 1926 Gründer des *Schweizerischen Beobachters*, einer parteiunabhängigen politischen Zeitschrift, die sich für die wirtschaftlich Benachteiligten, Gleichberechtigung von Frauen und weitere soziale Fragen einsetzte.
26 Albert Steffen, *Friedenstragödie*, Dornach, Verlag für schöne Wissenschaften 1936. Uraufführung des Stückes, das sich um Woodrow Wilson dreht, am 31. Oktober 1936 im Stadttheater Basel.

Wegen des «Bunds» hab ich lachen müssen. Dass ich in der gleichen Nummer erscheine, wie Widmann! Ich hab einmal einen Aufsatz über die «Muse des Aretin»[27] schreiben müssen, in Glarisegg und habe das arme Drama wüst zerpflückt und Otto von Greyerz hat damals meinen Aufsatz zerpflückt. Ich musst ihn dann neu schreiben. Es war ja auch reichlich frech von einem sechzehnjährigen Schnudderi! Aber was willst du. Ich find Widmann immer noch sehr lieb aber seine Sachen mag ich gar nicht. Übrigens hübsch wie er über Spitteler schreibt ...

So, nun wollen wir schliessen. Ich hab dir doch gesagt, dass wir drei Entlein haben? Und jetzt noch eine Katze, die ein Kater ist. Und heut nachmittag hat eine Häsin geworfen. Aber ich habe Angst, die Häslein krepieren ...

So ist immer etwas los im Zoo Mutschelgeiss-Mulet. Und der Wind pfeift und pfifft, durch die Fenster und im Kamin brennt ein wunderbares Feuer.

Werd' bald wieder gesund, liebe maman Marthe und sei recht herzlich gegrüsst und bedankt von deinem mulet
Claus

Friedel[28] hat zwar alles geschrieben, aber ich möchte auch noch vielmals danken liebe Maman Marthe, hundert Sachen erinnern mich am Tag an Dich, u. ich kann Dich jetzt nicht einmal ein wenig pflegen. Hoffentlich tut's jemand, werde bald wieder gesund gell.

Morgen gibt's Apfelküchlein nach Deinem Rezept ich danke Dir sehr dafür. Hättest Du noch mehr so Rezepte, wir haben so viele Äpfel die man jetzt brauchen sollte.

Kann man wohl ein oder 2 Gläser über die Grenze schicken, ich möchte Dir gern Apfelhonig schicken. Äpfel u. Wacholder zusammen ist morz gut habe gestern Junker 4 Gläser mitgegeben.

Nun viel Liebes, u. werde bald gesund
Deine Geiss

---

27 Josef Viktor Widmann (1842–1911), Schweizer Literaturkritiker und Schriftsteller, von 1880 bis 1911 Feuilletonredakteur der Berner Tageszeitung *Der Bund*. Sein Drama *Die Muse des Aretin* stammt aus dem Jahr 1902.
28 Handschriftlicher Zusatz von Berthe Bendel.

217 FRIEDRICH GLAUSER AN ROBERT SCHNEIDER

Angles Gué de Longroi
Eure et Loir

9. November 1936

Lieber Herr Doktor,
ich bestätige Ihnen hiermit dankend den Empfang von frs. S. 100.–, die ich heute erhalten habe, sowie Ihren freundlichen Brief. Frau Ringier schreibt mir, dass mir das Honorar für die Geschichte der «Guten Schriften» wohl im Laufe des Dezember ausbezahlt werden wird und bis dahin hoffe ich, wird auch die «Fieberkurve» für den Morgarten-Verlag beendigt sein. Wollen Sie so freundlich sein und mit dem Bezahlen der Rechnung für Naville & Cie noch warten. Es sind Bücher, die ich noch in der Waldau bezogen hatte und ich war sehr erstaunt bis jetzt keine Rechnung dafür erhalten zu haben. Es wird sich da wohl um eine Gleichgültigkeit der Waldau handeln, die es unterlassen hat, mir meine Korrespondenz nachzusenden. Es ist ja mit Ihrem Briefe damals ähnlich gegangen.

Wir haben nun bald die Äpfelernte beendigt, es hatte so viele dies Jahr, dass sie nicht recht haben wachsen können und fast alle angesteckt waren. Vielleicht wird es mir gelingen, einige hundert Kilo als Mostäpfel zu verkaufen.

Sonntag haben wir Herrn Juckers Besuch gehabt, der immer ganz froh ist, ein wenig aus Paris herauszukommen.

Wie es aber sein wird, wenn er einmal ein paar Tage in Angles verbringt, weiss ich noch nicht. Ich schreibe vorläufig nicht gerne über seine etwas merkwürdige Art Fräulein Bendel zu begegnen, wenn Sie uns wieder einmal besuchen kommen, können wir über die Sache reden. Es kann auch möglich sein, dass bis dahin, alles wieder in Blei ist, ich muss nur die Gelegenheit abpassen, einmal mit ihm zu reden.

Sonst geht es uns gut. Ich habe ziemlich stark Grippe gehabt, und habe trotzdem Frl. Bendels Schwester, die Frau Jucker als Dienstmädchen anstellen wollte (es ist dann doch nicht gegangen, weil ein Gemeindeschreiber in ihren Pass: «bonne à tout faire» geschrieben hat) nach Paris auf den Zug gebracht. Jetzt geht es wieder gut und ich arbeite abwechselnd im Garten und an meinem Roman.

Mit vielem Dank und freundlichen Grüssen, auch von Frl. Bendel, verbleibe ich Ihr ergebener
Glauser

FRIEDRICH GLAUSER AN HANS OPRECHT

F. Glauser
Angles Gué de Longroi
Eure et Loir

15. November 1936

Lieber Herr Doktor,
vielen Dank für Ihren freundlichen Brief. Sie bekommen nun mit der gleichen Post den Rest der Korrekturen des «Matto». Ich hatte Sie einmal angefragt, ob es nicht möglich wäre dass ich die Fahnen vor der endgültigen ‹mise en page› noch einmal durchsehen könnte. Es wäre mir lieb, wenn Sie dies bewerkstelligen könnten, Sie könnten die Korrekturen am nächsten Tag schon wieder haben, und es wäre mir eine Beruhigung.

Ich habe also zur Kenntnis genommen, dass Sie eine Auflage von 1500 in Buchform herausgeben wollen. Wie ist es mit einem eventuellen Nachdruck? Könnten wir diese Frage nicht auch gleich irgendwie vertraglich festlegen? Ich denke, dass Sie mir bei einem Erfolg des Buches und falls eine Neuauflage sich rentieren würde, mir wie der Morgarten-Verlag 12% vom Verkaufspreis des broschierten Exemplars bewilligen würden. Vielleicht sind Sie so freundlich, mich mit irgend jemandem aus dem Jean Christophe-Verlag[29] in Verbindung zu setzen, an den ich mich dann wenden könnte, denn ich kann mir gut denken, dass es Ihnen an Zeit fehlt, sich mit diesen Nebensachen zu beschäftigen. Falls das Buch noch vor Weihnachten erscheinen kann, so schicken Sie mir wohl 30 Freiexemplare, broschiert. Das Geld wollen Sie bitte der Amtsvormundschaft zu Handen Dr. Schneiders überweisen.

Ich glaube, dass sowohl Dr. Kleiber als auch Hugo Marti die Kritik machen würden; schicken Sie also bitte die Rezensionsexemplare an diese Herren persönlich. Ich werde dann auch noch schreiben. Obwohl ich über Feuilletonkritiken sehr skeptisch denke, so kann es nichts schaden, wenn die grossen Manitous höchstpersönlich über die Sache schreiben. Und bitte schicken Sie Halperin und C. F. Vaucher ein Exemplar. Vaucher hat mir versprochen, die Besprechung zu machen.

Noch eine Bitte, und dann bin ich fertig: Machen Sie nicht einen zu argen Waschzettel. Bemühen Sie weder die Epik, noch die Dichtkunst, gehen Sie mit Qualifikationen sparsam um. Aber benutzen Sie die Formel: «Ein neuer Studer-Roman». Das könnte wirksam sein. Der «Schlumpf» hat in der «Z.I.» ganz anständig eingeschlagen. Ich darf das ohne zu übertreiben sagen denn es haben es mir einige Leute bestätigt.

[29] Hans Oprecht war Mitbegründer des Jean Christophe Verlags, in dem 1936 die Erstausgabe von Glausers *Matto regiert* erschien.

Noch vielen Dank für all die Mühe, die Sie sich gegeben haben und für den Mangel an Kompliziertheit, den Sie haben walten lassen.
Mit herzlichen Grüssen
Ihr

219 FRIEDRICH GLAUSER AN ROBERT SCHNEIDER

Angles Gué de Longroi
Eure et Loir

18. November 1936

Lieber Herr Doktor,
ich will Ihnen nur kurz mitteilen, dass der «Matto» im «Öff. Dienst» fertig ist und dass mir Oprecht geschrieben hat, ich hätte also jetzt 500.- frs. zu gut und er denke, er müsse es Ihnen überweisen. Ich habe ihm diesen Gedanken bestätigt und ich hoffe, Sie werden nun bald im Besitz der Summe sein. Was lange währt, kommt endlich gut, sagt das Sprichwort und ich hoffe, es werde auch mit dem Roman so sein. Sobald mir Oprecht die Belegexemplare des Buches schickt, sende ich Ihnen zwei. Eins wollen Sie dann bitte behalten, und das andere meinem Vater zukommen lassen. Ich bin sehr neugierig, wie Ihnen die Sache gefallen wird. Jetzt, wo ich ein wenig Distanz zu der Sache habe, scheint mir einiges ganz gelungen, und wenn Oprecht nur ein bisschen Reklame macht und ich ein paar lustige Kritiken bekomme, so könnte es sein, dass das Buch gekauft wird. Oprecht druckt zwar nur eine Auflage von 1500.- für eine Neuauflage werden wir dann einen neuen Vertrag aufsetzen müssen.
Es ist hier richtiges, feuchtes Novemberwetter, aber ich muss den bewussten Roman für die «Z.I.» umarbeiten und habe genug zu tun. Wenn *der* einmal fertig ist, werden wir wohl ein wenig schnaufen können. Augenblicklich geht es uns ziemlich knapp, aber es ist zu ertragen. Der Garten gibt noch einiges, und dann metzgen wir unsere Enteriche. Auf Weihnachten werden wir Jucker wohl auch eine Ente verkaufen können. Mit den Äpfeln war es eine grosse Schweinerei – Heidenarbeit und sie gelten nichts, weil der Markt überlastet ist. Man wird bis zum Frühling warten müssen.
Recht herzliche Grüsse von uns beiden
Ihr
Glauser

Frédéric Glauser
Angles Gué de Longroi
Eure et Loir France

17. Dezember 1936

Sehr geehrter Herr Doktor,
um die «Fieberkurve», einen Roman, den Sie vom Wettbewerb des Meyer-Verlags kennen umzuändern und fertig zu machen, brauche ich unbedingt 500.- frs. Es geht mir augenblicklich sehr schlecht. Ich habe viel Geld zu der Einrichtung hier und zum Leben gebraucht, sodass ich momentan nicht weiss, wo ein und wo aus. In den Statuten habe ich gesehen, dass es Ihnen möglich ist, in Verbindung mit dem Präsidenten in dringenden Fällen der Not Vorschüsse bis 500.- S. frs. hinzugeben. Ich möchte Sie nun bitten, diesen Paragraph auf mich anzuwenden.

Risiko ist diesmal wirklich keines vorhanden. Der Morgarten-Verlag wird mir das Honorar auszahlen, sobald der Roman fertig ist. Zur Hälfte liegt er vor, und diese Hälfte erlaube ich mir, Ihnen zu unterbreiten. Ich war die letzte Zeit gesundheitlich nicht recht auf dem Damm und darum habe ich den Roman nicht zur rechten Zeit beenden können.

Als Beilage schicke ich Ihnen sowohl meinen Kontrakt mit dem Morgarten-Verlag als auch die Korrespondenz, die ich wegen der «Fieberkurve» sowohl mit der «Z.I.» als auch mit dem Morgarten-Verlag geführt habe. Der Vorschuss würde spätestens Anfangs Januar zurückbezahlt werden, ich werde dem Verlag die nötige Anweisung geben.

Es tut mir leid, Ihnen den Schluss des Romans, so wie er im Brouillon vorliegt, nicht zusenden zu können. Ich habe nur ein Exemplar und dies brauche ich um weiter arbeiten zu können.

Ich wäre Ihnen sehr dankbar, wenn Sie mein Gesuch umgehend bewilligen könnten. Mit gleicher Post erlaube ich mir Ihnen ein Exemplar meines «Wachtmeisters Studer» zuzusenden. Immerhin, Sie sind durchaus nicht verpflichtet, das Buch zu lesen, übrigens kennen Sie es ja schon aus dem Ms. Immerhin hoffe ich, dass Sie die Verbesserungen darin (falls Sie es lesen) mit Wohlgefallen bemerken werden.

Mit freundlichen Grüssen verbleibe ich Ihr
ergebener
Glauser

221 FRIEDRICH GLAUSER AN OTTO KLEIBER

Angles, 20. Dezember 1936

Lieber Herr Doktor,

Frau Ringier schreibt mir, Sie hätten gerne noch etwas von mir im alten Jahr gebracht. Darum habe ich mich hingesetzt und diese Geschichte[30] für Sie geschrieben – Geschichte, das ist eigentlich viel zu anspruchsvoll. Es ist mehr so eine Stimmungssache und vielleicht finden Sie sie schaurig langweilig. Dann schadet es auch nichts, schicken Sie sie mir nur bitte bald zurück, damit ich mit ihr woanders mein Glück versuchen kann. Wenn die Sache Ihnen aber gefiele wäre ich sehr froh, nicht so sehr wegen dem Finanziellen aber weil ich sie selbst ganz gelungen finde, gerade weil fast gar keine Handlung darin ist. Was wollen Sie, ich muss meine Phantasie so anstrengen um für Kriminalromane Handlungen zu erfinden, daß ich glücklich bin, wenn ich einmal etwas schreiben darf, wo ich mich nicht mit Fäden, ficelles und anderen Schnüren abplagen muss.

Wissen Sie, daher kommt es auch, daß das «Unten»[31] keine richtige «Geschichte» ist. Ich wollte auch keine Geschichte schreiben. Ich wollte nur versuchen, Leute, gesunde Leute, Leser aus ihren vier Wänden (die ein Bureau oder ein Wohnzimmer einhagen können) herausreissen und sie einmal auf kurze Zeit nur, irgendwo anders leben lassen. Damit sie dort leben muss ich ihnen aber gerade das alltägliche Leben irgendwo anders so nahe an die Haut bringen, daß sie wirklich meinen, dort zu sein. Schauen Sie, ich glaube eben doch, daß man zur «Spannung» nicht unbedingt ein «Geschehen» eine «Handlung» braucht. Daß man Spannung auch anders erzeugen kann, gerade mit dem Gegenteil einer Handlung. Eine Handlung kann unglaublich langweilig sein, statisch möchte ich sagen (viele Zahn-Romane) und eine Erzählung, in der schier nichts passiert, kann spannend sein und voll Dynamik. Ich denke da an den «Malte Laurids»[32], ich denke an Sachen von Carossa[33], an das «Davoser Stundenbuch» von Marti[34] ... Frau Ringier hat mir geschrieben, ein Kommissionsmitglied[35] habe das «Unten» impressionistisch gefunden. Das ist falsch, wie alle Etiketten falsch sind. Wie es ein ästhetisches Fehlurteil ist Vincent[36] zu den Impressionisten zu zählen. Man tuts, jeder ist damit einverstanden, weil es bequem ist – und doch ist es falsch. Das Kommissionsmitglied mit dem bequemen Urteil ist Sekundarlehrer – und ich glaube, daß wir über Sekundarlehrer gleicher Ansicht sind. «Der Mann, der sein Porzellan zerschlug ...»[37] – dieses Niveau. Es ist nicht

---

30 *Ein altes Jahr*, erschienen in der Basler *National-Zeitung* vom 31. Dezember 1936.
31 *Unten* ist die Ich-Erzählung eines Diebstahls, ein mehrmals aufgegriffener Stoff, mit dem Glauser seine Erlebnisse als Tellerwäscher in Paris zu verarbeiten suchte. Die 1930 entstandene Erzählung *Unten* wurde wegen des Themas von den Zeitungen abgelehnt. Die Erzählung *Im Dunkel*, die 1937 in der Reihe «Gute Schriften» erschien, verarbeitet denselben Stoff, greift aber weiter aus. Glauser erachtete *Im Dunkel* als einen gelungenen Kontrapunkt zu seinen Kriminalromanen.
32 Rainer Maria Rilke, *Die Aufzeichnungen des Malte Laurids Brigge*, Frankfurt a.M., Suhrkamp 1910. Von Rilke als «Prosabuch» bezeichnet, enthält es 71 oftmals unverbunden aufeinanderfolgende Aufzeichnungen.
33 Hans Carossa (1878 bis 1956), deutscher Arzt und Schriftsteller.
34 Hugo Marti, *Davoser Stundenbuch*, Bern, Francke Verlag 1935. Es handelt sich um Martis bekanntesten Text über seine Sanatoriumserfahrung als Tuberkulose-Patient.
35 Auswahlkommission der Reihe *Gute Schriften*.
36 Vincent van Gogh.
37 Anspielung auf Georg Schaeffners Erzählung *Vom Manne der sein Porzellan zerschlug*, Bern, Francke Verlag 1927.

einmal schlecht, das Deutsch ist sogar grammatikalisch richtig, aber ein einfacher Frank-Heller-Roman[38] ist hundertmal besser, obwohl der Herr Autor über Frank Heller sicher die Nase rümpft. Ich komme so langsam dahinter, wie schwer es ist, einen passablen Kriminalroman zu schreiben – und Sie tun mir viel Ehre an den «Studer» zu goûtieren. Wie schlecht konstruiert ist er – ich bemerke es voll Scham, jetzt, wo ich ihn gedruckt wieder gelesen habe. Ich habe gemeint, daß man mit ein paar gelungenen Details einen Roman auf die Beine stellen könne. Das stimmt nicht, leider gar nicht. Und wenn den Leuten das Buch gefällt, so lassen sie sich bluffen, weiter nichts. Das ist es, was ich in Selbsterkenntnis und Selbstkritik festgestellt habe – und darum macht mir die Umarbeitung des zweiten Studer-Romans so viel Mühe. Ich möchte die Fehler des ersten Buches vermeiden ...

Verzeihen Sie, daß ich Ihnen so lange schreibe. Ich korrespondiere so wenig und ich weiß, daß Sie verstehen, was ich meine. Darum packe ich vor Ihnen aus.

Mit der Weihnachtsgeschichte war es so: Ich hatte sie Utz von der «Mittelpresse»[39] geschickt und nie Belegexemplare erhalten. Darum dachte ich, er hätte sie noch nicht gebracht. Als Sie mir aber schrieben, Sie hätten den Titel schon gelesen, habe ich Frau Ringier gebeten, sich zu erkundigen. Nun wissen Sie ja Bescheid. Mir wäre es sehr unangenehm gewesen, wenn Sie die Geschichte nach der «Mittelpresse» gebracht hätten.

Der Wettbewerbsroman[40] wird glaub ich ganz lustig. Nur der Plan! ... Wissen Sie, ich bettle nicht gern um Protektion, aber wenn Sie bei dem Schiedsgericht ein gutes Wort für mich einlegen und den Herren erklären könnten, daß ich gewöhnlich den Anfang des Romans wenn er zu zwei Dritteln gediehen ist, noch viermal (das ist das mindeste, ich schwindle Sie nicht an, den Anfang des «Schlumpf» hab ich acht Mal umgeschrieben) [umwerfe] so wär ich Ihnen sehr dankbar.

Ich habe übrigens Dr. Naef die Hälfte der «Fieberkurve» geschickt mit der Bitte um eine Belehnung von 500.– frs. Ich sollte wirklich ein, zwei Monate finanziell sorgenlos leben können. Wissen Sie, es kommt jetzt alles Unverdaute, die langen Internierungsjahre, Witzwil, meine Kindheit wie ein Schwall von üblem Wasser heraus sodaß ich fast daran ertrinke. Es ist eine Krisis, wie sie wohl jeder Mensch hat, und ich muss durchkommen, so schwer es auch sein wird. Wirklich, ich möchte nicht Ihr Mitleid anrufen, ich weiß, ich hab Kollegen, denen es materiell viel schlechter geht – aber manchmal denk

38 D. i. Martin Gunnar Serner (1886–1947), schwedischer Schriftsteller. Serner gilt als erster erfolgreicher Kriminalautor Schwedens.
39 Fritz Utz (1892–1952), Sekundarlehrer und Berner Schriftsteller. Seit 1927 Redakteur der 1917 gegründeten bürgerlichen Nachrichtenagentur *Schweizer Mittelpresse* in Bern.
40 Im Juli schrieb der Schweizerische Schriftstellerverein zusammen mit dem Schweizerischen Zeitungsverlegerverein einen Wettbewerb aus. Bis Ende des Jahres 1936 mussten eine 25-seitige Werkprobe sowie ein Werkplan eingereicht werden. Daraus entstand Glausers vierter Studer-Roman *Der Chinese*. → Dok. 231.

ich, daß mir doch einmal etwas gelingen wird, daß ich das alles, was in mir noch gärt (verzeihen Sie das große Wort) doch einmal werde einfangen können – ohne Ressentiment, und daß es dann ein ganz merkwürdiges Fresko geben könnte – ein Fresko an dem auch andere als nur Leute der Zunft Freude hätten. Dies alles nur, damit Sie nicht meinen, ich sei unbescheiden und wolle «herausschinden». Vorläufig bleibe ich beim Kriminalroman. Man lernt viel dabei.

Nun möcht ich Ihnen und Frau Kleiber (unbekannterweise) recht frohe Festtage und ein (obwohl es arg formelhaft klingt, aber ich meine es wirklich ehrlich) recht glückliches neues Jahr wünschen. Grüßen Sie bitte auch Martha herzlich von mir und meiner Frau.
Sehr herzlich Ihr
Glauser

222 FRIEDRICH GLAUSER AN ROBERT SCHNEIDER

Angles, 21. Dezember 1936

Lieber Herr Doktor,
vielen Dank für Ihren freundlichen Brief. Das Geld, das Sie uns annonciert haben, ist bis jetzt noch nicht eingetroffen. Ist das ein Fehler der Kasse? Wir wären Ihnen sehr dankbar, wenn Sie die Sache so bald als möglich in Ordnung bringen könnten.

Nun wegen der «Fieberkurve»:

Ich habe Dr. Naef die Hälfte des Romans geschickt mit der Bitte mir einen Vorschuss von 500.- frs. darauf zu geben. In Fällen der Not ist die Werkbeleihungskasse berechtigt auf Beschluss des Präsidenten und des Sekretärs hin einen Vorschuss bis zu 500.- frs. zu geben. Und ich würde das Geld sehr notwendig brauchen. Darum wäre ich Ihnen dankbar, wenn Sie bei einer Anfrage von Seiten Naefs keine Opposition machen würden.

Ich brauche das Geld aus folgenden Gründen:

Es war mir absolut unmöglich neben der schriftstellerischen Arbeit die sehr schwere Instandsetzung des hinteren Gartens zu machen. Auch der Hof hat eine gründliche Säuberung und Instandstellung nötig. Einen Arbeiter habe ich dafür nicht nehmen können, das wäre zu teuer gekommen. So haben wir folgendes gemacht. Frl. Bendel hat einen Bruder[41], der arbeitslos ist. Den haben wir auf einen Monat zu uns eingeladen und ihm versprochen die Reise zu zahlen sowie ein

[41] Ernst Messmer (1915–?), Halbbruder von Berthe Bendel, arbeitete in der Landwirtschaft und als Industriearbeiter in der Ostschweiz.

kleines Taschengeld. Dafür macht er mir den Garten hinter dem Haus in Ordnung (die Wiese sollte ich richtiger schreiben) und auch den Hof. Die Reise und das Taschengeld wird etwa auf 100.- Schw. Frs. kommen. Nur hat dieser Besuch unser Budget ziemlich arg belastet, wir brauchen für das Essen schier das Doppelte, als wenn wir allein sind, (der Bruder lässt sich in die Kategorie der Vielfresser einordnen, was ja begreiflich ist, da er draussen arbeitet). Nur hatten wir diese Seite der Sache nicht in Betracht gezogen – was wollen Sie, man lernt nie aus. Darum hätten wir die 500.- frs. von der Werkbeleihungskasse sehr nötig. Und dann sollte ich wirklich einmal einen oder zwei Monate sorgenlos sein, um ein paar Sachen fertig machen zu können: die Radiosache, die Frau Ringier anbringen will, eine längere Sache für den «Beobachter» und einen neuen Roman. Ich habe auch viel mit dem Wettbewerb zu tun gehabt – für einen Menschen, wie ich, der ungewohnt ist Pläne zu machen, ist das eine Heidenarbeit; dann sollte ich für den «Schweizer Spiegel» eine Novelle schreiben – kurz, ich sollte wirklich eine Zeit lang sorgenlos leben können. Es ist so zermürbend, ständig in Sorgen zu leben. So kann ich auch die «Fieberkurve» nicht fertigbekommen.

Risiko für Sie oder die Werkbeleihungskasse ist ja keines vorhanden. Ich habe vom Morgarten-Verlag noch 800.- frs. zu gut.
Die Rechnung wäre dann einfach:
Rückzahlung an die Werkbeleihungskasse 500.-
Rückzahlung an Sie 250.-
Total 750.-
Die restlichen 50.- frs. zusammen mit den 32.- frs. die von der Zahlung Oprecht (nach Begleichung der Rechnung Oprecht-Buchhandlung von 18.- frs.) zurückbleiben würden genügen um die Rechnung Naville zu begleichen. Und dann könnte man wieder klar sehen. Sind Sie so einverstanden? Ich hoffe es sehr. Wenn Sie darum von der Werkbeleihungskasse angefragt würden, wäre ich Ihnen dankbar, wenn Sie so freundlich wären, Ordre zu geben, mir die 500.- frs. direkt zuschicken zu lassen. Der «Tee der drei alten Damen» auf den ich im Mai 500.- frs. von der Werkbeleihungskasse erhalten habe, liegt bei der «Weltwoche» und es kann möglich sein, dass er dort angenommen würde. Die Situation ist jetzt, nach dem Erfolg des «Studer» doch ein wenig anders. Und dann wäre ich der Werkbeleihungskasse nur noch die Belehnung des Legionsromans schuldig. Ich weiss aber, dass Humm z. B. vier Romane belehnt hat, und dass die Werkbeleihungskasse von diesen Werken keinen Rappen zurückbekommen hat.

Nun möchte ich Ihnen, nach all diesen geschäftlichen Ausführungen, recht fröhliche und gute Festtage wünschen, Ihnen und den Ihren. Und ein recht glückliches Neues Jahr. Frl. Bendel schliesst sich mit ihren guten Wünschen mir an.

Mit freundlichen Grüssen und vielem Dank für all Ihre Mühe verbleibe ich Ihr ergebener
Glauser

Sehr geehrter Herr Doktor,
ich wünsche Ihnen und den Ihren ein frohes neue Jahr
Ihre Berthe Bendel

223 BERTHE BENDEL UND FRIEDRICH GLAUSER
AN CHARLES GLAUSER

Angles 11.1.37

Lieber Papa, wir danken beide sehr für Deine lieben Briefe, Fredy ist krank, hier herrscht so die Grippe, er bittet sehr um Entschuldigung weil er nicht geantwortet hat. Sobald er gesund ist wird er schreiben.

Es ist wirklich nicht angenehm in dieser Gegend, im Sommer gibt's Mücken u. Autos und im Winter ist es feucht u. kalt, trotz dem Chemineefeuer, das uns Holz wegfrisst, fast mehr als man zu bezahlen vermag. Nein jammern will ich nicht aber lieber ausziehen.

Sonst geht's immer wir halten einander die Daumen, wie man so sagt.

Viel Liebes Euch in Eimeldingen
Fredy u. Berthe

Angles Gué de Longroi
Eure et Loir

den 13. Januar 1937

Lieber Herr Doktor,
seit dem 1. Januar, Tag an dem Sie mir ein Exemplar meines Buches durch die Vermittlung der Post an den Kopf geschmissen haben, denke ich darüber nach welcher von uns beiden im Recht oder Unrecht ist und ich werde mit meinem Urteil nicht fertig.

1. hatte ich Sie gebeten und Sie hatten mir die Versicherung gegeben, dass der «Matto» nach den korrigierten Fahnen ausgeführt würde. Dies ist z. T. auch geschehen, jedoch vermisse ich die Widmung[42], die ich Sie gebeten hatte anzubringen. Schliesslich haben wir Autoren, glaub ich, immer noch das Recht unsere Bücher zu dedizieren und die Verleger die Verpflichtung, die Dedicace anzubringen.

2. scheint es mir ein schlechter Witz von Ihrem hochlöblichen Verlag zu sein, dem Autor bei einer Auflage von 1500 Exemplaren 1 (ein) Freiexemplar zur Verfügung zu stellen. Obwohl wir diese Frage in unserem kurzen Vertrage nicht festgelegt haben, denke ich doch, dass ich ein Recht auf 15 Exemplare habe. Vom Morgarten-Verlag habe ich 30 Freiexemplare erhalten bei einer Auflage von 3000. Falls Sie diese Angelegenheit nicht umgehend regeln würden und mir die Exemplare zukommen lassen (meinetwegen belasten Sie mich mit den Portospesen), würde ich mich genötigt sehen, mich an den Schriftstellerverein zu wenden und diesem die Sache unterbreiten.

3. tut es mir leid, dass ich Ihren Waschzettelschreiber nicht bei den Ohren nehmen kann. Ich täte das mit ungeheurer Genugtuung. Wenn so ein Herr sich erlaubt zu schreiben, ich sei ein hervorragender Psychoanalytiker, müssen sogar die Rosse lachen. Aber solche Behauptungen blamieren eben Autor und Verleger und das ist schade, wenigstens finde ich es. Und einen gleich mit Poe vergleichen![43] Das ist doch grotesk. Poe hat hundert Mal mehr gekonnt als ich und es sollte einem Schmieranten wirklich verboten sein, aus dem Handgelenk heraus derartige Vergleiche zu machen.

4. haben Sie vielleicht einmal etwas von dem gehört, was man ‹Druckbild› nennt. Wenn ich das Titelblatt (also die fünfte Seite) ansehe, kehrt sich mir jedesmal der Magen um. Jean Christophe ... Sie haben doch sicher auch an Romain Rolland gedacht und der «Jean Christophe»[44] war doch eine schöne Sache. Aber wenn ich mir

---

[42] Aus dem Brief von Martha Ringier an Glauser vom 26. Januar 1937 geht hervor, dass die Buchausgabe von *Matto regiert* Otto Kleiber gewidmet sein sollte.

[43] Die von Glauser inkriminierten Sätze des Klappentextes lauten: «Das Reich Mattos ist von einem Dichter, der zugleich ein hervorragender Psychoanalytiker sein muss, mit unheimlicher Lebendigkeit beschrieben. (...) Ein schwerer Kriminalfall, um dessen Lösung der wackere Wachtmeister Studer sich abmüht, erhöht die unheimliche Spannung des Werkes, in dem, wie in den Meisternovellen E. A. Poes, zuweilen Vernunft, Irrsinn und Verbrechen ineinander überzugehen scheinen.»

[44] Romain Rolland, *Jean-Christophe*, Paris, Cahiers de la quinzaine 1904–12. Für den zehnbändigen Roman erhielt Rolland 1915 den Nobelpreis für Literatur.

den bartlosen jungen Mann ansehe, der weder mit Neumond noch mit den Fidelis, die sich ihm um die Beine schlängeln, fertig wird, wenn ich den Titel sehe, der in der Zeitung sich so übel nicht machte, aber auf einer Buchseite unproportioniert wirkt, dann denke ich mit Wehmut daran, dass wir in der Schweiz tüchtige Graphiker haben, auch Leute, die etwas vom Druck verstehen – aber dass solche eben nicht um Rat gefragt werden. Mira, wie mein Wachtmeister sagt. Übrigens, der Buchumschlag ist ganz lustig, obwohl er unsere biederen Schweizer sicher abstossen wird.[45] Aber das wäre ganz gesund.

5. Ich hoffe, Sie werden nicht vergessen haben, dass ich Ihnen den Roman durch ein Hintertürchen zugeschanzt habe und hoffentlich haben Sie daran gedacht den Vertrag vorzudatieren (1. März mindestens). Sie können ihn ja Dr. Schneider in die Amtsvormundschaft zur Unterzeichnung schicken, dann braucht er nicht den Weg nach Angles zu nehmen.

Schenken Sie doch bitte Ihrem Korrektor als verspätetes Weihnachtsgeschenk einen Duden. Vielleicht auch eine Brille. Ich weiss nicht, was nötiger ist.

So, nun hätte ich meinen Kropf geleert. Aber, wie der Berliner sagt, darum keine Feindschaft nich. Ich wünsche Ihnen noch alles Gute zum Neuen Jahr – wenn ichs nicht früher getan habe, so ist eine Grippe daran schuld, die mich seit Dezember im Bett gehalten hat.

Sehr freundschaftlich Ihr

225 BERTHE BENDEL UND FRIEDRICH GLAUSER
AN ROBERT SCHNEIDER

Angles 17.1.37

Sehr geehrter Herr Doktor,
Ich habe Ihnen versprochen zu schreiben sobald etwas los sei, bis jetzt war's nicht nötig, was uns beide glaub am meisten freut.

Ich war genötigt gestern wieder den Arzt zu holen; dieser stellte eine schwere Bronchitis u. beginnende Lungenentzündung fest, wie Sie aus dem beigelegten Attest werden sehen können, es ist einfach grusig feucht u. wirklich ungesund hier im Winter, u. im Sommer ist es nicht viel besser.

Der Arzt fand dass Glauser einen Klimawechsel sehr nötig hätte, u. wir beide möchten Sie herzlich bitten, uns dabei ein wenig behilflich

---

[45] Erstausgabe *Matto regiert* (1936).

zu sein. Glauser wüsste in der Nähe von der spanischen Grenze ein Dorf am Meer, wo man billig leben könnte u. auch wieder besser arbeiten denn hier schmerzen einem ja alle Glieder, wirklich Herr Doktor, trotz allem heizen, hat man immer eiskalte Füsse u. da Glauser sowieso nicht sehr stark ist gesundheitlich ist er eben doppelt empfindlich, u. schliesslich der Herr Bankdirektor, kümmert sich nicht ob wir gesund oder krank sind (später). Überhaupt habe ich auch gar nicht mehr Lust hier zu bleiben, obwohl wir nicht verheiratet sind brauche ich mir die Aufdringlichkeiten dieses Patrons nicht gefallen zu lassen, aber er ist dickhäutig, u. gibt nicht nach, er sagt höchstens ich sei sehr reserviert.

Wir haben auf seiner Farm getan, was wir konnten sicher, u. mehr sind wir auch nicht schuldig oder ist das nicht so? Der Hof ist in Ordnung der ganze Garten umgestochen hinter dem Haus, ein grosser Himbeergarten angelegt u. auf der Westseite ein Erdbeergarten, und es war gar nicht so leicht, weil alles so verlottert u. verwildert war.

Und nun Herr Doktor möchten wir Sie sehr bitten uns auch noch etwas Geld [zu] senden denn jetzt verdient Glauser eben nichts.

Von der Werkbeleih. haben wir noch keine Antwort wenn die uns 500 fr. Vorschuss geben würden könnten wir den Rat des Arztes befolgen u. wenn Glauser wieder gesünder ist, wird es ihm nicht schwer sein, das Finanzielle wieder zu regeln.

Wir haben bis jetzt immer einander fest die Daumen gehalten, (wie man so sagt) u. nicht umsonst. U. wir zählen weiter auf Ihre Hilfe.

Unsere Tiere verkaufen wir, u. z. Teil haben wir sie gegessen dann müssten wir nichts kaufen.

Und hier in dieser Gegend nimmt einem niemand etwas ab weder Eier, Gemüse noch sonst etwas nicht einmal Juckers hätten uns ein Küngeli oder eine Ente zum essen abgenommen.

Herr Doktor, dürfen wir noch um eines bitten, uns den Attest und Ihre Antwort bald zu schicken.
Entschuldigen Sie meinen langen Brief
mit freundlichen Grüssen verbleiben wir beide
Berthe Bendel

u.
Freund. Grüße von Ihrem
Glauser.
Und eigentlich bin ich froh, daß es ein Gripperückfall ist u. nicht ein anderer. Aber könnten Sie wirklich nicht einmal antworten!

226 M. BÜRGI, JEAN CHRISTOPHE VERLAG
AN FRIEDRICH GLAUSER

Zürich, den 19. Januar 1937

Sehr geehrter Herr Glauser!
Auf Ihren Brief vom 13. dieses Monats haben wir sachlich zu erwidern:

1. Die Widmung vermissen wir leider auch. Sie ist im Eifer des Gefechtes an irgend einer Stelle verloren gegangen und bis jetzt zu unserem Bedauern nicht aufzufinden.

Wir haben nie daran gedacht das Recht eines Autors zu beschneiden, seinem Buche eine vernünftige Widmung als Wegzehrung mitzugeben. In Ihrem Falle liegt keine böse Absicht, sondern ein unangenehmes Versehen vor, das wir zu entschuldigen bitten.

2. Wir haben Ihnen das eine Exemplar Ihres Buches nur als Friedenstaube mit dem Ölzweige geschickt. Die von Ihnen gewünschten weiteren Exemplare sind – trotz Ihrer Drohung mit dem Schriftstellerverein – bereits abgegangen. Wir hoffen, dass Sie mit ihnen in Ihrem Bekanntenkreis eine rege Werbung entfalten und dadurch die unsere wirksam unterstützen.

3. Wir fühlen uns durch den Waschzettelschreiber nicht blamiert, sonst hätten wir ihn selbst an den Ohren genommen. Der arme Mensch hatte keine Ahnung von Ihrer irdischen Pilgerfahrt, glaubte wohl als Kenner Jung's (Küsnacht) einen neuen *Joyce,* oder einen schriftstellernden Professor entdeckt zu haben. Einige Stellen in Ihrem Buche, wir vermuten die über Matto, haben ihn wohl an E. A. *Poe* erinnert. Wahrscheinlich ist er ein Gespensterseher, oder er glaubte, dass jemand, der das Buch zunächst nur beschnuppert, sich unter *Poe* mehr als unter *Matto* oder *Glauser* vorstellen kann.

4. Der Titel ist deshalb nicht geändert worden, weil ihn ein Teil der mutmasslichen Käufer des Buches bereits aus der Zeitung kennt und der Absatz dadurch gefördert wird. Übrigens – wir sind alle zumal Sünder!

5. Die Vertragsangelegenheit wird mit Herrn Dr. Schneider bereinigt werden. Die Klagen über Korrektoren sind so alt wie die Buchdruckerkunst, und die soll schon den Chinesen bekannt gewesen sein. Duden und Brille tun, wie Ihr Fall zeigt, leider auch nicht immer Wunder.

Wir werden den Übeltäter zur Ordnung rufen.

Herzlich danken wir für Ihre Neujahrswünsche und wünschen unsererseits Ihre baldige Wiederherstellung von der Grippe, insbesondere, dass es sich nicht auf die Galle schlägt. Ein verdächtiges Anzeichen hatten wir zu unserem Schrecken, in Ihrem, sonst so liebenswürdigen Schreiben entdeckt.

Wunschgemäss haben wir Ihren «Matto» dem Herrn Halperin sofort ans Herz gelegt.
Mit freundschaftlichen Grüssen
Jean-Christophe-Verlag
Zürich 4, Morgartenstr. 2
M. Bürgi

227 FRIEDRICH GLAUSER AN HANS OPRECHT

F. Glauser
Angles Gué de Longroi
Eure et Loir.

28. Januar 1937

Lieber Herr Doktor,
für Ihre freundliche und ausführliche Antwort auf meinen etwas ‹mutzen› Brief danke ich Ihnen herzlich. Natürlich, ich begreife ganz gut, dass Sie sich nicht um alles kümmern konnten – und schliesslich, der «Matto» sieht broschiert viel besser aus als gebunden und broschiert stört auch das Titelblatt weniger. Ich war nur einesteils ein wenig verärgert, weil die Widmung fehlte (von ihr hatte ich Ihnen geschrieben in meinem Brief, der die letzten Korrekturen begleitete und der wird wohl noch aufzufinden sein) und dies eben dem Menschen, dem ich das Buch gewidmet hatte, Kummer gemacht hat. Und dann kränkle ich auch so herum, muss mich immer wieder mit einem Gripperückfall ins Bett legen, dann beginnt wieder eine Lungenentzündung und da ist es kein Wunder, wenn man bei solch anhaltender Pechsträhne ein wenig ärgerlich wird. Sie haben das so freundlich begriffen und haben es mir nicht übel genommen, dass ich Ihnen herzlich für Ihr Verständnis danke. Inzwischen hat mir auch der Jean Christophe-Verlag sehr witzig geantwortet und mir auch die Belegexemplare geschickt, sodass ich also wirklich befriedigt bin, soweit man es sein kann. Aber in diese Befriedigung hinein erhalte ich plötzlich bedenkliche Nachrichten aus Bern. Und zwar nicht von der Waldau, sondern von einem andern Gewährsmann. Die Regierung habe sich, so heisst es, an meinem «Matto» gestossen, der Regierungs-

rat beschäftige sich mit der Sache und Sie hätten erklärt, ich hätte den Roman unter der Zensur und Zustimmung geschrieben. Auch soll schon ein Sündenbock ausgesucht worden sein – der Abteilungsarzt, der mich seinerzeit behandelt hat – und dieser soll wegen dieser Sache seine Stelle verlieren.

Ich muss gestehen, dass ich so egozentrisch veranlagt bin, dass ich zuerst gegrinst habe und mir gedacht habe, desto besser, das ist eine gute Reklame für das Buch. Ausserdem ist es ja bekannt, dass eine Krähe einer andern nicht die Augen aushackt und ein Psychiater nicht gern einen andern blossstellt. Vielleicht haben Sie mit Ihrer Erklärung ganz recht gehabt, ich kann das hier aus der Ferne nicht richtig beurteilen – aber ganz stimmt Ihre Erklärung nicht. Sie wissen ja, dass das Ms. Halperin übergeben worden ist, dass der ganze Schluss draussen geschrieben worden ist und dass ich Ihnen damals sagte – bei Ihrem kurzen Besuch – dass der Abteilungsarzt gerade nur das Kapitel über Pieterlen gelesen hätte und es psychiatrisch einwandfrei gefunden hätte. Aber vielleicht hatten Sie Ihren guten Grund, Klaesi eins auszuwischen (Sie werden sich ja noch erinnern, wie er sich das erste Mal benommen hat, als Sie mich besuchen wollten). Nur fände ich es schade, wenn der Abteilungsarzt, es war Dr. Briner, nun da unschuldigerweise etwas ausbaden sollte. Denn dies ist ja immer die Taktik der Anstaltsdirektoren, die Schuld auf Untergebene abzuwälzen. Ich wollte Sie nur bitten, es mich wissen zu lassen, falls Sie meine Feder brauchen könnten – zu einem Offenen Brief an den Regierungsrat beispielsweise, den die «Tagwacht»[46] vielleicht nicht ungern bringen würde. Bitte glauben Sie nicht, ich wolle mich da wichtig machen, aber manchmal ist es ganz gut, wenn so ein Abscess aufgeschnitten wird. Man könnte ein paar unbequeme Fragen stellen: z.B. warum der Direktor von Bellelay[47] plötzlich entlassen worden ist (Sie haben die Geschichte sicher erfahren, Autounfall, Alkohol), man könnte den Zustand der Waldau unter Speyr[48] schildern – dies alles, um den Vorwurf des Schlüsselromans abzuwenden. Denn der Kampf zwischen der alten und neuen Schule ist gar kein Spezialfall, der sich auf eine bestimmte Anstalt anwenden lässt, sondern etwas so menschlich-typisches dass man wohl als Schriftsteller noch das Recht hat, dies zu gestalten. Es wäre mir zwar lieber gewesen, ich hätte durch Ihre Vermittlung von der ganzen Geschichte erfahren (und könnten Sie dies vielleicht nicht auch jetzt noch tun? Durch den Jean Christophe-Verlag?) nur um zu wissen, woran man ist. Schliesslich ist der «Matto» doch weder das Buch eines Querulanten, der an den Psychiatern sein Mütchen kühlen will,

---

46 Die *Berner Tagwacht* wurde 1892 als Organ der kantonalen sozialdemokratischen Partei gegründet, ihre Auflage betrug in den 1930er-Jahren rund 20 000 Exemplare.
47 Psychiatrische Anstalt im Berner Jura. Hans Oprecht berichtigt in seinem Antwortbrief vom 5. Februar 1937, dass nicht Direktor Humbert, sondern der Ökonom wegen Unregelmässigkeiten in der Geschäftsführung entlassen worden sei.
48 Wilhelm von Speyr (1852–1939), Schweizer Psychiater, von 1890–1933 Direktor der Waldau.

er hat doch auch einige positive Eigenschaften, wenigstens fanden sowohl Sie, als auch Halperin das und ich habe von andern Seiten erfahren, dass man in andern Kantonen das Buch ganz anders auffasst als in Bern. Will sich eigentlich die Regierung partout blamieren? Meine Position ist nicht allzu schlecht, der «Schweizer Spiegel» hat seinerzeit eine Reihe Artikel von mir gebracht in denen ich weder meine administrative Versenkung in Witzwil noch mein «Laster» verheimlicht habe. Persönlich kann man mir also nur schwer kommen. Verhüten möchte ich jedoch, dass ich wegen des «Matto» der Sensationsschriftstellerei und des Schlüsselromans geziehen werde. Das ist unangenehm. Und nicht nur das, auch falsch.

Also, wenn Sie so gut wären, und mir Ihre Version der Sache mitteilen lassen wollen und mir zu sagen, ob ich Ihnen irgendwie nützlich sein kann – ich stehe ganz zu Ihrer Verfügung. Schliesslich sind Sie mein Verleger und es wäre unfair von mir Ihnen in den Rücken zu fallen. Darum wollte ich mich zuerst bei Ihnen erkundigen, ob man Schritte unternehmen soll.

In Erwartung einer baldigen Antwort und mit herzlichen Grüssen Ihr

Glauser

228 FRIEDRICH GLAUSER AN MARTHA RINGIER

Angles, 29. Januar 1937

Liebe maman Marthe,
du siehst ich beantworte deinen Brief wie man so schön sagt, postwendend, denn er hat mich so gefreut und ich bin erlöst, dass die Mauer endlich wieder einmal eingefallen ist, dass ich dich nicht eine Stunde auf die Antwort warten lassen will. Gewiss, ich hab' dir Unrecht getan, das seh' ich jetzt gut ein, aber es ist manchmal scheint es mir nötig, dies zu tun. Mir ist es auch ein paar Mal so gegangen, dass man mir Unrecht getan hat, dann kann man sich verteidigen, man kann reden miteinander oder einander schreiben, und dann ist die Sache viel weniger arg, als wenn man aneinander vorbeiredet. Und das hab ich so scheusslich gefunden, dass man aneinander vorbeiredet, es ist etwas, was ich nicht vertragen kann (von gleichgültigen Menschen schon, aber von andern, die man lieb hat, kann man es nicht verputzen). Und gewiss, es wäre alles viel leichter, wenn wir

miteinander hätten sprechen können. Aber nun ist es auch so gegangen, und dass du zwischen den Zeilen hast lesen können, dass ich nicht Vorwürfe machen will, sondern dich, die Entschwebende oder Sich-Versteckende noch am Rockzipfel hab erwischen können und festhalten (wie ich dir gestern schrieb) das freut mich und es freut Berthe und wir sind über deinen Brief sehr glücklich gewesen. Und dass du mir erlaubst, dir solche Sachen zu sagen, die, ohne Phrase, dem Schreibenden gerade so weh tun wie dem, der die Zeilen erhält, das ist auch gut und recht. Du musst mich nur nicht überschätzen. Ich muss immer auf langen Umwegen herumtorkeln, bis ich so etwas wie ein Ziel erreiche, und dann ist es eben auch kein Ziel, sondern man muss wieder weitergehen. Ich komm mir manchmal, und du musst entschuldigen, dass ich wieder von mir anfange, wie ein abgehetzter Hase vor, der sich endlich in einer Ackerfurche vor den Hunden gerettet hat – die Hunde: Behörde, Amtsvormundschaft, Psychiater, Strafanstaltsdirektoren. Man hat ein wenig den Schnauf verloren, das muss sich alles zuerst beruhigen bevor es ein wenig Frucht tragen kann – soweit ein Gejagtsein Früchte tragen kann. Du musst mit meinen Gleichnissen nicht allzu streng ins Gericht gehen. Und das tust du ja auch nicht. Wohlverstanden, ich bitte nicht um Mitleid, ich komm' schon zu Schlag, wenn man mich ein wenig in Ruhe lässt – nur mit der Schweiz soll man mich augenblicklich verschonen. Das will ich Schneider noch einmal klipp und klar schreiben. Ich kann jetzt nicht wieder allein sein, in einem Sanatorium, in einer Heilstätte oder wie man diese menschenfreundlichen Einrichtungen nennt. Sonst fängt die ganze Opium-Schweinerei von vorne an. Ich weiss, wie die erstickende Luft in der Schweiz auf mich wirkt, die Schweiz ist nie meine Heimat gewesen, wenigstens kann ich sie nicht so empfinden. Frankreich – das ist etwas anderes. Es hat mehr Weite darin, weniger Behörden die einem ständig auf die Hühneraugen treten, man lässt fünf gerade sein, solange man sich ruhig verhält. Und ich mag jetzt nicht von Berthe fort. Sie braucht mich genauso wie ich sie brauche, mehr ist darüber nicht zu sagen. Dass staatlich angestellte Fürsorgebeamte so etwas nicht verstehen, ist begreiflich. Verzeih, maman Marthe, wenn ich dir mit dem «lebensfremd» zu nahe getreten bin. Ich weiss ja wenig von dir, ich weiss wenig von deiner Jugend, ich hab' nur manchmal Angst du verknöcherst mir und nur aus der Angst heraus hab ich dir so geschrieben. Dass du es verstanden hast ist schön und ich dank dir dafür.

Vorläufig beschäftigt mich die Geschichte mit Briner sehr arg. Dass ein Mensch unter etwas leiden soll, woran er unschuldig ist, kann ich nicht vertragen, besonders wenn die Ursache dazu eine spinnende Regierung ist. Briner schreibt übrigens sehr lieb, ich solle mir keine Gedanken machen, er werde für sich schon einen Ausweg finden und Schuldgefühle könne er keine aufbringen, er würde in der Situation, in der der «Matto» entstanden ist, ein anderes Mal genauso handeln wie diesmal. Ich tu mein Möglichstes. Ich habe an Oprecht geschrieben und ihm Vorwürfe gemacht, dass er mich nicht auf dem Laufenden gehalten hat und mich ihm zur Verfügung gestellt, falls er einen Offenen Brief an die Berner Regierung brauchen könne. Ich hab genug Material um den Herren ein wenig unbequem zu kommen, ich habe wirklich ziemlich intensiv hinter die Kulissen schauen können – und schliesslich freut es mich, dass ich den Herren ein paar Sachen unter die Nase reiben kann, wenn sie fortfahren dumm zu tun. Nur muss ich eben warten, was Oprecht dazu meint, er ist schliesslich mein Verleger und ich kann ihm nicht in den Rücken fallen.

Es freut mich, dass Kleiber der Anfang der «Fieberkurve» gefallen hat, weisst, es muss etwas anderes werden, als der «Schlumpf». So ein richtiges Märchen – ein Abenteuerroman mit vergrabenen Schätzen, aber besser motiviert, als [der «Schlumpf»] es war. Und womöglich nicht so kompliziert als der «Matto». Der «Matto» ist am Schluss zu kompliziert – vielleicht – besonders für Feuilletonredaktoren. Einfachere Menschen schlucken da nur und halten den Faden ganz schön fest. Es ist kein Schnöden über Kleiber, aber die Fabel im «Matto» ist ja wirklich nur eine Folie, damit die Leute das Andere, das Wichtige: Pieterlen, Kollegialität, Organisation, Kampf zwischen alter und neuer Schule schlucken. Und fluchen dürfen die Leute soviel sie wollen. Sie werden doch nicht ableugnen können, dass eine Frauengestalt wie Frau Laduner doch etwas Neues ist, ein Typus, der einmal schweizerisch ist, ohne dass man, wie Herr Schaffner, immer den Zürcher Stadtschreiber[49] imitiert. Ich muss mich direkt zwingen, die «Fieberkurve» fertigzumachen, denn ich möchte so gern einen Askona-Roman schreiben, in der Ich-Form, wo Studer in den Ferien in Locarno weilt und die ganze Geschichte aufdröselt. Er ist noch Kommissär an der Stadtpolizei, das Ganze wird knapp nach dem Krieg spielen und vielleicht wirklich lustig werden. Lustig – sagen wir einen andern Ton haben, als die früheren. Ich habe Angst, in eine Manier zu verfallen, darum ändere ich immer meine Technik, damit man mir wenigstens nicht das vorwerfen kann. Natürlich begreife ich, dass der Wettbewerbsbeitrag[50] Kleiber nicht gefallen hat. Das hängt aber nun wirklich mit meiner Arbeitsmethode zusammen. Diese lässt

[49] Gemeint ist Gottfried Keller, der 1861–76 das Amt des Ersten Staatsschreibers des Kantons Zürich innehatte.
[50] *Der Chinese.*

sich nicht vergewaltigen. Du weisst gut genug, dass ich den «Schlumpf» sowohl als auch den «Matto» acht Mal angefangen habe – bei diesem Roman wird es ganz gleich sein. Der Anfang wird sicher anders.

Und glaubst du nicht, du hättest grössere Freude, zu uns ans Meer zu kommen als in das mückenverseuchte Angles? Ich könnte auch dort besser schreiben. Wir haben beschlossen, bis Mitte März noch hier auszuhalten. Dann kann man es wagen dort hinunterzuziehen. Unser Hof ist ein grosser See, in dem man versinkt. Es regnet ununterbrochen. Aber ich mache mir keine Gedanken mehr. Es wird schon einen Ausweg geben. Nicht wahr? Nur nicht kleinmütig sein, es ist bis jetzt immer noch irgendwie gut gekommen.

Nochmals vielen Dank für deinen Brief und wir haben dich beide sehr sehr lieb. Deine beiden
Mulet und Geiß

Berthe lässt dir noch sehr für die Hemdli danken, sie kann sie gut brauchen und sie wird dir schreiben, sobald sie wieder auf dem Damm ist.

229 FRIEDRICH GLAUSER AN FRIEDRICH WITZ

F. Glauser
Angles Gué de Longroi
Eure et Loir

8. Februar 1937

Lieber Herr Doktor,
Ihr lieber Brief hat mir so gut getan, besser als alle Medizin. Es ist manchmal wirklich eine Schweinerei auf dieser Erde. Die Werkbeleihungskasse hat mir, glaub ich, etwas auf die «Fieberkurve» bewilligt, aber ich kann vom Sekretär keine Antwort bekommen, sodass alles im Blauen schwebt, und man nicht weiss, wie sich kehren. Darum erlaube ich mir, Ihnen eine längere Legionsnovelle[51] zu schicken, die Ihnen vielleicht gefallen wird. (Das haben Sie nun davon, dass Sie mir freundliche Briefe schreiben.) Denn ich stecke arg im Dreck, finanziell, s'entend, und da wäre ich Ihnen weiss Gott wie dankbar, wenn Sie für die Novelle Verwendung hätten und Sie abdrucken könnten. Vielleicht wäre es gar nicht so ungünstig. Sie ist doch so konstruiert, dass Sie ruhig nach Seite 10 abbrechen und in einer

[51] Die Erzählung *Kuik*. Sie erschien am 29. Juli und 5. August 1938 in der *Zürcher Illustrierten*.

andern Nummer fortfahren können. Und zu gleicher Zeit wäre es gar nicht so dumm (scheint es mir in meiner Naivität) denn das bringt meinen Namen wieder in Erinnerung und Sie können «immer mal wieder» wie Professor Unrat[52] sagt, den «Wachtmeister Studer» in Erinnerung bringen. Machen Sie sich übrigens darauf gefasst, dass ich Herrn Stefan Brockhoff in einem Offenen Brief antworten[53] werde. Wollen Sie nicht, im Anschluss an den Brief, eine Art Wettlauf inscenieren? Die Leser der «Z.I.» sollen Stimmen abgeben, welche Art Kriminalroman sie lieber wollen, Glauser oder Brockhoff. Das brächte ein wenig Leben in det Janze (wie der Berliner sagt) und wäre, scheint mir eine so üble Reklame nicht. Was nämlich Herr Brockhoff erzählt (ich will ihm beileibe nicht zu nahe treten, in Sachen Konstruktivität ist er mir sicher überlegen) ist fast wortwörtlich aus den Statuten des Londoner Detection Clubs genommen (der Club besteht aus Kriminalromanschriftstellern, die es sich zur Aufgabe gemacht haben, das Niveau des Kriminalromans zu heben und unter den Mitgliedern zählt man einige Leute, die etwas können: vorab Chesterton mit seinem Father Brown, eine neue Art Detektiv, Dorothy Sayers mit ihrem Lord Peter, Agatha Christie mit ihrem Hercule Poirot und Crofts, Fielding etc etc).[54] Das würde ich gern erwähnen. Und dann ein wenig den Ruhm meines Lehrers singen, Georges Simenon, der den Kriminalroman nicht logisch deduktiv – also Cartesianisch oder Kantisch, wie Sie wollen – aufbaut – sondern Bergsonisch. Nicht deduktiv, sondern induktiv. Nicht aus Tatsachen das Schlussresultat absummieren, sondern aus der Atmosphäre, aus der Psychologie der Handelnden die Lösung blühen lassen. Sie können, wenn Sie wollen, den Brief in den nächsten Tagen haben. Heut bin ich ein wenig müde, die Novelle, die ich Ihnen schicke, hat mir allerlei zu schaffen gemacht. Aber vielleicht finden Sie sie schlecht, können sie nicht brauchen, dann schicken Sie dieselbe ohne Gewissensbisse zurück. Sollten Sie sie jedoch brauchen können, dann habe ich eine grosse Bitte: Schicken Sie mir das Honorar womöglich gleich (ich weiss, die Firmakasse! Aber bei Bucher mag ich nicht betteln gehen) und wenn Sie es ohne zu grosse Unannehmlichkeiten für Sie richten könnten, wäre Ihnen der Verfasser des Studer sehr, sehr dankbar.

Mehr brauch' ich wohl nicht zu sagen. Und einem andern gegenüber würd ich nicht so offen schreiben – doch, Marti vom «Bund» vielleicht, aber dem geht es auch schlecht mit seiner Lunge, und ich mag ihn nicht mit meinen Schmerzen auch noch belasten. Denken Sie nur an eins, lieber Herr Doktor, dass ich ganz auf dem Hund bin.

52 Protagonist in Heinrich Manns gleichnamigem Roman.
53 Stefan Brockhoff ist das Sammelpseudonym von Dieter Cunz (1910-1969), Oskar Seidlin (1911-1984) und Richard Plant (1910 bis 1998). Brockhoffs *Zehn Gebote für den Kriminalroman* erschien am 5. Februar 1937 in der Z.I. Friedrich Witz hatte Glauser das Manifest vorab für eine Stellungnahme zugeschickt, Glausers Replik blieb zu Lebzeiten allerdings unpubliziert.
54 1928 von Anthony Berkeley in London gegründeter Club, zu dem u. a. die Kriminalautoren Agatha Christie, Dorothy L. Sayers, G. K. Chesterton und Freeman Wills Crofts gehörten. Das Mitglied Ronald Knox formulierte 1929 die *Zehn Regeln für einen fairen Kriminalroman*.

Friedrich Glauser lesend im Bett. Foto: Gotthard Schuh, 1937.

Aber diesmal kann ich Ihnen die «Fieberkurve» auf Ende Februar versprechen (früher werden Sie sie kaum brauchen) nur sollt ich ein wenig schnaufen können. Und eines müssen Sie mir wirklich glauben: wenn Sie die Novelle nicht brauchen können, werd' ich sicher nicht die gekränkte Leberwurst spielen. Diese Rolle liegt mir gar nicht.
Sehr herzlich und mit vielem Dank Ihr
Glauser

Ändern Sie mir ruhig den Titel, wenn er Ihnen nicht passt. Und nicht wahr, ich bin kein «Düchter». Alle Leute wollen partout, daß ich ein Düchter sei. Und ich bin wirklich nur ein Handwerker, der im Schweiße seines Gehirns sein Metier lernt.

230 FRIEDRICH GLAUSER AN JEAN CHRISTOPHE VERLAG

F. Glauser
Angles Gué de Longroi
Eure et Loir.

13. Februar 1937

Sehr geehrter Herr Bürgi,
Es ist mir gelungen, den Roman «Matto regiert» als Zweitdruck anzubringen. Und zwar will ihn Vogel in der «Berner Tagwacht» als Feuilleton bringen. Ich weiss nicht, ob Sie inzwischen den Vertrag Dr. Schneider geschickt haben. Soviel ich mich erinnern kann, haben wir, was Zweitabdrucke betrifft, nichts spezielles vereinbart. Ich denke also, dass in diesem Falle die gewöhnlichen Verlegersätze gelten: 75 % für den Autor, 25 % für den Verlag. Ich habe Frs. 300.- verlangt, was dann Frs. 75.- für Ihren Verlag machen würde. Ich hoffe, dass Sie mit diesen Ansätzen einverstanden sind. Fragt sich nur noch, ob Vogel soviel geben wird. Vielleicht setzen Sie sich einmal mit ihm in Verbindung. In Erwartung einer baldigen Rückäusserung verbleibe ich mit freundlichen Grüssen
Ihr ergebener
sig. F. Glauser

231 ROBERT SCHNEIDER AN CHARLES GLAUSER

18. Febr. 1937.
Dr. Sch/bi

Ich empfing Ihren Brief vom 14. ds. und teile Ihre Meinung, dass «Matto regiert» recht gut geschrieben ist. Wenn ich ihn mit «Wachtmeister Studer» vergleiche, so ist sicher ein grosser Fortschritt festzustellen. Schade scheint mir, dass «Matto» etwas zu lokal gebunden ist und damit unnötigerweise Aufregung und Ablehnung geschaffen worden ist. Die Polemik ist sicher notwendig, aber nicht notwendig ist, dass man das Kind grad so beim Namen nennt, wie der Autor dies tut. Nach Mitteilungen, die ich von Friedrich erhalten habe, ist die in Berner Kreisen entstandene Missstimmung mit ein Grund, warum er den ihm angebotenen Erholungsurlaub in der Schweiz abgelehnt hat. Es sind gegenwärtig Anstrengungen im Gange, um den Roman in der «Tagwacht» abzudrucken. Hoffentlich kommt die Abmachung zustande.

Dass Friedrich Fortschritte macht, geht auch daraus hervor, dass er mit einem neuen Zeitungsroman «der Chinese» einen ausgesetzten Preis des Schweiz. Schriftstellervereins und des Schweiz. Zeitungsverlegervereins in der Höhe von Frs. 800.- zugesprochen erhalten hat. Aus 22 eingesandten Arbeiten erhielten 5 diesen Preis, darunter Friedrich Glauser. Frs. 400.- werden sofort ausbezahlt und Frs. 400.- nach Vollendung des Romans, wobei die Jury unter den 5 besten Arbeiten nochmals eine Auswahl trifft und den besten Roman nochmals mit Frs. 1000.- honoriert. Wir registrieren diesen Erfolg beide mit grosser Freude und Genugtuung und ich will auch gerne anerkennen, dass sich Friedrich in Angles recht bescheiden eingerichtet hat und deswegen nicht etwa ausfällig geworden ist. Eine Änderung hat er, wie er mir dieser Tage schrieb, nicht im Sinn, auf alle Fälle, so schrieb er mir, werde er hinter meinem Rücken nichts unternehmen.

Für den «Matto» ist ein Honorar von Frs. 1000.- ausbezahlt worden.

Im weitern gebe ich Ihnen nachstehend noch eine Aufstellung über die im Jahre 1936 gemachten Zahlungen:

20. Mai 1936 an Fr. Glauser	300,-
2. Juni an E. Jucker	200,-
1. Juli an F. Glauser	200,-
An die Armendirektion Bern für die Zeit v. 1. Jan.-18. Mai	413,05
31. Juli an F. Glauser	365,-

1. Aug. an F. Glauser	100,–
22. Sept. an F. Glauser	150,–
8. Nov. an F. Glauser	100,–
15. Dez. für Bücher	18,–
Militärsteuer 1933/36	9,–
total Frs.	1815,05

Von Berlin habe ich auf meine Mahnung hin noch keinen Bericht. Ich erwarte die Zahlung wirklich nun stündlich.
Mit freundlichen Grüssen:
Sch.
Dr. R. Schneider

232 FRIEDRICH GLAUSER AN ERNST JUCKER

F. Glauser
Angles Gué de Longroi

27. Februar 1937

Sehr geehrter Herr Jucker,
Wir hatten Ihren Besuch all die letzten Sonntage erwartet, da wir sehr wünschten, über Verschiedenes mit Ihnen zu sprechen. Ich sehe mich nun veranlasst, die ganze Sache brieflich zu erledigen.
Bei Ihrem letzten Besuche lag ich mit einer schweren Darmgrippe zu Bett. Acht Tage später stellte sich ein Rückfall mit beginnender Lungenentzündung ein. Der Arzt riet mir schon damals dringend einen Klimawechsel an. Sein diesbezügliches Zeugnis schickte ich Herrn Dr. Schneider ein, der auch fand, dass ich einen Erholungsaufenthalt nötig habe. Er schlug mir vor, Frl. Bendel während dieser Zeit die Wartung des Gutes zu übergeben. Aus Gründen, die ich wohl nicht weiter auszuführen brauche, schien mir diese Lösung nicht unbedenklich zu sein, darum gedachte ich in Angles auszuharren um wenigstens die Frühjahrsbepflanzungen vornehmen zu können. Da ich letzte Woche aber wieder Blut gespuckt habe und ein neuer Rückfall zu Lungenentzündung im Anzug ist, scheint es mir rätlich, den Anordnungen des Arztes zu folgen, und das mir nicht zuträgliche Klima von Angles zu verlassen. Fräulein Bendel begleitet mich selbstverständlich.

Ich habe Herrn Paulin Laya, dessen Adresse Sie in Angles leicht erfragen können, noch gebeten, die Himbeerstauden zu setzen. Den Lohn für seine Arbeit habe ich ihm im voraus bezahlt und belaste Sie nicht damit. Beiliegend werden Sie meine Abrechnung samt Belegen finden.

Ich denke, dass diese Lösung auch Ihnen willkommen sein wird. Sie werden das Haus für sich und Ihre Familie haben können, und die Ausgaben zur Erstellung eines neuen Zimmers werden Ihnen damit erspart bleiben. Der Maurer, den ich ein paar Mal gebeten hatte, diese Arbeit zu unternehmen, hat sich geweigert zu kommen. Er sagte zu seiner Entschuldigung, Sie hätten ihn beim Ankauf des Hauses einmal einen ganzen Sonntag zurückgehalten ohne ihm einen Auftrag zu geben. Dies nur zu Ihrer Orientierung.

Falls etwas an meiner Abrechnung Ihnen nicht klar sein sollte, so bin ich gerne bereit Ihnen jegliche Auskunft zu geben. Meine Adresse ist: c/o M. Sainval Noel La Bernerie Route de Pornic, Loire Inférieure.

Die Rechnung des Schreiners lege ich Ihnen bei. Ebenso wird Sie eine Rechnung Herrn Vassors für Reparatur des Daches und der Dachrinnen in Paris erreichen. Ebenso habe ich Herrn Petit gebeten, Ihnen die Rechnung für das für die Kanalisation gebrauchte Holz zukommen zu lassen.

Ich danke Ihnen, dass Sie so freundlich waren, uns an die Kosten der Reise von Frl. Bendels Bruder[55] etwas anzuzahlen. Er hat sowohl den Hof als auch die Wiese hinter dem Hause gerodet, was bei meinem durch das Klima bedingten Gesundheitszustande nicht möglich gewesen wäre.

Ich danke Ihnen auch für das mir bewiesene Vertrauen und hoffe dass Sie mit dem jetzigen Zustande Ihres Hofes zufrieden sind, und auch sein können.

Mit vorzüglicher Hochachtung verbleibe ich Ihr ergebener

Die Schlüssel übermache ich Ihnen in rekommandierter Sendung. Die angeschafften Geräte hinterlass ich vollzählig. Sie werden feststellen können, dass wir die Wohnung sauberer hinterlassen haben als unsere Vorgänger. Eine Copie dieses Briefes geht mit gleicher Post an Herrn Dr. Schneider ab.

---

[55] D. i. Ernst Messmer.

33 FRIEDRICH GLAUSER AN MARTHA RINGIER

La Bernerie
Route de Pornic,
c/o M. Sainval-Noél

den 3. März 1937

Liebe maman Marthe,
vielen Dank für deinen lieben Brief und das Geld, wir haben es heut morgen bekommen, man hat es uns von Angles aus nachgeschickt. Weisst du, wir haben Sonntag ganz einfach die Flucht ergriffen. Samstag habe ich von der «Tagwacht» noch 1000 – fr. frs. bekommen, damit haben wir hier für drei Monate Miete bezahlen können und unsere Reise davon zahlen können. All unsere Möbel haben wir mitgenommen, ich hab mich noch hingehockt und habe Jucker rekommandiert geschrieben und ebenfalls rekommandiert ihm die Schlüssel an den werten Schädel geworfen. Was er dazu sagen wird, weiss ich noch nicht. Auf alle Fälle habe ich ihm vorsorglich von dem Geld, das er uns einmal geschickt hat 500.– frs. für Ernst abgezwackt und für all die Arbeit, die der Bursche geleistet hat. Ich bin ja froh, dass der Bruder Berthes da war, das Experiment hat uns mehr als tausend Franken gekostet, und darum fand ich es nur richtig, dass Jucker auch ein wenig dazu beitrug. Eine Kopie des Briefes habe ich Schneider geschickt und auch ihn davon avisiert, dass wir Angles verliessen. Ich kann dir ruhig sagen, maman Marthe, und du wirst mich nicht der Übertreibung zeihen, dass ich drei weitere Tage nicht mehr ausgehalten hätte. Es begann die gleiche Sache, wie vor einem Monat, Lungenstechen, Blut und sonst die gleiche Schweinerei, dazu Depressionen dass Gott erbarm, wenn ich länger geblieben wäre hätte dich Berthe sicherlich zu meinem Begräbnis einladen können, und das wäre ein arges Derangement für dich gewesen und denk an die furchtbaren Nekrologe, die in den Schweizer Zeitungen über den jungen begabten Schriftsteller geschrieben worden wären. Nein, wahrhaftig, ich glaube es gibt Situationen, in denen einem auch die Tapferkeit nichts nützt, Tapferkeit hat einen Sinn, wenn man es wirklich nicht anders machen kann und dann etwas durchstieren muss – aber wenn man einen Wechsel vornehmen kann und dabei höchstens einen Bankdirektor oder einen Amtsvormund vertäubt – dann hat es wirklich keinen Sinn, wenn man zögert. Ich weiss ja gar nicht wie Schneider auf den coup de tête reagieren wird, darum hab ich mich an Rosenbaum gewandt. Ich schrieb dir glaub' ich dass er ein Schulfreund von mir ist und mich sicher nicht ausbeuten wird.

Es ist wunderbar hier. Schon die erste Nacht. Und dann das Meer. Die Luft ist leicht und pricklig wie Champagner und ich kann dir schon jetzt sagen, dass du unbedingt zu uns kommen musst diesen Sommer. Die ‹plage› ist gross und wir sind ziemlich weit vom Dorf entfernt. Die Leute, bei denen wir sind, sind recht nett – sie ist eine dicke Pariserin und der Mann ein ehemaliger Kolonialadministrator. Wir haben ein grosses Zimmer – zugleich Wohnzimmer und Küche – genauso gross, wie unsere Küche in Angles nur mit dem Unterschied, dass sie drei riesige Fenster hat und uns die Sonne den ganzen Tag hineinscheint. Ich glaub' wirklich, dass man sich hier erholen wird, auch Berthe sieht schon ganz anders aus. Und wenn du diesen Sommer noch kommen kannst, für einen – für zwei Monate vielleicht? – Juni Juli? –dann wären wir tout à fait content. Du musst schon entschuldigen, dass ich dir heut' reichlich kurz schreibe, es müssen noch ein paar Briefe ab, und ich bin noch müde von der Reise und von den letzten Wochen in Angles.

Viel viel Liebes und recht herzlichen Dank für alles, liebe maman Marthe, von deinem Mulet
Claus

Witz werd' ich sofort schreiben, ich glaube er wird dir das Geld schon schicken können, vor dem Sommer, sonst hoff ich, dass ich die «Fieberkurve» nun bald fertig bekomme und dann kann ich dir ja auch noch etwas schicken.

234 FRIEDRICH GLAUSER AN OTTO KELLERHALS

F. Glauser,
Route de Pornic,
La Bernerie. Loire Inférieure.

10. März 1937

Lieber Herr Direktor,
Ich danke Ihnen vielmals für Ihren freundlichen Brief; Sie müssen entschuldigen, dass ich ihn nicht früher beantwortet habe, aber wir haben umziehen müssen. Das Klima in der Nähe von Chartres war so ungesund, dass ich es wirklich nicht länger habe aushalten können. Wenn fast alles Geld, das man verdient, für Arzt und Apotheke gebraucht wird, verleidet es einem auf die Dauer. Ich habe ja weder

zu Ärzten noch zu Medikamenten übertriebenes Vertrauen, aber schliesslich greift man zu beiden, wenn man Fieber und Schmerzen hat. Der Arzt bestand übrigens auf einem Klimawechsel und hatte recht damit. Denn es geht mir viel besser, seit ich hier am Meer bin, das Klima ist viel milder und auch trockener, was eigentlich merkwürdig ist, wenn man an die riesigen Wassermassen denkt; wie mein Vormund die Sache ansehen wird, weiss ich nicht, er ist nicht gerade sehr verständnisvoll und ich bedaure immer noch, dass Dr. Schiller, den ich vorher hatte, abgegeben hat, weil er in die Vormundschaftskommission gewählt worden ist. Mit Dr. Schneider komme ich ziemlich schlecht aus, trotzdem ich mir immer wieder Mühe gebe, freundlich und korrekt zu sein. Manchmal reisst mir aber die Geduld und dann gibt es unerfreuliche Briefe. Gewiss, ich weiss es wohl, dass ich da mit schuld bin, ich bin zu ungeduldig und falle von einem Extrem ins andere, aber daran ist wohl auch die lange Internierung schuld. Man hat grosse Mühe, sich wieder an das Aussenleben anzupassen und der Aufbau eines neuen Lebens ist eine schwierige Sache.

All dies erzähle ich Ihnen eigentlich nur als Antwort auf Ihre Zeilen. Auch ich bin der ganz bestimmten Ansicht, dass jeder Mensch gute und schlechte Eigenschaften besitzt und ich dachte, ich hätte gerade das in meinen Romanen ziemlich stark betont. Im «Wachtmeister» ist doch der Täter nicht nur schlecht – er ist nicht nur ein «Schurke», und ich dachte, das Menschliche an ihm gerade in seiner Frau genug betont zu haben. Die Sträflinge, die darin auftreten, vor allem der Schlumpf (der Roman sollte ursprünglich: «Schlumpf Erwin Mord» heissen[56] aber der Verleger hat den Titel, ohne mich zu fragen, einfach geändert) sind, wenigstens scheint mir dies, doch so geschildert und dargestellt, dass jeder gerade das sehen muss, was Sie von den Insassen von Witzwil sagen: dass es keine sogenannten Unverbesserlichen gibt. Ich weiss, dass dies beim Schreiben eines Romans, bei der Charakterisierung der darin auftretenden Personen das Schwierigste ist: nicht schwarz-weiss zu zeichnen, nicht die Personen in Gute und Schlechte einzuteilen, sondern im Gegenteil gerade zu zeigen, dass auch ein Mörder, ein Kindsmörder zum Beispiel, nicht notwendigerweise ein schlechter Mensch sein muss, sondern dass in ihm auch andere Eigenschaften schlummern, die vielleicht nur darauf warten, geweckt zu werden. Aber dennoch schien es mir nötig, neben dem einsichtigen Menschentyp (in diesem Falle der Dr. Laduner, den Sie wohl wiedererkannt haben werden, er hat viele Züge des Dr. Müller) den uneinsichtigen, den Direktor Borstli zu stellen. Und es kommt mir vor, als könne man auf diese Art auch denjenigen

56 Der Titel wurde bereits für den Abdruck als Fortsetzungsroman in der Wochenzeitschrift *Zürcher Illustrierte* abgeändert. In der Ankündigung *(Zürcher Illustrierte,* Nr. 29 vom 17. Juli 1936) wird der ursprüngliche Titel als etwas düster beschrieben. Er wurde geändert, weil der «Detektiv-Wachtmeister» als eine «vollständig neuartige und höchst beachtenswerte Gestalt in der schweizerischen Romanliteratur» ins Zentrum gerückt werden sollte.

helfen, die aus diesem oder jenem Grunde «asozial» geworden sind. Was mir in der Analyse eigentlich am meisten geholfen hat, ist die Erkenntnis, die ich dort erlangt habe – und mit sicher noch unzulänglichen Mitteln habe ich versucht, diese Erkenntnis zu formulieren – dass der Protest gegen Bestehendes eine höchst unfruchtbare Sache ist, dass wir alle, mehr oder weniger, im Unterbewussten Verbrecher sind. Verwertet man nun diese Erkenntnis nicht als bequeme Ausrede, sondern zieht man die Konsequenzen aus ihr, so wird man doch sicher zu dem Schluss gelangen, dass Typen, wie der alte Direktor durchaus keine Ursache haben, verächtlich auf sogenannte Verbrecher zu sehen. Im Gegenteil, sie müssten, wenn sie ehrlich wären, zugeben, dass ihr sogenanntes makelloses Leben wohl mehr einem Zufall zu verdanken ist. Sie sind nie in die Situation gekommen, eine asoziale Handlung zu begehen, mehr noch, sie haben asoziale Handlungen begangen ohne dafür bestraft zu werden; sie haben nicht ethisch gehandelt, sondern sie haben es nur geschickt verstanden, zwischen den Menschen durchzuschlüfen. Nun scheint es mir aber, dass man Asozialen nicht damit hilft, dass man jede Kritik in Ihnen erstickt, dass man sie dazu anleitet, jede Handlung und jede Gestaltung ihres Schicksals, die von irgendeinem bürokratischen Fürsorgebeamten vorgenommen wird, zu bejahen und gut zu finden. Dadurch würde jede Initiative, jede Selbstständigkeit in ihnen erstickt. Ich sage Ihnen da doch nichts Neues, lieber Herr Direktor, und ich weiss gut genug, dass Sie in Ihrem Leben sicher manchmal weidlich über diese Herren geschimpft haben. Nicht jeder, der sich mit Sträflingen oder andern Unglücklichen beschäftigt, hat eine so leichte und selbstverständliche Art, wie Sie. Ich möchte nicht, dass Sie meinen, ich wolle Ihnen hier Komplimente machen, aber Sie dürfen mir ruhig glauben, dass ich nie vergessen habe, wie Sie zu mir gesprochen haben, damals, im Krankenzimmer in Witzwil. Es ist eine meiner stärksten Erinnerungen und eine meiner liebsten. Darum erlaube ich mir nun, jene streng zu kritisieren, die sich einbilden, grosse Erzieher zu sein, nur weil es ihnen zufällig gelungen ist – sei es, weil sie einer Partei angehörten, sei es weil sie Protektion hatten – einen Posten zu ergattern, von dem aus sie ungescheut Schicksal spielen können. Sie spielen nur – und pfuschen. Ich weiss, dass das In-Bausch-und-Bogen-Ablehnen, (nicht nur [in] Witzwil gedeiht das, sondern in jeder Anstalt) ein sehr grosser Fehler ist, dass Fluchen und Ablehnen unfruchtbar ist. Aber es scheint mir, dass zwischen Ablehnen und untertänig Bejahen es einen Mittelweg gibt: kritisches Ablehnen und kritisches Bejahen. Dies müsste helfen.

Helfen! Ich weiss auch nur zu gut, dass ein Buch selten hilft. Es kann höchstens eine Anregung geben, eine schwache zwar, aber es kann vielleicht doch einmal vorkommen, dass diese Anregung wirkt, wirksam wird. Und vielleicht ist es doch möglich durch Darstellung von Selbsterlebtem Trost zu spenden und zwar dadurch, dass man dem Andern zeigt er sei nicht allein, es gebe noch Andere, die das gleiche erlebt, die die gleichen Fehler gemacht hätten. Ich denke dabei an den Anfang des «Grünen Heinrich». Ich habe ihn gelesen, als ich fünfzehn Jahre alt war. Auch ich hatte daheim meinen Vater bestohlen und da empfand ich es als Trost, dass ein anderer das gleiche getan hatte. Denn ich plagte mich herum mit Schuldgefühlen und schlechtem Gewissen. Sie werden einwenden, dass diese Empfindung sehr unfruchtbar gewesen sei, da mein Leben nachher so recht drastisch meine Unverbesserlichkeit bewiesen habe. Ich könnte darauf nur erwidern, dass alles, was ich nachher erlebt habe, notwendig gewesen ist, von einer Notwendigkeit, die sich nicht logisch begründen lässt, dass ich alles Spätere habe erleben müssen und dass ich erst jetzt, ganz dunkel nur, fühle, dass es nicht unnütz gewesen ist. Man darf, und ich glaube hier sind Sie mit mir einig, einen Menschen nie nach dem äussern Aspekt seines Lebens richten – dass man es allgemein tut, ist kein Beweis, dass dies richtig ist. Und vielleicht gelingt es mir (ich bin ja erst am Anfang und probiere und übe mich) einmal das zu sagen, von dem ich glaube, dass nur ich es sagen kann. Das wäre dann kein Verdienst, sondern ein Geschenk und vielleicht gelingt es mir mich dieses Geschenkes würdig zu erweisen.

Ich schreibe an einem neuen Roman[57], eben gerade der, der prämiert worden ist. Er soll in einer Armenanstalt spielen, wird wieder ein Kriminalroman sein, denn es ist das einzige, was die Leute lesen wollen und ich glaube noch immer, man könne diese Literaturform künstlerisch gestalten. Es hat mich sehr gefreut, dass Sie den Irrenhausroman gern gehabt haben. Er erscheint jetzt als Feuilleton in der «Tagwacht».

Mit herzlichem Dank für Ihren freundlichen Brief, verbleibe ich mit den besten Grüssen

Ihr Glauser

Bitte grüssen Sie Frau Direktor und alle Bekannten, besonders Schreier[58], wenn er noch bei Ihnen ist, recht herzlich von mir. Darf ich Sie bitten, dem Schreier auch meine Bücher zum Lesen zu geben? Kann man ihm gar nicht helfen? Er war ein so guter Kamerad und hat mir damals in Liestal so viel geholfen, dass ich ihm auch meinerseits ein wenig helfen möchte. Wäre es unmöglich, ihn nach Frankreich zu lassen? Ich glaube, ich könnte ihm schon eine Stelle auftreiben.

57 *Der Chinese.*
58 Adolf Schreier, ein ehemaliger Mithäftling von Glauser in Witzwil.

Friedrich Glauser. Foto: vermutlich Berthe Bendel.
La Bernerie, Sommer 1937.

F. Glauser
La Bernerie Route de Pornic

den 22. März 1937

Mein lieber Herr Doktor,
endlich, endlich, bekommen Sie die «Fieberkurve». Aufgeklärt hab ich, dass Gott erbarm! Aber ich habe eine Hoffnung, dass der Roman trotz dem ‹abenteuerlichen› Milieu und der ‹abenteuerlichen› Handlung doch noch ein wenig ‹Atmosphäre› behalten hat. Ich seh' übrigens nicht ein, warum Abenteuerromane immer nach dem gleichen Schema geschrieben werden müssen. Dieser hat sicher seine Fehler, seine grossen Fehler, aber mir sind Fehler immer noch lieber als das Glattgestrählte ... Vielleicht sind Sie ein wenig meiner Meinung. Und schliesslich glaub ich, dass es ein Fehler wär, nach dem «Studer» etwas zu publizieren, was allzusehr der «Studer»-Atmosphäre ähneln würde. Man würde sich dann selbst abschreiben – und das ist widerlich. Also tun Sie, bitte, was Sie können, um den Herren Ihres Komitees die «Fieberkurve» mundgerecht zu machen – und schreiben Sie mir vor allem, wie Ihr Vater von dem Roman denkt. Hoffentlich gefällt er ihm. Ich habe grosse Achtung vor dem Urteil Ihres Vaters – wie auch vor dem Urteil meiner Kameradin. Sie ist auch keine ‹Zunftgenossin›, und ich schreibe ja nicht für Feuilletonredaktöre und für Mitglieder von Lesezirkeln ...

Sie müssen mir nur noch sagen, wann Sie mit dem Abdruck der «Fieberkurve» beginnen wollen. Ich schick Ihnen dann – als Parallelankündigung zu Stefan Brockhoff – eine Erwiderung.[59] Nur hab ich die letzten vierzehn Tage so intensiv an der «Fieberkurve» geschuftet (den ganzen Anfang neu geschrieben, die ‹Rosenzweig›-Geschichte erfunden – ist sie lustig?) dass mein Gehirn leer, leerer, am leersten ist. Wegen der Details im Roman hab' ich eigentlich keine Angst, nur ob das Ganze zusammenhält. Beiliegend finden Sie noch die «Fieberkurve». Ich kann hier keine auftreiben, lassen Sie sie doch in Zch. nachzeichnen, Schuh wird das mit Wonne machen. Und dann das als Titelbild. In der Zeitung. Die Mannli auf Seite 86[60] können Sie rausschmeissen oder behalten – wie Sie wollen. Überhaupt, wenn Sie Längen finden, dürfen Sie ruhig unbarmherzig sein.

Und nun grüsse ich Sie recht herzlich. Spannen Sie mich nicht zu lange auf die Folter.
Sehr Ihr
Glauser

---

[59] Der *Offene Brief* an Stefan Brockhoff von Glauser trägt das Datum vom 25. März 1937 und ging am selben Tag an Witz ab.
[60] Glausers respektive Wachtmeister Studers Zeichnung wurde in der Erstausgabe des Romans auf S. 114 abgedruckt, in allen späteren Ausgaben jedoch weggelassen.

31. März 1937

Besprechung mit Prof. Glauser in Basel.
Vater Glauser ist über die von seinem Sohn Amtsvormund gegenüber angewandte Taktik[61] sehr ungehalten und hat dies auch seinem Sohn offen geschrieben. Er begreift, dass unter diesen Umständen Amtsvormund zu einer etwas andern Einstellung gezwungen ist; auch dass er sich überlegt, ob er diese Vormundschaft nicht nach Bern überweisen sollte. Wegen der Angelegenheit mit dem Archiv einigte man sich auf den im Brief an das Archiv vom 2. April 1937 niedergelegten Standpunkt. Vater Glauser ist froh, dass Friedrich sich nun beinahe selber durchbringt und dass u. d. U. die Eingänge von Berlin[62] auf Sparkonto gelegt werden können. Er weiss nicht, ob, wenn später wieder eine Internierung nötig werden sollte, er in der Lage ist, weiter bezahlen zu können und wären für diese Zeit, aber auch für nötige Unterstützungen im Ausland, doch etwelche Ersparnisse da. Er ist mit Amtsvormund der Meinung, dass eine Erhöhung der Eingänge aus Deutschland nicht nachgesucht werden sollte mit Rücksicht auf die augenblickliche finanzielle Lage seines Sohnes, der nun doch seinen Unterhalt weitgehend selber verdienen kann. Immerhin wird der Subventionssegen des Schriftstellervereins einmal ein Ende nehmen und müssen dann eben Zuschüsse gemacht werden, sodass die weitere Abberufung der in Berlin liegenden Gelder doch verantwortet werden kann.
Sch.

61 Im Brief an Robert Schneider vom 25. Februar 1937 warf Glauser dem Vormund vor, dass er seine Rückkehr in die Schweiz zu erzwingen versuche, indem er ihm das selbst verdiente Geld vorenthalte. Nachdem das Paar Ende Februar ohne vorgängige Einwilligung des Vormunds an die Atlantikküste nach La Bernerie übersiedelt war, antwortete der Vormund auf Glausers Versöhnungsversuche distanziert. Nach einem Gespräch am 22. April 1937 gewährte er Glauser die weitgehende Selbstverwaltung seiner Honorare, und ermöglichte so die Aufnahme in den Schweizerischen Schriftstellerverein.
→ Dok. 240.
62 Monatlich überwiesener Betrag des Deutschen Jugendarchivs Berlin. Aufgrund der eingeschränkten Ausfuhr von Devisen aus Deutschland gab es im Frühjahr 1937 einen längeren Briefwechsel zwischen Charles Glauser, Robert Schneider und dem Jugendarchiv.

37 FRIEDRICH GLAUSER AN ELLA PICARD

F. Glauser
Route de Pornic
La Bernerie
(Loire Inférieure),

den 2. April

Sehr verehrte, liebe gnädige Frau,
hoffentlich geht es Ihnen besser. Ich habe meine «Duplikate» an Ms. durchgesehen und noch einige gefunden, die vielleicht leichter zu verwerten sind, als die, die Sie haben. Das «Verhör» z. B. liesse sich vielleicht in Amerika verwerten. Darum schick' ich Ihnen die Sachen. Oder vielleicht geht es auch mit Luzern. Nun das überlasse ich Ihnen. Hoffentlich haben Sie Glück. Versuchen Sie doch den «Tee» in Wien herauszubringen, auch wenn für mich finanziell nicht viel herausschaut. Die Hauptsache ist ja, dass Sie Ihre Prozente bekommen, und wenn die Werkbeleihungskasse wenig «verwütscht» so ist mir das ziemlich egal. Die Leute haben Geld genug. Aber behalten Sie das «renseignement» für sich. Schön wäre es auf alle Fälle, wenn das Zeug als Buch herauskäme. Nun Sie werden das schon deixeln. Aber ich wäre sehr dankbar, wenn Sie einmal energisch dahintergingen. Was ich Ihnen da schicke, sind Zweitdrucke, das wissen Sie ja. Übrigens will ich mich sehr loyal (hat nichts mit Loyola[63] zu tun) mit Ihnen benehmen. Sie können die kleineren Sachen an Herrn Max Widmann Redaktor am Burgdorfer Käsblatt (Sie müssen halt herausbringen, wie diese Provinzzeitung heisst) schicken. Er wird sie Ihnen annehmen, denn er schwärmt für den «Studer». Und schliesslich, warum sollten Sie nicht das Viertel einkassieren? Ich könnt es zwar selber schicken, aber wir sind nun mal in Geschäftsbeziehung (schönes Wort!) und ich gönne andern Leuten auch etwas. Es ist das nur ein kleiner Tip (oder Typ) den ich Ihnen gebe. Berufen Sie sich auf mich.
Recht gute Besserung und dann soll ich Sie noch unbekannterweise von Frau Gotthard Schuh[64] (der Frau des Photographen an der «Z.I.») grüssen. Wenn Sie einmal Zeit haben, sprechen Sie doch dort vor, die Frau ist sehr lieb, und vielleicht können Sie dort etwas in Photo machen. Sie dürfen ruhig sagen, dass ich Frau Schuh von Ihnen erzählt habe.
Recht gute Gesundheit, noch einmal, wünscht Ihnen und es grüsst Sie recht herzlich Ihr
Glauser

[63] Ignatius von Loyola (1491–1556), Mitbegründer der Ordensgemeinschaft *Gesellschaft Jesu,* aus der sich der Jesuitenorden entwickelt. Ignatius von Loyola wurde 1662 heiliggesprochen.
[64] Marga Zürcher (1906 bis 2003), Schweizer Redakteurin und Filmkritikerin, von 1927–39 mit Gotthard Schuh verheiratet.

F. Glauser
Route de Pornic
La Bernerie
(Loire Inférieure)

den 5. April 1937

Lieber Herr Doktor,
ich weiß, ich weiß, schon lange bin ich Ihnen einen Brief schuldig. Sie haben mir über meine «Matto»-Sache so lieb Auskunft gegeben und im Buche auch die Stellen gelobt, die ich gern hatte, daß ich mich wenigstens hätte bedanken sollen. Aber es ist allerlei dazwischen gekommen, Krankheit und Umzug, Fertigschreiben eines Romans – und so antworte ich erst heute. Bitte nehmen Sie dies nicht übel – Sie tun es sowieso nicht, das weiß ich, aber sicher ist sicher.
Wie geht es Ihnen sonst? Ich hab manchmal direkt Sehnsucht danach mit Ihnen zu plaudern. Nächstens werd' ich in die Schweiz kommen – ich weiß noch nicht genau wann, vielleicht schon morgen – und werde eine Woche bis vierzehn Tage bleiben. Kurz in Zürich, lang in Basel. Könnte man sich nicht einmal treffen?[65] Ich werd in Basel bei Frau Ringier hausen (Albananlage 65) und Ihnen einmal anläuten. Vielleicht kann man etwas ausmachen. Denn ich denke, daß Sie als Präsident der Radiokommission doch hin und wieder nach Basel kommen.
Übrigens, hat sich die Aufregung wegen des «Matto» gelegt? Oder ist sie erneut aufgeflammt weil die «Tagwacht» den Roman als Feuilleton bringt? Ich bin sogar schon zum «Genossen» avanciert (nicht bei Vogel, der übrigens ein lieber Mensch zu sein scheint, sondern bei den Leuten des «Öffentlichen Dienstes», die bedeutend weniger nett sind. Aber behalten Sie das für sich). Über die Ausstattung des Buches hab ich mich genauso grün geärgert, wie der Umschlag ist – und zwar eigentlich nicht wegen des Umschlages, der vielleicht 1921 sehr modern war, sondern wegen des Titels und wegen des Drucks. Ich hab die Fahnen nicht mehr durchsehen können und so wimmelt der Text von blöden Druckfehlern und Sinnlosigkeiten, die mir natürlich angekreidet werden. Sie haben ganz recht, der Schluss mit seinem Massacre ist übel, mehr als übel – er ist gepfuscht und das ist schad, weil sonst ein paar lustige Sachen drin sind. Auch die Assonanz (der Ausdruck ist falsch, es fällt mir nur der richtige nicht ein) Borstli – Brauchli ist eine Geschmacksverirrung. Zur Verteidi-

[65] Ein Treffen war nicht mehr möglich, denn Hugo Marti verstarb am 20. April 1937 in einem Sanatorium in Davos.

gung kann ich nur anführen, daß er in zwei Monaten in der Waldau geschrieben worden ist und das Schluss-Massacre in Basel in einer Nacht. Ich hoffe sehr, daß der «Chinese», dessen Anfang Sie begutachtet haben, besser werden wird. Aber dazwischen will ich noch einen Ascona-Kriminalroman schreiben, und auf den freu' ich mich. Ich glaub er wird lustig.

Hier am Meer, wohin wir gezogen sind, weil wir in Angles beide krank geworden sind (die Hühner und alles Geflügel ist vorher kaputt gegangen), hier lässt es sich gut schaffen. Sie stellen das wohl fest, wenn Sie hin und wieder in der «Nazi[66]» blättern und meinen Namen finden.

Können Sie eine Geschichte brauchen? Ich habe den «Bund» so lange mit meiner Prosa verschont, daß ich ein wenig Hoffnung habe, Sie könnten wieder etwas von mir bringen. Es geht mit gleicher Post als Geschäftspapier[67] an Sie ab.

Sehr gern würde ich nach Bern kommen – aber mein Heimatkanton flösst mir großen Respekt und eine Heidenangst ein.

Bitte übernehmen Sie es, Frau Marti mes bons et respectueux souvenirs zu übermitteln. Soll ich Ihnen noch mein Leid klagen, wegen Werkbeleihungskasse, Vormundschaft etc. etc.? Nein, ich tu das nicht. Jeder hat sein Bündlein zu schleppen und das ist wahrscheinlich gut, sonst würde man übermütig.

Sehr herzlich und sehr freundschaftlich verbleibe ich Ihr
Glauser

239 GESPRÄCH ROBERT SCHNEIDER MIT KARL NAEF

19. April 1937

Dr. Naef telefoniert, Glauser sei auf heute Nachmittag mit Vaucher bei ihm gemeldet und zwar wünschen die beiden mit ihm zu reden wegen Direktauszahlung seitens des Schriftstellervereins an Glauser. Er nehme den Standpunkt ein, dass er als Vertreter des Schriftstellervereins dort auszuzahlen habe, wo er rechtlich verpflichtet sei. Wenn etwas anderes gewünscht werde, so soll Glauser eine Erklärung der Vormundschaftsbehörde beibringen, dass er zu Direktempfängen berechtigt sei.

Sch

---

66 *Basler National-Zeitung.*
67 Die Erzählung *Guten Tag, Madame!* Sie erschien in der Sonntagsbeilage des *Bund,* 9. Mai 1937.

GESPRÄCH ROBERT SCHNEIDER MIT FRIEDRICH GLAUSER

22. April 1937

Friedrich Glauser erscheint und berichtet, über seine neuen Domizilverhältnisse in Frankreich, wohin er morgen zurückkehrt. Er hat verschiedenes Geschäftliche erledigt u. a. die «Fieberkurve» beim Morgarten-Verlag abgegeben und zum erhaltenen Vorschuss von Frs. 200.– Frs. 800.– erhalten. Damit ist die Bevorschussung durch den Werkverleih hinfällig geworden und muss Glauser die erhaltenen Frs. 300.– dem Werkverleih zurückerstatten.

«Matto» wird gegenwärtig in der «Tagwacht» abgedruckt und erhielt er dafür ein Zweitabdruck-Honorar von Frs. 200,–.

Glauser hat sich deswegen mit Dr. Briner in der Waldau vollständig verkracht. Dr. Briner ist nämlich s. Zt. vom bernischen Sanitätsdirektor gerüffelt worden, weil er den «Matto», den Glauser in der Waldau geschrieben hat, dem Verleger herausgab. Dass nun dieser von der Berner Regierung nicht gerade geschätzte Roman auch noch in einer politischen Tageszeitung abgedruckt wird, hat Dr. Briner von Glauser nicht erwartet. Er befürchtet natürlich weitere Anrempelungen durch seine Vorgesetzten, aber, so erklärt Glauser, er habe darauf keine Rücksicht nehmen können, denn schliesslich müsse er von etwas leben.

Der Roman «Der Chinese», für den die erste Rate des Preises vom Zeitungsverlegerverein Amtsvormund ausgerichtet worden ist, soll auf den Dezember fertig werden, worauf dann die restlichen Frs. 400.– zur Auszahlung gelangen.

Glauser stellt das Ersuchen, dass ihm gestattet werde, seine Einkünfte aus seiner schriftstellerischen Tätigkeit selbst einzukassieren. Es wird ihm erklärt, dass ich dem kein Hindernis in den Weg lege, soweit es sich wirklich um Einnahmen aus Arbeiten von ihm handelt und meine Unterschrift zu dem Geschäft zugrunde liegenden Vertrag nicht gefordert werde. Wo dies der Fall sei, wie z. B. bei Vorschüssen vom Werkverleih, müsse ich darauf beharren, dass die Zahlungen dort geleistet werden, wo die Verantwortung für ihre Entgegennahme liege.

Im weitern wirft Glauser die Frage auf, ob er sich nicht in absehbarer Zeit mit Frl. Bendel verheiraten könne. Er wird dahin orientiert, dass er als Morphinist im Sinne des Gesetzes eheunfähig ist und dies nur dadurch beseitigt werden kann, dass durch ärztliches Zeugnis bescheinigt wird, dass er nicht mehr «süchtig» ist. Dies erfordere den Eintritt in eine schweiz. Irrenanstalt z. B. die Friedmatt in Basel auf einige Tage.

Postkarte von Friedrich Glauser an Martha Ringier mit der Bitte:
«Und sei nicht allzuböse, wenn das Mulet etwas gespuckt hat gestern.»
La Bernerie, Mai 1937.

Glauser entschuldigt sich nochmals wegen den dem Amtsvormund gemachten Vorwürfen und wiederholt seine Erklärung dafür, dass er zu jener Zeit körperlich sehr schlecht dran gewesen sei und einfach gelegentlich fast Wutanfälle wegen seiner vielen Internierungen erhalte.
Sch.

241 FRIEDRICH GLAUSER AN GOTTHARD SCHUH

Route de Pornic
La Bernerie
Loire Inférieure

den 10. Mai 1937

Um die Anrede drücke ich mich einfach. Das müssen Sie verstehen. Ich danke euch beiden herzlich für die paar schönen Tage in Zürich und für eure Gastfreundlichkeit. Ausserdem hoffen wir beide, meine Freundin und ich, dass ihr beide diesen Sommer einen Sprung zu uns herunter macht. Nur rate ich eines: entweder Juni oder Ende August/September. Juli und August ist hier Hochsaison und die Leute treten sich scheints auf der «plage», auf dem Strand, die Hühneraugen platt. Das ist für niemanden angenehm. Gegen Ende August flaut der Betrieb dann wieder ab und es ist angenehmer. Aber vielleicht reizt Sie, lieber Schuh, eine Photoreportage: «französischer Mittelstand am Ocean». Es könnte etwas Lustiges geben. Ich bin übrigens zu jeglicher Schandtat bereit.

Dann noch zwei Sachen:

Beiliegend schicke ich Ihnen die Fieberkurve, wie Sie etwa richtig sein sollte. Die sogenannte Blockschrift müsste gedruckt sein, die Angaben: «Cleman» «Géologue» «Suisse» in recht zügiger Bureaukratenschrift sein. Sonst meinte Bucher, die Fieberkurve als Titelumschlag zu nehmen, beidseitig, also über den Rücken hinweg bis über das ganze hintere Deckblatt. Auf dem Umschlagblatt der Anfang der Fieberkurve, der Titel des Romans, der Name des Autors. Entwerfen Sie das comme vous voulez.[68] Mir ist alles recht. Und dass es etwas Anständiges wird, nicht etwas so Moserbubenhaftes wie der «Wachtmeister», dafür werden Sie schon sorgen. Das mit den ‹Moserbuben›[69] behalten Sie für sich und erzählen es nicht den Morgartenleuten, wenn Sie so lieb sein wollen.

Dann wollen also die «Z.I.»-Leute eine grosse Ankündigung des

[68] Letztendlich fertigte Hans Schaad den Umschlag an und nicht Gotthard Schuh.
[69] Die «Moserbuebe» waren ein seit 1915 bestehendes populäres Bieler Vokal- und Instrumentaltrio, das in den 1930er Jahren seine grössten Erfolge feierte. Glauser kritisiert mit seiner Anspielung den volkstümlichen Charakter des Buchumschlages von *Wachtmeister Studer*.

Romans starten mit: «Wie begann der Autor zu schreiben» mit Lebenslauf (was man in schlechterer Gesellschaft von meinem Lebenslauf erzählen kann, ohne die Stützen auf die sich die Stützen der Demokratie stützen allzu arg zu erschüttern). Diese ganze Ankündigung soll also mit Photis von mir[70] starten und da wär ich Ihnen dankbar mir einmal alle meine Konterfeis zuzuschicken – zwei Exemplare von jedem Bild. Sie müssen mich recht verstehen: Es handelt sich gar nicht darum, irgend etwas hinter Ihrem Rücken zu machen sondern, ich möchte erstens das eine oder andere Bild verschenken und dann selbst bestimmen, welche gebracht werden sollen. Nummerieren Sie bitte die Bilder, damit ich Ihnen dann einfach knapp Bescheid sagen kann.

Denn noch eine zweite Startung winkt, die der Managende diesmal «Streuung» nennt. Der Manager heisst Ras und verdient mit seinem «Beobachter» ein Heidengeld. Ich hab ihm einen noch nicht geschriebenen Roman bis Mitte Juni versprochen und auch er besitzt den Ehrgeiz einen Schweizer Autor von Glauserschem Format zu lancieren. Ich hab eigentlich nichts dagegen, im Gegenteil, denn durch den «Beobachter» kann ich die Leute erwischen, für die ich gerne schreiben möchte. Wenn meine Sachen daneben auch noch der Tante Korrodi gefallen, desto besser, aber sie sind nicht für Literaturbeflissene geschrieben, sondern ich möchte – das hab ich vor Jahr und Tag einmal geschrieben, die Leute erwischen, die Courths-Mahler, Felicitas Rose oder Rösy von Känel[71] lesen. Ich möcht probieren, ob es nicht möglich ist, ohne sentimentalen Himbeersyrup, ohne sensationelles Gebrüll Geschichten zu schreiben, die meinen Kameraden den Gärtnergehilfen, den Maurern und deren Frauen, den Versicherungsbeamten und Reisenden – kurz der grossen Mehrzahl gefallen, weil sie spannend sind und doch so geschrieben sind, dass auch Leute, denen (wie Anton Karlowitsch Ferge aus dem «Zauberberg»)[72] alles Höhere fremd ist, sie verstehen. Sie werden beide sagen, das sei ein Unsinn und unmöglich. Ich glaube das nicht einmal. Man muss sich nur geduldig hinsetzen und lernen. Lernen erzählen, lernen aufbauen, lernen klar sein. Schliesslich, lieber Schuh, Sie sind auch nicht als Meisterphotograph vom Himmel gefallen – aber jeder kleine Schmierant im Schweizerland ist als Genie zur Welt gekommen. Wenn man sich so einen Typen betrachtet, wie beispielsweise Knuchel von den «Basler Nachrichten»: Direkt aus dem Hörsaal auf den Feuilletonredakteursessel. Und das soll etwas können? Da müssen doch die Rosse lachen ...

Also verzeihen Sie die Abschweifung: Die Sache ist die, dass Ras

70 Gotthard Schuh hat insgesamt sechs Porträtfotografien von Glauser gemacht, einige davon haben ikonischen Charakter.
71 Zu ihrer Zeit erfolgreiche Schriftstellerinnen. Hedwig Courths-Mahler (d.i. Ernestine Friederike Elisabeth geb. Mahler) (1867–1950), deutsche Schriftstellerin, Verfasserin von mehr als 200 Liebesromanen, die in Heftform erschienen sind. Rösy von Känel (1895–1953), Schweizer Journalistin und Schriftstellerin. Felicitas Rose → Dok. 191.
72 Der Versicherungsbeamte Anton Karlowitsch Ferge aus Thomas Manns *Zauberberg* ist Patient im Sanatorium Berghof und wird im Verlauf des Romans gleich mehrfach als «gutmütige[r] Dulder» beschrieben, dem «alles Höhere», bzw. «alle höheren und schwierigeren Gegenstände» fernlägen. Glauser bezieht sich in seinen Briefen immer wieder auf Thomas Manns *Zauberberg*.

vom «Beobachter» einen kurzen Roman[73] von mir bringen will und zugleich als Ankündigung eine Abhandlung über den Glauser. Er will mich machen. Mir kanns recht sein. Der «Beobachter» zieht jetzt schon auf 450 000 und hofft nach der Streuung, an der mein Roman beitragen soll, noch um 50 000 zu steigen. Damit würde man Leute erreichen, die man sonst nie erreichen würde. Und darum hab ich zugegriffen, mögen meine Kollegen über mich schnöden oder nicht. Es ist mir lange genug schlecht gegangen, warum soll ich jetzt nicht ein wenig profitieren, wenn ‹just around the corner there is sunshine for me›? Und wenn es auch nur ein wenig ist, so hab ich ihn bezahlt, den ‹sunshine›. Oder finden Sie nicht? Aber ich hab immer ein wenig Angst und schlechtes Gewissen wenn es mir nicht ganz dreckig geht, darum all die Entschuldigungen, die Sie als gute Freunde wohl kapieren werden. Die Ankündigung soll also auch Photis enthalten. Darum möcht ich gern meine Bilder sehen. Nachher kann ich Ras schreiben: Ich hab keine Photis von mir, aber Schuh hat mich einmal abgenommen, schreiben Sie ihm. Und Sie schicken ihm dann die Nummern, die ich Ihnen angegeben habe. Klar? Es sollten nicht die gleichen in der «Z.I.» und im «Beobachter» kommen, damit Sie von beiden heuschen können.

So, jetzt hab ich genug; verworren genug ist ja der Brief. Aber das schadet nichts.

Nichtsdestotrotz grüsst Sie beide sehr herzlich
Ihr Glauser

Und dem Cjaschperli[74] einen Extragruss. Es kommt dann noch etwas für ihn.

242 JOSEF HALPERIN AN FRIEDRICH GLAUSER

Oberengstringen, 27.5.1937

Mein lieber Glauser,
Der erste Brief, den ich auf diesem formellen Papier schreibe, gilt Ihnen. Ich bin also in die Redaktion des «ABC» eingetreten und habe u.a. «das Feuilleton zu betreuen», wie es im Berufsjargon heisst. Wollen Sie mir den Fremdenlegions-Roman anvertrauen? Ihr Schmerzenskind, das ich so liebe? Ich bin ganz gerührt bei der Vorstellung, dass ich es «betreuen» dürfte. Sehen Sie, die Sache mit der Redaktion

---

73 *Die Speiche.*
74 Kaspar, der 1934 geborene Sohn von Gotthard Schuh und Marga Zürcher.

ist natürlich kein Ideal. Aber es ist *etwas*. Es ist mehr, als wenn ich z. B. Ihnen Briefe über Ihre Arbeiten schreibe, mit mehr oder weniger guten appréciations, mit mehr oder weniger guten Ratschlägen (die Sie im Grunde nicht brauchen), oder wenn ich versuche, Verleger für Sie zu gewinnen (was auch nicht mehr nötig ist). Ich könnte jetzt also etwas tun, was Verleger, Zeitschriften- und Zeitungsredakteure nicht getan haben: nämlich eben die «Fremdenlegion» abdrucken. Und ich bitte Sie sehr, mir das Manuskript *sehr rasch* zu schicken. Wollen Sie das machen?

In zwei bis drei Wochen wird, glaube ich, der jetzt laufende Roman (mit dessen Auswahl ich natürlich nichts zu tun hatte) fertig sein. Ihren Roman brauche ich aber in spätestens zehn Tagen, aus folgendem Grunde: Ich will ihn illustrieren lassen und hoffe, Ernst Morgenthaler dafür zu gewinnen.[75] Zu diesem Zweck müsste er das Manuskript erst lesen. Ich habe mit Morgenthaler noch nicht darüber gesprochen, aber es müsste mit merkwürdigen Dingen zugehen, wenn ich ihn nicht dazu bringen könnte. Erstens hat er einen ausgesprochenen Sinn für Literatur. Zweitens ist er mein ältester Freund. Drittens – das ist für Sie nicht unwichtig – kennt er Nordafrika. Viertens hilft er gerne allen, die er schätzt, und er *wird* Sie schätzen. Es muss also gelingen.

Ich möchte die Veröffentlichung des Romans mit einem Aufsatz über Sie einleiten: über Ihr immerhin abenteuerliches Leben – d. h. über Sie als Zeiterscheinung – über Ihre Art und Ihre Arbeiten. Und es scheint mir anständig, dass ich Ihnen diesen Aufsatz zur Lektüre unterbreite – eben wegen des ersten Teils, der von Ihrem «Leben» handelt. Oder haben Sie eine Hemmung dagegen? Sie haben natürlich alles Vertrauen zu meinem «Takt», und selbstverständlich will ich aus Ihrem Leben keine Sensation machen, ich will nur den Zusammenhang zwischen Ihren Erlebnissen also Ihren persönlichen Erfahrungen und Ihren Schriften zeigen. Und darum wäre es mir lieb, wenn ich Ihnen das vorher zeigen dürfte.

Was das Honorar betrifft, so ist es selbstverständlich, dass ich so viel wie möglich ansetzen werde. Sie wissen, «ABC» ist ein ganz junges Blättchen und kann mit «NZZ» und «National-Zeitung» nicht konkurrieren – in finanzieller Beziehung. Ich kann Ihnen jetzt kein Angebot machen. Ich möchte das umfängliche Manuskript erst dem Vorstand zeigen oder der Instanz, welche über die Gelder bestimmt – da ich selber jung in dem Ding bin und mein Vertrag noch nicht einmal durchberaten ist, so kenne ich mich in diesen Details noch nicht aus. Ich hoffe aber, wie gesagt, möglichst viel zu erreichen. Und

[75] Ernst Morgenthaler (1887–1962), Schweizer Maler und Grafiker. Morgenthaler lehnte den Auftrag mit der Begründung ab, dass er etwas mit eigenen Augen gesehen haben müsse, um ihm «Leben und Gestalt» geben zu können. Dies ungeachtet der Tatsache, dass er im Herbst 1936 Algerien und Marokko bereist und dabei auch die Fremdenlegion kennengelernt hatte.

ich hoffe, dass wir uns über das Schmerzenskind, das bis jetzt – leidergottseidank – niemand wollte, einigen werden. Schicken Sie mir auf alle Fälle schleunigst das Manuskript. Selbstverständlich wird es nicht gesetzt, ehe die Honorarfrage geklärt ist.

Soll ich Ihnen einen Wunsch verraten? Ich wünsche, dass Ihnen meine Bitte mindestens halb so viel Freude macht wie mir die Erwartung, die Möglichkeit, die «Fremdenlegion» abdrucken zu dürfen. Dann würden Sie nämlich schon sehr viel Freude haben.

Ist das unbescheiden von mir? Herrgott Glauser, Sie wissen jetzt doch einiges über mich, und da werden Sie schon spüren, warum ich mich freue: weil ich endlich einmal einstehen kann für Sie.

Schreiben Sie mir also sofort, was Sie von meinem Vorschlag halten, und seien Sie herzlich gegrüsst
von Ihrem
Halperin

243 FRIEDRICH GLAUSER AN JOSEF HALPERIN

Glauser
Route de Pornic,
La bernerie, Loire Inf.

den 31. Mai 37

Lieber Halperin,
ich weiss nicht was ich sagen soll. Am Samstag kam Ihr lieber Brief und nun bin ich den ganzen Sonntag und die beiden Nächte bis heut morgen in einem so unerfreulichen Zustand herumgelaufen, dass ich einfach nicht weiss, was mit mir los ist. Natürlich hab ich den Roman gestern noch einmal schnell durchgelesen und noch hie und da korrigiert – die zwei letzten Seiten behalte ich zurück und will Ihnen in den nächsten Tagen den von Ihnen vorgeschlagenen Schluss schicken. Auch das Gesprächskapitel hätt ich noch gern einmal umgearbeitet aber dazu langt es jetzt nicht mehr. Und es ist mir ohnehin nicht recht, dass Sie so lange haben warten müssen, aber es ging nicht anders, am Sonntag kann man nichts auf die Post tun, denn sie ist geschlossen. So erhalten Sie den Roman eben mit einiger Verspätung, die ich Sie bitte zu entschuldigen.

Freuen? Ach, Halperin, ich sitz wieder in einer so scheusslichen Periode drin, mit ewiger Angst und anderen unangenehmen Hyste-

Route de Pornic
La Bernerie Loire Inf.   10. März 1937

Granate am Kragen
Kravatte
Flanellbinde
Bajonett
Mütze
Kragen
Breeches
Wickelgamaschen

Liebe maman Marthe,

vielen Dank für deinen Brief, auch das Päckli ist gut angekommen, es ist uns von Angles nachgesandt worden und ist in tristem Zustande angelangt. Aber es fehlte nichts darin. Der Zoll hat natürlich seine Nase darein gesteckt und sich bezahlen lassen. Aber Berthe kann alles gut brauchen und ist dir sehr dankbar dafür.
Nun schnell all deine Fragen beantworten:
Brunner habe ich geschrieben und auch schon Antwort. Er ist damit einverstanden, dass ich erst im April zahle. Also kümmere dich bitte nicht mehr um die Sache, ich werde sie dann von hier aus regeln.
Ich glaube es würde dir hier sehr gut gefallen. Sauber ist es auf alle Fälle. Nun musst du aber sagen, wie du dir die Sache denkst. Du kannst bei unseren Wirtsleuten wohnen, aber sie vermieten nur Zimmer mit voller Pension, 35 franz. frs. im Tag. Das Essen ist gut, reichlich und abwechslungsreich. Es geht nicht gut, dass du bei ihnen ein Zimmer hast und bei uns issest, so gern wir dich bei uns hätten, sie gehen darauf nicht ein. Und ich glaube, es wäre fast besser, du würdest volle Pension bei ihnen nehmen. Wir sind ein wenig unregelmässige Leutlein, essen manchmal um 1 h , manchmal später zu Mittag und zu Abend kochen wir, wenn wir gerade Hunger haben. Ich kann dir aber die Pension ruhig empfehlen. Billiger würdest du es sicher nirgends finden, denn ich bin sicher, dass du letztes Jahr mehr gebraucht hast in deinem Hôtel. Herr Sainval, so heisst der ehemalige Kolonialadministrator, könnte dir eins von seinen Häuschen vermieten, aber dann müsstest du für einen Monat 600.- franz. frs. bezahlen und müsstest dann noch irgendwo essen; das würde doch nicht rentieren, meinst du nicht? Doch musst du entscheiden. Erkundige dich nur, ob es nicht Badebillets gibt; ich bin ganz sicher, dass es sie von Basel aus gibt und in der Saison wahrscheinlich billiger als 80.- frs.

Uniform der Legionäre?
Tropenhelm. Khakiuniform. Wickelgamaschen. Der Kittel wird in die Hosen gesteckt und die Flanellbinde darum gebunden. Ich mach eine Skizze. Nicht zu vergessen unter dem Uniformkragen die Kravatte von gleicher Farbe wie die Uniform. N i e   Schrimmütze, wenn kein Tropenhelm getragen wird (auf Marsch, zum Ausgehen wird er immer getragen nur in der Kaserne die Polizeimütze, wie in der Schweizer Armee, nur ebenfalls resedagrün). Breeches, seitlich geknöpft, anliegend.
Weiss Kleiber, dass der 'Zauberer' (denn um den muss es sich doch handeln, 'der alte Zauberer', die erste Studergeschichte) schon in Z.I. gekommen ist? Von wem hat er das Ms.? Ich habs ihm doch nie geschickt. Nur möchte ich nicht in Konflikte mit ihm geraten. Willst du ihn noch einmal fragen, ob er das weiss? Ich werde ihm nächstens schreiben und ihm etwas Neues schicken.

Brief von Friedrich Glauser an Martha Ringier mit Skizzen der Fremdenlegionsuniformen.
La Bernerie, 10. März 1937. → Dok. 243.

rien, dass ich auf Ihren lieben Brief so blöd reagiert habe wie weiland Polykrates auf seines Daches Zinnen. Weiss der Kukuck, aber wenn ich Sie etwas bitten darf und wenn Sie wirklich über mein Leben schreiben wollen, dann bitte attackieren Sie die Psychiater ein wenig. Und sagen Sie es einmal laut und deutlich, dass Eingriffe, Schicksalspielen, wie es diese Herren tun, gefährliches Spiel ist. Vier Jahre haben sie mich nicht los gelassen und ich [bin] von einer Mürbe, die bei einer Linzertorte vielleicht als Qualität aufgefasst werden könnte, aber bei einem Menschen wirklich nur eine sehr grosse Schweinerei ist. Ich bin nur froh, dass ich nicht allein bin, dass jemand da ist – und nun kommen Sie auch und das ist eigentlich sehr tröstlich. Aber verstehen Sie mich recht. Es ist auch das, dass ich so viele Jahre hab warten müssen – und wenn dann eine Nachricht wie die Ihrige kommt, dann benimmt sich die Freude etwas sonderbar. Und wenn ich Ihnen all dies schreibe, so müssen Sie das nicht übelnehmen und mich nicht langweilig finden, manchmal hilft das Schreiben und Formulieren und ist wie eine magische Handlung, ein Bannen. Und doch ist nicht alles, was ich Ihnen schreibe, Blödsinn. Mein Gott, Ihnen darf man wohl noch solche privaten Hysterien erzählen, ohne dass man riskieren müsste, ausgelacht zu werden.

Und nun zum Geschäftlichen, das eben auch notwendig erledigt werden muss. Wenn Morgenthaler illustrieren will, wär ich sehr froh. Fragen Sie ihn aber bitte, ob er die neue Uniform der Legion kennt. Sie ist nämlich gar nicht die Uniform die in den amerikanischen Filmen vorkommt. Ich will sie ihm gern, wenn er will, beschreiben.

Vor acht Jahren (vielleicht sind es auch neun) ist der Roman mit 1500 frs. von der Werkbeleihungskasse belehnt worden. Sobald Sie also etwas Sicheres über die Annahme wissen, schreiben Sie mir bitte noch, damit ich das mit Naef ins Reine bringen kann. Vielleicht verlangt man nach so langen Jahren keine Bezahlung der Schuld mehr.

Und endlich als letztes: Sie werden kürzen müssen, ziemlich viel sogar, sonst wird der Roman wohl zwei Jahre laufen, oder opfern Sie im «ABC» eine ganze Seite für das Feuilleton? Wenn Sie es ermöglichen können, würde ich gern die Fahnen noch durchsehen, vor dem Druck. Oder ist das zu kompliziert? Dann würde ich an Ihrer Stelle, mich mit dem Morgarten-Verlag und zwar mit dem Prokuristen, der Bucher heisst, in Verbindung setzen. Sie könnten ihm den Satz antragen und ihn anfragen, ob er den Roman dann als Buch herausgeben will. Sie müssten sich aber sofort mit ihm in Verbindung setzen und dann einfach, unter dem Titel, das Copyright des Verlages anbringen. Dann glaub ich, wird die Sache auch für die Zeitung nicht zu teuer kommen und ich hätte Hoffnung, den Roman doch noch einmal als Buch zu sehen.

Kürzen ... Ich hab ein wenig Angst, auch für Sie, dass nämlich während der Publikation – und besonders wenn Sie den Roman so drucken, wie er da ist – Ihnen einige Abonnenten abschnappen werden. Ja, vergessen Sie nicht, dass wir in der Schweiz sind. Und wie Schweizer auf Homosexualität reagieren, das brauch ich Ihnen ja nicht zu erzählen. Aber ich bin sicher, dass Sie das alles bedacht haben, nehmen Sie es mir dennoch nicht übel wenn ich da mit dummen Ratschlägen hineinplatze.

Und dann dank ich Ihnen noch vielmals, dass Sie sich für mich einsetzen wollen. Brauchen Sie Daten zu meinem Curriculum vitae? Machen Sies gnädig, wenn ich bitten darf. Doch das tun Sie ja ohnehin.

Sie sehen, ich schreibe viel nutzloses Zeug. Aber vielleicht ist das auch notwendig.

Viele Grüsse an Ihre Frau.

Und sehr herzlich bin ich stets Ihr

Glauser

244 FRIEDRICH GLAUSER AN JOSEF HALPERIN

Glauser
Route de Pornic
La Bernerie

den 15 Juni 1937

Lieber Halperin,
ich bin mit allem einverstanden, mit Honorar, mit Kürzungen.[76] Und wenn Sie die Sache mit dem Morgarten-Verlag noch deichseln können, dann habe ich gar nichts mehr zu wünschen. Aber finden Sie nicht auch, dass es ganz schön wäre, wenn die Geschichte als Buch herauskäme? Schaun Sie Halperin, mein Lieber, das letzte Mal hab ich Ihnen nicht so recht danken können, wie ich es gern getan hätte. Ich hab plötzlich so ein elendes Kotzgefühl im Hals gehabt – acht Jahre hat man warten müssen, bis etwas, an dem man gehangen hat, endlich gedruckt wird – und es wird nur gedruckt, weil ein Mensch wie Sie plötzlich auftaucht und die Courage hat so etwas zu unternehmen. Und dann hab ich mir gedacht, dass, wenn mir das früher

76 Am 13. Juni 1937 hatte Halperin an Glauser geschrieben, dass er nicht mehr als 400 frs. für den Abdruck von *Gourrama* anbieten könne. Ausserdem schlug er vor, den Roman um ca. 70 Seiten zu kürzen, damit er in 30 Folgen, d. h. innerhalb eines guten halben Jahres, abgedruckt werden könne.

passiert wäre, ich vielleicht ein bisschen mehr Mut aufgebracht hätte und mich nicht dazu gezwungen hätte, mit Hilfe von mehr oder weniger Sensationsromanen das bisschen Geld aufzubringen, das man zum Leben braucht. Denn schliesslich, wenn Sie wollen, Ihr waret alle sehr anständig mit mir, Humm und Sie vor allem, und habt eigentlich diese Kriminalromane viel positiver gewertet, als sie es verdienten. Aber mir liegt da noch ein Kriminalroman[77] auf dem Magen, den ich für den «Beobachter» fertig machen sollte und ich fange ein wenig an zu sauen. Darum will ich, wenn ich das Geld vom «Beobachter» bekomme (das wird noch etwa einen Monat gehen) ein wenig auf Reisen gehen.

Die «ABC» hab ich bekommen und über Ihre Artikel hab ich mich am meisten gefreut. Besonders den einen, wo Sie am Schluss die «Effi Briest» zitieren[78] vom alten Fontane. Und der über Huxley. Der ist doch von Ihnen obwohl Sie da einen andern Vornamen tragen.[79] Und die Zeitung ist gut – und ohne Ihnen Komplimente machen zu wollen, die letzten Nummern sind viel knapper und lebendiger als die ersten. Nur der Roman ist eine Schindluderei.[80] So Zeilen zu schinden! Das find ich scheusslich.

Die Kürzungen werden nicht allzu schwer sein. Sie können das ganze Kapitel vom ‹kleinen Schneider› streichen. Es ist eine Novelle à part, kann dann vielleicht ins Buch aufgenommen werden, ist aber sonst schon als einzelne Geschichte im «Bund» und gekürzt in der «NZZ» erschienen. Im ‹Marschtag› können Sie das ganze Gespräch Todd-Schilasky über die Homosexualität ruhig herausschmeissen – ça fait double emploi. Und wenn Sie mir das Ms. noch ein paar Tage überlassen können (ich habe nur dies), will ich das Gesprächskapitel und das letzte kürzen. Sie müssen mir nur genau sagen, bis wann Sie es brauchen. In zwei Tagen könnte ich das schon machen – mit dem Hin und Zurück müssten Sie eine Woche rechnen. Sonst, wenn das Schicken nicht geht, so kürzen Sie selbst. Manchmal denke ich, man könnte das letzte Kapitel überhaupt weglassen. Dann würde die Geschichte nur natürlicher, «wahrheitsgemässer» ohne Anfang – ohne Ende ... Was halten Sie von diesem Vorschlag?

Eine Bitte habe ich noch: Können Sie mir das Honorar – oder wenigstens einen Vorschuss darauf – jetzt schon auszahlen? Ich bin ein wenig im Druck – eben bis der «Beobachter» zahlt. Und sagen Sie, macht das nichts, dass ich dort eine ‹short novel› publiziere? Ich meine, kompromittiert das nicht Ihre Zeitung, wenn von mir etwas in dieser ausgesprochenen Kapitalistenzeitung kommt? Sie kennen mich wohl gut genug, um zu wissen, dass ich da keine «reniements»

77 *Die Speiche.*
78 Artikel nicht ermittelt.
79 Ernst Halperin, *Die Intellektuellen und die Zeitprobleme. Zum neuen Roman von Aldous Huxley,* in *ABC,* 13. Mai 1937. Josef Halperin berichtigte in einem Brief vom 8. Juli 1937, dass der Artikel von seinem Sohn Ernst stammte.
80 Gemeint ist Jan van Gerstels Roman *Die Herrenreiter.* Nach einem Bericht eines ehemaligen russischen Weissgardisten, der als Fortsetzungsroman in der Zeitschrift *ABC* abgedruckt wurde.

betreibe – ich erzähle eine Geschichte, un point, c'est tout. Ich wollt' Ihnen das nur noch schreiben, damit ja kein Missverständnis zwischen uns aufkommt. Verstehen Sie?

Ich lege Ihnen einen Girozettel bei. Mein Postcheck ist à sec. Und da komm ich eben zu Ihnen, weil das im Augenblick das Gegebene ist.

Ich weiss nicht warum, aber ich freu mich einfach, dass es so eine Zeitschrift wie die Ihre gibt und in der Schweiz noch dazu. In der wieder einmal anständig geschrieben wird und in der es sauber zugeht. Kennen Sie eigentlich «Vendredi»? Das ist so die einzige Zeitung, die ich hier lese. Und im Ton ist sie manchmal ganz ähnlich wie das «ABC».

Daten wollen Sie? Also: 1896 geboren in Wien von österreichischer Mutter und Schweizer Vater. Grossvater väterlicherseits Goldgräber in Kalifornien (sans blague) mütterlicherseits Hofrat (schöne Mischung, wie?) Volksschule, drei Klassen Gymnasium in Wien. Dann 3 Jahre Landerziehungsheim Glarisegg. Dann 3 Jahre Collège de Genève. Dort kurz vor der Matur hinausgeschmissen, weil ich einen literarischen Artikel über einen Gedichtband eines Lehrers am dortigen Collège verfasst hatte. Kantonale Matur in Zürich. 1 Semester Chemie. Dann Dadaismus. Vater wollte mich internieren lassen und unter Vormundschaft stellen. Flucht nach Genf. Rest können Sie im «Morphium»[81] nachlesen. Ein Jahr (1919) in Münsingen interniert. Flucht von dort. 1 Jahr Ascona. Verhaftung wegen Mo. Rücktransport. 3 Monate Burghölzli (Gegenexpertise weil Genf mich für schizophren erklärt hatte). 1921–23 Fremdenlegion. Dann Paris Plongeur. Belgien Kohlengruben. Später in Charleroi Krankenwärter. Wieder Mo. Internierung in Belgien. Rücktransport in die Schweiz. 1 Jahr administrativ Witzwil. Nachher 1 Jahr Handlanger in einer Baumschule. Analyse (1 Jahr) während der ich in Münsingen weiter als Handlanger in einer Baumschule gearbeitet habe. Als Gärtner nach Basel, dann nach Winterthur. In dieser Zeit den Legionsroman geschrieben (1928/29) 30/31 Jahreskurs Gartenbauschule Oeschberg. Juli 31 Nachanalyse. Jänner 32 bis Juli 32 Paris als «freier Schriftsteller» (wie man so schön sagt).

Zum Besuch meines Vaters nach Mannheim. Dort wegen falschen Rezepten arretiert. Rücktransport in die Schweiz. Von Mai 32 – Mai 36 interniert. Et puis voilà. Ce n'est pas très beau, mais on fait ce qu'on peut.

Spass beiseite, es sieht nicht schön aus – besonders die vielen Internierungen, aber ich habe meine Spezialtheorie über das Opium, die ich Ihnen jetzt nicht auseinandersetzen kann. Der einzige Artikel, der mich im «ABC» geärgert hat, war der über die Rauschmittel.[82] Ich

---

81 *Morphium. Eine Beichte,* in *Schweizer Spiegel,* November 1932. Der freimütige biografische Bericht über Glausers Morphiumsucht und seine Entzüge sorgte bei Erscheinen für Unmut beim Münsinger Psychiater Max Müller.

82 *Rauschgifthandel. Ein Abstecher in die kapitalistische Unterwelt.* Von M. M., in *ABC,* 20. Mai 1937.

hab nämlich den Eindruck, dass der Herr diese Sachen moralisch beurteilt, und das ist ein Fehler. Ich muss gestehen, dass ich mir die Drogue immer auf pseudo-legalem Weg verschafft habe, also nie durch Rauschmittelhändler. Mais cela importe peu und ich weiss gar nicht, warum ich Ihnen das erzähle.

Das wird wohl genügen. Augenblicklich hab ich wieder mal den Eindruck, als stände alles auf der Kippe, der Weg mit dem Kriminalromaneschreiben scheint mir nirgends hinzuführen. Ich möcht irgendwohin, so weit als möglich von Europa fort, und dunkel schwebt mir etwas von freiwilligem Krankenpfleger vor. Wenn Sie in dieser Richtung etwas wissen, so schreiben Sie es mir. Indochina, oder Indien – irgendwo wird man einen doch brauchen können. Denn nur Literat sein das geht auf die Dauer nicht. Man verliert jeden Kontakt mit der Wirklichkeit.

So. Et je vous serre bien amicalement la main
votre dévoué
Glauser

Erschrecken Sie nicht über den Artikel[83], den ich Ihnen beilege. Ich weiss nicht, ob Sie ihn überhaupt brauchen können. Es ist ein Versuch. Ich habe ihn vor Monaten geschrieben und kein Mensch hat mir ihn drucken wollen. Vielleicht hab ich bei Ihnen mehr Glück? Ich weiss nicht, wie Sie zum «Retour de l'U.R.S.S.»[84] stehen, mich hat das Buch geärgert wegen seines unerlaubt grotesken Narcissmus. Und den Ärger hab ich ausgespuckt. Ich weiss ja, dass Sie von mir kein Festhalten an einem Parteiprogramm verlangen. Und darum bekommen Sie auch den Artikel, den Sie abdrucken mögen, wenn Sie es für gut finden. Gl.

Noch etwas: Wenn Sie mit dem Morgarten verhandeln, so betonen Sie, es handle sich um einen Roman, der vor acht Jahren geschrieben worden sei – und daher nicht dem Kontrakt unterliege, den ich mit dem Morgarten geschlossen habe. Sagen Sie, ich hätte Ihnen das Copyright verkauft und versuchen Sie, das Copyright an die Herrschaften weiterzuverkaufen. Sie können mir ja, wenn Sie es brauchen, einen kurzen Vertrag schicken, den ich gern unterzeichnen will. Wenn Sie aber finden, es sei günstiger fürs «ABC», daß der Morgarten das Copyright von mir erwirbt u. Ihnen den Abdruck gestattet, dann lassen Sie es mich wissen, damit ich in diesem Sinne dem Morg. schreiben kann. C'est compliqué.

Und antworten Sie mir bitte bald.

[83] *Zurück aus Sowjetrussland.* Halperin druckte den Text zwar nicht, bat Glauser aber bei Erscheinen von Gides zweitem Russland-Buch um eine ausführliche Stellungnahme.
[84] Reisebericht von André Gide, Paris, Gallimard 1936.

FRIEDRICH GLAUSER AN OTTO KLEIBER

Route de Pornic
La Bernerie

den 28. Juni 1937

Lieber Herr Doktor,
es war mir ganz unheimlich zumute, die letzte Zeit: die Kabinette stürzten nicht mehr, sie hielten sich, seit fast einem Jahre. Immer war der gleiche Ministerpräsident am Ruder mit seiner Equipe von 36 oder 40 Ministern und Unterstaatssekretären. Am Ruder: ich stelle mir das immer ganz konkret vor; ein Boot, darin sitzt ein Mann im Frack und rudert zu den Takten der Marseillaise während am Steuer der Finanzer sitzt. Den beiden wachsen Blasen an den Händen – aber auch die Blasen nützen nichts, das Bötlein schwimmt im Kreis. – Zwar versucht der Affaire Etrangère ein Segel zu hissen – auch das Segel nützt nichts. Nun aber bin ich beruhigt! Blum[85] hat mit Brio demissioniert nun darf sich Chautemps[86] an die Händlein rudern. Sieht das Ganze nicht aus wie ein Bild von Jean Effel?[87] Schmetterlinge «gaukeln» in den Lüften, und Léon Blum ist Staatsminister geworden! Das heisst, dass er nun seine Hände pflegen und den andern zusehen darf. Glücklicher Léon! Zwar spricht man allgemein von Geschäften und Geschäftlein, die Schuld gewesen seien am Fall des Ministeriums, aber wir, die wir nicht teilhaben am Geheimnis der Götterlein, wir begnügen uns mit den Schmetterlingen, die durch die Lüfte gaukeln und in den Bärten der Herren Senatoren nisten – nur Caillaux[88] ist glatt und mager und undankbar, wie alle glatten Politiker. Wie liess Shakespeare seinen Caesar sprechen? Lasst dicke Männer um mich sein – zum Beispiel Jouhaux[89] oder Thorès[90] (der sich vielleicht mit einem Z schreibt).

Dies Preambulum um Ihnen mitzuteilen, dass am 3. Juli höchstwahrscheinlich Portiers, Etagenkellners, Plongeurs, Köches, Soubretten und Chefs de réception in den Ausstand treten werden. Maitres d'hôtel etcötera, kurz das ganze Hotelpersonal. Heil ihnen! Wohl ihnen! Und die Garde républicaine wird mit geladenen Säbeln und gezogenen Revolvern gegen die Ausständigen losmarschieren um die Revolte zu unterdrücken! Wahrhaftigen Gottes die Plongeurs haben recht! Sechzehn Stunden mussten sie arbeiten – ich weiss ein Lied davon zu singen. Wahrscheinlich ist dies der Grund, warum in dem Lande, das der Herrgott preferiert, alles teurer wird ...

Nun Streike haben Sie in Sainvals Familienpension nicht zu fürch-

[85] Léon Blum (1872-1950), französischer Jurist und Politiker. Am 4. Juni 1936 zum ersten sozialistischen Premierminister in der Regierung der Front populaire (Volksfront) gewählt, Rücktritt am 21. Juni 1937.
[86] Camille Chautemps (1885-1963), französischer Politiker. Von 1936 an Staatsminister in Léon Blums Regierung, wurde am 22. Juni 1937 als Blums Nachfolger zum Premierminister gewählt.
[87] Jean Effel (d. i. François Lejeune) (1908-1982), französischer Cartoonist, Karikaturist und Illustrator. Publikation einer Sammlung antifaschistischer Karikaturen 1935.
[88] Joseph Caillaux (1863-1944), französischer Politiker, Staatsmann der Dritten Republik. Er gehörte von 1925-40 dem Senat an und beteiligte sich am Sturz von Léon Blums Volksfrontregierung.
[89] Léon Jouhaux (1879 bis 1954), französischer Gewerkschafter. Seit 1909 Generalsekretär des zentralen Gewerkschaftsbundes *Confédération générale du travail* (CGT).
[90] Maurice Thorez (1900-1964), französischer Politiker, von 1930-64 Generalsekretär der Kommunistischen Partei, 1932-39 Abgeordneter der Nationalversammlung und Unterstützer der Volksfrontregierung unter Léon Blum.

Berthe Bendel und Friedrich Glauser. Foto: Hulda Messmer.
La Bernerie, Sommer 1937.

ten. Denn madame macht alles. Aber da das Leben in Frankreich immer teurer wird hat auch madame ihre Preise majoriert. Sie verlangt für die erwachsene Person fünfzehn Franken pro Dîner (15 + 15 = 30), pro Kind 10 (10 + 10 = 20; 30 + 20 = 50). Sie werden also, wie Sie aus beigefügtem Kontrakt ersehen können, fünfzig Franzosenfranken für den Tag und für jedes Dîner zahlen müssen. Falls Sie wollen ...

Ich hätte Ihnen gerne einen andern Vorschlag gemacht, denn mich deucht 1500.- Franzosenfranken (was 300.- frs. in unserer Währung, für ein einziges Essen wären) doch ein wenig viel. Ich glaube, darin haben wir einige Ähnlichkeit: wir lieben nicht «üppiges» Essen mit Hors d'oeuvres, Fisch, Fleisch, Gemüse, Dessert, Käse und Früchten. Madame Sainvals Dîners sind aber eher pantagruéliques. Und ich fürchte, dies wird weder Ihnen, noch Frau Doktor passen. Auch in einem Restaurant zu Nacht essen würde ich nicht anraten – der Preis ist der gleiche und Sie müssten etwa einen Kilometer laufen. Wollen Sie es nicht so machen: Meine Frau kommt am Morgen zwei Stunden (um Ordnung zu machen) und am Abend ebensolange und hilft Frau Kleiber das Nachtessen machen. Dann können Sie essen was Ihnen Spass macht (die Fischfrau kommt fast jeden Tag vorbei) und müssen nicht fürchten, dass man Ihnen Dinge vorsetzt, die Ihnen nicht munden. Nur muss ich Sie bitten, falls Sie mit diesem Arrangement einverstanden sind, Sainvals davon nichts zu sagen – ich lebe gern in Frieden mit ihnen und ich glaube, ich hab Ihnen schon geschrieben, dass er sehr «interéssé» ist. Er würde es uns übel nehmen, wenn wir ihm das Gras unter den Füssen schneiden würden, wie der schöne französische Ausdruck lautet. Also, wie gesagt, wir sind tout à votre disposition. Der Herd im Häuschen drüben ist gut, Sie werden etwa zwei Säcke Briketts brauchen – das ist alles.

Den Kontrakt schicke ich Ihnen dennoch mit, Sie können dann immer noch machen, wie Sie wollen. Falls Sie ihn ununterzeichnet zurückschicken, so will ich Sainvals schon erklären, dass Sie sich anders besonnen hätten.

Bitte denken Sie eines nicht: wir wollten uns Ihnen aufdrängen. Wir suchen nur eine Lösung, die Ihnen nicht allzu viel kostet und bei der Sie doch richtig Ferien machen.

Die Leintücher werden Sie mieten müssen. Wenn wir genug hätten, würd ich ihnen von den unseren anbieten – aber wir sind selbst knapp dran. Sie kosten 12 ffrs. pro Paar und pro Monat. Eines für Ihr Doppelbett, zwei für die zwei Kinderbetten, also im ganzen 36 ffrs. Ich habe sie bestellt.

Und nun entschuldigen Sie das lange «Geseire».

Grüssen Sie bitte Martha von uns.

Veuillez transmettre nos respectueux compliments à madame Kleiber.

Auch Sainvals lassen grüssen.

Sehr herzlich Ihr ergebener

246 FRIEDRICH GLAUSER AN ROBERT SCHNEIDER

Glauser
route de Pornic
La Bernerie (Loire inf.)

28. Juni 1937

Lieber Herr Doktor,
Ihren freundlichen Brief vom 22. Juni 1937 verdanke ich Ihnen bestens. Auch ich glaube, dass nichts anderes übrig bleibt, als Herrn Dr. med. Wenger, Winterthur, die Rechnung zu begleichen. Ich kann mich beim besten Willen nicht besinnen, wie damals die Sache mit Frl. Gutekunst gewesen ist. Darf ich Sie bitten, die Rechnung aus den 100.- frs., die von mir noch bei Ihnen liegen, zu begleichen?
Von meinen Arbeiten kann ich Ihnen keinen sehr detaillierten Bericht geben. Den Roman[91] für den Morgarten-Verlag (der im August in der «ZI» anfangen soll zu laufen) hab ich noch einmal umgearbeitet. Daneben hab ich einige Skizzen verbrochen und mit dem Wettbewerbsroman begonnen. Dann waren Korrekturen für das Heft zu lesen das im Oktober von den «Guten Schriften» in Basel herausgegeben werden soll. Es ist eine Erzählung, die zuerst «Unten» hiess und schliesslich in «Im Dunkeln» umgetauft worden ist. Sie ist, mit dem Legionsroman, eine Sache zu der man stehen kann – keine Kriminalerzählung, sondern sowohl stilistisch als auch in der Komposition sehr sorgfältig gemacht worden. Ich denke, sie wird Ihnen gefallen. Sobald ich ein paar Hefte bekomme, will ich Ihnen eins zusenden. Dann hab ich für den Schweizer «Beobachter» eine kürzere Geschichte geschrieben. Haben Sie übrigens gesehen, dass die «SRZ» (was «Schweiz. Radiozeitung» heisst) ein Bild von mir gebracht hat zu einer Vorlesung, die am 6. Juni von einem Stahlband vor sich ging? In ihrer Reisenummer vom 25. Juni hat die «ZI» auch etwas Kurzes von mir gebracht. Das wäre so alles.

Ich danke Ihnen noch herzlich, dass Sie mich unterstützt haben, als mein Vater wünschte, ich solle einem Verwandten seiner dritten Frau Geld überweisen. Ich hatte auch nein gesagt, denn der Mann, um den es sich handelt, ist wirklich ein sehr unsympathischer Bürger mit dem ich ungern etwas zu tun gehabt hätte.

Hier herrscht allerhand Aufregung, weil das Kabinett Blum umgefallen ist – obwohl Blum dennoch in der «Kombination» bleibt. Auf den 3. Juli erwartet man einen Streik des Hôtelpersonals. Politisch am lustigsten ist wohl, dass die Kommunisten mit den Radikalen Arm in Arm marschieren.

Mit freundl. Grüssen
Glauser

Auch Fräulein Bendel lässt Sie herzlich grüßen.

247 FRIEDRICH GLAUSER AN HERMANN HESSE

Route de Pornic
La Bernerie (Loire inf.)

1. Juli 1937

Lieber Herr Hesse,
Sie kennen mich gewiss nicht, denn die Romane, die ich schreibe – oder sagen wir besser, die ich geschrieben habe und die gedruckt worden sind, gehören einer Gattung an, die Sie sicher verachten. Wenn ich trotzdem den Mut finde Ihnen zu schreiben und Ihnen alles Gute zu Ihrem sechzigsten Geburtstag zu wünschen, so ist daran Frau Martha Ringier schuld. Und es ist mir, als müsse ich mich bei Ihnen bedanken für die Bücher, die Sie geschrieben haben. Bitte sehen Sie in diesem Dank keine Phrase. Denn ich kenne Sie schon seit langer Zeit. Zum ersten Mal hab ich Sie gesehen, als Sie, ein paar Jahre vor dem Krieg, in Gaienhofen wohnten – einmal kamen Sie nach Glarisegg, wo ich Schüler war. Und wegen Ihrer «Umwege»[92] habe ich meinen ersten großen literarischen Zwist mit unserm damaligen Deutschlehrer ausgefochten.

Dann, viel später, als ich aus der Fremdenlegion zurückkam, war Ihr «Demian» das erste deutsche Buch, das ich las. Mit Ball waren Sie ja auch bekannt – aber ich glaube nicht, daß Ball Ihnen von mir gesprochen hat, obwohl wir einmal sehr befreundet waren und er mich sogar in einem seiner Bücher zitiert.

[92] Hermann Hesse, *Umwege*. Erzählungen. Berlin, S. Fischer 1912.

Ich schicke Ihnen eine kleine Geschichte, die im Herbst in den Basler «Guten Schriften» herauskommen wird[93] – vielleicht macht Ihnen das Büchlein Freude. Nur um eins möchte ich Sie bitten: wenn es Ihnen nach den ersten Seiten nicht gefällt, legen Sies ruhig beiseite und zwingen Sie sich nicht zum Lesen. Vielleicht gelingt es mir später einmal, etwas zu schreiben, was Ihnen gefällt.

Nehmen Sie diesen Brief und die Sendung als einen kleinen Dank an für das, was Sie mir gegeben haben durch Ihre Bücher – und für das, was Sie für mich bedeutet haben.

Ihr sehr ergebener
F. Glauser

248 HERMANN HESSE AN FRIEDRICH GLAUSER

Lieber Herr Glauser![94]
Es war hübsch von Martha Ringier, Ihnen diesen Gedanken einzugeben, und es war freundlich von Ihnen, ihn so auszuführen. Ich habe an Ihrem Brief Freude gehabt und nicht weniger an dem Büchlein, das ich aufmerksam las und dem ich viele Leser wünsche. Sie sind ein guter Beobachter und Erzähler, und wie Sie in diesen Erzählungen vom Äusserlichen und nur Interessanten weg so mitten in die Grundprobleme unseres Lebens finden, das ist schön und kann vielen Lesern wohltun. Ich kann mir zur Zeit keine ausführlichen Briefe leisten, ich bin stark belastet, aber ich wollte Sie nicht länger auf meinen Dank warten lassen.

Mit herzlichen Grüssen
H. Hesse

93 D. i. *Im Dunkel*, in «Gute Schriften», Nr. 195, Oktober 1937.
94 Der Brief wurde Anfang August 1937 in Montagnola verfasst. Briefabschrift von unbekannter Hand.

Angles près Gué de Longroi
Eure et Loir 21. Juli 1937

2 3. JUL. 1936

Herrn Dr. R. Schneider
IX. Amtsvormund
Selnaustrasse
Zürich

Lieber Herr Doktor,

Ihr Besuch hat uns sehr gefreut und ich hoffe, dass auch
Sie von unserer Installation befriedigt gewesen sind.
Wie ich Ihnen schon bei Ihrem Besuch mitteilte, werde ich
Sie noch einmal um einen Vorschuss bitten müssen. Sie haben
ja gesehen, wie einfach wir leben, und dass wir nichts
unnötiges brauchen, aber es kommen eben im Anfang immer
Ausgaben vor, und so bleiben uns von dem Geld, das Sie uns
sandten, noch zweihundert fr. frs. Ich möchte nicht gerne
warten, bis wir gar nichts haben und bitte Sie darum,
uns umgehend noch einmal 200.- Schw. frs. zu schicken.
Gebraucht haben wir:

```
2 Hennen à 18 frs.              36.-
Hühnerfutter                    50.-
Samen                           20.-
3 Enten                         30.-
Rechnung Potin                 100.-
Rechnung Potin                  80.-
Gemüse                          60.-
Eier                            80.-
Eier zum Brüten                 15.-
Milch                           20.-
Reise nach Paris                28.-   (eine Reise hat
                                        mir Frau Ringier
                                        vergütet)
1 Schrank                      140.-
     Flit                       30.-
Diverses                        20.-
                               ------
                               709.-
```

Der Rest ist für diverse Anschaffungen hingegangen, wie
Stoff und Seife. Sobald einmal Gemüse in unserem Garten
wächst, und trotz des sehr nassen Sommers scheint es doch
soweit kommen zu wollen, werden wir doch billiger leben
können. Ich habe ausserdem noch einen Mann zur Hilfe genommen, den ich auch habe zahlen müssen, aber das geht auf
mein Privatkonto und ich denke ich werde es von einem
Feuilleton zahlen können, das ich letzthin der Nationalzeitung geschickt habe.

Brief von Friedrich Glauser an Robert Schneider mit Auflistung der Ausgaben.
La Bernerie, 21. Juli 1937.

249 FRIEDRICH GLAUSER AN GEORG GROSS[95]

F. Glauser
Route de Pornic
La Bernerie (Loire inf.)

31. Juli 1937

Lieber Herr Doktor,
ich schicke Ihnen hier die verlangten Angaben. Hoffentlich genügen Sie Ihnen. Sie müssen deren Kürze entschuldigen. Aber ich habe einen derartigen Widerwillen in dem alten Schlamm herumzuwühlen – so oft hab ich dies tun müssen, in der Analyse und sonst in Nächten, in denen man nicht schlafen konnte, dass ich ein wenig genug davon habe. Dies sage ich Ihnen nur, um mich für die Kürze der Angaben und für ihren Telegrammstil zu entschuldigen. Französisch hab ich sie abgefasst weil ich dachte, dass Sie die K. G. in Prangins französisch führen.

Die Reise war ziemlich scheusslich, das will ich ruhig zugeben, aber sie ist jetzt überstanden und so wollen wir nicht mehr klagen. Ich schlafe ganz gut hier am Meer und faulenze vorläufig noch, bis ich wieder ein wenig auf dem Damm bin. Meine Schrift ist noch immer zittrig und nicht gut lesbar, darum tippe ich lieber diesen Brief an Sie. Ich wäre Ihnen sehr dankbar wenn Sie mir den Empfang der beiligenden Notizen umgehend bestätigen würden, auch ob der Brief geöffnet worden ist oder nicht. Man kann nie wissen, heutzutage, mit der Post und obwohl ich bis jetzt keine schlechten Erfahrungen mit Frankreich gemacht habe, bin ich doch ein wenig unruhig. Es wird Ihnen ein leichtes sein, diese Beunruhigung zu heben.

Ich glaube noch immer, dass ich keine allzu grosse Dummheit gemacht habe. Das mit den drei Wochen habe ich meiner Frau gesagt und ich glaube wir werden zusammen schon darüber hinwegkommen.

Haben Ihnen die letzten Tage nicht die Ohren geklungen? Ich habe so viel von Ihnen zu erzählen gewusst, dass auch meine Frau Ihnen sehr dankbar ist für alles, was Sie für mich getan haben. Das ist keine Phrase, sondern so ehrlich und einfach gemeint, als es nur möglich ist.

Sobald es mir ein wenig besser geht, werd ich Ihnen länger schreiben. Ich wollte Sie nur nicht allzu lange auf eine Nachricht warten lassen.

Meinen Freund Halperin hab ich gebeten, Ihnen das «ABC» zuzuschicken, sobald mein Legionsroman darin erscheint. Sie können ja

95 Georg Gross, Psychiater in der Privatklinik Prangins und behandelnder Arzt während Glausers Entzug.

dann immer noch machen, wie Sie wollen, lesen oder nicht. Aber es ist eine Sache die ich gern mag, und darum möcht ich und hab den unbescheidenen Wunsch, dass Sie sie, wenn auch nur oberflächlich, kennen lernen.

Grüssen Sie bitte Frau Dr. Gross herzlich von mir und danken Sie ihr für den schönen Abend. Ich schick ihr als kleine Erinnerung meinen ersten Kriminalroman. Vielleicht macht er ihr Spass.
Meine Frau und ich grüssen Sie sehr herzlich
Ihr
Glauser

Glauser, Friedrich, geb. 4. Februar 1896 in Wien, heimatberechtigt in Muri b. Bern.[96]
April 1917 Blutsturz in Zürich. Morphiuminjektionen durch einen Arzt. Wohlbefinden, November 1917 erneuter Blutsturz, Spital in Zürich. Morphiuminjektionen. Aufenthalt in einem Sanatorium in Kilchberg. Nimmt Äther. Antrag auf Entmündigung durch die Amtsvormundschaft Zürich. Flucht nach Genf im Januar 1918. Nimmt ab dieser Zeit regelmässig Morphium, das zunächst von einem Apotheker bezogen wird. Als dieser die Abgabe verweigert, Rezeptfälschungen zur weiteren Beschaffung. Wird aus diesem Grund im Mai 1918 ein erstes Mal verhaftet und am gleichen Tag wieder freigelassen. Verdient seinen Lebensunterhalt, indem er Ausländern Privatstunden in Französisch und Deutsch erteilt. Dosis: 0,5 bis 0,7 pro Tag. Stiehlt im Juni ein Fahrrad, wird verhaftet und am nächsten Tag ins Spital gebracht. Abrupter Entzug, ohne Medikamente, ohne Bäder. Wird nach vier Tagen in die Anstalt Bel-Air verlegt. Expertise durch Dr. Ladame (damals 2. Arzt), Diagnose: Dementia praecox. August 1918 Verlegung in die Anstalt Münsingen.
Juni 1919 Flucht aus Münsingen. Bleibt mit Erlaubnis des Vormunds Dr. Schiller, Amtsvormund der Stadt Zürich, bis Juni 1920 in Ascona. Mo. und Kokain per Injektion (Höchstdosis Mo. pro Tag: 1,0; Kokain bis 2 g). Akustische Halluzinationen, Verfolgungswahn. Beschliesst, nach Deutschland zu fahren, wird aber in Bellinzona wegen eines gefälschten Rezepts verhaftet und «per Schub» in seinen Heimatkanton gebracht. Bleibt zwei Tage ohne ärztliche Betreuung im Gefängnis von Bern und wird dann in seine Heimatgemeinde Muri verbracht, die ihn angesichts seines Gesundheitszustandes ins Inselspital Bern einweist. Ziemlich abrupter Entzug (1. Tag 0,02 Mo., 2. Tag 0,01, 3. Tag 0,005). Versucht nach acht Tagen das Spital zu verlassen, um sich in einer Apotheke Mo. zu beschaffen, erneute Ver-

[96] Der Krankenbericht ist auf Französisch verfasst.

haftung, Suizidversuch (durch Erhängen), Einweisung in den Steigerhubel (Irrenstation). Entweicht vor seiner neuerlichen Verlegung nach Münsingen mit Hilfe einer Freundin aus dem Steigerhubel (dreiwöchiger Aufenthalt). Gelangt nach Baden, wo er den Stadtschreiber kennenlernt, der sich mit seinem Vormund in Verbindung setzt. Dreimonatiger Aufenthalt im Burghölzli zwecks Gegenexpertise. Bli. annuliert die Diagnose von Dr. Ladame (Dementia praecox) und stellt Diagnose: Psychopathie (Haltloser Psychopath).

Zwischen September 1920 und April 1921 beim Stadtschreiber Dr. Raschle in Baden. Übersetzungen, literarische Arbeiten («Die Schweiz» veröffentlicht einen Roman), dann «Hilfsredaktor» bei der «Schweizer Freien Presse»[97]. Beginnt im Januar 1921 Tinct. opii zu nehmen, die er sich von Ärzten verschreiben lässt oder durch Rezeptfälschungen beschafft. Flüchtet, als er realisiert, dass er entdeckt wird, im April 1921 aus Baden, gelangt ohne Papiere über die deutsche Grenze und trifft in Mannheim seinen Vater. Dieser rät ihm, in die Fremdenlegion einzutreten. Anwerbung am 29. April 1921 in Strassburg. Entzug während der Reise. Erklärt sich sein Unwohlsein als Seekrankheit.

Von 1921 bis 1923 Fremdenlegion. Nimmt im Januar und Februar 23 Opium, jedoch nicht regelmässig. Keine Abhängigkeit.

Am 30. März 1923 von der Militärkommission in Oran ausgemustert wegen Diensttauglichkeit von weniger als 10 % aufgrund funktioneller Herzbeschwerden und Atemnot wegen Lungenödem.

Am 15. April Eintritt ins Krankenhaus Hôtel Dieu in Paris wegen Malaria. Entlassung Ende Juni. Tellerwäscher. Im September 1923 Abreise nach Belgien. Arbeitet drei Monate in den Kohlengruben. Erneuter Malariaanfall. Einmonatiger Aufenthalt im Krankenhaus von Charleroi. Wird dort als Krankenpfleger angestellt. Nachtdienst. Beginnt, mittels subkutaner Injektion wieder Mo. und Kokain zu nehmen (Höchstdosen: Mo. 1,0, Kokain 2–3 g). Suizidversuch (durch Öffnen der Venen). Wird im September 1924 in die Irrenanstalt Tournai eingewiesen, wo er bis zu seiner Rückschaffung in die Schweiz, Ende April 1925, bleibt. Langsamer Entzug über Morphium-Surrogate (Laudanum, dann Dover-Pulver).

Nach seiner Einweisung in Münsingen Ende April 1925 vom Regierungsrat des Kantons Bern zu einem Jahr Witzwil (administrativ) verurteilt.

Vom 22. Juni 1925 bis 22. Juni 1926 in Witzwil.

Tritt am 24. Juni 1926 in die Baumschule Heinis in Liestal ein. Beginnt vom ersten Tag an wieder Tinct. opii zu nehmen. Verschafft

[97] Josef Jäger (1852–1927), Aargauer Grossrat, Nationalrat und Badener Stadtammann, gründete 1885 in Baden die *Schweizer Freie Presse*. Seit 1910 wurde sie vom Sohn Manfred Jäger geleitet und 1923 von einer Aktiengesellschaft übernommen.

sich die Droge mit ärztlichen Rezepten, im April 1927 gelingt es ihm mehrmals, bei einem Apotheker Tinktur zu entwenden. Wird deshalb verhaftet (auf frischer Tat ertappt), aber am nächsten Tag wieder freigelassen (Dosis Tinct. opii: 15–20 g pro Tag). Begibt sich freiwillig zur Entziehungskur nach Münsingen. Abrupter Entzug. Daraufhin Psychoanalyse bei Dr. Müller. Arbeitet als Handlanger in der Baumschule von Dr. Jacky, dann als Hilfsarbeiter auf dem Bau. Abschluss der Analyse am 29. März 1928.

Tritt am 1. April 1928 eine Gärtnerstelle bei Wackernagel in Basel an und arbeitet dort bis zum 6. Juli 1928. Kein Opium bis August 1928. Eine finanzielle Unterstützung erlaubt ihm, einen Roman über die Legion zu schreiben, den er 1929 abschliesst. Wird im Juli 1929 in Winterthur wegen Rezeptfälschung verhaftet, am gleichen Tag jedoch wieder entlassen. Nimmt von Juli bis Dezember weiterhin Opium (auf Verschreibungen eines Arztes). Begibt sich im Januar 1930 freiwillig für eine Entziehungskur nach Münsingen.

Februar 1930 Gartenbauschule Oeschberg. Nimmt während seines ganzen Aufenthalts Opium auf Verschreibung eines Arztes, der sich mit Dr. Müller ins Einvernehmen gesetzt hatte. Diplom im Februar 1931 (Dosis 30–40 g Tinct. opii pro Tag). Kehrt dann nach Winterthur zurück. Unternimmt mit Hilfe einer Freundin einen Entwöhnungsversuch ohne Arzt. Trockene Brustfellentzündung. Einlieferung ins Krankenhaus W'thur. Beginnt gleich nach der Entlassung aus dem Spital wieder Opium zu nehmen (30 g).

Begibt sich im Juli 31 aus eigenem Willen zur Entziehung nach Münsingen.

Langsame Entziehungskur: zu Beginn 15 g täglich, Abbau von 2 g pro Tag bis zur völligen Entwöhnung. Dann «Nachanalyse». Geht im Januar 32 nach Paris. Artikel für den «Bund», den «Schweizer Spiegel». Ohne Opium bis April. Dann Rückfall. Besucht im Juni 1932 seinen Vater in Mannheim. Verschafft sich mit gefälschten Rezepten Opium. Wird verhaftet, vier Wochen Gefängnis. Abrupter Entzug ohne Medikamente und ohne ärztliche Betreuung. Verlegung nach Münsingen Ende Juli 32. Findet im Dezember 1933 eine Stelle in Frankreich. Geht am Tag vor seiner Abreise ins Dorf und trinkt zwei Whisky. Die Abreise nach Frankreich wird ihm deswegen untersagt und seine Internierung verlängert. Im März 1934 Verlegung in die Waldau. Im September Versetzung in eine offene Kolonie (Münchenbuchsee). Im Dezember 1934 «probeweise Entlassung». Rückfall. Erneute Internierung in der Waldau. Abrupte Entwöhnung. Im April erneute Versetzung in die offene Kolonie M'buchsee. Schreibt dort den Roman «Wachtmeister Studer». Verschafft sich von Zeit zu Zeit Tinktur in kleinen Dosen. Ein Arzt versucht, ihn festnehmen zu lassen. Flucht aus M'buchsee, hält sich einen Monat in Basel und Zürich auf. Sein Vormund und die Direktion der Waldau verlangen seine Internierung. Während des Aufenthalts in Basel und Zürich Opium in kleinen Dosen, nicht regelmässig. Findet wieder eine Stelle in Frankreich und wird Ende Mai 1936 entlassen. Seither literarische Arbeiten. Rückfall. Zweimal Entwöhnung mit Hilfe einer Freundin.

Vom 17. bis 25. Juli in Prangins.

250 FRIEDRICH GLAUSER AN JOSEF HALPERIN

La Bernerie, 6. August 1937

Ja, was soll man da sagen, Halperin, mein Lieber? Warum soll ich schimpfen? Fällt mir nicht im Traum ein. Dein Artikel[98] ist so lieb, dass ich Minderwertigkeitskomplexe bekommen habe, – eine alte Attitüde, aber sie nützt in diesem Falle nichts. Überschätzest du mich nicht sehr? Ich mein, wenn das, was du über mich schreibst, wirklich deine Meinung ist? Tapferer Glauser? Ich weiss nicht Halperin, wir sind allesamt Sünder, ich weiss, aber ob ich mich in meinem Leben immer sehr tapfer benommen habe, das weiss ich nicht. Was soll man nach solch einem Artikel tun? Sich Mühe geben, damit du recht behältst? Es wird schwer sein, glaubs mir, augenblicklich bin ich ein wenig aus dem Leim und muss zuerst Prangins verdauen. Aber vielleicht behältst du recht und dann wär ich ganz zufrieden. Darf man eigentlich gerührt sein? Ich mein jetzt nicht im bourgeoisen Sinne mit Tränlein im Augenwinkel, sondern – zum Teufel, warum haben nur soviele Schweinehunde das Wort ‹ergriffen› prostituiert? Das wäre der richtigste Ausdruck für meine Reaktion auf deinen Artikel – und ich bin es nicht leicht, sonst. Aber er ist schön dein Artikel und es ist merkwürdig zu sehen, wie man in den Augen eines Andern aussieht. Ich dank dir, mon vieux. Das Schimpfen ist mir vergangen. Nach solchen Worten schimpft man nicht, das wär nicht nur blöd, sondern ungerecht und mir ist es gar nicht ums Schimpfen zu tun.

Aber eine Freude solltest du mir noch machen. Mir regelmässig zwei oder drei Belegexemplare zu schicken. Und auch von dieser, der ersten Nummer noch ein paar. Dann könnt ich auf einer Nummer meine Korrekturen anbringen – falls du mir nicht lieber die gesetzten

---

[98] Josef Halperin verfasste zur Lancierung von *Gourrama* ein grosses Porträt von Glauser, in *ABC* vom 5. August 1937.

Korrekturen schicken willst. Und wenn viel gesetzt ist, so wäre es gut, dann könnt ich einfach weiter korrigieren und dir einige Mühe ersparen. Aber die Belegexemplare hätt ich trotzdem gern gerade von der ersten Nummer. Hast du sie an die Adressen verschickt, die ich dir angab?

Ich denk der Schluss wird nun nicht mehr allzu lange auf sich warten lassen. Du musst mich nur zuerst ein wenig schnaufen lassen – ich hab Prangins noch nicht recht verdaut. Aber es wird schon kommen. Und bitte kürze, kürze! Ich hab volles Vertrauen zu dir. Die Träume hinausschmeissen, auch die Reflexionen und Mutterkomplexe im «Kloster». Es tut mir leid, dass ich in Zürich, bei dir, so wenig hab tun können – aber ich war ganz auf dem Hund – que veux-tu, ça arrive. Und es ist mir gar nicht recht, dass du nun alle Arbeit haben sollst. Mais qu'y faire? Vielleicht trifft es sich einmal, dass auch ich dir irgendwo helfen kann, wer weiss. Doch ich komm ins Faseln. Mit der gleichen Post schreib ich an Bucher um mich zu erkundigen, was dort läuft. Kleiber, der mein Nachbar ist, sagt mir, dass es keine Schwierigkeiten haben wird wegen der Werkbeleihungskasse. Ich habe gesagt, ich bekäme nur 300.– frs. vom «ABC», wenn du angefragt wirst, halt dich an die Summe. (Nicht sehr wahrheitsliebend, Glauser!)

Die Leiste von der Cornelia[99] ist schön, aber warum hat sie mich nicht angefragt wegen der Uniformen? Seit siebzehn Jahren trägt die Legion nicht mehr diese Kinouniform. Sag ihr doch bitte, wir hätten Korkhelme (Tropenhelme) getragen, dazu *amerikanische* Khakiuniformen, Breeches (richtig auf der Seite zugeknöpfte Reithosen), Wadenbinden bis zum Knie, den Uniformrock in die Hosen gestossen und darüber eine weisse, sieben Finger breite graue Flanellbinde. Also Polizeimütze oder Tropenhelm. Nur um Gottes willen nicht mehr die Schirmmützen mit dem Nackenschutz! Sonst hab ich nichts zu reklamieren, im Gegenteil – die beiden Gesichter sind sehr sehr gut und die Leiste auch, die gefällt mir am besten. Die Legionärsfilme, ich glaub ich hab dir das einmal gesagt, sind sogar was die Uniformen anbetrifft, verlogen. Nicht nur sonst.

Glaubst du, dass es Chancen hat, als Buch herauszukommen? Nun ich will Bucher anfragen. Und dir vielmals danken für alles, mon vieux, für all deine Mühe – aber das ist ja Blech. Wir sind eben aufeinander eingeschnappt und das ist gut und schön so.

Übrigens willst du dem Herrn, der ‹Jochem› unterzeichnet[100] (bist du das etwa?) recht herzlich die Hand schütteln und ihm meine compliments übermitteln. Gott sei Dank gibt einer einmal diesem

[99] Cornelia Forster (1906–1990), Malerin, Bildhauerin, Grafikerin und Illustratorin. Sie fertigte für *ABC* Illustrationen zu *Gourrama* an. Glauser spielt hier auf den Titel des Romans an, den Cornelia Forster in eine schmale Zeichnung integriert hatte.
[100] Unter dem Pseudonym «Jochem» veröffentlichte Jakob Bührer (1882–1975) in *ABC* vom 5. August 1937 den Artikel *Was ist Bolschewismus*. In diesem kritisierte er den Roman *«Weg durch die Nacht»* (dt. 1926, engl. EA 1924) des Schweizer Schriftstellers John Knittel (d. i. Hermann Emanuel Knittel) (1891–1970). Knittel hatte mit seinen auf Englisch geschriebenen Liebes- und Abenteuerromanen grossen Erfolg. Sein bekanntestes Werk ist *Via Mala* (1934).

Schmieranten eins aufs Dach! Ich hab ihn nämlich auch einmal gelesen, diesen «Weg durch die Nacht» und da alles so begeistert war über den Roman mir ehrlich Mühe gegeben ihn gut zu finden – aber mir ist übel geworden, übel sag ich dir! Die Seekrankheit meiner Frau als ich sie letzthin auf einem Fischerboot mitnahm ist nichts dagegen. Er hat doch auch so eine Art Kriminalroman geschrieben. Und der ist dann ganz forchtbar. (Enooorme, würde Flaubert sagen). Vergiftung. Und vergiftet den Leser mit. Also nochmals, bitte dem Herrn, genannt ‹Jochem›, meine herzlichsten Grüsse.

Du, noch eins. Was ist mit Russland los? Ich hab die «Retouches» von Gide zu seinem «Retour»[101] gelesen und dann darauf «Vive la liberté» von Dorgelès.[102] Nun hab ich eine Schwäche für Dorgelès, das muss ich ehrlich zugeben. Seine «Croix de bois» waren doch schön, nicht, und auch später – man kann ihn doch keinen Schwindler nennen. Sondern einen ziemlich unparteiischen Menschen. Ich hab ihn die letzte Zeit nicht verfolgt – aber er schreibt über Russland fast das gleiche, wie Gide. Ist es wirklich so arg? Man wird nach und nach doch stutzig. Céline zuerst[103], dann Gide, jetzt Dorgelès ... Weisst du Näheres von Leuten, die in letzter Zeit dort waren? Leute, die dort gelebt haben? Ist die Parteidiktatur wirklich so übel? Was mich noch mehr stutzig macht, ist, dass man in letzter Zeit überhaupt nichts mehr von russischer Dichtung hört. Früher, da gabs doch Babel, und Gladkow[104] und einige andere. Ehrenburg[105], was macht Ehrenburg? Warum hört man auch von ihm nichts mehr?

Wenn du einmal Zeit hast, so antwort mir doch drauf oder schreib etwas darüber. Ich will mir noch die letzte Nummer von «Commune» kommen lassen, in der Wurmser Gide antwortet,[106] vielleicht gibts dort ein wenig Licht. Kannst du ein kurzes Referat über Jouhaux' Buch über die C.G.T.[107] brauchen? Der Anfang ist vielversprechend. Und Jouhaux ist ein Kerl, den ich mag.

So, jetzt Schluss. Schreib bald, wann du kommst – denn kommen musst du, und zwar im September, verstehst du? Man macht sich frei – auf vierzehn Tage wirst du doch können und dann nimmst du eben noch einmal zwei Wochen. Wir freuen uns beide sehr auf dich.

Also bald au revoir und herzliche Grüsse von deinem
Glauser

Grüss deine Frau und dein Töchterlein

101 André Gide publizierte im Juni 1937 *Retouches à mon «Retour de l'U.R.S.S.»*, als Replik auf die Kritik zu seinem Reisebericht *Retour de l'U.R.S.S.* (1936), der im November 1936 bei den Éditions Gallimard erschienen war. Unter dem Eindruck der Moskauer Prozesse sind die *Retouches* ein Plädoyer gegen das stalinistische sowjetische Regime.
102 Roland Dorgelès (d. i. Roland Lécavelé) (1885 bis 1973), französischer Journalist und Schriftsteller. Wurde mit dem Antikriegsroman *Les Croix de bois* (1919) berühmt. *Vive la liberté!* (Paris, Albin Michel 1937) ist der Bericht einer 1936 unternommenen Reise in die Sowjetunion.
103 Louis-Ferdinand Céline (1894–1961) hatte 1936 die Sowjetunion bereist und formulierte seine Enttäuschung über den Kommunismus unter Stalin in der kurzen Kampfschrift *Mea culpa* (Paris, Éditions Denoël et Steele 1936).
104 Isaak Babel (1894 bis 1940), russischer Journalist und Schriftsteller, 1940 im Zuge der stalinistischen Säuberungsaktion hingerichtet. Sein bekanntestes Werk ist der Erzählband *Die Reiterarmee* (1926). Fjodor Gladkow (1883–1958), russischer Schriftsteller. Sein bekanntester Roman ist *Zement* (1925).
105 Ilja Ehrenburg (1891 bis 1967), russischer Schriftsteller und Journalist. Von 1932 an Sonderkorrespondent der sowjetischen Regierungszeitschrift *Iswestija*, 1936/37 Berichterstattung über den Spanischen Bürgerkrieg. 1937 kam es zum Bruch mit Gide, nachdem er vergeblich versucht hatte, Gide von der Veröffentlichung des Berichts *Retour de l'U.R.S.S.* abzuhalten.
106 André Wurmser (1899–1984), französischer Essayist und Kritiker, Mitarbeiter der Monatszeitschrift *Commune,* dem Organ der 1932 gegründeten *Association*

51 FRIEDRICH GLAUSER AN FRIEDRICH WITZ

*F. Glauser
route de Pornic
La Bernerie*

den 3. September 1937

Lieber Herr Doktor,
Haben Sie den Glauser verflucht, weil er sein Versprechen nicht gehalten hat? Er hält es spät, aber er hält es doch. Hier bekommen Sie den Einführungsartikel[108], hoffentlich ist es noch nicht zu spät. Wann steigt eigentlich die «Fieberkurve»? Ist der t'Sterstevens[109] immer noch nicht fertig? Und «Kuik»? Wann kommt «Kuik»? Sie sehen, viele Fragen bedrücken mich. Aber ich denke, dass Sie wohl auch Ferien genommen haben – hoffentlich, denn Sie hatten sie bitter nötig, Sie sahen so müd aus, damals in Zürich ...
Sagen Sie mir doch, ob der Artikel, den ich Ihnen als «Einführung» schicke, so geht. Wenn nicht und wenn es nicht allzusehr eilt, können Sie ihn mir ja zurückschicken und sagen, was ich ändern soll. Es ist doch unnötig, dass ich die Leser der «Z.I.» über alle Schandtaten meines an Schandtaten reichen Lebens aufkläre. Das «ABC» hat dies ja besorgt, sehr freundlich. Ich habe auch Herrn Bucher geschrieben, und ihn gefragt, was er wegen des Legionsromanes beschlossen habe. Doch Herr Bucher hat glaub ich – immer mal wieder – seine trappistische Periode und schweigt sich aus. Das soll sehr gesund sein.
Hoffentlich sind nicht auch Sie in diesen Orden eingetreten. Ich möchte so gern wissen, wann meine «Fieberkurve» steigt. Und was beschlossen worden ist. Erscheint sie in Buchform noch vor Neujahr?[110] Sie sehen ich stecke voller Fragen. Nun einmal wird es wohl eine Antwort geben, ich hülle mich in Geduld. Weiter bleibt mir nichts übrig.
Wenn Sie also mit meinem Artikel einverstanden sind, so schreiben Sie mir doch bitte.
Und seien Sie herzlich gegrüsst von Ihrem
ergebenen
Glauser

des ecrivains et artistes révolutionnaires. Wurmser befasste sich in zwei Essays mit Gides Russlandberichten *(Commune,* Januar und Juli 1937).
107 Léon Jouhaux, *La C.G.T.: ce qu'elle est, ce qu'elle veut.* Paris, Gallimard 1937. Eine Rezension von Glauser zu diesem Buch konnte nicht nachgewiesen werden.
108 Für den Abdruck der *Fieberkurve* als Fortsetzungsroman verfasste Glauser einen Einführungstext mit dem Titel *Schreiben ...,* in *Zürcher Illustrierte* vom 26. November 1937. Die erste Folge der *Fieberkurve* erschien im darauffolgenden Heft.
109 Albert t'Serstevens (1886–1974), in Belgien geboren, ab 1937 in Frankreich eingebürgerter Reiseschriftsteller, Essayist und Journalist. Bereiste im Wohnwagen die Welt, mit Blaise Cendrars befreundet.
110 Die Buchausgabe kam erst Ende November 1938 heraus, Glauser erhielt die ersten Exemplare wenige Tage vor seinem Tod.

FRIEDRICH GLAUSER AN PAUL MEYER-GUTZWILLER[111]

*Glauser
Route de Pornic
La Bernerie (Loire inf.),*

den 27. September 1937

Sehr geehrter Herr Meyer,
ich danke Ihnen herzlich, dass Sie an mich gedacht haben, als Mitwirkenden an Ihrer Veranstaltung «Länder und Völker». Ich denke am 31. Oktober in Basel zu sein – falls etwas dazwischen käme, würde ich Sie sofort benachrichtigen. Ich erlaube mir Ihnen vorläufig eine kurze Skizze zuzusenden (ich habe sie nachkontrolliert –10').[112] Wenn es Ihnen recht wäre würde ich Ihnen noch zwei kürzere Sachen zusenden: die Beschreibung eines marokkanischen Soldatenfriedhofes[113] mit einer ganz kurzen Handlung und die Beschreibung einer Sardinenfischerei an der spanischen Grenze[114] – wenn Sie mit diesen Themen einverstanden sind.

Ausserdem habe ich zwei Bitten und ich wäre Ihnen sehr dankbar, wenn Sie mir deren Gewährung erlauben würden:

1. Könnte ich die Adresse des Herren bekommen, der sich im Studio Basel um die Geräusche bei den Hörspielen kümmert. Ich möchte ihn einiges fragen, es spukt mir ein Hörspiel im Kopf herum, es kann sehr gut sein, dass es ein kompletter Mist wird und Sie es in hohem Bogen in den Papierkorb werfen – nur möchte ich gerne wissen, welche Geräusche vor dem Mikrophon so deutlich sind, dass sie nicht mit anderen verwechselt werden können, sodass man sie zur Ausmalung einer Atmosphäre brauchen könnte. Ich würde gerne dem betreffenden Herrn die Briefporti vergüten. Nur um ein Beispiel zu geben: Kann man das Pfeifen des Windes in Telephondrähten, das Krahahen einer Krähe, das Schaben von genagelten Schuhen auf gefrorener Landstrasse nachahmen? Würde der betreffende Herr gestatten, dass ich ihm einmal das fragliche Ms.[115] zuschicken würde mit meinen, natürlich dilettantenhaften, Angaben?

2. Ist es möglich, dass ich in der ersten Woche des Novembers (also am 7., wenn nichts dazwischenkommt) eine sonntägliche Autorenhalbstunde haben kann, oder liegt meine letzte noch nicht fern genug?[116] Ich möchte gerne aus einem unveröffentlichten Studer-Roman lesen und würde Ihnen, falls es geht, das Ms. sofort nach Ihrer Antwort zukommen lassen. Sonst können Sie mich ja auch auf Stahlband aufnehmen.

111 Paul Meyer-Gutzwiller, verantwortlicher Redakteur der Abteilung Wort beim Radio Studio Basel.
112 Erzählung *Kif*, die Glauser anschliessend im Studio auf Band sprach. Es ist die einzige überlieferte Tonaufnahme von Friedrich Glauser. Sie dauert, wie von Glauser «nachkontrolliert», rund zehn Minuten.
113 Die zu Lebzeiten unveröffentlichte Skizze *Eine Beerdigung*.
114 Nicht überliefert.
115 Nicht überliefert.
116 Am 6. Juni 1937 hatte Glauser in der *Stunde der Schweizer Autoren* aus *Gourrama* gelesen. Von einem weiteren Beitrag zu dieser Sendung ist nichts bekannt.

Ich danke Ihnen im vo[raus] für alle Mühe und verbleibe mit hochachtungsvollen Grüssen

Ihr ergebener

253 BERTHE BENDEL AN ROBERT SCHNEIDER

La Bernerie, den 3. Oktober 1937

Lieber Herr Doktor,
Ich möchte Ihnen gerne einmal schreiben, bitte nehmen Sie es mir nicht übel.

Könnten wir diesen Herbst heiraten? Ohne Anstaltsbegutachtung. Würden Sie so gut sein und uns helfen? Wir haben nun 16 Monate hinter uns, und unser Versprechen gelebt oder? Wir haben einander geholfen und es war im Grunde sehr schön, wenn auch nicht immer leicht.

Vor 16 Monaten gab es ja keinen andern Ausweg als ein Konkubinat, darum war ich auch einverstanden. Aber ich wäre Ihnen sehr dankbar, wenn Sie mir helfen würden, dass ich auch eine angetraute Frau sein dürfte; lieber Herr Doktor Sie verstehen das doch. Aber in eine Anstalt will mein Freund nicht gehen, was doch auch sehr gut zu begreifen ist, nach all seinen Anstaltszeiten.

Aber immer Konkubine will ich nicht sein, und Glauser alleine lassen will ich auch nicht, das wäre sehr traurig für uns beide. Darf ich Ihre Meinung über diese Frage erwarten.

Mit freundlichem Gruss Ihre
Berthe Bendel

254 FRIEDRICH GLAUSER AN ROBERT SCHNEIDER

*Glauser
route de Pornic
La Bernerie (Loire inf.).*

den 14. Oktober 1937

Sehr geehrter Herr Doktor,
vor einiger Zeit hat Ihnen Fräulein Bendel geschrieben um Sie anzufragen, ob es möglich wäre, dass wir diesen Herbst heiraten könnten. Wenn Sie dies ermöglichen könnten, so wäre ich Ihnen dankbar mir dies so bald als möglich mitzuteilen. Ich bin eingeladen, in Basel vorzulesen, im Radio und in der literarischen Gesellschaft, würde diese Einladung aber nur annehmen, wenn ich damit eine Regularisierung unseres Verhältnisses verbinden könnte. Ich glaube, dass auch mein Vater Ihnen schon in diesem Sinne geschrieben hat. Ich habe mich jetzt mehr als anderthalb Jahre in der Freiheit gehalten und ich denke, dass Sie meinem Projekt unbedenklich zustimmen können. Nur weigere ich mich, wie ich es Ihnen schon einmal sagte, noch einmal in eine Irrenanstalt zu gehen. Sie stellten ja damals bei unserem Gespräch in Zürich selbst fest, dass ein Mensch, der in einem Wettbewerb Erfolg gehabt habe, nicht verrückt sein könne und dass Sie sich weigerten, ihn als unzurechnungsfähig zu betrachten. Ein Aufenthalt in einer Anstalt, so kurz er auch wäre, würde mich wieder ganz aus dem Geleise bringen. Ich habe noch einige längere Arbeiten zu beendigen, vor allem den Wettbewerbsroman. Ich wäre Ihnen sehr dankbar, wenn Sie mir so bald als möglich mitteilen könnten, wie Sie sich zu dieser Angelegenheit, die mir sehr am Herzen liegt, stellen. Ich könnte dann die nötigen Dispositionen treffen.
Mit freundlichen Grüssen verbleibe ich Ihr ergebener

255 ROBERT SCHNEIDER AN BERTHE BENDEL

15. Okt. 1937

Sehr geehrtes Fräulein Bendel,
Ich empfing Ihren Brief vom 3. Okt. und möchte Ihnen heute darauf Bescheid geben. Sie fragen mich, ob eine Möglichkeit besteht, diesen Herbst zu heiraten und zwar ohne Anstaltsbegutachtung. Sie

F. Glauser
route de Pornic
La Bernerie (Loire inf.)　　　　　den 18. Oktober 1937

Herrn Rektor C. Brack
Verein Schweiz. Literaturfreunde
B a s e l .

Sehr geehrter Herr Rektor,

Es tut mir sehr leid, Ihnen im letzten Augenblick
absagen zu müssen. Ich hatte das Projekt gefasst
ausser in Basel noch in anderen Schweizer Städten
vorzulesen, doch teilt mir Dr. Widmann von Burgdorf
mit, dass dieses Projekt ins Wasser gefallen ist.
Sie werden begreifen, dass es mir unmöglich ist,
wegen eines einzigen Vortrags die lange Reise in
die Schweiz zu unternehmen - finanziell besonders
kann ich dies nicht tun.
Ich möchte Sie nun bitten, mir wegen dem Abschnappen
im letzten Augenblick nicht böse zu sein - vielleicht
gelingt es mir in einem andern Jahre meinen Plan
auszuführen. Sehr herzlich möchte ich Ihnen für
alle Mühe danken, die Sie sich gegeben haben und
Sie bitten, noch einmal, mir nichts nachzutragen.
Mit hochachtungsvollen Grüssen verbleibe ich
Ihr ergebener

Brief von Friedrich Glauser an Rektor C. Brack, Verein
Schweiz. Literaturfreunde, in Basel, mit der Absage einer Lesung.
La Bernerie, 18. Oktober 1937.

bitten mich, Ihnen bei der Durchführung dieses Planes behilflich zu sein.

Bei allem Verständnis, das ich Ihrem Wunsch entgegenbringe, muss ich Sie aber darauf aufmerksam machen, dass sowohl Sie wie Herr Glauser an verschiedenen Orten unterschriftlich zur Kenntnis genommen haben, dass Friedrich Glauser nach den gesetzlichen Vorschriften nicht ehefähig ist. Diese gesetzlichen Vorschriften bestehen und können von mir als Vormund nicht ausser Acht gelassen werden.

Wenn ich Ihnen erkläre, dass ich Ihren Wunsch durchaus begreife und verstehe, so verpflichtet mich das, nach Mitteln und Wegen zu suchen, um den gesetzlichen Vorschriften genügen zu können. Einen andern Weg gibt es, wie ich schon Herrn Glauser bei seinem letzten Besuch hier gesagt habe, nicht. Die Heimatgemeinde würde sofort inhibieren oder, falls die Ehe ohne ihre Benachrichtigung geschlossen worden wäre, sie für nichtig erklären lassen.

Sie müssen sich noch etwas gedulden und mir Zeit lassen, die Wege die zum Ziele führen, ausfindig zu machen. Ich werde im geeigneten Moment Herrn Glauser meine Vorschläge unterbreiten. – Ich grüsse Sie und Herrn Glauser bestens und danke ihm sehr für die kleine Broschüre «Im Dunkel», die mir sehr gut gefallen hat.

Mit hochachtungsvollen Grüssen
Sch.

256 ELLA PICARD AN FRIEDRICH GLAUSER

Schweizerisches Korrespondenzbüro
E. Picard, Zürich 2
Breitingerstrasse 30

Zürich, den 22. Oktober 1937

Lieber Glauser,
vielen Dank für die Sendung der Druckbelege und für Ihren Brief. Heute habe ich mit Norwegen einen Pauschalpreis für den «Wachtmeister Studer» abgeschlossen und zwar brutto NKr. 400.– das soll F. 440.– entsprechen. Dänemark läuft noch, soll aber auch demnächst abgeschlossen werden. Zugleich haben alle diese Verlage jetzt schon die «Fieberkurve», ebenso hat Schweden «Matto», und wenn der «Studer» gefällt, so werden die andern wohl auch verlegt werden. Der Schwede, der Sie übersetzt ist sehr begeistert von den Sachen und er

war jetzt mit Ihren Büchern in England und Holland. Ich sandte auch dorthin an alle Leute, die er gesprochen hat, Exemplare Ihrer Sachen, ich komme mir schon nur noch wie eine Auslieferungsstelle für Glauser-Bücher vor. Jetzt ist der Schwede in Prag und auch dorthin schickte ich ihm soeben alle drei Bücher. Also, wenn Sie nicht berühmt werden, so liegt es nicht an uns.

Nun will ich Ihnen aber zur Orientierung für Sie einige Urteile sagen. Beiliegender Brief aus *Deutschland* wird Sie gewiss interessieren, es ist der grösste Verlag für Zeitungsromane.

Aus *Amerika* bekam ich einen recht interessanten Brief, indem man sich begeistert über Ihren Stil ausspricht, aber sagt, dass Schweizer-Eigenart für dort zu fremd wäre, denn selbst Gottfried Keller sei ein unbekannter Mann. Was wollen Sie gegen solche amerikanischen Einwände!

Vom Schweden bekam ich gestern einen langen Brief, in dem er mir folgendes über die «Fieberkurve» schreibt:

«Die ‹Fieberkurve› habe ich mit Interesse gelesen: ich möchte doch glauben, dass ‹Studer› besser ist. Der erste Drittel von der ‹Fieberkurve› ist ein bisschen schwach und das ganze Sachverhältnis wird nicht vollkommen einwandfrei geklärt. Ich muss aber zugestehen, dass der Mann mit fast unheimlicher Kunst Atmosphäre schaffen kann. In Bezug auf die Schweiz hat dies mich ja nicht so sehr überrascht, aber mein Gott, seine Nordafrikakapitel: grossartig. Ich habe auch nie etwas gelesen, auch von Franzosen nicht, wo man Franz. Nordafrika in derselben intensiven Weise erlebt, fühlt, atmet wie in der ‹Fieberkurve›. Ist der Mann selbst Legionär gewesen?»

Die Nachdrucke in der Schweiz gehen leider nicht und im «Express» hat der «Studer» auch nicht gefallen. Es wird schon wieder herauskommen, dass die ganze fremdsprachige Welt Schwyzerdütsch lernt, bevor sich hier die kleinen Blätter zu Abdrucken entschliessen können.

Bitte schicken Sie mir gelegentlich den Brief von Berlin wieder.

Nun bitte ich Sie in Ihrem Interesse doch die Sache mit der Morgarten-Abrechnung in Ordnung zu bringen, ich schreibe Ihnen immer die Brutto-Summe und dann dürfte der Morgarten im Ganzen 50% abziehen. Was er dann mir gibt, geht Sie ja schliesslich nichts an. Wir brauchen den Morgarten-Verlag nur dringend für die vielen Exemplare, ich habe jetzt mindestens schon zwanzig. Haben Sie eigentlich bei dem Schwedenabschluss so reklamiert, wie ich es Ihnen vorrechnete? Mir bleibt bei der Sache nämlich kaum mehr als die effektiven Spesen, und ich hoffe nur, dass für uns alle einmal ein recht gut bezahlter englischer Abdruck herauskommt.

Frankreich:
Sie schrieben mir damals, Sie wollten die Bücher selbst übersetzen. Ich sende sie trotzdem heute einmal an einen Freund nach Paris, damit er die Unterbringung der französischen Rechte versucht. Die Übersetzung bleibt Ihnen vorbehalten, wenn Sie mir nichts anderes schreiben.

Nun wünsche ich Ihnen persönlich recht gute Zeit. – Mit den herzlichsten Grüssen
Ihre
E. Picard

257 FRIEDRICH GLAUSER AN CHARLY CLERC

Route de Pornic
La Bernerie (Loire inf.),

den *31. Oktober 1937*

Lieber Herr Clerc,
Schon vor längerer Zeit habe ich den Entschluss gefasst, Ihnen zu schreiben, und wenn ich es nicht früher getan habe, so deshalb, weil man mir erzählt hatte, Sie hätten gegen meine Aufnahme in den Schriftstellerverein protestiert. Ich habe Ihre Haltung vollkommen begriffen und bin Ihnen deswegen nie böse gewesen – aber Sie werden verstehen, dass es für mich danach ziemlich schwierig war, für meinen Brief den richtigen Ton zu finden. Aber inzwischen habe ich erfahren, dass Sie die Freundlichkeit besassen, meinen «Wachtmeister Studer» in der «Gazette de Lausanne» zu rezensieren.[117] Haben Sie von dieser Rezension noch ein Exemplar übrig? Ich würde sie gerne lesen. Und ich wäre Ihnen sehr dankbar, wenn Sie mir ein Exemplar zukommen lassen könnten, das ich Ihnen rasch zurücksenden würde. Eine Rezension! ... Erinnern Sie sich noch an die Zeit, als wir zusammen über Ihren Lieblingssatz lachten: «Darüber habe ich eine Rezension gelesen ...»? Das alles scheint mir so weit zurückzuliegen, wenn ich daran denke, wie ich in diesen fast zwanzig Jahren habe unten durchmüssen. Und noch ist kein Ende abzusehen. Was wollen Sie, es ist heutzutage schwierig, ausschliesslich von der Feder zu leben – vor allem jetzt, da Deutschlands Tore für uns verschlossen sind. Um leben, einfach leben zu können, müsste ich mindestens fünf Romane im Jahr schreiben können – was, wie Sie sich wohl denken können,

[117] Charly Clercs Rezension erschien am 5. September 1937 in der *Gazette de Lausanne.*

unmöglich ist. Wenigstens für mich. Ich weiss, es gibt Schriftsteller, und es sind nicht die schlechtesten, die dazu in der Lage sind. Kennen Sie Georges Simenon ein wenig? Er hat seine ganze Kriminalroman-Serie, glaube ich, in zwei Jahren geschrieben – alle zwei Monate einen Band, und er macht weiter in diesem Tempo. Ich gebe übrigens zu, dass ich ihm viel verdanke. Im Grunde genommen war es sein Kommissar Maigret, der mich auf die Idee zu meinem Studer brachte. Ich glaube zwar nicht, dass ich ein Plagiat begangen habe – der Ton, der Rhythmus, die Färbungen von Simenon sind anders als bei mir. Aber dennoch ...

Ich habe auch gehört – man erfährt alles auf dieser Erde –, dass Sie an meinem Artikel über Glarisegg keine Freude hatten, und auch hier begreife ich Sie sehr gut. Aber was wollen Sie, er scheint mir ein gutes Stück Wahrheit zu enthalten, trotz seines schlechten Aufbaus, trotz seiner Übertreibungen. Ich räume jedoch ein, dass ich ihn, wenn ich ihn neu schreiben müsste, ganz anders abfassen würde. Ich hatte zunächst eine Erzählung geschrieben, die von einer Geschichte handelte, die sich in Glarisegg zugetragen hatte – Sie erinnern sich bestimmt noch an Feodossieff[118]. Der «Schweizer Spiegel» wollte diese Erzählung[119] nicht annehmen und schlug mir vor, daraus einen Artikel zu machen. Ich hatte Geld nötig und habe ihn geschrieben, dann hat er zwei Jahre lang in den Redaktionsschubladen geschlafen ... Als ich ihn gedruckt sah, bin ich über das, was ich da produziert hatte, ein wenig erschrocken, aber es gab keine Möglichkeit mehr, es rückgängig zu machen. Guggenbühl hat mir erzählt, er habe mehrere Protestbriefe bekommen, insbesondere auch einen von Oettli[120]. Was mich nicht erstaunte.

Gerne hätte ich Ihnen meinen «Matto regiert» geschickt, aber ich habe nur noch ein einziges Exemplar übrig. Ich bitte Sie deshalb, als Erinnerung an die guten alten Zeiten das kleine Heft anzunehmen[121], das ich Ihnen mit diesem Brief schicke. Es ist zwar dünn, aber vielleicht werden Sie bemerken, dass es sorgfältiger geschrieben ist als meine langen Romane. Ich habe es acht Mal neu geschrieben, was im Grunde nichts heissen will. Aber immerhin. Würden Sie mir gelegentlich sagen, was Sie davon halten?

Ich weiss überhaupt nicht, wann es mir möglich sein wird, in die Schweiz zu kommen. Sollte ich aber kommen, würden Sie mir dann erlauben, Ihnen einen kurzen Besuch abzustatten? Wir könnten von vergangenen Zeiten reden. Von meinen Klassenkameraden habe ich einzig Rosenbaum und Strübin wieder gesehen. Ich nehme an, Sie erinnern sich an die beiden. Rosenbaum habe ich am Tag seiner Ent-

118 Mitschüler in Glarisegg.
119 Erzählung *Knabendiplomatie* im Nachlass.
120 Max Oettli (1879 bis 1965), Schweizer Pädagoge, von 1902–21 Lehrer für Naturkunde im Landerziehungsheim Glarisegg.
121 D.i. *Im Dunkel*, erschienen in der Reihe «Gute Schriften».

lassung aus dem Gefängnis getroffen, und ich versichere Ihnen, dass mich diese Zusammenkunft tieftraurig gemacht hat. Er war mir in den schlechten Zeiten ein so guter Kamerad, dass ich es, vielleicht zum ersten Mal, bedauert habe, nicht in der Lage zu sein, ihm auch nur irgendwie zu helfen.

Wollen Sie mir bitte verzeihen, dass ich Ihnen mit der Maschine schreibe, ich bin so sehr daran gewöhnt, dass es mir sehr schwerfällt, mit der Hand zu schreiben.

Mit den besten Grüssen verbleibe ich
Ihr Glauser

258 FRIEDRICH GLAUSER AN ROBERT SCHNEIDER

F. Glauser
route de Pornic
La Bernerie (Loire inf.)

den 2. November 1937

Sehr geehrter Herr Doktor,
Fräulein Bendel und ich danken Ihnen herzlich für Ihre freundlichen Briefe. Ich hoffe sehr, dass es Ihnen gelingen wird, die in Frage kommenden Instanzen zu überzeugen. Leider ist es mir zur Zeit unmöglich in die Schweiz zu kommen. Frau Ringier hatte diese ganze Sache mit der Vortragstournée einfach durchstieren wollen, obwohl ich selbst sehr sekptisch war. Und wie ich es erwartet hatte, ist die Sache ins Wasser gefallen. Die verschiedenen Vereine sind nicht bei Finanzen – oder haben sonst Ausreden. Einzig Basel hat angenommen – wollte 50.– frs. für einen Abend geben, daneben hätte ich noch im Radio vorlesen sollen. Aber das alles deckt mir nicht die Spesen für eine Schweizerreise. Wenn es möglich gewesen wäre, diese Reise mit unserer Heirat zu verbinden, hätte ich es vielleicht noch riskiert. Aber nun steht der Winter vor der Tür, ich habe allerlei zu tun und so verzichte ich lieber. Wann es mir möglich sein wird zu kommen, wird von Nachrichten abhängen, die Sie mir werden geben können.

Auf alle Fälle danken wir beide Ihnen herzlich für alle Mühe, die Sie sich in dieser Angelegenheit geben.

Mit freundlichen Grüssen verbleibe ich Ihr ergebener
Glauser

259 GESPRÄCH ROBERT SCHNEIDER MIT DR. SCHNEIDER-MOUSSON

2. Nov. 1937

Dr. Schneider-Mousson[122] telefoniert, eine Frau Prof. Walser-Escher[123] suche einen Rechtsanwalt Dr. Schneider, der Vormund von Fried. Glauser sei. Sie sei nach vergeblichen Versuchen an ihn gelangt. Sie teile aus Eimeldingen mit, dass Prof. Glauser am 1. Nov. dort gestorben sei und Donnerstag den 4. Nov. 10 Uhr in Freiburg i. Br. kremiert werde. Frau Prof. Walser, die in Basel Leinerstr. 25 wohne, komme morgen nach Zürich und stehe Amtsvormund zur Verfügung. Frau Prof. Glauser habe den Wunsch ausgedrückt, dass Friedrich nicht zur Beerdigung seines Vaters komme aus Gründen, die allseits verstanden würden.

260 FRIEDRICH GLAUSER AN ROBERT SCHNEIDER

La Bernerie, den 7. November 1937

Lieber Herr Doktor,
Ihr Telegramm und Ihre freundlichen Zeilen waren die einzigen Sympathiekundgebungen, die ich nach dem Tode meines Vaters erhalten habe. Und ich danke Ihnen sehr sehr herzlich für Ihren Brief, zeigt er mir doch, daß Sie tiefer zu sehen wissen. Gewiss, ich weiß, das Verhältnis zu meinem Vater war nicht immer so, wie es sich für einen Sohn seinem Vater gegenüber geziemt hätte. Es hat jetzt keinen Sinn mehr, über Schuld oder Nicht-Schuld zu diskutieren, genug, der Tod meines Vaters hat mich schwer getroffen. Sie wissen, lieber Herr Doktor, daß ich große Phrasen nicht leiden mag, aber ich habe bis jetzt noch nicht das Geschehnis verwinden können. Die ganze Kindheit wird wieder lebendig, die Jahre, in denen ich allein mit ihm gelebt habe und in denen er mir die Mutter ersetzt hat und mich gepflegt hat mit einer Güte, an die ich jetzt noch zurückdenke und die ich nicht vergessen kann. Darum danke ich Ihnen so herzlich für Ihre gütigen Zeilen.

Ja, ich wäre gern an sein Begräbnis gefahren, aber das ging ja nicht, da ich aus Deutschland ausgewiesen bin. Und schließlich bin ich zum Teil froh, daß ich nicht habe fahren müssen. Meine Stiefmutter zu treffen wäre mir schmerzlich gewesen – vielleicht tue ich ihr Un-

---

122 Vermutlich Walter Max Schneider-Mousson (1894 bis 1973), Jurist.
123 Vermutlich Marguerite Walser (geb. Escher vom Glas), verheiratet mit Ernst Walser, Professor für Romanistik.

recht, aber es scheint mir, als hätte sie mich benachrichtigen können. So haben Sie dies getan und ich bin Ihnen dankbar für Ihre Freundlichkeit.

Sie sehen, ich schreibe Ihnen auf gewöhnlichem Papier, es geht uns zur Zeit finanziell ziemlich schlecht und wir müssen mit jedem Rappen rechnen. Ich habe meiner Stiefmutter geschrieben um sie zu bitten, mir Näheres mitzuteilen. Würden Sie so freundlich sein und dafür sorgen, daß ich wenigstens den Schmuck meiner Mutter und einige Andenken an meinen Vater erhalte.

Leider muss ich noch mit finanziellen Fragen an Sie gelangen. Sie wissen, daß ich noch 400.- frs. vom Wettbewerbsroman zugut habe, sobald er fertig ist. Wäre es Ihnen möglich, mir ein wenig Geld überweisen zu lassen. Ich würde dann Dr. Naef den Auftrag geben, die 400.- frs. an Sie abzuführen (oder die Summe, die Sie mir schicken könnten). Ich hoffe sehr, daß es Ihnen gelingen wird, unsere Heirat zu ermöglichen.

Sehr herzlich grüße ich Sie als
Ihr dankbarer
Glauser

Und Ihre dankbare
Berthe Bendel

261 BERTHE BENDEL UND FRIEDRICH GLAUSER
AN MARTHA RINGIER

7. Nov. 37

Liebe Maman Marthe,
für deinen Brief von heute morgen danken wir dir herzlich. Du darfst doch nicht denken ich sei böse, nie darfst du das denken, im Gegenteil. Jetzt möchte ich dir sehr danken, für alles, wegen Huldi[124], sie war sehr glücklich.

Friedel schläft grad, (so kann ich die Maschine benutzen). Papas Tod kam uns sehr unerwartet, es tut weh.

Weißt Maman Marthe was Du vom Heiraten geschrieben hast, ist mehr als wahr. Hab ich's dir nicht geschrieben? Ich hab etwa vor 6 Wochen an Papa und an Schneider geschrieben, ich musste einfach, Bedenken hin Bedenken her. Ich schrieb Schneider, er möchte doch

---

[124] Hulda Messmer (1918–?), Halbschwester von Berthe Bendel. Haushalts- und Büroangestellte.

so freundlich sein und uns helfen ich möchte auch gerne eine angetraute Frau sein, schliesslich haben wir durchgehalten, und ich will nicht mehr länger Konkubine sein, und auch dem Papa hab ich geschrieben. Schneider hat mir dann sehr freundlich geantwortet, dass er mich sehr gut begreife, und wenn er mir das schreibe, so wolle er auch helfen, und Papa ist auch einverstanden und hat Schneider auch geschrieben. Heute schickt Schneider uns einen sehr lieben Brief von Hand geschrieben, dass er den Wunsch, den letzten Wunsch Papas gerne erfüllen wolle, es ist ja auch nicht sehr leicht für ihn, er hat auch wieder Behörden im Rücken. Hoffen wir dass alles noch gut kommt.

Wir haben hier noch ganz anständiges Wetter, aber zünftig feuern müssen wir doch, denn Singgelivals (so nennen wir ihn immer) Häuschen[125] ist nicht so exakt gebaut, der Wind pfeift durch die Ritzen. Sie sind momentan in Nantes bei der Tochter, ist wie Sonntag hier.

Du hast im Brief von einem Mantel geschrieben, wenn du ihn verschenken willst wäre ich Dir sehr dankbar ich habe nur einen Gummimantel. Umändern kann ich ihn gut. Aber nicht dass ich Dir betteln will, verzeih.

Viel liebe Grüsse von mir deiner
Berthe

Liebe maman Marthe,
vielen Dank für deinen langen Brief. Ja, es war schon schwer, den Tod meines Vaters zu erfahren – und ich habs immer noch nicht ganz verwunden. Es ist wie ein Druck in der Brust, den man nicht los wird. Aber es hat mich auch gefreut, dass er doch noch gesehen hat, dass ich ein wenig Erfolg gehabt habe. Nun wird natürlich eine ekelhafte Zeit kommen, denn ich werd' mich mit meiner Stiefmutter herumschlagen müssen und das ist nicht angenem. Einesteils bin ich froh, dass ich einen juristisch geschulten Vertreter habe – Schneider. Er hat mir sehr lieb geschrieben. Vor allem möchte ich die Andenken meiner Mutter haben – aber das wird schwer halten, bis ich dies alles den Klauen jener Frau entrissen habe. Kannst du dir vorstellen, dass sie mir kein einziges Wort geschrieben hat, dass ich alles habe durch Drittpersonen erfahren müssen? Ich wünsch' der Frau ja nur eins, dass ich nicht einmal allein mit ihr zusammen bin. Sonst könnte es einen unangenehmen Krach geben. Meinen Vater hat sie stets gegen mich aufgehetzt und jetzt benimmt sie sich jämmerlich. Hast du die Todesanzeige gelesen? Ich komme nach ihr und nach ihrer Familie. Ich weiss nicht, das hat weh getan, und das soll sie auch hören.

125 D. i. der Vermieter Albert Sainval in La Bernerie.

Wenn du «Beerdigung» bei der Gelegenheit Knuchel geben kannst[126], so wär ich dir dankbar. Ich sollte und sollte in die Schweiz kommen, der «Wachtmeister» soll verfilmt werden und da sollte ich auch mitsprechen. Aber ich kann nicht. C'est toujours comme-ça, que veux-tu. Verzeih' wenn du bis jetzt kein Heftlein bekommen hast – du bekommst es heute. Ich war so reduziert, dass ich alles habe flattern lassen.

Ja, wenn du ein wenig von dem Papier entbehren könntest wär ich dir dankbar – und dann, könntest du mir wieder zwei Farbbänder für meine Maschine schicken? Ich hab dir ja erzählt, dass man hier nur schlechte bekommt. Übrigens hat Kleiber im Abendblatt vom 4. November etwas von mir gebracht.[127] Vielleicht amüsiert es dich, obwohl es nur kurz ist.

Verzeih, dass ich nur so kurz schreibe, ich hab mich wieder hinter die Arbeit gemacht und der Roman[128] sollte fertig sein, bevor ich in die Schweiz fahre.

Weisst du, wir fühlen sehr mit wegen all der Unannehmlichkeiten, die du durchzumachen hast. Hoffen wir nur eins, dass endlich endlich die Krähengeschichte in Ordnung kommt.

Ich dank dir vielmal, dass du so für meine Kleider sorgst. Behalt das Jaquet nur bei dir – wirklich, es ist dort besser aufgehoben. Und vielen Dank noch für die Tierschutzkalender. Findest du den «Seppl»[129] nicht miserabel? Ich bin beim Lesen ganz rot geworden. Und doch hab ich ihn seinerzeit sehr sorgfältig geschrieben. Aber was ein Jahr ausmacht! Man glaubt es gar nicht! Nun hoff ich nur, dass mein Zeitungsroman besser wird. Ich setz mich gleich wieder dahinter. Lass dirs recht gut gehen, maman Marthe, und sei herzlich gegrüsst von deinem
dankbaren
Mulet

262 JAKOB KLAESI AN ROBERT SCHNEIDER

Waldau-Bern, den 22. November 1937

Sehr geehrter Herr Doktor!
Wir haben uns die heikle Frage, ob eine Heirat bei Ihrem Mündel *Friedrich Glauser* zu erlauben ist, reichlich überlegt. Wir haben auch heute noch unsere grossen Bedenken, dass bei dem Charakter des Patienten die Ehe wohl kaum ideal sein wird; allein es ist ja richtig,

126 Der kurze Text *Eine Beerdigung* war zuvor vom Basler Radio-Redakteur Paul Meyer-Gutzwiller abgelehnt und am 25. Oktober 1937 zurückgeschickt worden. Ein Abdruck in der *National-Zeitung* Basel konnte nicht nachgewiesen werden.
127 *Warten,* in *National-Zeitung* vom 4. November 1937.
128 *Der Chinese.*
129 Erzählung im *Schweizerischen Tierschutzkalender* 1938, S. 34–40.

dass heute, wo Glauser sich nach Ihren Angaben sehr gut hält, es schwer sein wird, eine Eheschliessung zum vornherein zu verhindern. Zum mindesten lässt es sich nicht voraussehen, zu welchen Schlüssen irgendein beliebiger Gutachter käme, wenn von irgendeiner Seite gestützt auf Art. 97 ZGB Einspruch gegen die Eheschliessung erhoben und Glauser dann seinerseits dagegen klagen würde. Wir können uns darum nicht gut entschliessen, ein Machtwort zu sprechen, das sich dann vielleicht doch nicht halten liesse und müssen es deshalb ganz Ihnen überlassen, wie Sie sich entscheiden wollen.
Mit vorzüglicher Hochachtung
Die Direktion
Klaesi.

263 GESPRÄCH ROBERT SCHNEIDER MIT FRIEDRICH GLAUSER

26. Nov. 1937

Friedrich Glauser erscheint auf dem Bureau.
Er hat im Radio Basel eine Vorlesung gehabt und muss morgen noch einmal zu einer Aufnahme dorthin. Er hat hier in Zürich mit Patentanwalt Blum[130] verhandelt wegen Verfilmung seines Romans «Wachtmeister Studer». Es soll aber deutsches Kapital nötig sein und ob etwas aus der Sache wird, ist schwer zu sagen. Als Darsteller für Wachtmeister Studer ist Schauspieler Gretler[131] in Aussicht genommen. Ob unter diesen Umständen der Film in Deutschland zugelassen wird, weiss man nicht.

Weiter verhandelte Glauser mit der «Zürcher Illustrierten», wo nun in der nächsten Nummer der Roman «Fieberkurve» zu laufen beginnt. Er musste dort auch vorsprechen wegen der Abrechnung über den Buchverkauf des «Wachtmeister Studer».

Im weitern berichtet er über verschiedene Projekte, die er in petto hat. Gegenwärtig arbeitet er an der Vollendung des bereits mit einem Preis bedachten Romans für den Zeitungsverlegerverein, «Der Chinese».

Finanziell scheint es ihm doch recht zu gehen. Er gibt an, von «ABC» für den Roman «Gourrama» Frs. 300.– erhalten zu haben, für die «Fieberkurve» von der «ZI» Frs. 1100.–, vom «Beobachter» für den dort laufenden Roman Frs. 1500.–, für die Publikation «Im Dunkel» in der Schriftenfolge «Gute Schriften» Frs. 350.–.

130 Robert Blum (1900 bis 1994), kein «Patentanwalt», sondern Schweizer Komponist und Dirigent. Er schuf die Filmmusik für den Schweizer Film *Füsilier Wipf* (1938) und später für *Wachtmeister Studer* (1939) und *Matto regiert* (1947). Blum plante eine Verfilmung des *Wachtmeister Studer* mit der Frobenius AG. Über C.F. Vaucher und Josef Halperin hatte Glauser erfahren, dass diese Firma mit deutschen Produzenten zusammenarbeitete und so weit ging, von den Mitarbeitern Ariernachweise zu verlangen, was Glauser ablehnte.
131 Heinrich Gretler (1897–1977), populärer Schweizer Schauspieler, am Schauspielhaus Zürich und für den Film tätig, Hauptrolle in *Füsilier Wipf* (1938). Gretler verkörperte Studer in der Verfilmung *Wachtmeister Studer* (1939).

Wegen des Nachlasses seines Vaters gewärtigt er die Mitteilungen des Amtsvormundes. Er selbst erwartet nicht sehr viel. Er wäre zufrieden mit der goldenen Uhr und mit den Quarzstücken mit Gold durchsetzt, die der Grossvater, der seiner Zeit Goldgräber in Californien war, seiner Zeit seinem Vater vermachte. Auch für etwas Bett- und Tischwäsche wäre er empfänglich.

Er nimmt Kenntnis von der Stellungnahme des Amtsvormunde zu seiner Eheabsicht. Er weiss, dass allerhand Schwierigkeiten zu überwinden sind und nimmt widerspruchslos den Termin von Frühling 1938 entgegen. Auch erklärt er sich letztendlich einverstanden, event. die Friedmatt zu Prof. Stähelin zu gehen, wenn eine Beobachtung nicht zu umgehen wäre.

Sch.

264 FRIEDRICH GLAUSER AN FRIEDRICH WITZ

La Bernerie, den 16. Dezember 1937

Lieber Herr Doktor Witz,
also es steckt durchaus kein Geheimnis hinter meiner Korrektheit, aufrichtig und wirklich nicht. Wenn ich jemanden hinters Licht führen wollte (und dieser Gedanke liegt mir sehr ferne) so wären Sie sicher der Letzte, dem ich dies antun würde. Glauben Sie, ich sei so undankbar, dass ich einfach vergässe, was alles ich Ihrer Freundlichkeit zu verdanken habe? Nur müssen Sie eines nicht vergessen. Ich halte die Schweizer Luft nicht aus und werde nach ein paar Tagen malade. Gewiss hat das mit Komplexen und anderen dusteren Chosen zu tun – aber Tatsache ist es nun einmal. Das mit Blum tut mir aufrichtig leid. Nur darf ich vielleicht auch da etwas sagen: ein Mann, der frühere Kollegen mit einem derartigen Sans-Gêne über Bord wirft, wie Herr Blum, ist mir ein wenig unheimlich. Und da ist die Finanzierung mit deutschem Kapital. Verstehen Sie, dass mich das alles ein wenig misstrauisch macht? Soll aus dem «Studer» etwas gemacht werden wie weiland das «Fähnlein der sieben Aufrechten»[132] unseligen Angedenkens? Wo ein Meitschi einen Mottenstüpfer per «Herr Soldat» anredete? Soll der Studer vielleicht auf Berlinerisch oder Oberbayerisch gegeben werden? Das wäre das eine. Dass Gretler Herrn Blum die kalte Achsel gezeigt hat, ist folgendermassen zugegangen: Ich sass mit Gretler und Halperin im Café und [Blum] fragte

132 *Das Fähnlein der sieben Aufrechten* (Deutschland, Schweiz 1935), Spielfilm von Frank Wisbar nach Gottfried Kellers Novelle, mit Paul Henckels als Schneidermeister Hediger, Heinrich George als Frymann und Karin Hardt als Hermine Frymann.

Lancierung der *Fieberkurve* in der *Zürcher Illustrierten*. Foto: Gotthard Schuh.
3. Dezember 1937.

Halperin unschuldig, ob Gretler bei der KPD gewesen sei. Gretler hörte dies und brauste auf: Das sei kreditschädigend. Und ich fand das eigentlich auch. Warum erzählt Herr Blum solche Sachen – wenn auch in petit comité? Gretler war ja nie bei der KPD. Er hat noch letztes Jahr Engagementanträge nach Köln und Frankfurt bekommen. Also warum solche Sachen erzählen? Würden da Sie nicht auch misstrauisch? Ich will gern zugeben, dass ich auch zu den grossen Kindern gehöre, aber – «erkläre mir Graf Örindur»[133] – warum Leute vernütigen, mit denen man zusammen gearbeitet hat? Ist Kameradschaftlichkeit wirklich etwas so Abgeschmacktes, dass man es einfach beiseite werfen kann und zur Tagesordnung übergehen? Ich lasse Ihnen, lieber Herr Doktor, vollkommen freie Hand mit Blum. Wenn Sie etwas zu melden wissen, oder wenn Herr Blum einen Entwurf braucht, bin ich gern einverstanden. Ich möchte nur wissen, mit wem man es letzten Endes zu tun hat. Wenn es mit Herrn Goebbels sein soll, dann verzichte ich lieber. Dazu ist mir mein Name doch zu gut. (Obwohl auch da viele etwas einzuwenden haben werden, aber schliesslich, ich hab immer mit offenen Karten gespielt).

Und nun haben Sie den armen Glauser ganz gross aufgezogen, als Titelblatt sogar. Nur gut, dass ich die Stündelerphotographie zerrissen habe, sonst hätten Sie womöglich noch diese gebracht. Warum ich schliesslich doch nicht auf die 300.- frs. eingegangen bin? Weil ich nicht jahrelang der Schuldner des Morgarten-Verlages sein wollte. Und das hätte dabei usegluegt. Soviel ich das beurteilen kann. Vielleicht war es eine Dummheit – wer kann das wissen?

Haben Sie in Zürich auch so ein Sauwetter, wie ich hier?

Die Hauptsache hätte ich bald vergessen. Sie müssen mein langes Schweigen entschuldigen. Zuerst hab ich mich zehn Tage mit einer fiebrigen Bronchitis ins Bett legen müssen, und erst jetzt fang ich wieder an zu schnaufen. Darum haben Sie so lange auf eine Antwort warten müssen.

Und nun wünsche ich Ihnen und all den Ihren, besonders Frau Witz, recht gute Festtage und ein erträgliches Neues Jahr. (Man muss zufrieden sein, wenn das Neue Jahr erträglich wird, glücklich wird es ja auf keinen Fall).

Und mit den herzlichsten Grüssen verbleibe ich Ihr
ergebener
Glauser

[133] Geflügeltes Wort aus Adolph Müllners Trauerspiel *Die Schuld* (UA 1813). Dort heisst es: «Erkläret mir, Graf Oerindur, diesen Zwiespalt der Natur ...».

LENI WULLSCHLEGER[134] AN FRIEDRICH GLAUSER

Chur, Dezember 37

An Pointe-sèche[135],
Die «Fieberkurve» fängt so vielversprechend an, dass ich nicht anders kann.

Vielleicht liegt Ihnen gar nichts daran, dass man Ihnen kundtut, wie begeistert man von Ihren Studer-Romanen ist; umsomehr, als Sie sicherlich vermuten eine Frau sei nur von der kriminalistischen Seite derselben eingenommen. Was mich an Ihrer Art zu schreiben entzückt und begeistert ist aber etwas ganz anderes, darauf einzugehen ich zuwenig Schreibtalent besitze.

Ich möchte Ihnen hier eine Kleinigkeit verraten. Sie klagen die Franzosen der Ketzerei in Bezug auf Emmentaler, bzw. Greyerzerkäse an[136] – nun hören Sie aber was sich unsere zürcherischen Miteidgenossen in dieser Hinsicht leisten. Ich habe im Frühjahr d. J. im Casino Zürichhorn das Kochen erlernt (als richtiger «Chuchitiger»), und musste also auch den Käse für Dessert etc. herausgeben. Werde ich da in den ersten Tagen geschickt den Greyerzer zu holen, und komme mit der Behauptung zurück, dass ich keinen solchen finde. Man kommt mit mir, und zeigt mir ein herrliches Stück Emmentaler, worauf ich ganz entrüstet meine Meinung kundgebe. Ich wurde jedoch eines bessern belehrt – Greyerzer und Emmentaler sei doch dasselbe; Greyerz sei doch ein Teil des Emmentals! Kann man da noch helfen? Ich brachte den Mut nicht mehr auf heftig zu protestieren, und mein schwacher Protest erzeugte bloss ein nachsichtiges Lächeln auf den zürcherischen Gesichtern. Und da soll man nicht vom Kantönligeist besessen werden.

Bitte, cher Glousère, verzeihen Sie die Störung.
Im übrigen würde es mich freuen, wenn Sie Zeit fänden einer geistig darbenden Bernerin Nahrung in Form von brieflichen Produkten zu verabfolgen.
Leni Wullschleger

---

[134] Leni Wullschleger (1910–1986), Köchin, Angestellte im Bahnhofbuffet Chur.

[135] «Pointe-sèche» war das Pseudonym von Glauser, unter dem er 1915 seine ersten französischen Texte veröffentlichte. Er berichtet davon im Erinnerungstext *Schreiben ...*, der als Auftakt der *Fieberkurve* in der *Zürcher Illustrierten* erschien.

[136] Anspielung auf den Anfang der *Fieberkurve*, wo Wachtmeister Studer seinen Pariser Polizeikollegen spätnachts den Unterschied zwischen Emmentaler und Greyerzerkäse erklärt.

266 FRIEDRICH GLAUSER AN LENI WULLSCHLEGER

Marseille, den 24. Dezember 1937

Liebes Fräulein,
zuerst müssen Sie zwei Dinge entschuldigen: 1. dass ich Ihnen mit der Maschine schreibe, 2. dass ich so lange auf eine Antwort habe warten lassen. Von Hand kann ich schlecht schreiben – unleserlich noch dazu, dies zu Punkt 1. Zu Punkt 2: Ich war gerade am Verreisen, als ich Ihren freundlichen Brief erhielt. Darum die Verspätung.

Natürlich freut es uns immer, uns Schreiber, wenn man uns Komplimente macht – und darum freut es mich auch, dass Sie den Studer mögen. Mir geht es zwar ein wenig wie dem Zauberlehrling, Sie wissen doch: Der Mann, der mit Sprüchen den Besen zum Leben erweckte und ihn dann nicht mehr los wurde. Ich hab den Studer zum Leben erweckt – und sollte jetzt auf Teufel komm raus Studer-Romane schreiben und schriebe doch viel lieber etwas ganz, ganz anderes. Ich weiss nicht, ob Sie die Wochenzeitschrift «ABC» kennen. Dort erscheint im Feuilleton ein Roman von mir, der in der Fremdenlegion spielt (ich war selbst zwei Jahre dabei) und solche Sachen möchte ich schreiben – oder Geschichten wie das kleine Heft, das in den Basler «Guten Schriften» erschienen ist: «Im Dunkel». Kriminalromane langweilen auf die Dauer – man muss da immer Geheimnisse erfinden, muss aufklären und alles ist so öd und langweilig – Jakob Wassermann hat irgendwo behauptet, es gebe nichts Langweiligeres als Spannung. Das unterschreibe ich mit beiden Händen – falls es so etwas gibt. Nun wenn Sie Spass haben an der «Fieberkurve», so soll mirs recht sein und vielleicht bin ich ein undankbarer Tropf, weil ich gegen den Stachel löcke – schliesslich vertreibe ich mit meinen Studer-Geschichten vielleicht den Leuten auf eine nicht allzu unangenehme Art die Zeit und bringe sie auf andere Gedanken. Ihre Geschichte vom Zürcher Bahnhofbuffet hat mich sehr amüsiert. Dass es das noch in der Schweiz gibt! Was treiben Sie eigentlich in einem Bahnhofbuffet? Nach Ihrer Schrift kann ich Sie mir gar nicht als «Chuchitiger» vorstellen. Ist es Ihnen im Leben auch so schlecht gegangen, wie mir? Ich will gern zugeben, dass so etwas nicht ungesund ist – man lernt allerlei, sieht das Leben auch von der andern Seite und darf sich erlauben mitzureden, wenn von den sogenannten Schattenseiten die Rede ist. Was man aber nicht kann, wenn man wohlbehütet in Chevrolets, Villas oder Staatsstellen sein Leben verbringt.

Ich wollte nicht die Festtage verstreichen lassen, ohne Ihnen ein

Lebenszeichen zu geben. Ausserdem wünsche ich Ihnen fürs neue Jahr viel Glück (das kann man immer brauchen) und wenn es zum Glück nicht langt, so wünsche ich von Herzen, dass es wenigstens halbwegs erträglich für Sie verläuft.

Mit diesen Wünschen will ich schliessen und stets verbleiben Ihr ergebener Pointe-sèche
Glauser

267 FRIEDRICH GLAUSER AN KARL NAEF

Collioure, den 28. décembre 1937

Sehr geehrter Herr Doktor,
verzeihen Sie erstens das Briefpapier und zweitens meine unmögliche Schrift.[137] Aber mir ist gestern ein so großer Ziegelstein auf den Kopf gefallen, daß ich Mühe habe, mich von dem Schlag zu erholen. Die drei Abschriften des Wettbewerbromans[138] trug ich in einer Mappe bei mir, denn ich habe die Reise benützt, um hie und da noch Korrekturen anzubringen, die mir beim Lesen auffielen. Gestern fuhren wir von Marseille hierher, nach Collioure, und wollten in Sète übernachten, um dort das Ms. aufzugeben – ich dachte eines Dr. Kleiber zu schicken und Ihnen die beiden andern. Bei unserem Aussteigen in Sète fanden wir die Mappe nicht mehr – meine Frau hatte sie oben auf die Koffer gelegt. Ich habe sofort nach Perpignan telegraphiert, wo der Zug hielt. Heute habe ich dort nachgefragt – nichts. Das dümmste an der ganzen Geschichte ist, daß sowohl der handgeschriebene Plan (in einem schwarzen Heft) als auch das Original u. die Abschriften in der Mappe sind. Den einzigen Beweis für die Richtigkeit meiner Behauptungen lege ich Ihnen bei – das Telegramm, das ich abgesandt habe.

Ich weiß nun nicht, was die Kommission beschließen wird – daß ich den Preis verscherzt hab, oder vielmehr, daß ich zur Konkurrenz nicht mehr zugelassen werde, ist mir klar. Würde aber vielleicht die Kommission doch so freundlich sein, mir noch einen Monat Frist zu geben, um den Roman neu zu schreiben – ich glaube, es wird gehen, den Plan habe ich noch ziemlich genau im Kopf. Ich wäre Ihnen sehr dankbar, mir umgehend Bericht zu geben. Im ersten Augenblick hab ich geheult wie ein Kind – das war sehr dumm, aber begreiflich. Schließlich stecken sechs Monate Arbeit hinter dem Roman. Und das

[137] Der Brief ist nur als Schreibmaschinen-Abschrift erhalten.
[138] D. i. der Studer-Roman *Der Chinese*.

tut weh. Denn ich glaube, es hatte einige lustige Einfälle darin. Vom Finanziellen will ich gar nicht reden – wir haben beide, meine Frau und ich, auf dies Geld gezählt, um arbeiten und leben zu können.

Darf ich Sie bitten, bei den Herren der Kommission mein Fürsprech zu sein. Ich glaube versprechen zu können, die 3 Ms. bis Ende Jänner abliefern zu können. Wenn es Ihnen möglich wäre, mir auf das zu schreibende Ms. einen, wenn auch bescheidenen Vorschuß zu gewähren, würde dies mir sehr helfen. Sie können sich bei der «Z.I.», also bei Dr. Witz, erkundigen, daß ich bei Ablieferungen von Arbeiten immer zuverlässig gewesen bin und die mir vorgeschriebenen Termine stets eingehalten habe. Doch ist dies schließlich ein Unglücksfall, für den man niemanden verantwortlich machen kann. Man könnte mir höchstens vorwerfen, daß ich die Ms. nicht von der Bernerie aus geschickt habe. Aber ich wollte, wie ich Ihnen zu Anfang schreibe, noch korrigieren. Und das hat das ganze Unglück herbeigeführt.

Ich schreibe Ihnen in der ersten Aufregung. Morgen werde ich noch nach Béziers, Nîmes, Montpellier telephonieren lassen. Auf alle Fälle werde ich zu spät kommen. Darum bitte ich Sie, mich wissen zu lassen, ob die Kommission so freundlich sein will, ein Mal Gnade für Recht ergehen zu lassen.

Meine genaue Adresse schicke ich Ihnen morgen. Wenn Sie mir umgehend antworten wollen, so erreichen mich Briefe

F. Glauser, poste restante

Collioure, Pyrénées orientales

Indem ich Ihnen im voraus herzlich für Ihre Mühe danke, verbleibe ich Ihr ergebener

Glauser

Meine herzlichen Glückwünsche zum neuen Jahr für Sie und für all die Ihren.

«Oublie trains 3078 serviette contenant manuscrit Allemand conservez passerai demain. Glauser»[139]

---

[139] Abschrift des Telegramms, das Glauser nach dem Verlust seines Manuskripts aufgab.

Postkarte von Friedrich Glauser an Martha Ringier.
Collioure, 6. Januar 1938.

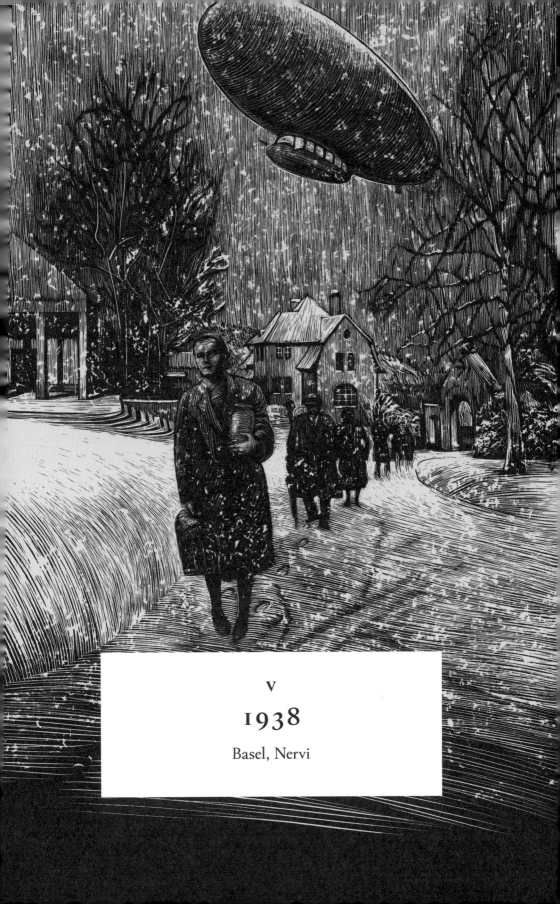

V

1938

Basel, Nervi

«DAS WICHTIGE
ERSCHEINT ERST SPÄTER»

SCHREIBEN UNTER DRUCK

Jahreswechsel 1937/38: Glausers letztes Lebensjahr bricht an. Das Jahr 1937 endet mit dem Verlust des Manuskripts *Der Chinese,* und das neue Jahr beginnt mit der fieberhaften zweiten Niederschrift des Romans und einer Entziehungskur in der Klinik Friedmatt in Basel. Der Rückfall in die Opiumsucht ist symptomatisch für Glausers Arbeitsweise: Er schreibt seine Kriminalromane für Wettbewerbe und setzt sich dabei unter einen enormen Zeitdruck, dem er nicht gewachsen ist. Um einen Text dennoch fertig zu bekommen, steigert er die Dosis Morphium und erleidet nach der Abgabe einen Zusammenbruch. Es folgt die Einweisung in eine Klinik und ein Entzug. Beim Kriminalroman *Der Chinese,* den er für einen Wettbewerb des Schweizerischen Schriftstellerverbandes schreibt, ist die Geschichte besonders abenteuerlich. Glausers Schilderung zufolge lässt er das einzige Manuskript und die Kopien des *Chinesen* auf der Reise zum kleinen Mittelmeerort Collioure am 28. Dezember 1937 im Zug liegen. Es verschwindet und taucht nicht wieder auf. Die Jury gewährt ihm darauf einen zusätzlichen Monat bis Ende Januar 1938, und in einem mörderischen Kraftakt schreibt Glauser den Roman ein zweites Mal nieder. Er gewinnt tatsächlich den ersten Preis, doch bricht er nach der Abgabe zusammen und lässt sich Anfang Februar 1938 freiwillig in die Klinik Friedmatt in Basel einweisen. Ein folgenreicher Aufenthalt, denn die Insulintherapie führt zu einer Schockreaktion, beim Sturz im Badezimmer zieht er sich eine Schädelbasisfraktur zu, die ihm von den Ärzten verheimlicht und als Hirnerschütterung abgetan wird. Das ganze Jahr bis zum Tod leidet er an den Folgen, er hat chronische Kopfschmerzen und Konzentrationsschwierigkeiten.

WENDEPUNKT

Von Juni 1938 an hält sich das Paar im Küstenort Nervi bei Genua auf. Anders als zuvor in Frankreich ist dieser Auslandsaufenthalt nicht mit einem Gefühl der Befreiung verbunden. Berthe Bendel und Friedrich Glauser begeben sich nur deshalb nach Nervi, weil Basel für die Eheschliessung einen Ariernachweis verlangt, der mühsam zu beschaffen ist, in Italien jedoch nicht. In Briefen beklagt sich Glauser über die zeitraubende und kostspielige italienische Bürokratie, die finanzielle Not des Paars ist einmal mehr gross.

Doch steht Glauser mit der heranrückenden Hochzeit an einem entscheidenden Wendepunkt: Die Aussicht auf ein Leben als verheirateter Mann in «geordneten Verhältnissen» rückt in unmittelbare Nähe, auch wenn die Vormundschaft weiterhin besteht. Die Monate vor der Hochzeit sind begleitet von einer intensiven Selbstreflexion. Der Abdruck seiner Texte in Zeitschriften wird von Autorenporträts begleitet, die ausführlich sein abenteuerliches Leben schildern. Vor allem aber hält Glauser in Briefen selber Rückschau: Er blickt zurück auf sein Leben, das keineswegs gerade verlaufen ist, reflektiert die eigenen Handlungen, sucht nach Begründungen und ordnet sie ein. Es lässt sich verfolgen, wie Glauser über mehrere Briefe hinweg eine Folgerichtigkeit im eigenen Lebensweg erkennt und mit seiner Vergangenheit Frieden schliesst.

AUSLANDSCHWEIZ

In vielen Briefen lotet Glauser sein Verhältnis zur Schweiz aus und leitet davon sein Selbstverständnis als Schriftsteller ab: Er beschreibt sich als einen, der die Schweiz von aussen sieht und gerade aufgrund der Distanz die spezielle Atmosphäre besonders sensibel wahrnimmt.

Anders als in Frankreich vermisst er in Nervi jedoch die Schweiz. In einem Brief vom November 1938 schreibt er: «Plötzlich scheint es mir auch, als brauche ich die Schweiz, als sei sie meine Heimat – und wolle ich über sie schreiben, müsse ich in diesem Lande wohnen» (→ Dok. 295, 29. November 1938). Berthe Bendel und er planen nach der Hochzeit in die Schweiz zurückzukehren.

Sein *Wachtmeister Studer* hat weiterhin Erfolg: Es werden Pläne zu einer Verfilmung mit Heinrich Gretler in der Hauptrolle geschmiedet. Glauser ist brieflich mit dem bekannten Schweizer Schauspieler und auch mit den Verantwortlichen der Praesens Film AG in Kontakt, selbst Robert Schneider setzt sich dafür ein. Die Produktion des Films wird Glauser allerdings nicht mehr erleben, erst ein Jahr nach seinem Tod kommt der Film ins Kino. Glausers Schaffenskraft ist in Nervi ungebrochen, er arbeitet an drei Projekten parallel. Als Schauplätze wählt er wichtige Lebensorte, ein Roman soll in Charleroi spielen, einer in Angles und ein dritter in Ascona und auf dem Monte Verità. Von allen sind nur Fragmente überliefert, denn am Vorabend seiner Hochzeit hat er einen Herzanfall und fällt ins Koma. Glauser stirbt am 8. Dezember 1938. Seine künstlerischen Pläne reichten weit über den Kriminalroman hinaus. Nur eine Woche vor seinem Tod schreibt er an Karl Naef vom Schweizerischen Schriftstellerverein: «Mit Kriminalromanen fangen wir an um uns zu üben. Das Wichtige erscheint erst später» (→ Dok. 297, 1. Dezember 1938).

GESPRÄCH ROBERT SCHNEIDER
MIT FRIEDRICH GLAUSER UND BERTHE BENDEL

27. Jan. 1938

Glauser erscheint mit Frl. Bendel und berichtet:
Ich habe in Collioure und bereits schon in La Bernerie wieder mit Morphium «arbeiten müssen». Die Dosis hat nun einen solchen Umfang angenommen, dass ich mich einer Entziehungskur unterwerfen muss. Ich war deswegen bereits letzten Sommer einmal bei Dr. Forel[1] in Prangins, musste aber die Kur abbrechen, weil mir das Milieu so ganz und gar nicht zusagte. Es sind dort lauter heruntergekommene reiche Patienten, die nicht zum Ausstehen sind. Am liebsten ginge ich nach Herisau, es soll dort nur Frs. 5.– kosten. Frl. Bendel geht zu ihren Eltern nach Grub, Appenzell. Bis Eintritt in Herisau möglich ist, gehe ich ebenfalls dorthin. Ich bin vor ca. 10 Tagen in die Schweiz zurückgekehrt, war in Basel und habe dort in dieser Zeit den ganzen Roman «Der Chinese» noch einmal abschreiben müssen, da mir ja das Manuskript auf der Reise nach Collioure verloren gegangen ist. Der Roman liegt nun bei Dr. Naef und erwarte ich nicht, dass ich noch den ausgesetzten Preis von Frs. 1000.– erhalte.

Irgendwie kriminell bin ich nicht geworden, habe keine Rezeptfälschungen vorgenommen. Ich bin freiwillig ausgereist und kann wieder nach Frankreich zurück.

Glauser sieht wirklich bedenklich aus, hat aufgeschwollenes Gesicht und man sieht ihm sofort an, dass er über seinen Zustand äusserst deprimiert ist. Frl. Bendel versichert, dass sich Glauser lange Zeit habe halten können, dann seien aber dringend Arbeiten fertig zu machen gewesen und da habe er wieder zu diesem Mittel gegriffen. Dann habe er aufgehört und hätten sie selber Entziehungskuren durchzuführen versucht, seien schliesslich aber nicht Meister geworden.

Es wird Glauser gesagt, dass ich Entziehungskur in der Friedmatt vorziehe. Prof. Staehelin könne sich dann zugleich über die Ehefähigkeit aussprechen und ferner sei er näher bei Dr. Kleiber und könne ihm dieser Arbeiten geben, soweit sich die mit der Entziehungskur machen lassen.
Sch.

[1] Oscar Forel (1891–1982), Schweizer Psychiater, Sohn des Psychiaters August Forel. 1934 Gründer der Privatklinik Les Rives de Prangins.

Postkarte von Louisa Glauser an Robert Schneider mit der Mitteilung, dass
sie Friedrich Glauser die Erbstücke geschickt habe, jedoch ohne Antwort geblieben sei.
Eimeldingen, 2. Februar 1938.

69 FRIEDRICH GLAUSER AN MARTHA RINGIER

[*Basel 7. Feb. 1938*
Friedmatt][2]

Liebe maman Marthe,
dem Mulet geht es schlecht aber es dankt höchst manierlich für die Geburtstagsgeschenke – die am 6. eintrafen. Das Mulet war auf der Wanderschaft und trabte schließlich ausschlagend in die Friedmatt, wo man nett zu ihm ist, aber wo man ihn einer Rosskur nach der anderen unterwirft. Auch das kann ergötzlich sein, wenn es vorbei [ist]. Oh, ihr wohlbehüteten Frauen! Wenn ihr nur einmal wüßtet was eine Entwöhnungskur ist. Grippe ist dagegen ein harmloser Schnupfen. Zuerst hab ich 5 Tage nichts gegessen dann probierte man es mit Insulin und jetzt hab ich einen dummen Schädel. Wenn du einmal Zeit hast läut dem großen Chef an, John Staehelin, (aber mit allen deinen Würden und Titeln) und nimm die Tram 3 um dem Mulet bonjour zu sagen. Es wird sich freuen – auch über Cigaretten (ja die sanften Winke). Und bring was zu lesen mit, etwas Anständiges, «Gertrud» oder «Diesseits»[3] – nur nicht Pearl Buck[4] oder Ines Loos[5]. Übrigens lass ich letztere grüssen. Desgleichen die arme depossedierte Frau Wenger[6]. Die muss auch einmal in einen Roman.

Ich hab Pläne, Pläne und einen Schädel der platzt. So geht es bisweilen im Leben. Übrigens denk' ich viel an Cocteau u. E. T. A. Hoffmann, die ich wieder einmal begreife.

Also, maman, leb wohl, lass dirs gut gehen, ertrink nicht in deinen Ämtern u. Würden u. verzeih dem Mulet, daß es dich nicht besucht hat, als es in Basel war. Aber es hätte nur Ungutes gegeben.
Dein Mulet
z. Zt. Friedmatt, Mittlere
Strasse 300
Basel

270 GESPRÄCHE ROBERT SCHNEIDER MIT FRIEDRICH GLAUSER, OTTO KLEIBER UND JOHN STAEHELIN

9. Febr. 1928[7]

Glauser telefonierte von Basel aus am 2. Febr., dass er nicht mehr in Grub sei. Es sei mit den Eltern von Frl. Bendel nicht gegangen (offenbar hat er dort die nötigen Mengen Morphium nicht erhalten). Es

---

2 Ort und Datum von fremder Hand hinzugefügt.
3 Hermann Hesse, *Gertrud*. Roman. München, Lange 1910. Hermann Hesse, *Diesseits*. Erzählungen. Berlin, Fischer 1907.
4 Pearl Sydenstricker Buck (1892–1973), in China aufgewachsene US-amerikanische Schriftstellerin. 1938 mit dem Nobelpreis für Literatur ausgezeichnet.
5 Cécile Ines Loos (1883 bis 1959), Schweizer Schriftstellerin.
6 Lisa Wenger (1858–1941), Schweizer Künstlerin, Kinderbuchautorin, Malerin. Die damals 80-jährige Lisa Wenger musste plötzlich die Familie ihres Schwiegersohns Alphons Erich Oppenheim versorgen, der wegen der Judenverfolgungen in Deutschland seine Arztpraxis in Steinen (Wiesental) aufgegeben hatte und zu ihr nach Basel gekommen war.
7 Verfasst am 9. Februar 1938, versehentlich auf 1928 datiert.

wird ihm gesagt, dass ich im Sinn habe, am 4. Febr. nach Basel zu kommen und vereinbart, dass wir uns im Bahnhofrestaurant treffen.

Vorher trifft Amtsvormund Dr. Kleiber, der von der neuen Misere bereits Kenntnis hat. Er bezeichnet Glauser zur Zeit als den erfolgreichsten schweizerischen Schriftsteller. Er sei der einzige, der sich allein durchzubringen in der Lage sei. Die Aussichten für den 1. Preis des Schriftstellervereins und Zeitungsverlegervereins sind für Glauser nicht besonders günstig. Dr. Kleiber teilt ferner mit, dass Glauser für eine Gabe der Schweiz. Schillerstiftung vorgesehen sei. Er habe in der letzten Sitzung die Frage angetönt und sei namentlich von den welschen Kollegen warm unterstützt worden. Den Roman «Chinese» wird er für die «Nationalzeitung» nehmen und zwar zum Preis von Frs. 1200.–.

Glauser erscheint dann pünktlich zur vereinbarten Zeit und wird mit ihm sofort Prof. Staehelin in der Friedmatt aufgesucht. Die Morphiumdosis, die Glauser zur Zeit benötigt, beträgt 36 gr., sie ist ziemlich hoch. Vorgesehen ist die Durchführung der Entziehungskur in Verbindung mit einer Schlafkur. Glauser ist damit einverstanden und übergibt Amtsvormund an die Kosten Frs. 100.–, die auf der Verwaltung deponiert bezw. als Anzahlung geleistet werden.

Frau Prof. Glauser, mit der ebenfalls ein Rendez-vous vereinbart war, ist nicht erschienen. Sie hat, wie sich später herausstellte, die Post nicht rechtzeitig erhalten.

Sch.

9. Febr. 1938

Prof. Staehelin, Friedmatt, Basel, telefoniert:
Wir haben die Schlafkur mit *Glauser* nicht durchführen können, da sie mit Lebensgefahr verbunden wäre. Glauser hat eine starke Bronchitis und dazu Herzschwäche, Verdacht auf eine akute Tuberkulose auf der rechten Lungenspitze.

Nun will er heraus, verweigert die Nahrung. Er kann natürlich nicht entlassen bezw. müsste anderweitig versorgt werden.

Prof. Staehelin nimmt davon Kenntnis, dass Vormund seine Zustimmung zur Entlassung nicht gibt und Internierung daselbst verfügt. Prof. St. wird für ein diesbezügliches Einweisungszeugnis besorgt sein. Eine waisenamtliche Zustimmung zu dieser Internierung ist nicht nötig, da der Vormund berechtigt ist, die für die Gesundheit nötigen Massnahmen anzuordnen.

Kantonale Heil- und Pflegeanstalt
FRIEDMATT
14955

№ 001332 1666

Basel, den 7. Februar 1938.

8. FEB. 1938

An Herrn Dr. Robert Schneider, Schrainstr. 9,

Zürich.

Wir beehren uns, Sie hiermit zu benachrichtigen, dass durch Beschluss der Aufsichts-Kommission die Verpflegungstaxe für Herrn Friedrich Glauser auf Fr. 7.— pro Tag in 3 Klasse festgesetzt worden ist, mit Wirkung ab 4. Febr. 1938.

Der Verwalter:

Ed. Wyss

Verpflegungstaxe während Friedrich Glausers Entzug in der Heil- und Pflegeanstalt Friedmatt. Basel, 7. Februar 1938. → Dok. 269|270.

p-s, Zürich, den 8. Februar 1938

Lieber Herr Glauser,

soeben erfahre ich, dass man "die Geschichte des Marquis, der die Königin auspfiff" an die 'elegante Welt' in Berlin verkauft hat. Ich habe dafür und für die Münchner Illustrierte noch keine Abrechnung, aber ich hoffe, sie bis Ende des Monats zu erhalten.

Morgen fahre ich für 10 Tage nach Paris und Sie hören von mir, wenn ich wieder zurück bin.

Herzliche Grüsse
Ihre

Brief der Literaturagentin Ella Picard an Friedrich Glauser
betreffend der Vermittlung eines Textes an die *Elegante Welt,* Berlin.
Zürich, 8. Februar 1938.

FRIEDRICH GLAUSER AN BERTHE BENDEL[8]

Vielen Dank für deine Schachtel mit den Äpfeln etc., mein Geißli. Dafür kann ich dir etwas Wunderbares erzählen.

«Der Chinese» hat den ersten Preis vom Zeitungsverlegerverein erhalten – Kleiber hat das in der «Nazi» und Knuchel in den «Nachrichten» angegeben. Wir haben also 1000.– frs. zugut und du musst dein Möglichstes tun, damit das Geld auf unser Postcheck einbezahlt wird. Schreib dem Dr. Karl Naef der uns noch immer in Frankreich glaubt, wir seien jetzt in der Schweiz, unsere Nummer sei die und die und er möge die Summe darauf einzahlen. Ich sei krank – Kleiber hat mich gestern besucht und wird Naef dies bestätigen. Übrigens will Kleiber den «Chinesen» für die «Nazi» aber ich muss noch einiges daran ändern. Sobald du Nachricht vom Geld hast – dafür musst du dem Postcheck unsere Adressänderung angeben – nimm dir, was du brauchst und komm deinen H. wieder einmal besuchen – wenn du Lust hast. Diesmal wirst du sicher länger bleiben können, denn es geht mir besser, obwohl mich der Kopf immer noch schmerzt.

Also: Schreib dem Postcheck Basel unsere (deine) Adresse, schreib die gleiche Adresse Dr. Karl Naef Zürich-Witikon, Oetlisbergstr. 46 glaub ich, du musst nachschauen unter unseren Sachen und ich denk du kannst einen Brief tippen. Hä?

Mein Schädel ist immer noch nicht gut – ich glaub, ich muss noch 14 Tage warten, bis er besser ist, aber nachher wird mich Dr. Plattner[9] untersuchen u. gehen lassen. Ich hab halt einen Abend böses Pech gehabt u. eine Gehirnerschütterung ist nicht angenehm.

Aber von Zeit zu Zeit erwischt man halt etwas – und da kann niemand etwas dafür. Gestern hat mich Kleiber besucht u. war sehr nett. Ich erzähl dir dann von ihm, wenn du kommst. Hoffentlich bald.

So, und nun lass dirs gut gehn Geißli und nimm die Geschichte nicht zu schwer. Grüß Huldi und Joggi[10], die Eltern.

Sehr lieb hat dich dein Friedel

---

8 Undatierter Brief, um den 23. Februar 1938 in der Klinik Friedmatt in Basel verfasst.
9 Paul Plattner (1907 bis 1980), Schweizer Psychiater, 1938 Promotion über Insulinschocktherapie bei John E. Staehelin an der Universität Basel. Seine Insulinschockbehandlung löste bei Glauser einen Nachschock mit Bewusstlosigkeit und Zuckungen aus. Beim Sturz erlitt Glauser eine Schädelbasisfraktur, die ihm von den Ärzten verheimlicht wurde.
10 Joggi Messmer, Halbbruder von Berthe Bendel.

272 GESPRÄCH ROBERT SCHNEIDER MIT KARL NAEF (SSV)

8. März 1938

Dr. Naef hat Glauser bereits den Preis von Frs. 1000.- den er für den Zeitungsroman noch erhalten hat, auf sein Postcheckkonto in Basel angewiesen. Wahrscheinlich wird Dr. Kleiber die Arbeit für die «Nationalzeitung» ankaufen und dürfte der Preis von Frs. 1200.- angemessen sein. Die «N.Z.Z.» würde vielleicht Frs. 2000.- bezahlen entsprechend der bessern finanziellen Lage.
Sch.

273 GESPRÄCH ROBERT SCHNEIDER
MIT FRIEDRICH GLAUSER UND BERTHE BENDEL

17. März 1938

Friedrich Glauser mit Frl. Bendel.
Glauser ist heute morgen in der Friedmatt entlassen worden und geht nun nach Grub, Appenzell, zu Familie Messmer. Er teilt mit, dass die Entziehungskur guten Erfolg hatte und dass er nach Opium oder Morphium zur Zeit gar kein Verlangen habe. Vielleicht sei die Sache nun doch einmal endgültig bekämpft.
Im weitern erklärt er, dass der behandelnde Arzt Dr. Plattner ihm erklärt habe, er halte ihn durchaus für ehefähig. Er sei bereit, eine diesbezügliche Erklärung abzugeben.
Es wird mit Glauser vereinbart, dass er Dr. Plattner veranlasst, einen diesbezüglichen Bericht hierüber an Amtsvormund zu richten.
Sch.

274 GESPRÄCH ROBERT SCHNEIDER MIT LOUISA GLAUSER

5. April 1938

Besprechung mit Frau Prof. Glauser in Basel.
Frau Glauser hat nun offenbar begriffen daß ihr Stiefsohn nicht einfach aus der Erbschaft sang- u. klanglos ausscheidet wie sie dies nach dem Wortlaut des Testaments zunächst annehmen durfte.[11]

11 In einer ersten Fassung des Testaments vom 13. Januar 1935 vermachte Charles Glauser seinem Sohn den Gemüsegarten samt Schuppen und Treibhaus mit einem geschätzten Gesamtwert von 3500 Reichsmark. Im offiziellen Testament wurde Friedrich Glauser nicht berücksichtigt.

Sie ist mit der aufgestellten Teilsprechung einverstanden, findet alles in Ordnung und stellt A'd das [Vermächtnis] für Friedrich zur Verfügung sobald vormundschaftliche Genehmigung erfolgt ist. Davon kommen allerdings in Abzug Mk 167.40 als bereits bezogene Inventargegenstände (1-10 des Inventars).

(Diese Gegenstände hat Frau Gl. Frl. Ringier in Basel übergeben, diese schickte sie per Post nach F'reich an G. und dort gingen sie verloren. F. Glauser war während dieser Postsendung nach Collioure oder Basel unterwegs. Die Post zahlte G. als Schadenersatz F. 100.– aus).

Frau G. bleibt weiter in Eimeldingen, sie bezieht die ½ Pension ihres Mannes, möchte aber wenn immer möglich erreichen daß ihr diese nach Genf, wohin es sie zieht, bewilligt wird. Einstweilen hat sie am Haus nichts verändert und hält ein Dienstmädchen.

Offenbar ist die Pension leidlich, sie sagt aber nicht wie viel.

Frau G. betont sehr, daß sie eigentlich Erbin über Alles sei, aber sie habe sich nun abgefunden und erlasse F. seinen Teil.

Sch.

275 ROBERT SCHNEIDER AN JOHN STAEHELIN

19. April 1938

Mein Lieber!
Beigeschlossen übermittle ich Dir die waisenamtlichen Akten (Nr. 1–55) über *Glauser Friedrich*. Aus dem Gutachten des Burghölzli vom 21. Sept. 1920 und den verschiedenen Vogtberichten geht der Lebensablauf meines Mündels ziemlich erschöpfend hervor. Es ist ein recht trübes Bild, das sich einem da entrollt; umso mehr freue ich mich darüber, dass Glausers Schicksal doch eine Wendung genommen hat und hoffe nur, dass sie anhält. Ich glaube, dass Frl. Bendel, die Glauser nun ehelichen will, auf ihn einen guten Einfluss ausübt. Glauser ist über die Aussicht, nun heiraten zu dürfen, hoch erfreut. Mehr verlangt er zur Zeit nicht, speziell nicht die Aufhebung der Vormundschaft, und doch wird auch daran gedacht werden müssen. Was meinst Du dazu? Ich denke, dass mindestens eine zweijährige Bewährung verlangt werden sollte, gerechnet von der letzten Internierung in der Friedmatt ab. Wie gesagt, Glauser «stürmt» keinesfalls, er ist im Gegenteil noch recht froh, sich zeitweise in besondern Angelegenheiten an seinen Vormund wenden zu können. Im übrigen halte ich ihn sehr frei, lasse

ihm volle Freiheit über sein Einkommen aus schriftstellerischen Arbeiten etc. und stelle gerne fest, dass er seinen und Frl. Bendels Unterhalt nun während 2 Jahren aus eigenen Mitteln bestreiten konnte.

Ich danke Dir sehr für die Bereitschaft, mir für Glauser den gewünschten Bericht über seine Ehefähigkeit zu erstellen und teile Dir nur noch mit, dass sich dieser zur Zeit in Basel aufhält und Arnold Böcklinstr. 48 wohnt.
Beilagen erwähnt.
Herzlich Dein
Sch.

276 JOHN STAEHELIN AN ROBERT SCHNEIDER

Basel, den 23. April 1938

Sehr geehrter Herr Doktor,
Sie haben mir mitgeteilt, dass *Friedrich Glauser* mit Frl. *Bendel,* ehemaliger Pflegerin der Heil- und Pflegeanstalt Münsingen, sich verheiraten wolle. Sie ersuchen mich um einen Bericht über seine Ehefähigkeit. Wie ich Ihren Vormundschaftsberichten entnehmen kann, hat sich Glauser, den auch ich als einen ausgesprochenen Psychopathen bezeichne, in den letzten Jahren viel besser gehalten als das auf Grund seines früheren Lebens zu erwarten gewesen wäre. Vor allem fällt auf, dass er sich schriftstellerisch sehr rege betätigt hat und dass er mit seinen Arbeiten nicht nur einen erfreulichen materiellen Erfolg erzielte, sondern auch bei kompetenten Persönlichkeiten sich entschiedene Anerkennung erwarb. Allerdings ist er von seiner Toxikomanie (Opium- und Morphiumderivate) nicht dauernd geheilt geblieben, sondern hat von Zeit zu Zeit wieder zu diesen Mitteln gegriffen, wenn er sich in einer unfruchtbaren depressiven Stimmungslage befand. Im Gegensatz zu früher, wo er dann aber rasch völlig haltlos wurde und die dümmsten Handlungen beging, sich und andere dadurch schädigte, vermochte er sich in den letzten Jahren auch in den Zeiten des Giftmissbrauchs so zu halten, dass er kaum auffiel. Überdies war er dazu zu bestimmen, vor einigen Monaten sich in unserer Klinik einer Entziehungskur zu unterziehen. Diese wurde mit Hilfe von Insulin in einer Weise durchgeführt, dass der Patient wenig Abstinenzerscheinungen aufwies und sich rascher erholte als früher. Während der Zeit, die er in der Friedmatt verbrachte, konnte

ich ihn gut beobachten und seinen jetzigen Zustand mit demjenigen vergleichen, den er während seines Burghölzliaufenthaltes und in späteren Jahren, da er mich zeitweise aufsuchte, bot. Ich konnte feststellen, dass er sich entschieden in seinem ganzen Wesen gefestigt und vertieft hat. Seine frühere, vorwiegend ablehnende Einstellung gegenüber allen gesellschaftlichen Normen und sozialen Verbindlichkeiten hat er aufgegeben. Er zeigt nun deutliche altruistische Gefühle, richtigen Hingebungstrieb, wenn auch die egozentrische Grundeinstellung und die Impulsivität und Triebhaftigkeit seines Wesens nach wie vor besteht und nie ganz verschwinden dürfte. Ich sehe aber heute keine Möglichkeit, ihn als geisteskrank zu bezeichnen, trotz seiner ausgesprochenen Psychopathie. Soviel ich sehe, wurde er auch nicht nach Art. 369 ZGB bevormundet, sondern nach Art. 370.[12] Eine Aufhebung der Vormundschaft verlangt er selbst nicht. Diese wäre auch noch verfrüht, da er der Hilfe und Fürsorge eines verständigen Führers nicht oder noch nicht entraten kann, was er auch selbst einsieht. Allerdings ist zu sagen, dass ein Mensch wie Glauser kein richtiger Erzieher sein wird; dazu ist er selbst noch zu wenig «erzogen». Glauser möchte aber keine Kinder und wird nach allem, was wir von ihm und seiner Braut, mit der er schon seit längerer Zeit zusammenlebt, wissen, auch keine Nachkommenschaft erhalten. Mit seiner Braut steht er gut; es besteht eine seelische Gemeinschaft, die zweifellos ausbaufähig ist und in welcher Glauser die in ihm vorhandenen sozialen Triebe weiterentwickeln kann. Er ist fähig, mit Hilfe seiner schriftstellerischen Leistungen eine Ehe auch in finanzieller Beziehung zu sichern und seiner Frau gegenüber die Pflichten, die man von einem Ehemann verlangt, wenigstens teilweise zu erfüllen. Ich glaube also, dass die Voraussetzungen, ihm den Eheschluss zu verweigern, nicht mehr gegeben sind, sondern *halte ihn zurzeit für ehefähig.* Freilich muss ich die Einschränkung machen, dass Glauser noch nicht so gesichert ist, dass er gegen einen schweren Rückfall, der unter Umständen zu seiner dauernden Anstaltsinternierung führen kann, jetzt schon als gefeit betrachtet werden könnte. Aber diese *Möglichkeit* einer schlimmen Entwicklung genügt m. E. nicht, um ihm die Ehe zu verbieten, hat er doch in den letzten Jahren tatsächlich bewiesen, dass er sich gegenüber früher bedeutend gebessert hat und imstande ist, ein geordnetes Leben zu führen, ein Leben, das allerdings nicht mit demjenigen eines ehrenwerten Handwerkers in Parallele gesetzt werden kann, sondern mit demjenigen eines Künstlers!
Mit vorzüglicher Hochachtung

Prof. Dr. John Staehelin

12 Gutachten der Klinik Burghölzli von 1920.
→ Dok. 65.

Glauser
Arnold Böcklinstrasse 48
Basel

den 2. Mai 1938

Lieber Herr Doktor,
ich fühl' mich wirklich verpflichtet, Ihnen endlich zu schreiben und Ihnen für die 200.- Frs. zu danken, die Sie mir nach Collioure geschickt haben. Nachher ist es sehr böse zugegangen und das erklärt Ihnen vielleicht mein langes Schweigen, erklärt Ihnen vielleicht auch, warum ich Ihnen nicht gedankt habe und warum die Rückzahlung der Schuld ausgeblieben ist, trotzdem ich in einem Wettbewerb 100.-frs.[13] verdient habe.

Der Verlust des Ms. samt den zwei Copien und allen Notizen, die ich über den Roman gemacht habe (alle waren sie in der gestohlenen Mappe aufbewahrt) hat mich ziemlich gehauen. Ich habe dann die Dosis, die bis dahin ziemlich raisonable war, in Collioure gesteigert, konnte dennoch nicht schreiben, bekam Angst, die Rezepte, die ich bei verschiedenen Ärzten holte, könnten den französischen Behörden auffallen und ergriff die Flucht. In Basel gelang es mir dann, den Roman, der zu einem bestimmten Termin abgeliefert werden musste innerhalb von zehn Tagen herunterzudiktieren, was eine Arbeit von acht Stunden Diktieren pro Tag bedeutete und drei Stunden Korrigieren. Ich brachte ihn dann fertig, den Roman, und war fertig nachher. Denn das können Sie sich vorstellen: wenn man sich überarbeitet, wenn man unter Angst leidet kann man nicht schlafen; also tut man zur übertriebenen Dosis Tinctur noch Schlafmittel dazu und ist schliesslich so erledigt, wenn die Arbeit endlich fertig ist, dass einem nichts mehr übrig bleibt, als eine Entwöhnungskur durchzumachen. Prangins fiel aus verschiedenen Gründen aus: den Eindruck habe ich immer gehabt, dass Forel mich nicht gern wieder aufnehmen würde, ausserdem, so gern ich mich von Ihnen hätte behandeln lassen, konnte ich, schon damals im Sommer, den Luxus der Rives des Prangins nicht recht ertragen. Eine Dummheit (von mir, das will ich gern zugeben, aber eine Dummheit, gegen die ich ziemlich machtlos war). Mein Vormund – denn unter Vormundschaft bin ich noch immer – schlug die Friedmatt vor und Staehelin versprach mir eine Schlafkur. Nach vier Tagen, die ziemlich scheusslich waren (weniger scheusslich als ein Aufenthalt in einem Konzentrationslager) fand man das glei-

[13] Glauser erhielt für den Roman *Der Chinese* beim SSV-Wettbewerb 1000.- Fr. Preisgeld.

che wie Sie seinerzeit: Lungen- und Herzschwäche. Schlafkur war also «kontraindiziert» und man beschloss, eine Insulinkur zu wagen. Im Anfang ging sie gut, ähnelte einem Anfall von Malariafieber, mit Schweissausbrüchen, Frieren, Migräne. Das ging so bis zum nächsten Dienstag (Freitag den 4. Februar, also an meinem 42. Geburtstag trat ich ein und anderthalb Wochen später gab es das erste Koma). Nachher, trotz langweiligem Kopfweh ein langer Besuch am Nachmittag und am Abend – da man Insulin- mit einer Schlafkur kombinieren wollte, – ein starkes Schlafmittel, nachher ein warmes Bad, wie jeden Abend. Über das Bad war ich besonders froh, da ich sehr unangenehm fror. Bitte denken Sie vor allem nicht, ich wolle mich da interessant machen, ich erzähle Ihnen die Sache nur, weil ich denke, dass Sie Interesse an ihr finden können. Zwei Patienten badeten mit mir – der Pfleger war abwesend, denn er hatte viel Wichtigeres zu tun, nämlich seinen Rapport zu schreiben, und Sie wissen wie ich, wie wichtig es ist am Morgen einen Rapport abzugeben, besonders wenn man den Abteilungspfleger vertritt. Item – wie Gotthelf sagt – ich verliess das Bad, zog mich an, verstellte den Hebel, der die Wanne leeren musste, versorgte meine Kameraden noch mit warmem Wasser, das sie so gerne hatten, und fiel dann in schöner rückwärtiger Brückenstellung zwischen zwei Wannen auf den Steinboden. Bei Brückenstellung berührt der Rücken den Boden nicht, nur der Hinterkopf knallt auf, und meiner tat dies auch. Was nachher passiert ist, weiss ich nicht. In der Nacht ist – so scheint es – der Chirurg des Kantonsspitals noch in die Friedmatt gekommen, um den Glauser zu untersuchen, und stellte eine Gehirnerschütterung fest. Eine Wunde war auch vorhanden und das Kissen ziemlich blutig. Was nachher sich zugetragen hat, weiss ich nicht. Am Samstag kam mich meine Frau besuchen, wofür ich allen Heiligen dankbar war, sie kam auch am Sonntag und am Montag, durfte aber nicht lange bleiben. Es fing an, besser zu gehen, die Assistentin, welche die Abteilung unter sich hatte, fütterte mich mit Schlafmittel und gab mir auch eins am Montagabend, dessen Namen ich leider vergessen habe, das aber so ausgezeichnet war, dass ich am Dienstag ein sehr ordentliches Nesselfieber hatte. Da die arme Frau sich nicht zu helfen wusste, wurde der Arzt, der die Insulinkur leitete (den müssen Sie kennen lernen, Sie haben ihn kurz in Münsingen gesehen, beim Insulinkongress, Paul Plattner heisst er und ist Bündner) zu mir geschickt, der mir – komischerweise musste ich den Ratschlag geben – Calcium intravenös einspritzte und mir ein Abführmittel gab. Nachmittags, als ich so gern Ruhe gehabt hätte, wie acht Tage vorher, nach dem Insulinkoma, [...]¹⁴

14 Unvollständiger Briefdurchschlag, dritte Seite fehlt.

F. Glauser
Casa Goggi presso Ivaldi
Via S. Ilario Nervi-Genova

den 5. Juni 1938

Lieber Herr Doktor,
In Basel war mit dem Heiraten nichts zu machen, und so habe ich den Rest meines Geldes dazu benutzt um hierher zu fahren – und hier wird es wohl gehen, wenigstens behaupten sie dies am Schweizer Konsulat, wo ich mich erkundigen gegangen bin. Nur eines sollte ich noch haben und ich möchte Sie bitten mir dies zu besorgen: Einen Geburtsschein. Bekommt man den von Muri oder muss man sich da an Wien wenden?[15] Sobald wir das haben (auch Fräulein Bendel hat nach Deutschland geschrieben um sich einen zu verschaffen) werden wir wohl endlich zu unserem Ziel gelangen.

Ausserdem hab ich eine ziemlich scheussliche Zeit hinter mir. Ich hab mich in Basel vergraben und überhaupt niemanden mehr besucht und gesprochen. Auch arbeiten konnte ich nicht und ich sollte doch den prämierten Roman durcharbeiten. Nun hab ich doch keine zu dumme Idee gehabt, denn hier fängt es mir an besser zu gehen. Wahrscheinlich hat sich in Basel bei diesem scheusslichen Wetter der letzten Wochen meine latente Tbc. wieder ein wenig aufgetan, denn ich hab bös gehustet und hatte jede Nacht unangenehmes Schwitzen. Aber hier fang ich wieder an mich zu erholen, auch meinem Kopf geht es besser, eine Gehirnerschütterung ist eine böse Sache und man muss Geduld haben bis sie wieder vergeht. Sonst geht es gut.

Wäre es Ihnen möglich (Sie wissen ich hab mich nie darum gekümmert wieviel ich bei Ihnen liegen habe und ich weiss, dass Sie ziemlich viel haben ausgeben müssen) mir 150.- bis 200.- frs. auf mein Postcheck Basel V 3469 zu überweisen? Ich würde Ihnen das Geld zurücküberweisen, sobald der «Chinese» fertig ist – Kleiber will ihn für «N.-Z.» und Huber in Frauenfeld will ihn als Buch herausbringen.[16]

Sie müssen entschuldigen, dass ich Ihnen nicht vor meiner Abreise geschrieben habe, aber ich konnte nicht einmal Briefe schreiben, so schlecht war es mit mir bestellt. Erst hier wache ich so langsam wieder auf und verdaue langsam aber sicher die Psychotherapie.

15 Wien war Glausers Geburtsort, Muri bei Bern sein Heimatort.
16 Richard Huber, Verleger des Huber Verlags Frauenfeld, plante den Roman *Der Chinese* nicht als Buch herauszugeben, sondern ihn in der *Thurgauer Zeitung* als Zweitdruck zu bringen. *Der Chinese* erschien erst 1939 im Morgarten-Verlag als Buch.

F. Glauser
Casa Goggi presso Ivaldi   den 5. Juni 1938
Via S. Ilario Nervi-Genova

Herrn Dr. Schneider
Amtsvormundschaft
Z ü r i c h

Lieber Herr Doktor,

In Basel war mit dem Heiraten nichts zu machen und
so habe ich den Rest meines Geldes dazu benutzt
um hierher zu fahren – und hier wird es wohl gehen,
wenigstens behaupten sie dies am Schweizer Konsulat,
wo ich mich erkundigen gegangen bin. Nur eines sollte
ich noch haben und ich möchte Sie bitten mit dies
zu besorgen: Einen Geburtsschein. Bekommt man den
von Muri oder muss man sich da an Wien wenden? Sobald
wir das haben (auch Fräulein Bendel hat nach Deutschland geschrieben um sich einen zu verschaffen) werden wir wohl endlich zu unserem Ziel gelangen.
Ausserdem hab ich eine ziemlich scheussliche Zeit
hinter mir. Ich hab mich in Basel vergraben und
überhaupt niemanden mehr besucht und gesprochen.
Auch arbeiten konnte ich nicht und ich sollte doch
den prämierten Roman durcharbeiten. Nun hab ich
doch keine zu dumme Idee gehabt, denn hier fängt
es mir an besser zu gehen. Wahrscheinlich hat sich
in Basel bei diesem scheusslichen Wetter der letzten
Wochen meine latente Tbc. wieder ein wenig aufgetan,
denn ich hab bös gehustet und hatte jede Nacht
unangenehmes Schwitzen. Aber hier fang ich wieder
an mich zu erholen, auch meinem Kopf geht es besser, eine Gehirnerschütterung ist eine böse Sache
und man muss Geduld haben bis sie wieder vergeht.
Sonst geht es gut.
Wäre es Ihnen möglich (Sie wissen ich hab mich nie
darum gekümmert wieviel ich bei Ihnen liegen habe und
ich weiss, dass Sie ziemlich viel haben ausgeben
müssen) mir 150.- bis 200.- frs auf mein Postcheck
Basel V 3469 zu überweisen? Ich würde Ihnen das
Geld zurücküberweisen, sobald der Chinese fertig
ist - Kleiber will ihn für N.Z. und Huber in
Frauenfeld will ihn als Buch herausbringen.
Sie müssen entschuldigen, dass ich Ihnen nicht vor
meiner Abreise geschrieben habe, aber ich konnte
nicht einmal Briefe schreiben, so schlecht war es
mit mir bestellt. Erst hier wache ich so langsam
wieder auf und verdaue langsam aber sicher die
Psychotherapie.
Es wird mich freuen bald Nachricht von Ihnen zu erhalten. Ich danke Ihnen vielmals für alle Mühe, die
Sie sich für mich geben und hoffe, dass X sie nicht
resultatlos sein wird.
Sehr herzlich grüsst Sie Ihr ergebener

Brief von Friedrich Glauser an Robert Schneider.
Nervi, 5. Juni 1938.

Postkarte von Friedrich Glauser an Robert Schneider.
Nervi, 27. Juni 1938. → Dok. 279.

Es wird mich freuen bald Nachricht von Ihnen zu erhalten. Ich danke Ihnen vielmals für alle Mühe, die Sie sich für mich geben und hoffe, dass sie nicht resultatlos sein wird.
Sehr herzlich grüsst Sie Ihr ergebener
Glauser

279 FRIEDRICH GLAUSER AN ROBERT SCHNEIDER

[Poststempel: Nervi, 27.06.1938]

Lieber Herr Doktor,
ich danke Ihnen herzlich für Ihren freundlichen Brief. Entschuldigen Sie bitte meine Karte, ich arbeite am Roman, der nun bald fertig ist. Haben Sie Nachricht erhalten von meinem Geburtsschein? Muss ich noch lange warten? Hoffentlich nicht. Es tut mir leid, Ihnen soviel Mühe machen zu müssen. Sehr herzlich grüßen wir Sie.
Ihr Glauser

280 FRIEDRICH GLAUSER AN FRIEDRICH WITZ

Casa Goggi pr. Ivaldi
Via S. Ilario
Nervi-Genova

den 15. Juli 1938

Lieber Herr Doktor,
Ihnen gegenüber plagt mich das schlechte Gewissen und Sie werden wohl begreifen, dass es mich plagt. Wie lange ist es her, dass ich mich nicht bei Ihnen gemeldet habe? Seit wie langer Zeit warten Sie auf meinen versprochenen Artikel[17] über die Insulinkur bei den, von Psychiatern schizophren genannten Geisteskrankheiten? Zwei Monate? Oder noch länger? Sie müssen pardonner und entschuldigen – es ist dem Glauser in letzter Zeit ziemlich dreckig gegangen, weiss der Kukuck warum einen ein Unfall – besser ein Tätschen auf den Kopf so übel bekommt, wenn man doch überzeugt ist einen harten Bernergring zu haben. Das ist eben so, wenn der besagte Gring nicht ganz echt ist, sondern durch Kreuzung mit waadtländischem Blut in der

[17] Im Nachlass Glauser findet sich ein vierseitiges Typoskript-Fragment zum Thema Insulin.

grossväterlichen und österreichischem in der mütterlichen Ahnenreihe bestimmt ist. Doch trösten Sie sich, lieber Herr Doktor, vorgestern habe ich einen neuen Roman angefangen,[18] an dem ich schon zwei Wochen herumstudiert habe, und ich hoffe dass er Ende August fertig sein wird. Hoffen Sie es auch – denn ich glaube ein Studer-Roman ist wieder einmal in der «Z.I.» fällig – da ja in der nächsten Woche der prämierte in der «Nat.-Ztg.» zu laufen beginnt, wennzwar er nicht laufet sondern kriechet.

Ja, dieser verdammte «Chinese» – also ist er betitelt – hat mich arg gequält. Denn nicht so durchaus verständig wie ein Illustrierten-Redaktor namens Witz ist ein Feuilleton-Redaktor an einer Tageszeitung. Ihm passt nichts in den Kram und ihn zu befriedigen geht selbst über die Kraft eines nicht reinschweizerischen Schriftstellers. Nun hoffentlich lesen Sie diesen verdammten «Chinesen», der mir viel schlaflose Nächte bereitet hat, nicht vollständig, sonst werden Sie über ihn noch mehr fluchen als über den «Matto» fluchwürdigen Angedenkens. Dass Sie den «Matto» gelesen haben, rechne Ihnen hoch an, dass Sie ihn schlecht gefunden haben noch höher – und wenn Sie wollen, schreib ich einmal für die «Z.I.» einen Irrenhausroman. Der kommende jedoch wird spielen im Tessinerdorf Ascona, und zwar im Jahre des Heils 1921. Wie soll ich ihn nun taufen: «Fremde in der Schweiz» oder «Studer im Süden»? Mir gefällt weder – noch das eine und andere – und ich hoffe es fällt mir ein anderer ein.

Die letzten zwei Monate habe ich also, um in meiner Zeitangabe fortzufahren, dazu benützen müssen den prämierten «Chinesen» umzuarbeiten. Der Roman gehört nicht mir, sondern dem Schweizer Zeitungsverlegerverein, der mir 1000.- frs. dafür gestiftet hat, die flötengegangen sind, weil mich der Roman malade gemacht hat. Nun ist er also umgearbeitet, und Kleiber von der «N.-Z.» ist noch immer nicht zufrieden, druckt ihn jedoch gleichwohl. Nun will ihn Huber in Frauenfeld als Zweitdruck in der «Thurgauer Zeitung» und dann als Buch herausgeben. Meine Hände sind gefesselt, es ödet mich an, dass wieder ein Studer in einem andern Verlag als dem Ihren erscheinen soll – und dies werde ich Huber mitteilen. Damit jedoch mein Brief von Erfolg begleitet ist, wäre es gut, wenn auch Herr Bucher sich an ebendenselben Huber Verlag in Frauenfeld wenden würde. Der Herr Bucher ist mir übrigens einen Brief schuldig, reklamieren möchte ich nicht, weil ich nicht weiss, ob er mir nicht inzwischen nach Basel geantwortet und mein Freund vergessen hat, mir diesen Brief nachzuschicken. Wenn es also Ihre Zeit erlaubt, so rächen Sie sich nicht allzu arg für mein Schweigen, sondern antworten Sie mir bald. Bitte.

[18] Studer-Roman, der in Ascona spielt. Überliefert sind einzig verschiedene Fragmente.

Und sagen Sie mir offen und ehrlich, ob der Morgarten-Verlag überzeugt ist, dass es mit dem Glauser nicht nur bergab geht, sondern dass es Schluss ist. Dann wäre er nämlich in einem durchaus verständlichen Irrtum befangen. Es sah so aus – dies will ich gern zugeben – und vielleicht wäre es auch fertig geworden wenn ich nicht fluchtartig das Panier ergriffen hätte, wie Frau Stöhr im «Zauberberg» so poetisch sagt. Wie geht es eigentlich dem Kilchberger Joseph-Biographen[19] und Nobelpreisträger Thomas Mann? Schreibt er weiter unlesbare Schmöker? Ich habe in letzter Zeit wieder einmal viel Wassermann von neuem gelesen und einige deutsche Einstellungen nur allzu gut begriffen. Der «Etzel Andergast»[20] zum Beispiel. Lesen Sie nicht! Man wird krank davon. Komisch übrigens, wie schnell der Mann nach seinem Tode vergessen wurde. Alle Männer scheinen schnell unterzugehen, seien es nun Haupt-, Suder-, Wasser-, Thomas- oder Heinrichmänner. Merkwürdig ist die Literatur. Vous ne trouvez pas?

Eigentlich möchte ich am liebsten wieder irgendwo als Krankenwärter unterkriechen – es gibt so gar keine Utilität beim Bücherschreiben – entweder sind die Schriftsteller begeistert, dann frisst das Publikum die Bücher nicht, oder das Publikum liest, dann konkurrenziert man die Frauen Courth, Mahler, Rose oder We... Halt! Stop! Der «Schöpfer» des Wachtmeisters wird frech. Seis drum. Also – wollen Sie mir auch erzählen, wie man in der Morgartenstrasse (Hütet Euch vorm Morgarten!) dem Kriminalromanisten gegenüber eingestellt ist. Ich möchte so gern wieder einmal mit Ihnen schwatzen – denn es fängt an mir wieder erträglich zu gehen, und ich habe keine Ahnung was ich Ihnen alles erzählt habe die beiden letzten Male. Amnesie nennt dies der kluge Seelenkenner, der nur von der Psyche etwas weiss, weil eine Seele anständiger ist, wenn sie mit einem Fremdwort katalogisiert wird.

Wann gehen Sie in die Ferien? Wollen Sie nicht einen Abstecher nach Nervi machen? Wenn Sie mir schreiben, könnt ich vielleicht ein Zimmer für Sie entdecken und vielleicht haben Sie Spass bei uns zu essen, wenn Sie mit Wenigem aber von Herzen Kommendem vorliebnehmen.

Und nun, lieber Meister, wünsch ich Ihnen viel Gutes und bitte Sie, Madame Witz meine herzlichen und ehrlichen Compliments recht respektvoll zu Füssen zu legen. Womit ich verbleibe, als Ihrer Excellenz untertänigst ergebener Diener und Schreiber
Friedrich Karl Glauser

Auch die Geiß grüßt unbekannterweise. Ist eigentlich die «Fieberkurve» endlich als Buch erschienen?

[19] Anspielung auf Thomas Manns Romantetralogie *Joseph und seine Brüder,* deren erste drei Bände zwischen 1933–36 beim S. Fischer Verlag Berlin erschienen waren.
[20] Zweiteiliger Roman von Jakob Wassermann, Berlin, S. Fischer Verlag 1931.

FRIEDRICH GLAUSER AN FRANK ALFRED GRABER[21]

> *Glauser*
> *Casa Goggi pr. Ivaldi Via S. Ilario*
>
> *Nervi-Genova den 2. August 1938*

Sehr geehrter Herr Graber,
sehr herzlich danke ich Ihnen für Ihren freundlichen Brief; es freut mich, dass Sie die «Begegnung» abdrucken wollen.

In den nächsten Tagen werde ich mich hinter die von Ihnen gewünschten Kapitel[22] setzen – es wird schwer sein, denn ich kann nicht mehr so schreiben, wie ich seinerzeit schrieb, als der «Schweizer Spiegel» auch solche autobiographischen Artikel von mir verlangte. Was wollen Sie, man ändert sich eben – damals kam es mir interessant vor, solche «Beichten» zu schreiben, heute kommt mir etwas derartiges schal und ziemlich selbstsüchtig (um nicht zu sagen unangenehm exhibitionistisch) vor. Darum müssen Sie so freundlich sein, und mir erlauben, wenigstens den Versuch zu machen, derartiges zu «gestalten». Ich mag das Wort nicht, aber wir besitzen kein anderes, und Sie werden sicher verstehen, was ich meine. Ich hoffe, dass ich Ihnen etwa in einem Monat wenigstens *eine* längere Sache werde schicken können und wenn Sie mir dann einen Vorschuss zukommen lassen könnten, wäre ich froh darüber, weil ich ruhig weiterarbeiten könnte. Bitte glauben Sie nicht, ich leide an Einbildung, weil ich meine, nun könne ich à tort et à travers produzieren – aber alle Bücher, die ich bis jetzt geschrieben habe, musste ich wirklich herunterhauen, weil sie bestellt waren und auf einen Termin fertig sein mussten. Was wollen Sie, manchmal hat man das Bedürfnis, schnaufen zu können – die Sachen, die dann entstehen, sind vielleicht ein wenig besser als sonst. Und ich träume immer von einem Schweizer Roman, den ich einmal schreiben möchte, und der so lange werden müsste wie der «Manhattan Transfer» von Dos Passos[23]. Sie dürfen mich ruhig auslachen, ich tu selbst nicht viel anderes, bis ich mich in etwas eingegraben habe. Und dann, wenn etwas fertig ist, finde ich die Sache wieder schlecht und möchte etwas ganz anderes schreiben. Nehmen Sie es mir auch nicht übel, wenn ich Ihnen so viel vorplappere. Aber Ihr Brief hat mir wirklich grosse Freude gemacht.

Mit dem Geld ist es so: Ich habe mich erkundigt bei zwei Banken, auch bei einem Schweizer, der schon lange in Genua Hôtelier ist. Überall hat man mir gesagt, ich könne ohne Schwierigkeit, ohne Komplikationen Schweizer Geld in einem Geldbrief erhalten und es

---

21 Frank Alfred Graber (1897–1988), Schweizer Schriftsteller, Verlagslektor und Übersetzer. 1926–31 Sekretär von Max Rychner bei der *Neuen Schweizer Rundschau*, seit 1938 Herausgeber der *Neuen Schweizer Bibliothek*, einer Buchreihe, die seit 1934 Schweizer Autoren eine Plattform bot.

22 Graber hatte Glauser angefragt, ob er seine Autobiografie für die *Neue Schweizer Bibliothek* schreiben wolle, woraufhin Glauser die Kindheitserinnerungen *Damals in Wien* verfasste. Sie erschienen unter dem Titel *Mensch im Zwielicht* im Dezember 1939 *(NSB,* Bd. 39), zu Glausers einjährigem Todestag. Im Nachlass haben sich Entwürfe zu weiteren Kapiteln erhalten.

23 1925 erschienener Roman des amerikanischen Schriftstellers John Dos Passos (1896–1970). Deutsche Erstübersetzung von Paul Baudisch, Berlin, S. Fischer 1927. Der Roman hat keine stringente Handlungsstruktur, sondern fasst die Grossstadt anhand einzelner Lebensläufe.

dann auf einer Bank in Touristen-Lire umwechseln lassen. Bei einer Postanweisung würde ich viel verlieren, da ich dann nicht Reise-Lire, sondern das italienische Geld nach dem gewöhnlichen, hohen Kurs erhalten würde. Wollen Sie so freundlich sein und dies dem Verlag mitteilen? Wenn Sie den Vorschuss ein wenig erhöhen könnten, so wäre ich Ihnen dankbar. Sie können Vertrauen zu mir haben, versprochene Arbeiten liefere ich immer ab, Dr. Witz von der «Z.I.» kann Ihnen das bestätigen und auch Dr. Oprecht vom Jean Christophe-Verlag.

Ich danke Ihnen noch einmal herzlich für all Ihre Mühe und verbleibe mit den freundlichsten Grüssen Ihr ergebener
Glauser

PS. Wenn es Ihnen nicht zuviel Mühe macht, würden Sie mir einmal Ihren letzten Roman[24] zum Lesen schicken? Sie bekämen ihn bald zurück.
Gl.

282 FRIEDRICH GLAUSER AN ROBERT SCHNEIDER

Glauser
Casa Goggi pr. Ivaldi Salita Noffi No. 2

Nervi-Genova den 28. VIII. 38

Lieber Herr Doktor,
Zuerst muss ich Ihnen die Sendung von frs. 250.- bestätigen und Ihnen herzlich für sie als auch für Ihren freundlichen Brief danken. Es war auch sehr lieb von Ihnen sich mit dem Ehepaar Picard in Verbindung zu setzen. Der Mann ist zwar noch ärger als die Frau und es ist kein Verlass auf ihn. Er hält die Leute, mit denen er geschäftlich zu verkehren hat, gewöhnlich für komplett idiotisch, mich hat er einmal einen ganzen Nachmittag geschuhriegelt um mir einen Kontrakt zu erpressen und war äusserst wütend, als ich nicht einstieg. Damals offerierte er 500.- für die Übergabe eines Romans zur Verfilmung. Wenn er Ihnen also irgendwelche Dinge vorschwätzen will, so nehmen Sie bitte dieselben mit aller nötigen Skepsis auf. Bitte nehmen Sie mir einen solchen «Auftrag» nicht übel, ich weiss gut genug, dass Sie auf derartige Leute nicht hineinfallen. Aber ich dachte, es schadet nichts, wenn ich Ihnen meine Erlebnisse mit ihm mitteile. Jetzt offeriert er ja 800.- frs.

24 Frank Alfred Graber, *Das Dorf am Niesen,* Bern, H. Feuz-Verlag 1936.

Dann müssen Sie entschuldigen, dass Sie so lange auf eine Antwort und eine Bestätigung der erhaltenen Summe haben warten müssen. Ich wollte Ihnen ein paar anständige Marken schicken, und es ist sehr kompliziert solche zu erhalten. Darum geht mein Brief erst heute ab.

Für den Geburtsschein danke ich Ihnen auch herzlich. Wahrscheinlich wird die Ankündigung unserer baldigen «Verehelichung» in den nächsten Tagen nach Muri gelangen. Glauben Sie, dass von dort noch Anfragen an Sie gerichet werden? Wird der Bernische Staat Schwierigkeiten machen und glauben Sie, dass das Gutachten Prof. Staehelins wirksam sein wird? Wir wollen das beste hoffen. Meine Freundin muss, wie ich, eine «nulla osta» haben, und dies muss durch Deutschland gehen. Ich hatte keine Ahnung was etwas derartiges war, bis man mir dies auf dem Schweizer Konsulat erklärte. Es ist der Terminus für «kein Protest» oder so etwas ähnliches. Wenn alles gut geht – halten Sie uns bei Gelegenheit den Daumen – so hoffen wir, dass wir nun doch in spätestens sechs Wochen werden heiraten können. Lange genug haben wir warten können. Ich brauche Ihnen wohl nicht zu sagen, wie dankbar wir beide Ihnen sind für alle Mühe, die Sie sich in dieser Angelegenheit gegeben haben. Eigentlich haben Sie mir sehr geholfen, langsam wieder aus dem Wasser zu tauchen, ein neues Leben zu beginnen und ich hoffe sehr, dass dieser Beginn nicht plötzlich abbrechen wird, sondern, dass ich auf meinem Wege weiter gehen kann. Es hängt ja nicht nur von mir ab, sondern von der Entwicklung der Zeit, in der wir leben. Die Unsicherheit, die über der Welt lastet, erinnert ein wenig grauenhaft an die Zeit vor 1914, man weiss nie, was der nächste Tag bringen wird und ich denke, Sie fühlen das in Zürich noch beklemmender, als wir hier.

Die «Nat.-Ztg.» hat den Rest des Honorars bezahlt. Wenn ich gewusst hätte, dass dies so schnell gegangen wäre, hätte ich Sie nicht um Geld gebeten. Aber da nun die Summe hier ist, werden wir sie nicht zurückschicken, sondern versuchen davon zu leben. Wahrscheinlich wird auch die Hochzeit einige Kosten verursachen, obwohl wir entschlossen sind, kein Fest oder sonstige unnütze Dinge zu betreiben, sondern alles ganz einfach zu machen. Bloss haben wir allerlei Anschaffungen gehabt, weil wir nur noch sehr wenig Kleider hatten. Auch Wäsche fehlte uns, was wollen Sie, diese Dinge sind nun einmal notwendig, auch wenn man noch so wenig Eleganzkomplexe hat.

Es ist merkwürdig, wie man sich verändert. Ich glaube, ich habe bis jetzt keine Ahnung gehabt, wie schwer im Grunde mein Beruf ist. Wenn Sie sehen würden, wie sehr ich an verschiedenen Sachen laboriere! Manche muss ich sechs bis acht Mal umschreiben, weil sie mir einfach nicht gefallen. Dann plagt mich ständig der Plan eines Schweizer Romans, den ich sehr gross will, (gross im Sinne der Länge) und es ist zum ersten Mal, dass ich versuche zuerst einen Plan zusammenzuleimen, bevor ich mit der anderen Arbeit beginne. Und es fällt immer schwer die Arbeitsmethode zu ändern.

Gretler habe ich [in] Genua nicht getroffen, er hat sich auch nicht angemeldet, obwohl er doch meine Adresse – so nehme ich wenigstens an – haben musste, wenn er mit Picard verhandelt hat. Das was ich Ihnen andeutete betrifft einen Schweizer[25], den ich einmal durch Zufall auf dem Schweizer Konsulat kennen gelernt habe, wo er sich an uns geklebt hat. Wir haben ihm geholfen, soviel wir konnten, ich habe – ohne mich rühmen zu wollen, – versucht ihm ein wenig seine allzu arge Querulirerei zu dämpfen, obwohl es nicht schwer war, zu bemerken, was alles in seinem früheren Leben vorgefallen war. Nur wissen Sie ja, dass ich nicht richten kann und dass ich einfach nicht Moral predigen will. Er ist unter der Fuchtel eines ihrer Kollegen*, ich möchte mich nicht in die Geschichte mischen, weil sie mich nichts angeht, versuchte nur ihm begreiflich zu machen, dass er mit Übertreibungen nicht weiterkommt. Eine Zeit lang dachte ich, Sie könnten ihm vielleicht helfen, da ich weiss, wieviel Geduld Sie mir gegenüber gezeigt haben, wie gut Sie meine sicher oft unerträglichen Ausbrüche verstanden und wie wenig streng Sie gerichtet haben. Aber ich denke, dass die Sache nun auf die eine oder andere Art in Ordnung gekommen ist. Es ist eben manchmal schwer für Menschen, die lange die Freiheit vermisst haben, wieder Kontakt mit dem zu erhalten, was man gemeinhin und pseudowissenschaftlich die «Realität» nennt, die «Wirklichkeit».

Das war alles. Als ich Ihnen schrieb, war mir sein Charakter noch nicht ganz klar (übrigens ein dummes Wort: «Charakter») doch nach reiflicher Überlegung hab ich gefunden, dass Sie genug zu tun haben und dass es unnütz ist, Sie noch mit fremden Münd. Angelegenheiten[26] zu plagen. Sie wissen sicher, wen ich meine.

Hoffentlich haben Sie gute Ferien verbracht und sind ein wenig ausgeruht. Sobald wir sicheres wissen über unsere Hochzeit werde ich Ihnen sogleich berichten. Vorläufig danke ich Ihnen noch sehr herzlich für all Ihre Mühe – wir danken Ihnen beide – und bleiben Ihre sehr ergebenen
Glauser

*(Meine Frau fürchtet, Sie könnten glauben, ich meine nun, ich sei unter Ihrer Fuchtel, dies sei doppelsinnig, hoffentlich glauben Sie das nicht. Ich hab es nicht so gemeint).

25 Nicht ermittelt.
26 Mündel-Angelegenheiten.

283 ANNELIESE VILLARD-TRABER[27] AN FRIEDRICH GLAUSER

Guntalingen, 31.8.38

Sehr geehrter Herr Glauser!
Ich verachte zwar die Frauen, die Schriftstellern und Dichtern schreiben, ich sehe darin eine Belästigung des «Angeschriebenen» und deshalb eine Anmaßung der Schreibenden.

Aber jetzt will ich Ihnen doch schreiben, daß ich seit 10 Tagen im «Landboten» Ihren «Wachtmeister Studer» lese. Bis vor 10 Tagen war ich nämlich in den Ferien, hatte während dieser Zeit meine Zeitung einem sonst zeitungslosen Menschen zukommen lassen und verpasste so den Anfang Ihres Romans. Das tut mir leid, schon deswegen, weil ich unbedingt gern jene Bemerkung über Felicitas Rose gelesen hätte, auf die in einem der letzten Feuilletonabschnitte angespielt wird.

Nun also: Ich lese nämliche diesen «Wachtmeister Studer» verrückt gern. Für gewöhnlich erlaube ich mir nicht, irgendetwas zu lesen, was nicht grad in meinem Leseprogramm steht. Schwer ist das nicht, solang darin sowieso etwas Belletristisches enthalten ist. Aber diesmal nun grad nicht. Da habe ich nun also den «Wachtmeister Studer» darin aufgenommen und bedaure jedesmal, daß der «Landbote» nur so kurze Abschnitte bringt. Grad' so nach einem Tag Schule ist es eine wahre Erquickung mit Studer ganz andere Wege zu gehen als die gewohnten – für *mich* gewohnten, meine ich.

Aber noch etwas sei beigefügt: wenn ich nicht schon Ihren Namen in anderm Zusammenhang als mit Kriminalromanen gelesen hätte, würde ich den «Studer» gar nicht zu lesen begonnen haben. – Ich las aber einmal aus der Sammlung der «Guten Schriften» ein Bändchen von Ihnen: Erinnerungen aus einem Pariser Restaurant und einem belgischen Kohlenbergwerk[28]. Seit ich diese Erinnerungen las, habe ich Sie für mich in die Reihe der wertvollen Schriftsteller gestellt. Wenn *Sie* Kriminalromane schreiben, können sie nicht so ohne sein.

So, nur das wollte ich Ihnen schreiben, d. h. ursprünglich noch weniger: nur vom Vergnügen, das mir Studer macht. Aber – ein Wort gibt das andere.

Nun sollte man einen solchen Brief gewiß schließen mit «in Verehrung» oder so etwas Ähnlichem, aber durch das, was ich von Ihnen las, bekam ich bis jetzt einen so freundlich-frischen, ungezwungenen Eindruck, daß ich nicht so steif schließen kann und Sie einfach freundlich
  Grüßen möchte
  Anneliese Villard-Traber

27 Anneliese Villard-Traber (1913–2009), Lehrerin, schrieb 1938–43 diverse Beiträge in der Schweizerischen Lehrerinnen-Zeitung und setzte sich später mit viel Engagement für die Frauenbewegung und das Frauenstimmrecht ein.
28 *Im Dunkel.*

284 ROBERT SCHNEIDER AN HERRN PICARD

5. Sept. 1938

Ich beziehe mich auf unsere telefonische Unterredung und frage Sie hiemit höflich an, ob nun bezüglich Verfilmung des «Wachtmeister Studer» ein Entscheid gefallen ist. Sie sagten mir am Telefon, dass sich die Praesens A.-G. bis Ende August a. c. entscheiden werde, nachdem nun Herr Gretler am hiesigen Pfauentheater angekommen ist und somit seine Mitwirkung am Film gesichert wäre.
Mit Hochachtung
Dr. R. Schneider

285 GESPRÄCH ROBERT SCHNEIDER MIT HERRN PICARD

14. Sept. 1938

Telefon:
Picard erhielt soeben telefonischen Bericht von Praesensfilm, dass er dort erwartet werde betr. Vertragsabschluss Verfilmung «Wachtmeister Studer». Picard wird Amtsvormund auf dem Laufenden halten. Über die Bedingungen ist Glauser durch einen Vorentwurf bereits orientiert und hat er diesen auch akzeptiert.
Sch.

286 ANNELIESE VILLARD-TRABER AN FRIEDRICH GLAUSER

Guntalingen, 6. Okt. 1938
Kt. Zürich

Lieber Herr Glauser!
Darf ich Ihnen noch einmal schreiben? Da Sie nicht ja oder nein sagen können, probiere ich es halt.
Ihr Brief war so nett und freundlich, er machte mir große Freude, aber gleichzeitig machte er mich auch traurig. Ich studiere seither allpott daran herum, wie man Ihnen helfen könnte. Aber anders, als daß ich meinen Bekannten von ihren Sachen erzähle und sie darauf aufmerksam mache, kann ich eigentlich nichts für Sie tun. – Sie

sollten halt einen Mäzen finden können. Wer weiß, die «National-Zeitung» wird ja weit herum gelesen – vielleicht wird da der Richtige oder die Richtige auf Sie aufmerksam.

Was die «geistige Landesverteidigung» betrifft, so dürfen Sie da schon ruhig «giftig» sein. Ich persönlich finde, man dürfte die militärische Landesverteidigung sogar ruhig zu Gunsten der geistigen etwas abbauen, denn wie der Anschluß Österreichs und jetzt das Verschlucken – Happen um Happen – der Tschechoslovakei zeigt, liegt die Kraft der kleinen Staaten ja nicht in ihren Rüstungen – die brauchen sie ja gar nicht mehr im Konfliktfalle – sie läge vielmehr eben in ihrer innern Stärke, in ihrer «Seele», in ihrem Willen zur moralischen Größe. Grund genug das Geld für den «Geist» zu brauchen.

Auf geistige Landesverteidigung sind Sie also nicht gut zu sprechen. Ob Sie aber auch damit einverstanden wären, man würde ihr die militärische opfern? Oder wenigstens teilweise?

Was für eine Stimmung mag wohl in Italien die letzten ereignisreichen Wochen geherrscht haben? Ist man nun voll Ruhm und Lob für Mussolini, dem das Münchner Abkommen zum guten Teil zu danken sei?

Ich bin etwas erstaunt, daß Sie so gerne etwas «Anständiges» und nicht nur Kriminalromane schreiben möchten. Ich glaubte nämlich, Kriminalromane gehörten mit zu Ihrer «Anständigkeit». Ich überlegte: Sie wollen von der großen Masse gelesen werden. Die große Masse liest aber vorzugsweise spannende Romane. So schreiben Sie spannende Romane und legen in Sie hinein Ihren Erzieherwillen. So möchten Sie im «Wachtmeister» z. B. die Kritik wecken an ödem Radiogekreisch (Bundesrat Motta[29] nannte den Radio, das Telefon etc. «göttliche» Erfindungen». Er tat es im Tessin anlässlich der Mustermesse, im Gedenken des «überstandenen» Krieges, der eben dank dieser göttlichen Erfindungen habe vermieden werden können.) an ungesundem «Heftliwesen», Romanlesen u.s.w.

In einen Kriminalroman kann man doch unter Umständen Höchstes legen. Sind nicht Dostojewskij's «Schuld und Sühne» oder «Brüder Karamasoff» auch eine Art Kriminalroman?

Eine Frau sagte mir, daß sie in der «Neuen Zürcher Zeitung» schon einige feine (im Sinne von «zart») lyrische Sachen von Ihnen las. Auch meine Mutter sagt, sie hätte schon welche gelesen. Aber niemand hat sie aufbewahrt. Jetzt habe ich aber meiner Mutter Auftrag zur Aufbewahrung der neu erscheinenden gegeben. Und freue mich sehr darauf.

[29] Giuseppe Motta (1871–1940), Schweizer Politiker aus dem Tessin, von 1912–40 Bundesrat.

Ich möchte wünschen, daß es in der Zwischenzeit für Sie einen Glücksfall gegeben hat. Aber wenns nur am Wünschen läge – werden Sie denken – wäre Ihnen schon lange geholfen.
Herzlich grüße ich Sie
Anneliese Villard-Traber

287 FRIEDRICH GLAUSER AN ROBERT SCHNEIDER

Glauser
Casa Goggi
Pr. Ivaldi
Via S. Ilario

Genova-Nervi 17. Okt. 38

Lieber Herr Doktor,
sehr herzlich danke ich Ihnen für die Zusendung der frs. 200.– und für das Vertrauen, das Sie mir entgegenbringen. Wir haben böse Wochen hinter uns und sind daher sehr froh, dass Sie so umgehend das Geld geschickt haben. Ich hoffe sehr, dass Sie nicht allzulange auf die Rückzahlung der Summe zu warten brauchen. Was wollen Sie: Es gibt eben Perioden, in denen man mit Leichtigkeit schreiben kann, andere dann wieder, in denen man fünf, sechs Dinge beginnt und keines dünkt einem nur halb anständig – nicht einmal ein simples Feuilleton.

Mit der Ehe ist es nun so: Frl. Bendel hat noch ein Wohnsitzzeugnis aus Nervi nach Berlin zu schicken – dann bekommen wir hoffentlich endlich die sogenannte «Nulla Osta». Auf dem Deutschen Konsulat sind sie gerade so freundlich und hilfsbereit, als auf dem Schweizerischen – das ist wenigstens ein Trost.

Falls Sie dann Zeit haben, freue ich mich sehr auf Ihren Antwortbrief.

Heute wollte ich Ihnen nur gleich den Empfang des Geldes bestätigen.

Mit herzlichen Grüssen und vielem Dank (bitte entschuldigen Sie die Marken auf der Enveloppe, wir fahren nicht nach Genua).
Ihr sehr dankbar-ergebener
Glauser

1. Nov. 1938

Ich will Ihnen heute auf die beiden letzten Briefe antworten, nachdem ich Ihnen am 15. Okt. die verlangten Frs. 200.- geschickt habe, deren richtigen Empfang Sie mir mit Brief vom 17. Okt. bescheinigten. Die Rechnung der Gemeinderatskanzlei Muri über Frs. 3.80 habe ich ebenfalls zur Zahlung angewiesen und ebenso die Frs. 20.- als Ihr Jahresbeitrag für den Schriftstellerverein. Ich bin nun der Anweisungen aus der einen oder andern Ihrer Quellen gewärtig und hoffe auf baldige Regulierung. Die Rechnungsauszüge des Morgarten-Verlags sende ich Ihnen zu meiner Entlastung zurück. Es mutet mich auch curios an, dass darin die «Fieberkurve» nicht aufgenommen ist, oder ist dies nur die Abrechnung über den «Wachtmeister» und folgt noch eine zweite? Ich will mich natürlich nicht ohne Not in die Sache mischen ohne Ihr Wissen und Einverständnis, aber die Sache kommt mir wie gesagt etwas curios vor und sehe ich mit Interesse Ihrer weitern Aufklärung entgegen. Die Zahnarztrechnung retourniere ich Ihnen ebenfalls.

Mit Zustimmung habe ich von Ihrer Mitteilung Kenntnis genommen, dass Sie beabsichtigen, nach erfolgtem Eheabschluss in die Schweiz zu kommen und sich hier irgendwo zu etablieren. Das war schon lange mein Wunsch und ich glaube, dass alles dafür spricht, ihn nun zu verwirklichen. Sie finden sicher im Tessin oder in Graubünden etwas für Sie passendes und nicht teurer als Ihre bisherigen Arrangements.

Wegen der Verfilmung von Wachtmeister Studer ist Herr Picard, wie er mir sagte, mit der Praesens in beständiger Korrespondenz. Aber diese will sich, wie er mir heute sagte, offenbar vorläufig nicht binden, sagt Gretler sei jetzt nicht abkömmlich, wo er am Schauspielhaus tätig sei etc. Picard hat den Eindruck, die Praesens suche noch nach andern geeigneten Manuskripten und möchte den Entscheid deswegen solange als möglich hinausschieben. Herr Picard hat nun der Praesens mit Rückzug der Offerte und Anerbieten des Drehbuches an andere Gesellschaften gedroht und hofft, damit den Abschluss des Vertrages beschleunigen zu können. Er will mir nächste Woche über den Erfolg dieses Schrittes wieder berichten. Inzwischen erwarte ich gerne von Ihnen wieder einen Brief und grüsse für heute recht herzlich.

Dr. R. Schneider

Beilagen erwähnt.

FRIEDRICH GLAUSER AN HEINRICH GRETLER

Nervi, den 18. November 1938

Lieber Gretler, schenken Sie mir das Herr, wenn ich absolut von Ihnen verlange, dass Sie es auch bei mir niemals mehr gebraucht. Ich glaube, in Zürich hatten wir es einmal verschluckt, und jetzt graben Sie es wieder aus, als Briefanfang – und es fällt mir so schwer, Sie mit Monsieur und Herr anzureden. Einverstanden? Nicht beleidigt? Es ist keine blöde Familiarität, nur so ein kleines kameradschaftliches Zeichen und um Ihnen ganz, ganz klar zu zeigen, wie froh ich über Ihren freundlichen Brief gewesen bin. Wenn Sie wüssten, wie ich danach plange, wieder in die Schweiz zurück zu gehen! Ich habe eine grosse Sache im ‹Gring› (excusez!) aber hier kann ich sie nicht schreiben, weil mir die Atmosphäre fehlt. Es würde vielleicht ein guter Schweizer Roman – aber um Gottes Willen nicht etwa ein «Füsilier Wipf»[30] oder ein «Conrad der Leutnant»[31]. Nun werden Sie mich für grössenwahnsinnig halten, weil ich auf Faesi und Spitteler fluche. Aber eigentlich fluch ich gar nicht, sondern protestiere nur. Weil ich die Leute nicht mag, die nie unten durch gekrochen sind, sondern als Lehrer und Professoren ihr Geld verdient haben und dann – der eine wenigstens – durch eine reiche Heirat «Kinschtler» geworden ist. Lachen Sie mich aus und halten Sie mich für verdreht, ich glaub immer noch, dass man mit viel Geld nie etwas Anständiges zustande bringen wird, und darum halte ich mich so im Souterrain, wenn ich auch gehört habe, dass man in der Schweiz meint, der Glauser lebe in Luxus, weil er nach Nervi gefahren ist. Schauen Sie, wir leben zu zweit von so wenig – und müssen nun einmal hier ausharren, bis wir mariés sind. Dann wollen wir wieder zurück und schauen, dass wir irgendwo ein altes Hüüsli mieten und ein paar Tiere warten und ein paar Pflanzen, Blumen und Gemüse blühen und reifen lassen können. Ich muss Ihnen wie ein schandbarer Spiesser vorkommen – doch was wollen Sie: Caféluft halt ich nicht aus, dann bin ich nach vierzehn Tagen fertig und manchmal hab ich den Grössenwahn, dass ich noch etliches zu erzählen habe. Es wird nicht besser werden als beispielsweise London (Jack mit Vornamen) der für Herrn Humm ein unbekannter Autor ist und über den auch andere Schweizer Künstler das Maul verreissen. Ich finde jedoch, dass ich zufrieden sein darf, wenn es mir einmal gelingt, etwas ähnliches zu schreiben, wie den «Martin Eden» oder «Jerry der Insulaner»[32]. Mehr will ich gar nicht. Und ich möchte nicht hoch hinaus, sondern in den Niederungen weiterverge-

---

30 Robert Faesi, *Füsilier Wipf. Eine Geschichte aus dem schweizerischen Grenzdienst.* Huber, Frauenfeld 1917; überarbeitete Fassung ebd. 1938. Verfilmung 1938 mit Heinrich Gretler in der Hauptrolle.
31 Carl Spitteler, *Conrad, der Leutnant. Eine Darstellung.* Berlin, Verlag der Romanwelt 1898.
32 Romane von Jack London. *Jerry, der Insulaner* (Macmillan 1917) ist eine Hundegeschichte, *Martin Eden* (Macmillan 1909) erzählt die Geschichte eines jungen Arbeiters, der sich autodidaktisch zum Schriftsteller heranbildet.

tieren und so unauffällig als möglich auf dieser ziemlich schmutzigen Erde herumstrolchen. Ich freue mich, wenn ich wie hier, mit Arbeitern Freundschaft geschlossen habe – sie sind oft und meistens klüger als die Geistesheroen. Und interessant habe ich es immer gefunden zu sehen, wie ein Land von unten aussieht. So hab ich immer gelebt, und so gedenk ich weiter zu leben. Zufrieden bin ich, wenn dann hin und wieder ein Mensch wie Sie auftaucht, mit dem man keine Phrasen zu machen braucht, wie Vaucher, wie Sepp[33] – was macht er? – grüssen Sie ihn von mir, wenn Sie ihn sehen.

Um Gottes Willen nur nicht Praesens[34]. Ich kenn zwar keinen einzigen der Heroen dieser Firma, aber was sie so filmt, ist ein wenig, wie der Wiener einmal sagte: Pflanz. Und dass Sie mit diesen Leuten nicht auskommen, ist selbstverständlich. Schliesslich, wenn der «Studer» einmal über die Leinwand flimmern soll, so hat es ja Zeit. Und vor allem lassen *Sie* sich Zeit, übermüden *Sie* sich nicht. Ich hab' manchmal ein wenig Angst um Sie, weil ich Sie einmal sehr übermüdet sah. Schad, dass ich Ihren Götz[35] nicht hab sehen können!

Also, Geduld brauchen Sie mir keine zu predigen. Kantorowitz[36] hat mir auch geschrieben, wegen einer Verfilmung und ich habe geantwortet – es war vor Ihrem freundlichen Briefe – eine Verfilmung käme nur in Frage, wenn *Sie* den Studer spielen würden. Sonst lege ich mein Vetum ein. Dann hat die Filmgesellschaft Frobenius[37] an mich geschrieben, sie wollen Klein- und Kurzfilme. Und ich kann das nicht. Ich muss, um da einmal etwas Rechtes zusammenzubringen, einmal sehen, wie so eine Aufführung vor sich geht. Etwas von der Technik wissen. Weiss Gott nicht aus Brotneid bin ich dagegen, dass jemand anders mir ein Filmbuch fabriziert, sondern nur aus Angst, es käme etwas ziemlich mieses heraus – und falsches dazu. Wie ist übrigens der Ramuz-Roman[38] geworden? Hat Ramuz mitgeholfen? Hoffentlich. Hier geh' ich oft ins Kino, weil man da ausgezeichnet Italienisch lernt auch wenn es synchronisiert ist. Die amerikanischen Filme beginnen übrigens hinausgeworfen zu werden, was nur richtig ist. Die Italiener haben noch wenig Technik, doch habe ich einen sehr guten Film gesehen – zwar ein abessinischer Kriegsfilm aber ausgezeichnet als Regie und mit einem Schauspieler, der Ihnen sehr ähnelte.[39] Bitte nicht missverstehen, wenn ich auch positiv urteile, dort wo es Sitte ist, sich negativ zu benehmen. Ich bin ehrlich mit Ihnen und freue mich, einmal mit Ihnen zu sprechen und Ihnen zu erzählen. Aber vielleicht ... Nein keine vielleicht. Sie kennen mich jetzt genügend, hoffe ich, und verstehen mich auch. Noch einmal vielen Dank für Ihre lieben Zeilen und herzliche Grüsse von Ihrem
 Glauser

33 Joseph Halperin.
34 Praesens Film AG, 1924 von Lazar Wechsler und Walter Mittelholzer in Zürich gegründete Filmverleih- und Filmproduktionsfirma. Praesens Film realisierte nach Glausers Tod *Wachtmeister Studer* (1939) und *Matto regiert* (1948).
35 Gretler hatte am Schauspielhaus Zürich grossen Erfolg in der Titelrolle von Goethes *Götz von Berlichingen*.
36 Michael Kantorowitz (1877–1961), nach dem Ersten Weltkrieg Gründer einer Künstleragentur und um 1930 eines Bühnenvertriebs in Zürich. Verleger von Bühnentexten für das Berufstheater.
37 Siehe dazu den Brief von Hans Richter an Friedrich Glauser. → Dok. 290.
38 *Farinet ou l'or dans la montagne* (1939), Verfilmung von Max Haufler nach dem Roman von Charles Ferdinand Ramuz, mit Gretler in der Rolle von Charrat.
39 Siehe Glausers Essay *Italienischer Film,* Typoskript im Nachlass.

Entschuldigen Sie auch, dass ich tippe, ich hab so Mühe handschriftlich zu schreiben.

290 HANS RICHTER[40] AN FRIEDRICH GLAUSER

*Zürich,
Central-Film, Weinbergstr. 11*

den 19. November 1938

Sehr geehrter Herr Glauser,
Ihre Adresse bekomme ich soeben von Herrn Vaucher, nachdem ich Sie schon längere Zeit zu erreichen versucht hatte.
Ich werde ab 1. Januar in der Frobenius-Film in Basel eine Produktion von zunächst sechs Kurzfilmen herstellen. Themen, Produktionsleitung und Regie liegen in meinen Händen. Ich würde gerne wegen Ihrer Mitarbeit als Autor mit Ihnen in nähere Verbindung treten und möchte aus diesem Grunde von Ihnen Nachricht bekommen, ob Sie demnächst in die Schweiz kommen werden, man also persönlich Fühlung nehmen könnte. Ich habe Einiges von Ihnen gelesen und könnte Ihnen vielleicht eine konkrete Aufgabe stellen, die Sie interessierte.
In der Hoffnung bald von Ihnen zu hören, begrüsse ich Sie ergebenst
Hans Richter

291 FRIEDRICH GLAUSER AN OTTO KLEIBER

*Casa Goggi pr. Ivaldi, Via S. Ilario
Genova-Nervi, 27.XI. [1938]*

Lieber Herr Doktor,
meinem Kopfe geht es so übel, dass ich nicht einmal weiss, ob ich Ihnen für Ihren lieben und freundlichen Brief gedankt habe. Schlecht – das stimmt nicht ganz. Nur ist er voll und übervoll und wir haben beide so viel Sorgen wegen unserer Heirat, dass nichts Gutes oder – wieder – besseres herauskommen will. Ich schick Ihnen heut ein Feuilleton[41] und habe nur eine Angst, dass Sie es nicht bringen, um nicht die «heiligen Reisebureaux», die bei Ihnen annoncieren, taub zu machen. Aber schliesslich werden auch sie nicht unverwundbar

40 Hans Richter (1888 bis 1976), deutscher Filmemacher, Maler und Grafiker. Verkehrte bereits von 1916–18 in Zürich im Kreis der Dadaisten, wo er und Glauser sich jedoch nicht begegneten. Ab 1933 im Exil und 1937 Übersiedelung in die Schweiz.
41 D.i. *Wenn Fremde reisen.* Der Text erschien unter dem Titel *Reisegesellschaft* fünf Tage nach Glausers Tod mit einem kurzen vorangestellten Nachruf in der *National-Zeitung* vom 13. Dezember 1938.

sein und man wird ihnen einen kleinen Hieb geben können – denn schliesslich sollen diese Bureaux ein wenig etwas für die Schweiz tun und nicht fürs Ausland. Ich habe Suppe von Nervi – schon lange. Aber wir müssen nun durchhalten. Und ich glaube in drei Wochen wird es endlich so weit sein.

Nur, ewig das Gleiche: Wie soll man heiraten, wenn man kein Geld hat. Und woher soll man das Geld nehmen, wenn die Verleger einen immer warten lassen. Womit nicht Sie gemeint sind lieber Herr Doktor, im Gegenteil, Sie haben so lieb dafür gesorgt, dass das Honorar für die «Hexen»[42] alsobald eingetroffen ist, dass ich noch einmal bitten komme: Wenn Sie die zweite Skizze von der Festung[43] und die dritte, jetzt eintreffende, brauchen können, dann seien Sie so lieb und lassen Sie noch einmal die «Nat.-Ztgs.»-Kasse funktionieren und helfen Sie dem Glauser.

Haben Sie gelesen, was sich der Morgarten-Verlag geleistet hat als Reklame für die «Fieberkurve»? Hat einfach den Absatz gestohlen, den ich einmal Halp. geschenkt hatte. Was meinen Sie dazu? Wird es nicht sehr übel wirken, daheim in der Schweiz. Sie wissen, ich geb wenig auf Ruhm und pfeife darauf dass ich das Interesse des Publikums errege. Aber ich glaube, Witz war da ein wenig unvorsichtig. Machen nur Sie um aller Heiligen willen keinen grossen Schmuh über die «Fieberkurve», sie verdient es nicht, obwohl es ein paar lustige Dinge darin hat. Aber ein paar lustige Einfälle machen noch kein gutes Buch und darum warte ich mit Angst und Sorge auf den Termin, nach dem ich in die Schweiz zurückkehren kann. Denn ich brauche die Luft um – neben den Brotverdienungskünsten, die immer wieder «Romanzi gialli» «gelbe Romane», wie man hier so schön sagt sein werden – einmal etwas Anständiges zu schreiben. Glauben Sie, dass man dann das «Werk» aufnehmen wird, trotz meines sicher nicht gerade «geraden» Lebenslaufes, wie Frl. Ringier immer so schön sagt. Schliesslich, der Wege gibt es viele und ich zweifle, dass wir fähig sind, den unsrigen zu finden. Doch genug der Philosophie.

Wenn Sie also die beiden Sächlein brauchen können, denken Sie an den Glauser, der nun bald ein Ehemann sein wird und geben Sie ihm, wie schon oft, einen «coup de coude», welche Formel in deutscher Sprache nicht existiert.

Sehr herzlich grüssen Sie bitte von uns beiden Frau Kleiber und die Kinder. Und stets bleiben wir dankbar die Ihrigen

Glauser

---

42 D. i. *Hexen und Zigeuner*.
43 D. i. *Im unbekannten Land*. Erstmals erschienen in der *Neuen Schweizer Bibliothek*, Bd. 58, 1942, S. 58–65.

FRIEDRICH GLAUSER AN LOUISA GLAUSER

F. Glauser
Casa Goggi, Via S. Ilario

Nervi-Genova, den 29. Nov. 1938

Meine liebe Mama,
Ich weiss nicht, wie ich Dir danken soll für deine Freundlichkeit mir gegenüber. Dank der Promptheit, mit der Du die notwendige Summe geschickt hast, haben wir die Papiere aus Berlin endlich erhalten. Wir hoffen, in zwei, drei Wochen heiraten zu können, wenn alles gut läuft. Aber man muss ständig zahlen und zahlen und ich sollte längst in der Schweiz sein, um mit den Redakteuren zu reden und zu diskutieren. Auch bei einem Film soll ich mitarbeiten – und wir müssen warten, warten, weiter warten. Das ist langweilig, denn ich kann hier nicht gut arbeiten, jetzt, wo es kalt ist und wir nicht heizen können. Das Haus, in dem wir ein Zimmer gemietet haben, ist tagsüber sehr lärmig – im Sommer konnte ich noch draussen arbeiten, aber jetzt regnet es häufig und ist kalt, und nachts kann ich nicht schreiben, weil man erfriert und weil mich die Stimmung hier schläfrig macht. Hoffen wir, dass alles gut geht, drück uns die Daumen. Ich glaube nicht, dass wir nach Florenz fahren können, um Onkel Joseph zu besuchen – dafür fehlt uns das Geld. Aber vielleicht kannst Du ihm ausrichten, er soll uns einen kurzen Besuch abstatten. Es würde mich freuen, ihn zu sehen. Ich hoffe bloss eines: dass ein Mailänder Verleger so gut ist und eines oder zwei meiner Bücher übersetzt. Ich habe ihm geschrieben, doch der Kerl, der sich um die Übersetzungen kümmert, war gerade abwesend. Ich habe ihm jetzt nochmals geschrieben und hoffe, dass doch noch etwas daraus wird. Bitte auch Du für mich darum – wen immer du willst, die Mächte, die sich irgendwo im Himmel herumtreiben und es lustig finden, uns manchmal zu plagen – vielleicht zu Recht, denn, wenn immer alles gut liefe, wären wir am Ende grosse Spiesser, die mit allem unzufrieden sind und sich über jeden Regentropfen oder über ein Hühnerauge aufregen.

Und wie geht es Dir, liebe Mama? Ich denke – das heisst wir denken häufig an dich, Berthe und ich – und sehen Dich ganz allein in diesem Eimeldingen, das für Dich jetzt noch ein fremdes Dorf sein muss. Wir wünschten so sehr, Du könntest in die Schweiz kommen, zum Beispiel nach Genf, wo Du Bekannte und Freunde hättest und wo Du nicht mehr so allein wärst. Sobald wir in der Schweiz etwas gefunden haben, wirst Du uns einmal besuchen kommen und so lange bei uns bleiben, wie Du willst – ohne Ansprüche, denn wir leben sehr einfach. Ich werde auf jeden Fall versuchen, Dich in Basel oder – wenn Du lieber magst – in Eimeldingen zu besuchen. Es wird sicher irgendeine Möglichkeit geben, über die Grenze zu kommen, ich habe mich immer vor der Politik gehütet, und ich werde zuerst beim Konsulat nachfragen, ob man mich durchlassen würde. Es ist immer besser, umsichtig vorzugehen.

Soeben ist endlich mein letzter Roman erschienen, mit einer Werbeseite, auf der alles steht, was ich gemacht habe – und das war nicht gerade schön, was ich mich auch zu sagen beeilt habe. Aber eigentlich mag ich nichts bereuen, ausser dem Kummer, den ich Papa und Dir manchmal bereitet habe – aber schau, meine liebe Mama, Du weisst besser als irgendjemand sonst, dass ich für die begangenen Dummheiten bitter bezahlt habe. Ich hoffe nur eines: noch zwei, drei Bücher schreiben zu können, die etwas wert sind – mein Gott, Kriminalromane sind da, um den Spinat zu bezahlen, und die Butter, die dieses Gemüse dringend braucht, damit man es schlucken kann. Und danach – so still wie Papa aus einer Welt verschwinden zu können, die weder sonderlich gut noch sehr erfreulich ist. Vorausgesetzt, dass ich dann nicht das Pech habe, im Paradies oder auf einem anderen Stern interniert zu werden – man möchte ja nur seinen Frieden, nichts anderes, und wünscht sich gar nicht, Flügel zu tragen und Choräle zu singen.

Kürzlich habe ich das Neue Testament wieder gelesen und habe mit Freude festgestellt, dass Jesus recht wenig vom Paradies und von der Hölle gesprochen hat. Bei Markus findet man nichts, bei Lukas nichts, nur bei Johannes. Doch Johannes stammt 150 bis 200 nach Christi Geburt, es ist also bereits von der Gnosis beeinflusst, und was da erzählt wird, ist nicht unbedingt «glaubwürdig». Was die Paulus-Briefe angeht, die habe ich immer gehasst, sie erinnern zu sehr daran, dass ihr Verfasser ein Jude war, der es praktisch fand, das römische Bürgerrecht zu kaufen. Und was soll ich mit unseren Reformatoren anfangen? Mit Calvin und seinen endlosen, unverdaulichen Schmökern, mit Melanchton, und ich habe den Eindruck, selbst in Deutschland glaubt man langsam nicht mehr so recht an Luther. Es ist merkwürdig, dass einer der sympathischsten, intelligentesten und menschlichsten Reformatoren ein Schweizer war: ich mag Zwingli. Er hatte keine Angst vor dem Tod, und er liess sich als der tapfere Mann, der er war, in einer Schlacht zusammenschlagen, die er zu verhindern versucht hatte. Mein Gott, man spricht gegenwärtig so viel vom Krieg, und ich weiss, dass ich dem Beispiel dieses Mannes folgen würde und mich wie er zusammenschlagen liesse für eine Sache, die ich für gut halte. Was willst Du, meine beiden Marokko-Jahre sind noch nicht erloschen in mir. Du wirst Dich wohl ein wenig lustig machen über mich, aber was kann man denn sonst tun? Sich in einem Büro verkriechen? Ich wohl kaum. Ich habe noch immer und ich bewahre noch immer eine grosse Bewunderung für den alten Tiger, für Clemenceau, für Lyautey[44] – das waren noch richtige Männer und keine Hebräer wie die Equipe des beschnittenen Blum, der es mit seinen Gefolgsleuten fertiggebracht hat, Frankreich innerhalb von zwei Jahren zu ruinieren. O, diese Volksfront! Ich habe sie letztes Jahr am Werk gesehen! Wenn Du erlebt hättest, was wir erlebt haben! Liest Du manchmal den «Gringoire»? Henri Béraud[45] reitet dort meistens seine fulminanten Attacken gegen Karfunkelstein – wie er Blum nennt –[46] und deckt mit eindeutigen Zahlen auf, was dieses Schwein alles gestohlen, zerstört, sabotiert hat. Man muss mitbekommen haben, wie der Besuch des englischen Königs in Paris verlief. Die Polizei, die Regierung, alle waren in grosser Angst, weil man wieder ein Epos wie das von Marseille befürchtete, bei dem Barthou – der nicht nur ein guter Diplomat, sondern auch ein guter Schriftsteller und ausgezeichneter Historiker war (Du solltest sein Buch über Mirabeau lesen) – mit einem Herrscher, der französischer Staatsgast war, den Tod fand.[47] Nun ja – wie lang mein Brief geworden ist. Hoffentlich verdirbt er Dir nicht allzu sehr die Laune. Was willst Du, man kann sogar noch mit 43 jung sein. Und das zeigt sich in dem, was man schreibt.

Berthe umarmt Dich, meine liebe Mama, unbekannterweise ganz liebevoll, ebenso wie ich.

Dein Dich liebender Sohn
Fredy

293 FRIEDRICH GLAUSER AN ANNELIESE VILLARD-TRABER

Casa Goggi, S. Ilario
Nervi-Genova, 29. November 1938

Liebe Frau Villard,
wenn ich daran denke, dass ich Ihren lieben Brief seit dem 6. Oktober nicht beantwortet habe, wird mir ein wenig schwindlig. Denn das schlechte Gewissen klopft – und das ist unangenehm. Schon lange hätte ich Ihnen antworten sollen – aber zuerst hab ich mich ins Bett verkrochen, weil mir mies zu Mute war und dann musste ich ein Ms. beenden und dann kam anderes dazwischen – Bureauläufe, Kor-

[44] Hubert Lyautey (1854 bis 1934), französischer Kolonialist, Kolonialoffizier in Indochina, Madagaskar und Algerien. 1912–16 und ab 1917 französischer Generalresident in Marokko. Seit 1921 Marschall von Frankreich.
[45] Henri Béraud (1885 bis 1958), französischer Journalist, Reporter und Schriftsteller, schrieb von 1934–43 für die 1928 gegründete politisch-literarische Wochenzeitschrift *Gringoire*, die ab 1934 ein Blatt der extremen Rechten wurde. Er war 1936 federführend an einer Verleumdungskampagne gegen den Innenminister Roger Salengro beteiligt, die diesen in den Suizid trieb.
[46] Antirepublikanische Polemiken gegen Léon Blum insinuierten, er sei nicht französischer Herkunft, sondern ein Jude deutscher oder bulgarischer Abstammung, dessen Name eigentlich Karfunkelstein laute.
[47] Louis Barthou (1862 bis 1934), französischer Politiker der Dritten Republik. 1918 in die Académie française gewählt. 1934 Aussenminister Frankreichs, bei einem Attentat auf den jugoslawischen König Alexander I. in Marseille getötet.

respondenzen und sonst allerlei, weil ich ja nach Italien gereist bin um hier zu heiraten – in der Schweiz wollten sie einen Ariernachweis[48] von mir und obwohl ich mit keinem Nachkommen des Alten Testamentes verschwistert bin, dauert die Ausstellung eines solchen Zeugnisses stets mindestens ein Jahr. Das war mir zuviel. Hier hat es bald sechs Monate gedauert aber ich glaube, dass nun endlich bald einmal alles in Ordnung ist und wir in vierzehn Tagen – drei Wochen Ruhe haben. Dann will ich in die Schweiz zurück, denn ich sollte allerhand schreiben und das Mittelmeer ist ein wenig schwierig mit seiner Atmosphäre um ein erspriessliches Arbeiten zu gestatten. Ich habe vier Romane angefangen, diesen Sommer, den einen sogar fünf Mal – ohne die drei anderen – und keiner hat mir gelingen wollen. Das war ein wenig unerträglich und darum ist es besser ich gehe fort und in die Schweiz zurück, die ich brauche, von wegen ihrer Atmosphäre.

Nächstes Jahr steigt also unsere Landesausstellung – und wir wollen hoffen, dass sie nicht, wie 14 der Prolog zu einem neuen Kriege ist. Erwarten könnte man ihn ja – daran wäre nichts Erstaunliches. Es brenzelt und brenzelt. Wie Sie wollen – ich lass auch mit der «geistigen Landesverteidigung» mit mir reden – nur bin ich leider dabei gewesen, als über dies Thema an der Schriftstellertagung dischkutiert wurde. Schauen Sie, auch ich habe Böcke geschossen in meinem Leben, viel viel mehr als mancher andre – und bitte glauben Sie nicht ich wolle damit renommieren, fast sieht es so aus; manchmal sprech ich mit Leuten über meine Vergangenheit und plötzlich finde ich sie gedruckt in einem Waschzettel, in einer Wochenschrift – und da überkommt mich eine Art Graus: Werden nicht die intelligenten Menschen meinen, ich sei, wie weiland Rousseau «un fanfaron du vice» «ein Plagueur seiner Missetaten»? Ich kann nichts dafür, ich bin die letzten Jahre selten in der Schweiz gewesen, ich weiss nicht, was alles während meiner Abwesenheit vorgeht – Sie haben sicher recht mit Ihrer Behauptung des Kriminalromans – genau das gleiche habe auch ich immer behauptet, denn zu den Künstlern, die Sie erwähnen, kann man noch Balzac zählen, und Engländer wie Stevenson, Jack London, sogar Chesterton. Sicher ist der Kriminalroman nicht etwas verächtliches, die Frage ist nur die: sind meine Kriminalromane nicht allzukitschig? Davor hab ich Angst. Es wird ein wenig eine Art «Genre» und das ist eine Gefahr, darum tät ich gern etwas anderes schreiben, doch wie soll ich das tun? Nur Kriminalromane werden bezahlt, wenn auch schlecht – ich sage das nur, weil ich Sachen wie die «Fieberkurve» (sie ist jetzt als Buch erschienen mit einem Waschzettel – auf ihn bezieht sich der «Fanfaron» doch ist es nicht meine Schuld)

[48] Um jüdische Flüchtlinge von der Schweiz fernzuhalten, verlangten die Schweizer Zivilstandsbehörden seit Frühjahr 1938 einen Ariernachweis zur Eheschliessung, sofern ein Ehepartner aus Deutschland bzw. Österreich stammte.

oder den «Chinesen», oder den «Wachtmeister» wenigstens acht Mal angefangen und wenigstens drei Mal umgearbeitet habe. Und doch ... und doch ... Man bekommt so sehr Angst davor, das Ganze könne nun zu literarisch, zu künstlerisch, zu «voll Schweiss» sein, dass man beginnt zu kürzen, zu vereinfachen, einen gut klingenden Satz zu verderben, damit er nur ja nicht langweile ... Sie kennen doch sicher die «Buddenbrooks» da sagt Herr Permaneder, wie er die Konsulin in Bremen besucht: «Es is a Kreiz!» – «Wie bitte?» – «A Kreiz is es!» – «Nett!» sagte die Konsulin. Es ist aber wirklich ein Kreuz zu schreiben, manchmal, hin und wieder hat man wieder Spass. Schauen Sie, die «Fieberkurve» tät ich Ihnen gerne schicken, aber ich hab kein Belegexemplar. Da gibt es zwei Scenen drin, die mir gelungen scheinen – ich hab das Buch wiedergelesen, wie ein ganz fremdes, weil ich es ganz vergessen hatte; im Februar hab ich meinen ‹Gring› mit einem Steinboden in so akute Berührung gebracht, dass eine Gehirnerschütterung daraus entstanden ist, die mir einiges einfach aus dem Kopfe ausgemerzt hat – diese zwei Scenen sind glaub ich wirklich lustig: die eine, in der der Wachtmeister auf einer algerischen Hochebene ein Zwiegespräch mit seinem Maultier führt, die andere, in der Studer während eines Haschischrausches die himmlischen Heerscharen den Berner Marsch spielen hört. Über solche Einfälle bin ich froh – stolz nicht, denn schliesslich sind sie mir geschenkt worden. Wer das getan hat, weiss ich nicht. Vielleicht hängt es mit dem Leben zusammen, durch das ich mich durchgezwängt habe und wo ich hin und wieder ziemlich teuer hab zahlen müssen. Doch das ist gesund, wäre gesund, wenn nicht die anderen wären, die Herrschaften, die das Stabbrechen über andere zu ihrem Hauptsport gemacht haben. Ich hab nichts gegen Stabwerfen, Stabturnen – nur nicht Stabbrechen. Nicht einmal Pilatus hat dies getan und war doch ein Statthalter.

Item. Wir wollen also in den nächsten vierzehn Tagen heiraten, wissen nicht, woher wir das Geld nehmen sollen, denn die Redaktoren sind verschnupft, weil sie es als Luxus empfinden, dass ich hier in Nervi lebe, einfach, wie ein hiesiger Bauer.

Und schauen Sie: Einen Mäzen könnte ich nicht brauchen. Ich leb gern von meiner Arbeit, auch wenn es Zeiten gibt, in denen ich nicht weiss, woher das Geld für den morgigen Tag nehmen. Da frage ich lieber einen Freund, ob er mir nicht helfen könne, bis wieder etwas fertig ist; nur ist das schwer hier. Meine Freunde sind alle – sie verstehen wohl. Und ich kann ihnen nicht gut schreiben. Obwohl ich oder gerade weil ich mit ihrer Politik nicht einverstanden bin. Und da warten wir halt beide, meine Frau, mit der ich jetzt schon mehr als zwei Jahre friedlich zusammen bin, und ich: vielleicht erwacht ein Redaktor aus dem Schlaf und schickt etwas. Vielleicht geschieht sonst etwas ... Nachher wollen wir schleunigst in die Schweiz zurück. Man will einen Film von mir drehen, wollen sehen, was daraus wird. Die «ZI» verlangt einen neuen Roman – und ich kann nicht fertig werden mit einem der meinen. Das sind so böse Zeiten. Man muss die Geduld nicht verlieren. Das ist leicht gesagt, manchmal ist es schwer.

Auf alle Fälle danke ich Ihnen noch vielmal recht herzlich für Ihren lieben Brief, halten Sie mir die Daumen, denken Sie unbekannterweise an mich und seien Sie recht herzlich gegrüsst von Ihrem ergebenen
Glauser

Entschuldigen Sie, dass der Brief getippt ist. Meine Sauschrift hätten Sie Mühe zu lesen.

294 FRIEDRICH GLAUSER AN EUGEN RENTSCH[49]

Glauser
Casa Goggi pr. Ivaldi
Via S. Ilario

Nervi-Genova, den 29.XI.38

Sehr geehrter Herr Rentsch,
entschuldigen Sie bitte, dass ich Ihnen erst heute sehr herzlich für Ihre freundliche Karte und für die Zusendung des Jugendbuches[50] danke. Ich habe das Bett hüten müssen und bin nicht zum Schreiben gekommen.

Nun habe ich das von Ihnen herausgegebene Jugendbuch gelesen und habe mich sehr über seinen Inhalt gefreut. Die Ausstattung, die Zeichnungen, der Druck, alles scheint mir viel einfacher, viel besser, viel einfacher vor allem als beispielsweise Jugendbücher in der Art des «Neuen Universums»[51] die sich ja nie von einer gewissen Kitschigkeit losmachen können, sondern stets meinen, eine solche sei notwendig um die «Spannung», das «Interesse» der jugendlichen Leser zu erregen. Sie haben auch sehr gute Zeichner gefunden um die Geschichten auszustatten – ich möchte Sie nur bitten, mich zu entschuldigen, wenn es so aussieht, als wolle ich Ihnen grosse Komplimente machen

[49] Eugen Rentsch (1877 bis 1948), Schweizer Lithograf und Verleger. 1910 Gründung des Eugen Rentsch Verlags in München mit Programmschwerpunkt Kunst, Architektur, Geschichte, Volkskultur und Literatur. Von 1933 an Verkaufsverbot in Deutschland.
[50] *Blick in die Welt. Jahrbuch der Schweizer Jugend.* Herausgegeben von Eduard Fischer, Albert Fischli und Max Schilt, Erlenbach/Zürich, Eugen Rentsch Verlag 1938. Darin war Glausers Erzählung *Ali und die Legionäre* erstmals erschienen.
[51] *Das Neue Universum*, eine Buchreihe für die Jugend, brachte seit 1880 jedes Jahr einen Band zu den Bereichen Wissen, Forschung, Abenteuer und Unterhaltung heraus.

um mich anzubiedern. Aber ich bin froh, in so gute Gesellschaft aufgenommen worden zu sein und danke Ihnen noch für die Sorgfalt, mit der Sie meine kleine Geschichte ausgestattet haben. Wenn ein paar Knaben und ein paar Mädchen diese Geschichte lesen und an ihr Interesse finden, will ich zufrieden sein. Manchmal habe ich ein wenig Angst, dass gewisse Stellen zu «literarisch» – zu «künstlerisch» sind und vielleicht, statt zu interessieren, nur langweilen. Dann denke ich aber an Szenen aus dem «Grünen Heinrich» zurück (beileibe will ich nicht grosstun und mich mit diesem Werke vergleichen) aber auch in diesen Szenen hat Keller versucht, Beschreibungen zu geben und sie zu gestalten. Und vielleicht ist es auch mir, wie anderen Mitarbeitern, gelungen, ein Thema «künstlerisch» zu gestalten. Ich bin Ihnen sehr zu Dank verpflichtet, dass Sie mich aufgenommen haben und mir ein Exemplar des Buches zugesandt haben.

Vielleicht erinnern Sie sich, dass vor knapp einem Jahre, eine neue Schweizer Wochenschrift, die leider aussah, als wolle sie die «Weltwoche»[52] imitieren – sie hiess das «ABC» – einen Legionsroman von mir abgedruckt hat. Dies hat mich in eine falsche Lage gebracht, ich wusste nichts von dieser Zeitung, nichts von ihrer politischen Richtung und habe das Ms. Josef Halperin nur deshalb geschenkt, weil er mir, als es mir schlechter ging als jetzt, freundschaftlich geholfen hatte. Nun will aber der Morgarten-Verlag, der die «Studer-Romane» herausgibt diesen Roman nicht als Buch herausgeben, weil er in einer linksgerichteten Zeitung erschienen ist. Nun kümmere ich mich fast gar nicht um Politik und es macht mich ein wenig traurig, dass ein «Werk», an dem ich hänge, nun nicht in Buchform herauskommen soll, nur weil es mich «politisch festlegt». Darum wollte ich Sie fragen, ob Sie einverstanden wären, einen Teil des Romans – sagen wir drei Kapitel – einmal kurz zu durchblättern und mir dann mitzuteilen, ob Sie ein Interesse hätten, diesen Roman in Buchform herauszubringen. Ich spreche nicht gern von Ruhmestiteln, die ich erworben habe – doch haben einige Menschen das Ms. dieses Romans gelesen und es hat ihnen gefallen. Hugo Marti, der jetzt verstorben ist, war darunter, dann Professor von Salis, der früher in Paris Korrespondent des «Bund» war und jetzt an der ETH unterrichtet, sowie andere, einfachere Leute, die nicht gewohnt waren, ein Buch in Manuskriptform zu lesen. Ich hatte versucht, einmal dieses so oft gebrauchte Thema der Legion anders zu behandeln als sonst – nicht einen Abenteuerroman daraus zu machen, sondern eher etwas ganz anderes: Die kleinen Begebnisse des Tages schildern, einen Marsch, den «Cafard», die verschiedenen Typen, die dort unten miteinanderleben, von den Offi-

---

52 *Die Weltwoche*, 1933 gegründete Schweizer Wochenzeitschrift.

zieren, Ärzten, über die Unteroffiziere bis hinab zu den Gemeinen. Ich glaube – vielleicht aber bilde ich mir da zuviel ein – würde dieser Roman auch Übersetz. finden, denn selbst in Frankreich ist das stets aktuelle Legionsthema nie auf diese Art verwertet worden. Wenn Sie wollen, lasse ich Ihnen ein paar Kapitel des «ABC»-Abdruckes zukommen – doch möchte ich zuerst, um nicht aufdringlich zu sein wissen, ob Sie ein derartiges Buch überhaupt interessiert. Es steckt viel Arbeit dahinter, drei Mal habe ich den Roman umgeschrieben, ein viertes Mal – voriges Jahr – den Schluss geändert. Geschrieben habe ich ihn, während ich als Handlanger in einer Gärtnerei arbeitete und war froh, als mir die Werkbeleihungskasse dafür 1500.- frs. vorschoss. Sie sehen also, dass mein Wunsch, den Roman als Buch zu sehen, gar nicht ein «finanzieller» Wunsch ist, denn ich muss etwaiges Honorar ohnehin der Werkbeleihungskasse abliefern.

Wahrscheinlich wird es mir endlich möglich sein, Ende Dezember Italien zu verlassen – ich bin nur hierher gereist, weil ich mit gewissen Familienverhältnissen in der Schweiz so arge Schwierigkeiten hatte, dass ich sie nur in Italien lösen konnte. Diese Dinge haben sich über Monate hinausgezögert, sonst wäre ich schon lange in die Schweiz zurückgekehrt.

Wenn Sie erlauben, lasse ich Ihnen einen Teil des Romans zukommen – oder Sie können ihn vielleicht in den alten Nummern des «ABC» auftreiben, Halperin würde sie Ihnen sicher zur Verfügung stellen, wenn Sie ihn anläuten, oder auch Martha Ringier in Basel. Und bei meiner Rückkehr würden Sie mir dann wohl gestatten, einmal mit Ihnen über dies Thema zu reden.

Sie dürfen mir glauben, dass es mir immer darum zu tun war, einmal bei Ihnen verlegt zu werden, doch habe ich es nicht gewagt, mit Kriminalromanen Sie zu belästigen – obwohl ich glaube dass uns heutzutage nicht viel anderes übrigbleibt als solche Romane (Romanzi gialli nennt man sie hier – mit recht) weil es gelingt, in sie Gedanken einzuflechten, die man gerne auch dem Volke vermitteln möchte. Und das liest sonst nichts anderes als diese Literatur. In ganz schlechter Gesellschaft ist man nicht – letzthin habe ich die «Dernière incarnation de Vautrin» gelesen, den Schluss des Romans «Splendeur et misère des courtisanes»[53] – und schliesslich ist auch dieses Werk nichts anderes als ein geschickter Kriminalroman. Genau, wie Chestertons Father-Brown-Geschichten gescheite Detektivnovellen sind.

Entschuldigen Sie meinen langen Brief und seien Sie herzlich bedankt und begrüsst von Ihrem ergebenen

53 Roman von Honoré de Balzac, erschienen in vier Teilen zwischen 1838 und 1847.

295 FRIEDRICH GLAUSER AN MARTHA RINGIER

Nervi, den 29. November 1938

Liebe maman Marthe,
schon wieder – oder besser, noch immer muss ich dir von hieraus schreiben, denn es geht so langsam vorwärts, dass mich bisweilen die Verzweiflung ergreift. Ich kann nicht mehr recht hier arbeiten – und nun musst du nicht meinen, dass ich einfach, wieder einmal, den Platz wechseln möchte, weil er mir verleidet ist – sondern andere Dinge spielen da eine Rolle: Diesen Sommer ging es noch gut mit dem Arbeiten, wenn ich draussen sass, wie du mich einmal auf einer Photi[54] erblickt hast, ging es gut. Jetzt muss ich dinne hocke, weil es regnet, die Nächte sind kalt und man friert, sodass man mit einem kalten Hirn nicht viel Rechtes machen kann. Und tagsüber gibt es viel Lärm – plötzlich scheint es mir auch, als brauche ich die Schweiz, als sei sie meine Heimat – und wolle ich über sie schreiben, müsse ich in diesem Lande wohnen. Was willst du, man wird alt und sucht nach einer festen Stelle, an der man hocken kann und Gemüse pflanzen, Hühner haben und sich sonst ein wenig durchhauen ohne ständig gezwungen zu sein, nur zu schreiben, zu schreiben und wieder zu schreiben. Es ist schade, dass du nicht hier bist, dann könntest du einmal sehen, wieviel ich eigentlich in den paar Monaten geschuftet habe – aber nichts ist fertig geworden, immer wieder habe ich angefangen, umgemodelt, neue Pläne gemacht und nun hocke ich da vor dem leeren Tisch und den vollen Mappen. Nun schliesslich, es ist ja nicht vergebliche Arbeit, einmal wird daraus schon etwas zu machen sein – aber zuerst muss man die ewige Sorge um das Heiraten, um die Papiere, um das Geld los sein. Wenn du wüsstest, wieviel wir schon für Dokumente, Übersetzungen, Stempel, Stempelmarken, Bureaukonten haben zahlen müssen, du würdest dich wundern. Dann habe ich das blöde Gefühl, in der Schweiz beginne man sich über den Glauser zu ärgern, der da luxuriös in Nervi hockt – obwohl wir ebenso einfach leben wie ein Bauer und nicht mehr verbrauchen. Hätt' ich nicht mein Geisslein, dann wüsst ich manchmal nicht, was machen, hätt ich nicht deine Briefe und deine liebe Mühe, dann wüsste ich das noch weniger. So dank ich einmal und zuerst sehr herzlich, dass du mir das Jugendbuch mit dem «Ali» hast schicken lassen – wir sind ja in Kumpanei darin[55] – ob du daran Freude haben wirst, ist eine andere Frage. Der Morgarten-Verlag hat einen so penetranten Waschzettel über mich verfasst, dass ich wahrscheinlich von

[54] Glauser am Gartentisch mit Schreibmaschine. → Abb. S. 468.
[55] Das Jahrbuch *Blick in die Welt* enthält Martha Ringiers Erzählung *Die Füchsin und ihre Jungen* sowie das Gedicht *Zum Abschied.*

all denen, die ein «gerades» Leben geführt haben, sehr verachtet werde. Aber was willst du. Es gibt solche und solche Wege. Und ich glaube, ich habe stets das Passagegeld bezahlt, auch wenn es manchmal ein wenig hoch war. Schliesslich habe ich ausgefressen – zum wievielten Male behaupte ich dies? Es ist nur, um ein wenig abzustreifen, das, was die braven Leute (zu denen ich dich nicht rechne und zu denen du nicht gehörst) wohl über mich sagen werden. Vielleicht heisst es [zum] Schluss: nun dann geh' ich halt wieder gärtnern – es braucht ein Training von zwei Monaten und dann kann ich wohl wieder nützliche Arbeit leisten. Ich brauch' ja nicht gerade Karretten zu stossen oder umzuspaten – obwohl ich dies nicht ungern tue. Nur wird sich halt mein Körper wieder an diese Arbeit gewöhnen müssen.

Wahrscheinlich – fast sicher – können wir in vierzehn Tagen heiraten und dann wollen wir in die Schweiz zurück. Willst du dem freundlichen Herren bitte sagen, er möge noch so lange Geduld haben – der Mann von Frau Tetzner[56]. Ich glaube, es wird günstiger sein, man bespricht all dies mündlich und beginnt nicht wieder schriftliche Korrespondenzen über derartige Sachen. Da entstehen gewöhnlich die schönsten Missverständnisse.

Ich war sehr stolz meinen «Ali» begleitet zu finden von einer Fuchsgeschichte Frau Martha Ringiers und einem Gedicht der gleichen Frau. Kennst du sie? Es kommt mir vor, ihr einmal vorgestellt worden zu sein und sogar mit ihr – respektlos – Duzfreundschaft geschlossen zu haben in einem kleinen vergitterten Zimmerli, dessen hohes Fenster, vor dem Gitterstäbe in die Mauer eingemeisselt waren, auf die Allmend blickte. Links sah man eine Allee und rechts Kornfelder. Besagte Frau Ringier jedoch hockte an einem Tisch, auf dem eine grosse Unordnung herrschte, und hörte zu, während ein Mann, gekleidet in ein Paar nicht gerade wohlgebügelte graue Hosen, angetan mit einem grauen Pullover (den dieser Kerl jetzt noch besitzt) Frau Ringier Geschichten vorlas, welcher besagter Mann an einer Schreibmaschine heruntergetippt hatte. Und dann gingen die beiden – der Maschinentippende und die berühmte Sekretärin «Guter Schriften» – zusammen durch einen Sonntag des Vorfrühlings, der Mann wurde zu einem Essen eingeladen, welches ihm schmeckte und er trank Vermouth-Gin ... Erinnerst du dich noch, maman Marthe, an diese Zeit? Zwischendurch hat es böse Zeiten gegeben, für beide Leutlein, aber böse Zeiten sind dazu da, um wieder zu vergehen – und am Vergehen sind sie, God save the queen. Tu ne crois pas? Ich denke noch oft an alles, was du für mich Unbekannten getan hast, für einen Menschen, der dir ganz fremd sein musste – und diese Fremdheit spürte man bisweilen,

[56] Kurt Kläber (Pseud. Kurt Held) (1897-1959), deutscher Schriftsteller, 1933 in die Schweiz emigriert, mit der Schweizer Schriftstellerin Lisa Tetzner (1894-1963) verheiratet. Kläber plante die Gründung einer schweizerisch-schwedischen Journalistenvereinigung zum Austausch von Texten.

wenn du dem Mann mit dem Pullover von Männern erzähltest die einen «geraden» Weg gegangen waren. Was willst du – es kann nicht jeder gerade Wege gehen, es gibt auch andere – was wäre aus mir geworden, hätte ich meines Vaters Spuren gefolgt? Irgendein Sekundarlehrer, mit literarischen Ambitionen – ich will nichts gegen diese Leute sagen, sie haben ein schweres Leben, aber, schau, kann ich etwas dafür wenn es nicht mein Weg war? Vielleicht war für mich mein Weg der richtige – ob ich recht habe, werden erst die nächsten Jahre beweisen. Vorläufig stehe ich noch immer auf dem Grat und balanciere. Vier Jahre plus einem, plus zwei, plus noch einem, plus anderthalb, plus zwei Legionsjahren geben merkwürdige Gewächse: es ist als behandle man eine Pflanze aus Samen mit Uspulun[57], später mit einem starken Düngemittel, dann mit künstlicher Erde, mit Topf, mit besonderem Wasser, mit Treibhaus – und plötzlich pflanze man sie um in Ackererde und warte nun mit Neugier, was aus ihr entstehen werde. Sehr sehr oft krepiert eine solche, ganz einfach und ohne zu klagen – bekanntlich klagen Pflanzen nicht. Doch kann es immerhin eine geben von dem Dutzend, das also ein wenig verrückt behandelt wurde, das sich in der Ackererde durchhaut und dann treibt es plötzlich eine sehr merkwürdige Blume oder Blüte. Wünsch deiner Mulet-Pflanze, sie möge solch ein Reis treiben – und dann lass sie absterben, dann ist es gleich. Sie hat dann wenigstens etwas geleistet, ähnlich den Blattläusen Jacques Loebs[58], eines amerikanischen Biologen, der eben diese Blattläuse mit Säuren heliozentrisch dressiert hat und dadurch in Blattläusen etwas wie einen – wie die Philosophen sagen würden – Willen erzeugt hat. Worauf der alte Jacques Loeb – der ein Humorist war – behauptete, alles menschliche Tun und Lassen, Hoffen, Wollen und Handeln werde bestimmt durch Kehlkopf-, Verdauungs- und Muskelreaktionen. Einen freien Willen aber gäbe es nicht. Womit ich einverstanden bin. Ich bin sehr gegen den freien Willen, ich hab zuviel gesehen. Aber wir machen immer den Fehler, unsern Nebenmenschen diese Freiheit des Willens anzudichten, sie von ihnen zu verlangen. Die Psychiater rechnen dann dort prozentual und der einfache Mensch trinkt ein kleines oder grosses Helles, wenn es nicht für einen halben Liter Weissen langt und findet die Philosophen, Biologen und andre Wissenschaftler hätten keine Ahnung und wüssten nichts, denn die Hauptsache auf dieser Welt sei, dass in der Schweiz die Bauernpartei, die Gewerkschaften, die Sozialisten oder andere -isten ans Ruder kämen. Was darüber ist, ist vom Übel. Der Herr Doktor aber geht hin und verschreibt Calciumeinspritzungen oder Vitamin oder sonst irgendetwas und daneben, in einem andern Hause,

57 Saatbeize, 1914 lanciertes Mittel zur Bekämpfung von Pilzkeimen auf Saatgut.
58 Jacques Loeb (1859 bis 1924), deutsch-amerikanischer Biologe, gehörte zu den Begründern der experimentellen Physiologie, Vertreter einer mechanistischen Auffassung vom Leben.

heilt man einen Beinbruch mittels Gebet und das Bein bleibet schief, während draussen in Dornach[59] die Seelen mit Rhythmus gerettet werden und in der Heilsarmee anders und bei den Guttemplern[60] auf eine dritte Manier. Ein Mannli im Toggenburg[61] aber lueget durchs Wasser und schaut in die Aug und kuriert mit einem Tee bestehend aus genau zweiundzwanzig Kräutern und einem Blättli. Von den Politikern aber wollen wir nicht sprechen, sonst kommen wir in die hiesige Hölle und so lassen wir uns führen, von Karfunkelstein in Frankreich und von Litwinoff[62], der auch pseudonym ist in Russland. In Genf aber bauen sie ein grosses Haus[63], das leer stehen bleibt, denn dort wird der Frieden gebraut und das Kräutermannli aus dem Toggenburg will da nit mitmache, wyl's z'gombliziert isch.

Dein Gedicht am Ende ist schön und ein guter Abschluss. Für viele wird es ein Wegweiser sein und sie werden genügsam und zufrieden durchs Leben wandern. Und dann wird es ein bis anderthalb Prozent geben, die werden selbst als Sechsjährige nicht mit dem Spruch einverstanden sein, denen wird es wüst gehen, vielleicht gelangen auch sie einmal in ein Zimmer mit vergitterten Fenstern und eine Frau, die das Gedicht verstanden hat, kommt dann dem Eineinhalbprozentigen zugute, denn er erhält einen tröstenden Besuch und wird zu einem freien Spaziergang eingeladen – und freut sich, weil plötzlich die Welt ein anderes Gesicht zeigt, als sonst, wenn er mit Männern gegangen ist, deren Schlüssel klimperten.

So, maman Marthe, ich wollte dir einmal einen langen Brief schreiben. Und dir begreiflich machen, dass wir viel an dich denken, und dass du nicht den oder vielmehr das Mulet verachten musst, das ausgebrochen ist und mit klimperndem Kettlein durch die Wüsten gejugt ist und die Zunge herausgestreckt hat, von wegen dem Durst.

Und ich wäre froh, wenn Lisa Wenger nicht mehr «am Boden» sondern «auf dem Boden» schreiben[64] würde. Das würde ihr gut tun, ich hab den Fehler früher auch gemacht und niemand hat mir gesagt, dass es ein Fehler war, sondern es ist mir selber aufgefallen, weil man es in Wien immer gebraucht und sagt: «Ich habe die Suppen am Tüsch g'stellt». Also muss am Boden auch falsch sein und Duden ist der gleichen Meinung. Ce qui n'empêche pas, dass die neuerschienene «Fieberkurve» auch von Fehlern wimmelt, ein bisschen weniger sind darin als im «Wachtmeister», aber immerhin noch genug, übergenug und abastanza – ich lerne Italienisch, das Geisslein auch, und sie lernt es rasend schnell, schneller als ich und spricht es richtiger. Es liegt ihr näher als das Französiche.

Also denk daran, maman Marthe, dass wir nun bald Ehe feiern

59 In Dornach, Kanton Solothurn, befindet sich mit dem 1925–28 erbauten Goetheanum der Hauptsitz der Allgemeinen Anthroposophischen Gesellschaft.
60 1851 in den USA gegründete Abstinenzorganisation, die sich für Solidarität und Frieden einsetzte.
61 Johann Jakob Hugentobler (1857–1920), Naturarzt und Geistheiler in St. Peterzell im Toggenburg. Sein Ruhm reichte weit über die Gemeindegrenzen und zog Patienten von weit her an.
62 Maxim Litwinow (d.i. Max Wallach) (1876 bis 1951), sowjetischer Revolutionär, Aussenpolitiker und Diplomat.
63 Völkerbundpalast, zwischen 1929–38 erbauter Gebäudekomplex in Genf, dessen Innenausbau erst 1938 fertiggestellt wurde.
64 Anspielung auf eine Formulierung der Autorin Lisa Wenger in ihrem Beitrag *Waldbrände im Tessin* im Sammelband *Blick in die Welt*.

werden, ohne Geld – aber vielleicht kommt bis dahin welches. Es sollten mich ein paar bequeme Herrschaften aus der Schweiz noch zahlen und ich hoffe, sie tun es. Rentsch hab' ich gedankt und ihn angefragt wegen des Legionsromans. Wenn er dir also anläutet um ein Exemplar zu bekommen so schick ihm eins vom «ABC» aber verlang die Rückstellung.

Und nun schlaf wohl, meine liebe maman Marthe, schlaf wohl, auch wenn du den Brief zu Mittag bekommst. Dann lieg einfach ab und schlummere bis um vier Uhr und dann – frisch erwacht und ausgeschlafen – nimm ein Bad, koch dir einen Tee und denk an dein Pärlein, das nun zusammengelötet wird mit Hilfe eines Mannes, der unsere Sprache nicht versteht. Und sei herzlich gegrüsst und lieb gehabt von deinem
Mulet

Und 's Geißlein ist am Kochen und grüßt dich auch.
Hast du in der «Nazi» «Hexen u. Zigeuner» vom Glauser gelesen? Ich hab Kleiber noch zwei andere schöne Feuilletons geschickt – wirklich ich find sie nicht schlecht nur sag ihm dies nicht – sondern frag ihn ob er sie brauchen kann.

296 FRIEDRICH GLAUSER AN FRIEDRICH WITZ

Nervi
Casa Goggi, Via S. Ilario

den 1. Dez. 38

Lieber Herr Doktor,
für Ihren langen Brief danke ich Ihnen herzlich. Und nun muss ich zuerst die «finanziellen» Dinge mit Ihnen besprechen. Verzeihen Sie dies, ich kann aber leider nicht anders.

Ich will gern zugeben, dass es vielen in der Schweiz dumm geschienen hat, dass der Glauser da einfach nach Italien gefahren ist, um es schöner zu haben, als seine Kollegen, denen es in der Schweiz nicht gut geht. Mir ist es auch schlecht genug gegangen hier – nie kam das Geld, das man erwartete, an; immer war es nötig sich sonst irgendwie in einem fremden Lande zu behelfen. Mein Gott, das hätte mir nichts ausgemacht, wenn ich allein gewesen wäre, ich bin durch noch viel ärgere Zeiten durchgekrochen bis wieder so etwas wie Licht schien –

Friedrich Glauser mit Schreibmaschine. Foto: Berthe Bendel.
Nervi, Sommer 1938. → Dok. 295.

das Licht war zwar stets eine Art Dämmerung aber auch mit einer solchen muss man zufrieden sein. Hier aber war ich nicht allein – ich wollte, was wahrscheinlich von mir aus eine Unbescheidenheit war – einmal einen Menschen haben, der zu mir hielt und den [will] ich, da dies ja nicht anders geht in unserer bürgerlichen Societät, heiraten. Da begann es zu regnen – Kosten und Rechnungen regneten, das Deutsche Konsulat (meine Frau ist leider Gottes in Deutschland geboren und Deutsche geblieben) wollte für alles Geld haben, für Übersetzungen von Dokumenten, die aus Berlin, Tübingen, weiss der Himmel woher nötig waren, das Schweizer Konsulat folgte diesem Beispiel, ich war leider in Wien geboren und musste aus dieser Stadt meinen Geburtsschein kommen lassen – und es war gerade in der Zeit, in der jegliche Verbindung mit Österreich langsam vonstatten ging. Als die Konsulate gefressen hatten, wollten natürlich auch die anderen fressen – sie übersetzten und liessen sich zahlen, sie legalisierten und liessen sich zahlen. Man musste nach Genua, man hatte keine Stunde mehr um ruhig arbeiten zu können – und doch habe ich mich ein wenig zusammengerissen und habe angefangen, einen, zwei, drei, vier Romane. Bitte glauben Sie nicht, ich wolle grosse Klagen und Jeremiaden vom Stapel lassen – aber mich macht es ein wenig verrückt, wenn ich den Kopf voll Plänen habe und keinen einzigen fertig machen kann. Darum bekommen Sie nur zwei Romananfänge. Der Plan und das Brouillon des Asconeser Romans ist auch schon fertig und ich wage nicht, das Zeug an Sie zu schicken, denn eine Angstpsychose – wie man so schön in gewissen Kreisen sagt – hat mich überfallen, das könne wieder verloren gehen und dann sässe ich wieder da mit nichts. Begreifen Sie, dass der Brouillon eines Romans mir – uns – wichtiger scheint, als das Geld, welches wir damit ergattern könnten.

Überhaupt, wie steht es mit Ihrem Vertrauen zu mir? Ich kann Ihnen wirklich versprechen, sogar ein paar Sachen, die besser sein werden, als das, was vorhergegangen ist, bis zum Frühling 39 fertig zu bekommen – nur brauch ich Ruhe dazu. Der Schweizer Roman, an den ich denke, wäre vielleicht etwas, das nicht gar zu schlecht für die Landesausstellung wirken würde. Nur ... Sie müssen mich ein wenig unterstützen, wie Sie dies schon oft getan haben, und mir die Möglichkeit geben, endlich einmal die Sache zu regeln, wegen der wir – (meine Gesundheit war da ziemlich nebensächlich) – nach Italien gefahren sind um hier zu heiraten. Gott sei Dank ist jetzt alles in Ordnung – nur haben wir, ich übertreibe nicht, keine Lire mehr in der Tasche. Früher wäre mir das sehr gleichgültig gewesen, ich hätte irgendeine Arbeit gesucht und verhungert wär ich nicht. Doch die Zeiten haben sich geändert. Arbeit ist keine zu finden – allein wäre es möglich, aber in «Konkubinat» unmöglich. Und soll ich darauf verzichten etwas fertig zu machen, was vielleicht Erfolg hätte? Denn der Schweizer Roman, der leider erst im Plane vorhanden ist, würde sogar übersetzbar sein. Was soll ich nun machen? Ich habe Herrn Bucher geschrieben und ihn gebeten mir 500.– frs. vorzuschiessen. Ich glaube, ich habe den Verlag nicht allzu arg angeödet, ich habe nie reklamiert, auch wenn es manchmal schief ging, und ich weiss, dass auch ich manchmal nicht gerade «korrekt» gehandelt habe. Wollen Sie etwas vom Glauser? Viel? Wenig? Eine grosse Sache? Vier Studer-Romane, oder nur zwei oder nur einen? Wenn ich einmal in Ruhe arbeiten kann, brauchen Sie nicht auf mich zu warten. Leider schaff' ich dann, nicht wie meine Kollegen, alltäglich ein paar Stunden des Morgens um am Nachmittag spazieren zu gehen. Sondern Nächte durch und dann fängt das Zeug an zu klappen.

Ich war sehr erstaunt über die «Fieberkurve». Ihren Inhalt hatte ich so ziemlich vergessen und las den Band, wie ein neues Buch. Und fand, dass ein paar Stellen darin waren, die nicht schlecht genannt werden können. Die Verfolgung Studers in Paris, die Scene im Justizpalast mit Godofrey, das Gespräch mit dem Maultier und vor allem der Haschischrausch während welchem die himmlischen Heerscharen den Bernermarsch spielen. Das scheint mir nicht allzuschlecht und nicht allzusehr Kriminalroman zu sein.

Ihr Waschzettel – wie man unhöflich derartige Arbeiten nennt – ist sehr schön, aber viel zu lobend für den Glauser. Am meisten hat mich der Zettel gewundert mit meiner Photo, in den Sie meine Lebensgeschichte gepfercht haben, und ein wenig habe ich Angst, dass sie in Bürgerkreisen viele und grosse Proteste erregt. Jedoch müssen Sie dies besser wissen – Auf alle Fälle danke ich Ihnen vielmals für all Ihre Mühe – hoffen wir, dass sie Anklang findet.

Und nun noch eine Frage: Ich weiss, dass Huber sowohl, als Herzer[65] «Bedenken» haben werden gegen den Glauser. Würden Sie es da nicht besser finden, dass ich mich an die Werkbeleihungskasse wende – ein wenig Geld würd mir diese Institution wohl schicken. Ich probiere es also und verlange eine kleine Summe – vielleicht bekomme ich auch von da eine kleine Summe – und wenn ich dann in der Schweiz bin, dann können wir all das regeln. Die Hauptsache für mich war nur, Ihnen auf Ihren freundlichen Brief zu antworten und das Versprechen Bucher gegenüber, zu halten. Sie waren so freundlich mir eine baldige Antwort zu versprechen, tun Sie dies, dann wird der Glauser froh sein.

Den Legionsroman, den der Morg. Verlag nicht wollte, wegen meiner schon längst eingeschlafenen Linksrichtung, habe ich Rentsch

[65] Alfred E. Herzer (1903–1981), Verleger, 1941 Mitbegründer der Schweizer Monatsschrift *du*.

angeboten, der eine kleine Kindergeschichte von mir in seinem Jugendbuch gebracht hat. Vielleicht – bisweilen leidet man an Zukunftsplänen, – nimmt dieser Verlag an und publiziert es. Ich habe in Deutschland versucht – ohne Erfolg. Vielleicht tut der Rotapfelverlag[66] etwas für dieses, mein Schmerzenskind. Und sagen Sie mir, welchen Roman Sie lieber wollen: den belgischen oder den Asconeser – den unbekannten «Angles»-Roman oder einen Stockpariser.

Bitte antworten Sie mir bald und tun Sie etwas für den Glauser, der nicht mehr weiter weiss. Und sobald als möglich.

Die Übersetzung des «Wachtmeisters», des «Matto», der «Fieberkurve» habe ich an Mondadori, den besten italienischen Verlag, geschickt. Da jedoch sein Übersetzer, der zugleich über den Wert eines Buches seinen Senf gibt, abwesend war, warte ich stets noch auf eine Antwort; doch wird diese, denke ich in den nächsten Tagen eintreffen. Ich werde Ihnen dann das Resultat bekannt geben. 25 % sind dann für den Morgarten-Verlag, 75 % für mich. Halten Sir mir die Daumen.

Und seien Sie, mit Frau Witz recht herzlich gegrüsst von Ihrem dankbaren
Glauser

297 FRIEDRICH GLAUSER AN KARL NAEF[67]

Casa Goggi Via S. Ilario
Genova-Nervi, den 1. Dez. 38

Lieber Herr Doktor
Dr. Schneider hat mir geschrieben, dass er Ihnen die 20 frs. für meinen Beitrag an den Schriftstellerverein hat zukommen lassen.

Heute komme ich mit zwei Bitten zu Ihnen: 1. sollte ich die neue Mitgliedskarte haben. 2. wäre ich Ihnen dankbar, wenn Sie mir auf Grund der zugesandten Ms. 200.– Schw. frs. zukommen lassen könnten; ich weiss, dass ich für eine Unterstützung zu spät komme, dass ausserdem die Ms., die ich Ihnen schicke, noch nicht gefeilt sind. Aber ...

Ich brauche dies Geld sehr nötig (und Sie werden wohl nichts dagegen haben, dass die Ms. nicht korrigiert sind). Doch glaube ich, dass es Ihnen möglich sein kann, mir die verlangte Summe zukommen zu lassen ohne die Ms. allen Mitgliedern der Werkbeleihungskasse zu unterbreiten.

Die Summe, die Sie vielleicht mit viel Mühe mir werden zukommen lassen können (Dr. Kleiber weiss von dieser Bitte) werden Sie spätes-

66 Bis 1949 von Eugen Rentsch geführter Verlag in Zürich.
67 Dieser Brief ist als Original in Glausers Nachlass erhalten, was darauf hindeuten könnte, dass er nicht (oder in einer überarbeiteten Version) abgesandt wurde.

tens im Februar 1939 zurückerhalten – sobald der Morgarten-Verlag, der einen neuen Studer-Roman von mir verlangt – mir die Summe überweist. Ich werde auch dem Verlag die Weisung geben, Ihnen vor allem die verlangte Summe zukommen zu lassen. Nur würden Sie mir damit eine grosse Hilfe leisten und ich hoffe, dass Ihnen diese Hilfe möglich sein wird.

Sie wissen vielleicht – und wenn nicht, will ich Sie auf dem Laufenden halten – wir sind nach Italien gefahren, weil wir heiraten wollten und die Schweizer Behörde einen Ariernachweis verlangte, dessen Ausstellung wenigstens ein Jahr gedauert hätte. Da mich die Gehirnerschütterung noch sehr plagte verband ich beides. Nun haben wir aber sechs Monate auf all die Dokumente warten müssen, deren wir bedurften, um auf dem Standesamt endlich heiraten zu dürfen. Dies wäre uns möglich, wenn wir nicht absolut ohne einen Centime wären – denn die Übersetzungen, die Legalisierungen, die Sendungen aus Österreich und Deutschland verschlangen all unser weniges Geld. Darum stehen wir jetzt ziemlich nackt da – wie der schöne Ausdruck heisst – und wir möchten, sobald uns ein Mann getraut hat, schleunigst wieder in die Schweiz zurück, damit ich meine begonnenen Arbeiten vollenden kann. Nur ...

Wir können leider ohne Geld nicht leben. Von meinem Vormund kann ich nichts mehr verlangen. Sie werden sehen, dass im Jugendbuch, in der «Schweizer Bibliothek»[68], im Morgarten-Verlag, in der «National-Zeitung» und sonst, Sachen von mir erschienen sind und erscheinen werden. Nur damit Sie nicht glauben, ich wolle Ihnen etwas vorschwindeln.

Gewiss, aus meinen Lebensjahren können Sie mühelos erkennen, dass mein Leben nicht «gerade» war. Haben Sie mich nicht auch einmal so gefährlich gefunden? Wir wollen alte Dinge nicht aufwärmen. Wir kannten uns nicht und es war Ihr gutes Recht, so zu handeln, wie Sie es richtig fanden. Diesmal ist es so: Vielleicht habe ich eine Dummheit begangen nicht in der Schweiz zu bleiben, und meine Ehe dort «in Ordnung zu bringen». Das Basler Civilstandesamt aber verlangte von uns beiden Ariernachweise ... Nun wären diese leicht erhältlich gewesen – jedoch bin ich in Wien und meine Frau in Tübingen geboren. Sie können sich die Komplikationen vorstellen, welche es gebraucht hätte, um aus Wien und aus Tübingen einen Zettel zu erhalten, der bewiesen hätte, dass wir kein unarisches Blut in unseren Adern hätten. Darum schien es uns einfacher, nach Italien zu fahren, wo man ein solches Zeugnis nicht verlangte – doch fielen oder gingen oder gelangten wir vom Regen in die Traufe. Es brauchte Geburts-

---

68 Glausers Erzählung *Die Begegnung* erschien 1939 als Band 36 der Reihe *Neue Schweizer Bibliothek.*

scheine, die übersetzt werden mussten, «Nulla, osta», zwei geheimnisvolle Dokumente, bepflastert mit Stempelmarken, sie mussten übersetzt werden und legalisiert – Geld, Geld und Geld. Wollen wir jetzt in die Schweiz zurückkehren, so brauchen wir wieder dieses verdammte Geld und dann, erst dann, kann ich zwei, drei Romane beenden, deren Pläne ich besitze, an denen ich jedoch nicht arbeiten kann – denn einmal müssen wir zum Konsul, dann zum Municipio, das dritte Mal zum Präfekt und unser Geld fliesst und fliesst. Sie dürfen gern – dummes Wort: dürfen! ... Läuten Sie Dr. Schneider an, er wird wohl soviel Vertrauen zu mir haben um Ihnen zu raten mir einen kleinen Vorschuss auf einen schier fertigen Roman zu bewilligen. Den zweiten Teil, den ich nur als Brouillon besitze, möchte ich nicht gerne aus der Hand geben. «Gebrannte Kinder scheuen das Feur» – und einmal ist mir ein Roman gestohlen worden – ich möchte nicht noch einmal ein fertiges «Werk» verlieren. Mit 200.- frs. Schweizer Geld würden Sie uns aus grosser Not helfen – und ich hoffe, dies wird Ihnen möglich sein. Wenn nicht, schreiben Sie nur ruhig die Gründe, die Sie daran hindern – oder schreiben Sie nur: «Nein». Ich werde dies gut verstehen.

Auf alle Fälle erlaube ich mir, Ihnen unkorrigierte Ms. zukommen zu lassen – Denken Sie bitte, dass diese Anfänge sich ändern werden. Und verstehen Sie bitte ein wenig die scheussliche Zeit, welche über den Glauser hereingebrochen ist.

Ich weiss sehr gut, dass es viele gibt, denen es noch schlechter geht, deren Not – an meiner gemessen – viel grösser und unerträglicher ist. Doch hat man mir einmal von der «Geistigen Landesverteidigung» gesprochen. Sie wissen, dass diese bei mir nicht in Parteien steckt, sondern dass ich lange gebraucht habe, um der Schweiz Schönheit und Nutzen zu verstehen. Ärgern Sie sich nicht allzu arg darüber, dass ich in «Kriminalromanen» mache. Derartige Bücher werden wenigstens gelesen – und das scheint mir wichtiger als andere Bücher, deren «Wert» sicher den meinen bedeutend überlegen ist, deren Autoren sich jedoch nicht die Mühe geben, einfach zu sein, Verständnis des Volkes zu erlangen. Einmal werde auch ich etwas besseres verbrechen – doch brauch ich Zeit – wenn Sie finden, dass ich einen falschen Weg einschlage, so sagen Sie es mir offen – meinetwegen gehe ich wieder als Gärtner arbeiten. Einzig traurig würde es mich nur machen, weil ich jetzt aufwache, Dinge zu sagen habe, die auch andre interessieren könnten, vielleicht ihnen einen Weg weisen könnten.

Letzthin habe ich Gauguins Buch über seinen Vater[69] gelesen – und das hat mich ergriffen, mehr als die langen Seiten Eva Curies über die Radiumerfinderin[70]. Vielleicht sind wir am Ende – wir soge-

[69] Pola Gauguin, *Mein Vater Paul Gauguin.* Übersetzung von Elisabeth Ihle. Leipzig, Paul List Verlag 1937.
[70] Ève Curie, *Madame Curie. Leben und Wirken.* Deutsche Übersetzung von Maria Giustiniani. Wien, Bermann-Fischer Verlag 1937.

nannten Künstler – aber dennoch müssen wir unser Wort sagen wenn es auch im Chaos, das die Welt wie Spinneweben überzieht, wie tote Fliegen zappeln macht. Aber was wollen Sie: Mit Kriminalromanen fangen wir an um uns zu üben. Das Wichtige erscheint erst später.

Herzliche Grüsse auch an Frau Naef, von Ihrem ergebenen Glauser

298 SCHLUSSBERICHT ROBERT SCHNEIDER

[Stempel: 31. Jan. 1939]

*11. Schlussbericht
Friedrich Karl Glauser*

*Muri, Kt. Bern
4. Febr. 1896*

*1. Jan 1936
8. Dez. 1938*

*Dr. R. Schneider, 1. Amtsvormund
Selnaustr. 9, Zürich 1*

Friedrich Glausers Laufbahn, die sich in den letzten Jahren so erfolgreich gestaltet hatte, ist jäh abgebrochen worden. Am 8. Dez. 1938 ist er in Nervi-Genua an einer Herzmuskellähmung ganz unerwartet und plötzlich gestorben. Die Kremation fand in Genua statt und die Beisetzung der Asche erfolgte hier in Zürich auf dem Friedhof Manegg. Mit Recht durfte man auf Glausers weiteres Schaffen gespannt sein und immer grössere Kreise setzten berechtigte Hoffnungen auf dieses schriftstellerische Talent. Zu den im letzten Bericht genannten Publikationen gesellte sich im Verlauf des Jahres 1938 der Roman «Die Fieberkurve», der zuerst in der «Zürcher Illustrierten» erschien und kurz vor Glausers Tod auch in Buchform herausgekommen war.

Mehrere Arbeiten hat Glauser unvollendet zurückgelassen, so eine Autobiographie und ein Roman «Schweizer im Auslande». Zu einem grossen Schweizer Roman liegen Notizen vor.

Der Nachlass ist von mir, soweit er bis jetzt gesammelt werden konnte, zusammengestellt worden und halte ich ihn den Erben zur Verfügung. Glauser hat ein Testament hinterlassen, wornach er als seinen Erben: Frl. Berthe Bendel, wohnhaft in Grub, Kt. Appenzell, bezeichnet. Das Testament liegt zur Eröffnung beim Einzelrichter des Bezirksgerichts Zürich und ist zweifelsohne nach jeder Richtung hin gültig. Pflichtteilgeschützte Erben hinterlässt Glauser keine, sodass er über seinen Nachlass frei verfügen konnte. Ich verweise diesbezüglich auf die Ihnen vom genannten Gericht zugehende Verfügung. Glauser war im Begriff, sich mit Frl. Bendel zu verheiraten und lag bezüglich der Ehefähigkeit meines Mündels ein Gutachten der Heil- und Pflegeanstalt Friedmatt Basel vor, wo Glauser vom 4. Febr. bis 31. März 1938 vorübergehend untergebracht war, bevor er sich nach Nervi wandte, wo er Heilung von einem chronischen Lungenkatarrh zu finden hoffte.

Die beiliegende Rechnung schliesst mit einem Aktivsaldo von Frs. 693.98. An Schulden sind mir bis heute Frs. 220.50 gemeldet worden. Es betrifft dies ein Darlehen von Rechtsanwalt Rosenbaum. Beim Morgarten-Verlag besteht per 31. Jan. 1939, zufolge verschiedener Vorschüsse, die Glauser bezogen, ein Passivkonto von Frs. 653.32, das sich aber aus dem Verkauf der dort von Glauser verlegten Bücher, Abdruck- und Übersetzungshonorare in Bälde regulieren wird. Der Morgarten-Verlag ist mit dieser Ordnung einverstanden.

Glauser war, laut Teilungsrechnung, am Nachlass seines am 1. Nov. 1937 in Eimeldingen verstorbenen Vaters mit Mk. 2723.81 anteilsberechtigt. Irgendwelche Schritte zur Hereinbringung dieser Lobquote konnten noch nicht unternommen werden, da mir die genehmigte Teilungsrechnung erst Anfangs Dezember 1938 zugegangen ist. Es ist nunmehr Sache der Erben bezw. eines von ihnen zu bestellenden Vertreters, sich diesbezüglich mit der Verwalterin des Nachlasses, Frau Witwe Glauser in Eimeldingen in Verbindung zu setzen.

Über den Wert der von Glauser hinterlassenen schriftstellerischen Arbeiten kann natürlich ziffernmässig nichts bestimmtes gesagt werden. Soweit es sich um die in Buchform erschienenen Arbeiten handelt, so partizipiert der Autor bezw. seine Erben gemäss bestehenden Verträgen, am Verkaufe. Wie und zu welchen Bedingungen die noch unveröffentlichten Werke von Glauser untergebracht werden können, ist ganz ungewiss, ebenso kann gar nichts bestimmtes gesagt werden über Nachdruck und Übersetzungsrechte und ebenso über den allfälligen Verkauf von Filmrechten.

Antrag: Abschreibung der Vormundschaft zufolge Hinschied des Mündels.

Zürich
30. Jan. 1939.

Bericht per 31. Dez. 1937,
Schlussbericht per 31. Jan. 1939 dreifach,
Belege.

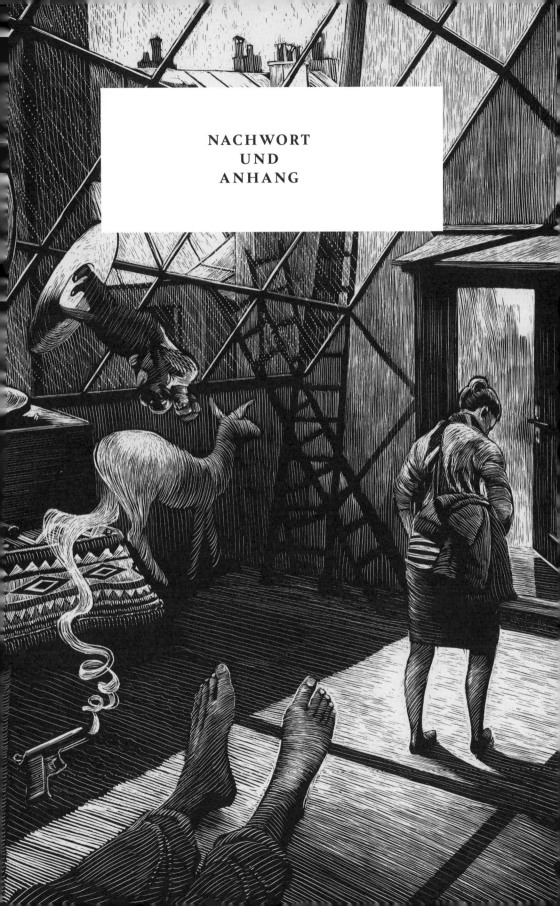

NACHWORT UND ANHANG

FRIEDRICH GLAUSERS
BRIEFNETZWERK

«Ich balanciere, wie ein schlechter Seilkünstler
auf dem lockeren Seil der Bürgerlichkeit.»
*Friedrich Glauser an Bruno Goetz und Elisabeth
von Ruckteschell, 24. März 1921*

«JEDER SUCHT SEIN PARADIES ...»

Paradies? Die Umstände von Friedrich Glausers Leben und seinem literarischen Schaffen waren alles andere als paradiesisch: Sie waren geprägt von der Auflehnung gegen den Vater und einem unlösbaren familiären Konflikt, von Entmündigung, Anstalten, Sucht, Flucht und Suizidversuchen. Angesichts dieser Zwangsspirale erhält das Wort «Paradies» eine ironisch-bittere Note. Zugleich erscheint es wie ein Lichtschimmer an einem nie zu erreichenden Horizont; als Aussicht und Versprechen einer anderen, besseren Existenz: «Ich glaube, jeder sucht sein Paradies und seine Erlösung», heisst es vollständig im Brief an den Feuilletonredakteur Hans Müller-Bertelmann (→ Dok. 83, 31. Juli 1923).

Glauser war schon in frühen Jahren ein versierter Erlösungssucher. In seinen frühen Erzählungen findet sich eine Vielzahl von Erlöserfiguren, darunter auch Märtyrer, die sich opfern, um die Welt zu retten. Doch das Wort «Erlösung» erhält in diesem Brief eine weitere Nuance, wenn Glauser fragt: «[I]st es so zu verdammen, wenn man schliesslich in Baudelaires künstliche Paradiese gerät?». In seinem 1860 erschienenen Essay *Les Paradis artificiels* bringt Charles

Baudelaire den Rausch und die künstlichen Haschischparadiese in Verbindung mit dem poetischen Schaffen. Doch eignet diesen Paradiesen etwas Schimärenhaftes, sie sind von Eskapismus geprägt und nicht von Dauer. Glauser hat buchstäblich am eigenen Leibe erfahren, wie rasch der Freiheit versprechende Rausch in zwanghafte Abhängigkeit umschlägt und die Inspiration sich in Dumpfheit verwandelt. Die «künstlichen Paradiese» wird er nicht mehr los, acht Jahre später kommt er wieder auf sie zu sprechen.

1931 schreibt Glauser ernüchtert aus Münsingen, wo er sich für einen Morphiumentzug aufhält: «[V]ielleicht bleibt es diesmal bei einem wirklichen Verzicht auf die künstlichen Paradiese, die im Grunde doch nur Höllen sind» (→ Dok. 131, 3. Juli 1931). Dabei wusste Glauser die künstlichen Paradiese sehr wohl für künstlerische Zwecke fruchtbar zu machen. Im Roman *Die Fieberkurve* (1937) etwa plante er, Wachtmeister Studer nach der Ankunft in Marokko in einen Haschischrausch zu versenken, aus dem er bis zum Ende des Romans nicht mehr auftauchen sollte. Glauser untergräbt so den Kriminalroman, indem er die logisch-deduktive Aufklärung, die dem Genre eignet, im Haschischrauch verpuffen lässt. Exotische Szenen und faszinierende Gestalten reihen sich bei ihm zu einem Reigen aus Schaum- und Trugbildern. Es ist Glausers grandioser Abgesang auf den Kriminalroman, seine Absage an den tief verwurzelten Glauben an eine rationale Durchdringung der Welt und eine teleologische Weltsicht. Es ist das Fanal einer Welt, die längst nur noch lose zusammenhält und nur wenig später mit dem Ausbruch des Zweiten Weltkrieges vollends auseinanderbricht.

BRIEFEXISTENZ

Glausers Briefe sind wichtige *biografische Zeugnisse*, sie dokumentieren ein schwieriges und wechselvolles Schriftstellerleben. Glauser war rund zehn Jahre – fast ein Viertel seines Lebens – in Anstalten interniert. Briefe waren in dieser Abgeschlossenheit und zu einer Zeit, als das Telefon noch wenig Verbreitung hatte, praktisch das einzige Kommunikationsmittel. Mehr noch als bei anderen Autoren haben Briefe für Glauser deshalb eine existenzielle Dimension. Die Notwendigkeit, mit der Aussenwelt in Kontakt zu bleiben, aber auch die Isolation und den Mangel an Anregung hinter den Anstaltsmauern bringt er immer wieder deutlich zum Ausdruck. Im Austausch mit den unterschiedlichsten Adressaten versichert er sich seiner Existenz. Seine Briefe sind somit buchstäblich «Lebenszeichen»: materielle Zeichen einer Existenz, des Fortbestehens und Überdauerns im Zustand der Unsichtbarkeit und des Weggesperrtseins. Briefe ermöglichen den Dialog über die Distanz und bringen die Aussenwelt in die Anstalt, wie Glauser in einem Brief an Robert Binswanger exemplarisch festhält: «Schreiben Sie mir bald und recht lang wenn Sie Zeit haben. Es kommt immer ein Stück Außenwelt mit Ihren Briefen» (→ Dok. 31, 30. Oktober 1918). Diese Bruchstücke der Aussenwelt benötigt er als künstlerische Anregung für sein Schreiben im lähmenden Stillstand der Anstalt. Denn wie er sagt: «Man speichert hier so viel auf; der äußere Anlass fehlt, die Erregung, die nötig ist um etwas zu schreiben. Ich meine nicht ein chemisches Stimulans, sondern ein Gespräch, ein Satz, vielleicht nur eine Straßenscene. Vor allem aber die Freiheit» (Brief an Max Müller, 10. Januar 1926).

Briefe, so lässt sich ohne Pathos sagen, retteten Glauser vor dem Verstummen und gaben ihm eine Individualität in den langen Phasen der Internierung, in denen er hauptsächlich als Nummer auf einem Aktenblatt existierte. Sie bewahrten ihn davor, zu einem «Demonstrationsobjekt» zu werden wie Pieterlen im Psychiatrieroman *Matto regiert* (1936). In einem Brief aus der Waldau an den Autor Rudolf Jakob Humm zeichnet Glauser ein anschauliches Bild vom ständigen Beobachtetwerden und der überlebenssichernden Geste des Schreibens:

«Ja, es hat mir sehr wohl getan Ihnen so lang zu schreiben, ich komm mir dann plötzlich wieder ganz menschlich vor, und nicht mehr als der bewusste stumme Goldfisch im Aquarium. Und darum lassen Sie den Platzregen der kleinen Buchstaben über sich ergehen» (→ Dok. 184, 13. Dezember 1935).

SPIEGEL DER ZEIT

Glausers Briefe sind von *zeit- und kulturhistorischem Interesse*. Seine Korrespondenz erstreckt sich von 1911 bis 1938, sie beginnt vor dem Ersten Weltkrieg, läuft durch die Zwischenkriegszeit und endet mit dem Ausbruch des Zweiten Weltkrieges. Eine historisch, politisch und kulturgeschichtlich überaus dichte Epoche, in der sich Glauser aus der Distanz der Anstalt als ein hellwacher Zeitzeuge erweist, der sich nicht vor klaren Positionierungen scheut. Seit seiner Entlassung aus der Psychiatrischen Anstalt Waldau Mitte 1936 und der Abreise nach Frankreich häufen sich in den Briefen Kommentare zur französischen Innenpolitik und dem dortigen politischen Tagesgeschehen. Er bezieht aber auch Stellung zum Kommunismus und der Sowjetunion unter Stalin, und in wiederholten abfälligen Äusserungen distanziert er sich vom aufkeimenden Nationalsozialismus.

Sein Blick richtet sich aber auch nach innen auf den Anstaltsalltag. Damit sind seine Briefe ebenso wie die Drittkorrespondenz zwischen Psychiatrie, Polizei und Vormundschaftsbehörde von institutionen- und psychiatriegeschichtlicher Relevanz. Es finden sich in den Briefen vielfältige Schilderungen von Alltagsbegebenheiten mit behandelnden Ärzten, Psychiatern und Mitpatienten. Sie vermitteln ein lebhaftes und keineswegs nur negatives Stimmungsbild aus einer weitgehend verschlossenen Welt. Die Briefe enthalten tiefer reichende Analysen, etwa zum hierarchischen Verhältnis zwischen Psychiater und Analysanden in der Psychoanalyse. Die Perspektive des Patienten Glauser findet ihren Gegenpol in den psychiatrischen Gutachten, Krankengeschichten und Berichten über ihn. Diese Zeugnisse, ebenso wie der Briefwechsel zwischen Anstaltsdirektoren und Glausers Vormunden, dokumentieren unverblümt die Praktiken und das Wertesystem der Schweizer Psychiatrie in ihrer Frühphase. Solche Institutionen- und Behördendokumente werden in diesem Band nicht gesondert im Anhang aufgeführt, sondern direkt mit Glausers Briefen konstelliert. Denn die direkte Gegenüberstellung ermöglicht erst eine nuancierte Einsicht in das psychiatrische System dieser Zeit.

Der Briefwechsel mit dem Vormund zeigt zudem, dass Glauser sein individuelles Schicksal nicht losgelöst, sondern als Teil der Zeitumstände versteht. Besonders eindrücklich sind die späten Briefe, in denen die Auflehnung einem tieferen Verständnis weicht und in eine Aussöhnung mit der eigenen Situation mündet, die er nun in ihrer Wechselwirkung mit der prekären weltpolitischen Lage begreift. In einem weiten Bogen vergleicht Glauser die Situation 1938 mit der Zeit vor dem Ersten Weltkrieg. Dem Vormund Robert Schneider schreibt er:

«Eigentlich haben Sie mir sehr geholfen, langsam wieder aus dem Wasser zu tauchen, ein neues Leben zu beginnen und ich hoffe sehr, dass dieser Beginn nicht plötzlich abbrechen wird, sondern, dass ich auf meinem Wege weiter gehen kann. Es hängt ja nicht nur von mir ab, sondern von der Entwicklung der Zeit, in der wir leben. Die Unsicherheit, die über der Welt lastet, erinnert ein wenig grauenhaft an die Zeit vor 1914, man weiss nie, was der nächste Tag bringen wird und ich denke, Sie fühlen das in Zürich noch beklemmender, als wir hier» (→ Dok. 282, 28. August 1938).

BRIEFÄSTHETIK

Glausers Briefe sind *poetologische Zeugnisse*, sie geben unverstellt Einblick in die Schreibwerkstatt des Autors. Man findet in ihnen Bemerkungen über die Schreibprozesse, den eigenen Stil und die Sprache sowie zahlreiche grundsätzliche Überlegungen zum Genre des Kriminalromans und zur Dramaturgie und fehlenden Spannung seiner eigenen Romane. Glauser beschreibt das Ringen mit seinen Figuren, allen voran Wachtmeister Studer, der ein Eigenleben führt und seinen Erschaffer bis in die Träume hinein verfolgt. Die Briefe liefern ausserdem eine Vielzahl literaturbetrieblicher Beobachtungen; es ist die Aussensicht eines Autors, der spät überhaupt erst als solcher ernst genommen wird. Glauser kommentiert Lektüren, mokiert sich über den Schweizer Literaturbetrieb und lässt ironische Bemerkungen über Schriftstellerkollegen fallen. Des Weiteren kommen Schreibblockaden und immer wieder Geldsorgen zur Sprache. Mit all diesen Facetten ist die Korrespondenz ein wichtiges Beiwerk zu Glausers Tätigkeit als Autor. Doch sind die Briefe nicht bloss Begleitspur, sondern sie sind selbst untrennbar Teil des literarischen Werkes. Als genuin dialogisches Genre richten sich Briefe an einen entfernten Adressaten und vervollständigen sich erst im Hin und Her von Brief und Gegenbrief. Dieses dialogische Grundmoment war für Glauser wie geschaffen, denn er brauchte ein imaginäres Gegenüber, um zu schreiben. Briefe eröffnen zudem einen eigenen Echo- und Resonanzraum, den Glauser für vielerlei Zwecke zu nutzen wusste. Auffällig ist, wie eng er das Entstehen von Texten und die Briefproduktion aneinanderbindet, wie häufig er den Briefen eigene literarische Texte oder Essays beilegt und die Empfänger um ein Urteil bittet. Dabei wendet er sich nicht nur an Autorenkollegen, selbst die Vormunde fragt er um ihre literarische Meinung.

Die Briefe sind bei alldem längst nicht nur Transportkapsel, sondern sie ermöglichen Glauser, die Ideen und Argumentationen seiner Essays und Texte weiterzuspinnen. Das literarische Schreiben beginnt auf dem Briefpapier. Und viel grundsätzlicher halten die Briefe Glausers Gedanken am Laufen, in einer Umgebung, die er häufig als eingefroren erlebt und mit Stillstand gleichsetzt. Oder in seinen Worten: «Hauptsache ist, daß die Gedanken nicht stehenbleiben, sondern auf einmal eingeschlagenem Weg weiterziehen, bald langsam und schleppend, bald freudig tanzend, einem Ziele zu, das unerreichbar bleibt, stets» (→ Dok. 89, 11. Oktober 1925).

Diese Lust an der Bewegung, der gedanklichen wie der körperlichen, spiegelt sich in den Brieftexten. Glauser wechselt behände das Thema und die Sprache und ändert den Tonfall je nach Situation und Adressat. Seine Briefästhetik ist zutiefst polyphon. In seinen Briefen sind aber auch die Grundzüge seiner schriftstellerischen Praxis ablesbar. Sie sind sein halbprivater Experimentierraum der Sprache, Ort (anti-)poetologischer Reflexionen und sprachspielerischer Differenzierungen. In prägnanten Kernsätzen formuliert Glauser in den Briefen, was er parallel dazu in seinen Erzählungen und Romanen literarisch gestaltet. So fragt er mit schelmischem Ton: «Warum soll man eigentlich nicht voleter d'un sujet à l'autre?» (→ Dok. Nr. 193, 24. Februar 1936), wobei er mit «voleter» (frz. herumflattern) nicht nur auf die Vielfalt an Themen und Inhalte anspielt, die im begrenzten Briefraum zusammenfinden, sondern auch auf die schwerelose

Bewegung zwischen den Sprachen. Das Deutsch gleitet nahtlos ins Französische über. Dieses gaukelnde «Herumflattern» von Sprach- und Sinnbezügen ergibt reichlich labyrinthische Briefstrukturen. So erteilt er Martha Ringier nur wenig später den Rat: «Verirren Sie sich nicht in all meinen Linien und Abschweifungen» (Brief vom 27. März 1936).

Briefe begünstigen nicht nur das Mäandrieren von Gedanken, sondern auch ein spielerisches Ausprobieren von Rollen: Mal spricht Glauser als Literat, dann als rechtloser Entmündigter, als Bittsteller, als Freund, als reuiger Sohn, als werbender Verliebter und nicht selten nimmt er in ein und demselben Brief verschiedene Rollen ein. Besonders häufig setzt er sich mit der Rolle des Autors, den damit verbundenen Codes und dem Kanon auseinander. Dass er über ein ausgeprägtes Kanonbewusstsein verfügt, zeigt sich just darin, wie sehr er sich von ebendiesem loszusagen sucht. Ein ums andere Mal betont er, dass er kein «Düchter» sei (→ Dok. 229, 8. Februar 1937), der «pötisch» schreibe (→ Dok. 194, 17. März 1936). Doch hinter der Sprachironie, dem Verspotten einer Dichterzunft, die er als hochnäsig-elitär wahrnimmt, schimmert deutlich eine Sehnsucht durch nach einem genuin eigenen Ton und einer unverkennbaren glauserschen Sprache.

KLANG

In Glausers Briefen findet sich der ganze Klangreichtum des Autors gespeichert. Er experimentiert in ihnen nicht nur mit verschiedenen Sprachen, sondern auch mit Mundart und «Hochdeutsch». Seit dem ersten Erscheinen und bis heute wird immer wieder die kernige Sprache der Wachtmeister-Studer-Romane gerühmt, zu der auch die vielen dialektalen Einsprengsel zählen. Der Dialekt verleiht dabei nicht nur den Figuren Lokalkolorit, sondern Glauser stattet auch die Erzähler mit einer charakteristischen Sprechweise aus, ja, er verwurzelt sie geradezu in einer Schweizer Sprachlandschaft. Die Briefe bilden dazu gewissermassen den Humus. So fragt Glauser etwa nach der korrekten Schreibweise von berndeutschen Ausdrücken wie «‹Salft› oder ‹souft› oder ‹sauft›» (→ Dok. 194, 17. März 1936). Er war sich aber bewusst, dass ihm dieses abweichende, nicht standardsprachliche Schreiben auch als literarisches Unvermögen angekreidet werden könnte. Am häufigsten äussert er seine Zweifel Martha Ringier gegenüber: «Ach und ich kann nicht Deutsch. Ich schreibe manchmal Sätze, die mich zur Verzweiflung bringen denn sie sind schlecht. Warum muss man eigentlich wählen? Schöner Stil und keine Handlung oder Handlung und kein Stil?» (→ Dok. 199, 28. April 1936).

Aufgrund ihrer (Semi-)Privatheit begünstigen Briefe Mischformen von Mündlichkeit und Schrift. Während die amtlichen Briefe in den ersten Jahrzehnten des 20. Jahrhunderts einen hohen Formalisierungsgrad mit einer Vielzahl fester Formeln aufweisen, so überwiegt in Glausers Privatbriefen ein stark mündlicher Stil. Der geschützte Briefraum verleitet zu intimen Zwiegesprächen, bei Glauser fällt etwa die häufige spielerische Verwendung von Kosenamen auf. Berthe Bendel wird «Geiss» (dt. Ziege) genannt, Glauser ist das «mulet» (frz. Maultier). Das Bild des Maultiers tritt in vielerlei Variationen immer wieder auf: So träumt Glauser eines Nachts, dass sein Protagonist Studer auf dem Rücken des Autors, der ein Maultier ist, durch die Wüste reitet. Martha Ringier wird mit fortschreitender Bekanntschaft zu «Maman Marthe». Das Briefnetzwerk schafft familiäre Bande, die das prekäre Familiennetz ersetzen.

Doch plaudert Glauser in den Briefen nicht einfach spontan drauflos. Ihn interessiert der Klang, das genaue Hinhören auf Zwischentöne, auf alles Ungesagte im Gespräch, das sich in einem Tonfall oder in einer klanglichen Nuance ausdrückt. Nicht von ungefähr interessiert er sich für das Hörspiel, das in dieser Zeit zusammen mit dem Radio als neue künstlerische Form aufkommt. Er selbst hat Ideen zu Experimenten mit Geräuschen und zu einem eigenen Hörspiel und gelangt damit 1937 an den Radioredakteur Paul Meyer-Gutzwiller:

«[N]ur möchte ich gerne wissen, welche Geräusche vor dem Mikrophon so deutlich sind, dass sie nicht mit anderen verwechselt werden können, sodass man sie zur Ausmalung einer Atmosphäre brauchen könnte. [...] Nur um ein Beispiel zu geben: Kann man das Pfeifen des Windes in Telephondrähten, das Krahahen einer Krähe, das Schaben von genagelten Schuhen auf gefrorener Landstrasse nachahmen?» (→ Dok. 252, 27. September 1937).

Das im Brief erwähnte beigelegte Manuskript ist leider nicht überliefert. Nur ein Jahr später verstirbt Glauser, doch gibt dieser Brief eine Ahnung davon, wohin er mit seinem weiteren Schaffen zielte, und auch, wie nahe er am Puls der Zeit war. Er, der als Autor bis heute für seine stimmungsvollen Atmosphären gerühmt wird, hätte mit den neuen technischen Möglichkeit zur Konservierung und Wiedergabe von Geräuschen und Stimmen noch ungeahnte literarische Stimmungsräume erschliessen können.

GESPRÄCHE

Die beiden Vormunde Walter Schiller und Robert Schneider stehen im Zentrum des Netzwerkes, das sich um Glauser herum spinnt. Die Vormundschaft bestand zwei Jahrzehnte lang, sie begann 1918, zwei Jahre nach Glausers Volljährigkeit, und dauerte bis zu seinem Tod 1938. Glauser konnte in dieser Zeit keine eigenständigen Entscheidungen treffen, sondern musste über jede Alltagshandlung informieren und die Einwilligung des jeweiligen Vormundes einholen. In den Akten der Amtsvormundschaft finden sich deshalb unzählige Gesprächsprotokolle von Unterredungen und Telefonaten mit Glauser und vielen Personen, die mit ihm zu tun hatten. Diese Aufzeichnungen des Vormunds sind einzigartige Quellen, weil sie unmittelbar aus dem Leben gegriffen sind. Es sind unredigierte, rasch hingeworfene Notizen für den internen Gebrauch. Häufig in Ich-Form verfasst, speichern sie eine Mündlichkeit und ein direktes Sprechen, das man sonst nirgends in derart unmittelbarer Form findet. Glausers Stimme ist in einer einzigen Aufnahme konserviert, einer Lesung der Erzählung «Kif» von 1937. In den Gesprächsprotokollen der Vormunde sind die Stimmen des Autors und einer Vielzahl weiterer Gesprächspartner jedoch in ihrem spontanen Ausdruck festgehalten, viel unmittelbarer und unverstellter, als es in den Briefen der Fall ist. Die Aufzeichnungen sind voller Abkürzungen und Verschreiber, diese wurden belassen, um den mündlichen Charakter nicht zu verändern. Denn bis in diese stilistischen Besonderheiten hinein handelt es sich um Zeugnisse bestimmter Situationen und wechselnder Stimmungslagen, um fragmentarische Momentaufnahmen und auch Zeitkapseln, die die heutigen Leserinnen und Leser mitnehmen in eine längst vergangene Zeit. Sie erlauben einen unmittelbaren Einblick in die sich häufig überstürzenden Ereignisse. Zugleich sind sie Zeugnisse des fundamentalen Medienumbruchs dieser Jahre: Sie dokumentieren den Übergang vom ortsgebundenen direkten Treffen zum ortsunabhängigen Telefongespräch, das erstmals einen unmittelbaren Austausch über die geografische Distanz hinweg ermöglichte.

Neben Briefen und Telegrammen wurde das Telefon für Glauser seit Ende der 1920er-Jahre zu einem zentralen Kommunikationsmittel. In den Akten der Amtsvormundschaft befinden sich, säuberlich aufbewahrt, unzählige Telefonquittungen über Kleinstbeträge aus den Anstalten Waldau und Münsingen. Sie belegen, wie häufig Glauser für Mitteilungen aus dem Anstaltsalltag zum Telefon griff. Das Telefon ist ein flüchtiges Medium. Die vom Vormund protokollierten Telefonnotizen geben eine Ahnung davon; häufig sind es nur kurze Mitteilungen, rasche Fragen oder Rückversicherungen an den Vormund. Der Informationswert schwankt, doch liegt der Wert dieser Aufzeichnungen gerade in ihrer unmittelbaren Authentizität. Diese Gespräche werden hier erstmals publiziert und stehen direkt neben den Briefen, Berichten und weiteren Dokumenten. Sie zeichnen ein vielfach gebrochenes und in manchen Aspekten wenig schmeichelhaftes Bild von Glauser. Denn nicht selten widerlegen sie die Aussagen in seinen Briefen. Gerade als Kontrapunkt bieten sie jedoch eine wichtige zusätzliche Perspektive, die nicht nur Glauser in einem neuen Licht zeigt, sondern – im Zusammenspiel der vielen Stimmen und im Licht der unzähligen Dokumente – verdeutlicht, wie komplex das Netzwerk um den Autor herum strukturiert war.

Zürich, September 2020
Christa Baumberger

ZU DIESER AUSGABE

KORPUS UND ÜBERLIEFERUNG

In der zweibändigen Briefausgabe von Bernhard Echte und Manfred Papst (Zürich, Arche 1988/91) sind 578 Briefe von Friedrich Glauser und 93 Briefe an den Autor sowie weitere Dokumente wie Gutachten und Berichte enthalten. Aus Platzgründen konnten die Herausgeber nicht den gesamten Briefbestand aufnehmen. In den vergangenen dreissig Jahren konnten diverse wichtige Glauser-Brieffunde verzeichnet werden. Besonders namhaft sind die Briefe an Elisabeth von Ruckteschell, die von Bernhard Echte in einem separaten Briefband ediert worden sind (Wädenswil, Nimbus 2008). Im vorliegenden Band können 40 unpublizierte Glauser-Briefe erstmals präsentiert werden.

Im Literaturarchiv der Schweizerischen Nationalbibliothek, Bern, befinden sich 507 Briefe von Friedrich Glauser: 502 Briefe im Nachlass Glauser, 3 Briefe im Archiv der Schillerstiftung und 2 Briefe in der Autografensammlung von Christian Müller. Das Archiv der Schillerstiftung enthält zahlreiche weitere unpublizierte Dokumente, aus denen hier erstmals eine Auswahl präsentiert wird. Das zweite massgebliche Briefkonvolut befindet sich im Stadtarchiv Zürich in den Akten der Amtsvormundschaft der Stadt Zürich. Es umfasst Briefe an die Vormunde Walter Schiller und Robert Schneider, an den Vater und die Stiefmutter sowie weitere Briefpartnerinnen und -partner. Dazu gehören aber auch Gegenbriefe und ein wichtiger Bestand an Drittkorrespondenz. Die Vormunde standen mit sehr vielen Personen rund um Glauser in Briefkontakt. Dieses umfangreiche Archiv wurde für die vorliegende Ausgabe umfassend ausgewertet. Der Grossteil der unpublizierten Glauser-Briefe stammt daraus und ist an die beiden Vormunde gerichtet.

Kleinere Konvolute werden in diversen weiteren Institutionen, Bibliotheken und Archiven aufbewahrt. Das Standortverzeichnis gibt darüber Auskunft. Persönliche Briefe richten sich vor allem an den Vater Charles Glauser und die Stiefmutter Louisa Glauser-Golaz, an Partnerinnen (Elisabeth von Ruckteschell, Beatrix Gutekunst, Berthe Bendel), Freundinnen (Martha Ringier) und Freunde (Bruno Goetz, Hugo Ball etc.). Institutionenbriefe richten sich an die Vormundschaftsbehörden, insbesondere die zwei Vormunde Walter Schiller und Robert Schneider, den Psychiater und Freund Max Müller sowie diverse Anstaltsdirektoren (Ulrich Brauchli, Otto Kellerhals, Jakob Klaesi). In den 1930er-Jahren hat die Berufskorrespondenz einen namhaften Anteil: Briefe an Autorenkollegen wie Rudolf Jakob Humm, an die Agentin Ella Picard, Korrespondenzen mit verschiedenen Verlagen sowie Briefwechsel mit diversen Zeitungs- und Zeitschriftenredakteuren, bei denen Glauser seine Texte unterzubringen suchte. Die Briefe an die Vormunde sind lebensgeschichtlich hoch interessant, die literarisch interessantesten Briefpartner ab Mitte der 1930er-Jahre sind Josef Halperin, Redakteur der Zeitschrift *ABC*, und die Redakteurin Martha Ringier.

KONZEPT UND TEXTAUSWAHL

Der vorliegende Band enthält eine Auswahl von 298 Briefen, Gegenbriefen, Drittkorrespondenz, Gesprächsprotokollen und Berichten. Rund die Hälfte der Dokumente ist unpubliziert, dazu gehören 40 unveröffentlichte Briefe von Friedrich Glauser, 9 unveröffentlichte Briefe an Glauser und 41 Drittbriefe sowie 52 Gesprächsprotokolle des Vormunds.

Die Auswahl erfolgte unter mehreren Gesichtspunkten: Sie deckt einerseits den weiten Zeitraum von 1911 bis 1938 ab. Andererseits zeigen die ausgewählten Briefe und Dokumente in repräsentativer Weise das Netzwerk rund um den Autor: Neben dem Vater und den Vormunden, Psychiatern und diversen Behördenvertretern kommt eine Vielzahl von Freunden, Autoren und Redakteuren zu Wort. Der Band gibt erstmals auch den Frauen rund um Glauser eine Stimme, dazu gehören Freundinnen, Lebenspartnerinnen wie auch Leserinnen. Sie alle haben bislang nur marginal Beachtung gefunden. Die Gesprächsprotokolle machen sichtbar, wie aktiv und für ihre Zeit bemerkenswert selbstbewusst Berthe Bendel, Elisabeth von Ruckteschell, Beatrix Gutekunst, Martha Ringier und Miggi Senn im Umgang mit den Vormundschaftsbehörden und den Psychiatern agierten.

Der Band ist nach Lebensabschnitten und Orten gegliedert. Zu jedem Kapitel gibt es einen kurzen einführenden Text, der die wichtigsten literarischen und biografischen Aspekte zusammenfasst. Die Originalzeichnungen von Hannes Binder rücken zentrale Situationen, Orte oder Personen ins Zentrum, die in der jeweiligen Zeit besonders bestimmend waren. Die Dokumente folgen chronologisch aufeinander, Briefe von und an Glauser, Briefe Dritter, aber auch Berichte, Gutachten und Gesprächsprotokolle verweben sich zu einer Collage, die ihre Lebendigkeit aus dem Chor der diversen Stimmen bezieht.

TEXTWIEDERGABE

Die Briefe und Dokumente wurden grundsätzlich nach den Originaltextzeugen transkribiert. Bei verschollenen Briefen oder in vereinzelten Fällen, in denen die originalen Textzeugen nicht zugänglich waren, wurde auf bestehende Transkriptionen zurückgegriffen, die in der Briefausgabe von Echte/Papst (1988/91), in der Glauserbiografie von Gerhard Saner (Zürich, Suhrkamp 1981) oder der Zeitschrift *du* vorlagen, in einem Fall auch auf die Briefwiedergabe in einem Auktionskatalog.

Die Textwiedergabe hält sich eng an die Originaltextzeugen und folgt dem Prinzip einer differenzierten Texttreue: Die Orthografie wurde unverändert übernommen und nicht modernisiert (Chokolade, Cigaretten, Couvert etc.), auch schwankende Schreibungen wurden belassen (Litteratur/Literatur, Litteraten/Literaten). Glauser verwendet bei handschriftlichen Briefen scharfes s, in seinen späteren mit der Schreibmaschine verfassten Briefen Doppel-s. Dies wurde unverändert übernommen, die Schreibung innerhalb eines Briefes allerdings vereinheitlicht. Auch sprachliche Fehler wurden nur in Ausnahmefällen emendiert, insbesondere wurden die vielen Übernahmen und Fremdwörter aus dem Französischen in ihrer eigenwilligen Schreibweise belassen: «Konstatation» statt eingedeutscht «Konstatierung» (frz. «constatation»), «Adjudant» statt deutsch «Adjutant» (frz. «adjudant»), «Rapatriierung» statt deutsch «Repatriierung» (frz. «rapatriement», «rapatrier»).

Eindeutige Tippfehler und kleine Schreibversehen wurden stillschweigend korrigiert, dazu gehören fehlende Buchstaben am Wortende, «Tastendreher» in Typoskripten und kleingeschriebene Höflichkeitsformen. Schwankende Schreibungen von Personen- und Ortsnamen wurden, sofern sie im gleichen Dokument vorkamen, ebenfalls stillschweigend korrigiert. Grössere Auslassungen (Wörter oder Teilwörter) wurden in eckigen Klammern ergänzt. Ergänzungen und Korrekturen in den Briefen sowie handschriftliche Zusätze wurden stillschweigend übernommen. Nicht übernommen wurden Markierungen und Anmerkungen, die nachträglich von den Vormunden und weiteren Personen hinzugefügt wurden. In den Originaltexten mittels Kursivierung, Sperrdruck, Unterstreichungen oder Fettdruck markierte Wörter und Formulierungen werden konsequent kursiv wiedergegeben.

Zeichensetzung: Fehlende Satzschlusszeichen und fehlende Punkte bei Kürzeln sowie fehlende korrespondierende Anführungszeichen oder Klammern wurden stillschweigend ergänzt. Glauser pflegte einen relativ freien Umgang mit der Kommasetzung. Diese wurde bei Glauser und auch bei anderen Briefeschreibern (Charles Glauser etc.) beibehalten.

Das Layout der Briefe wurde standardisiert. Anrede, Grussformel und Brieftext wurden konsequent linksbündig gesetzt. Die Adresse des Absenders wurde übernommen, Auszeichnungen in Briefköpfen und Stempeln wie Unterstreichungen oder Fettschrift wurden nicht berücksichtigt.

Die Datierung durch den Absender wurde in der Schreibung unverändert übernommen, Post- und Empfangsstempel wurden nur aufgeführt, sofern der Brief oder das Dokument nicht vom Verfasser datiert war. Aus dem Briefzusammenhang rekonstruierte Daten werden im Kommentar angegeben. Auch fehlerhafte Datierungen durch den Briefschreiber wurden belassen und im Kommentar berichtigt.

KOMMENTAR UND ÜBERSETZUNGEN

Der Kommentar enthält Angaben zu Personen, Orten sowie Sachinformationen zu werkbezogenen und lebensgeschichtlichen Zusammenhängen. Auffällig sind die vielen literarischen Verweise in Glausers Briefen. Diese werden aufgeschlüsselt und die entsprechenden Publikationsnachweise erbracht. Für bereits publizierte Briefe von Friedrich Glauser konnte der Stellenkommentar der zweibändigen Briefausgabe von Echte/Papst (1988/91) beigezogen werden, wobei die Kommentare durchgängig überarbeitet und ergänzt wurden.

Friedrich Glauser korrespondierte mit dem Vater Charles Glauser und der Stiefmutter Louisa Glauser auf Französisch. Diese Briefe sowie sämtliche weiteren französischen Dokumente (Drittbriefe, Gutachten, Krankenberichte und Zeitungsartikel) werden in deutscher Übersetzung wiedergegeben. Bestehende Übersetzungen der Briefausgabe Echte/Papst (1988/91) wurden revidiert. → Dok. 93, 104, 108, 111, 138, 249, 257. Die beiden deutschen Übersetzungen aus der Zeitschrift *du* wurden unverändert übernommen, da die französischen Originalbriefe verschollen sind. → Dok. 78, 79. Alle weiteren Briefe und Dokumente wurden von Christa Baumberger aus dem Französischen übersetzt. → Dok. 29, 77, 86, 87, 90.

ZEITTAFEL

1896
4. Februar: Geburt von Friedrich Karl Glauser in Wien.

1900
16. September: Tod der Mutter.

1902
Eintritt in die Evangelische Volksschule am Karlsplatz in Wien.

1906
Eintritt ins k.u.k. Elisabeth-Gymnasium in Wien.

1909
Berufung des Vaters als Französischdozent an die Handelshochschule Mannheim.

1910
Frühling: Eintritt ins Schweizerische Landerziehungsheim Glarisegg bei Steckborn am Bodensee.

1911
Wiederverheiratung des Vaters mit Louisa Golaz aus Genf, vormalige Gouvernante der Familie Glauser.

1913
Suizidversuch; Ausschluss aus dem Landerziehungsheim Glarisegg.

September: Eintritt ins Collège de Genève; Unterkunft bei Amélie und Léon Cattin in Jussy.

1915
Sommer: Freiwillig vorgezogener Wehrdienst in der Schweizer Armee.

Freundschaft mit Georges Haldenwang.

13. November: Erste nachweisbare Veröffentlichung; verschiedene Kritiken und Aufsätze in der Genfer Zeitung *Indépendance Helvétique*.

1916
Januar: Ausschluss aus dem Collège de Genève aufgrund einer Kritik am Gedichtband eines Lehrers.

4. Februar: Volljährigkeit. Umzug nach Zürich, Abbruch der Beziehungen zum Elternhaus.

April: Matura am Institut Minerva in Zürich.

2. Mai: Immatrikulation als Chemiestudent an der Universität Zürich.

Juni: Erstes Heft der von Glauser und Georges Haldenwang herausgegebenen Zeitschrift *Le Gong*.

Herbst: Aufgabe des Studiums. Erste Bekanntschaft mit dem Zürcher Dada-Kreis.

1917
Ende Februar: Weigerung des Vaters, Glausers Schulden weiter zu bezahlen; Antrag auf psychiatrische Untersuchung.

29. März und 14. April: Teilnahme an den ersten beiden Dada-Soireen mit eigenen Gedichten.

25. Mai: Verbeiständung durch die Amtsvormundschaft Zürich.

Juni: Mit Hugo Ball und Emmy Hennings in Magadino und später auf der Alp Brusada im Maggiatal.

Mitte Juli: Reise zur Stiefmutter nach Genf.

Ende August: Rückkehr nach Zürich. Unterstützung durch Charlot Strasser, Bekanntschaft mit Leonhard Frank, Arbeit im Antiquariat von Han Coray.

Spätherbst: Beginnende Lungentuberkulose, Morphiumbehandlung.

20. Dezember: Einweisung ins Kurhaus Nidelbad in Rüschlikon bei Zürich.

1918

2. Januar: Flucht nach erfolglosem Einspruch gegen das eingeleitete Entmündigungsverfahren.

18. Januar: Entmündigung durch die Amtsvormundschaft Zürich in Abwesenheit Glausers, dessen Aufenthaltsort den Behörden fünf Monate lang unbekannt bleibt.

Anfang Juni: Verhaftung in Genf nach kleineren Diebstählen. Einweisung in die Psychiatrische Klinik Asile de Bel-Air als Morphiumsüchtiger. Diagnose: Dementia praecox.

3. August: Verlegung in die Psychiatrische Anstalt Münsingen.

1919

1. Juli: Flucht aus der Anstalt; Unterkunft bei Robert Binswanger in Ascona. Bekanntschaft mit Bruno Goetz, Mary Wigman und anderen Künstlerinnen und Künstlern.

1920

Liebesbeziehung mit Elisabeth von Ruckteschell. Bezug einer alten Mühle bei Ronco. Erneute Morphiumabhängigkeit. Verhaftung in Bellinzona, Suizidversuch.

5. Juli: Nach heftigen Entzugserscheinungen und einem Blutsturz Einlieferung ins Inselspital Bern.

15. Juli: Nach versuchter Rezeptfälschung Einweisung in die Irrenstation Holligen, Bern.

29. Juli: Flucht mit Hilfe Elisabeth von Ruckteschells zu Hans Raschle nach Baden.

5. August: Eintritt in die Psychiatrische Klinik Burghölzli in Zürich zwecks Ausfertigung einer Gegenexpertise zur Genfer Diagnose.

Ab Oktober: Mit Billigung der Behörden bei Hans Raschle in Baden.

1921

Januar: Aushilfe bei einem Lebensmittelhändler.

März: Volontär bei der *Schweizerischen Freien Presse*.

16. April: Nach Morphium, kleineren Beschaffungsdelikten und dem Zerwürfnis mit der Familie Raschle Flucht zum Vater nach Mannheim.

Ende April: Eintritt in die Fremdenlegion. Über Strassburg und Marseille nach Bel-Abbès (Algerien).

Sommer: Verlegung nach Sebdou.

Dezember: Verlegung nach Géryville.

1922
Mai: Verlegung nach Gourrama (Marokko). Suizidversuch; Malaria.

1923
Mitte März: Ärztliche Untersuchung in Oran, Ausmusterung wegen eines Herzfehlers.

Anfang April: Über Marseille nach Paris; längerer Spitalaufenthalt.

Ende Mai: Tellerwäscher im Pariser «Grand-Hôtel Suisse».

September: Kündigung wegen eines Diebstahls. Vergeblicher Versuch, eine Stelle in Belgisch-Kongo zu erhalten.

Ende September: Arbeit in einer Kohlegrube in Charleroi (Belgien).

1924
Spitalaufenthalt wegen eines Malariarückfalls. Erneute Arbeit in der Kohlegrube. Morphium, Suizidversuch. Daraufhin zunächst als Patient, dann als Pfleger im städtischen Krankenhaus Charleroi.

5. September: Nach einem im Morphiumdelirium verursachten Zimmerbrand Einweisung in die Irrenanstalt Tournai.

1925
Anfang Mai: Rückschaffung in die Schweiz; Internierung in der Psychiatrischen Anstalt Münsingen. Bekanntschaft mit dem Psychiater Max Müller.

22. Juni: Auf Beschluss des Regierungsrats Bern Einweisung in die Strafanstalt Witzwil.

Dezember: Suizidversuch.

1926
22. Juni: Entlassung aus Witzwil. Handlanger in der Gärtnerei Heinis in Liestal.

Herbst: Besuche in Basel bei der Familie von Meyenburg und bei Katja Wulff; Liebesbeziehung mit Beatrix Gutekunst. Erneut Morphium, Rezeptfälschungen.

1927
4. März: Verhaftung wegen fortgesetzten Opiumdiebstahls in einer Apotheke. Einstellung des Verfahrens nach Glausers Versicherung, für eine Entziehungskur nach Münsingen zu gehen.

1. April: Eintritt in die Psychiatrische Anstalt Münsingen. Nach kurzer Entzugsphase

Beginn der Psychoanalyse bei Max Müller; Wohnung ausserhalb der Klinik, verschiedene Gelegenheitsarbeiten.

1928

1. April: Stellenantritt als Hilfsgärtner bei Rudolf Wackernagel in Riehen. Gemeinsame Wohnung mit Beatrix Gutekunst in Basel. Beginn der Arbeit am Legionsroman *Gourrama*.

Anfang September: Stellenwechsel zur Handelsgärtnerei E. Müller in Basel. Opium.

Ende September: Übersiedlung von Beatrix Gutekunst nach Winterthur, Eröffnung einer Tanzschule.

Anfang November: Zusage eines Kredites von 1500 Fr. für *Gourrama* durch die Werkbeleihungskasse des Schweizerischen Schriftstellervereins.

Anfang Dezember: Aufgabe der Gärtnerarbeit; Umzug nach Winterthur zu Beatrix Gutekunst.

1929

Januar/Februar: Vergebliche Versuche, die Aufhebung der Vormundschaft zu erwirken. Erneut Morphium.

Anfang April: Schwierigkeiten mit der Werkbeleihungskasse, die ihre letzte Ratenzahlung von einer Überarbeitung des Romans abhängig macht. Wiederaufnahme der Gärtnertätigkeit bei Kurt Ninck in Wülflingen.

Ende April: Kurzfristige Verhaftung nach einer Rezeptfälschung. Einleitung eines Untersuchungsverfahrens gegen Glauser und Beatrix Gutekunst.

30. November: Einstellung des Verfahrens aufgrund eines Gutachtens von Max Müller, das Glauser für unzurechnungsfähig erklärt. Geldstrafe für Beatrix Gutekunst.

1930

4. Januar: Eintritt in die Anstalt Münsingen.

Anfang März: Abschluss des *Gourrama*-Manuskripts; letzte Korrekturarbeiten mit Beatrix Gutekunst in Winterthur.

Mitte März: Eintritt in die Gartenbauschule Oeschberg. Auf Vermittlung Max Müllers Vereinbarung über einen regelmässigen Opiumbezug bei einem Arzt der Umgebung.

25. Juli–10. August: Ferien im Mittelmeerort Collioure mit Beatrix Gutekunst.

Verschiedene vergebliche Versuche, *Gourrama* bei einem Verlag unterzubringen.

1931

Ende Februar: Abschluss und Diplom an der Gartenbauschule Oeschberg.

März: Erfolglose Selbstentwöhnung; Einlieferung ins Krankenhaus Winterthur.

1. April–8. Mai: Ferien in Collioure. Wegen Geldmangels vorzeitige Rückreise nach Winterthur.

1. Juli: Neuerlicher Eintritt in die Anstalt Münsingen. Nachanalyse bei Max Müller.

Oktober: Erste Arbeiten am *Tee der drei alten Damen*.

1932
Anfang Januar: Übersiedlung nach Paris mit Beatrix Gutekunst. Versuch, als freier Journalist und Schriftsteller zu leben.

Frühling: Anhaltende finanzielle Schwierigkeiten. Opium.

1. Juni: Abbruch des Pariser Aufenthalts; Besuch beim Vater in Mannheim.

28. Juni: Festnahme wegen Rezeptfälschung in Mannheim. Untersuchungshaft. Antrag des Vaters, Glauser lebenslänglich in der Schweiz zu internieren.

30. Juli: Ausweisung und Abschiebung Glausers aus Deutschland; Einweisung in die Anstalt Münsingen.

Ende der Beziehung mit Beatrix Gutekunst.

9.–15. November: Aufenthalt im Inselspital Bern wegen des Verdachts auf ein Magengeschwür.

1933
Freundschaft mit Miggi Senn.

April: Vergebliche Bemühungen, eine Stelle als Bürovolontär in der Strafanstalt Witzwil zu erhalten.

September: Beginn der Beziehung mit Berthe Bendel.

Ende Oktober: Zusage für die Stelle als Verwalter eines kleinen Guts in Angles bei Chartres. Zustimmung des Vormunds und der Anstaltsleitung zu diesem Plan. Zusage Berthe Bendels, Glauser zu begleiten.

Mitte November: Kündigung von Berthe Bendel in der Anstalt.

1934
3. Januar: Weigerung der Anstaltsleitung und des Vormunds, Glauser nach Angles gehen zu lassen. Weitere unbefristete Internierung.

5. März: Verlegung in die Anstalt Waldau bei Bern.

August: Erster Preis beim Kurzgeschichten-Wettbewerb des *Schweizer Spiegels*.

Ende September: Verlegung in die offene Kolonie «Anna Müller» in Münchenbuchsee.

Beendigung des *Tee der drei alten Damen*.

Ende Oktober: Einwöchiger Aufenthalt bei Adolf Guggenbühl in Zürich und Pfarrer Burri in Büren.

Ende November/Anfang Dezember: Entlassung für eine zweite Reise nach Bern, Zürich und Büren. Opium, Rezeptfälschungen.

22. Dezember: Nochmalige probeweise Entlassung über die Weihnachtstage; Aufenthalt bei Beatrix Gutekunst und ihrem Mann Otto Tschumi.

1935
Anfang Januar: Erneute Internierung in der Waldau nach Rezeptfälschungen.

Februar/März: Beginn mit der Arbeit am Roman *Schlumpf Erwin Mord*, der später den Titel *Wachtmeister Studer* erhält.

Anfang Mai: Versetzung in die offene Kolonie «Anna Müller» in Schönbrunnen bei Münchenbuchsee.

Ende Juli: Neuerliches Angebot, die Verwaltung eines kleinen Guts in Angles bei Chartres zu übernehmen.

Ende August: Beendigung von *Schlumpf Erwin Mord*, Einsendung an den Morgarten-Verlag.

8. Oktober: Flucht aus der offenen Kolonie «Anna Müller», nachdem ein Arzt Glauser wegen Rezeptfälschungen hatte festnehmen lassen wollen. Unterkunft in Basel, Bekanntschaft mit C. F. Vaucher. Unterstützung durch John Staehelin und Otto Kleiber.

6. November: Lesung im «Rabenhaus» bei Rudolf Jakob Humm. Bekanntschaft mit Josef Halperin, Traugott Vogel und anderen.

7. November: Berthe Bendel gibt ihre Stelle in Kreuzlingen auf und kommt zu Glauser nach Basel.

8. November: Glauser kehrt nach Verhandlungen mit seinem Vater und seinem Vormund in die Waldau zurück, nachdem ihm die Entlassung auf das nächste Frühjahr zugesagt worden war.

Anfang Dezember: Beginn mit der Arbeit an der *Fieberkurve*, mit deren erster Fassung Glauser am Kurzromanwettbewerb der *Neuen Schweizer Bibliothek* teilnimmt. Beginn des Briefwechsels mit Martha Ringier; reger Kontakt mit Otto Briner, dem Abteilungsarzt in der Waldau.

1936
Ende Januar: Annahme des *Schlumpf Erwin Mord* durch die *Zürcher Illustrierte* und den Morgarten-Verlag.

Anfang Februar: Beginn mit der Arbeit an *Matto regiert*. Vergebliche Versuche, *Gourrama* bei der Büchergilde unterzubringen.

Mitte März: Die *Fieberkurve* erhält beim Wettbewerb der *Neuen Schweizer Bibliothek* keine Auszeichnung.

18. Mai: Entlassung aus der Waldau. Kurzer Aufenthalt bei Josef Halperin in Zürich, Beendigung von *Matto regiert*, der von der Zeitschrift *Der öffentliche Dienst* angenommen

wird. Lesung bei Rudolf Jakob Humm im «Rabenhaus».

Ende Mai: Aufenthalt bei Martha Ringier in Basel, Wiedersehen mit dem Vater.

1. Juni: Ankunft mit Berthe Bendel in Angles bei Chartres; Bewirtschaftung des kleinen Guts von Ernst Jucker, einem Schweizer Bankier in Paris.

Anfang September: Antrag auf Mitgliedschaft im Schweizerischen Schriftstellerverein, um an dessen Zeitungsromanwettbewerb teilnehmen zu können.

Ende September: Annahme der *Fieberkurve* durch den Morgarten-Verlag unter der Bedingung, dass Glauser den Roman nochmals überarbeite.

20. Oktober: Beendigung der Erzählung *Im Dunkel,* die 1937 in den *Guten Schriften,* erscheint.

Ende Oktober: Aufnahme in den Schweizerischen Schriftstellerverein.

Mitte November: Auftrag für einen kurzen Studer-Roman durch den *Schweizerischen Beobachter.*

Anfang Dezember: *Wachtmeister Studer,* Glausers erstes Buch, erscheint im Morgarten-Verlag, Zürich.

1937
Anfang Januar: *Matto regiert* erscheint im Jean Christophe-Verlag, Zürich.

Ende Januar: Der Berner Regierungsrat erwägt die Konfiskation von *Matto regiert,* nimmt davon jedoch wieder Abstand.

Mitte Februar: Glausers Exposé zum Roman *Der Chinese* wird für den Wettbewerb des Schweizerischen Schriftstellervereins angenommen.

Anfang März: Umzug nach La Bernerie in der Bretagne, deswegen Konflikt mit dem Vormund Robert Schneider.

Mitte März: Beendigung der zweiten Fassung der *Fieberkurve.*

Anfang/Mitte April: Reise nach Basel und Zürich; Aufnahme einer Radiolesung aus *Gourrama* (gesendet am 6. Juni 1937).

Ende Mai: Josef Halperin tritt in die Redaktion der Zeitschrift ABC ein und bittet Glauser, *Gourrama* dort abdrucken zu dürfen.

Anfang Juli: Reise nach Basel. Beendigung von *Die Speiche (Krock & Co.).*

17.–25. Juli: Entziehungskur in Oscar Forels Privatklinik Les Rives de Prangins am Genfersee.

Ende August: Artikel über Gides *Retouches à mon retour de l'U.R.S.S.* Nach Erscheinen im ABC heftige Kontroverse mit Humm über Gides Buch, den Stalinismus und die Linke.

1. November: Tod des Vaters.
Mitte November: Reise nach Basel und Zürich.
Dezember: Arbeit an der Beendigung des *Chinesen*.
Ende Dezember: Aufgabe der Wohnung in La Bernerie; Reise nach Marseille, um von dort nach Tunis überzusetzen, was an Passschwierigkeiten scheitert. Weiterreise nach Collioure. Verlust des Manuskriptes *Der Chinese*. Verlängerung der Abgabefrist um einen Monat.

1938
Mitte Januar: Aufenthalt bei Martha Ringier in Basel; Neufassung des *Chinesen*.
4. Februar: Eintritt in die Klinik Friedmatt, Basel, zur Entziehungskur.
15. Februar: Sturz im Baderaum der Klinik; Schädelbasisbruch und schwere Gehirnerschütterung.
23. Februar: Erster Preis im Wettbewerb des Schweizerischen Schriftstellervereins für den *Chinesen*.
17. März: Entlassung aus der Friedmatt.
Aufenthalt bei Berthe Bendels Stiefeltern in Grub.

Ende März: Rückkehr nach Basel.
April/Mai: Vergebliche Bemühungen, in Basel zu heiraten.
23. Mai: Die Schweizerische Schillerstiftung spricht Glauser eine Anerkennungsgabe von 500 Franken zu.
Ende Mai: Übersiedlung nach Nervi bei Genua. Arbeit an drei verschiedenen Roman-Projekten (Ascona-Roman, Charleroi-Roman, *Mord in Angles*).
Ende Juli: Auftrag der *Neuen Schweizer Bibliothek* zu einer Autobiografie. Abgabe des ersten Teils *Damals in Wien* Ende November.
Herbst: Bemühungen, die zur Heirat notwendigen Dokumente zu erlangen. Finanzielle Not.
6. Dezember: Glauser bricht am Vorabend der Hochzeit beim Abendessen bewusstlos zusammen und fällt ins Koma.
8. Dezember: Tod in den frühen Morgenstunden.
Kremation in Nervi.
21. Dezember: Beisetzung auf dem Friedhof Manegg in Zürich.

STANDORTVERZEICHNIS

Echte/Papst, *Briefe 1,2* → 151, 248
Moirandat Company AG (Briefabschrift in Katalog) → 163
Privatbesitz → 36, 39, 124, 131, 144, 159, 161, 162, 242, 243, 266, 267, 289, 291, 293
Schweizerisches Literaturarchiv, Nachlass Friedrich Glauser → 1, 30, 31, 32, 40, 43, 45, 46, 52, 54, 58, 60, 61, 62, 63, 64, 66, 68, 69, 73, 76, 84, 88, 89, 97, 98, 99, 101, 103, 110, 112, 115, 116, 120, 130, 133, 134, 136, 140, 142, 143, 150, 165, 170, 171, 172, 173, 174, 183, 184, 186, 187, 188, 189, 190, 191, 192, 193, 194, 199, 201, 207, 210, 211, 214, 215, 216, 218, 220, 221, 224, 226, 227, 228, 229, 233, 234, 235, 237, 238, 241, 244, 245, 247, 249, 250, 251, 252, 256, 257, 261, 264, 265, 269, 271, 277, 280, 281, 283, 286, 290, 292, 294, 295, 296, 297
Schweizerisches Literaturarchiv, Archiv Schweizerische Schillerstiftung → 7, 9, 12, 13, 42, 47
Schweizerisches Literaturarchiv, Autografensammlung Christian Müller → 117, 137

Stadtarchiv Zürich, Akten der Amtsvormundschaft der Stadt Zürich → 2, 3, 4, 5, 6, 8, 10, 11, 14, 15, 16, 17, 18, 19, 20, 21, 22, 23, 24, 25, 27, 28, 29, 33, 34, 35, 37, 41, 44, 51, 53, 56, 57, 59, 65, 67, 74, 75, 77, 80, 81, 85, 86, 87, 90, 91, 92, 93, 94, 95, 96, 100, 102, 104, 105, 106, 107, 108, 109, 111, 113, 114, 118, 119, 121, 122, 123, 125, 126, 127, 128, 129, 132, 135, 138, 139, 141, 145, 146, 147, 148, 149, 152, 153, 154, 155, 156, 157, 158, 160, 164, 166, 167, 168, 169, 175, 176, 177, 178, 179, 180, 181, 182, 185, 195, 196, 197, 198, 200, 202, 203, 204, 205, 206, 208, 209, 212, 213, 217, 219, 222, 223, 225, 230, 231, 232, 236, 239, 240, 246, 253, 254, 255, 258, 259, 260, 262, 263, 268, 270, 272, 273, 274, 275, 276, 278, 279, 282, 284, 285, 287, 288, 298
Stadtbibliothek Pirmasens, Hugo-Ball-Sammlung (Kopie) → 38
Stadtbibliothek Winterthur, Nachlass Hans Müller-Bertelmann → 26, 48, 49, 50, 55, 70, 71, 72, 82, 83
Zeitschrift *du* → 78, 79

BILDNACHWEIS

Archives du DIP, Archives du Collège de Genève → S. 12
Privatbesitz → S. 399
Schweizerisches Literaturarchiv, Nachlass Friedrich Glauser → S. 67, 75, 87, 96, 120, 141, 179, 201, 217, 239, 256, 292, 317, 327, 352 (© Fotostiftung Schweiz), 362, 369, 375, 382, 417, 428, 468
Schweizerisches Literaturarchiv, Archiv Schweizerische Schillerstiftung → S. 30, 56, 245
Zentralbibliothek Zürich → S. 411 (© Fotostiftung Schweiz)

Stadtarchiv Winterthur, Nachlass Hans Müller-Bertelmann → S. 104
Stadtarchiv Zürich, Akten der Amtsvormundschaft der Stadt Zürich → S. 12, 19, 20, 35, 44, 71, 88, 93, 123, 142, 160, 169, 172, 180, 185, 212, 222, 227, 264, 287, 300, 302, 311, 312, 315, 321, 387, 424, 427, 437, 438

Mit bestem Dank an die Rechtegeber

ABKÜRZUNGEN

In den Gesprächsnotizen finden sich aufgrund ihres skizzenhaften und stark mündlichen Charakters auffällig viele Abkürzungen, die in der Schreibung immer wieder wechseln. Abkürzungen und Akronyme werden deshalb mit ihren unterschiedlichen Schreibungen aufgelöst. Abkürzungen von Eigennamen werden direkt in den Dokumenten aufgelöst. Einzige Ausnahmen sind die häufigen und unterschiedlichen Abkürzungen für Friedrich Glauser sowie das Kürzel für die zwei Vormunde Schiller und Schneider (Sch.), die in der Liste der Abkürzungen aufgeführt werden.

A | A'd | A/d → Amtsvormund
Aarg. → Aargau
Abs. → Absender
a.c. → anni currentis, dieses Jahres
a.i. → ad interim, einstweilen
alkoholfr. → alkoholfrei
Anmeld. → Anmeldung
Anordn. → Anordnung
Ass. arzt → Assistenzarzt
Av. → Avenue
b. → bei
Bell. → Bellinzona
betr. → betreffend
Bli. → Burghölzli
Br. → Brief
chron. → chronisch
Cig. Pap. → Zigarettenpapier
Co. → Kokain
cts. → Cents
d. → der, die, das
Dat. → Dativ
def. | defin. → definitiv
detaill. → detailliert
d.i. → das ist
dies. → diesen (Monats)
Dir. → Direktor
d.J. → dieses Jahres
Dok. → Dokument
ds. → desselben (Monats)
dt. → deutsch
EA → Erstausgabe
eigentl. → eigentlich
engl. → englisch
ev. | event. → eventuell
f. → für
F. | Fr. | Fred. | Friedr. → Friedrich (Glauser)

F. | fr. | frs. | Frs. | frs. S.
 → (Schweizer) Franken
Farbenbleist. → Farbenbleistifte
ffrs. → französische Francs
Fr. | Frl. → Frau, Fräulein
Freund. | freundl. → freundlich
frz. | franz. | Franz. → französisch
G. | Gl. | Gs. → Glauser, Glausers
Gd. Hôtel → Grand-Hôtel
geb. → geboren
gefl. → gefällig
geleg. → gelegentlich
gen. → genannt
Gen. → Genitiv
Gesch. Nr. → Geschäftsnummer
gez. → gezeichnet
gl. → gleichen
G.S. → Heftreihe *Gute Schriften*
h → Uhr
H. | Hr. | Hrn. → Herr, Herrn
H/Bahnhof → Hauptbahnhof
heimatl. → heimatlich
herzl. → herzlich
H.H.S. → Handelshochschule Mannheim
hist. → historisch
Hoff. → hoffentlich
i. → in
i.V. → in Vertretung
kant. → kantonale
K.G. → Krankengeschichte
k.k. → kaiserlich-königlich
k.u.k. → kaiserlich und königlich
kl. → klein
Kl. → Klasse
KPD → Kommunistische Partei Deutschlands

Kt. → Kanton
lb. → liebe
litter. → literarisch
lt. → laut
M. → Monsieur
m. → mein, mit
m.d. → mit dem, mit der
Maschinenangel. → Maschinen-
 angelegenheit
M'buchsee → Münchenbuchsee
Mk. → Mark
Mlle → Mademoiselle
Mo. → Morphium
monatl. → monatlich
Morg.|Morg. Verlag
 → Morgarten-Verlag
Ms. → Manuskript
Münd. → Mündel, unter
 Vormundschaft stehende Person
mündl. → mündlich
NKr. → Norwegische Kronen
No. → Nummer
Nov. → Novelle(n)
N.-Ztg.|Nat.-Ztg.|Nazi
 → *National-Zeitung*
N.Z.Z. → *Neue Zürcher Zeitung*
od. → oder
Öffentl. Dienst → *Öffentlicher Dienst*
O^les. → orientales
Pat. → Patient
Pfr. → Pfarrer
p.M. → pro Monat
psych. → psychisch
p.T. → pro Tag
p.Üb. → pro Übernachtung
Pull. → Pullover
Rechn. → Rechnung
s. → sich, sein
sämtl. → sämtliche
Sch. → Schiller/Schneider

Sch. Fr.|Schfrs|S. frs.|Schw. Frs.
 → Schweizerfranken
schriftsteller. → schriftstellerisch
schweiz. → schweizerisch
Schw. Sp. → Zeitschrift *Schweizer
 Spiegel*
sig. → signiert
St. → Stunden, Saint
stud. chem. → Student der Chemie
s.Z.|s.Zt. → seiner Zeit
Tbc. → Tuberkulose
teleph. → telephonisch
Tinct. opii → Opiumtinktur
u. → und
Übersetz. → Übersetzer,
 Übersetzung
u.d.U. → unter diesen Umständen
U.haft → Untersuchungshaft
U.O. → Unteroffiziersschule
u.z.Teil → und zum Teil
v. → von
verehrl. → verehrlich
verg. → vergangen
viell. → vielleicht
V.P.O.D.|VPOD → Schweizeri-
 scher Verband des Personals
 öffentlicher Dienste
W.A. → Waisenamt
Werkbeleih.|Werkbeleihungsk.
 → Werkbeleihungskasse
W'thur → Winterthur
z. → zum
Zähr. → Zähringerstrasse
Z.G.B.|ZGB → Zivilgesetzbuch
Z.I.|Zürch. Ill.|Zürch. Illustr.
 → Zeitschrift *Zürcher Illustrierte*
ziemI. → ziemlich
z.Zt. → zur Zeit

NAMENREGISTER

Das Namenregister verzeichnet alle Personen, die in den Briefen und im Kommentar Erwähnung finden. Die Verweise beziehen sich auf die Brief- bzw. Dokumentnummern. Kursive Nummern stehen für Briefe von oder an die entsprechende Person, aufrechte Nummern für Briefe, in denen diese Person Erwähnung findet. Direkte Familienangehörige – der Vater Charles Glauser, die Stiefmutter Louisa Glauser-Golaz und die Mutter Friederika Scubitz – werden auch dann angegeben, wenn sie in Briefen nicht namentlich, sondern als «Vater» oder «Mutter» erwähnt sind. Glauser verwendete gerne Übernamen und Koseformen, etwa «Geiss» oder «Geisslein» für Berthe Bendel, «Liso(n)» für Elisabeth von Ruckteschell und «Mulet» für sich selber. Diese werden im Namenregister den jeweiligen Personen zugeordnet. Einzig Nennungen in kurzen Grussformeln bleiben unberücksichtigt.

Alexander I, König von Jugoslawien → 292
Alexis, Paul → 32
Altwegg, Wilhelm → 193, 207
Anonym
   Das Papageienbuch → 184
   Tausendundeine Nacht → 184
Apitzsch, Klara → 2
Arx, Gustav und Elise von (Baumschule Olten) → 100
Aulard, Alphonse → 184
   La Société des Jacobins → 184
Babel, Isaak → 250
   Die Reiterarmee → 250
Bachmann (Buchhandlung, Zürich) → 3, 4
Bainville, Jacques → 199
   Napoléon → 199
Ball, Hugo → 5, 6, 9, 10, 12, 16, 38, 44, 110, 163, 188, 193, 247
   Die Flucht aus der Zeit → 110, 188
Balzac, Honoré de → 32, 293, 294
   Splendeurs et misères des courtisanes → 294
Bang, Herman → 97
Barbey d'Aurevilly, Jules Amédée → 44
Barrès, Maurice → 98, 199
   Les Déracinés → 199
Barth, Amadeus (Amadé) → 39, 48, 69
Barth, Karl → 170

Barthou, Louis → 292
Baty, Gaston → 136
Baudelaire, Charles → 44, 97
Baudisch, Paul → 281
Baumann (Basel) → 96
Becher, Johannes R. → 193
Beethoven, Ludwig van → 36
Bendel, Berthe → 150, 151, 154, 159, 172, 175, 179, 188, 189, 195, 196, 197, 198, 200, 210, 216, 217, 222, 223, 225, 228, 232, 233, 240, 253, 254, 255, 258, 260, 261, 268, 270, 271, 273, 275, 276, 278, 280, 287, 292, 295, 298
Béraud, Henri → 138, 292
Bergson, Henri → 229
Berkeley, Anthony → 229
Bigler, Chauffeur → 56
Binswanger-Goetz, Margarete (Grete) → 39, 64, 124
Binswanger, Robert (Rolly) → 27, 30, 31, 32, 33, 34, 35, 36, 39, 40, 41, 42, 43, 44, 45, 51, 53, 64, 124
Bissegger, A. (Amtsvormundschaft Zürich) → 166, 202, 205
Bjørnson, Bjørnstjerne → 97
Blanget, Herr → 111
Bleuler, Paul Eugen → 58, 63, 65, 88, 193
Bless, Dr. (Advokat, Basel) → 179
Bloy, Léon → 9, 44, 188, 193
   L'Âme de Napoléon → 188

La Femme pauvre → 188
Le Désespéré → 188
Le Mendiant ingrat → 188
Le Salut par les Juifs → 188
Blum, Léon → 245, 246, 292
Blum, Robert → 263, 264
Boccaccio, Giovanni
Decamerone → 184
Bodmer, Hans (Schillerstiftung) → 7, *9*, *12*, *13*, *42*, *47*, 112, *174*, 180
Bodmer, Frl. (Zürich) → 5
Brauchli, Trudi (Tochter von Ulrich Brauchli) → 134, 136
Brauchli, Ulrich → *37*, 39, *92*, 103, *132*, 134, 136, 238
Brentano, Bernard von → 216
Theodor Chindler → 216
Brentano, Clemens → 192
Briner, Otto → 180, *197*, 198, 199, 210, 227, 228, 240
Brockhoff, Stefan (Sammelpseudonym von Dieter Cunz, Oskar Seidlin und Richard Plant) → 229, 235
Brown, Sidney → 66
Brown-Sulzer, Jenny → 66
Brüllmann, Erwin → 115
Bucher, Edmond (Morgarten-Verlag) → 171, 173, 207, 211, *214*, 215, 229, 241, 243, 250, 251, 280, 296
Buck, Pearl Sydenstricker → 269
Bührer, Jakob → 250
Bürgi, M. (Jean Christophe Verlag) → *226*, *230*
Burkard (Buchhändler) → 3
Burri (Pfarrer) → 164
Busoni, Ferruccio → 73
Caillaux, Joseph → 245
Calvin, Johann → 292
Carbuccia, Horace de → 138
Carducci, Giosuè → 184
A Satana → 184
Carossa, Hans → 221
Cattin, Léon → 3
Cattin-Golaz, Amélie → 3, 9, 30
Céard, Henry → 32
Céline, Louis-Ferdinand → 250
Mea culpa → 250

Cendrars, Blaise → 251
Cervantes, Miguel
Don Quijote → 32
Chautemps, Camille → 245
Chesterton, Gilbert Keith → 187, 229, 293, 294
Christ, Lena → 241
Bauern → 241
Christaller, Helene → 187
Christie, Agatha → 229
Christoffel, Hans (Psychiater, Klinik Friedmatt) → 175
Clemenceau, Georges → 188, 199, 292
Clerc, Charly → 1, *257*
Cocteau, Jean → 136, 188, 269
Le Sang d'un poète → 136
Cohen (Klavierspieler) → 161
Combette, Bernard → 44
Conard, Louis (Buchhändler und Verleger, Paris) → 32
Conrad, Joseph → 130, 192
Le Nègre du Narcisse (dt. *Der Nigger vom Narzissus*) → 130, 192
Coray, Domenica → *20*, 30
Coray, Han → 16, 18, 20, 30
Coty, François → 138
Courths-Mahler, Hedwig → 241, 280
Crofts, Freeman Wills → 229
Curie, Ève → 297
Madame Curie → 297
Denikin, Anton Iwanowitsch → 76
d'Humières, Robert → 130
Descartes, René → 229
Djagilew, Sergei Pawlowitsch → 136
Doepfner, Margrit → 88, 98
Domke, Friedrich Hermann → 64
Dorgelès, Roland (d.i. Roland Lecavelé) → 250
Les Croix de bois → 250
Vive la liberté! → 250
Dos Passos, John → 281
Manhattan Transfer → *281*
Dostojewski, Fjodor → 99, 286
Das Totenhaus → 99
Die Brüder Karamasoff → 188, 286
Erniedrigte und Beleidigte → 99
Schuld und Sühne → 286
Dover, Thomas → 101

Dubois, Professor (Collège de Genève) → 3
Duhamel, Georges → 194, 216
   Civilisation → 216
   Les Plaisirs et les jeux → 216
   Vie des martyrs → 216
   Vie et aventures de Salavin → 194
Ebner, Carl (Zeitschrift *Schweizerland*) → 64
Eckstein, Herr (Leiter, Kurhaus Nidelbad) → *23*
Effel, Jean (d.i. François Lejeune) → 245
Ehrenburg, Ilja → 250
Faesi, Robert → 289
   Füsilier Wipf → 289
Fahrny, Frau (Leiterin Irrenstation Watt) → 198
Falk, Hermann → 191
Federer, Heinrich → 97
Feodossieff (Mitschüler Glarisegg) → 257
Fischer, Eduard → 294
Fischli, Albert → 294
Flaubert, Gustave → 32, 39, 44, 66, 69, 136, 250
   Bouvard et Pécuchet → 32, 39, 69
   Correspondance → 32
   L'Éducation sentimentale → 32
   La Tentation de saint Antoine → 32, 44, 69
   Madame Bovary → 32
   Salammbô → 32
Fleischmann, Marcel (Kunstsammler, Zürich) → 123
Fontane, Theodor → 244
   Effi Briest → 244
Forel, August → 173, 268
   Rückblick auf mein Leben → 173
Forel, Oscar → 268, 277
Forrer, Max → 4, 134, 135, 136, 137
Forster, Cornelia → 250
Fouché, Joseph → 162, 172, 184
France, Anatole → 44
Frank, Leonhard → *21*, 30, 31
   Der Mensch ist gut → 30
Freißler, Ernst W. → 130
Freud, Sigmund → 138, 184, 193
   Totem und Tabu → 138
Frey, Adolf → 211
Friedli, Emmanuel → 194
   Bärndütsch als Spiegel bernischen Volkstums → 194
Friz, Anna → 73
Frohnmeyer, Ida → 173
   Der Tanz → 173
Fuchser (Verwalter, Irrenstation Holligen) → 56
Gantillon, Simon → 136
   Bifur → 136
   Maya → 136
Gard, Roger Martin du → 44
Gauguin, Pola → 297
   Mein Vater Paul Gauguin → 297
George, Heinrich → 264
Gerstel, Jan van → 244
   Die Herrenreiter → 244
Gide, André → 130, 184, 188, 199, 244, 250
   À propos des déracinés → 199
   Les Caves du Vatican → 188
   Les Faux-monnayeurs → 184
   Retouches à mon «Retour de l'U.R.S.S.» → 250
   Retour de l'U.R.S.S. → 244, 250
   Si le grain ne meurt → 130
Giono, Jean → 216
Giustiniani, Maria → 297
Gladkow, Fjodor → 250
   Zement → 250
Glaeser, Ernst (Pseudonym Ernst Töpfer) → 216
   Der letzte Zivilist → 216
Glaus, Alfred (Assistenzarzt, Burghölzli) → *65*
Glauser, Charles (Vater) → 1, 2, 3, 4, 7, 11, 24, 33, 40, 43, *44*, 56, 62, 66, 74, 75, *78*, *79*, *80*, *81*, 84, 87, 90, 91, *93*, 94, 98, 102, 103, *104*, 105, 107, *108*, *111*, 115, 119, 121, 122, 133, 135, 136, 137, *138*, 139, 142, *143*, *145*, 155, *156*, 167, 168, 174, *179*, 181, 193, 195, 219, *223*, *231*, 234, *236*, 244, 246, 249, 254, 259, 260, 261, 263, 274, 292, 295
Glauser, Friederika Ludowika Theresia (geb. Scubitz) (Mutter) → 2, 56, 174, 187, 244, 260, 261

Glauser, Louisa (geb. Golaz)
(Stiefmutter) → 2, 3, 4, 10, *11*,
12, 25, 108, *138*, 143, 259, 260,
261, 270, *274, 292* , 298
Goebbels, Joseph → 264
Goesch, Heinrich → 64
Goethe, Johann Wolfgang → 289
Götz von Berlichingen → 289
Goetz, Bruno → 39, 40, 43, 64,
65, *68*, 69, *73*, 74, 84, *124*, 130,
131
Neuer Adel → 124
Reich ohne Raum → 39, 69, 99
Gogh, Vincent van → 184, 193,
221
Golaz, Alice → 80, 81, 87
Gold, Alfred → 32
Goltz, Colmar Freiherr von
der → 76
Goncourt, Edmond et Jules
de → 32, 44
Gonzenbach, Wilhelm von → 173
Good, Frl. → 39
Good, Dr. (Münsingen) → 39
Gorki, Maxim → 36
Unter fremden Menschen → 36
Gotthelf, Jeremias (d.i. Albert
Bitzius) → 184, 277
*Die Käserei in der Vehfreu-
de* → 184
Gourmont, Rémy de → 44
Graber (Chauffeur) → 56
Graber, Frank Alfred → *281*
Das Dorf am Niesen → 281
Gretler, Heinrich → 263, 264,
282, 284, 288, *289*
Greyerz, Otto von → 194, 216
Gross, Georg → *249, 277*
Gross, Frau (von Georg
Gross) → 249
Grunau, Gustav → 97
Guggenbühl, Adolf → 130, 148,
149, 163, 164, 166, 167, 168, 171,
257
Guggenbühl, Elisabeth → 130
Guggenbühl, Helen → 199
Guggenbühl, Familie → 154, 167,
168, 192
Guggenheim, Kurt → 207
Entfesselung → 207

Gutekunst, Beatrix (Trix) → 101,
110, 111, 112, 113, 114, 115, *116,*
117, 121, 122, 124, 125, 127, 129,
130, 131, 134, 136, 139, 142, *143,
144,* 154, 157, *161, 162,* 167, 246
Gygax (Polizeicorporal) → *56*
Häberlin, Paul → 170, 171, 173,
193
Haldenwang, Georges → 3
Halm, Friedrich (d.i. Eligius Frei-
herr von Münch-Bellinghausen)
→ 194
Die Marzipanlise → 194
Halperin, Ernst (Sohn von Josef
Halperin) → 244
Halperin, Josef (Sepp) → *187, 192,*
199, *201,* 202, 204, 218, 226,
227, *242, 243, 244,* 249, *250,*
263, 264, 289, 291, 294
Hamsun Knut → 73, 83, 89, 97, 101
Mysterien → 97
Segen der Erde → 89, 101
Hanhart, W., Dr. (Advokat,
Zürich) → 5
Hardekopf, Ferdinand → 130, 216
Hardmeier, Frau → 3
Hardt, Karin → 264
Hartmann, Erich → 173
Spiel im Wasser → 173
Hattemer, Lotte → 39
Haufler, Max → 289
Hauptmann, Gerhart → 280
Hebbel, Friedrich → 207
Heer, Jakob Christoph → 7, *8*
Hegel, Georg Wilhelm
Friedrich → 184
Heinis, Jakob → *96,* 100, 102
Heller, Frank (d.i. Martin Gunnar
Serner) → 221
Hello, Ernest → 44
Henckel, Paul → 264
Hennings, Annemarie → 38
Hennings, Emmy → 16, 38, 163
Hennique, Léon → 32
Herzer, Alfred E. → 296
Hesse, Hermann → 163, 192, 193,
247, 248, 269
*Demian. Die Geschichte einer
Jugend* → 192, 247
Der Steppenwolf → 192, 193

Diesseits → 269
Gertrud → 269
Umwege → 247
Heym, Georg → 193
Hitler, Adolf → 162
Hoffmann, Ernst Theodor Amadeus
 → 39, 40, 46, 192, 269
 Die Serapionsbrüder → 40, 46
 Klein Zaches genannt Zinnober
 → 192
 Meister Floh → 192
Hölderlin, Friedrich → 44, 63, 144
Honegger, Elise (Assistenzärztin, Münsingen) → 144
Honegger (Fabrikant) → 168
Huber, Dr. (Rechtsanwalt) → 116
Huber, Emil → 171
Huber, Fortunat → 130, 171
Huber, Hedwig (Ärztin, Winterthur)
 → 120, 130
Huber, Richard (Verleger, Huber Verlag Frauenfeld) → 13, 278, 280, 296
Hugentobler, Johann Jakob → 295
Huggenberger, Alfred → 97
Hugo, Victor → 81
Humbert, F. (Direktor, Psychiatrische Anstalt Bellelay) → 227
Humm, Rudolf Jakob → *184*, 222, 244, 289
 Die Inseln → 184
Huxley, Aldous → 244
Huysmans, Joris-Karl → 32
Ibsen, Henrik → 89
Ihle, Elisabeth → 297
Jacky, Ernst (Gärtnerei Münsingen)
 → 106, 110, 249
Jäger, Josef → 249
Jäger, Manfred → 249
Janke, Dr. (Psychiater, Waldau)
 → 161
Jaspers, Karl → 193
 Strindberg und van Gogh → 193
Jaurès, Jean → 184
 Histoire socialiste de la Révolution française → 184
Jawlensky, Alexej → 43
Jollos, Waldemar → 64
Jooss, Kurt → 161
Jouhaux, Léon → 245, 250

La C.G.T.: ce qu'elle est, ce qu'elle veut → 250
Joyce, James → 226
Jucker, Ernst → 154, 172, 179, 185, *195,* 197, 198, 200, 202, 210, 216, 217, 219, 225, 231, *232,* 233
Jung, Carl Gustav → 184, 226
Junod, Albert → 3
Juon, Aja → 188
Juon, Paul → 188
Känel, Rösy von → 241
Kant, Immanuel → 184, 229
Kantorowitz, Michael → 289
Karlweiss, Marta → 184
 Schwindel. Geschichte einer Realität → 184
Kästner, Erich → 199
 Fabian → 199
 Herz auf Taille → 199
Keller, Gottfried → 89, 184, 188, 228, 234, 256, 264, 294
 Das Fähnlein der sieben Aufrechten → 264
 Das Sinngedicht → 184
 Der grüne Heinrich → 234, 294
Kellerhals, Rudolf → 89
Kellerhals, Otto → 88, 89, *94, 95,* 96, 100, *147, 234*
Kempter, Ernst → 43, 64, 73
Kiepenheuer, Gustav → 44
Kippenberg, Anton → 99
Kläber, Kurt (Pseudonym Kurt Held) → 295
Klaesi, Jakob → 137, *159,* 168, 175, 179, 181, 182, 184, 227, *262*
Kleiber, Otto → 112, 171, 174, 175, 177, 181, 186, 194, 199, 200, 204, 207, 210, 211, 213, 216, 218, *221,* 224, 228, *245,* 250, 261, 267, 268, *270,* 271, 272, 278, 280, *291,* 295, 297
Kleiber, Frau (von Otto Kleiber)
 → 245
Klopstock, Friedrich Gottlieb → 211
Knittel, John (d.i. Hermann Emanuel Knittel) → 250
 Via Mala → 250
 Weg durch die Nacht → 250
Knox, Ronald → 229

Knuchel, Eduard → 194, 241, 261, 271
Korrodi Eduard → 10, 39, *42*, 112, 154, 168, 191, 241
Kraepelin, Emil → 63
Krafft, Heinz → 191
Kretschmer, Ernst → 184
   Geniale Menschen → 184
   Körperbau und Charakter → 184
Kreuger, Ivar → 184
Kubin, Alfred → 39
Kübler, Arnold → 171
Kupka, Paula → 39
Laban, Rudolf von → 21, 40, 45, 64, 112, 161
Laclos, Pierre-Ambroise-François Choderlos de → 99
   Les Liaisons dangereuses → 99
Ladame, Charles (Psychiater, Klinik Bel-Air) → 28, *29*, 249
Lagerlöf, Selma → 97
Langwara, Herta → 40
Lautréamont, Comte de (d.i. Isidore Lucien Ducasse) → 44
Laya, Paulin (Angles) → 232
Le Nôtre, André → 138
Lenin, Wladimir Iljitsch → 184
Lenoir (Pfarrer, Genf) → 3
Lessing, Gotthold Ephraim → 32
   Minna von Barnhelm → 32
Lévy-Bruhl, Lucien → 138
   L'Âme primitive → 138
Lisel (Casa Günzel, Ascona) → 40
Litwinow, Maxim (d.i. Max Wallach) → 295
Loeb, Jacques → 295
Lohmeyer, Walter (Verleger, Rhein-Verlag) → 83
Löhndorff, Ernst Friedrich → 123
   Afrika weint: Tagebuch eines Legionärs → 123
London, Jack → 97, 289, 293
   Jerry der Insulaner → 289
   Martin Eden → 289
Loos, Cécile Ines → 269
Loyola, Ignatius von → 237
Ludwig XIV. von Frankreich → 138
Ludwig XVIII. von Frankreich → 172
Luther, Arthur → 188

Luther, Martin → 292
Lutz (Bern) → *96*
Lyautey, Hubert → 292
Macciacchini, Nina → 21
Madelin, Louis → 162, 184
   Fouché → 162
   La Révolution → 184
Maeterlinck, Maurice → 44, 136
Maier, Hans Wolfgang (Psychiater, Psychiatrische Anstalt Burghölzli) → *59, 61*
Mallarmé, Stéphane → 44, 193
Mann, Heinrich → 31, 32, 39, 229, 280
   Der Untertan → 39
   Die Armen → 31
   Gustave Flaubert und George Sand → 32
   Monolog Flauberts → 32
   Professor Unrat → 31, 229
   Venus → 39
Mann, Klaus → 97
   Die neuen Eltern → 97
Mann, Thomas → 184, 193, 216, 241, 280
   Buddenbrooks: Verfall einer Familie → 216, 293
   Der Zauberberg → 184, 193, 241, 280
   Joseph und seine Brüder → 280
Maritain, Jacques → 188
Markwalder, Frau Dr. → 66
Markwalder, Josef Ernst, Dr. (Bäderarzt Baden) → 66
Martet, Jean → 188
Marti, Frau → 238
Marti, Hugo → 112, 138, 154, 163, 174, 191, 218, 221, 229, *238*, 294
   Davoser Stundenbuch → 221
Martin, Frank (Komponist) → 154
Martin du Gard, Roger → 44
Maupassant, Guy de → 32, 144
   Boule de Suif → 144
Maurois, André → 144
   Climats → 144
Maurras, Charles → 98
Melanchton, Philipp → 292
Mereschkowski, Dmitri Sergejewitsch → 188
   Napoleon → 188

Messmer, Ernst (Halbbruder von Berthe Bendel) → 222, 232, 233
Messmer, Familie → 273
Messmer, Hulda (Huldi, Halbschwester von Berthe Bendel) → 261, 271
Messmer, Joggi (Halbbruder von Berthe Bendel) → 271
Meyenburg, Familie von → 154
Meyenburg, Henriette von → 154
Meyenburg, Konrad von → 99, 154
Meyenburg, Mariette von (Tochter von Konrad von Meyenburg) → 154
Meyer, Conrad Ferdinand → 184
Meyer-Gutzwiller, Paul → *252*, 261
Mittelholzer, Walter (Praesens Film) → 289
Moeschlin, Felix → 7, 9, 154
Mohr, Ernst Anton → 21
Moréas, Jean → 44
Morgenstern, Christian → 194
 Palma Kunkel (Galgenlieder) → 194
Morgenthaler, Ernst → 242, 243
Motta, Giuseppe → 286
Mühsam, Erich → 39
Müller, Emil (Gärtner, Basel) → 113
Müller, Eva (Tochter von Max Müller) → 136
Müller, Gertrud → 98, 122, *136*
Müller, Max → *88, 89, 97, 98, 99, 101, 103,* 104, 105, *106, 107,* 108, *109,* 110, 111, *112,* 114, *115, 116, 117,* 120, 121, 122, 126, 128, *130, 133, 134,* 136, *137, 139, 141,* 148, 150, 153, 154, *155,* 157, 161, 195, *196,* 197, 234, 244, 249
Müller-Bertelmann, Hans (Zeitschrift *Die Schweiz*) → *48, 49, 50, 55, 70,* 71, 72, *82, 83,* 84
Müllner, Adolph → 264
 Die Schuld → 264
Mussolini, Benito → 286
Naef, Karl (Schweizerischer Schriftstellerverein) → 176, *181,* 200, 204, 209, 220, 221, 222, *239,* 243, 260, *267,* 268, 271, *272,* 297

Napoleon Bonaparte → 46, 162, 184
Neumann, Alphonse → 32
Niehaus, Gertrud → 216
Nietzsche, Friedrich → 39
Ninck, Dr. (Vater von Kurt Ninck) → 114
Ninck, Kurt (Gärtnerei Winterthur) → 114
Nohl, Johannes → 39
Oettli, Max (Lehrer, Glarisegg) → 257
Olliver, M.J. (Collioure) → 130
Oppenheim, Alphons Erich → 269
Oppenheimer, Max (Mopp) → 136
Oprecht, Hans → 184, 187, 190, 191, 194, 201, 202, *203,* 204, 205, *208,* 209, 213, *218,* 219, *224, 227,* 228, 281
Perrottet, Suzanne → 112
Petit, Herr → 232
Philippe, Charles-Louis → 44
Picard, Ella → *183,* 186, 187, *190,* 200, *237, 256,* 282
Picard, Herr → 282, *284, 285,* 288
Pirandello, Luigi → 192, 194
 Heute wird aus dem Stegreif gespielt → 194
 Sechs Personen suchen einen Autor → 192
Pitoëff, Georges → 192
Pitt, Paul → 191
Platon
 Das Gastmahl (Symposion) → 43, 184
Plattner, Paul → 271, 273, 277,
Poe, Edgar Allan → 194, 224, 226
Pouette, Hauptmann (Fremdenlegion) → 77
Probst, Ernst → 115
Proust, Marcel → 162, 193
 À la recherche du temps perdu → 193
Quartier-la-Tente, Édouard → 93
Raabe, Wilhelm → 162
Ramuz, Charles-Ferdinand → 216, 289
 Farinet ou l'or dans la montagne (Film) → 289
Ras, Max (Beobachter) → 216, 241

Rascher, Max → 30
Raschle, Emilie (Maugg/Mauk)
  → 60, *66,* 67, 68, 73, *74, 76*
Raschle, Hans → *57,* 60, 64, 65,
  67, 70, 73, *74, 75,* 87, 94, 249
Régnier, Henri de → 44, 193
  L'Amphisbène → 193
  La Double Maîtresse → 193
  Les Médailles d'argile → 193
Reich Wilhelm → 101
  Der triebhafte Charakter → 101
Rein, Herr (Statthalter Liestal)
  → 102, 103
Reiss, Erich (Verleger, Berlin) → 9
Rentsch, Eugen → *294,* 295, 296
Richter, Hans → 289, *290*
Richter, Kurt (Zeitschrift
  Schweizerland) → 9
Rilke, Rainer Maria → 144, 170,
  188, 193, 199, 221
  Das Buch der Bilder → 193
  *Die Aufzeichnungen des Malte
  Laurids Brigge* → 221
  Duineser Elegien → 193
  Gedichte an die Nacht → 170
Riggli, F. → 115
Rindlisbacher (Chauffeur) → 56
Ringier, Martha → 78, *170, 188,
  189, 193, 194,* 199, 202, 209, *210,*
  214, *216,* 217, 221, 222, 224,
  228, 233, 238, 247, 248, 258,
  261, 269, 274, 291, 294, *295*
  Die Füchsin und ihre Jungen
  → 295
Rodin, Auguste → 98
Rolland, Romain → 36, 44, 224
  Jean-Christophe → 224
  Ludwig van Beethoven → 36
Rose, Felicitas (d.i. Rosa Caroline
  Mathilde Emma Schliewen)
  → 191, 241, 280, 283
Rosenbaum, Wladimir
  (Rösel) → 115, 134, 144, 233,
  257, 298
Rothenhäusler, Grete → *36, 39*
Rothenhäusler, Oskar → *36, 39*
Rousseau, Jean-Jacques → 99, 293
Rovida, Angelo → 161
Rubiner, Ludwig → 31, 44
Rubiner, Frida → 31

Ruckteschell, Elisabeth von (Liso)
  → *40, 43, 45, 46, 52, 54, 55,* 56,
  57, *58,* 59, 60, 63, *64,* 65, *66,* 69,
  73, 74, 84, 131
Rütschi (Architekt, Zürich) → 64
Rychner, Max → 281
Sainval-Noël, Albert (Vermieter
  La Bernerie) → 261
Sainval-Noël, Familie → 232, 233,
  245
Sainval-Noël, Frau (Vermieterin
  La Bernerie) → 245
Salengro, Roger → 292
Salis, Jean Rudolf von → 134, 136,
  138, *142,* 294
Sand, George → 32
Sayers, Dorothy L. → 229
Schaad, Hans → 191, 241
Schaeffner, Georg → 221
  *Vom Manne der sein Porzellan
  zerschlug* → 221
Schaeppi (Mitinsasse Glausers im
  Burghölzli) → 58
Schaffner, Jakob → 216, 228
Schauman, Lisa → 52
Schetty, Anna-Louise (Lo) → 162
Schiller, Friedrich → 69
  Wilhelm Tell → 69
Schiller, Walter → *5, 6, 7, 8, 9, 10,*
  11, *14,* 16, *17, 18, 19,* 20, *21,* 23,
  24, 25, *27, 28,* 29, *33, 34, 35,* 37,
  41, 51, 53, 56, *57, 59,* 66, 67, 74,
  75, 80, 85, 86, 87, 90, 91, 92, 94,
  95, 96, 100, *101, 102, 105,* 106,
  107, 108, *109,* 111, 112, *113, 114,*
  115, 117, *118, 119,* 120, *121,* 122,
  125, 126, 127, 128, 129, 130, *132,
  135,* 138, *139, 141, 143, 145, 146,
  147, 148, 152, 153, 154, 155,* 156,
  197, 213, 234, 249
Schilt, Max → 294
Schindler, Dr. → 17
Schmitz Oscar A. H. → 68
  Bürgerliche Bohème → 68
Schneider, Robert → *155, 156, 157,
  158, 160, 164, 167, 168, 169, 175,
  176, 177, 178, 179,* 180, *181, 182,
  185,* 191, *195, 196, 197, 198,* 200,
  202, *204,* 205, 208, 209, 210, 212,
  213, 217, 218, 219, 222, 224, 225,*

226, 228, 230, *231*, 232, 233, 234, *236, 239, 240, 246, 253, 254, 255, 258, 259, 260,* 261, *262, 263,* 268, 270, 272, 273, 274, *275, 276,* 278, 279, 282, 284, 285, 287, 288, 297, *298*
Schneider-Mousson, Annemarie → *259*
Schneider, Walter Max → 259
Schneiter, Dr. (Arzt, Kirchberg/BE) → 126
Schopenhauer, Arthur → 31, 63, 73, 83, 84, 88, 184
Schranz, Paul → 133, 134
Schreier, Adolf → 96, 234
Schuh, Gotthard → 191, 235, 237, *241*
Schuh, Kaspar (Sohn von Gotthard Schuh und Marga Zürcher) → 241
Schulenburg, Werner von der → 52
Schwertenbach, Wolf (d.i. Paul Eduard Meyer) → 171
 DKDR im Gotthard Express → 171
 Mord um Marlow → 171
Senn, Miggi → 157, 175, 185, 195
Senn, Paul → 191
Shakespeare, William → 136, 216, 245
 Hamlet → 136
 Romeo und Julia → 216
Simenon, Georges → 171, 229, 257
Sieyès, Emmanuel Joseph → 162
 Qu'est-ce que le Tiers-État? 162
Socin, Dr. (Arzt, Basel) → 179
Sorel, Albert → 162
 L'Europe et la Révolution française → 162
Spengler, Oswald → 73, 144, 170, 171
 Untergang des Abendlandes → 73, 144
Speyr, Wilhelm von → 227
Spitteler, Carl → 130, 193, 216, 289
 Conrad der Leutnant → 289
 Imago → 130
 Olympischer Frühling → 193
Stadler, Willy → 43, 64

Staehelin, John Eugen → 63, 175, *177*, 178, 179, 181, 263, 268, 269, 270, 271, *275, 276,* 277, 282
Stalin, Josef → 250
Staub, Hans → 191
Steffen, Albert → 216
 Friedenstragödie → 216
Steiger, August → 42
Steiner, Rudolf → 184
Stevenson, Robert Louis → 184, 293
 Der Selbstmörderclub → 184
Strasser, Karl Ludwig (Charlot) → *5, 7, 9, 10, 12, 14,* 16, *17, 19, 21,* 25
Strindberg, August → 184, 193
 Beichte eines Toten → 193
 Gespenstersonate → 193
 Inferno → 193
 Totentanz → 193
Strübin (Mitschüler, Glarisegg) → 257
Studer (Polizeifeldwebel) → 56
Sudermann, Hermann → 280
Sulzbachner, Bea → 194, 216
Sulzbachner, Max (Maler) → 194, 216
Swedenborg, Emanuel → 193
Taine, Hippolyte → 162
 Les Origines de la France contemporaine → 162
Taeuber, Sophie → 64
Tauber, Richard → 193
Tavel, Rudolf von → 194
Tetzner, Lisa → 295
Thiers, Adolphe → 162
 Histoire du Consulat et de l'Empire → 162
Thommen, Rudolf → 216
Thorez, Maurice → 245
Tieck, Wilhelm → 192
Timmermans, Felix → 99
 Pallieter → 99
 Das Jesuskind in Flandern → 99
Tolstoi, Lew → 31, 36, 97
 Tagebuch 1895-1899 → 31, 36
Trakl, Georg → 36, 39, 44, 193
 Gedichte → 36
Treichler, Wilfried (Lesezirkel Hottingen) → 7

Tschäppät (Münsingen) → 134
Tschumi, Otto → 144, 167
t'Serstevens, Albert → 251
Tzara, Tristan → *15*, 16, 40
   Poème simultan → 40
Utz, Fritz → 221
Vadier, Frl. → 3
Valeton, Anna → 99
Vassor, Herr → 232
Vaucher, Charles Ferdinand → 180, 183, 184, 194, 218, 239, 263, 289, 290
Verhaeren, Émile → 44
Verlaine, Paul → 97
Vielé-Griffin, Francis → 44
Villard-Traber, Anneliese → *283, 286, 293*
Villiers de l'Isle-Adam, Auguste → 44
Vogel, Hans (Chefredakteur *Berner Tagwacht*) → 230, 238
Vogel, Traugott → 184
Vogt (Logisgeber, Liestal) → 102
Wackernagel, Rudolf (Gärtnerei Riehen) → 110
Wallace, Edgar → 191
Walser, Ernst → 259
Walser-Escher, Marguerite → 259
Warnery, Mlle. (Sanatorium Leysin) → 3
Waser, Maria → *26*, 170
Wassermann, Jakob → 184, 266, 280
   Der Fall Maurizius → 184
   Etzel Andergast → 280
Weber, Arnold → 159, *164, 168*, 169, *178*
Weber, Robert → 91
Weber, Rodolphe → *28*, 29
Wechsler, Lazar (Praesens Film) → 289
Wedekind, Frank → 83
Wenger (Polizist) → *56*
Wenger, Dr. med. (Winterthur) → 246

Wenger, Lisa → 269, 295
Werefkin, Marianne von → 43, 73
Werfel, Franz Viktor → 44, 63
Widmann, Josef Viktor → 216
   Die Muse des Aretin → 216
Widmann, Max (Burgdorfer Lokalblatt) → 237
Wigman, Mary (May) → 45, 64, 74, 84
Wilde, Oscar → 68
Wilson, Woodrow → 216
Wing, Max → 191
Wisbar, Frank → 264
   Das Fähnlein der sieben Aufrechten (Film) → 264
Witz, Friedrich → *140*, 165, *171, 173*, 180, *186,* 187, *191,* 207, 211, 214, *215,* 229, 233, *235,* 251, 264, 267, *280,* 281, 291, *296*
Wohlwend, Max, 2, 3
Wolf, Luise → 32
Wolf, Martin → 45, 64
Wrangel, Pjotr Nikolajewitsch → 76, 83
Wulff, Katja (Käthe) → 64, 101, 154, 161, 180
Wullschleger, Leni → *265, 266*
Wurmser, André → 250
Zahn, Ernst → 163, 192, 221
   Die Frauen von Tannò → 192
Zola, Émile → 32, 44
   L'Assommoir → 32
   Les Quatre Évangiles (Fécondité, Travail, Vérité) → 32
Zuberbühler, Werner (Direktor Landerziehungsheim Glarisegg) → *1,* 61, 62
Zürcher, Marga (Frau von Gotthard Schuh) → 237, 241
Zweig, Arnold → 199, 216
   Erziehung vor Verdun → 199, 216
Zweig, Stefan → 162, 199
   Joseph Fouché. Bildnis eines politischen Menschen → 162
Zwingli, Ulrich → 292

WERKREGISTER

Das Werkregister verzeichnet Buchtitel und Titel von Zeitschriftenromanen sowie Einzeltitel von Erzählungen, Berichten, Feuilletons und Gedichten, die in den Briefen und im Stellenkommentar genannt werden. Von Friedrich Glauser und weiteren Personen verwendete Titel werden in Klammern angegeben. Es werden auch Briefstellen aufgeführt, in denen ein Roman ohne explizite Titelnennung oder mit einer gängigen Umschreibung erwähnt wird.

ROMANE

Der Chinese → 211, 221, 228, 231, 234, 238, 240, 254, 260, 261, 263, 267, 268, 270, 271, 277, 278, 280, 293
Der Tee der drei alten Damen → 140, 142, 144, 165, 171, 180, 183, 186, 187, 190, 209, 213, 222, 237
Die Fieberkurve → 187, 191, 194, 211, 214, 215, 216, 217, 220, 221, 222, 228, 229, 233, 235, 240, 241, 246, 251, 256, 263, 265, 266, 280, 288, 291, 293, 295, 296, 298
Die Speiche (Krock & Co.) → 241, 244
Gourrama (Aus einem kleinen Posten, Fremdenlegion, Legionsroman)
→ 112, 113, 114, 115, 120, 121, 123, 124, 130, 140, 170, 175, 184, 187, 192, 193, 222, 242, 243, 244, 246, 249, 250, 251, 252, 263, 266, 280, 294, 295, 296
Matto regiert (Kharlakani weiss alles)
→ 63, 187, 191, 194, 199, 201, 207, 208, 213, 218, 219, 224, 226, 227, 228, 230, 231, 234, 238, 240, 256, 257, 263, 280, 289, 296
Wachtmeister Studer (Schlumpf Erwin Mord) → 172, 173, 176, 180, 181, 186, 191, 192, 207, 211, 213, 214, 215, 218, 220, 221, 222, 228, 229, 231, 234, 235, 237, 241, 249, 256, 257, 261, 263, 264, 283, 284, 285, 288, 289, 293, 295, 296

ERZÄHLUNGEN, BERICHTE, FEUILLETONS

Ali und die Legionäre → 295
Anekdoten (Textsammlung: *Der Sänger, Der Kollege, Fouché I, Fouché II, Der Gruss*) → 183
Ascona, Jahrmarkt des Geistes → 39, 43
Dada → 136
Dämonen am Bodensee → 138, 142
Das uneinige Liebespaar → 183
Der alte Zauberer → 165, 188, 190
Der Besuch der Königin → 117, 183
Der Heide → 8, 26, 27, 30, 39, 40, 43, 44, 48, 55, 71, 82, 83, 84, 174
Der Hellseherkorporal → 77, 130, 170
Der Käfer → 43
Der Kleine (I) → 26, 44, 70, 82, 83, 183
Der Kleine (II) → 183
Der kleine Schneider → 88, 244
Der Leidsucher → 40, 43, 44
Der Märtyrer → 12, 44
Der Sozialist → 40, 44
Der Tod des Negers → 130, 170
Der 14. Juli → 183
Die Begegnung → 112, 297
Die Geschichte des Marquis, der die Königin auspfiff → 183
Die Hexe von Endor → 112, 118
Die Verschwundene → 183
Ein altes Jahr → 221
Ein Denker → 9
Ein Dieb → 82, 83
Eine Beerdigung → 216, 251, 261

Fräulein Doktor → 183
Guten Tag, Madame! 238
Hexen und Zigeuner → 291, 295
Ich bin ein Dieb → 191
Im afrikanischen Felsental → 130, 137
Im Dunkel → 184, 221, 246, 247, 255, 257, 263, 266, 283
Im Hühnerhof → 210
Im unbekannten Land → 291
Irrenhausskizzen → 44
Italienischer Film → 289
Kif → 252
Knabendiplomatie → 257
König Zucker → 183
Kuik → 229, *251*
Marschtag in der Legion → 130
Mattos Puppentheater → 43, 44, 63, 201

Mensch im Zwielicht (Damals in Wien) → 281
Mord → 88, 89, 97
Morphium → 244
Nachbarn → 216
Pech → 183
Reisegesellschaft (Wenn Fremde reisen) → 291
Seppl → 210, 261
Sie geht um → 163, 188
Sündenböcke → 216
Tagebuch → 44
Totenklage → 183
Unten → 221, 246
Verhör → 152, 237
Viola → 44
Warten → 261
Zeno → 183
Zwischen den Klassen → 84

GEDICHTE

Gebet (I) → 84
Gebet (II) → 101
Lied → 84
Sonett → 79
Sonnett → 84

DANK

Jedes Buch hat seine Geschichte, die Entstehung dieses Buches ist besonders verschlungen, es passt somit bestens zu Glauser. Ein langjähriger Kreis verschworener Glauser-Kenner hat von Anfang an daran geglaubt. Für ihr Vertrauen, ihre Hartnäckigkeit und Ausdauer danke ich sehr herzlich: den Verlegern Jean Richard, Éditions d'en bas (Lausanne), sowie Jürg Zimmerli und Erwin Künzli, Limmat Verlag (Zürich). Seit vielen Jahren machen Sie sich um das Werk Friedrich Glausers verdient, und ihrem verlegerischen Wagemut ist es zu verdanken, dass zeitgleich zum deutschen Buch auch ein französischer Band erscheinen kann. Lionel Felchlin, dem Mitherausgeber und Übersetzer der französischen Ausgabe dieses Bandes, danke ich für unzählige Glauser-Gespräche und eine überaus freundschaftliche Zusammenarbeit. Hannes Binder hat sich von unserer Faszination für das Briefwerk Glausers anstecken lassen und Originalzeichnungen beigesteuert. Danke! Bernhard Echte und Manfred Papst haben das Projekt mit Interesse und Wohlwollen verfolgt. Ihrer grossen editorischen Pionierarbeit verdankt dieser Band viel, insbesondere darf sich der Stellenkommentar auf ihre zweibändige Glauser-Briefausgabe abstützen.

Viele weitere Personen haben die jahrelange Arbeit mit grossem Engagement begleitet: Peter Utz (Lausanne) danke ich für die editorische Beratung, Dominik Müller (Genf) für die Abdruckerlaubnis von unpublizierten Dokumenten aus dem Archiv der Schweizerischen Schillerstiftung. Für Hinweise zu Sachfragen und archivalischen Recherchen gebührt Bettina Braun (Universitätsbibliothek Basel), Bernhard Echte (Nimbus Verlag Wädenswil), Eckhard Faul (Hugo-Ball-Sammlung Pirmasens) und Margit Gigerl (Schweizerisches Literaturarchiv Bern) grosser Dank. Corinna Jäger-Trees und Louanne Burkhardt vom Schweizerischen Literaturarchiv (Bern) ist zu verdanken, dass ich das Archiv der Schweizerischen Schillerstiftung einsehen konnte, als die Erschliessungsarbeiten noch im Gange waren.

Ein besonderer Dank gebührt Marco Neuhaus für seine zuverlässige und detailgenaue Mitarbeit. Ursula Hasler hat mit ihrem Lektorat dem Manuskript den letzten Schliff gegeben. Gedankt sei des Weiteren den Teilnehmerinnen und Teilnehmern eines Workshops zu Korrespondenzen in der Schweizerischen Nationalbibliothek, die dem Projekt zu einem frühen Zeitpunkt mit ihrer Diskussionsfreude wichtige Impulse verliehen haben.

Danken möchte ich ausserdem den zahlreichen Mitarbeiterinnen und Mitarbeitern in folgenden Bibliotheken und Archiven, die ihre Bestände für Recherchen zur Verfügung gestellt und ihr Sachwissen beigesteuert haben: Archiv der Akademie der Künste (Berlin), Archives de la Légion étrangère, Bibliothèque littéraire Jacques Doucet, Gemeindearchiv Muri/Bern, Hugo-Ball-Sammlung Pirmasens, Museo Casa Anatta Monte Verità (Ascona), Museo Comunale d'Arte Moderna Ascona, Schweizerisches Literaturarchiv (Bern), Schweizerische Nationalbibliothek (Bern), Schweizerische Schillerstiftung, Stadtarchiv Zürich, Stadtbibliothek Winterthur, Archives du DIP, canton de Genève, Zentralbibliothek Zürich, Zivilstandskreis Bern-Mittelland.

Die editorische Arbeit, die Übersetzung und Drucklegung dieses und auch des französischen Bandes wurden massgeblich von der Stiftung Litar und der Oertli Stiftung gefördert. Ihnen sei an dieser Stelle herzlich gedankt.

DIE HERAUSGEBERIN

Christa Baumberger, geboren 1974 in Zürich, ist Literaturwissenschaftlerin, Kulturpublizistin und Kuratorin. Sie leitet die Literaturstiftung Litar. Sie hat zu Friedrich Glauser promoviert und war von 2009 bis 2018 Kuratorin seines Nachlasses am Schweizerischen Literaturarchiv der Nationalbibliothek, Bern. 2016 hat sie die vielbeachtete Ausstellung «Friedrich Glauser – Ce n'est pas très beau» im Strauhof Zürich kuratiert. Zudem ist sie Mitherausgeberin der Prosaausgabe Emmy Hennings im Wallstein Verlag. Im Limmat Verlag ist von ihr lieferbar: Mariella Mehr «Widerworte. Geschichten, Gedichte, Reden, Reportagen». Christa Baumberger lebt mit ihrer Familie in Zürich.

DER ILLUSTRATOR

Hannes Binder, geboren 1947 in Zürich, studierte an der Kunstgewerbeschule Zürich und arbeitete als Grafiker und Illustrator in Mailand und in Hamburg. Lebt heute als freischaffender Illustrator und Künstler in Zürich. Sein Werk ist vielfach ausgezeichnet, unter anderem mit dem Schweizer Kinder- und Jugendmedienpreis, dem Hans Christian Andersen Award und mit einer Anerkennungsgabe der Stadt Zürich. Im Limmat Verlag sind zehn Bücher von Hannes Binder erschienen, zuletzt «Dada», «Born des Bösen» und «Der digitale Dandolo».

Herausgeberin und Verlag danken folgenden Geldgebern für die grosszügige Unterstützung: Litar Zürich, Kultur Stadt Bern, Swisslos-Kultur Kanton Bern, Stadt Zürich Kultur und Swisslos-Fonds des Kantons Basel-Stadt.

Im Internet
› Informationen zu Autorinnen und Autoren
› Hinweise auf Veranstaltungen
› Links zu Rezensionen, Podcasts und Fernsehbeiträgen
‹ Schreiben Sie uns Ihre Meinung zu einem Buch
› Abonnieren Sie unsere Newsletter zu Veranstaltungen und Neuerscheinungen
www.limmatverlag.ch

Das *wandelbare Verlagslogo* auf Seite 1 zeigt Motive aus der persischen Kultur der prähistorischen Zeit (ca. 3500 v. u. Z.). Die Tiermotive – vor allem Widder, Steinböcke, Stiere, Vögel – auf Keramik, Gefässen, Teppichen und Wänden stammen mehrheitlich aus den ehemaligen Hauptstädten Susa und Persepolis.

Der Limmat Verlag wird vom Bundesamt für Kultur mit einem Strukturbeitrag für die Jahre 2021–2024 unterstützt.

Umschlagbild: Friedrich Glauser, Ascona 1919,
Foto vermutlich von Robert Binswanger
Lektorat: Ursula Hasler, Baden
Gestaltung: Trix Krebs
Repro und Bildbearbeitung: Schweizerische Nationalbibliothek, Friedrich Pustet, Regensburg, und Widmer & Fluri, Zürich
Druck und Bindung: Friedrich Pustet, Regensburg

2. Auflage 2021

© 2021 by Limmat Verlag, Zürich
ISBN 978-3-03926-005-8